MULHERES, DIREITO E PROTAGONISMO CULTURAL

MULHERES, DIREITO E PROTAGONISMO CULTURAL

2022

Coordenadoras
Inês Virgínia Soares
Flávia Piovesan
Cecilia Nunes Rabelo
Vivian Barbour

ALMEDINA

MULHERES, DIREITO E PROTAGONISMO CULTURAL

Coordenadoras: Inês Virgínia Soares, Flávia Piovesan, Cecilia Nunes Rabelo e Vivian Barbour

DIRETOR ALMEDINA BRASIL: Rodrigo Mentz
EDITORA JURÍDICA: Manuella Santos de Castro
EDITOR DE DESENVOLVIMENTO: Aurélio Cesar Nogueira
ASSISTENTES EDITORIAIS: Larissa Nogueira e Rafael Fulanetti
ESTAGIÁRIA DE PRODUÇÃO: Laura Roberti

DIAGRAMAÇÃO: Almedina
DESIGN DE CAPA: FBA

ISBN: 9786556277219
Dezembro, 2022

Dados Internacionais de Catalogação na Publicação (CIP)
(Câmara Brasileira do Livro, SP, Brasil)

Mulheres, direito e protagonismo cultural /
coordenação Inês Virgínia Soares...[et al.].
-- São Paulo, SP : Almedina, 2022.

Vários autores.
Outras coordenadoras: Flávia Piovesan, Cecilia
Nunes Rabelo, Vivian Barbour.
Bibliografia
ISBN 978-65-5627-721-9

1. Direitos humanos 2. Diversidade cultural
3. Igualdade de gênero 4. Mulheres - Direitos –
Brasil 5. Protagonismo I. Soares, Inês Virgínia.
II. Piovesan, Flávia. III. Rabelo, Cecilia Nunes.
IV. Barbour, Vivian.

22-128970 CDU-34:396.2

Índices para catálogo sistemático:

1. Direito das mulheres 34:396.2

Eliete Marques da Silva - Bibliotecária - CRB-8/9380

Este livro segue as regras do novo Acordo Ortográfico da Língua Portuguesa (1990).

EDITORA: Almedina Brasil
Rua José Maria Lisboa, 860, Conj.131 e 132, Jardim Paulista | 01423-001 São Paulo | Brasil
www.almedina.com.br

SOBRE AS COORDENADORAS

Cecília Nunes Rabelo é Advogada e Mestre em Direito Constitucional. É especialista em Gestão e Políticas Culturais pela Universidade de Girona (Espanha) e Instituto Itaú Cultural; certificada em Copyright pela Harvard Law School (EUA). Integra o Grupo de Estudos e Pesquisas em Direitos Culturais da Universidade de Fortaleza (CNPq/Unifor) e é Presidente do Instituto Brasileiro de Direitos Culturais – IBDCult.

Flávia Piovesan é Professora doutora em Direito Constitucional e Direitos Humanos da Pontifícia Universidade Católica de São Paulo, Professora de Direitos Humanos do Programa de Pós Graduação da Pontifícia Universidade Católica de São Paulo; visiting fellow do Human Rights Program da Harvard Law School (1995 e 2000), visiting fellow do Centre for Brazilian Studies da University of Oxford (2005), visiting fellow do Max Planck Institute for Comparative Public Law and International Law (Heidelberg – 2007; 2008; 2015; 2016; 2017; 2018; 2019; 2021; e 2022); Humboldt Foundation Georg Forster Research Fellow no Max Planck Institute (Heidelberg – 2009-2014), Visiting Scholar no David Rockefeller Center for Latin American Studies da Harvard University (2018). Recebeu Georg Foster Research award em 2022 pela Fundação Humboldt. Foi membro da UN High Level Task Force on the implementation of the right to development e membro do OAS Working Group para o monitoramento do Protocolo de San Salvador em matéria de direitos econômicos, sociais e culturais. Foi membro da Comissão Interamericana de Direitos Humanos (2018 a 2021). Procuradora do Estado de São Paulo.

Inês Virgínia Soares é Mestra e Doutora em Direito pela Pontifícia Universidade Católica de São Paulo. Realizou pesquisa de pós-doutorado no Núcleo de Estudos de Violência da Universidade de São Paulo (2009-2010). Co-líder do Grupo de Pesquisa Arqueologia da Resistência da UFPel/CNPq. Desembargadora Federal no Tribunal Regional Federal da 3ª Região (TRF3), Juíza de Enlace para a Convenção de Haia de 1980 na 3ª Região.

Vivian Barbour é bacharela em Direito (2012) e Mestra em Arquitetura e Urbanismo (2017), ambos pela Universidade de São Paulo. Atualmente, é graduanda em arquitetura e urbanismo (2020-), também pela USP. Fez graduação sanduíche em Estudos Urbanos na Universidad Autónoma de Madrid (2010). Membro da Comissão de Direito Urbanístico da OAB/SP e da Association of Critical Heritage Studies (ACHS). Autora do livro "O patrimônio existe? Sentidos da Vila Itororó" (Letramento, 2019).

SOBRE AS AUTORAS

Ana Beatriz de Carlos Moura é Advogada, graduada em Direito pela Universidade Federal do Ceará – UFC.

Ana Carolina Arruda de Toledo Murgel é doutora em História Cultura pelo IFCH/Unicamp (onde fez toda sua formação desde a graduação) e pesquisadora colaboradora do Departamento de História do IFCH/Unicamp.

Ana Cristina Nunes Rabelo é Jornalista graduada pela Universidade de Fortaleza – UNIFOR.

Ana Maria Moreira Marchesan é Procuradora de Justiça no Estado do Rio Grande do Sul. Mestre e Doutora em Direito Ambiental pela Universidade Federal de Santa Catarina. Integrante da Diretoria do Instituto "O Direito por um Planeta Verde". Professora dos cursos de Pós-Graduação em Direito Ambiental do CEI, FMP e da UFRGS. Integra o Conselho de Redação da Revista da Defensoria Pública do Estado do Rio Grande do Sul.

Ana Paula Brito é filha de Dona Vanda. Mãe da Ana Clara. Paraibana. Doutora em História Social pela PUC/SP, com estágio sanduíche na Universidad de Barcelona. Mestra em Memória Social e Patrimônio Cultural pela UFPel, com estágio sanduíche na Universidad de Buenos Aires. Licenciada em História pela UFPB. Atualmente cursa o Mestrado em Museologia da UFRGS e atua como consultora do Memorial das Ligas e Lutas Camponesas da Paraíba e do Memorial da Democracia da Paraíba. É coordenadora da Rede Brasileira de Pesquisadores de Sítios de Memória e Consciência, membro acadêmico da Coalizão Internacional de Sítios de Consciência.

Anauene Dias Soares é Doutoranda em Relações Internacionais (Unb), Mestra em Ciências (USP), Especialista em Direito Internacional (CEDIN) e em Restauração de Bens Móveis (UPV/Espanha), Bacharel em Direito (PUCCAMP) e Graduada em Artes Visuais (USP). Coordenadora da Red List brasileira do ICOM. Consultora AdHoc da UNESCO, Advogada e Perita de Obras de Arte em São Paulo.

Anita Mattes é Doutora em Direito pela *Université Paris-Saclay*, Paris – França. Mestre em Direito Internacional pela *Université Paris-Saclay*, Paris – França e também pela *Université Panthéon-Sorbonne* Paris – França. Fellow Visitor Program e Cultore della materia em Direito Internacional pela Università Bicocca, Milão – Itália. Pesquisadora do Centre d'Étude et de Recherche em Droit de l'Immatériel (CERDI/Saclay). Conselheira Fiscal do Instituto Brasileiro de Direitos Culturais – IBDCULT. Advogada.

Arícia Fernandes Correia é Pós-doutora em Direito Público pela Université Paris 1 Panthéon-Sorbonne. Doutora em Direito Público e Mestra em Direito da Cidade pela Universidade do Estado do Rio de Janeiro. Professora-Adjunta da UERJ. Coordenadora-Geral do Núcleo de Estudos, Pesquisa e Extensão em Direito da Cidade – NEPEC. Procuradora do Município do Rio de Janeiro.

Bianca Santana é Doutora em ciência da informação pela Escola de Comunicações e Artes da Universidade de São Paulo (USP) e Mestra em educação pela USP. Jornalista e escritora. Autora dos livros: *Arruda e guiné: resistência negra no Brasil contemporâneo* (Fósforo, 2022); *Continuo preta: a vida de Sueli Carneiro* (Companhia das Letras, 2021); e *Quando me descobri negra* (SESI-SP, 2015).

Caroline Godoi de Castro Oliveira é Doutoranda no Programa de Pós-Graduação em Direito da Universidade Federal do Paraná.

Cecilia Mello é advogada, Conselheira Estadual da OAB/SP; presidente da Comissão do Quinto Constitucional da OAB/SP; vice presidente do CONJUR/FIESP; juíza federal aposentada do TRF3.

Cheyenne de Oliveira Alencar é Bacharel em Direito. Pós-graduada em Direito Penal e Criminologia. Produtora Cultural. Atriz. Cineasta independente. Membro do Grupo de Estudos e Pesquisas em Direitos Culturais (GEPDC/UNIFOR).

Consuelo Yatsuda Moromizato Yoshida é Doutora e Mestre pela PUC/SP, Professora do Departamento e do Núcleo de Pesquisa em D. Difusos e Coletivos (PUC/SP). Coordenadora do Curso de Especialização em D. Ambiental e Gestão Estratégica da Sustentabilidade (PUC/COGEAE/SP) e do Centro de Estudos e Pesquisas Tecnológicas em Direito Minerário Ambiental (PUC/SP). Desembargadora Federal do Tribunal Regional Federal da 3ª Região, Vice-Presidente do Tribunal (2020-2022) e Presidente da Comissão de Gestão Socioambiental (2022-2024).

Dandara Amazzi Lucas Pinho é Advogada. Antirracista, Antiproibicionista e Feminista Interseccional. É doutoranda do Programa de Pós Graduação em Sociologia e Direito da Universidade Federal Fluminense – UFF e Mestra pelo Programa de Pós Graduação em Estudos Africanos, Povos Indígenas e Culturas Negras-UNEB. Coordenadora da Coordenação dos Pontos de Cultura da Secretaria de Cultura do Estado da Bahia. Conselheira Seccional da OAB da Bahia (2022-2024). Compõe a Rede de Combate ao Racismo e à Intolerância Religiosa do Estado da Bahia e o Conselho de Desenvolvimento da Comunidade Negra. Esteve presidenta da Comissão de Promoção da Igualdade Racial da OAB da Bahia (2015-2021). Parecerista da Revista Florestan Fernandes-UFSCAR e orientadora de projeto do Grupo de Extensão RECHADOS – UNEB. Ganhou a medalha "Liberdade e inclusão Nelson Mandela Day", em 2019 pelos serviços prestados ao Movimento Negro.

Elaine Müller é antropóloga, mestra e doutora pelo PPGA-UFPE, professora associada do Departamento de Antropologia e Museologia da UFPE. Coordenou a pesquisa Saberes e Práticas das Parteiras Tradicionais do Brasil (Iphan/UFPE). É integrante fundadora do Museu da Parteira e coordenadora do Expolab – Laboratório de Expografia do Curso de Museologia da UFPE.

Fernanda Bianchini Saad é bailarina, fisioterapeuta, empresária, palestrante, fundadora da Associação Fernanda Bianchini, onde atua como voluntária desde 1995 e é responsável pela Cia. Ballet de Cegos – o único grupo de ballet profissional no mundo formado por deficientes visuais. Foi premiada diversas vezes ao longo desses 27 anos pelo Método Fernanda Bianchini, incluindo o prêmio Juscelino Kubitschek em 2015. Embaixadora da Liderança Evolutiva Líder HD.

Júlia Morim é antropóloga, mestra e doutoranda pelo PPGA-UFPE, especialista em Museus, Identidades e Comunidades (FUNDAJ). Coordenou a pesquisa etnográfica do projeto Saberes e Práticas das Parteiras Tradicionais do Brasil (Iphan/UFPE) e co-dirigiu o filme de Registro do Ofício de Parteira Tradicional do Brasil. Dirigiu também o filme Simbiose (2017), sobre a parteira Maria dos Prazeres de Souza, e organizou o livro Mães de Umbigo (2017), entre outras ações do Museu da Parteira, iniciativa da qual é integrante fundadora.

Juliana Rodrigues Barreto Cavalcante é Mestra em Direito. Pós-graduada em Direitos Humanos e Direito Constitucional. Advogada. Membro do Grupo de Estudos e Pesquisas em Direitos Culturais (GEPDC/UNIFOR).

Kênia Sousa Rios é professora do Departamento de História e do Programa de Pós-Graduação em História Social da Universidade Federal do Ceará.

Laura Clérico é Professora de Direito Constitucional (Faculdade de Direito, Universidade de Buenos Aires – UBA) e Professora Honorária de Direito Constitucional Comparado e Proteção dos Direitos Humanos (FAU, Erlangen-Nürnberg, CHREN), Pesquisadora (CONICET).

Leila Linhares Barsted é é Advogada, membro do Comitê de Peritas do MESECVI – Mecanismo de seguimento da Convenção Interamericana para prevenir, punir e erradicar a violência contra as mulheres da Organização dos Estados Americanos – OEA. Fundadora e coordenadora executiva da organização não governamental CEPIA – Cidadania, Estudo, Pesquisa, Informação e Ação. Professora emérita da Escola de Magistratura do Estado do Rio de Janeiro (EMERJ). Membro do Consórcio Feminista Lei Maria da Penha.

Leticia Vita é Professora de Teoria do Estado (Faculdade de Direito, Universidade de Buenos Aires – UBA) e Pesquisadora (CONICET).

Lívia Tinoco é Procuradora da República e representante do Ministério Público Federal no Conselho Nacional de Povos e Comunidades Tradicionais. Especialista em Meio Ambiente e Desenvolvimento Sustentável pela Universidade Brasília e em Inteligência Estratégica pela Escola Superior de Guerra.

Luana de Carvalho Silva Gusso é Doutora em Direito do Estado pela UFPR. Pós-Doutora em Democracia e Direitos Humanos pelo Centro de Direitos Humanos e *Ius Gentium Conimbrigae* – Universidade de Coimbra – Portugal. Professora do Programa de Pós-Graduação em Patrimônio Cultural e Sociedade da Universidade da Região de Joinville-SC e do Curso de Direito – Univille. Advogada.

Lucia Elena Arantes Ferreira Bastos é Doutora em Direito Internacional pela Faculdade de Direito da Universidade de São Paulo (FD/USP), Advogada. Atuou como Pesquisadora de Pós-Doutorado no Núcleo de Estudos da Violência da Universidade de São Paulo (NEV/USP). Autora do livro "Anistia – As Leis Internacionais e o Caso Brasileiro" (Editora Juruá – 2009), e "Walking the Tightrope: Transitional Justice in Brazil" (Intersentia – no prelo).

Luciana de Castro Mendonça é Bacharel em Comunicação Social com Habilitação em Relações Públicas pela Universidade Federal de Goiás e pesquisadora no Projeto Presença Karajá.

Manoela Queiroz Bacelar é vice-presidente da Fundação Edson Queiroz, instituição mantenedora da Universidade de Fortaleza (UNIFOR), na qual obteve sua graduação em Direito. Mestre em Direito pela Universidade Federal do Ceará, pós-graduada lato-sensu MBA em Gestão pela Fundação Getúlio Vargas. Sócia do escritório de advocacia Queiroz Bacelar Advogados e Consultores Associados. Conselheira da Ordem dos Advogados do Brasil – Seção Ceará (2004/2006), na qual presidiu, no mesmo período, a Comissão de Cultura. Diretora Executiva do Centro Industrial do Ceará (2005/2006). Membro do Conselho Estadual de Cultura e do Conselho

Estadual de Preservação do Patrimônio Cultural (2004/2006). Membro da Academia Cearense de Cultura, da Academia Cearense de Letras Jurídicas, da Academia Cearense de Direito e do Instituto dos Advogados do Ceará.

Manuelina Maria Duarte Cândido é licenciada em História pela (UECE, 1997), Especialista em Museologia (USP, 2000), Mestre em Arqueologia (USP, 2004), Doutora em Museologia (Universidade Lusófona de Humanidades e Tecnologias, Portugal, 2012) e realizou estágio Pós-Doutoral em Museologia com supervisão do prof. François Mairesse, na Universidade Paris III, Sorbonne Nouvelle (França). É Professora de Museologia (Universidade de Liège, Bélgica) e do Programa de Pós-Graduação em Antropologia Social da Universidade Federal de Goiás (PPGAS/UFG). Coordenadora do Projeto Presença Karajá (PPK).

Maria dos Prazeres de Souza é Parteira tradicional, filha e neta de parteiras. Possui formação em Enfermagem Obstétrica (UPE, 1964). Foi reconhecida como Patrimônio Vivo de Pernambuco (Fundarpe), recebeu o Diploma Mulher-Cidadã Bertha Lutz, do Senado Federal, e o Título de Notório Saber em Cultura Popular (UPE). É uma das idealizadoras do Museu da Parteira.

Maria Judite da Silva Ballerio Guajajara é Indígena, Advogada e Mestra em Direito, Estado e Constituição pelo Programa de Pós Graduação em Direito pela Universidade de Brasília (UnB). Bacharel em Direito pela Universidade Federal do Maranhão (UFMA). Foi Chefe do Departamento de Gestão e Articulação e Secretária Adjunta na Secretaria de Estado da Mulher do Maranhão. Foi assessora parlamentar da Deputada Indígena Joenia Wapichana. Atualmente é Advogada da Rede de Advogados Indígenas da COIAB, assessora jurídica do Observatório para Povos Indígenas Isolados e de Recente Contato – Opi e Co-coordenadora da assessoria jurídica da Coordenação das Organizações e Articulações dos Povos Indígenas do Maranhão – COAPIMA.

Marina Maria Teixeira Da Silva é Mestra em Direitos Humanos pela Universidade Federal de Pernambuco. Possui graduação em Letras pela UFPE (2006) e em Ciências Sociais pela Universidade Metodista de São Paulo

(2019). É especialista em Gênero, Desenvolvimento e Políticas Públicas pela UFPE (2015) e Gestão Pública pela FAINTVISA (2012). Foi pesquisadora do projeto Saberes e Práticas das Parteiras Tradicionais do Brasil (Iphan/UFPE) e é integrante do Museu da Parteira.

Marisa Colpo Noal é Graduada em Ciências Biológicas, Licenciatura Plena, pela Universidade Federal de Santa Maria. Pós-Graduada em Biologia pela mesma Universidade.

Melina Girardi Fachin é Professora Associada dos Cursos de Graduação e Pós-Graduação da Faculdade de Direito da Universidade Federal do Paraná. Pós-doutora pela Universidade de Coimbra no Instituto de Direitos Humanos e Democracia. Doutora em Direito Constitucional pela Pontifícia Universidade Católica de São Paulo.

Mércia Cardoso de Souza é Doutora em Direito (UNIFOR), mestra em Direito Público (PUC/Minas, bolsa Capes), graduada em Direito - UNIFOR e em Serviço Social - Universidade Estadual do Ceará. Realizou estágio Pré-Doutoral na Universidad Loyola Andalucía, Sevilha. Coordenadora da linha de Direitos Humanos da Escola Superior de Magistratura do Ceará (ESMEC). Consultora do Ministério da Justiça e Segurança Pública (tema: Tráfico de Pessoas). Pesquisadora junto ao Mestrado Profissional em Direito e Poder Judiciário da Escola Nacional de Formação e Aperfeiçoamento de Magistrados (ENFAM) - grupo "Ética e Justiça". Membro da Associação Brasileira de Juristas pela Democracia (ABJD) e do Instituto Latino Americano de Estudos sobre Direito,Política e Democracia.

Natália Albuquerque Dino é Diretora Executiva do Departamento de Monitoramento e Fiscalização do Sistema Carcerário e do Sistema de Execução de Medidas Socioeducativas. Analista judiciária do Conselho Nacional de Justiça. Pós-graduada em Ordem Jurídica e Ministério Público (FESM-PDFT), Mestranda em Direito na Universidade de Brasília e pesquisadora vinculada ao Grupo de Pesquisa em Direitos Étnicos da UnB - Moitará. Integrou a Comissão Nacional de Política Indigenista, o GT Interministerial de Regulamentação da Convenção 169 e o GT do CNJ "Direitos indígenas: acesso à justiça e singularidades processuais".

Nathália Mariel Ferreira de Souza Pereira é Doutoranda em Direitos Humanos pela Universidade Federal de Goiás. Mestra em direito público (UcB). Membra da ABRADEP e do Núcleo de direito internacional e política da UERJ e do Centro de Estudos Constitucionais Comparado da UnB. Procuradora da República.

Paula Monteiro Danese é Doutoranda e Mestre em Direito Internacional pela Faculdade de Direito da Universidade de São Paulo. Possui graduação em Direito pela Universidade Presbiteriana Mackenzie (2014). Pesquisadora visitante bolsista na Europa Universität Viadrina Frankfurt(Oder) – Alemanha (2021/2022). Atualmente é advogada e professora de Direito do da Anhembi Morumbi, EBRADI e ESA-SP. Atua como Supervisora Acadêmica da Pós-Graduação em Direito Internacional Aplicado EBRADI. Exerce atividade de consultoria pela empresa Camelli – Assessoria e Treinamento. Mediadora e Árbitra na CAMES-Brasil em Direito do Consumidor. Co-coordenadora do Grupo de Pesquisa "Cátedra OEA" na Faculdade de Direito da Universidade de São Paulo.

Preta Ferreira é publicitária, agitadora cultural, multiartista, abolicionista penal e ativista pelo direito à moradia e dos direitos humanos. Liderança política que foi presa injustamente em 2019 por defender os direitos humanos.

Puyr Tembé é Liderança Tembé. Gerente de Promoção e Proteção dos Direitos dos Povos Indígenas na Secretaria de Estado Justiça e Direitos Humanos (SEJUDH) e Presidenta da FEEPIPA (Federação dos Povos Indígenas do Estado do Pará).

Rafaela Tavares Von Czekus é Antirracista, Candomblecista. Graduada no Bacharelado Interdisciplinar em Humanidades pela Universidade Federal da Bahia. Atualmente é graduanda em Direito também pela UFBA e realiza pesquisa com ênfase nos seguintes temas: direitos humanos, racismo estrutural, racismo religioso e desigualdade de gênero. Membra da Comissão Especial de Promoção da Igualdade Racial pela OAB/BA e do Núcleo de Competições Internacionais em Direito Humanos da UFBA.

Sandra Akemi Shimada Kishi é Mestre em Direito Ambiental pela Universidade Metodista de Piracicaba – UNIMEP (2003). Procuradora Regional da República PRR3/MPF, Vice-Presidente da Associação Brasileira dos membros do Ministério Público do Meio Ambiente – ABRAMPA, Coordenadora do Projeto Conexão Água do Ministério Público Federal 4ª CCR/ MPF. Membro do Instituto Global do Ministério Público do Meio Ambiente e Diretora do Projeto Territórios Vivos – Agenda 2030 – "Não deixar ninguém para trás" (MPF e GIZ). Conselheira do Pacto Global da ONU/ Mov+Água. Foi pesquisadora do grupo DFG/ Brasil-Alemanha na Universidade de Bremen sobre acesso ao patrimônio genético e ao conhecimento tradicional associado e repatriação de benefícios (2009-2011) e Integrante do Programa de Intercâmbio em Gestão Hídrica pelo Departamento de Estado dos EUA (2016).

Sandra Cureau é Advogada e Subprocuradora-Geral da República aposentada. Foi Vice-Procuradora-Geral Eleitoral e Vice-Procuradora-Geral da República. Coordenou a 4ª Câmara de Coordenação e Revisão do MPF (Meio Ambiente e Patrimônio Cultural) por 10 anos. Tem títulos de especialização em Direito Ambiental conferidos por instituições de ensino da França e da Espanha. É coautora do livro Direito Ambiental – Série Universitária, Rio de Janeiro, Elsevier. É coordenadora e organizadora de livros e autora de artigos sobre meio ambiente e patrimônio cultural. É membro da diretoria da Aprodab e do Instituto O Direito por um Planeta Verde.

Therezinha Astolphi Cazerta é Desembargadora Federal do Tribunal Regional Federal da 3ª Região (TRF3) e coordenadora da Comissão de Equidade Racial e de Gênero do TRF3. Foi presidente e corregedora-regional do TRF3. Foi diretora da Escola de Magistrados da Justiça Federal da 3ª Região e coordenadora dos Juizados Especiais Federais da 3ª Região.

Tuinaki Koixaru Karajá é Bacharel em Turismo pela Universidade do Estado do Mato Grosso e pesquisadora no Projeto Presença Karajá (PPK).

Victória Dandara Toth Rossi Amorim é travesti jurista, pesquisadora nos temas de decolonalidade, direitos humanos e políticas públicas. É advogada e graduou-se em Direito pela Universidade de São Paulo (USP). Fundadora do núcleo Trans e Travesti Jovanna Baby da USP. Foi membra da equipe de Assessoria Jurídico Parlamentar na Câmara Municipal de São Paulo. Atualmente é Analista de Diversidade de Inclusão e pesquisadora de Mulheres e Territórios do INSPER.

NOTA DA COORDENAÇÃO

Oferecer subsídios para a proteção e promoção dos direitos culturais sob a perspectiva de gênero é o objetivo maior deste livro coletivo, que tem a ambição de fomentar uma cultura jurídica mais aberta e sensível à equidade entre homens e mulheres na efetividade dos direitos e liberdades culturais e na proteção do patrimônio cultural material e imaterial brasileiro.

Coordenado e escrito por mulheres, a coletânea invoca a importância de valorizar o protagonismo feminino, compreendendo os desafios e as perspectivas para a proteção e promoção dos direitos culturais sob a perspectiva de gênero. Deste modo, o livro é feminino, tanto porque é escrito somente por elas, como também porque os textos são sobre as mulheres e sua relação com os direitos e bens culturais.

Dividida em quatro partes, a obra adota como ponto de partida a reflexão sobre as estruturas protetivas dos direitos e saberes culturais femininos, com destaque à contribuição das mulheres para uma cultura jurídica feminista, bem como ao impacto transformador do sistema interamericano e do sistema global para o fortalecimento da justiça e da igualdade de gênero.

Na segunda parte, a obra trata das mulheres como protagonistas das políticas, patrimônios e direitos culturais no Brasil, compreendendo a voz e a experiência das indígenas, negras, campesinas, migrantes, dentre outras, sob o enfoque interseccional e pautado na diversidade cultural. Os capítulos desta parte vão do protagonismo das catadoras de mangaba de Sergipe ao das cineastas da região do Cariri; da importância das mulheres no pagode baiano à ocupação dos espaços pelas mulheres humoristas no Ceará; da relevância das mulheres indígenas *Iny* Karajá para preservação da identidade do grupo até a transformação decorrente das lideranças femininas em comunidades indígenas. Nesta sessão, também há realce para as memórias femininas apagadas – memórias diluídas nos patrimônios e legados culturais, compositoras musicais esquecidas, mulheres indígenas encarceradas, com sua diversidade cultural sufocada.

Transita-se, assim, para a terceira parte da obra, centrada na contribuição e resistência das mulheres para a memória coletiva e para a formação do patrimônio cultural. A diversidade de formas de estar no mundo e transformá-lo é trazida em capítulos que versam sobre o movimento político das mulheres negras nos últimos cinquenta anos em nosso país, mulheres ativistas e militantes contra a ditadura militar no Brasil, mulheres como protetoras das águas e, ainda, mulheres tratadas como feiticeiras nos Campos de Concentração do sertão cearense. Também são rememoradas aquelas que foram essenciais para a museologia, dentre outras temáticas, como o lazer feminino como forma de resistência e a devolução de bens culturais traficados como elemento empoderador do universo feminino.

Por fim, na quarta parte, a obra se concentra na voz e na experiência feminina, por meio de entrevistas com mulheres que contribuem para a vivência e o fortalecimento da cultura, sob a ótica da diversidade cultural. A primeira entrevista é com a Dona Prazeres, parteira tradicional, e fala de algo divino, poderoso e totalmente ligado ao universo feminino: o nascimento, o parto e a rede de acolhimento à mulher que dá à luz. A segunda entrevista é com Fernanda Bianchini Saad, que desenvolve um projeto inspirador com pessoas cegas, o Ballet de Cegos. O olhar feminino para as pessoas com deficiência e a experiência de transformá-las pela arte, pela dança, é o foco da conversa. A terceira entrevista é com a artista Preta Ferreira. Preta é única, quebraram sua forma e não há outra no universo. A sua fala é tão potente, peculiar e humana que, ao invés de nos causar estranheza, nos transporta para seu infinito particular. Aliás, as três mulheres entrevistadas nos deixam com vontade de saber o que elas sabem, sentir o que sentem e fazer o que fazem.

Proteção multinível dos direitos culturais nas esferas nacional, regional e global; o protagonismo das mulheres nas políticas, patrimônios e direitos culturais no Brasil; a resistência de mulheres como memória e patrimônio cultural; e a voz das mulheres em sua pluralidade e diversidade somam-se e são os eixos estruturantes e inspiradores desta obra coletiva. Assim, a centralidade das mulheres como atrizes, protagonistas, resistentes, defensoras e a sua contribuição na afirmação dos direitos culturais e das memórias coletivas, sob a perspectiva de gênero e sob o enfoque pautado na pluralidade, diversidade e interseccionalidade doam a esta obra um especial sentido e significado.

Enquanto organizadoras deste livro, além de nosso profundo agradecimento às mulheres que integram esse projeto, esperamos que a publicação possa oferecer um impacto emancipatório e transformador, contribuindo para o fortalecimento de uma cultura jurídica inspirada na justiça e equidade de gênero, tendo como princípio maior a prevalência da dignidade humana.

Fortaleza e São Paulo, 2022.

Cecília Nunes Rabelo
Flávia Piovesan
Inês Virgínia Soares
Vivian Barbour

SUMÁRIO

PARTE I – MULHERES E AS ESTRUTURAS PROTETIVAS DE SEUS DIREITOS E SABERES CULTURAIS 27

1. **Brasil sem título**
MANOELA QUEIROZ BACELAR 29

2. **A contribuição das mulheres para uma cultura jurídica feminista**
LEILA LINHARES BARSTED 57

3. **Um patrimônio não nasce, torna-se: a mulher no patrimônio imaterial brasileiro**
ANITA MATTES
LUANA DE CARVALHO SILVA GUSSO 75

4. **Impactos do Sistema Interamericano de Direitos Humanos para a Igualdade de Gênero nas Américas a partir de uma visão interseccional**
FLÁVIA PIOVESAN
PAULA MONTEIRO DANESE 97

5. **Justicia con perspectiva de géneros: mandato de transformación. Las Recomendaciones Generales de la CEDAW como motor**
LAURA CLÉRICO
LETICIA VITA 125

6. Caso González e outros Vs. México e a "Flore de Arena": O feminicídio na jurisprudência da Corte Interamericana de Direitos Humanos
MÉRCIA CARDOSO DE SOUZA 147

7. *Thêmis*, a Deusa da Justiça – feminina, só no nome: desigualdade de gênero no Tribunal de Justiça do Estado do Rio de Janeiro
ARÍCIA FERNANDES CORREIA 167

PARTE II – AS MULHERES COMO PROTAGONISTAS DAS POLÍTICAS, PATRIMÔNIOS E DIREITOS CULTURAIS NO BRASIL 195

8. Da vida ao patrimônio, a diluição das mulheres
VIVIAN BARBOUR 197

9. Mulheres indígenas, poder e ancestralidade: o papel de lideranças indígenas na defesa dos direitos dos povos originários
NATHÁLIA MARIEL FERREIRA DE SOUZA PEREIRA
PUYR TEMBÉ 223

10. As catadoras de Mangaba de Sergipe: protagonismo cultural e conflitos socioambientais
LÍVIA TINOCO 243

11. O protagonismo feminino e os desafios do cinema independente para mulheres na região do Cariri Cearense
CHEYENNE DE OLIVEIRA ALENCAR
JULIANA RODRIGUES BARRETO CAVALCANTE 265

12. A importância das mulheres no Pagode Baiano e sua influência na representação das jovens negras
DANDARA AMAZZI LUCAS PINHO
RAFAELA TAVARES VON CZEKUS 289

13. **O papel das mulheres *Iny* Karajá na preservação da identidade do grupo: os casos das *Ritxoko* e do *Hetohoky***
Tuinaki Koixaru Karajá
Luciana de Castro Mendonça
Manuelina Maria Duarte Cândido 315

14. **Compositoras brasileiras: apagamentos em seus direitos, em suas criações e em suas biografias**
Ana Carolina Arruda de Toledo Murgel 333

15. **Mulheres indígenas presas: o sufocamento da diversidade cultural por meio do Direito Penal**
Natália Albuquerque Dino
Maria Judite da Silva Ballerio Guajajara 357

16. **Mulheres humoristas: o humor como exercício da liberdade de expressão artística e manifestação do patrimônio cultural de um povo**
Ana Beatriz de Carlos Moura
Ana Cristina Nunes Rabelo
Cecilia Nunes Rabelo 385

PARTE III – RESISTÊNCIA DE MULHERES COMO MEMÓRIA E PATRIMÔNIO CULTURAL 409

17. **Mulheres negras e sua memória**
Bianca Santana 411

18. **A museologia e seus primórdios: a força feminina na construção do patrimônio museológico brasileiro**
Sandra Cureau 437

19. **Confluência de ressignificações: como a arte pode contribuir com os Sítios de Memória sobre a ditadura no Brasil?**
Ana Paula Brito 459

20. A feiticeira e o médico: a disputa pelo corpo e a cura nos Campos de Concentração na seca de 1932 no Ceará
Kênia Sousa Rios 483

21. O valor cultural da água e seus saberes
Consuelo Yatsuda Moromizato Yoshida
Sandra Akemi Shimada Kishi 497

22. Memória, substantivo feminino: o papel das mulheres no resgate da memória das ativistas e militantes contra a ditadura militar no Brasil
Melina Girardi Fachin
Caroline Godoi de Castro Oliveira 519

23. Zuzu Angel: quem é essa mulher que fez da moda, sua arma política e, da maternidade, sua razão de existir?
Inês Virgínia Soares
Lucia Elena Arantes Ferreira Bastos 551

24. O lazer das mulheres imigrantes italianas: dos filós às domingueiras
Ana Maria Moreira Marchesan
Marisa Colpo Noal 577

25. Um legado feminino: resoluções alternativas de conflitos (RAC) para a devolução do patrimônio cultural
Anauene Dias Soares 597

PARTE IV – A VOZ DELAS: ENTREVISTAS COM MULHERES QUE VIVEM DE, POR E PARA CULTURA[1] 613

26. O cajado da parteira
Entrevista com Dona Prazeres, por Elaine Müller, Júlia Morim e Marina Maria Teixeira da Silva 615

[1] Disponível em PDF no site da editora.

27. Ballet de cegos: a dança como empoderamento
Entrevista com Fernanda Bianchini Saad,
por Therezinha Astolphi Cazerta e
Victória Dandara Toth Rossi Amorim 631

28. O mosaico da vida pelo olhar da artista e ativista política
Entrevista com Preta Ferreira, por Cecilia Mello 649

PARTE I

MULHERES E AS ESTRUTURAS PROTETIVAS DE SEUS DIREITOS E SABERES CULTURAIS

1. BRASIL SEM TÍTULO

Manoela Queiroz Bacelar

Peço licença para escrever a partir da fronteira da minha ignorância, com reverência aos indígenas e aos africanos, desencarnados em terras brasileiras, e aos seus descendentes.

Começo pela cena histórica narrada abaixo, que nos mostra baianos, maranhenses e pernambucanos disputando poder e território nos sertões do que hoje chamamos Piauí:

> Brasil, colônia portuguesa, século XVIII. A Capitania de São José do Piauí é desmembrada dos domínios da Bahia, em 1715, para anexar-se às terras do Maranhão, de onde é desvinculada três anos mais tarde, por decisão de D João V. Mantém-se, contudo, subordinada à administração do Maranhão por mais quarenta anos, quando então toma posse, João Pereira Caldas, seu primeiro governador, em 1758. O bispado de Pernambuco exerce alguma ingerência político-religiosa sobre seus habitantes, durante o período.

Ao cenário, subjaz a dupla tragédia humana da opressão no Brasil, raiz que, com suas especificidades, faz do nosso país um lugar muito desigual: (1) a opressão contra os autóctones da Pindorama[1], a quem

[1] Pindorama, supostamente como chamavam o Brasil em tupi, quer dizer "terra de palmeiras".

chamamos de indígenas; e (2) a opressão contra os extirpados de seus lares transatlânticos, os negros africanos escravizados.

Os diferentes grupos formadores da sociedade brasileira, como refere o artigo 216 da Constituição Federal de 1988, são responsáveis pela diversidade – talvez o traço mais marcante da cultura brasileira. A dor e a beleza dessa construção identitária é seu paradoxo essencial (ou seu pecado original). Um custo humano elevado que atravessa os séculos por trás de todas as cores que vibram sob o sol tropical do Brasil.

Os apontamentos oferecidos no presente texto miram algumas direções, sobretudo ao formular perguntas que tangenciam pontos do aprendizado histórico. Muito mais no sentido de abrir olhares e reflexões, o texto despe-se de pretensões conclusivas e busca personagens, dentro e fora da academia, que me revelam meu próprio desconhecimento e me permitem abrir espaços para enxergar o outro e receber um conhecimento com gratidão.

1. Primeira opressão: aquela sobre o *Ser Achado*

Txihi pataxó Ye awãkã txó txihi pataxó ~ mê'á ũpú ykhã, dxê'mká ũg nitxi ãksã. (Canto tradicional na língua Patxôhã).[2]

O número de habitantes destas terras à época da invasão portuguesa é apenas estimado. Os registros não são uníssonos e não se ouve falar de qualquer tipo de anotação preservada ao longo dos séculos que nos dê precisão quanto a esse dado.

Segundo a pesquisadora Marta Maria Azevedo[3], no ano de 1500, havia, aproximadamente, três milhões de indígenas distribuídos em mais de mil etnias distintas, a maioria no litoral e um tanto no interior. Há geógrafos que estimam que esse número varia entre quatro e oito milhões de pessoas. Já o líder e pensador da etnia Krenak, Ailton

[2] In:https://www.biblio.fae.ufmg.br/monografias/2016/cleideane%20poncada%20santana.pdf. Tradução: Índio pataxó, a história do índio pataxó é de luta, glória e muitas vitórias, Eyhnã Pataxó, canto tradicional na língua Patxôhã.

[3] In: http://www.funai.gov.br/index.php/indios-no-brasil/quem-sao.

Krenak[4], afirma que esse número era bem expressivo, chegando a dez milhões de pessoas.[5]

Incontroverso é que eram muitos. Eram povos originais e originários. Eram diversos em cosmogonias, línguas, crenças, costumes, modos de se alimentar, modos de se relacionar, de existir, de pensar a vida.

A carta de Pero Vaz Caminha revela-nos as primeiras impressões daquele (des)encontro histórico[6], no momento em que se depararam frente a frente, dois elementos, duas civilizações, dois mundos nas terras de Porto Seguro.

O invasor-colonizador não deu conta da diversidade achada. Nem na dimensão de que era uma diversidade no espelho da alteridade, ou seja, por ser o outro encontrado diferente dele próprio europeu; nem na dimensão da diversidade enquanto característica intrínseca às próprias etnias nativas, que eram diferentes umas das outras. A pluralidade cultural que habitava o chamado "mundo novo" resumiu-se à categoria de "o outro" aos olhos do europeu, o que, de plano, aniquilou a possibilidade de enxergar a riqueza múltipla guardada nas diversas etnias. A riqueza civilizatória de coletivos que prosperaram em força vital num mundo que vingou até aquele momento.

A missiva destinada a D. Manuel I evidencia uma curiosidade ou uma admiração por parte do invasor, porém associada a uma desqualificação dirigida àquela civilização encontrada. O nativo pareceu ao europeu membro de uma sub-humanidade, um grupo de pessoas não autônomas, um agrupamento social a ser moldado, a ser endireitado, a ser batizado, a ser vestido, convertido, infectado e escravizado – "*gente de tal inocência que, se os homens os entendessem, e eles a nós, seriam logo cristãos, porque eles, segundo parece, não têm, nem entendem nenhuma crença*", assim dizia o escrivão da armada de Pedro Álvares Cabral.

[4] Por ocasião da Bienal do Livro do Ceará, 2019, tive oportunidade de indagá-lo acerca do assunto. Para conhecer o pensamento de Ailton Krenak, cf. pela editora Companhia das Letras, "Ideias para adiar o fim no mundo" (2019) e "A vida não é útil" (2020).

[5] O último censo demográfico, realizado em 2010, registrou menos de 900 mil indígenas vivendo em território brasileiro. O censo de 2020 não foi realizado por determinação do governo federal.

[6] A historiadora Lilia Schwarcz costuma usar essa expressão "desencontro histórico" ao referir-se ao momento histórico da invasão portuguesa.

Sequer uma brecha foi possível, mínima que fosse, para conhecer o humano desconhecido, de outra maneira. Não estava na agenda. A imposição cultural foi instantânea: "*não têm crença, serão logo cristãos.*" Os viajantes do rei não imaginavam quanto conhecimento acumulado detinham aquelas pessoas. Mitos de criação com serpentes cósmicas povoando a Terra, farmácias vivas, organização social, instrumentos de caça e pesca, cantos, danças, ornamentos, rituais sagrados, simbologias, alimentação, celebrações, parentescos com árvores, rios, animais de poder, comunicação com espíritos, pajelança/xamanismo...

Seria possível uma sequência de acontecimentos cuja tônica da opressão não fosse predominante naquele momento? O conceito de *diversidade* como o conhecemos não existia. O que nos impõe, de início, um limite epistemológico. Mas o conceito de amor ao próximo estava amplamente disseminado na Europa pelo Cristianismo.

Dirigir perguntas ao passado é tarefa difícil. Mas as perguntas são um veículo para conhecer, uma maneira de estar aberto a uma escuta.

O humanismo e suas ideias etnocentristas não deram conta de considerar aquela outra humanidade que se apresentava, como uma categoria situada no centro. Não houve como incluir aquele novo elemento humano. Os corpos pré-colombianos, nus e pintados, formavam um conjunto à margem, subalterno, servil e domesticável para o europeu. Essa não foi uma ideia pouco a pouco construída. Era uma ideia posta. Uma premissa da expedição. Ainda que para aqueles navegadores toda a paisagem natural e humana fosse inédita, a narrativa de Pero Vaz não nos deixa dúvidas quanto ao sentimento do invasor em relação ao invadido. Não houve espaço interno, uma pausa entre uma respiração e outra, para uma mínima hesitação: o corpo com furos nos lábios, portando arcos, setas e penas era inferior e seria subjugado nas múltiplas dimensões do existir; individual e coletivamente.

Nos séculos XV e XVI, as grandes navegações – viabilizadas pela monarquia e pela burguesia – eram a tradução da jornada imperialista. Expansão marítima militarizada para a conquista de novos mercados e para a propagação da fé cristã, a qualquer custo. O colonialismo, com sua vontade incontrolável de dominar e explorar novos recursos, era o contexto geopolítico preponderante. Suas bases e premissas estavam postas, configurando o paradigma de um mundo que colidiu com o mundo destas terras.

Assumindo que a abordagem do europeu sobre a humanidade que aqui habitava era fruto de uma estrutura padrão de dominação e violência, nada, contudo, nos impede de elaborar perguntas para nós mesmos, de indagar sobre questões mais ou menos contemporâneas. Ou sobre questões que parecem contemporâneas, mas que foram arrastadas sobre os paralelepípedos do tempo, puxadas pelas correntes ou pelos cabelos do legado perverso da nossa história.

Esse legado perverso é a matéria real com a qual lidamos diariamente, enquanto nação (menos ou mais dividida). Olhando para esse legado, pergunto onde reside o aprendizado que a história nos promete. (Ou será que ela não nos promete?) Onde podemos esquadrinhar as inflexões nas curvas do aprendizado decorrente de relações que se iniciaram há mais de meio século? Se essas inflexões existem, foram transformadas em políticas públicas eficientes? Demos saltos qualitativos proporcionais ao tempo que passou? Como podemos reconfigurar as representações, superando a dissonância cognitiva que nos assola?

Os direitos fundamentais, em suas várias dimensões, ostentam em seu núcleo a dignidade da pessoa humana. A evolução sistemática desses direitos, juntamente com o desenrolar político do caminho democrático (a despeito dos recentes riscos que assaltam democracias pelo mundo) evidencia, sobretudo, uma evolução da consciência humana. Teríamos, enquanto sociedade brasileira, capacidade de amortizar essa dívida impagável com nossos irmãos originários por meio de políticas indigenistas consistentes? Ou as ações são apenas tentativas (hipócritas) no arco do tempo?

Em que medida e como se dá a escuta dos indígenas por parte das instâncias de poder? Podemos dizer que a criação do Serviço de Proteção ao Índio – SPI (1910) foi positiva? Quais foram as discussões travadas no I Congresso Indigenista Interamericano (México, 1940)? A FUNAI (1967), antiga SPI, cumpre qual papel na contemporaneidade?

Recorrendo à análise de um instrumento legal mais recente, como o Estatuto do Índio (Lei 6.001/1973), estaríamos diante de uma inflexão positiva na curva do aprendizado histórico?

O Estatuto do Índio, recepcionado em parte pela Constituição Federal 1988, cumpriu formalmente uma exigência do artigo 198 da Constituição Federal de 1967 que demandava uma lei federal para regrar a situação das terras indígenas: "As terras habitadas pelos silvícolas são inalienáveis nos têrmos que a lei federal determinar, a êles cabendo a sua posse permanente e ficando reconhecido o seu direito ao usufruto exclusivo das riquezas naturais e de tôdas as utilidades nelas existentes." No início[7] do texto normativo, o Estatuto do Índio elucida aspecto que nos faz revisitar o ano 1500. Seu artigo 1º expressa uma ideia de integração "harmoniosa e progressiva" do indígena à comunhão nacional.

O que significa integração harmoniosa e progressiva à comunhão nacional?

Para integrar-se a algo é preciso desintegrar-se de algo antecedente. Assim, a ideia de integração pressupõe a ideia de desintegração de uma circunstância anterior, que passa necessariamente pelo desligamento das terras originalmente ocupadas. Contradiz, portanto, a diretriz de preservação da cultura indígena visto que a esse elemento humano, integrado a uma nova cultura (chamada de comunhão nacional?), faltaria a rede de relações sociais que permitem animar sua cultura-mãe, seus saberes originais, sua memória, seus fazeres, suas tradições. Em outro dizer, o desligamento do indígena de suas terras inviabiliza o exercício de seus direitos culturais.

Falar de direitos culturais do humano indígena é falar de uma plêiade de possibilidades que esses povos vivenciam em atividades no seu cotidiano, com seus corpos que não são estranhos ao corpo da terra. A pessoa indígena dança, canta, faz cerâmica, cestaria, arte plumária, pintura corporal, tecelagem, entre as tantas práticas culturais e artísticas inerentes às suas vidas, aos seus modos de existir na terra.

O texto legal do Estatuto do Índio, como instrumento de poder, encerra ideia semelhante àquela de meio século atrás. Correntes hermenêuticas à parte, tanto a vontade da lei como o espírito do legislador expõem, no caso, vetor cristalino: um programa para que um ser humano deixe de ser quem essencialmente é para, progressiva e harmonicamente, integrar-se a algo estranho a ele e que se escolheu chamar de "comunhão nacional". É como se a frase de Pero Vaz viajasse no tempo, de 1500 a 1973: "*não têm crença alguma, logo serão cristãos*", ou seja, "*não têm identidade alguma, logo estarão integrados à comunhão nacional.*" Percebemos

[7] Estatuto do Índio (1973), art 1º: Esta Lei regula a situação jurídica dos índios ou silvícolas e das comunidades indígenas, com o propósito de preservar a sua cultura e integrá-los, progressiva e harmoniosamente, à comunhão nacional. (...)

que o viés histórico poderia ter sido diferente diante dos quase 500 anos da tragédia que separa (ou que une) um recorte e o outro. Mas não foi.

Seguindo para o fecho da dicção do Estatuto do Índio, seu artigo 65 estabelece prazo de cinco anos para que o Poder Executivo proceda à demarcação das terras[8].

Colocando a política de demarcação de terras dos primeiros habitantes em perspectiva, dentro da dogmática jurídica apenas, basta uma breve leitura do artigo 231 da Constituição Federal de 1988 para a constatação do insuficiente desempenho das ações de governo ou, por outro lado, do cinismo[9] político-administrativo-colonial herdado pela república no que toca ao tema. Se, por um lado, a Carta Maior rompeu um modelo; por outro, explicitou os fracassos passados.

De que forma esse dado pode ser constatado?

A história não se faz em linhas retas. Stuart B Schwartz, da Universidade de Yale, salienta que a Coroa portuguesa chegou a editar normas que proibiam a escravização dos nativos, nos anos de 1570, 1587, 1595 e 1609. Todavia, os interditos eram ineficazes pois os governadores gozavam de poderes discricionários para autorizar guerras, capturar e escravizar prisioneiros[10].

Passeando pela superfície das principais normas correlacionadas ao assunto, em especial às questões ligadas à terra, vemos a complexidade e as contradições que o assolam:

> (1) O Alvará de 1º de abril de 1680 inaugurava o indigenato e referia-se aos indígenas como primários e naturais senhores de suas terras; (2) a Lei Pombalina de 1757 criou o Diretório dos Índios, que proibia a nudez, o uso das línguas nativas, mas hesitava quanto às suas terras; (3) a Constituição de 1891 recepcionou a Lei Imperial 601/1850 que reservou terras para usufruto dos indígenas; (4) as Constituições de 1934, 1937 e 1946 respeitavam a posse de terras exercida pelos indígenas, vedando

[8] Estatuto do Índio (1973), art. 65: O Poder Executivo fará, no prazo de cinco anos, a demarcação das terras indígenas, ainda não demarcadas.

[9] "Cinismo" no sentido hodierno e popular da palavra. Não me refiro à corrente filosófica antiga dos cínicos.

[10] Cf. artigo "Escravidão indígena e o início da escravidão africana", na obra coletiva *Dicionário da Escravidão e Liberdade*, organizado por Lilia Schwarcz e Flávio Gomes, pela editora Companhia das Letras. O trabalho comenta aspectos sobre a transição da mão de obra escrava nativa para a africana.

alienação; (5) as Constituições de 1967 e 1969 fizeram variações sobre o mesmo tema, assegurando aos indígenas posse permanente e usufruto exclusivo de suas terras.

Dito isso, voltemos à questão das inflexões na curva do que se pode ou se deve aprender com a história.

Certo é afirmar que os artigos 231 e 232 da Constituição Federal de 1988[11] são uma dessas inflexões positivas na curva do aprendizado histórico em questão porque realizam um movimento decolonial importante.

Teoricamente, o texto constitucional altera o paradigma das políticas integracionistas e de tutela, até então predominantes. O conteúdo do artigo 231 e parágrafos foi inserto no documento constitucional às custas da luta ancestral e corajosa dos povos indígenas por meio da UNI – União das Nações Indígenas[12] e outras organizações aliadas, que refrearam manipulações em curso à época dos trabalhos da Assembleia Nacional Constituinte (1987).

Diz a cabeça do artigo 231 da Carta Política Cidadã, também chamada de Constituição Primavera:

> São reconhecidos aos índios sua organização social, costumes, línguas, crenças e tradições, e os direitos originários sobre as terras que tradicionalmente ocupam, competindo à União demarcá-las, proteger e fazer respeitar todos os seus bens.

E seguem seus parágrafos onde a palavra "terras" aparece em cada um deles:

> § 1º – São terras tradicionalmente ocupadas pelos índios as por eles habitadas em caráter permanente, as utilizadas para suas atividades produtivas, as imprescindíveis à preservação dos recursos ambientais necessários a seu bem-estar e as necessárias à sua reprodução física e cultural, segundo seus usos, costumes e tradições.

[11] Título VIII, Capítulo VIII da CF/88.

[12] In: https://www.youtube.com/watch?v=TYICwl6HAKQ. Convido à leitura do texto da antropóloga Manuela Carneiro da Cunha, In: http://www.scielo.br/scielo.php?script=sci_arttext&pid=S0101-33002018000300429, que nos conta os bastidores da elaboração do texto constitucional de 1988.

§ 2º – As terras tradicionalmente ocupadas pelos índios destinam-se a sua posse permanente, cabendo-lhes o usufruto exclusivo das riquezas do solo, dos rios e dos lagos nelas existentes.

§ 3º – O aproveitamento dos recursos hídricos, incluídos os potenciais energéticos, a pesquisa e a lavra das riquezas minerais em terras indígenas só podem ser efetivadas com autorização do Congresso Nacional, ouvidas as comunidades afetadas, ficando-lhes assegurada participação nos resultados da lavra, na forma da lei.

§ 4º – As terras de que trata este artigo são inalienáveis e indisponíveis, e os direitos sobre elas, imprescritíveis.

§ 5º – É vedada a remoção dos grupos indígenas de suas terras, salvo, ad referendum do Congresso Nacional, em caso de catástrofe ou epidemia que ponha em risco sua população, ou no interesse da soberania do País, após deliberação do Congresso Nacional, garantido, em qualquer hipótese, o retorno imediato logo que cesse o risco.

§ 6º – São nulos e extintos, não produzindo efeitos jurídicos, os atos que tenham por objeto a ocupação, o domínio e a posse das terras a que se refere este artigo, ou a exploração das riquezas naturais do solo, dos rios e dos lagos nelas existentes, ressalvado relevante interesse público da União, segundo o que dispuser lei complementar, não gerando a nulidade e a extinção direito a indenização ou a ações contra a União, salvo, na forma da lei, quanto às benfeitorias derivadas da ocupação de boa-fé.

§ 7º – Não se aplica às terras indígenas o disposto no art. 174, §§ 3º e 4º. (grifei)

O artigo 232 da CF/88 garante a intervenção do Ministério Público nos processos judiciais em que são partes os indígenas ou as comunidades indígenas, extinguindo o regime tutelar.

Em princípio, pode parecer estranho reconhecer direitos aos descendentes das pessoas que aqui já viviam originariamente, de forma livre e autônoma. Em perspectiva, porém, somente a distopia inaugurada pela invasão portuguesa poderia justificar esse aparente contrassenso. Uma ruptura imposta que representou para os humanos que aqui estavam o final do mundo.

Embora a Constituição vigente reconheça aos indígenas o direito originário às terras, isto é, direito que antecede ao próprio Estado, o imbróglio da demarcação está sempre a merecer reflexões dos mais diversos matizes.

A primeira e mais lamentável percepção nos leva a constatar que demarcar terras indígenas e protegê-las em benefício do indígena constitui um anátema nacional. Uma maldição da qual não conseguimos nos desfazer na vida real. Talvez o primeiro passo para suplantar tal sina é reconhecer que ela existe como uma das raízes da desigualdade social.

Mas dissemos acima que o Estatuto do Índio, em 1973, estabeleceu prazo de cinco anos para que o poder público procedesse à demarcação das terras indígenas. Não funcionou. Novo prazo se abriu por força do artigo 67 do ADCT – Ato das Disposições Constitucionais Transitórias, com outros cinco anos contados da promulgação da Carta Constitucional, ou seja, até 1993. Não funcionou. Estamos vivendo a pandemia do coronavírus, no ano de 2021, que dilacera o abismo entre as humanidades, expondo os indígenas a vulnerabilidades sanitárias adicionais.

Os prazos normativos para as demarcações não foram respeitados. Longe disso, o governo que hoje se encontra no poder declara-se abertamente contra a política de demarcação, descumprindo o mandamento constitucional e desmontando, deliberadamente, as conquistas que os povos autóctones obtiveram nas últimas décadas: "...no que depender de mim, não tem mais demarcação de terra indígena..."[13]

Eis que no meio ao caos histórico, há experiências luminosas que devem ter nascido de ideais para adiar o fim do mundo, parafraseando Ailton Krenak. Acontecimentos que nos revelam duas dobras fundamentais sobre o tema: (1) a justeza evidente da causa indígena, com sua potência de tradições e de resistência; e (2) o tamanho da ignorância dos não-indígenas que ainda precisamos (querer) aprender a dialogar com os universos do "outro", usando o coração para uma escuta aberta, responsável, honesta e humilde.

Abaixo, apenas para ilustrar, cito alguns episódios que podem representar uma flecha no contrafluxo do legado perverso.

> (1) Uma jornada para adiar o fim do mundo que teve, nos séculos XIX e XX, a participação de pessoas como o homem miscigenado Marechal Cândido Rondon, como os irmãos Orlando, Claudio e

[13] Frase de Jair Bolsonaro, 5/11/2018, em entrevista ao programa Brasil Urgente da TV Bandeirantes.

Leonardo Villas-Bôas e como o antropólogo Darcy Ribeiro, e tantos outros e outras que trabalharam na criação do Parque Nacional do Xingu (MG/1961), primeira terra indígena homologada pelo poder público;

(2) A matemática e antropóloga indigenista Manuela Carneiro da Cunha, aluna de Claude Lévi-Strauss, professora da Universidade de Chicago, fundou o Núcleo de História Indígena e do Indigenismo da Universidade de São Paulo, milita pela demarcação de terras indígenas até os dias de hoje. O antropólogo e pesquisador Eduardo Viveiros de Castro, também aluno de Claude Lévi-Strauss, contribuiu com estudos que desvelaram aspectos preciosos e ainda recônditos dos povos ameríndios;

(3) Na cena cultural artística, a pesquisadora, mestre em antropologia social, Sandra Benites, da etnia Guarani (MS), foi a primeira curadora indígena contratada por uma instituição de arte no Brasil, em 2019. Sandra compõe a curadoria do Museu de Arte de São Paulo – MASP e coordenou a exposição Dja Guata Porã: Rio de Janeiro Indígena, no Museu de Arte do Rio em 2017/18;

(4) Os artistas visuais Jaider Esbell, da etnia Macuxi (RR), falecido em novembro de 2021; Denilson Baniwa, da etnia Baniwa (AM), Gustavo Caboco, da etnia Wapichana (RR) e Daiara Tukano, da etnia Tukano (AM) usam a força das suas identidades e a consciência de suas existências nas suas produções artísticas, tentando reconfigurar diálogos possíveis entre os mundos. Essa expressão que se move por meio da potência das tradições, da criação e da ancestralidade tem como protagonistas jovens artistas indígenas que se organizam em coletivos de arte indígena tais como o grupo Tamain, que concentra diversas etnias do Ceará, e o grupo Mahku, composto pelos Huni Kuin, do Acre, para citar apenas dois dentre tantos que desenvolvem o fazer artístico nas mais variadas vertentes;

(5) A musicista, compositora e pesquisadora cearense Marlui Miranda, vencedora do Prêmio da Música Brasileira em 2015, é referência internacional em música indígena. Desde a década de 1970, Marlui resgata signos da cultura indígena junto com algumas etnias, ressignificando espaços culturais historicamente referenciados à cultura europeia, como o Teatro Amazonas, palco que a recebeu em 1979, quando a música indígena era muito pouco difundida:

> "Cantei uma canção Suruí com o jeito Suruí de cantar. E foi um negócio bem violento, foi xingação, palavrão. Bastante agressivo.

> Mas eu parei no meio da música e falei assim: 'Quero que levante o primeiro que não tenha sangue indígena'. Ficou um silêncio. Aí parou um pouco. Depois que falei isso, chorei. Entrei num palco que só recebia ópera e músicos conhecidos. Era um lugar proibido para a música indígena."[14]

Marlui Miranda nos ensina que o processo de cristianização dos indígenas impacta a música ancestral na medida em que desborda para a perda de conhecimentos tradicionais no campo do sagrado, das atividades de pajelança/xamanismo. Portanto, criar espaços de preservação e divulgação da música indígena representa a possibilidade do exercício de direitos culturais para além da expressão musical;

(6) No campo linguístico, a pesquisadora Cristina Martins Fargetti, organizadora da obra coletiva *"Abordagens sobre o léxico em línguas indígenas"*[15], nos fala da importância de as comunidades decidirem sobre a escrita de suas línguas nos registros lexicográficos, para que possam ser compreendidas não apenas pelo pesquisador, mas, sobretudo, pelos falantes dessas línguas originalmente ágrafas;

(7) A fotógrafa suíça brasileira, Claudia Andujar, há muitas décadas milita com seu olhar sensível pela valorização da etnia Yanomami. Ela afirma que "os Ianomami estão marcados para viver e não para morrer";

(8) Esse sentimento de vida que pulsa é ratificado pela primeira mulher Cacique do Brasil. Maria de Lourdes da Conceição Alves, conhecida como Cacique Pequena, foi escolhida por sua comunidade, da etnia Jenipapo-Kanindé, (CE), como líder de sua aldeia, em 1995:

> "Somos um povo originário. Somos um povo forte e resistente e estamos resistindo até os confins do mundo enquanto vivermos nessa Terra. Enquanto eu existir e enquanto Pai Tupã não me levar, sempre estarei aqui sendo guerreira."

Reconhecida como Mestre da Cultura e Mestre da Mata, Cacique Pequena acompanhou o processo de demarcação das terras de sua etnia, concluído em 2011;

[14] In: https://amazoniareal.com.br/ha-38-anos-marlui-miranda-foi-vaiada-por-cantar-musica-indigena-no-teatro-amazonas/.

[15] Fargetti, Cristina Martins (org.). (2012). *Abordagens sobre o léxico em línguas indígenas.* Campinas, SP: Editora Curt Nimuendajú.

(9) Embora de linhagens étnicas distintas, Cacique Raoni Caiapó (MT), Mário Juruna Xavante (MT), Xamã Davi Kopenawa (AM), Daniel Munduruku (PA), a voz feminina de Sonia Guajajara (MA) e tantas outras personalidades, juntas, fisicamente ou não, fazem parte da resistência endógena aos povos originários, numa imensa rede de fitas coloridas que se redesenha ao longo do tempo, mostrando que esses povos, embora em número muito menor hoje do que em 1500, estão muito vivos. Sob riscos diversos, mas muito vivos.

> "...Deixa o tatu-bola no lugar. Deixa a capivara atravessar. Deixa a anta cruzar o ribeirão. Deixa o índio vivo no sertão. Deixa o índio vivo nu. Deixa o índio vivo. Deixa o índio..."
> Borzeguim, Tom Jobim (1981)

Ainda que reconhecido como originário pela Constituição Federal em vigor, o exercício do direito dos indígenas sobre suas terras, demarcadas ou não, sofre ameaças constantes como desmatamentos e invasões. No campo normativo não é diferente. A tese do marco temporal, discutida no caso Raposa Serra do Sol, no Supremo Tribunal Federal e defendida pela bancada ruralista no parlamento, aniquila o conceito de direito originário, pois fixa o ano de 1988 como base de ocupação para pleitos de demarcações. A tese é inconstitucional. Admiti-la como repercussão geral é retroceder mais uma vez e negar a possibilidade pedagógica que a história nos oferece como nação e como humanos de reparar.

Outros perigos importantes são a Proposta de Emenda à Constituição – PEC 215 e o Projeto de Lei – PL 490/2007, que visam transferir para o poder legislativo a atribuição de demarcação dos territórios indígenas. A manipulação normativa à revelia do comando constitucional em detrimento, mais uma vez, dos povos historicamente oprimidos mostra-se uma prática na nossa história.

Ainda no mesmo sentido, o PL 2633/2020, conhecido como PL da Grilagem, flexibiliza a regularização de terras da União. O texto foi aprovado em regime de urgência, 03/08/2021, pela Câmara Baixa (296 votos a 136), sem prévia consulta à sociedade e sem passagem pelas comissões técnicas da Casa, em meio à crise sanitária do COVID 19.

A norma, caso aprovada de forma plena, estimulará os conflitos fundiários por grilagem, desmatamentos e confrontos aos povos indígenas.

O Projeto de Lei – PL 191/2020 também constitui um ataque abjeto aos direitos dos indígenas na medida em que visa regulamentar o § 1º do artigo 176 e o § 3º do artigo 231 da Constituição Federal/88, estabelecendo condições para exploração de pesquisa e lavra de recursos minerais, hidrocarbonetos e aproveitamento de recursos hídricos em terras indígenas por não indígenas.

A tentativa de regularização da atividade de garimpo em terras indígenas afronta o artigo 231, § 7º da CF/88 e assombra a proteção e o respeito às terras indígenas.

A demarcação é uma necessidade lógica na tentativa de reparação histórica porque as terras foram invadidas, foram assaltadas. Não é argumento de difícil compreensão. Ao contrário. A demarcação é um direito de base constitucional, um direito originário que já foi reconhecido constitucionalmente. Não há, na estrutura hierárquica normativa do Estado, regramento maior do que a Constituição Federal que possa reconhecer tal direito com tamanha força. Em quanto tempo a administração pública fará a demarcação? Quais os interesses por trás desse quadro? Garimpagem, grilagem, mineração, madeireiras, ruralistas?

Reconhecer é ter por legítimo, admitir como bom, legal ou verdadeiro[16]. Portanto, o texto constitucional teve por legítimos direitos culturais, como costumes, línguas, crenças e tradições dos indígenas. Também teve por legítimos seu modo de organização social e os direitos reais sobre aquelas mesmas terras habitadas por seus antepassados ao tempo da invasão. Não à toa, a palavra "terras" é citada oito vezes no artigo 231 da CF/88. O sistema de proteção desenhado no texto constitucional está entrelaçado à questão territorial como uma teia de aranha. Um fio cortado, a teia se deforma. Sem demarcação, as proteções às identidades não têm como se operacionalizar.

Para o indígena essa teia acontece no espaço chamado terra indígena. Para o não-indígena, não. Em teoria, ao não-indígena, o exercício dos direitos culturais estaria garantido independentemente das questões de demarcação de terras. A terra para o não-indígena representa um bem material, um capital, um objeto, um patrimônio, um recurso, um ativo, no sentido de *res* – coisa. Para o indígena, a terra representa um sujeito.

[16] Dicionário Houaiss da Língua Portuguesa, verbete "reconhecer".

Imperaria, mais uma vez, o cinismo dentro do que poderíamos chamar de uma "luminosa conquista"? Afinal de contas, por que motivo é tão difícil demarcar? Como a história marcha em espirais, estaríamos no século XXI, novamente, diante da sanha opressora, da ambição revestida de desenvolvimento que visa a expansão de negócios e o exercício de mais poder a qualquer custo?

O indígena nos revela, há mais de 500 anos, que existe sociedade sem Estado e que existe um modelo de viver fora do capitalismo. Ponto. É uma simples constatação. Está dado. Não há nada de mais ou de menos nesse fato e sobre ele não se propõe qualquer juízo de valor ou qualquer tentativa de padronização das organizações sociais. Como afirma o antropólogo Gersem Baniwa, da etnia Baniwa (AM), sobre o entre-lugar do indígena na História *"...as sociedades indígenas não atendem às exigências da sociedade moderna...são não-cumulativistas, portanto, não enquadráveis pelo mercado."*[17]

Não se ouve falar que a atuação de agrupamentos indígenas sobre a Terra ou sobre as terras tenha sido devastadora de ecossistemas ou que suas atividades geraram a extinção de alguma espécie ou a poluição de rios ou mesmo que tenham interferido negativamente sobre as paisagens.

A demarcação das terras indígenas não é aresta contra o desenvolvimento. Ao contrário, modernamente, o conceito de sustentabilidade está sendo substituído pelo conceito de regeneração, nas mais diversas áreas da vida humana[18]. O "sustentável" é questionado pelo relógio que não retrocede. A regeneração seria o novo caminho. Fala-se em economia regenerativa, capitalismo regenerativo, agricultura regenerativa, justiça regenerativa. Os indígenas detêm o conhecimento e o modelo de vida que regenera a terra, enquanto corpo ou organismo cósmico que precisa de cuidados sinceros e cura. São naturais guardiões da Pachamama, de Gaia, da Mãe Terra, com quem travam uma íntima e familiar relação.

As atividades empresariais do "povo da mercadoria" sofrem exigências que intencionam colocar em equilíbrio as forças capitalistas de mercado e o modo como as corporações administram seus riscos ambientais,

[17] In: https://www.youtube.com/watch?v=xl4-FGQXsBc&t=213s Palestra "Pensamento Ocidental e Cosmologias Ameríndias" com Renato Sztutman, Gersem Baniwa e mediação de Paul Heritage, realizada no Sesc Vila Mariana, 2016, como parte da programação do seminário Utopia 500 anos.

[18] Cf. John Elkington.

sociais e de governança (selo ESG). Até que ponto essas medidas adiariam o fim do mundo? A energia da pulsão vital dos povos originários estaria sobre o tabuleiro desse jogo uma vez mais? Em qual posição? Estaríamos diante de uma dobra no gráfico do aprendizado histórico? O *"antropoceno assinala o fim do Ocidente como guardião do universal"*, como apregoa Viveiros de Castro? Quem sabe não existirá mais o pacto social como o conhecemos?...Até lá, é preciso demarcar.

> "Um índio descerá de uma estrela colorida, brilhante. De uma estrela que virá numa velocidade estonteante, e pousará no coração do hemisfério sul, na América, num claro instante. Depois de exterminada a última nação indígena, e o espírito dos pássaros, das fontes de água límpida, mais avançado que a mais avançada das mais avançadas das tecnologias. Virá. Impávido que nem Muhammad Ali. Apaixonadamente como Peri. Tranquilo e infalível como Bruce Lee. O axé do afoxé Filhos de Gandhi. Virá.
>
> Um índio preservado em pleno corpo físico. Em todo sólido, todo gás e todo líquido. Em átomos, palavras, alma, cor, em gesto, em cheiro, em sombra, em luz, em som magnífico. Num ponto equidistante entre o Atlântico e o Pacífico. Do objeto-sim resplandecente – descerá o índio. E as coisas que eu sei que ele dirá, fará, não sei dizer assim de um modo explícito. E aquilo que nesse momento se revelará aos povos, surpreenderá a todos não por ser exótico. Mas pelo fato de poder ter sempre estado oculto, quando terá sido o óbvio."
>
> Um índio, Caetano Veloso (1976)

2. Segunda opressão: aquela sobre o *Ser Trazido*

> "Quando eu morder a palavra, por favor não me apressem, quero mascar, rasgar entre os dentes, a pele, os ossos, o tutano do verbo, para assim versejar o âmago das coisas. Quando meu olhar se perder no nada, por favor, não me despertem, quero reter no adentro da íris, a menor sombra do ínfimo movimento. Quando meus pés abrandarem na marcha, por favor, não me forcem. Caminhar para quê? Deixem-me quedar, deixem-me quieta, na aparente inércia. Nem todo viandante anda estradas. Há mundos submersos que só o silêncio da poesia penetra."
>
> *Da calma e do silêncio*, Conceição Evaristo (2008).

A partir da segunda metade do século XVI, o grande motor que fez girar o Brasil da cana de açúcar, do ouro, do algodão e do café foi a força de trabalho dos negros e negras cativos.

Arrancados de seus lares, principalmente após o declínio das populações ameríndias[19], os escravizados eram componente fundamental na engrenagem colonialista onde a opressão era pressuposto no comércio e no tráfico de pessoas, compreendidas e tratadas em regime de desumanidade institucionalizada. Ao contrário do indígena, que era nômade ou seminômade, o africano dominava técnicas de cultivo da terra e de manejo com metais, que impulsionaram a agricultura e a mineração.

Usar termos como "cadeia de negócios no comércio de pessoas" é deveras agressivo. Assim, corrigindo o pensamento, impregnando-o de valor, o justo seria dizer: *Ao lado disso, o violento comércio de pessoas,* per se, *era considerado uma atividade muito rentável, embora desumana, para os que dominavam essa nociva cadeia de negócios, de ponta a ponta.*

Apesar de o continente africano ter sofrido fluxos de migração compulsória de seus habitantes para outras partes do mundo, o tráfico atlântico foi o movimento mais devastador, envolvendo aproximadamente 12,5 milhões de seres humanos[20].

Dizer que o Brasil é a maior nação africana fora da África justifica-se pela quantidade de escravizados que aqui aportaram. De cada dez africanos arrancados de suas terras, quatro eram trazidos para o Brasil, na condição de objetos introduzidos, legal ou ilegalmente. Muitos morreram na travessia do horror. Ou seja, quase metade da diáspora africana veio para terras brasileiras.

Os quase quatro séculos de escravização levam-nos a muitas considerações. Algumas delas são na busca de identificar quais as acentuações no curso do nosso lento aprendizado histórico. Uma delas refere-se, assim como na questão dos povos originários, ao aspecto da diversidade.

[19] Segundo Viveiros de Castro, a população ameríndia, em 1500 era maior do que a europeia, girando em 100 milhões de pessoas, do Alasca à Terra do Fogo, organizada em estruturas de maior ou menor complexidade. Em 150 anos, essa população foi dizimada em 95%, notadamente por doenças trazidas pelo europeu contra as quais os nativos não tinham imunidade.

[20] Cf. artigo de Roquinaldo Ferreira em *Dicionário da Escravidão e Liberdade*. Org. Lilia M. Schwarcz e Flávio Gomes, 1ª edição, São Paulo: Companhia das Letras, 2018, p. 51 e ss., verbete – África durante o comércio negreiro.

No caso dos povos originários, a diversidade estava posta, existindo como realidade constituída na terra invadida. De outro lado, a diversidade manifestada dentro dos navios negreiros foi constituída pela prática da utilização da mão de obra escravizada, no processo de colonização. Não foi ideia consciente do colonizador trazer negros de origens diversas. O europeu entendia estar "apenas" transportando "coisas", "peças" de um grande sistema produtivo. O fato de aquelas "pessoas-mercadorias" serem "pessoas-pessoas" e possuírem identidades culturais distintas não era uma questão. Pode-se dizer que outros fluxos migratórios, sobretudo no período pós-abolição e na fase de industrialização do Brasil, também acrescentaram à gente brasileira, em alguma medida, um componente de diversidade, embora não façam parte do recorte ora proposto, no sentido de gênese de um povo que chamamos de brasileiro.

Os tumbeiros que deixavam a costa africana rumavam oeste, impulsionados por ventos de dor e sofrimento. Como se davam essas travessias do medo? Quem eram as pessoas amontoadas nos porões violentos e insalubres das naus? Vinham de quais reinos? De quais identidades? Quais eram suas tradições e suas perspectivas de mundo? São perguntas que nos atormentam hoje, enquanto vivemos em dívida com a maioria (minorizada) de seu povo, pois 54% da população brasileira constitui-se de pardos e negros[21]. É, no mínimo, estranha a ausência de representação negra em lugares de poder num Estado dito *democrático*, de população de maioria negra. Algo está fora de ordem...ainda.

As atuais e caóticas questões de ocupação urbana e de terras rurais, o mapa dos encarceramentos, o histórico de feminicídios, enfim o retrato falado da nossa teia social nos diz, ou melhor, nos grita verdades históricas que não podem mais ser ocultadas ou dissimuladas.

No início desta narrativa, recordo nosso pano de fundo: o dramático cenário do Piauí do século XVIII. Naquele contexto, é necessário reconhecermos a memória de alguém que transcendeu sua condição pela potência de sua personalidade. Esperança Garcia, negra escravizada, simbolicamente a primeira advogada brasileira, a quem é atribuído o documento mais antigo de reivindicações de uma mulher cativa a uma autoridade[22].

[21] Dados do IBGE.

[22] A carta de Esperança Garcia foi descoberta pelo historiador Luiz Mott e transformou-se em um projeto encampado pela OAB-Piauí. Cf. a obra de cunho histórico e jurídico, *Dossiê Esperança Garcia: símbolo de resistência na luta pelo direito*. Org. Maria Sueli Rodrigues de Sousa

O manuscrito de Esperança Garcia nos possibilita desdobrar o tempo, numa contação não linear, para nos afastarmos do "*perigo de uma história única*", como nos alerta a professora nigeriana Chimamanda Ngozu Adichie.

Em 1770, Esperança Garcia escreve uma carta-petição, endereçada ao governador da Capitania de São José do Piauí, (1) denunciando maus-tratos por parte do capitão Antonio Vieira do Couto a ela, a seus filhos e a seus pares; (2) alegando que ela e outras companheiras precisavam se confessar; (3) pedindo para batizar crianças e (4) suplicando que voltasse a viver na mesma fazenda que seu marido, de onde fora removida.

O primeiro fato que nos chama atenção é sua incomum condição de alfabetizada. O censo de 1872 evidencia que apenas 15,7% da população brasileira era letrada[23]. Ou seja, um século após Esperança ter escrito sua missiva, a totalidade dos alfabetizados no Brasil era ainda diminuta.

Somam-se a isso dois fatores que fazem a situação ainda mais singular: sua condição de mulher e seu status jurídico de escravizada, i. e., uma não-pessoa ou um não-sujeito de direitos. Para agravar as circunstâncias, havia a postura polêmica da Igreja quanto ao regime de escravização e sua relação com a Coroa. Esperança transcende todo esse quadro de opressão no seu petitório.

Outro ponto marcante é que sua estratégia embora intuitiva era "antropofágica", no sentido modernista que o termo vem adquirir mais tarde, no século XX. Esperança articula, com maestria, elementos culturais (religiosos e jurídicos) que lhe foram impostos pelo dominador, absorvidos por ela e utilizados em benefício próprio e de terceiros.

A carta de Esperança Garcia é rico material para o estudo do Direito nos seus diferentes matizes, sobretudo no sentido da luta pelo direito, da reconstrução da memória negra, como direito cultural no mosaico da pluralidade brasileira, haja vista o preâmbulo da Constituição Federal de 1988 (cujo conteúdo, quero crer, ainda tem valor).

[et al.]. Teresina: EDUFPI, 2017. Esperança Garcia é verbete na *Enciclopédia Negra,* de Flávio Gomes, Jaime Lauriano e Lilia Schwarcz, editada pela Companhia das Letras: São Paulo, 2021, p.187.

[23] Cf. artigo de Maria Cristina Cortez Wissenbach em *Dicionário da Escravidão e Liberdade.* Org. Lilia M. Schwarcz e Flávio Gomes, 1ª edição, São Paulo: Companhia das Letras, 2018, p. 292 e ss., verbete – Letramento e escolas.

Duzentos e cinquenta anos nos separam de Esperança Garcia. As representações que nos parecem distantes, na verdade estão bem presentes. Como afirma Lilia Schwarcz[24], "a escravidão se infiltrou no Brasil de todas as maneiras...isso não é só herança, nós temos atuado grandemente no sentido de recriar o racismo no Brasil." Se estivermos de acordo com essa premissa, o que fazer para mudar o curso dessa recriação amaldiçoada?

Se mantivermos abordagens acadêmicas alegadamente neutras, reforçando ideias naturalizadas, mitológicas, ignorantes ou conformadas em relação ao brutal regime de relações entre seres humanos, não conseguiremos tomar consciência dos mundos vividos hoje, pelos descendentes dos negros no Brasil. A elaboração atenta dessas realidades nos permite uma cognição minimamente convergente ou pelo menos aberta a reparar a história, em ações concretas e positivas, no campo simbólico e material. A adoção do sistema de cotas, ainda criticado por parcelas da população, é uma ação afirmativa de valor, fruto não apenas de uma lição reservada pela história, mas da luta pela reparação.

A recriação do racismo referido por Lilia Schwarcz nos fará sucumbir mais um século no fosso da desigualdade social que faz do Brasil um país injusto? Vamos ficar recitando (no meio de tantos mitos) o mito da democracia racial, repetindo que o Brasil é a junção harmônica de três raças? O viés econômico da injustiça social não se dá como categoria isolada. Dá-se, na verdade, transversalmente, impondo estudos de gênero e raça, compreendidos nas suas variadas acepções e complexidades, para entender a dinâmica das representações na pirâmide social, de modo interseccional.

Antes, contudo, de passearmos pela interseccionalidade, pergunto-me em que medida e de que maneira as questões raciais são abordadas dentro dos cursos de Direito. Estou certa de que o papel dos operadores do direito é fundamental para um câmbio de cenário. Inúmeros conflitos submetidos à apreciação judicial, quer de impacto individual, quer de repercussão coletiva, exigem um olhar minimamente treinado para enxergar os caminhos históricos de formação da nossa sociedade sem os véus dos antagonismos em equilíbrio. Caso contrário, estaremos repe-

[24] Trecho do episódio do podcast da Folha de São Paulo, "Ilustríssima Conversa", 11 de junho de 2018, disponível no Spotify.

tindo padrões de séculos passados sem nos darmos conta que esse processo é patológico e nos adoece enquanto sociedade.

Minha formação acadêmica, do finalzinho do século XX, estava mais preocupada em debater juspositivismo e jusnaturalismo. Mas não havia senso de espaço, nem de urgência para estudar as contradições ou complementariedades entre Gilberto Freyre, Florestan Fernandes, Abdias Nascimento e Milton Santos, por exemplo. Por que não estudar a trajetória de Luiz Gama e de Esperança Garcia nos cursos de Direito ainda que inseridos nas questões de direito natural e direito positivo, se assim quiserem? Teria sido uma conformação minha de aluna que se mantinha nos padrões? Ou a academia estava, ela mesma, enquadrada num mundo que naturalizava "o invisibilizar" das questões de raça e das pessoas negras nos lugares de produção do conhecimento? Quem sabe, um misto dos dois?

Na tentativa de desnudar o tema, o conceito de interseccionalidade aparece pujante, luminoso e necessário. Meu interesse primeiro por assuntos da negritude não é recente[25]. Deu-se de maneira intuitiva e assistemática. Recentemente, num caminhar mais epistemológico e mais sociológico do que jurídico, li o *Pequeno Manual Antirracista,*[26] de autoria da pesquisadora Djamila Ribeiro, que apresenta uma nova proposta de enfrentamento prático do racismo estrutural, que acomete nossa sociedade e do qual devemos nos envergonhar. Conhecimento, abertura e compromisso crítico numa linguagem fácil. Não à toa a obra figura na lista dos livros mais vendidos no Brasil, fato que, por si, parece uma inflexão positiva na curva do nosso aprendizado histórico, por ser uma obra de autora negra, que nos ensina sobre racismo e é bastante apreciada no país e fora dele[27]. O coletivo de edições Feminismos Plurais, coordenado pela mesma autora, compila autores necessários para a compreensão do racismo no Brasil, com nomes relevantes como Silvio Almeida e Carla Akotirene.

[25] Deu-se por meio do interesse nas religiões de matriz africana, com participação do Babalorixá Lúcio Flávio Ajila Zambi de Obalouayê e da Ialorixá D Isabel de Oxum.

[26] Cf. *Pequeno Manual Antirracista.* Djamila Ribeiro, 1ª Edição – São Paulo: Companhia das Letras, 2019.

[27] Numa perspectiva literária e num tempo-espaço mais remoto, Machado de Assis foi embranquecido para poder ocupar o espaço e depois escurecido para enfim ser colocado no seu espaço.

Desse solo, foi puxado o fio potente e eloquente da intelectualidade negra contemporânea, que reverencia muitas personalidades que pavimentaram os caminhos tempos antes. Da princesa-guerreira Aqualtune, avó de Zumbi, passando por Tereza de Benguela, numa linhagem de luta histórica, destaca-se a figura mais recente de Lélia Gonzalez[28] (1935-1994), cuja trajetória de vida parece uma alegoria a engendrar uma série de aspectos da condição da mulher negra no Brasil.

Doutora em antropologia política e uma das pioneiras a estudar culturas negras no país, Lélia Gonzalez era a décima sétima filha de mãe indígena e pai negro. Se apaixona por um descendente de espanhóis (daí o sobrenome Gonzalez) que se suicida após anunciar à sua família o desejo de casar-se com Lélia.

Seus conceitos de interseccionalidade e amefricanidade são fundamentais para o desbravamento das contradições brasileiras. Contudo, o pensamento de Lélia Gonzalez, assim como o de outras autoras e autores negros não é devidamente difundido nas academias. Por qual razão esses pensadores não são estudados? Por qual motivo não são considerados nas construções intelectuais de compreensão da nossa estrutura social? Se o direito é feito de fato, valor e norma, como excluir da malha jurídica a contribuição do pensamento negro? Estaríamos diante da recriação contemporânea do racismo no Brasil que interdita o negro nos espaços de produção de conhecimento? Estaríamos a reproduzir uma história de narrativa única e anacrônica, correndo atrás do próprio rabo? Seria preciso descolonizar nosso imaginário?

As universidades devem ser, por excelência, lugares de expressão de pluralidades e racionalidades capazes de colocar em perspectiva as estruturas do pensamento, capazes de permitir e construir os meios para entender as humanidades.

É possível perceber as muitas diferenças entre as histórias de Esperança Gracia e Lélia Gonzalez. Mas as semelhanças cruzam-se no terreno infértil da aniquilação da possibilidade humana de amar e ser amada. Duas mulheres negras, vítimas de um sistema opressor que se adapta a cada tempo, numa forma de perenizar-se.

A abolição formal do regime de escravização de pessoas negras no Brasil deu-se de modo gradual e lento; num ambiente de contradições

[28] Há diversos vídeos disponíveis no YouTube sobre a professora Lélia Gonzalez.

internas e pressões externas. Ao mesmo tempo em que as ideias abolicionistas se robusteciam e as barganhas políticas se desenhavam, os contrapontos das teorias raciais deslocavam a questão da desigualdade entre as gentes para o ambiente da biologia.

Entre 1850 a 1888, tivemos: (a) Lei Eusébio de Queirós, interditando o tráfico ultramarino[29]; (b) Lei do Ventre Livre, que libertava recém-nascidos; (c) Lei do Sexagenário, libertava os acima de 60 anos após três anos adicionais de trabalho escravo; (d) Lei Áurea, que pôs fim ao regime de propriedade de uns sobre os outros. O Brasil foi o último país das Américas a abolir o escravagismo[30].

Como bem apontam os estudos sobre o tema, em determinado período, na sociedade brasileira conviviam negros cativos, negros alforriados, negros fugitivos quilombolas, negros nascidos sob a lei do ventre livre, enfim, um complexo conjunto de *status* e relações, com repercussões as mais variadas.

Como explica a autora e professora Angela Alonso, sobre o final da tramitação da abolição no sistema político, "foi uma solução de compromisso. Os abolicionistas aprovaram sua demanda central, abolição sem indenização. Mas os escravistas garantiram que a lei viesse sem direitos para os libertos e sem a pequena propriedade – os outros pés da democracia rural."[31]

O pós-abolição prometia realizar a inclusão dos ex-escravizados, promovendo o acesso a direitos e condições compatíveis com o novo *status* jurídico adquirido, como, por exemplo, sua introdução ao trabalho remunerado[32] e um programa de reforma agrária. Contudo, é possí-

[29] Inglaterra extinguiu o tráfico atlântico em 1807, seguida da Franca, Holanda e Espanha.

[30] A revolução do Haiti (1791-1804), a Revolta dos Malês (1885) e a resistência do Quilombo dos Palmares (aproximadamente 1605-1695) merecem especial atenção na luta dos escravizados por liberdade. Apenas para ilustrar: Colômbia e Equador aboliram o sistema em 1851, Argentina em 1853, Peru e Venezuela em 1854. Porto Rico em 1873, Cuba 1886 e Brasil 1888.

[31] Cf. *Dicionário da Escravidão e Liberdade*. Org. Lilia M. Schwarcz e Flávio Gomes, 1ª edição, São Paulo: Companhia das Letras, 2018, p. 358 e ss., verbete – *Processos Políticos da Abolição*, Angela Alonso.

[32] Como anota Florestan Fernandes, na obra *A integração do negro na sociedade de classes: "A desagregação do regime escravocrata e senhorial se operou, no Brasil, sem que se cercasse a destituição dos antigos agentes de trabalho escravo de assistência e garantias que os protegessem na transição para o sistema de trabalho livre. Os senhores foram eximidos da responsabilidade pela manutenção e segurança dos libertos, sem que o Estado, a Igreja ou qualquer outra instituição assumisse encargos especiais, que ti-*

vel afirmar que ainda vivemos o período pós-abolição. São 133 anos de extinção do regime contra 358 anos de escravização[33]. Ignorância, violência, preconceito e discriminação que compõem o racismo como um traço complexo na nossa sociedade, que cria vulnerabilidades e poder, como aponta Silvio Almeida. A naturalização dos comportamentos cotidianos, conscientes e inconscientes, estrutura nossa teia social sobre os alicerces do racismo. As inflexões na curva do aprendizado ainda não se perfizeram, tampouco as políticas de reparação. Os dados do Mapa da Violência[34] falam por si, retratando um mundo que (ainda) separa as humanidades em configurações hierárquicas que parecem ter ficado no passado, mas estão dentro das nossas casas internas e concretas.

No que toca o aparato legislativo pós-abolição, uma breve linha do tempo nos mostra o seguinte:

> (a) O Código Penal (DL2848/1940) previa originalmente, em seu artigo 140, o crime de injúria, sem caracterizar elementos relacionados a raça, cor, etnia ou origem. A lei 9459, apenas em 1997, introduz os traços em questão, *v.g.* "*Se a injúria consiste na utilização de elementos referentes a raça, cor, etnia, religião ou origem...*"[35], com aumento da pena prevista. Isto é, em 1940, meio século após a abolição, não havia previsão do tipo penal de injúria, vinculado aos marcadores de raça, cor, etnia e origem. Prevalecia, nesse período, ideias de uma suposta democracia racial[36].
>
> (b) A Lei Afonso Arinos (L1390/1951) é considerada a primeira lei antirracismo propriamente dita no Brasil. Editada 63 anos após a Lei

vessem por objeto prepará-los para o novo regime de organização da vida e do trabalho. (...) Essas facetas da situação (...) imprimiram à Abolição o caráter de uma espoliação extrema e cruel".

[33] Por volta de 1530, os primeiros africanos foram trazidos às terras brasileiras na condição de escravizados.

[34] In: https://www.ipea.gov.br/atlasviolencia/filtros-series. "Em 2016, a taxa de homicídios de negros foi duas vezes e meia superior à de não negros e a taxa de homicídios de mulheres negras foi 71% superior à de mulheres não negras", cf.: https://exame.com/brasil/os-dados-que-mostram-a-desigualdade-entre-brancos-e-negros-no-brasil/.

[35] Em 2003, a lei 10741 adiciona a proteção à pessoa idosa ou portadora de deficiência, no mesmo tipo penal.

[36] O jurista, intelectual, professor da FGV e Mackenzie, Silvio Almeida, disponibiliza várias palestras sobre temas que explicam o racismo estrutural e estruturante, sob as dimensões econômica, política e subjetiva; e os contrapontos dos conceitos de negritude e branquitude. Cf.: https://www.youtube.com/watch?v=PD4Ew5DIGr; https://www.youtube.com/watch?v=L15AkiNm0Iw; https://www.youtube.com/watch?v=4SxMmP-aT0M, entre outros.

Áurea, a norma teve sua criação motivada após a dançarina e coreógrafa afro-norte-americana, Katherine Dunham, ter sua hospedagem recusada num hotel em São Paulo por ser uma "mulher de cor". O incidente foi verbalizado pela artista, também antropóloga e militante do movimento negro, que se apresentava no Teatro Municipal da capital paulista, em julho de 1950.[37] O fato repercutiu negativamente no exterior e o governo reagiu com a promulgação do normativo que configurou atos de racismo como contravenção penal. É polêmica a aplicação da lei Afonso Arinos. Parece uma inflexão positiva no aprendizado oferecido pela história, mas está envolta a críticas de toda natureza[38]. Quando a imagem do país esteve em jogo, deu-se um passo. Teria sido um passo em falso? Ou foi necessário para o começo de uma conscientização?

(c) Em 1988, um século após a abolição do regime de escravidão, foi promulgada a Constituição Federal, hoje em vigor, inaugurando outra ordem jurídica. Seu artigo 3º seria o bastante para nos guiar na construção do que parecia uma quimera – *"Constituem objetivos fundamentais da República Federativa do Brasil: construir uma sociedade livre, justa e solidária; garantir o desenvolvimento nacional; erradicar a pobreza e a marginalização e reduzir as desigualdades sociais e regionais e promover o bem de todos, sem preconceitos de origem, raça, sexo, cor, idade e quaisquer outras formas de discriminação."* O repúdio ao terrorismo e ao racismo aparece no artigo 4º; e no esplendor literário do artigo 5º, o inciso XLII prescreve que *"a prática do racismo constitui crime inafiançável e imprescritível, sujeito à pena de reclusão, nos termos da lei".* O artigo 7º, XXX, proíbe distinção salarial por motivo de cor. Adiante, na seção da Cultura, artigo 215 e seguintes, o comando constitucional estabelece que o Estado protegerá as manifestações afro-brasileiras e institui o tombamento constitucional dos documentos e sítios que guardem reminiscências dos antigos quilombos.

[37] Cf.: https://brasil.elpais.com/brasil/2020-07-21/brasil-criou-1-lei-antirracismo-apos-hotel-em-sp-negar-hospedagem-a-dancarina-negra-americana.html. A reportagem do jornal EL País é muito elucidativa do pensamento daquele período histórico, com trechos de pronunciamentos quando a elaboração da lei Afonso Arinos.

[38] Sobre o tema, cf. o artigo "O antirracismo da ordem no pensamento de Afonso Arinos de Melo Franco", de autoria dos pesquisadores Monica Grin e Marcos Chor Maio.

(d) Em 1989, um ano após a promulgação da CF/88, foi sancionada a Lei 7716/89. Conhecida como Lei Caó[39], a norma estabelece como crime os atos previstos como contravenção penal pela Lei Afonso Arinos, ampliando conceitos, penas e regulamentando o artigo 5º, XLII, da CF/88, que carecia de legislação regulamentar.

(e) Em 2003, a Lei 10639 inclui no currículo oficial da rede de ensino a obrigatoriedade do estudo dos temas de História e Cultura Afro-Brasileira e prevê o dia 20 de novembro como Dia da Consciência Negra. A pequena ferramenta legislativa, com apenas dois artigos, é de grande importância se bem trabalhada nas redes pública e privada de educação. A norma precisa da conscientização dos agentes de educação para que possa concretizar todo o seu potencial transformador.

(f) Em 2010, nasce o Estatuto da Igualdade Racial (L12288). Esse momento aponta para um reconhecimento da existência do racismo enquanto um desafio a ser enfrentado pelo Estado. A norma sistematiza a questão racial, destinada *"a garantir à população negra a efetivação da igualdade de oportunidades, a defesa dos direitos étnicos individuais, coletivos e difusos e o combate à discriminação e às demais formas de intolerância étnica."* Apresenta o termo "população negra", estabelece a obrigatoriedade do ensino da história geral da África e da população negra no Brasil, propõe ações afirmativas, perpassando os diversos setores normatizados nos seus 65 artigos.

No racismo e em suas perspectivas interseccionais jazem as raízes fundantes das nossas desigualdades. Para dar conta de tamanha complexidade, o arcabouço legislativo há de ter operadores jurídicos capazes de pilotar a engenharia de justiça social que deita por trás do comando normativo. Sem o olhar treinado, o aparelho jurisdicional corre grande risco de reproduzir mais formas de racismo, não obstante a força da legislação e, ao mesmo tempo, usando a letra da lei. Como capacitar o sistema jurisdicional para cumprir esse papel transformador que lhe cabe enquanto função de Estado?

O ocultamento do caráter conflituoso da questão racial no Brasil estaria arrefecendo? Qual o papel de cada um de nós, nas atribuições profissionais ou no convívio familiar, no sentido de levantar esse tapete,

[39] O então deputado federal Carlos Alberto Oliveira – Caó e a então deputada federal Benedita da Silva foram os principais articuladores do consenso durante as discussões na casa legislativa.

sacudi-lo e enxergar o que lá repousa, o que lá repulsa, o que lá remexe? Esse tapete não pode mais ficar no lugar. Definitivamente. Os diversos modelos de racismo estão debaixo desse velho tapete que normaliza ou naturaliza configurações que forjam o funcionamento da nossa sociedade. É mais profundo do que se imagina porque carrega uma racionalidade delirante e patológica que atravessa as relações postas. Manifesta-se nas dimensões individual, institucional, recreativa, cultural, científica, epistêmica, enfim, manifesta-se, naturalizadamente, como estrutura.

O espetáculo da polarização que experimentamos no campo político atual interdita o debate racional das ideias e confina o cenário ao maniqueísmo do ganha-perde, ou das oposições cegas sem diálogo, evidenciando o que se chama de dissonância cognitiva *a priori*.

Que isso não nos impeça de nadar no contrafluxo e visibilizar os vastos campos do saber historicamente calado, para colhermos os frutos produzidos por mulheres negras, guardiãs de uma valiosa ancestralidade, produtoras de precioso conhecimento e símbolos de sobrevivência e resistência cultural como Aqualtune, Nzinga Mbandi, Mariana Bâ, Luiza Mahin, Tereza de Benguela, Dandara dos Palmares, Esperança Garcia, Lélia Gonzalez, Sueli Carneiro, Angela Davis, Beatriz Nascimento, Neuza Santos Souza, Carolina Maria de Jesus, Maria Felipa de Oliveira, Bell Hooks, Patricia Collins, Antonieta de Barros, Maria Firmina dos Reis, Christiane Taubira, Djamila Ribeiro, Tia Ciata, Thereza Santos, Alzira Rufino, Carla Akotirene, Mãe Senhora, Mãe Aninha, Mãe Menininha do Gantois, Mãe Stella de Oxossi, Vovó Cici, Mãe Carmen, Ligia Fonseca Ferreira, Laudelina de Campos Melo, Ana Maria Gonçalvez, Conceição Evaristo, Cidinha da Silva, Xica da Silva, Inaicyra Falcão, Aminata Traoré, Chimamanda Ngozi Adichie, Elizabeth Viana, Elsa Soares, Zezé Motta, Raquel Barreto, Ruth Cardoso, Chica Xavier, Toni Morrison, Maya Angelou, Erica Malunguinho e tantas e tantas outras...

> Odékomorodé
> Odékomorodé
> OdéArerê
> Odékomorodénímayó
> Odékomorodé Oníre!
> Canto de saudação a Oxóssi, Rei de Ketu[40].

[40] Gravada pela cantora Alcione para o documentário *Obatalá, O pai da criação*, disponível nas plataformas digitais.

3. Inconclusões: as inflexões no aprender

Começamos essa viagem narrativa na Capitania de São José do Piauí do século XVIII, numa colônia portuguesa chamada Brasil, cheia de conflitos de diversos matizes. Chegamos ao século XXI, justo no ano de 2022, no qual comemoramos a emancipação brasileira da Coroa Portuguesa, de 1822. Duzentos anos. Em que medida os conflitos atuais são diferentes daqueles de outrora? Ao que parece, alguns são bem diferentes, outros reproduzem-se.

Conforta-nos intuir que houve, sim, vetores positivos no aprender histórico. O fazer democrático que visa efetivar a justiça social e a dignidade da pessoa humana no estado de direito é diário, não tem destino, apenas estrada. A paisagem vista e (re)visitada é plural. Alguns afirmam que nossa democracia é muito jovem. De fato, trinta e quatro anos numa perspectiva histórica é curtíssimo tempo. De outro lado, a experiência global da pandemia do Covid-19 (2020) impôs transformações rapidamente absorvidas pelas humanidades, mais por umas do que por outras. Que a juventude da nossa democracia não seja autocomplacência para nossos equívocos.

O presente ensaio não é conclusivo. Apenas questiona a partir de um desejo de ampliar para incluir. Não para validar, pois a validação pressupõe a hierarquia ora posta em questão.

A opressão contra os povos nativos e contra os povos trazidos ecoa um som histórico e evidente. Nas pausas, repousam flores, ensinamentos valiosos dos mundos e das gentes. Insumos para regenerar as relações, para regenerar a Terra. A riqueza ultrajada no arco do tempo não volta: serve de espelho. O futuro que brota a cada dia é a alegoria real da natureza criada e recriada por todas as lendas que animam os tantos e diferentes Brasis. Qual história vamos contar agora?

2.
A CONTRIBUIÇÃO DAS MULHERES PARA UMA CULTURA JURÍDICA FEMINISTA

Leila Linhares Barsted

Introdução

Os movimentos feministas em sua luta por igualdade e equidade promoveram mudanças paradigmáticas na cultura jurídica para além da concepção de igualdade formal, historicamente voltada para um sujeito abstrato masculino. A marca dessa nova cultura está presente em uma normatividade internacional, na doutrina jurídica e decisões e precedentes de cortes internacionais, e impulsionou mudanças nas leis de diversos países.

Uma importante contribuição a esse processo foi a produção teórica dos "estudos de gênero"[1] ao identificarem os significados da masculinidade e da feminilidade para além das diferenças biológicas inscritas nos corpos de homens e mulheres. O conceito de gênero passou a ser utilizado politicamente para refutar a ideia de uma essência feminina, por si

[1] Não se pode esquecer que, anteriormente a esse estudo, Simone de Beauvoir, em 1949, chamou atenção para a condição de subalternidade das mulheres em seu livro *O Segundo Sexo* que teve grande impacto nos movimentos de mulheres no Brasil, na década de 1970.

só explicaria a subordinação das mulheres, presente na cultura, na legislação e nas práticas judiciais.

Na década de 1990, a produção de uma teoria feminista crítica do direito promoveu um repensar paradigmático sobre a cultura jurídica rompendo com uma dogmática avessa às mulheres. Essa produção ao incorporar a interseccionalidade de gênero e raça/etnia deu visibilidade à opressão e ao déficit de cidadania das mulheres, em especial das mulheres negras.

A contribuição das mulheres para a produção de normas e valores voltados para a promoção da nova cultura jurídica se orienta pelos princípios dos direitos humanos, entendidos como universais, indivisíveis, inter-relacionados e interdependentes. Essa produção tem como marco histórico o século XX, sem subestimar a contribuição das mulheres de séculos anteriores que se opunham à exclusão da cidadania das mulheres[2].

Observar a contribuição cultural das feministas para o avanço da normatividade jurídica internacional, a partir década de 1960, é o objetivo desse artigo que apresenta uma breve síntese da construção histórica dos direitos das mulheres nos sistemas de direitos humanos das Nações Unidas e da Organização dos Estados Americanos, no que se refere, em especial, à violência de gênero, e alguns dos impactos dessa construção no direito brasileiro. Para tanto, serão destacadas a Convenção CEDAW, a Convenção para Prevenir, Punir e Erradicar a Violência contra as Mulheres (Convenção de Belém do Pará) e os Planos de Ação do Ciclo de Conferências das Nações Unidas na década de 1990.

2.1 As mulheres e o direito

O lugar das mulheres no direito e na cultura jurídica como um todo tem sido marcado pelo controle, pela ausência de direitos ou direitos reduzidos ou sob o véu de uma igualdade genérica que não supera as desigualdades e discriminações. WARAT[3] considera que a justiça tem sido um valor do ideal normativo da masculinidade e que esse valor é tão

[2] Destacam-se, em especial, Olympe de Gouges e sua *Declaração dos Direitos da Mulher e da Cidadã*, escrita em 1791; Mary Wollstonecraft com a obra Reivindicação dos Direitos da Mulher, de 1792.

[3] WARAT, Luis Alberto, apud STRECK, Lenin. O ideal da Normativo da Masculinidade, in *Crimes Sexuais*, Cadernos Themis – Gênero e Direito, Porto Alegre, RS, 2000, p. 40.

forte que convence as mulheres de que o direito é assexuado. CAMPOS[4], tendo por referência Katherine Bartlett aponta que:

> (...) analisar o direito ou categorias jurídicas a partir de uma perspectiva feminista implica em trazer para o centro da análise 'as mulheres'. Dito de outra forma, formular a questão da mulher (*the woman question*) ou 'onde estão as mulheres?

Nesse sentido, BARTLETT[5] discorre sobre a incapacidade dos métodos mais tradicionais do direito de se debruçarem sobre tal questão, e propõe a adoção de uma metodologia feminista que possa identificar e questionar os elementos existentes nas leis, que excluem ou põem em desvantagem as mulheres e os membros de outros grupos excluídos.

No campo do direito de família, PATERMAN[6] analisa as normas de família, em especial no casamento, como um "contrato sexual", ou seja, um contrato de submissão em oposição ao contrato social que é um contrato de liberdade. Para essa autora, o contrato sexual cria o direito político dos homens sobre as mulheres e, também, sexual no sentido de estabelecimento de um acesso sistemático dos homens aos corpos das mulheres.

Certamente, é no campo do direito de família onde as regras de submissão das mulheres ficam mais patentes, justificando a violência doméstica. Nesse campo[7], a interpretação do direito, em especial pelo poder judiciário, tem sido marcada pelos estereótipos de gênero. BARSTED e HERMANN[8] analisam como o poder judiciário, e mesmo

[4] CAMPOS, Carmen Hein de. Razão e Sensibilidade: Teoria Feminista do Direito e Lei Maria da Penha. In CAMPOS, Carmen Hein de (Org). *Lei Maria da Penha comentada em uma perspectiva jurídico-feminista*. Rio de Janeiro: Lumen Juris, 2011, p. 7. Disponível em: http://www.compromissoeatitude.org.br/lei-maria-da-penha-comentada-em-uma-perspectiva-juridico-feminista-carmen-hein-campos-org/.

[5] BARTLET, Katherine. Metodos Legales Feministas, in *Seminario de Integración en Teoria General del Derecho: Feminismo y Derecho*, 2008, p. 9 Disponível em: edisciplinas.usp.br/mod/resource/view.php?id=2697521.

[6] PATERMAN, Carole. *O Contrato Sexual*, Rio de Janeiro: ed. Paz e Terra, 1993.

[7] BARSTED, Leila Linhares, BARSTED, Mariana e CRUZ, Rubia Abs. O lugar das mulheres no Direto, in SEVERI, Fabiana, CASTILHO, Ela Wiecko e MATOS, MYLLENA CALASANS (orgs) *Tecendo Fios das Criticas Feministas ao Direito – Direitos Humanos e Violência contra as Mulheres*, Vol 2, Novos Olhares, outras questões, Ribeirão Preto, 2020.

[8] BARSTED, Leila Linhares e HERMANN, Jacqueline. *O Judiciário e a Violência contra a Mulher: a Ordem legal e a (de) ordem familiar*, CEPIA, Rio de Janeiro: 1995.

advogadas (os), em especial nos casos de violência doméstica, confirmam em suas decisões as assimetrias de gênero, presentes nos julgamentos de processos de homicídios e lesões corporais com a utilização de termos e argumentos que buscam a desqualificação das mulheres.

Campos e Castilho[9] fazem importante análise critica da doutrina penal sobre estupro no Brasil considerando que é um discurso colonizado, que utiliza termos que desqualificam as mulheres e tem por "objetivo manter o discurso penal na casa dos homens".

Nesse sentido, o reconhecimento das mulheres como sujeitos de direitos, tendo por fundamento o princípio da dignidade humana, é fato recente e, mais recente ainda é a produção de um direito voltado para a promoção de uma vida sem violência, rompendo com um ordenamento jurídico calcado na submissão das mulheres às práticas e culturas patriarcais, em especial à violência nas relações familiares.

Na década de 1960, os movimentos feministas de diversos países, articulados internacionalmente, atuaram para denunciar discriminações e violências sofridas pelas mulheres, inscritas nas leis, nos costumes e práticas sociais, e para incluir as mulheres como sujeitos de direitos humanos, com vivências e necessidades específicas[10], não contempladas no conceito genérico de direitos humanos, subvertendo a cultura e a ordem jurídica tradicional e masculina. Essa *advocacy* feminista foi decisiva para a construção de uma normatividade legislativa, doutrinária e jurisprudencial internacional orientada pelos princípios da igualdade e da equidade de gênero. Sob o *slogan* de que "o privado é político" trouxeram para o debate jurídico a problemática das relações familiares marcadas por dominação e desigualdades[11].

[9] Campos, Carmen Hein e Castilho, Ela Wiecko. Estupro: questões da dogmática penal em uma perspetiva feminista, in Severi, Fabiana, Castilho, Ela Wiecko e Matos, Myllena Calasans (orgs) *Tecendo Fios das Criticas Feministas ao Direito – Direitos Humanos e Violência contra as Mulheres*, Vol 2, Novos Olhares, outras questões, Ribeirão Preto, 2020, p. 144:191.

[10] Vale reconhecer a atuação de mulheres no século XVIII com Olympe de Gouges e Mary Wollstonecraft e das sufragistas no século XIX.

[11] Sobre a dicotomia público/privado, ver Paterman, Carole. Críticas feministas a la dicotomia público/privado. In Castells, Carmen (Comp.). *Perspectivas feministas em teoría política*. Barcelona: Paidós, 1999. Ver, da mesma autora, sobre a dominação masculino no contrato matrimonial, *O Contrato Sexual*, Rio de Janeiro: Editora Paz e Terra, 1993.

Essa *advocacy* se realizou através de uma incidência política sobre as agências das Nações Unidas e da Organização dos Estados Americanos, e nos Estados Partes, para que fossem elaborados mecanismos normativos e doutrinários, voltados para assegurar a plena cidadania das mulheres, a eliminação das discriminações e violência, seu acesso à justiça para além da igualdade formal abstrata.

2.2 O Sistema ONU

Essa nova cultura jurídica promovida pelas mulheres apoiou-se nos princípios da Declaração Universal dos Direitos Humanos, de 1948, que definiu o respeito à dignidade da pessoa humana e o reconhecimento da igualdade sem discriminação como paradigmas a serem adotados pelos Estados Membros da ONU. Piovesan[12] destaca que a primeira fase de proteção dos direitos humanos foi marcada pela tônica da proteção geral, genérica e abstrata, com base na igualdade formal, tal como definido na Declaração Universal dos Direitos Humanos. A segunda fase, especialmente a partir da década de 1960, foi marcada pela especificação do sujeito de direito, que passa a ser visto em suas peculiaridades e particularidades. Nessa ótica, determinados sujeitos de direitos ou determinadas violações de direitos exigem uma resposta específica e diferenciada; é reconhecido, assim, o direito à diferença como um direito fundamental ao lado do direito à igualdade.

A Convenção para a Eliminação de toda as Formas de Discriminação Racial, de 1965, foi o primeiro instrumento internacional que vai tratar do direito à diferença introduzindo no sistema internacional o tema da discriminação racial. Além de definir o que é de discriminação racial, a Convenção inovou ao criar as medidas especiais a serem tomadas com o único objetivo de assegurar que:

> Art 1 – 4. Não serão consideradas discriminação racial as medidas especiais tomadas com o único objetivo de assegurar progresso adequado de certos grupos raciais ou étnicos ou de indivíduos que necessitem da proteção que possa ser necessária para proporcionar a tais grupos ou indivíduos igual gozo ou exercício de direitos humanos e liberdades

[12] Piovesan, Flávia. *Direitos humanos: e o direito constitucional internacional*. 12. ed. rev. atual. São Paulo: Saraiva, 2011.

> fundamentais, contando que, tais medidas não conduzam, em consequência, à manutenção de direitos separados para diferentes grupos raciais e não prossigam após terem sido alcançados os seus objetivos[13].

Essa proposição da Convenção contra o Racismo serviu de modelo para a Convenção para a Eliminação de Todas as Formas de Discriminação contra as Mulheres[14].

Ainda na década de 1960, a aprovação do Pacto Internacional sobre Direitos Civis e Políticos e do Pacto Internacional sobre Direitos Econômicos, Sociais e Culturais, ambos aprovados em 1966, incluiu o compromisso dos Estados Partes na garantia de atuar sem discriminação por motivo de raça, cor, sexo, língua, religião, opinião política ou de qualquer outra natureza, origem nacional ou social. A referência específica às mulheres aparece somente no Art. 23 do Pacto sobre Direitos Civis e Políticos que considera como dever dos Estados a adoção de "*medidas apropriadas para assegurar a igualdade de direitos e responsabilidades dos esposos quanto ao casamento, durante o mesmo e por ocasião de sua dissolução.* Da mesma forma, o Pacto Internacional sobre Direitos Econômicos, Sociais e Culturais somente se refere especificamente às mulheres quando faz referência às medidas trabalhistas específicas voltadas para a proteção das mães antes e depois do parto[15], assim como a garantia de que, durante este período, as mães trabalhadoras devessem ter licença remunerada ou benefícios de previdência social adequados.

Além desses Pactos, as Nações Unidas, pressionadas pelos movimentos de mulheres, aprovaram, em 1967, a Declaração sobre a Eliminação da Discriminação contra a Mulher, e, em 1972, a Assembleia Geral da ONU proclamou o ano de 1975 como o *Ano Internacional da Mulher*, realizando, nesse mesmo ano, na cidade do México a *I Conferência Mundial*

[13] Nações Unidas, Convenção para a Eliminação de todas as Formas de Discriminação Racial, 1965.

[14] No Brasil, nas últimas décadas esse artigo do CERD e, posteriormente da CEDAW tem fundamentado as ações afirmativas, incluindo as cotas raciais e as cotas para as mulheres no sistema politico eleitoral.

[15] Essa proteção à maternidade já estava prevista, em 1919, quando a 1ª Conferência Internacional do Trabalho da OIT relativa à Proteção à Maternidade (Convenção N. 3), ampliada, em 1952, pela Convenção N. 103 voltada para proteção da maternidade das mulheres empregadas nas empresas industriais e trabalho não industrial e agrícola e para mulheres trabalhadoras assalariadas no trabalho em domicílio.

da Mulher, que impulsionou a aprovação, em 1979, pela Assembleia Geral das Nações Unidas da Convenção para a Eliminação de todas as Formas de Discriminação contra as Mulheres (CEDAW)[16].

A construção de um novo direito que contempla expressamente as mulheres se inaugura somente em 1979, com a Convenção para a Eliminação de todas as Formas de Discriminação contra as Mulheres (CEDAW) que teve como objetivo promover os direitos das mulheres na busca da igualdade de gênero e reprimir quaisquer discriminações contra elas pelos Estados-parte[17]. Essa Convenção define o que é discriminação contra as mulheres, declara direitos e estabelece obrigações e deveres para os Estados Partes das Nações Unidas, em especial deveres que devem ser incorporados à cultura e ao ordenamento jurídico. Dentre esses deveres estão aqueles voltados para promover mudanças na cultura jurídica como consagrar nas constituições e nas leis o princípio da igualdade do homem e da mulher, a obrigação de assegurar igualdade material, a derrogação de leis, práticas discriminatórias e o reconhecimento às mulheres todos os direitos individuais econômicos, sociais, culturais, políticos e civis iguais aos dos homens, inclusive a igualdade na família, a capacidade jurídica idêntica à dos homens no acesso e às cortes de justiça e aos tribunais, assim como eliminar estereótipos culturais que impedem o acesso das mulheres a esses direitos.

Como já destacado, a CEDAW, fruto da incidência política dos movimentos de mulheres, em muito se beneficiou dos princípios e orientações normativas da Convenção contra a Eliminação de todas as Formas de Discriminação Racial (CERD), aprovada pela Assembleia Geral das Nações Unidas, em 1965. Essa duas Convenções são instrumentos jurídicos paradigmáticos pois além de definirem o conceito de discriminação[18], pela primeira vez, incluíram no direito internacional a questão

[16] No espaço da ONU, ao longo do tempo, diversos mecanismos foram criados para acompanhar a efetividade dos direitos das mulheres dentro os quais a Relatoria Especial sobre Violência contra a Mulher do Comitê de Direitos Humanos, a Comissão sobre a Condição da Mulher, o Comitê CEDAW e ONU Mulheres.

[17] A esse respeito, ver Pimentel, Silvia – Educação, Igualdade, Cidadania – a Contribuição da Convenção CEDAW/ONU, in Sarmento, Daniel, Ikawa, Daniela e Piovesan, Flávia (orgs) Igualdade, diferença e Direitos Humanos, Lumen Júris Ed., São Paulo, 2008.

[18] O Artigo 1 da Convenção Internacional sobre a Eliminação de Todas as Formas de Discriminação Racial – CERD (1968) e o Artigo 1 da Convenção sobre a Eliminação de Todas as Formas de Discriminação contra as Mulheres – CEDAW (1979) definem, praticamente

da diversidade humana e a importância da criação em seus textos de proteções especiais voltadas para as necessidades de sujeitos de direitos específicos.

A CERD e a CEDAW reconheceram que, em quase todos os países do mundo, as discriminações por motivo de sexo e de raça produziam vulnerabilidades maiores para determinados grupos e que, portanto, proteções especiais deveriam ser promovidas pelo Estados-Membros signatários. A diversidade humana não poderia ser tomada como fator para discriminações, mas deveria promover o reconhecimento de direitos especiais, inclusive não se considerando como discriminação as medidas especiais temporárias tomadas com o único objetivo de assegurar o progresso adequado que tais grupos necessitam para que possam usufruir direitos humanos e liberdades fundamentais [19]. Essa articulação entre a CERD e a CEDAW explicita o princípio da indivisibilidade e da interdependência dos direitos humanos. Com tal percepção, Carneiro[20] aponta o peso diferenciado da questão da discriminação e da violência contra a mulher pela introdução do conceito de violência racial como aspecto determinante das formas de violência sofridas pelas mulheres negras.

As Conferências Mundiais das Mulheres realizadas em 1980 e 1985, respectivamente em Copenhagen e em Nairobi, foram espaços que propiciaram uma avaliação do impacto da Conferência do México e da Convenção CEDAW, revelando a distância entre os ideais da Convenção e a vida concreta das mulheres e demonstraram que o progresso esperado

com as mesmas palavras, respectivamente, a discriminação racial e a discriminação contra as mulheres como toda distinção, exclusão, restrição ou preferência baseada em raça ou em sexo que tenha como objetivo ou resultado anular ou restringir o reconhecimento, fruição e exercício de direitos humanos e liberdades fundamentais nos campos político, econômico, social, cultural ou em qualquer outro campo.

[19] Sobre a diversidade de gênero e de raça, ver Creshaw, Kimberly – Documento para o encontro de especialistas em aspectos da discriminação racial relativos ao gênero. Estudos Feministas, Centro de Filosofia e Ciências Humanas, Centro de Comunicação e Expressão/ UFSC. Florianópolis, Santa Catarina, v.7, n.12, p. 171-188, 2002. Ver também, González, Lélia. Racismo e Sexismo na Cultura Brasileira. Revista Ciências Sociais Hoje. Anpocs, 1984, p. 223-244.

[20] Carneiro, Suely, Enegrecer o feminismo: a situação da mulher negra na América Latina a partir de uma perspectiva de gênero, in Racismos contemporâneos, Ashoka Empreendedores Sociais e Tanako Cidadania, Tanako Ed. Riod e Janeiro 2003, pág. 52.

não se manifestou nem na lei e nem nas práticas culturais. A violência contra as mulheres ganha destaque em 1992 quando, suprindo a ausência desse tema na CEDAW e reconhecendo a magnitude e a gravidade desse fenômeno em todo o mundo e seu impacto sobre a vida das mulheres, o Comitê dessa Convenção aprovou e colocou em vigor a Recomendação Nº 19 sobre a violência contra as mulheres, reconheceu que essa é uma grave forma de discriminação que reflete e perpetua a subordinação das mulheres e que, para a sua superação, nas esferas pública e privada, exige-se a atuação dos Estados-Membros através de medidas legislativas e políticas sociais.

Em 1993, a Conferência Mundial de Direitos Humanos, realizada em Viena, declarou, o que já havia sendo demandado pelos movimentos de mulheres, que

> (...) os Direitos Humanos das mulheres e das crianças do sexo feminino constituem uma parte inalienável, integral e indivisível dos Direitos Humanos universais (...) A violência baseada no sexo da pessoa e todas as formas de assédio e exploração sexual, nomeadamente as que resultam de preconceitos culturais e do tráfico internacional, são incompatíveis com a dignidade e o valor da pessoa humana e devem ser eliminadas. Isto pode ser alcançado através de medidas de caráter legislativo e da ação nacional e cooperação internacional em áreas tais como o desenvolvimento socioeconômico, a educação, a maternidade segura e os cuidados de saúde, e a assistência social[21].

A Declaração de Viena foi o resultado de uma forte incidência política internacional dos movimentos feministas, e mesmo sem ter caráter normativo, essa Declaração exortou os Estados Membros a promover uma série de ações, inclusive ações legislativas, voltadas para a garantia dos direitos das mulheres. Explicitamente, a Declaração conclamou os Estados-Membros para a adoção da perspectiva de gênero em suas políticas como forma de eliminar a violência e a discriminação contra as mulheres. No Fórum Paralelo das ONGs, quando da realização dessa Conferência, a atuação do Tribunal de Crimes contra as Mulheres, organizado por uma articulação internacional feminista, apontou a persis-

[21] Nações Unidas – Declaração e Programa de Ação de Viena, 1993.

tência da violência de gênero e do padrão de impunidade, muitas vezes previsto nas próprias leis.

O Plano de Ação da Conferência Internacional sobre População e Desenvolvimento, realizada, em 1994, no Cairo, com expressiva participação de ativistas feministas, reconheceu que a violência tem profundos impactos sobre a saúde das mulheres e conclamou os Estados-Membros para elaborar leis e implementar políticas para a eliminação dessas violências. Em 1995, a Declaração da IV Conferência Mundial da Mulher, realizada em Beijing, incluiu um capítulo inteiro sobre esse tema. Apesar de não terem status legislativo, esses Planos têm contribuído para a construção de uma doutrina jurídica e têm sido utilizados pelos movimentos mulheres em sua incidência sobre os sistemas de justiça.

Avanço importante, no campo de uma jurisdição internacional, foi a aprovação, em 1999, pela Assembleia Geral das Nações Unidas do Protocolo Facultativo à CEDAW, para que seu Comitê passasse a ter competência para receber comunicações e denúncias para investigar as violações de direitos garantidos pela Convenção[22]. A partir desse Protocolo, o Comitê passou, desde então, a ter jurisdição para apreciar e julgar a ação dos Estados que cometam violação ou se omitam na proteção dos direitos humanos das mulheres. Com esse poder, o CEDAW tem atuado em diversos casos que envolvem especificamente a violência de gênero contra as mulheres, incluindo o Brasil[23].

Em 2001, na Conferência Mundial contra o Racismo, realizada em Durban, África do Sul, organizações de mulheres negras denunciaram a articulação da violência de gênero com a violência racial. O Comitê sobre a Eliminação da Discriminação Racial – CERD destacou que a discriminação racial nem sempre afeta homens e mulheres igualmente ou da mesma maneira e apontou a existência de circunstâncias nas quais a discriminação racial apenas ou primariamente afeta as mulheres, ou afeta as mulheres de uma maneira diferente, ou em um grau diferente daquela dos homens. Tal discriminação racial poderá frequentemente

[22] Sobre esse Protocolo, ver – IIDH – Instituto Interamericano de Direitos Humanos e Comissão de Direitos Humanos da Câmara dos Deputados e AGENDE. Disponível em www.iidh.ed.cr/BibliotecaWeb/Varios/Documentos.Interno/BD_1978751583/Protocolo/PP-Docume.

[23] Ver a decisão do CEDAW no Caso Aline Pimentel sobre morte materna e violência obstétrica.

deixar de ser percebida se não houver um reconhecimento ou uma aceitação das diferentes experiências de vida de mulheres e homens, nas áreas da vida pública e da vida privada[24].

Em paralelo às convenções e planos de ação das conferências, os diversos Comitês de Direitos Humanos das Nações Unidas, em especial o CEDAW, a partir da pressão dos movimentos de mulheres e de Relatório Alternativos elaborados por organizações feministas, têm elaborado recomendações gerais e específicas aos Estados-Membros voltadas para superação da violência contra as mulheres.

Essas Recomendações apontam a necessidade de observar os princípios da não discriminação e o princípio da quebra da dicotomia entre o público e o privado no que tange à violência doméstica, incluindo o abuso sexual, especialmente em relação às crianças. Dentre as Recomendações Gerais destacam-se a Recomendação N. 33, de 2015, sobre acesso das mulheres à justiça que chama atenção sobre o quanto o sistema de justiça e seus operadores têm se orientado por estereótipos de gênero que colocam em risco os direitos das mulheres. Em 2017, a Recomendação N. 35 sobre violência de gênero alerta que em muitos Estados, a legislação que aborda a violência contra as mulheres com base no gênero permanece inexistente, inadequada ou mal implementada, e muitas vezes essa violência é justificada em nome da tradição, cultura, religião ou ideologias fundamentalistas.

Importante destacar, como outras instâncias do sistema ONU têm promovido declarações e convenções voltadas para o reconhecimento dos direitos das mulheres. Como exemplo, em 2019, a Organização Internacional do Trabalho (OIT) aprovou a Convenção para a Eliminação da Violência e do Assédio no Mundo do Trabalho e reconheceu que a violência e o assédio no mundo do trabalho "*podem constituir uma violação ou abuso dos direitos humanos... é uma ameaça à igualdade de oportunidades, é inaceitável e incompatível com o trabalho decente.*" Essa Convenção reconhece, também, que a violência doméstica afeta a participação das mulheres no mundo do trabalho.

[24] General Comments adopted by the Committee on the Elimination of Racial Discrimination, 56 Session (2000) General Recommendation XXV on Gender-Related dimension of Racial Discrimination. Sobre essa Conferência, ver Carneiro, Sueli, A batalha de Durban. Rev. Estudos Feministas. Vol. 10, nº1. Florianópolis, Janeiro de 2002.

2.3 O sistema interamericano

Os movimentos feministas da América Latina historicamente têm sido protagonistas de um ativismo político para a superação de uma cultura jurídica refratária às mulheres. DOURADO[25] chama atenção de que

> na América Latina, o campo jurídico colaborou enormemente com a opressão e exclusão das mulheres, a partir da normatização de padrões adequados ao que se definia como "ser mulher" pelo poder vigente, seja colonial monárquico, seja republicano[26].

Desde 1959, a Comissão Interamericana de Direitos Humanos (CIDH) tornou-se órgão principal da OEA, integrando com a Corte Interamericana de Direitos Humanos, criada em 1979, o Sistema Interamericano de proteção dos direitos humanos. Em 1965, a CIDH foi autorizada a receber e processar denúncias ou petições sobre casos individuais nos quais se alegam violações dos direitos humanos, realizar visitas *in loco* para observar o respeito ou a ocorrência de violações dos direitos humanos. Essa Comissão tem atuado em diversos casos inclusive aqueles que, especificamente, envolvem a violência de gênero contra as mulheres, dentre eles o Brasil[27]. Dentre os inúmeros casos analisados e julgados pela Comissão, encontram-se aqueles específicos sobre violações dos direitos humanos das mulheres. As decisões da CIDH ou da Corte não apenas produzem resultados para casos concretos, mas produzem, também, precedentes a serem adotados em novos casos e fortalecem a ação legislativa e doutrinária sobre direitos humanos.

A produção legislativa da OEA sobre violência contra as mulheres, provocada por uma forte mobilização dos movimentos feministas da América Latina e do Caribe junto à Comissão Interamericana de Mulheres (CIM), concretizou-se, em 1994, com a aprovação por sua Assem-

[25] DOURADO, Denise – Os direitos das mulheres são direitos humanos: gênero e empoderamento legal na América Latina, in in SEVERI, Fabiana, CASTILHO, Ela Wiecko e MATOS, MYLLENA CALASANS (orgs) Tecendo Fios das Criticas Feministas ao Direito – Direitos Humanos e Violência contra as Mulheres, Vol 2, Novos Olhares, outras questões, Ribeirão Preto, 2020, 466:507.

[26] DOURADO, *opus cit.* p. 474.

[27] Trata-se do Caso Maria da Penha Fernandes sobre violência do Estado, da família, de agentes públicos e privados.

bleia Geral, da Convenção Interamericana Para Prevenir, Punir e Erradicar a Violência contra as Mulheres – "Convenção de Belém do Pará".

Essa Convenção é a primeira e a mais clara definição normativa de violência de gênero contra as mulheres. Precedida pela Declaração das Nações Unidas sobre a Eliminação da Violência contra a Mulher, de 1993, a Convenção de Belém do Pará define a violência contra a mulher "*qualquer ação ou conduta, baseada no gênero, que cause morte, dano físico, sexual ou psicológico à mulher, tanto no âmbito público como no privado*", formas de violência podem ocorrer na família, no trabalho, na sociedade ou nas instituições do Estado. A Convenção aponta dentre os deveres dos Estados partes aqueles voltados para impactar a cultura jurídica e propiciar o acesso à justiça: incorporar na sua legislação interna normas penais, civis, administrativas e de outra natureza, que sejam necessárias para prevenir, punir e erradicar a violência contra a mulher, adotar as medidas administrativas adequadas que forem aplicáveis; tomar todas as medidas adequadas, inclusive legislativas, para modificar ou abolir leis e regulamentos vigentes ou modificar práticas jurídicas ou consuetudinárias que respaldem a persistência e a tolerância da violência contra a mulher; estabelecer procedimentos jurídicos justos e eficazes para a mulher sujeitada a violência, inclusive, entre outros, medidas de proteção, juízo oportuno e efetivo acesso a tais processos; promover a educação e treinamento de todo o pessoal judiciário e policial e demais funcionários responsáveis pela aplicação da lei, bem como do pessoal encarregado da implementação de políticas de prevenção, punição e erradicação da violência contra a mulher; prestar serviços especializados apropriados à mulher nessas circunstâncias, por intermédio de entidades dos setores público e privado, inclusive abrigos, serviços de orientação familiar, quando for o caso, e atendimento e custódia dos menores afetados; promover e apoiar programas de educação governamentais e privados, destinados a conscientizar o público para os problemas da violência contra a mulher, recursos jurídicos e reparação relacionados com essa violência; estabelecer mecanismos judiciais e administrativos necessários para assegurar que a mulher sujeitada a violência tenha efetivo acesso a restituição, reparação do dano e outros meios de compensação justos e eficazes.

Em 2006, a OEA criou o Mecanismo de Seguimento da Convenção (MESECVI), que conta com um Comitê de Mulheres Peritas (CEVI) para avaliar a implementação dessa Convenção. Além de monitorar a avaliar a atuação dos Estados Membros, o Comitê, em grande parte formador de expertas feministas, elaborou um Guia cujo destino principal é o Estado, compreendendo todos os seus poderes públicos: Executivo, Legislativo e Judiciário. O Guia revela-se como instrumento de interpretação[28] promovendo desenvolvimento jurisprudencial e doutrinário das obrigações derivadas da Convenção de Belém do Pará. Nesse esforço interativo das normas da Convenção, o Guia foi elaborado com base na própria experiência do MESECVI ao analisar os Informes dos Estados Membros, os Informes Paralelos produzidos pelos movimentos e organizações feministas, complementando-o com as normas interamericana e internacionais sobre os direitos humanos da mulher. Nesse sentido, o Guia incorpora os relatórios temáticos da Comissão Interamericana de Direitos Humanos (CIDH) e a jurisprudência contenciosa da Corte Interamericana de Direitos Humanos e pronunciamentos de organizações das Nações Unidas.

Com o objetivos de gerar modelos legislativos e promover interpretações doutrinárias com a perspectiva de gênero, o Mesecvi, além do Guia, tem elaborado diversos documentos tais como Declarações, Informes Hemisférios, Lei Modelo sobre Feminicídio, Lei Modelo sobre Violência Política, em diálogo com os movimentos de mulheres latino-americanos e caribenhos para contribuir com subsídios jurídicos com a perspectiva de gênero que possam impactar a cultura e o ordenamento jurídico dos Estados Partes.

2.4 O impacto no direito brasileiro

No Brasil, essa cultura jurídica promovida pelos movimentos de mulheres tem se expressado no texto da Constituição Federal de 1988, na produção legislativa, em decisões do STF e do STJ e em alguns tribunais de justiça, mas ainda não tem sido professada nas faculdades de direito e assimilada pelo conjunto de juristas e pelo sistema de justiça como um todo, apesar da Recomendação N. 33 da CEDAW sobre acesso das mulheres à justiça.

[28] Guía para la aplicación de la Convención Interamericana para Prevenir, Sancionar y Erradicar la Violencia contra la Mujer (Convención de Belém do Pará) (Mesecvi, 2014).

A inclusão dos direitos das mulheres na Constituição Federal foi possível a partir de uma grande mobilização nacional dos movimentos de mulheres que contou com a atuação do Conselho Nacional dos Direitos das Mulheres, criado em 1985, por pressão das feministas junto ao novo governo civil que se insistiu após o longo período de ditadura. No processo constituinte esses movimentos e o CNDM, a partir de uma ampla escuta dos movimentos de mulheres na sua diversidade, elaboraram a Carta das Mulheres Brasileiras aos Constituintes com a introdução de todos os direitos humanos das mulheres na sua diversidade. A partir da Constituição Federal foram reconhecidos os tratados e as convenções internacionais de direitos humanos e as decisões das cortes internacionais de justiça. A Constituição incorporou os direitos e os princípios da Convenção CEDAW, com destaque especial à igualdade na família, e introduzida no Civil de 2003.

A partir da Constituição, os movimentos de mulheres promoveram uma leitura crítica de toda a legislação ordinária para promover a revisão de Códigos e leis ordinárias, especialmente nas legislações do Código Civil e do Código Penal, exemplos normativos de discriminações contra as mulheres. Em 2002, pela primeira vez o Brasil apresentou um Relatório Nacional para o Comitê CEDAW. Na análise desse Informe Nacional[29], em 2003, o Comitê destacou um conjunto de preocupações e recomendações para serem cumpridas pelo Brasil, em especial com destaque para a grande distância entre as garantias constitucionais em matéria de igualdade e a situação social, econômica, cultural e política em que se encontravam de fato as mulheres no Brasil, especialmente considerando-se a situação das mulheres afrodescendentes e indígenas.

O CEDAW demonstrou preocupação, também, com o descompasso entre os tratados internacionais ratificados pelo Brasil e a atuação da magistratura brasileira que, não necessariamente os incorpora. Em face dessa preocupação, o Comitê apresentou um conjunto de recomendações, dentre as quais a promoção de atividades voltadas para a conscientização das autoridades judiciais e de outras autoridades encarregadas de fazer cumprir as leis, com vistas a mudar a opinião em relação à situação dos tratados internacionais na hierarquia das leis do Brasil.

[29] Coordenado pelas juristas Silvia Pimentel e Flávia Piovesan.

Especificamente no campo da violência contra as mulheres, o CEDAW chamou atenção para a permanência no Código Penal de dispositivos e expressões discriminatórios contra a mulher, e recomendou ao Estado brasileiro priorizar a reforma das disposições discriminatórias do Código Penal para que este se coadunasse com a Convenção, e levasse em conta as recomendações gerais do Comitê, em particular a Recomendação Geral N.19, referente à violência contra as mulheres. Formalmente, as recomendações do CEDAW promoveram uma revisão do Código Penal. Porém, importantes alterações introduzidas no Código Penal não incluíram a descriminalização do aborto ou mesmo a ampliação dos permissivos legais para a interrupção voluntária da gravidez apesar do Estado brasileiro ter assinado os Planos de Ação das Conferências realizadas no Cairo, em 1994, e em Pequim, em 1995, que recomendaram, para países que ainda punem a prática do aborto, o abrandamento da punibilidade, por considerar a interrupção voluntária da gravidez como um problema de saúde pública.

Também a OEA demandou ao Brasil a elaboração de uma lei sobre violência contra as mulheres para adequar as normas jurídicas à Convenção de Belém do Pará, especialmente em decorrência da decisão da Comissão Interamericana de Direitos Humanos (CIDH) no julgamento do caso Maria da Penha Fernandes. Respondendo a OEA, em 2006, foi aprovada a lei 11.340, Lei Maria da Penha que trata especificamente da violência doméstica e familiar contra a mulher, inaugurando-se um importante avanço legislativo compatível, em grande medida, com a Convenção de Belém do Pará.

Já na década de 1980, exemplo de uma metodologia feminista que identificou os elementos existentes nas leis que excluem ou põem em desvantagem as mulheres foi o grande esforço dos movimentos feministas ao interferirem no processo constituinte e colocarem na Constituição Federal de 1988 os direitos das mulheres, até então limitados ou negados. Assim, a *Carta das Mulheres aos Constituintes*, entregue ao Presidente do Congresso Nacional, imprimiu a letra das mulheres no texto que refundou o Estado Democrático de Direitos. Outro exemplo, foi a elaboração por juristas feministas do texto base da Lei Maria da Penha, legislando sobre a violência doméstica e familiar com a perspectiva da prevenção, da atenção às mulheres em situação de violência e da responsabilização dos agressores. A elaboração dessa Lei envolveu um amplo estudo dos instrumentos internacionais de direitos humanos e um levantamento e análise crítica da legislação nacional[30]. Demandou-se ao Poder Legislativo a observância do controle da convencionalidade para adequar a legislação aos princípios e determinações da Convenção Interamericana para Prevenir, Punir e Erradicar a Violência contra as Mulheres - Convenção de Belém do Pará. Esses dois exemplos apontam para a construção histórica de um campo de poder dos movimentos feministas decisivo para a construção de uma nova cultura jurídica, já que as leis genéricas não dão a devida visibilidade aos direitos das mulheres, em especial no que se refere à violência de gênero, e ocultam as relações de poder presentes na interpretação das leis e na sociedade.

As importantes mudanças legislativas, fruto da forte incidência jurídica dos movimentos de mulheres, e mesmo decisões importantes do Supremo Tribunal Federal, não impactaram a cultura jurídica dominante e as decisões dos tribunais. Por mais que o princípio da igualdade esteja positivado na Constituição, as decisões e as interpretações do sistema de justiça não necessariamente se fundamentam nos marcos normativos e doutrinários internacionais, ou mesmo pelos princípios da Constituição Federal ou na correta aplicação da Lei Maria da Penha. As decisões do judiciário ainda manifestam interpretações marcadas pela negação desses princípios. A aparente neutralidade do Poder Judiciário e da suposta tecnicidade das decisões judiciais oculta a resistência desse poder ao avanço da legislação e da aplicação das leis com a perspectiva de gênero, não seguindo o disposto na Recomendação N. 33 da CEDAW sobre o acesso das mulheres à justiça. Nesse sentido, junto a um direito previsto se mantém um direito aplicado onde estão presentes cargas de preconceitos calcadas em estereótipos sociais, raciais e de gênero.

A continuidade de uma ativa advocacia dos movimentos de mulheres com um ativismo político, legislativo e judiciário, o fortalecimento dos estudos de gênero nas universidades, a difusão da produção nacional de uma teoria feminista crítica do direito e a incidência sobre as Cortes

[30] Sobre o processo de construção da Lei Maria da Penha, ver Barsted, Leila Linhares - Lei Maria da Penha: uma experiência bem sucedida de advocacy feminista, in Campos, Carmen (org) Lei Maria da Penha Comentada em uma perspectiva jurídico-feminista, Lumens uris, Rio de Janeiro, 2011, pag. 13:37.

internacionais e sobre o Supremo Tribunal Federal (STF) surgem como possibilidades de avanços frente a uma dogmática jurídica refratária aos direitos humanos das mulheres, fortalecida por contextos contrários aos direitos humanos e por fundamentalismos religiosos.

3.

UM PATRIMÔNIO NÃO NASCE, TORNA-SE: A MULHER NO PATRIMÔNIO IMATERIAL BRASILEIRO

Anita Mattes
Luana de Carvalho Silva Gusso

Introdução

A relação entre o Patrimônio Cultural Imaterial e gênero suscita um debate necessário e reflexo de questões, de disputas e de silenciamentos (e quiçá de violências) tão complexas e costumeiras quanto em outros campos de conhecimento. Como discute Smith, o Patrimônio Cultural Imaterial está pautado nas discussões de gênero, pois muitas vezes é 'masculino' retratando uma história predominantemente centrada no homem, promovendo uma visão masculina do passado e do presente[1].

Nessa linha, as questões relacionadas ao gênero, e aqui neste trabalho especialmente ao feminino (e às mulheres – grupo que será tratado na análise dos casos de patrimonialização aqui relacionados), mostram uma importante interface entre a cultura, a identidade e a política – pensada neste artigo como um espaço de articulação subjetiva – um espaço de fala e possibilidade de arguição e de liberdade. Nesse sentido,

[1] Smith, Laurajne. "Heritage, Gender and Identity", *in* Graham, B. e Howard, P. (eds), *The Ashgate Research Companion to Heritage and Identity*. Routledge, 2008, p. 159.

recorremos a Butler e sua compreensão performática do gênero em sua teoria *queer* – "*queer*" um termo associado à instabilidade que foi usado para insultar e ofender; e hoje é sinônimo de resistência –. Se "a desconstrução da identidade não é a desconstrução da política; ao invés disso, ela estabelece como políticos os próprios termos pelos quais a identidade é articulada"[2], assim, politizar o debate de gênero é uma condição necessária para possibilitar a emergência de identidades. Identidades plurais reconhecidas mediante sua diversidade e unicidade, deste modo, o que pode ser entendido à primeira vista como antagônico, é pensado como o reconhecimento de uma esfera plena de diálogo e, no nosso entendimento, também de direitos culturais[3]. Uma temática que sem dúvida merece mais páginas e reflexões que os objetivos momentâneos deste artigo.

Para nosso objetivo central, realizaremos um estudo bibliográfico e documental a partir de fontes internacionais e nacionais sobre o papel das mulheres no patrimônio cultural imaterial, em especial, sobre alguns casos patrimonializados pelo IPHAN no Brasil. Para esta escolha de casos, nossas referências foram uma espécie de protagonismo das mulheres em alguns dos dossiês, ainda que tal "protagonismo" possa estar descolado de uma discussão mais atenta sobre o papel de "gênero" no Patrimônio Cultural Imaterial.

A partir da década de 60, o papel das mulheres no desenvolvimento social e econômico das sociedades passa a ser discutido na esfera do direito internacional – especificamente na ONU – culminando na Declaração Sobre a Eliminação da Discriminação contra as Mulheres de 1967 e, logo após, no primeiro tratado internacional de caráter obrigatório sobre os direitos das mulheres no âmbito da ONU, a Convenção sobre a Eliminação de Todas as Formas de Discriminação contra as Mulheres (CEDAW), em 1979.

Igualmente, no âmbito regional, observamos uma preocupação com relação aos direitos das mulheres, conforme foi visto no Sistema Interamericano de Direitos Humanos, por meio da Organização dos Estados Americanos (OEA), na qual o Brasil faz parte, especificamente no Tratado Interamericano referente a questões de gênero, promulgado em

[2] BUTLER, Judith. *Problemas de gênero: feminismo e a subversão da identidade*, p. 213.
[3] CUNHA FILHO, Francisco Humberto. *Teoria dos Direitos Culturais*. Editora Sesc, 2018.

1994, denominado de Convenção Interamericana para Prevenir, Punir e Erradicar a Violência contra a Mulher, ou Convenção de Belém do Pará. Além de tratar sobre os Direitos Fundamentais das Mulheres e aspectos sobre Igualdade e Discriminação, este é o primeiro tratado internacional que reconhece a violência contra as mulheres como um fenômeno generalizado, que atinge grande número de mulheres na América e que não se limita a questões de gênero, pois pode envolver raça, classe, religião ou idade.

Apesar de diversas discussões e contribuições sobre as questões de gênero serem pautas atuais no direito internacional e regional, a importância do papel da mulher nas sociedades tradicionais é menos destacada, principalmente no tocante à transmissão e salvaguarda da cultura. Como bem discorre Blake, "o gênero é amplamente ignorado no discurso do patrimônio cultural e, onde é abordado, geralmente é reduzido às questões das mulheres, como se os homens não tivessem gênero"[4].

Se no campo dos direitos humanos, continua Blake, um tratamento especial é concedido às mulheres, seria interessante e apropriado uma abordagem semelhante, para a implementação de padrões internacionais, no tocante ao reconhecimento e à salvaguarda do Patrimônio Cultural Imaterial.

O gênero é comumente expresso, representado, realizado e constituído no e por meio do Patrimônio Cultural Imaterial, manifestando-se em uma variedade de formas que vão muito além de uma simples dicotomia dualista homem/mulher. Nesse sentido, entender e considerar o papel das mulheres deve ser um fator importante na identificação do Patrimônio Cultural Imaterial, na elaboração de planos de ação de salvaguarda e na realização de outras ações de salvaguarda desse patrimônio.

Apesar disso, a dinâmica de gênero de salvaguarda desse patrimônio tem, até recentemente, recebido pouca atenção. Tanto é assim que, em 2013, a UNESCO[5] distribuiu um questionário a seus Estados Membros, visando entender algumas questões sobre igualdade de gênero e cultura. Nele, uma constatação predominante, foi exatamente a ausência de

[4] Blake, J. "Gender and Intangible Cultural Heritage" *in Gender Equality Heritage and Creativity*, Unesco, 2014, p. 49.

[5] *Égalité des genres, patrimoine et créativité*. Unesco, 2014, p. 23. Documento disponível em: http://uis.unesco.org/sites/default/files/documents/gender-equality-heritage-and-creativity-2014-fr.pdf.

informações e de pesquisas sobre igualdade de gênero e cultura e a necessidade de promoção de novas políticas de contribuição das mulheres para o Patrimônio Cultural Imaterial. Com efeito, em 2014, a UNESCO deu um grande passo e publicou *Gender Equality, Heritage and Creativity*[6], no sentido de reconhecer, oficialmente, a importância do debate da questão do gênero no Patrimônio Cultural Imaterial, bem como seus impactos nas suas medidas de proteção.

Ao pensar sobre como as dinâmicas de gênero impactam o Patrimônio Cultural Imaterial, podemos entender esse patrimônio como um processo por meio do qual as nossas identidades, incluindo as identidades de gênero e o significado social e cultural, são mediados e trabalhados.

Compreender e questionar como a construção do gênero e o papel das mulheres são percebidos pelo Patrimônio Cultural Imaterial, bem como sua importância em diversos patrimônios já instituídos são os objetivos do presente artigo. Para cumprir tais expectativas, o artigo foi estruturado em diferentes seções. Iniciaremos nosso percurso por uma reflexão sobre o discurso de Gênero e o Patrimônio Cultural Imaterial, seguido por uma reflexão sobre a mulher e o Patrimônio Cultural Imaterial; depois, uma reflexão sobre a atribuição da mulher "caseira" nos Bens Culturais Imateriais Brasileiros; ainda, as oportunidades de emancipação política e econômica; a construção de espaços para a discussão de gênero na política e regulamentos do Patrimônio Cultural Imaterial e, por fim, apresentaremos nossas considerações finais.

3.1 Gênero e patrimônio cultural imaterial

Nesta primeira seção, buscamos apresentar como o Patrimônio Cultural Imaterial aborda a questão de gênero. Por óbvio, não se trata aqui de uma revisão bibliográfica definitiva ou exaustiva, mas de pontuar algumas mobilizações e movimentos do campo patrimonial. Nesse sentido, é interessante assinalar a expectativa que normalmente se tem à questão de gênero como um problema exclusivamente das mulheres. Porém, discutir gênero é ressaltar os diferentes modos como "homens", "mulheres", ou, dito de melhor forma, como as "subjetividades" intera-

[6] *Gender Equality Heritage and Creativity*. Unesco, 2014. Documento disponível em: https://en.unesco.org/news/gender-equality-heritage-and-creativity-now-available-chinese-spanish-english-and-french.

gem com a sociedade como um espaço político e cultural articulador de subjetividades e como se expressam por meio do Patrimônio Cultural Imaterial. Nesse cenário, surge a questão: seríamos todos iguais perante o Patrimônio Cultural Imaterial?

Essa abordagem revela um processo pela qual as tradições históricas, artísticas, literárias são legitimadas, com base em valores supostamente universais que elegem o masculino como "*norma superior consagrada*", demonstrando, na maioria das vezes, ausência ou escassez de manifestações sob a perspectiva ou, ainda, sob a titularidade feminina.

Como argumenta Smith, o próprio discurso do patrimônio atua para construir e validar a identidade e os valores sociais e culturais que o sustentam: "discursos onde não apenas enquadram a maneira como as pessoas pensam sobre as realidades sociais, mas também como ajudam a validá-las"[7].

Ao pensar sobre como as dinâmicas de gênero afetam o Patrimônio Cultural Imaterial, podemos entender o patrimônio como um processo por meio do qual nossas identidades, incluindo as identidades de gênero e o significado social e cultural, são construídos. Reading[8], ao estudar o tema em questão, ressalta a importância de uma implantação mais incisiva de políticas de gênero como uma ferramenta analítica para analisar as relações de poder existentes e a construção de masculinidades e feminilidades.

Diversas expressões ou práticas da cultura tradicional dizem respeito à discriminação com base no gênero, à violência contra a mulher e a situações em que prevalecem a restrição de participação das mulheres em uma determinada sociedade. Certas práticas, inclusive, não deveriam nem mesmo ser toleradas do ponto de vista dos direitos humanos, como infanticídio, mutilação corporal, casamento infantil, pois constituem violações claras a esses direitos.

Entre esses casos, poderíamos citar como exemplo a mutilação genital feminina, que, apesar de ser proibida internacionalmente, ainda é uma prática cultural comum e legal permitida em 31 países e comuni-

[7] Smith, L. "Heritage, Gender and Identity". *In* Graham, B. e Howard, P. (editors), *The Ashgate Research Companion to Heritage and Identity*. Routledge, 2008, p. 161.

[8] Reading, A. "Making Feminist Heritage Work: Gender and Heritage". *In* E. Waterton, S. Watson, *The Palgrave Handbook of Contemporary Heritage Research*. Palgrave Macmillan, 2015, 397-413.

dades expatriadas em todo o mundo (segundo a Unicef, pode ainda ser praticada em até cerca de 50 nações[9]).

O gênero no campo social e cultural, principalmente no âmbito do Patrimônio Cultural Imaterial, implica inúmeras reflexões, pois inclui um contexto amplo de diversas formas de categorização social, religião, etnia e outros. Trata-se de uma "construção cultural e social definida pelas relações de poder entre homens e mulheres e pelas normas e valores associados aos papéis e comportamentos ditos *femininos* e *masculinos*"[10].

A questão de gênero no setor cultural não está, assim, imune às desigualdades e discriminação que permeiam outros setores da sociedade. Tanto é que a importância do combate à desigualdade de gênero como consecução de meta de desenvolvimento sustentável por meio da cultura foi sublinhada na resolução da Assembleia Geral da ONU nº 68/223 sobre cultura e desenvolvimento sustentável, em 20 de dezembro de 2013, que apelou aos Estados Membros:

> para garantir que mulheres e homens tenham acesso, participação e contribuição de forma igualitária na vida cultural e na tomada de decisões relativas à cultura, e se comprometer ainda mais a desenvolver políticas e programas culturais com perspectiva de gênero em nível local, nacional e internacional para promover a igualdade de gênero e o empoderamento de mulheres e meninas[11].

Dessa forma, percebe-se que a participação de homens e mulheres numa sociedade tradicional é complexa, podendo variar em diferentes maneiras e de formas não igualitária. No âmbito do Patrimônio Cultural Imaterial, variadas dinâmicas de gênero podem ser encontradas, no qual diferentes papéis da mulher podem ser igualmente relevantes, contribuindo diretamente para construção e continuidade da cultura.

Se por um lado as práticas culturais podem embutir tabus pré-existentes contra as mulheres e assim reforçar estereótipos, por outro lado possuem também um potencial para desenvolver a proteção da cons-

[9] Vide https://data.unicef.org/topic/child-protection/female-genital-mutilation.

[10] Smith, L. "Heritage, Gender and Identity". *In* Graham, B. e Howard, P. (editors), *The Ashgate Research Companion to Heritage and Identity*. Routledge, 2008, p. 14.

[11] Artigo 11, *c*, em tradução livre. Documento pode ser acessado em: http://www.lacult.unesco.org/docc/Res_ONU_68_263_Fra.pdf.

ciência de gênero ao levar em consideração a importância do papel da mulher na comunidade e nas expressões culturais tradicionais. Nesse sentido, Blake ressalta:

> um objetivo central de qualquer estratégia de proteção com consciência de gênero deve ser no sentido de maximizar esse potencial e criar uma melhor conscientização disso entre as próprias mulheres, suas comunidades e em a nível nacional e internacional[12].

Nesse contexto, se algumas expressões culturais que são realizadas exclusivamente por mulheres podem reforçar a diferença existente entre gêneros, por outro lado, pode ser uma forma de "empoderá-las", emancipando-as ou libertando-as e promovendo a igualdade entre os gêneros. Como veremos a seguir.

3.2 A mulher e o patrimônio cultural imaterial

O patrimônio cultural imaterial é definido pela UNESCO como práticas, representações, expressões que se:

> (...) transmitem de geração em geração, são constantemente recriados pelas comunidades e grupos em função de seu ambiente, de sua interação com a natureza e de sua história, gerando um sentimento de identidade e continuidade e contribuindo assim para promover o respeito à diversidade cultural e à criatividade humana (...)[13].

Tal conceito reflete a necessidade da continuidade – transmissão de geração em geração – por parte indivíduos, grupos e comunidades de valores culturais associados ao Patrimônio Cultural Imaterial. Isso significa que o patrimônio não é estático, mas está em constante movimento e visa buscar resposta às mudanças nas circunstâncias, necessidades, conhecimentos e valores da sociedade. Afinal, as comunidades costumam preservar ou transmitir às futuras gerações o que valorizam. Assim,

[12] Blake, J. "Gender and Intangible Cultural Heritage". *In Gender Equality. Heritage and Creativity.* UNESCO, 2014, p. 56.

[13] UNESCO, Convenção para a Salvaguarda do Patrimônio Cultural Imaterial, 2003, artigo 2º. Documento disponível em: https://unesdoc.unesco.org/ark:/48223/pf0000132540_por.

o patrimônio reflete os valores que opta por transmitir. Identificar, preservar e transmitir um patrimônio é, portanto, uma escolha[14].

Contudo, a escolha do que será preservado ou transmitido pelo patrimônio de uma determinada sociedade não é um mero acaso, mas é realizada por meio de regras sociais apoiadas pelas hierarquias de gênero. A transmissão intergeracional que ocorre de pai/mãe para filho(a) reflete o papel da mulher na história e na cultura de uma comunidade, que em culturas heteronormativas patriarcais nunca foram objeto de preferência da mulher, mas de imposição sociocultural por meio de uma divisão de funções femininas e masculinas. Nessa linha, esta seção do artigo busca destacar o papel da mulher ou como, em geral, elas são retratadas pelo Patrimônio Cultural Imaterial.

Na descrição de Blake[15], na maior parte das sociedades, as mulheres tradicionalmente desempenham seus papéis na esfera privada ou doméstica, sendo que essas atividades são consideradas inferiores, enquanto os homens, historicamente, sempre dominaram a esfera pública, considerada mais relevante ou importante. A mulher, nesse contexto, sempre ficou relegada ao âmbito familiar, com o papel de cuidadora da casa, dos filhos e da família, enquanto aos homens sempre foi atribuída a função de provedor econômico[16].

Por outro lado, essa função social atribuída às mulheres resultou na criação e transmissão de valores culturais fundamentais da sociedade

[14] Blake, J. "Gender and Intangible Heritage". *In Égalité des genres, patrimoine et créativité.* Unesco, 2014, p. 35.

[15] Janet Blake, usando como exemplo a prática cultural do Naqqāli, no Irã (reprodução de histórias em verso ou prosa, acompanhada por gestos e movimentos especiais que pode oferecer às mulheres Naqqālis o status social de portadoras da cultura persa em uma sociedade onde as mulheres não têm voz ou participação na vida pública) descreve também a importância de distinguir entre a capacidade das mulheres de ter uma voz, visibilidade e gerência dentro da esfera privada de "empoderamento" e o exercício de seus direitos na esfera pública. Blake, J. "Gender and Intangible Heritage". *In Égalité des genres, patrimoine et créativité.* Unesco, 2014, p. 36.

[16] D.H.J., Morgan. *Social Theory and the Family*. Routledge And, 1975; K. Marx e F. Engels. *A ideologia Alemã*. Martins Fontes, 2001, p. 27: "Encerra, portanto, a propriedade, cuja primeira forma, o seu germe, reside na família onde a mulher e os filhos são escravos do homem. A escravidão, certamente ainda muito rudimentar e latente na família, é a primeira propriedade,"; e F. Engels, *L'origine de la famille, de la propriété privée et de l'État*. Édition sociales, 1884, disponível eletronicamente em versão de 1975 em http://www.uqac.uquebec.ca/zone30/Classiques_des_sciences_sociales/index.html.

às futuras gerações. Tal abordagem foi objeto principal de discussão no simpósio internacional realizado, em 1999, pela Unesco[17], que tinha como alvo encorajar e estimular o diálogo intercultural entre os Estados membros, buscando diferentes visões e experiências sobre o papel da mulher no Patrimônio Cultural Imaterial.

Tal encontro demonstrou não somente que, na maioria das culturas, as mulheres ocupam o papel central da "transmissão intergeracional e a renovação de múltiplas formas da cultura, essencialmente do patrimônio imaterial"[18], mas elas são, dessa forma, guardiãs do Patrimônio Cultural Imaterial que engloba, entre outras formas, as artes cênicas, incluindo a música, os conhecimentos culinários e medicinais e o *know-how* para a criação de cultura material[19].

A figura feminina constitui, portanto, um elo essencial entre o passado, o presente e as gerações futuras, transmitindo conhecimentos e habilidades, códigos de conduta e padrões de comportamento, tradições, costumes, linguagem e identidade.

Nesse mesmo sentido, como concluem os especialistas da UNESCO sobre Patrimônio Cultural Imaterial em reunião internacional de avaliação da Recomendação de 1999[20], em muitas sociedades ao redor do mundo, as mulheres sempre desempenharam um papel vital na preservação e transmissão de tradições que consideram essenciais para manter a coesão familiar e a posição social. No tocante à produção da cultura imaterial, as mulheres souberam não só preservar e transmitir métodos

[17] UNESCO, *International symposium on the role of women in transmission of intangible cultural heritage*, 27-30 de setembro de 1999, Tehran, Iran; documento disponível em: https://ich.unesco.org/doc/src/00157-EN.pdf.

[18] *Ibidem.*

[19] Unesco, *International symposium on the role of women in transmission of intangible cultural heritage*, 27-30 de setembro de 1999, Tehran, Iran, p. 2: *"Women are also custodians of intangible cultural heritage which encompasses, among other forms, the performing arts including music, culinary and medicinal knowledge and the know – how for the creation of material culture. The latter includes, but is not restricted to, handicrafts, weaving, textiles, habitat production and the making of tools for a wide range subsistence activities in areas such as horticulture, agriculture and fishery. In maintaining and passing on these forms of intangible culture, women often integrate new forms and techniques with the traditional, thereby recreating culture".*

[20] *Réunion international d'experts Patrimoine culturel immatériel : domaines prioritaires pour une convention internationale,* Unesco, doc. RIO/ITH/2002/INF/3, 2002, disponível em: https://ich.unesco.org/doc/src/05284-FR.pdf.

e práticas tradicionais, mas também adaptá-los de forma inovadora, integrando elementos modernos, criando materiais e técnicas novas.

Com efeito, a mulher transmite aos filhos os espaços que "tradicionalmente" lhe estão concedidos e perpetuados (cozinhar, cuidar etc.), sendo, consequentemente, responsáveis pelas funções principais na organização familiar, como a distribuição das tarefas domésticas dentro da família e, principalmente, a educação dos filhos. Isto é, a esposa é responsável pelos filhos transmitindo, assim, as práticas familiares, enquanto o marido ocupa, quotidianamente, um lugar secundário nas tarefas domésticas, situado fora de casa na busca do ganha-pão da família. Explicando, por fim, o predomínio da responsabilidade das mulheres sobre os homens na transmissão da herança.

Trata-se, de um papel paradoxal, pois, embora não seja reconhecido, as mulheres detêm um papel importante na preservação e transmissão do patrimônio imaterial dentro de sua comunidade. É o que observamos em alguns exemplos de prática cultural tradicional registrada como patrimônio cultural imaterial brasileiro pelo Instituto do Patrimônio Histórico e Artístico Nacional (IPHAN), no Livro de Registro, nos termos do Decreto 3.551 de 4 de agosto de 2000.

3.3 A mulher "caseira" nos bens culturais imateriais brasileiros

A Constituição Federal Brasileira, em seu artigo 216[21], constitucionalizou em seu texto o Patrimônio Cultural Brasileiro e, de forma bastante aguçada, os declarou como bens de natureza material e imaterial, sendo que ao poder público – com a colaboração da comunidade – ficou estabelecida a função de promoção e proteção desse patrimônio por meio de diversas formas de acautelamento, entre elas o registro.

Para regular em âmbito federal o Registro de Bens Culturais de Natureza Imaterial, executado pelo IPHAN, promulgou-se o Decreto nº 3.551, de 4 de agosto de 2000. Este inscreve nos seus livros o bem cultural imaterial, que tem sempre como referência a continuidade his-

[21] Artigo 216 da Constituição Federal Brasileira: "Constituem patrimônio cultural brasileiro os bens de natureza material e imaterial, tomados individualmente ou em conjunto, portadores de referência à identidade, à ação, à memória dos diferentes grupos formadores da sociedade brasileira, nos quais se incluem (...)".

tórica do bem e a sua relevância nacional para a memória, a identidade e a formação da sociedade brasileira.

Existem atualmente quarenta e nove patrimônios registrados pelo IPHAN como Bens Culturais Imateriais Brasileiros e reconhecidos formalmente como Patrimônio Cultural Imaterial do Brasil, e sete deles são práticas atribuídas às mulheres: Ofício das Paneleiras de Goiabeiras, Ofício das Baianas de Acarajé, Modo de fazer Renda Irlandesa tendo como referência este Ofício em Divina Pastora/SE, Saberes e Práticas Associados ao modo de fazer Bonecas Karajá/TO, Tradições Doceiras da Região de Pelotas e Antiga Pelotas/RS e Modo de Fazer Cuícas do Baixo Amazonas[22] .

Essas práticas "femininas", como mencionado nos dossiês analisados, variam consideravelmente, mas refletem o lugar ocupado pela mulher na comunidade ou comunidades abrangidas pelo sistema patrimonial – restrita aos espaços que "tradicionalmente" lhe estão concedidos (cozinhar, cuidar, costurar, coser, rezar, bordar), isto é, limitada ao ambiente caseiro ou realizando tarefas domésticas familiares.

Por exemplo, o Ofício das Paneleiras de Goiabeira, particularizado no Dossiê 3, do primeiro Registro de um bem cultural concretizado pelo IPHAN, inaugurando o Livro de Registro dos Saberes, retrata a fabricação artesanal de panela de barro, realizada no bairro de Goiabeiras, na cidade de Vitória, Espírito Santo.

Nos termos do Dossiê, a atividade de fazer panelas é um ofício exclusivamente feminino desenvolvido no "âmbito familiar, doméstico e profundamente enraizado no cotidiano e no modo de ser da comunidade de Goiabeiras"[23], constituindo um saber repassado de mãe para filha por gerações sucessivas. Nesse sentido, a maioria das paneleiras executam a atividade em casa, nos seus quintais e "os espaços/tempos de morar e trabalhar se confundem: cada casa é uma oficina, onde o fazer panelas de barro convive com os afazeres domésticos cotidianos e com a criação dos filhos e netos, nos momentos de festa, de perdas, de fé". Tanto é assim, que é usual a presença de crianças participando das atividades, tanto modelando a argila em pequenos formatos, como traba-

[22] Nos termos da Lista de Bens Registados 2021 disponibilizada no site do IPHAN, http://portal.iphan.gov.br/pagina/detalhes/606.

[23] http://portal.iphan.gov.br/uploads/publicacao/PatImDos_PaneleirasGoiabeiras_m.pdf.

lhando no alisamento de panelas criadas exclusivamente para a realização da famosa "moqueca capixaba"[24].

A cerâmica, assim como as tradições culinárias, ocupa um lugar central na divisão do trabalho dentro do lar que tem como consequência atribuir às mulheres a responsabilidade de atender às necessidades alimentares de suas famílias.

Temos do mesmo modo a tradição das doceiras da Região de Pelotas e Antiga Pelotas que se iniciou no interior das casas de famílias abastadas, "para as quais o doce era um importante elemento da sociabilidade e de refinamento, oportunizados pela riqueza oriunda da produção de charque"[25]. A atividade se desenvolveu, em ambiente doméstico, por meio de trocas de saberes e fazeres entre as senhoras da elite pelotense e suas cozinheiras, em sua maioria trabalhadoras negras escravizadas e suas descendentes. Com o passar dos anos, os doces produzidos em casa e para consumo domiciliar (no interior dos casarões) passaram a ser vendidos nas portas das igrejas e nas praças da cidade. Hoje, os doces coloniais são feitos em pequenas manufaturas familiares e em estabelecimentos semi-industriais e industriais.

E, nesse mesmo sentido, temos também o saber tradicional do Modo de Fazer Renda Irlandesa realizado pelas rendeiras de Divina Pastora, município do estado de Sergipe. Trata-se de um fazer secular que remonta à Europa do século XVII e que está associado à condição feminina, nas quais senhoras e escravas dividem o espaço doméstico na elaboração das rendas e dos bordados. Isto é, o ofício – a base de produção das rendas e a venda de comida, atividade desenvolvida juntamente por várias rendeiras[26] – é realizado igualmente no âmbito familiar, dentro da

[24] "Prato cozido à base de peixe ou frutos do mar, caracterizado pelos seguintes temperos: tomate, cebola, alho, coentro, azeite, limão e tintura de urucum, que lhe dá a cor característica. Come-se acompanhada de pirão e arroz. Receita da cozinha doméstica, trivialmente consumida em família, é servida às visitas e como especialidade de inúmeros restaurantes, em todo o Espírito Santo", Dossiê IPHAN – Ofício das Paneleiras de Goiabeira, p. 39, documento disponível em http://portal.iphan.gov.br/uploads/publicacao/PatImDos_Paneleiras Goiabeiras_m.pdf.

[25] Dossiê IPHAN – Registro da Região de Doceiras de Pelotas e Antiga Pelotas/RS, p. 5, documento disponível em http://portal.iphan.gov.br/uploads/ckfinder/arquivos/Dossie_%20 tradicoes_doceiras_de_pelotas_antiga_pelotas.pdf.

[26] Dossiê IPHAN – Renda Irlandesa de Divina Pastora, p. 32, documento disponível em http://portal.iphan.gov.br/uploads/publicacao/Dossie_Renda_Irlandesa_DivinaPastora Web.pdf.

própria casa, onde o seu exercício é partilhado com outras atividades, como cuidar dos filhos e/ou netos e da própria casa, compreendendo todos os serviços domésticos comuns às mulheres das camadas populares brasileiras.

Já no tocante ao Ofício das Baianas de Acarajé – apesar de tal prática de comércio ambulante de alimentos (tradição advinda da costa ocidental da África) representar certa forma de autonomia das mulheres em relação aos homens – lhes confere o papel de provedoras de suas famílias e, atualmente, a venda de acarajé permite que as mulheres aprendam uma profissão e ainda sustentam grande parcela da população de Salvador, assumindo seus múltiplos papéis de chefe de família, mãe e devota religiosa[27]. Ressalta-se que tal prática não rompe com o espaço socialmente concedido à mulher, mas fortalece o desenvolvimento de atividade relacionada com o ambiente caseiro, juntamente com outras tarefas domésticas familiares, que é a cozinha.

No Brasil, embora as mulheres tenham um papel importante na transmissão do Patrimônio Cultural Imaterial, isso não se traduz em acesso privilegiado a cargos ou papéis na sociedade, na comunidade ou mesmo no recinto familiar. Os exemplos acima indicam uma sub-representação das mulheres no setor social, sempre relegadas a tarefas restritas ao âmbito doméstico. São tradições e costumes específicos de gênero. Isto é, realizadas especificamente por mulheres e para mulheres, seguindo, normalmente, estereótipos da divisão do trabalho dentro de casa.

3.4 Oportunidade de emancipação política e econômica

Por outro lado, a dimensão do "gênero" não é linear. Apesar dos exemplos acima, em que observamos atividades relacionadas a um papel que é específico de gênero, progressivamente a conscientização e a busca de uma sociedade mais igualitária estão mudando. Temos meninos aprendendo a cozinhar ou a bordar com as mães e avós, assim como mulheres buscando seus autos-sustentos longe do domínio masculino.

Embora algumas práticas culturais tradicionais possam servir para reforçar velhos preconceitos contra as mulheres, a cultura também tem

[27] Dossiê IPHAN – Ofício das Baianas de Acarajé, p. 15, documento disponível em http://portal.iphan.gov.br/uploads/publicacao/PatImDos_OficioBaianasAcaraje_m.pdf.

um grande potencial para desenvolver mais amplamente o valor social, cultural e econômico, ampliando a esfera do político destas mulheres mediante seus saberes e fazeres culturais.

A cultura imaterial se converte em instrumento transformador. As mulheres, por meio das práticas (saberes e fazeres) tradicionais que lhe foram relegadas, adaptam suas realidades de forma inovadora, integrando novos elementos e buscando novas oportunidades. O bordado, a cerâmica, a cozinha, são atividades muito presentes na cultura feminina brasileira que, se por um lado restringe o papel das mulheres, por outro oferece a oportunidade de se unirem, de compartilharem um momento importante na esfera do feminino para pensarem, discutirem e articularem seus próprios significados na sua comunidade.

Nesse sentido, observamos dois pontos relevantes: tanto a criação de um sentimento de pertencimento comunitário em torno dos elementos tradicionais, como a busca de uma nova inserção econômica e política na sociedade. As mulheres têm se apropriado do significado cultural, econômico e político do seu produto, buscando sua organização e atraindo uma maior atenção da sociedade. Saberes e fazeres culturalmente ditos tradicionais – e que talvez possam em alguns sentidos ser percebidos como opressores em diversos momentos (ou leituras de gênero) podem também permitir a emancipação dessas mulheres que, se organizando, iniciaram ou promoveram algum tipo de atividade geradora de renda.

No Ofício das Paneleiras de Goiabeiras, as mulheres se associaram e implantaram um Galpão da Associação. Como consta no Dossiê do registro deste Ofício:

> foi uma conquista importante para a valorização do ofício e organização da categoria. Muito mais que um ponto de produção e venda das panelas por um pequeno grupo de artesãs, visto que o espaço só acomoda cerca de 30 paneleiras de um universo de quase 120, o Galpão passou a representar o lugar do ofício, dando visibilidade à categoria profissional de seus executantes[28].

[28] Dossiê IPHAN – Ofício das Paneleiras de Goiabeira, p. 25, documento disponível em http://portal.iphan.gov.br/uploads/publicacao/PatImDos_PaneleirasGoiabeiras_m.pdf.

Ademais, esse exemplo das paneleiras é interessante nesse sentido, pois considera-se que houve um empoderamento político das mulheres nesse caso. Isto é, em busca do direito ao acesso à fonte de matéria-prima necessária à produção artesanal das panelas, que estava ameaçada pela construção de uma estação de tratamento de esgoto, as paneleiras atraíram a atenção das entidades públicas e privadas e obtiveram um acordo com medidas que priorizaram a preservação do barreiro e a construção do galpão, destinado a abrigar as atividades de produção e venda das paneleiras que já não dispunham de espaço em seus quintais[29]. Como também esclarece o Dossiê do registro:

> A Associação tem sido o principal canal de negociação das paneleiras junto ao poder público e à iniciativa privada, na busca de apoio para a fabricação e promoção de seus produtos. Por meio de sua Associação, as paneleiras têm conseguido conquistar patrocinadores, material promocional e novos espaços de apresentação e venda para seus produtos, como as feiras de artesanato no Espírito Santo, em outros estados brasileiros e no exterior[30].

Assim, do espaço caseiro algumas mulheres têm conseguido encontrar oportunidades de emancipação no e pelo Patrimônio Cultural Imaterial, o que demanda, contudo, formas de organização e mobilização do seu papel na transmissão cultural na comunidade.

Seria, contudo, igualmente relevante que a ação de políticas e regulamentos de salvaguarda observassem com mais atenção a questão de gênero. Priorizando a mobilização das próprias mulheres, suas comunidades e dos organismos nacionais ou internacionais. Há ainda um longo caminho pela frente.

3.5 A construção de espaços para a discussão do gênero na política e regulamentos do patrimônio cultural imaterial

Embora a questão do gênero e do Patrimônio Cultural Imaterial vá muito além da inserção da cultura tradicional na lista de inscrição da

[29] Dossiê IPHAN – Ofício das Paneleiras de Goiabeira, p. 27, documento disponível em http://portal.iphan.gov.br/uploads/publicacao/PatImDos_PaneleirasGoiabeiras_m.pdf.

[30] Dossiê IPHAN – Ofício das Paneleiras de Goiabeira, p. 27, documento disponível em http://portal.iphan.gov.br/uploads/publicacao/PatImDos_PaneleirasGoiabeiras_m.pdf.

Convenção de 2003, é relevante analisar a construção de espaços para a discussão do gênero do Patrimônio Cultural Imaterial na política e no direito, especialmente nos instrumentos internacionais. Uma das principais críticas se refere à falta de sensibilidade para a questão de gênero na seleção dos elementos inscritos nas duas Listas da Convenção da Unesco para a Salvaguarda do Patrimônio Imaterial de 2003, mas, igualmente, no tocante ao texto da referida Convenção, que se cala sobre esta questão que poderiam reforçar esses estereótipos.

Como observamos nas seções anteriores, a mulher detém um papel relevante na sociedade no tocante à criação e à transmissão de costumes e tradições do Patrimônio Cultural Imaterial, definido pela Unesco como

> práticas, representações, expressões, conhecimento e técnicas (...) que se transmite de geração em geração (...) é constantemente recriado pelas comunidades e grupos em função de seu ambiente, de sua interação com a natureza e de sua história, gerando um sentimento de identidade e continuidade e contribuindo assim para promover o respeito à diversidade cultural e à criatividade humana (art. 2° da Convenção de 2003).

Apesar de definir os contornos do conceito de Patrimônio Cultural Imaterial, tal Convenção em nenhum momento trata do conceito a partir de uma perspectiva de gênero. O que parece torná-la de alguma forma, sob a perspectiva de um viés de gênero (valorizando as diferentes subjetividades para a promoção da diversidade), incompleta.

Entre os primeiros "considerandos" da Convenção de 2003, temos o reconhecimento da importância do Patrimônio Cultural Imaterial como fonte de diversidade cultural. Ocorre que, para promover a diversidade cultural plenamente, precisamos levar em consideração todos os aspectos relacionados ao gênero.

Como resultado desse silêncio, grupos específicos de gênero não gozam de nenhum direito positivo ao reconhecimento de seu patrimônio imaterial sob a Convenção. Como bem observa Janet Blake[31], isso nos leva a perguntar se as mulheres têm uma voz suficientemente forte na

[31] BLAKET, J. "Gender and Intangible Cultural Heritage" *in Gender Equality Heritage and Creativity*, Unesco, 2014, p. 55.

tomada de decisões sobre a identificação e salvaguarda do Patrimônio Cultural Imaterial e quão verdadeiramente democrático e participativo é este processo.

Essa invisibilidade reflete também nas políticas brasileiras de salvaguarda do Patrimônio Cultural Imaterial. Por exemplo, com relação ao Dossiê referente à manifestação do Círio de Nazaré, observamos a mesma invisibilidade no tocante ao papel da mulher. A organização e gestão do evento são realizadas por meio de uma comissão de confreiros e religiosos[32] que é, oficialmente, composta por homens, "cabendo às mulheres a organização de vários aspectos do ritual, entre eles a decoração da berlinda e as providências para a confecção do manto que, todos os anos, veste a imagem da santa" [33]. Observamos que qualquer decisão no tocante ao evento tradicional não é concedida à mulher. Nem mesmo a seleção do manto que usará a Santa no dia do evento. Pois, embora as mulheres sejam as pessoas encarregadas de sua confecção, a escolha do modelo final é responsabilidade do presidente da diretoria da festa, que é sempre o pároco de Nazaré.

A UNESCO, por sua vez, no que concerne às suas políticas, afirma que as mulheres são prioridade, e a promoção da igualdade de gênero e o empoderamento das mulheres é um dos Objetivos de Desenvolvimento do Milênio da ONU. Durante as discussões nas reuniões de especialistas intergovernamentais que prepararam um projeto da Convenção de 2003, foram ouvidas várias opiniões e, muito embora houvesse vozes que ressaltavam os papéis especiais das mulheres na transmissão do patrimônio intangível e a necessidade de a Convenção adotar uma atenção especial a eles, ao final, nenhuma menção particular às mulheres foi mantida no texto da Convenção[34].

[32] "Atualmente quem organiza o Círio e a Festa de Nazaré, desde suas primeiras manifestações, com a missa do mandato, até o seu término, com o recírio, é a diretoria da festa, constituída por 35 representantes de vários segmentos da sociedade local. Cada diretor é responsável por determinados aspectos da organização da festa, havendo entre eles um presidente, eleito por dois anos. Todo o trabalho é feito, porém, sob a supervisão do pároco de Nazaré. A diretoria trabalha durante o ano inteiro, mas quando se aproxima a data do Círio passa a se reunir todas as noites", Dossiê IPHAN – Cirio de Nazaré, p. 62, documento disponível em http://portal.iphan.gov.br/uploads/publicacao/PatImDos_Cirio_m.pdf.

[33] *Ibidem*.

[34] *Final Report Expert meeting "Gender and Intangible Heritage"*, Unesco, 8 dezembro de 2003, p. 2, document disponível em https://ich.unesco.org/doc/src/00125-EN.pdf.

Assim, subentende-se que as mulheres estão incluídas em "comunidades, grupos" e, quando apropriado, em "indivíduos que criam, mantêm e transmitem" o Patrimônio Cultural Imaterial, nos termos do artigo 15 da Convenção de 2003[35]. Contudo, percebemos que isto não basta, apesar de existir outros instrumentos internacionais de direitos humanos para a proteção das mulheres, o caminho seria a construção de normas mais específicas para o abrigo dessa importante e necessária demanda.

Conclusão

A icônica frase de Simone de Beauvoir "Ninguém nasce mulher: torna-se mulher" ganhou, nas últimas décadas, diferentes significados e apropriações, se consolidando como uma espécie de discurso-símbolo da luta pelos direitos das mulheres e do entendimento das relações de gênero nas sociedades contemporâneas. E para nós, autoras deste artigo (que ousamos estar nomeadas neste momento!), esta frase tem algo especial, pois mobiliza uma relação ainda mais íntima com nosso campo de conhecimento – o Patrimônio Cultural Imaterial.

Se nos entendemos mulheres por meio das relações de gênero que envolvem a construção de nossas subjetividades, mediante discursos/dispositivos que moldam nosso sexo, corpo, sexualidade, palavra, gesto, vestuário, saberes, fazeres, culinária, etc... tornar-se mulher é ser e estar em cultura. Ou talvez, resgatando Butler, uma performatividade possível no campo da política, onde iguais possam ser reconhecidos como iguais. Para tanto, tal perfomatividade é compreendida como um processo de subjetivação para além de dicotomias ou categorias excludentes. E isso não significa a negação da cultura, tampouco sua relativização. Mas a possibilidade de reconhecer na cultura aqueles que são silenciados.

Nathalie Heinich em seu texto "A Fabricação do Patrimônio Cultural"[36] expõe como uma série de razões sociais e culturais podem ser mobilizadas para explicar por que um e não outro artefato, ou bem cultural, adentra no seleto véu patrimonial. Ora, nesse sentido, um patri-

[35] *Final Report Expert meeting "Gender and Intangible Heritage"*, Unesco, 8 dezembro de 2003, p. 2, document disponível em https://ich.unesco.org/doc/src/00125-EN.pdf.

[36] Heinich, Natalie. A fabricação do Patrimônio. *In* Fronteiras: Revista Catarinense de História. n. 32 (2018): Memória, Patrimônio e Democracia DOI: https://doi.org/10.36661/2238-9717.2018n32.10603.

mônio, a exemplo de nós mulheres, não nasce, mas também estaria submetido à uma série de discursos, de saberes, de poderes, de dispositivos, que transformam um bem cultural em um bem patrimonializado. Ele se torna um patrimônio. E sob quais regras?

Reflexões como estas nos fizeram chegar a aproximações tão imediatas sobre as relações de gênero e do Patrimônio Cultural Imaterial. E na descoberta das lacunas em que se tornar mulher figura (ainda que na luta para tornar-se um direito) presente nas culturas, mas ausente no reconhecimento institucional do tornar-se patrimônio.

Nesse sentido, nosso objetivo nesse artigo foi realizar uma revisão bibliográfica de como as questões de gênero e, especificamente, da mulher são abordadas em documentos e na legislação internacional e nacional referentes ao Patrimônio Cultural Imaterial. Assim, observamos que houve e ainda há uma preocupação internacional com a questão de gênero, contudo, isso ainda não está expresso de forma contundente.

Para além desta revisão, fomos aos dossiês de patrimônios já instituídos pelo IPHAN para entender como a mulher é apresentada. Dadas suas particularidades, pois entendemos que cada dossiê é único, ainda assim, conseguimos perceber discursos comuns entre eles. Nossas mulheres "caseiras", de ofícios relacionados a modos de saber e fazer oriundos da casa são, em geral, majoritários nos dossiês de Patrimônio Cultural Imaterial.

No Brasil, tornar-se mulher e tornar-se um patrimônio ainda passa pelo reconhecimento dos saberes e fazeres da casa.

Referências

BLAKE, J. "Gender and Intangible Cultural Heritage" *in Gender Equality Heritage and Creativity*, Unesco, 2014.

BUTLER, Judith. Problemas de gênero: feminismo e a subversão da identidade. 22ª ed. Rio de Janeiro: Civilização Brasileira, 2003.

CUNHA FILHO, Francisco Humberto. Teoria dos Direitos Culturais. São Paulo: Editora Sesc, 2018.

D.H.J., MORGAN. *Social Theory and the Family*, Routledge And, 1975; K. MARX e F. Engels.

F. ENGELS, *L'origine de la famille, de la propriété privée et de l'État*, Édition sociales, 1884, disponível eletrônicamente versão 1975: http://www.uqac.uquebec.ca/zone30/Classiques_des_sciences_sociales/index.html.

HEINICH, Natalie. A fabricação do Patrimônio. *In* Fronteiras: Revista Catarinense de História. n. 32 (2018): Memória, Patrimônio e Democracia DOI: https://doi.org/10.36661/2238-9717.2018n32.10603.

SMITH, L. "Heritage, Gender and Identity", in GRAHAM, B. e HOWARD, P. (editors), The Ashgate Research Companion to Heritage and Identity, Routledge, 2008.

READING, A. "Making Feminist Heritage Work: Gender and Heritage", in E. Waterton, S. Watson, *The Palgrave Handbook of Contemporary Heritage Research*, Palgrave Macmillan, 2015.

Documentos e Sites Acessados

Égalité des genres, patrimoine et créativité, Unesco; documento disponível em: http://uis.unesco.org/sites/default/files/documents/gender-equality-heritage-and-creativity-2014-fr.pdf

https://data.unicef.org/topic/child-protection/female-genital-mutilation.

http://www.lacult.unesco.org/docc/Res_ONU_68_263_Fra.pdf.

UNESCO, *International symposium on the role of women in transmission of intangible cultural heritage*, 27-30 de setembro de 1999; documento disponível em: https://ich.unesco.org/doc/src/00157-EN.pdf.

Réunion international d'experts Patrimoine culturel immatériel: domaines prioritaires pour une convention internationale, Unesco, doc. RIO/ITH/2002/INF/3, 2002, disponível em: https://ich.unesco.org/doc/src/05284-FR.pdf.

Final Report Expert meeting "Gender and Intangible Heritage", Unesco, 8 dezembro, documento disponível em https://ich.unesco.org/doc/src/00125-EN.pdf.

Dossiês IPHAN

http://portal.iphan.gov.br/pagina/detalhes/606.

http://portal.iphan.gov.br/uploads/publicacao/PatImDos_PaneleirasGoiabeiras_m.pdf.

http://portal.iphan.gov.br/uploads/ckfinder/arquivos/Dossie_%20tradicoes_doceiras_de_pelotas_antiga_pelotas.pdf.

Dossiê IPHAN – Renda Irlandesa de Divina Pastora, documento disponível em http://portal.iphan.gov.br/uploads/publicacao/Dossie_Renda_Irlandesa_DivinaPastoraWeb.pdf.

Dossiê IPHAN – Ofício das Baianas de Acarajé, documento disponível em http://portal.iphan.gov.br/uploads/publicacao/PatImDos_OficioBaianasAcaraje_m.pdf.

Dossiê IPHAN – Ofício das Paneleiras de Goiabeira, documento disponível em http://portal.iphan.gov.br/uploads/publicacao/PatImDos_PaneleirasGoiabeiras_m.pdf.

Dossiê IPHAN – Ofício das Paneleiras de Goiabeira, documento disponível em http://portal.iphan.gov.br/uploads/publicacao/PatImDos_PaneleirasGoiabeiras_m.pdf.

Dossiê IPHAN – Ofício das Paneleiras de Goiabeira, documento disponível em http://portal.iphan.gov.br/uploads/publicacao/PatImDos_PaneleirasGoiabeiras_m.pdf.Dossiê IPHAN – Cirio de Nazaré, documento disponível em http://portal.iphan.gov.br/uploads/publicacao/PatImDos_Cirio_m.pdf.

4.
IMPACTOS DO SISTEMA INTERAMERICANO DE DIREITOS HUMANOS PARA A IGUALDADE DE GÊNERO NAS AMÉRICAS A PARTIR DE UMA VISÃO INTERSECCIONAL

Flávia Piovesan
Paula Monteiro Danese

Introdução

O Sistema Interamericano de Direitos Humanos tem por vocação proteger e promover direitos humanos na região, impulsionando transformações estruturais em marcos normativos e políticas públicas, tendo por centralidade as vítimas, sendo inspirado pelos estândares interamericanos.

Nesse aspecto, o *corpus iuris* interamericano tem se ampliado significativamente, tendo impactos sensíveis em diversas áreas dos direitos humanos. O presente artigo tem por finalidade enfocar os estândares protetivos no que se refere aos direitos das mulheres. Tanto a Corte Interamericana, tanto a Comissão Interamericana de Direitos Humanos possuem decisões que congregam uma análise sobre gênero de forma holística, levando-se em consideração a interseccionalidade como um ponto crucial para fornecer uma resposta a violações de direitos humanos que leve em consideração o contexto violador, suas vulnerabilidades e quais as melhores medidas de reparação, buscando não só reparar à vítima, mas evitar a repetição de tais violações.

Para fazer o estudo sobre as contribuições do sistema interamericano sobre casos que dizem respeito não só à questão de gênero, mas em sua interseccionalidade, principalmente no que diz respeito aos direitos sociais, econômicos e culturais, o presente artigo parte de uma análise sobre a discriminação de gênero, para então transitar à análise dos casos de violência de gênero e finalmente explorar os casos que envolvem mulheres indígenas no sistema interamericano, aclarando a responsabilidade dos Estados.

Ressalta-se a importância de uma análise sobre a interseccionalidade e seus impactos na perspectiva de gênero a partir dos estândares interamericanos, compreendendo não só seu aspecto desafiador, mas a direção que já foi delineada pelo próprio sistema de proteção de direitos humanos em questão.

4.1 Sistema interamericano, perspectiva de gênero e a proteção dos direitos humanos das mulheres

A reflexão sobre igualdade de gênero direciona para uma reflexão acerca das desigualdades na participação econômica, social e política. O afastamento de indivíduos na fruição de seus direitos carrega consigo uma discriminação e estereótipos de gênero. De acordo com Nancy Fraser, a perspectiva de gênero contém uma face econômica que está contida dentro do âmbito da redistribuição e uma face cultural que leva à injustiças. Segundo a autora, o fim do "socialismo real", com a queda do muro de Berlim, seguida pelo fim da União Soviética, em conjunto com o acelerado processo de globalização, teriam levado à politização das diferenças étnicas e culturais.[1] Dentro da perspectiva de conquistas de direitos, importante sublinhar o pensamento da autora sobre o feminismo:

> (...) a história recente da teoria de gênero reflete uma mudança mais ampla na gramática da formulação de reivindicações políticas. Por um lado, lutas por reconhecimento explodiram em todos os lugares – testemunhas de batalhas sobre multiculturalismo, direitos humanos e auto-

[1] Fraser, Nancy. Justice Interruptus Critical Reflections on the "Postsocialist" Condition. Published March 6, 1997 by Routledge, p.1-3.

> nomia nacional. Por outro lado, as lutas por redistribuição igualitária estão em relativo declínio – testemunha o enfraquecimento dos sindicatos e a cooptação dos partidos trabalhistas e socialistas na "terceira via". (...) Para o feminismo, portanto, essa mudança teve dois gumes. Por um lado, a retomada para o reconhecimento representa uma ampliação da luta de gênero e uma nova compreensão da justiça de gênero. Não mais restrita às questões de distribuição, a justiça de gênero agora abrange questões de representação, identidade e diferença. O resultado é um importante avanço sobre os paradigmas economicistas redutivos que tinham dificuldade em conceituar danos enraizados, não na divisão do trabalho, mas em padrões androcêntricos de valor cultural. Por outro lado, não está mais claro que as lutas feministas por reconhecimento estão servindo para aprofundar e enriquecer as lutas pela redistribuição igualitária.[2] (tradução nossa)

A perspectiva feminista é de suma importância para a compreensão do impacto do sistema interamericano direitos para a igualdade gênero, sobretudo no que diz respeito à compreensão do conjunto de injustiças sociais que impedem a fruição de direitos e acesso à justiça. A violência de gênero perpassa pelo estereótipo de gênero e a consequente discriminação:

[2] Fraser, Nancy. Feminist Politics in the Age of Recognition: A Two-Dimensional Approach to Gender Justicem Studies in Social Justice, Volume 1, Number 1, Winter 2007 ISSN: 1911-4788. Disponível em https://journals.library.brocku.ca/index.php/SSJ/article/view/979. Acesso em 18 de setembro de 2021. Texto original: (...) the recent history of gender theory reflects a wider shift in the grammar of political claims-making. On the one hand, struggles for recognition have exploded everywhere–witness battles over multiculturalism, human rights, and national autonomy. On the other hand, struggles for egalitarian redistribution are in relative decline–witness the weakening of trade unions and the co-optation of labour and socialist parties in "the third way." (...) For feminism, accordingly, this shift has been double-edged. On the one hand, the turn to recognition represents a broadening of gender struggle and a new understanding of gender justice. No longer restricted to questions of distribution, gender justice now encompasses issues of representation, identity, and difference. The result is a major advance over reductive economistic paradigms that had difficulty conceptualizing harms rooted, not in the division of labour, but in androcentric patterns of cultural value. On the other hand, it is no longer clear that feminist struggles for recognition are serving to deepen and enrich struggles for egalitarian redistribution.

> Os códigos de gênero penetram em padrões culturais de interpretação e avaliação, que são centrais para a ordem de status como um todo. Assim, uma característica importante da injustiça de gênero é o androcentrismo: um padrão institucionalizado de valor cultural que privilegia traços associados à masculinidade, enquanto desvaloriza tudo codificado como "feminino", paradigmaticamente – mas não apenas – as mulheres.[3]

Para Nancy Fraser, a justiça exige, simultaneamente, redistribuição e reconhecimento de identidades. Como atenta a autora: "O reconhecimento não pode se reduzir à distribuição, porque o status na sociedade não decorre simplesmente em função da classe. (...) Reciprocamente, a distribuição não pode se reduzir ao reconhecimento, porque o acesso aos recursos não decorre simplesmente em função de status".[4] No mesmo

[3] FRASER, Nancy. Feminist Politics in the Age of Recognition: A Two-Dimensional Approach to Gender Justicem Studies in Social Justice, Volume 1, Number 1, Winter 2007 ISSN: 1911-4788. Disponível em https://journals.library.brocku.ca/index.php/SSJ/article/view/979. Acesso em 18 de setembro de 2021. Texto original: Gender codes pervasive cultural patterns of interpretation and evaluation, which are central to the status order as a whole. Thus, a major feature of gender injustice is androcentrism: an institutionalized pattern of cultural value that privileges traits associated with masculinity, while devaluing everything coded as "feminine," paradigmatically—but not only—women.

[4] Afirma Nancy Fraser: "O reconhecimento não pode se reduzir à distribuição, porque o status na sociedade não decorre simplesmente em função da classe. Tomemos o exemplo de um banqueiro afro-americano de Wall Street, que não consegue tomar um táxi. Neste caso, a injustiça da falta de reconhecimento tem pouco a ver com a má distribuição. (...) Reciprocamente, a distribuição não pode se reduzir ao reconhecimento, porque o acesso aos recursos não decorre simplesmente da função de status. Tomemos, como exemplo, um trabalhador industrial especializado, que fica desempregado em virtude do fechamento da fábrica em que trabalha, em vista de uma fusão corporativa especulativa. Neste caso, a injustiça da má distribuição tem pouco a ver com a falta de reconhecimento. (...) Proponho desenvolver o que chamo concepção bidimensional da justiça. Esta concepção trata da redistribuição e do reconhecimento como perspectivas e dimensões distintas da justiça. Sem reduzir uma à outra, abarca ambas em um marco mais amplo". (Nancy Fraser, Redistribución, reconocimiento y participación: hacia un concepto integrado de la justicia, In: Unesco, *Informe Mundial sobre la Cultura*, 2000-2001, p.55-56). Ver ainda da mesma autora o artigo From Redistribution to Recognition? Dilemmas of Justice in a Postsocialist age em seu livro *Justice Interruptus. Critical reflections on the "Postsocialist" condition*, NY/London, Routledge, 1997. Sobre a matéria, consultar Axel Honneth, *The Struggle for Recognition: The moral grammar of social conflicts*, Cambridge/Massachussets, MIT Press, 1996; Nancy Fraser e Axel Honneth, *Redistribution or Recognition? A political-philosophical exchange*, London/NY, verso, 2003; Charles Taylor, The politics of recognition, in: Charles Taylor et. al., *Multiculturalism – Examining the politics of*

sentido, Boaventura de Souza Santos afirma que apenas a exigência do reconhecimento e da redistribuição permite a realização da igualdade. Ainda Boaventura acrescenta:

> (...) temos o direito a ser iguais quando a nossa diferença nos inferioriza; e temos o direito a ser diferentes quando a nossa igualdade nos descaracteriza. Daí a necessidade de uma igualdade que reconheça as diferenças e de uma diferença que não produza, alimente ou reproduza as desigualdades.[5]

Os estereótipos de gênero costumam ser estudos contraditórios. Eles podem ser obscuros ou flagrantemente aparentes, o que dificulta nomeação da discriminação para superá-la. Os costumes da sociedade, a mídia que é consumida na sociedade, a religião predominante de uma cultura e a unidade familiar podem se misturar em uma ordem para perpetuar os estereótipos de gênero.

De acordo com Rebecca Cook:

> Os estereótipos degradam as mulheres quando as atribuem a subservientes papéis na sociedade e desvalorizam seus atributos e características. Preconceitos sobre a inferioridade das mulheres e seus papéis estereotipados geram desrespeito e desvalorização das mulheres em todos os setores da sociedade. As próprias mulheres podem ser socialmente condicionadas a absorver estereótipos negativos sobre si mesmas e a cumprir o papel subordinado e passivo que consideram apropriado ao seu status. Quando as sociedades falham em reconhecer e eliminar tais preconceitos e seus estereótipos associados, essa falha exacerba um clima de impunidade com respeito às violações dos direitos das mulheres. O clima de impunidade permite que preconceitos e estereótipos de gênero ilícitos se agravem, causando ainda mais desvalorização das mulheres.[6]

recognition, Princeton, Princeton University Press, 1994; Iris Young, *Justice and the politics of difference*, Princenton, Princenton University Press, 1990; Amy Gutmann, *Multiculturalism: examining the politics of recognition*, Princenton, Princenton University Press, 1994.

[5] A respeito, ver Boaventura de Souza Santos, Introdução: para ampliar o cânone do reconhecimento, da diferença e da igualdade. In: *Reconhecer para Libertar: Os caminhos do cosmopolitanismo multicultural*, Rio de Janeiro, Civilização Brasileira, 2003, p.56. Ver ainda do mesmo autor Por uma Concepção Multicultural de Direitos Humanos, op.cit. p.429-461.

[6] Rebecca J. Cook and Simone Cusack. Gender Stereotyping Transnational Legal Perspectives. 2010. (Pennsylvania studies in human rights) ISBN: 978-0-8122-4214-0. P. 20.

O estereótipo de gênero carrega como consequência a violência de gênero, bem como a diminuição da dignidade da pessoa humana que encontra um obstáculo para sua concretização sempre quando houver discriminação de qualquer forma. A discriminação de gênero é também complexo no sentido de impactar deferentemente as intersecicionalidade que compõe determinado grupo. Dentro dessa perspectiva, há que se recordar que há existência do gênero composto, que, segundo a autora Rebecca Cook. são os estereótipos de gênero que interagem com outros estereótipos, que atribuem atributos, características ou papéis a diferentes subgrupos de mulheres[7]. Exemplificando, uma mulher indígena passa por obstáculos distintos para a concretização de seus direitos humanos do que uma mulher branca cis na sociedade brasileira.

O gênero composto, segundo a mesma autora, diferencia-se dos estereótipos sexuais, pois o termo "estereótipo sexual" é usado para descrever uma visão generalizada ou preconceito sobre aspectos físicos, incluindo biológicos, atributos ou características possuídas por homens ou mulheres. Por outro lado, os estereótipos compostos apresentam-se com estereótipos combinados que impedem a eliminação de todas as formas de discriminação contra as mulheres e a realização da igualdade substantiva. Tais características incluem, mas não estão limitadas a: idade, raça ou etnia, habilidade ou deficiência, orientação sexual e classe ou estatuto de grupo, incluindo nacional ou imigrante.[8]

A Organização Mundial da Saúde (OMS) conceitua gênero como as características das mulheres, homens, meninas e meninos que são socialmente construídas. Isso inclui normas, comportamentos e papéis associados a ser mulher, homem, menina ou menino, bem como relacionamentos entre si. Como uma construção social, o gênero varia de so-

Stereotypes degrade women when they assign them to subservient roles in society, and devalue their attributes and characteristics. Prejudices about women's inferiority and their stereotyped roles generate disrespect and devaluation of women in all sectors of society. Women themselves may be socially conditioned to absorb negative stereotypes about themselves, and to fulfi ll the subordinate, passive role they consider appropriate to their status. When societies fail to recognize and eliminate such prejudices and their associated stereotypes, that failure exacerbates a climate of impunity with respect to violations of women's rights. The climate of impunity enables prejudices and wrongful gender stereotypes to fester, causing further devaluation of women.

[7] Rebecca J. Cook and Simone Cusack, *ob. Cit.* p. 25.

[8] Rebecca J. Cook and Simone Cusack, *ob. Cit.* p. 28/29

ciedade para sociedade e pode mudar com o tempo. Ainda, de acordo com a mesma organização, o gênero é hierárquico e produz desigualdades que se cruzam com outras desigualdades sociais e econômicas. Assim, a discriminação de gênero se cruza com outros fatores de discriminação, como etnia, status socioeconômico, deficiência, idade, localização geográfica, identidade de gênero e orientação sexual, entre outros. O gênero combinado com outros fatores traz a perspectiva de interseccionalidade.[9]

Superada a conceituação de gênero e suas interseccionalidades, resta aprofundar a análise sob a perspectiva normativa internacional, em especial sob o que foi construído pelos tratados de direitos humanos do sistema interamericano.

Embora certos aspectos dos direitos da mulher tenham sido tratados em instrumentos anteriores da Organização dos Estados Americanos (OEA), como Convenção Interamericana sobre a Concessão dos Direitos Civis da Mulher, 2 de maio de 1948, Convenção Interamericana sobre a Concessão dos Direitos Políticos da Mulher, 2 de maio de 1948, Convenção Interamericana sobre a Nacionalidade da Mulher, e de forma mais geral na Declaração Americana sobre os Direitos e Deveres do Homem e na Convenção Americana sobre Direitos Humanos, muitos consideram que a questão dos direitos da mulher foi incorporada pela primeira vez no *corpus iuris* do Sistema Interamericano de Direitos Humanos (SIDH) com a adoção, em 1994, da Convenção de Belém do Pará para a Prevenção, Punição e Erradicação da Violência contra a Mulher. Este tratado obriga os Estados a prevenir, punir e erradicar a violência contra as mulheres, levando em consideração especialmente as vulnerabilidades devido a raça, origem étnica, status de migrante, idade, gravidez, situação socioeconômica, entre outras disposições.

Ainda que assim se considere, faz-se importante mencionar que os primeiros antecedentes sobre direito das mulheres no SIDH tem-se a criação da Comissão Interamericana de Mulheres (CIM) de 1923, quando durante a V Conferência Internacional Americana da União Pan-Americana das Nações, realizada em Santiago, Chile, recomendou-se que Conselho Diretor da União Pan-Americana incluísse no programa

[9] OMS. **Gender and health.** Disponível em:https://www.who.int/health-topics/gender#tab=tab_1. Acesso em 18 de setembro de 2021.

das futuras conferências o estudo das formas de abolir as deficiências constitucionais e legais devido às capacidades necessárias para assumir as responsabilidades do caso, e que se obtenha os mesmos direitos civis e políticos de que hoje gozam os homens.[10]

Já em 1928, durante a VI Conferência Internacional Americana e com a participação de um grande grupo de ativistas pelos direitos das mulheres, foi aprovada a resolução que constituiria a Comissão Interamericana de Mulheres (CIM), sendo o primeiro órgão do gênero no mundo. A partir de então foi estabelecido o estudo da igualdade civil e política da mulher no Hemisfério.[11]

Em 1933, a CIM aprovou a Convenção sobre a Nacionalidade da Mulher, que garantia que não deve haver distinção em razão do sexo em questões de nacionalidade. Já em 1938, a CIM aprovou a Declaração de Lima a favor dos Direitos da Mulher, que afirma que as mulheres têm o direito de: tratamento igual ao homem; gozam de igualdade na ordem civil; as oportunidades mais amplas e proteção no trabalho, e a mais ampla proteção como mãe. A existência da CIM foi marcada por avanços visíveis até se chegar à aprovação da Convenção Belém do Pará em 1996.

A Convenção Interamericana para Prevenir, Punir e Erradicar a Violência contra a Mulher (Convenção Belém do Pará) inaugura uma nova percepção de responsabilidade internacional do Estado, retirando a visão existente até o momento onde somente se o Estado, seus agentes ou indivíduos sob sua aquiescência, fossem os responsáveis diretos por esta violação haveria a responsabilização. Diferentemente da Convenção sobre a Eliminação de todas as formas de Discriminação contra a Mulher, que focou na eliminação de estereótipos de gênero e os obstáculos para concretização desigualdade de direitos entre e mulheres, bem como a desigualdade social e econômica, a Convenção de Belém do Pará incorpora o que fora construído no âmbito das Nações Unidas, mas acresce

[10] OEA. Resolución de la V Conferencia Internacional Americana, Santiago de Chile, del 5 marzo al 3 de mayo de 1923, octava sesión de fecha 26 de abril de 1923. Disponível em: https://www.dipublico.org/13160/acta-general-quinta-conferencia-internacional-americana-santiago-1923/. Acesso em 17 de setembro de 2021.

11 OEA. Resolución de la VI Conferencia Internacional Americana, La Habana, Cuba, 18 de febrero de 1928. Disponível em: https://www.dipublico.org/14567/resoluciones-de-conferencias-precedentes-sexta-conferencia-internacional-americana-la-habana-1928/. Acesso em 18 de setembro de 2021.

a preocupação sobre uma das consequências danosas da discriminação contra a mulher: a violência contra a mulher.

Durante muito tempo os direitos humanos de meninas, adolescentes e mulheres em áreas diferentes de suas relações com o Estado não foram reconhecidos como direitos humanos, uma vez que tudo o que acontecia no espaço privado era considerado como competência de outros ramos do direito, competindo ao direito de família ou direito civil a regulação, na medida em que fossem relacionamentos entre indivíduos. O artigo 2º da mencionada Convenção estabelece que a violência contra a mulher abrange a violência física, sexual e psicológica e será considerada como responsabilidade do Estado a violência ocorrida no âmbito da família ou unidade doméstica ou em qualquer relação interpessoal, bem como a ocorrida na comunidade e cometida por qualquer pessoa; e a perpetrada ou tolerada pelo Estado ou seus agentes, onde quer que ocorra.[12]

Além do considerável impacto da Convenção Belém do Pará na mudança de entendimento sobre a responsabilidade do Estado acerca da violação do direito das mulheres, a Convenção ainda conta com um importante mecanismo de monitoramento. Com efeito, o Mecanismo de Acompanhamento da Convenção de Belém do Pará é um sistema de avaliação entre pares consensuais e independentes para examinar o progresso feito pelos Estados Partes no cumprimento dos objetivos da Convenção. O mecanismo é financiado por contribuições dos Estados Partes da Convenção e outros doadores, e da Comissão Interamericana da Mulher (CIM) da OEA atua como sua Secretária Técnica.[13]

Ao longo dos mais de vinte anos de existência, ainda é preciso reafirmar que as obrigações estabelecidas na Convenção de Belém do Pará exigem que os Estados formulem e implementem políticas públicas integrais que deem conta dos diferentes espaços em que se expressa a violência contra a mulher. Ressalta-se que é preocupante a persistência da impunidade generalizada em relação à investigação, processo e

[12] OEA. Convenção Belém do Pará. Disponível em: http://www.cidh.org/basicos/portugues/m.belem.do.para.htm. Acesso em 18 de setembro.

13 OEA. Tercer Informe Hemisférico sobre la Implementación de la Convención de Belém do Pará Prevención de la Violencia contra las Mujeres en las Américas Caminos por Recorrer. Disponível em:<http://www.oas.org/es/mesecvi/docs/tercerinformehemisferico.pdf>. Acesso em 19 de setembro de 2021.

punição de atores estatais e não estatais que cometem atos de violência contra as mulheres.

Para ilustrar a proteção de direitos humanos sob a perspectiva de gênero, o presente artigo irá se deter no universo de decisões da Comissão e da Corte Interamericana de Direitos Humanos.

4.2 Jurisprudência interamericana e perspectiva de gênero

Inicia-se a análise das decisões do sistema interamericano na temática de gênero com o caso Maria da Penha vs. Brasil, que tramitou perante a Comissão Interamericana de Direitos Humanos (Relatório N° 54/01 Caso 12.051)[14]. No caso analisado pela CIDH, que impactou inúmeras pautas para o Brasil e sua mudança legislativa – o que não será analisado no presente momento- a CIDH interpretou o artigo 46.2 da CADH da seguinte forma:

> 47. As agressões domésticas contra mulheres são desproporcionalmente maiores do que as que ocorrem contra homens. Um estudo do Movimento Nacional de Direitos Humanos do Brasil compara a incidência de agressão doméstica contra mulheres e contra homens e mostra que, nos assassinatos, havia 30 vezes mais probabilidade de as vítimas o sexo feminino terem sido assassinadas por seu cônjuge, que as vítimas do sexo masculino. A Comissão constatou, em seu Relatório Especial sobre o Brasil, de 1997, que havia uma clara discriminação contra as mulheres agredidas, pela ineficácia dos sistemas judiciais brasileiros e sua inadequada aplicação dos preceitos nacionais e internacionais, inclusive dos procedentes da jurisprudência da Corte Suprema do Brasil. (..)
>
> 56. Dado que essa violação contra Maria da Penha é parte de um padrão geral de negligência e falta de efetividade do Estado para processar e condenar os agressores, a Comissão considera que não só é violada a obrigação de processar e condenar, como também a de prevenir essas práticas degradantes. Essa falta de efetividade judicial geral e discriminatória cria o ambiente propício à violência doméstica, não havendo evidência socialmente percebida da vontade e efetividade do Estado como representante da sociedade, para punir esses atos.[15]

[14] CIDH. Relatório N° 54/01. CASO 12.051 Maria da Penha vs. Brasil. Disponível em: <ht-tps://www.cidh.oas.org/annualrep/2000port/12051.ht≥ Acesso em 22 de junho de 2021.

[15] CIDH. Relatório N° 54/01. CASO 12.051 Maria da Penha vs. Brasil. Disponível em: <https://www.cidh.oas.org/annualrep/2000port/12051.ht≥ Acesso em 22 de junho de 2021.

A demora injustificada no processo da senhora Maria da Penha na análise da violação aos seus direitos, em função de ser vítima de violência doméstica, permitiu que sua petição fosse analisada por aquele órgão, ainda que não se tivesse esgotado os recursos internos. Afinal, 15 (quinze) anos pendente de uma decisão em segunda instância por um crime da maior da gravidade vai de encontro ao que se tem como parâmetro de acesso à justiça no SIDH. Ficou demonstrado que a demora no andamento no processo estava intimamente conectado à discriminação em relação ao gênero.

As recomendações feitas pela CIDH foram acatadas pelo governo brasileiro, não havendo necessidade de encaminhar o caso para a Corte IDH. Nesse sentido, é importante destacar o *Caso Penal Castro Castro vs. Peru.* O caso se refere à execução extrajudicial, torturas e maus tratos de pessoas privadas de liberdade na Penitenciária "Miguel Castro Castro" – estabelecimento prisional de máxima seguridade –, condenados na sua maioria por crimes de terrorismo. O massacre ocorreu em maio de 1992, no âmbito da operação "Operativo Mudanza 1", durante a qual os agentes estatais, polícia e exército, utilizaram armas de guerra, bombas lacrimogêneas e paralisantes contra os internos. A operação teve início durante um dia de visitas femininas à Penitenciária. A Corte IDH estabeleceu parâmetros sobre a utilização excessiva de força, pelas torturas e maus tratos a que foram submetidos os internos. A Corte IDH se referiu, de forma particular, à violência de gênero, tendo considerado que os atos afetam as mulheres de forma diferenciada.

No caso mencionado acima, restou claro que: "o Estado do Peru intencionalmente infligiu violência contra as prisioneiras políticas como castigo pela dupla transgressão do sistema dominante: o uso do fator gênero para infligir dano, e a tortura das prisioneiras".[16] Ademais, constatou-se que se infringiu os compromissos de direitos humanos das mulheres por parte do Estado, sendo importante destacar três trechos da sentença que ilustram a responsabilidade do Estado nesse caso:

[16] Corte IDH. Corte Interamericana de Direitos Humanos Caso do Presídio Miguel Castro Castro Vs. Peru Sentença de 25 de novembro de 2006 (Mérito, Reparações e Custas). Disponível em:<https://www.cnj.jus.br/wp-content/uploads/2016/04/7ef9a6d58703704d6c5e9a8a04cb09e9.pdf>.

> 205. A esse respeito, cumpre salientar a criação da Comissão da Verdade e Reconciliação (doravante denominada "CVR") em 2001 (pars. 197.3 a 197.7 supra), a qual tinha por finalidade, inter alia, esclarecer o processo, os fatos e responsabilidades da violência terrorista e da violação dos direitos humanos ocorridos de maio de 1980 a novembro de 2000, imputáveis tanto às organizações terroristas como aos agentes do Estado. Da análise de milhares de denúncias que recebeu, essa Comissão determinou que a maioria das violações correspondeu a ações atribuídas a funcionários do Estado ou a pessoas que atuaram com sua aquiescência.
>
> 206. Cumpre salientar, também, que no referido Relatório Final da CVR se analisou que, nesse contexto de violações dos direitos humanos durante o conflito interno, as mulheres se viram afetadas pela violência de maneira diferente dos homens. A CVR incluiu em seu relatório um capítulo específico sobre a violência sexual contra as mulheres, e também se referiu à situação que experimentaram as mães presas em centros penitenciários. Concluiu-se ainda, nesse relatório, que durante o conflito interno e em decorrência dele, os agentes estatais foram responsáveis por aproximadamente 83% dos casos de violação sexual contra as mulheres
>
> 223. Ao analisar os fatos e suas consequências a Corte levará em conta que as mulheres se viram afetadas pelos atos de violência de maneira diferente dos homens, que alguns atos de violência foram dirigidos especificamente contra elas e outros as afetaram em maior proporção que aos homens. Diversos órgãos peruanos e internacionais reconheceram que, durante os conflitos armados, as mulheres enfrentam situações específicas de dano a seus direitos humanos, como os atos de violência sexual, que em muitas ocasiões é usada como "meio simbólico para humilhar a parte contrária"[17]

A violência de gênero foi considerada para fins de responsabilização do Estado que atuou de forma direta para que as violações contra as mulheres encarceradas ocorressem e não atuou com a devida diligência para reparar as vítimas.

[17] Corte IDH. Corte Interamericana de Direitos Humanos Caso do Presídio Miguel Castro Castro Vs. Peru Sentença de 25 de novembro de 2006 (Mérito, Reparações e Custas).

Antes de adentrar nos direitos culturais e sua relação gênero, cumpre destacar mais dois casos da Corte IDH: o caso González e outras ("campo algodoeiro") vs. México (2009) e o López Soto e outros vs. Venezuela (2018).

Ainda com relação aos direitos das mulheres, faz-se necessário a análise do emblemático caso González e outras contra o México (caso "Campo Algodonero"), em que a Corte Interamericana condenou o México em virtude do desaparecimento e morte de mulheres em *Ciudad Juarez*, sob o argumento de que a omissão estatal estava a contribuir para a cultura da violência e da discriminação contra a mulher. No período de 1993 a 2003, estima-se que de 260 a 370 mulheres tenham sido vítimas de assassinatos, em Ciudad Juarez. A violência contra a mulher é uma forma de discriminação, portanto, a Corte IDH declarou ter o Estado violado também o dever de não discriminação contido na CADH, em detrimento das jovens; bem como em relação ao acesso à justiça consagrado no mesmo instrumento, em detrimento dos familiares das vítimas. A sentença da Corte condenou o Estado do México ao dever de investigar, sob a perspectiva de gênero, as graves violações ocorridas, garantindo direitos e adotando medidas preventivas necessárias de forma a combater a discriminação contra a mulher.[18]

Note-se que o caso Campo Algodonero e os parâmetros protetivos interamericanos nele desenvolvidos fomentaram a adoção da lei que tipifica o feminicídio no Brasil (Lei n. 13.104/2015, que prevê o feminicídio como circunstância qualificadora do crime de homicídio).

O último caso a ser explorado é López Soto e Outros vs. Venezuela (2018)[19]. Os fatos deste caso estão relacionados à privação de liberdade de uma mulher, que tinha 18 anos na época dos eventos, por um indivíduo. Por um período de quase quatro meses, Linda Loaiza López Soto foi submetida de uma maneira contínua a vários atos de violência física,

[18] CORTE IDH. Caso González Y Otras ("Campo Algodonero") Vs. México Sentencia De 16 De Noviembre De 2009 (Excepción Preliminar, Fondo, Reparaciones Y Costas). Disponível em: www.corteidh.or.cr/docs/casos/articulos/seriec_205_esp.pdf. Acesso em 19 de setembro de 2021.

[19] Corte IDH. CASO LÓPEZ SOTO Y OTROS VS. VENEZUELA RESUMEN OFICIAL EMITIDO POR LA CORTE INTERAMERICANA DE LA SENTENCIA DE 26 DE SEPTIEMBRE DE 2018 (Fondo, Reparaciones y Costas). Disponível em:<https://www.corteidh.or.cr/docs/casos/articulos/seriec_362_esp.pdf>. Acesso em 20 de setembro de 2021.

verbal, psicológica e sexual. Seu resgate ocorreu em virtude de ela ter conseguido gritar por socorro, levando o pessoal da polícia e do corpo de bombeiros a comparecer ao local e conseguiu entrar subindo até o apartamento em que foi privada de liberdade. Devido aos ferimentos múltiplos que ela apresentou após seu resgate com vida, Linda Loaiza López Soto teve que passar quase um ano hospitalizada e se submeter a 15 cirurgias.

No que refere ao acesso à justiça para reparação pelas graves violações sofridas pela vítima, os fatos foram investigados na Justiça Criminal. Dois julgamentos orais foram realizados, como o primeiro foi anulado. Como resultado do segundo processo penal, o perpetrador dos crimes, Luis Antonio Carrera Almoina, foi condenado pelos crimes de privação de liberdade e lesões muito graves, mas absolvido pelo crime de estupro. As duas pessoas que foram acusadas de outros eventos concomitantes (peculato e encobrimento, entre outros) foram absolvidas de todos os crimes. Em 2008, declarou concluída a pena.

A Corte IDH condenou o Estado da Venezuela por violação dos direitos ao reconhecimento da personalidade jurídica, integridade pessoal, proibição de tortura e outros tratos cruéis, desumanos ou degradantes, proibição de escravidão, liberdade pessoal, garantias judiciais, dignidade, autonomia e vida privada, circulação e residência, igualdade perante a lei e proteção judicial, tudo isso em relação às obrigações de respeitar e garantir direitos, não discriminação e de adotar medidas de direito interno, bem como pelo descumprimento das obrigações decorrentes do artigo 7 da Convenção Interamericana para Prevenir, Punir e Erradicar a Violência contra a Mulher ou da Convenção de Belém do Pará e dos artigos 1, 6 e 8 da Convenção Interamericana para Prevenir e Punir a Tortura, em detrimento de Linda Loaiza López Soto, de 18 anos na época dos fatos. Da mesma forma, ele declarou a responsabilidade do Estado pela violação do direito à integridade pessoal de seu grupo familiar.

A partir dos casos elencados acima, resta evidente os parâmetros protetivos do direito das mulheres pelo sistema interamericano, considerando não apenas a perspectiva de gênero para igualdade de direitos, mas também considerando a consequências da discriminação de gênero, sublinhando-se a violência física e sexual de meninas e mulheres e a responsabilização do Estado por falhar em prevenir tais violações, bem como repará-las, perpetuando um ambiente hostil e de injustiças que apenas colabora para que tais violações sigam ocorrendo.

Ainda dentro da perspectiva de gênero, far-se-á um recorte sobre gênero e direitos culturais a partir do sistema interamericano, em especial aos casos que envolvem a população indígena.

Análise da perspectiva de gênero e suas interseccionalidades pelo sistema interamericano de direitos humanos: uma análise a partir dos impactos culturais na proteção dos direitos das mulheres

Igualdade de gênero significa que mulheres e homens desfrutam do mesmo status e têm oportunidades iguais para realizar seus plenos direitos humanos e seu potencial de contribuir para políticas, econômicas, sociais e desenvolvimento cultural e beneficiar-se dos resultados. A igualdade de gênero é, portanto, a avaliação imparcial por sociedade das semelhanças e diferenças entre mulheres e homens e os vários papéis que eles jogam.[20]

Inicia-se a análise com o caso Mary e Carrie Dann vs. Estados Unidos[21], que tratou do direito à igualdade, a um julgamento justo e à propriedade da terra ancestral das irmãs Dann e da tribo Western Shoshone. As duas irmãs argumentaram que o Estado havia interferido no uso e ocupação de suas terras ancestrais, apropriando-se das terras como propriedade federal. Eles alegaram que isso era feito por meio de um procedimento injusto perante a Comissão de Reivindicações Indígena (e Indian Claims Commission), ao ameaçar remover e, em seguida, remover fisicamente a produção agrícola e agropecuária de suas terras e ao permitir ou aquiescer em atividades de prospecção de ouro dentro do território tradicional *Western Shoshone*. Embora a CIDH tenha considerado que a reclamação de propriedade foi mais apropriadamente deixada para a determinação do Estado, ela também considerou que as Dann não podiam recorrer aos tribunais para proteger seus direitos de propriedade em condições de igualdade e de uma maneira que leve em

[20] Ver Inter-American Program On The Promotion Of Women's Human Rights And Gender Equity And Equality. Disponível em: <https://www.oas.org/en/cim/docs/PIA[EN].pdf>. Acesso em 19 de setembro de 2021.

[21] CIDH, Mertits Report, No.75/02, Mary and Carrie Dann (United States), December 27, 2002. Disponível em: <https://www.cidh.oas.org/annualrep/2002eng/USA.11140b.htm>. Acesso em 19 de setembro de 2021.

consideração a natureza coletiva e individual de sua reivindicação de propriedade. A Comissão baseou sua decisão na Declaração Americana sobre os Direitos e Deveres do Homem.

A CIDH esclareceu que ao reconhecer e aplicar proteções específicas no contexto dos direitos humanos das populações indígenas, a Comissão tem agido em sintonia com a evolução do direito internacional dos direitos humanos de forma mais ampla. Assinalou que medidas especiais para garantir os direitos humanos indígenas foram reconhecidas e aplicadas em outras esferas internacionais e domésticas, incluindo predominantemente a Corte Interamericana de Direitos Humanos, a Organização Internacional do Trabalho, as Nações Unidas por meio de seu Comitê de Direitos Humanos e Comitê para Erradicar Todas as Formas de Discriminação, e os sistemas jurídicos internos de muitos Estados. Para determinar a responsabilidade norte-americana em relação às mulheres indígenas, destaca-se os seguintes parágrafos da decisão:

> 130. De particular relevância para o presente caso, a Comissão considera que os princípios jurídicos internacionais gerais aplicáveis no contexto dos direitos humanos indígenas incluem:
>
> o direito dos povos indígenas ao reconhecimento legal de suas formas e modalidades variadas e específicas de controle, propriedade, uso e gozo de territórios e propriedades;
>
> o reconhecimento de seus direitos de propriedade e propriedade com respeito às terras, territórios e recursos que eles ocuparam historicamente; e
>
> onde os direitos de propriedade e de uso dos povos indígenas decorrem de direitos existentes antes da criação de um estado, reconhecimento por esse estado do título permanente e inalienável dos povos indígenas em relação a ele e de ter tal título alterado apenas por consentimento mútuo entre o estado e os respectivos povos indígenas quando eles têm pleno conhecimento e apreciação da natureza ou atributos de tal propriedade. Isso também implica o direito a uma compensação justa no caso de tais propriedades e direitos do usuário serem irrevogavelmente perdidos.
>
> 131. Com base na análise anterior, a Comissão é de opinião que as disposições da Declaração Americana devem ser interpretadas e aplicadas no contexto dos peticionários indígenas, levando em consideração

> os princípios particulares do Direito Internacional dos Direitos Humanos que regem os interesses individuais e coletivos dos povos indígenas.[22]

A decisão da CIDH deixa claro seu posicionamento sobre os direitos da população indígena, considerando seu relacionamento particular com a terra que ocupam, uma vez que ela permite que seus direitos culturais sejam exercidos.

Ainda antes de se adentrar nos casos Inés Fernández Ortega e Valentina Rosendo Cantú da Corte IDH, será feito um destaque ao relatório da CIDH Mulheres indígenas desaparecidas e assassinadas em Colúmbia Britânica, Canadá (*Missing and Murdered Indigenous Women in British Columbia, Canada*)[23] de 2014. O relatório retrata o contexto de violação dos direitos das mulheres indígenas no Canadá.

Conforme explica o relatório, o número de mulheres indígenas desaparecidas e assassinadas é particularmente preocupante quando considerado à luz do fato de que os povos indígenas representam uma pequena porcentagem da população total do Canadá. O relatório acaba por focar na situação na Colúmbia Britânica, porque o número de indígenas desaparecidos e assassinados mulheres é mais alto lá em termos absolutos do que qualquer outra província ou território no Canadá. As informações alarmantes do relatório apontam que os desaparecimentos e assassinatos de mulheres indígenas no Canadá fazem parte de um quadro mais amplo padrão de violência e discriminação contra mulheres indígenas no país. Vários relatórios oficiais e da sociedade civil demonstram que as mulheres indígenas são vítimas de maiores índices de violência cometidos por estranhos e conhecidos, além de mulheres não indígenas.

A CIDH constatou que as mulheres indígenas sofrem mais frequentemente e de formas mais graves de violência doméstica do que as mulheres não indígenas. De acordo com as informações recebidas pela

[22] CIDH, Mertits Report, No.75/02, Mary and Carrie Dann (United States), December 27, 2002, para. 130 e 131. Disponível em: <https://www.cidh.oas.org/annualrep/2002eng/USA.11140b.htm>. Acesso em 19 de setembro de 2021.

[23] CIDH. Missing and Murdered Indigenous Women in British Columbia, Canada, 2014. Disponível em: <https://www.oas.org/en/iachr/reports/pdfs/indigenous-women-bc-canada-en.pdf>. Acesso em 20 de setembro de 2021.

CIDH, a polícia falhou em prevenir adequadamente e proteger mulheres e meninas indígenas de assassinatos e desaparecimentos, formas extremas de violência, e não investigaram diligente e prontamente esses atos.

Em conclusão preliminar, a CIDH esclarece que como consequência dessa discriminação histórica, a CIDH entende que as mulheres e meninas indígenas constituem um dos grupos mais desfavorecidos do Canadá. Pobreza, moradia inadequada, falta de promoção econômica e social, entre outros fatores, contribuem para sua maior vulnerabilidade à violência. Além disso, atitudes prevalentes de discriminação – principalmente relacionados a gênero e raça – e os estereótipos de longa data aos quais eles têm sido submetidas, exacerbar sua vulnerabilidade.

Fica evidente que o contexto de violações aos direitos humanos das mulheres indígenas traz ainda o sentimento de impunidade, uma vez que as ações e omissões do Estado tem como base a discriminação em relação ao gênero composto, enfrentando o obstáculo de desrespeito em relação à cultura das mulheres submetidas a graves violações dos seus direitos, agravados por sérios impedimentos no que diz respeito a acesso à justiça. Sublinha-se importante passagem do mencionado relatório:

> A CIDH enfatiza que abordar a violência contra as mulheres indígenas não é suficiente, a menos que os fatores subjacentes à discriminação racial e de gênero que originam e agravam a violência também são abordadas de forma abrangente. Uma abordagem holística abrangente aplicada a violência contra as mulheres indígenas significa abordar o passado e o presente institucional e desigualdades estruturais enfrentadas por essas mulheres. Os elementos que devem ser tratados incluem a expropriação de suas terras, bem como as leis e políticas históricas que negativamente afetam as mulheres indígenas, colocou-as em situação de desigualdade e impediu seu pleno gozo dos direitos civis, políticos, econômicos, sociais e culturais. (tradução livre)[24]

[24] CIDH. Missing and Murdered Indigenous Women in British Columbia, Canada, 2014, p. 13, para.11. Disponível em: <https://www.oas.org/en/iachr/reports/pdfs/indigenous-women-bc-canada-en.pdf>. Acesso em 20 de setembro de 2021. Texto original: "The IACHR stresses that addressing violence against indigenous women is not sufficient unless the underlying factors of racial and gender discrimination that originate and exacerbate the violence are also comprehensively addressed. A comprehensive holistic approach applied to violence against indigenous women means addressing the past and present institutional

Para completar a análise de casos, se passará para análise do caso Inés Fernández Ortega vs. México, julgado pela Corte IDH[25]. Os fatos deste caso se inserem em um contexto de significativa presença militar no estado de Guerrero. A Sra. Fernández Ortega é uma indígena pertencente à comunidade indígena Me'phaa, residente em Barranca Tecoani, estado de Guerrero. Na época dos fatos, ela tinha quase 25 anos, era casada com o Sr. Prisciliano Sierra, com quem tinha quatro filhos.

Em 22 de março de 2002, a senhora Fernández Ortega estava em sua casa acompanhada de seus quatro filhos, quando um grupo de aproximadamente onze soldados, uniformizados e portando armas, entrou em sua casa. Um deles segurou-a pelas mãos e, apontando a arma para ela, disse-lhe que se deitasse no chão. Uma vez no chão, outro soldado com uma das mãos pegou suas mãos e a estuprou enquanto outros dois soldados assistiam. Uma série de recursos foi interposta com o objetivo de investigar e punir os responsáveis pelos fatos. No entanto, sem sucesso.

A Corte Interamericana de Direitos Humanos se pronunciou extensivamente sobre os fatores que colocam as mulheres indígenas em maior risco de violações dos direitos humanos na justiça e nos sistemas de saúde. A Corte IDH mencionou obstáculos específicos enfrentados pelas mulheres indígenas para obter acesso à justiça, como falar um idioma diferente, falta de acesso a intérpretes e impossibilidade de pagar advogado, entre outros. A Corte IDH constatou que esses obstáculos culturais e econômicos, que geram desconfiança no sistema judiciário e em outros órgãos públicos de proteção, são particularmente graves, visto que as mulheres indígenas também enfrentam rejeição e ostracismo de suas próprias comunidades quando denunciam crimes de violência sexual. Importante destacar o seguinte trecho da sentença em que se considerou que a não observância por parte do Estado acerca das vulnerabilidades da senhora Ortega, quais sejam, sua etnia e língua, fizeram com

and structural inequalities confronted by these women. Elements that must be addressed include the dispossession of their land, as well as historical laws and policies that have negatively affected indigenous women, put them in an unequal situation, and prevented their full enjoyment of civil, political, economic, social and cultural rights."

[25] Corte IDH. CASO FERNÁNDEZ ORTEGA Y OTROS VS. MÉXICO SENTENCIA DE 30 DE AGOSTO DE 2010 (Excepción Preliminar, Fondo, Reparaciones y Costas). Disponível em: <https://www.corteidh.or.cr/docs/casos/articulos/seriec_215_esp.pdf>. Acesso em 20 de setembro de 2021.

que o processo fosse eivado de vícios insanáveis, mesmo que em momento posterior tenha sido fornecido um intérprete:

> 201. A Corte considerou provado que a senhora Fernández Ortega não contava com um intérprete fornecido pelo Estado para apresentar sua denúncia e não recebeu informação em seu idioma sobre as ações decorrentes de sua denúncia. Para informar as autoridades sobre o crime que a afetou e para ter acesso às informações, ela teve que recorrer a uma pessoa conhecida que falava espanhol. Por outro lado, nas ocasiões subsequentes em que a vítima foi citada, o Estado ordenou a presença de um intérprete e também informou que estava implementando um programa de capacitação de intérpretes indígenas em Guerrero. A Corte valoriza positivamente ambas as medidas adotadas pelo México. Porém, a impossibilidade de informar e receber informações em seu idioma nos momentos iniciais implicou, no presente caso, um tratamento que não levou em consideração a situação de vulnerabilidade da senhora Fernández Ortega, em função de sua língua e etnia, implicando em uma violação injustificada de facto do seu direito de acesso à justiça. Com base no exposto, a Corte considera que o Estado descumpriu sua obrigação de garantir, sem discriminação, o direito de acesso à justiça nos termos dos artigos 8.1 e 25 da Convenção Americana, em relação ao artigo 1.1 do mesmo instrumento.[26] (tradução livre)

[26] "201. La Corte consideró probado que la señora Fernández Ortega no contó con un intérprete previsto por el Estado a fin de presentar su denuncia y tampoco recibió en su idioma información sobre las actuaciones derivadas de su denuncia. Para poder poner en conocimiento de las autoridades el delito que la había afectado y acceder a información debió recurrir a una persona conocida que hablaba español. Por otra parte, en ocasiones posteriores que convocó a la víctima, el Estado dispuso la presencia de un intérprete y además informó que se encontraba implementando un programa de formación de intérpretes indígenas en Guerrero. La Corte valora positivamente ambas medidas adoptadas por México. Sin embargo, la imposibilidad de denunciar y recibir información en su idioma en los momentos iniciales implicó, en el presente caso, un trato que no tomó en cuenta la situación de vulnerabilidad de la señora Fernández Ortega, basada en su idioma y etnicidad, implicando un menoscabo de hecho injustificado en su derecho de acceder a la justicia. Con base en lo anterior, la Corte considera que el Estado incumplió su obligación de garantizar, sin discriminación, el derecho de acceso a la justicia en los términos de los artículos 8.1 y 25 de la Convención Americana, en relación el artículo 1.1 del mismo instrumento." Disponível em: <https://www.corteidh.or.cr/docs/casos/articulos/seriec_215_esp.pdf>. Acesso em 20 de setembro de 2021.

Em contexto semelhante, o caso Valentina Rosendo Cantú da Corte IDH[27] se refere à violação sexual e às torturas sofridas por Valentina Rosendo Cantú, de 17 anos, por membros do Exército mexicano. A Corte IDH inseriu os atos no contexto da forte presença militar, destinada a reprimir atividades ilegais contra a delinquência organizada, em Guerrero, região com uma elevada percentagem de população indígena, com uma identidade cultural bem conservada, e residente em municípios de grande marginalidade e pobreza.

A Corte IDH indicou os elementos constitutivos da violação sexual como ato de tortura, e estabeleceu parâmetros sobre a incompetência da jurisdição militar para examinar este tipo de atos. Desenvolveu ainda parâmetros de devida diligência sobre a denúncia e investigação de atos de violência sexual, e sobre o acesso à justiça sem discriminação. A Corte IDH enfatizou ainda o dever de especial proteção da infância. Ao recordar a implementação do Convenção Belém do Pará por parte do Estado Mexicano, a Corte IDH destacou:

> 108. Este Tribunal recorda, conforme consta da Convenção de Belém do Pará, que a violência contra a mulher não só constitui uma violação dos direitos humanos, mas é "um atentado à dignidade humana e uma manifestação de relações de poder historicamente desiguais entre mulheres e homens" , que "transcende todos os setores da sociedade, independentemente de sua classe, raça ou grupo étnico, nível de renda, cultura, nível de escolaridade, idade ou religião e afeta negativamente seus próprios fundamentos".[28]

[27] Corte IDH. CASO ROSENDO CANTÚ Y OTRA VS. MÉXICO SENTENCIA DE 31 DE AGOSTO DE 2010 (Excepción Preliminar, Fondo, Reparaciones y Costas). Disponível em: <https://www.corteidh.or.cr/docs/casos/articulos/seriec_216_esp.pdf>. Acesso em 20 de setembro de 2021.

[28] 108. Este Tribunal recuerda, como lo señala la Convención de Belém do Pará, que la violencia contra la mujer no solo constituye una violación de los derechos humanos, sino que es "una ofensa a la dignidad humana y una manifestación de las relaciones de poder históricamente desiguales entre mujeres y hombres", que "trasciende todos los sectores de la sociedad independientemente de su clase, raza o grupo étnico, nivel de ingresos, cultura, nivel educacional, edad o religión y afecta negativamente sus propias bases". Disponível em: <https://www.corteidh.or.cr/docs/casos/articulos/seriec_216_esp.pdf>. Acesso em 20 de setembro de 2021.

E em sua decisão, a Corte IDH determinou que:

> O Estado continuará a implementar programas e cursos de capacitação permanente sobre investigação diligente em casos de violência sexual contra a mulher, que incluam uma perspectiva de gênero e etnia, os quais serão transmitidos a funcionários federais e estaduais de Guerrero.[29]

Em ambos os casos, a Corte destacou sua preocupação com a falta de intérpretes nos processos judiciais e com o processamento de casos sem considerar a interseccionalidade que permeavam a questão de gênero de ambos os contextos. Em geral, a Corte IDH responsabilizou o Estado por não exercer a devida diligência na investigação e ação penal contra os responsáveis. Em sua análise e na determinação das reparações, a Corte IDH levou em consideração o fato de que as vítimas eram mulheres indígenas, em situação de especial vulnerabilidade, quando ocorreram os abusos, levando a consequente responsabilização do Estado.

Sobre a temática de mulheres indígenas, a CIDH, em relatório "Mulheres Indígenas"[30], estabelece alguns princípios que servem como guia, dentre os quais destacamos o princípio de atores empoderados e a interseccionalidade do documento. Segundo o primeiro princípio, as mulheres indígenas devem ser entendidas como titulares de direitos e não simplesmente como vítimas ou alvos de violações dos seus direitos humanos. Apesar de serem submetidas à violência e à discriminação histórica, mulheres indígenas têm desempenhado e continuam a desempenhar um papel importante na história da luta pela autodeterminação de seus povos, seus direitos coletivos e individuais e seus direitos como mulheres. Sobre o segundo, a Comissão ressaltou que as mulheres indígenas têm uma identidade multidimensional que exige uma abordagem interseccional na avaliação das formas de discriminação que enfrentam.

[29] "El Estado deberá continuar implementando programas y cursos permanentes de capacitación sobre investigación diligente en casos de violencia sexual contra las mujeres, que incluyan una perspectiva de género y etnicidad, los cuales deberán impartirse a los funcionarios federales y del estado de Guerrero." Disponível em: <https://www.corteidh.or.cr/docs/casos/articulos/seriec_216_esp.pdf>. Acesso em 20 de setembro de 2021.

[30] CIDH. Indigenous women and their human rights in the Americas. p. ; cm. (OAS. Official records; OEA/Ser.L/V/II). Disponível em: <https://www.iwgia.org/images/documents/popular-publications/indigenous-women-americas.pdf>. Acesso 26 de setembro de 2021.

Esta natureza multidimensional da identidade das mulheres indígenas requer uma compreensão das formas de interseção do histórico e estrutural de discriminação, que foram e são infligidas aos indígenas mulheres com base na combinação de sua etnia, raça, gênero e situação de pobreza.

Após a análise dos casos em concreto, bem como o que já fora destacado pela CIDH em seu informe temático, resta evidente que a concretização dos direitos das mulheres, em especial das mulheres indígenas, deve passar pela avaliação dos impactos da interseccionalidade para que a resposta a violações dos seus direitos seja efetiva.

Conclusões

A arquitetura protetiva internacional de proteção dos direitos humanos é capaz de refletir, ao longo de seu desenvolvimento, as diversas feições e vertentes do movimento feminista. Reivindicações feministas, como o direito à igualdade formal (como pretendia o movimento feminista liberal), a liberdade sexual e reprodutiva (como pleiteava o movimento feminista libertário radical), o fomento da igualdade econômica (bandeira do movimento feminista socialista), a redefinição de papéis sociais (lema do movimento feminista existencialista) e o direito à diversidade sob as perspectivas de raça, etnia, dentre outras (como pretende o movimento feminista crítico e multicultural) foram, cada qual ao seu modo, incorporadas pelos tratados internacionais de proteção dos direitos humanos.

Enquanto um construído histórico, os direitos humanos das mulheres não traduzem uma história linear, não compõem uma marcha triunfal, nem tampouco uma causa perdida. Mas refletem, a todo tempo, a história de um combate, mediante processos que abrem e consolidam espaços de luta pela dignidade humana, como invoca, em sua complexidade e dinâmica, o movimento feminista, em sua trajetória plural.

No que tange à fixação de estândares protetivos, por exemplo no caso Campo Algodoeiro, foram estabelecidos requisitos para a definição de "feminicídio", qualificado como homicídio em face de mulheres por razão de gênero. No caso Maria da Penha, foi delineado com conceito de violência contra a mulher e sua relação com a discriminação estrutural fundada nas relações de gênero, com destaque à obrigação dos Estados de atuar com a devida diligência para prevenir, investigar e punir a violência contra as mulheres.

Já no caso Inés Fernandez Ortega vs. México, por sua vez, diante de um ato de violência contra a mulher, a Corte ressaltou a importância de as autoridades encarregadas da investigação avançarem, com determinação e eficácia, com as devidas diligências, no combate à violência contra a mulher, tendo em conta o dever da sociedade e rechaçar a violência contra as mulheres e as obrigações do Estado de erradicar a prevenir a violência. O mesmo contexto foi identificado no caso Rosendo Cantú, determinando a responsabilidade do Estado em uma situação de violência de gênero que conta com a vulnerabilidade em função da questão cultural e étnica. Ademais, a Corte IDH mencionou obstáculos específicos enfrentados pelas mulheres indígenas para obter acesso à justiça, como falar um idioma diferente, falta de acesso a intérpretes e impossibilidade de pagar advogado, entre outros, responsabilizando o Estado Mexicano por falhar não só em prevenir a violação, mas em reparar a violação, levando em consideração as interseccionalidades culturais que permeavam o caso.

Diante dos casos expostos ao longo do artigo, tanto na Comissão quanto na Corte, bem como pelos informes temáticos da CIDH, resta evidente que as mulheres indígenas devem ser entendidas como titulares de direitos e não simplesmente como vítimas ou alvos de violações dos seus direitos humanos, que devem gozar de uma proteção especial, em razão das suas vulnerabilidades intrínsecas ao gênero. A questão de expressão cultural e origem étnica tem sido um aspecto extremamente relevante para a responsabilização do Estado em caso de violação dos direitos das mulheres indígenas da região, incorporando aos padrões interamericanos uma visão interseccional que contribui significativamente para o avanço interpretativo dos instrumentos do sistema interamericano visando respostas efetivas para prevenir e proteger direitos humanos da região.

Sob a perspectiva de gênero, o sistema interamericano tem tido a força catalizadora de propiciar avanços no âmbito doméstico, seja no campo normativo, seja no campo das políticas públicas, fortalecendo a proteção dos direitos humanos das mulheres e o seu mais essencial direito ao respeito e à dignidade.

Referências

CAROZZA, Paolo G. *Subsidiarity as a Structural Principle of International Human Rights Law.* (2003). Scholarly Works. Paper 564. Disponível em: http://scholarship.law.nd.edu/law_faculty_scholarship/564.

CIDH. RELATÓRIO Nº 54/01. Disponível em:<https://www.cidh.oas.org/annualrep/2000port/12051.htm>.

CIDH. Missing and Murdered Indigenous Women in British Columbia, Canada, 2014, p. 13, para.11. Disponível em: <https://www.oas.org/en/iachr/reports/pdfs/indigenous-women-bc-canada-en.pdf>.

CIDH. Indigenous women and their human rights in the Americas. p. ; cm. (OAS. Official records; OEA/Ser.L/V/II). Disponível em: <https://www.iwgia.org/images/documents/popular-publications/indigenous-women-americas.pdf>.

Corte IDH. Caso Cantos Vs. Argentina Sentencia de 28 de noviembre de 2002 (Fondo, Reparaciones y Costas). Disponível em: <https://www.corteidh.or.cr/docs/casos/articulos/seriec_97_esp.pdf>.

Corte IDH. Opinión Consultiva Oc-9/87 Del 6 De Octubre De 1987 Garantías Judiciales En Estados De Emergencia (Arts. 27.2, 25 Y 8 Convención Americana Sobre Derechos Humanos) Solicitada Por El Gobierno De La República Oriental Del Uruguay. Disponível: <https://www.corteidh.or.cr/docs/opiniones/seriea_09_esp.pdf>.

Corte IDH. Caso del Tribunal Constitucional Vs. Perú Sentencia de 31 de enero de 2001 (Fondo, Reparaciones y Costas). Disponível em: < http://www.corteidh.or.cr/docs/casos/articulos/Seriec_71_esp.pdf>.

Corte IDH. Caso De La Masacre De Las Dos Erres Vs. Guatemala* Sentencia De 24 De Noviembre De 2009 (Excepción Preliminar, Fondo, Reparaciones y Costas), Disponível em:< https://www.corteidh.or.cr/docs/casos/articulos/seriec_211_esp.pdf>

Corte IDH. CASO ROSENDO CANTÚ Y OTRA VS. MÉXICO SENTENCIA DE 31 DE AGOSTO DE 2010 (Excepción Preliminar, Fondo, Reparaciones y Costas). Disponível em:<https://www.corteidh.or.cr/docs/casos/articulos/seriec_216_esp.pdf>.

Corte IDH. Caso González e Outras ("CAMPO ALGODOEIRO") VS. MÉXICO SENTENÇA DE 16 DE NOVEMBRO DE 2009. Disponível em? <https://www.corteidh.or.cr/docs/casos/articulos/seriec_205_por.pdf. Acesso em 21 de julho de 2021.

Corte IDH. *Caso Gutiérrez Soler Vs. Colombia*. 2005 . Voto A.A Cançado Trindade (3), p. 64. Disponível em: <https://www.corteidh.or.cr/docs/casos/articulos/seriec_132_esp.pdf> acesso em 28 de julho de 2021.

CIDH, Mertits Report, No.75/02, Mary and Carrie Dann (United States), December 27, 2002, para. 130 e 131. Disponível em: <https://www.cidh.oas.org/annualrep/2002eng/USA.11140b.htm>.

Espinosa, Jacqueline Sinay Pinacho.El derecho a la reparación del daño en el Sistema Interamericano, p. 48. Disponível em: <https://www.cndh.org.mx/sites/default/files/documentos/2019-09/Derecho-Reparacion-Dano-SI.pdf>.

Piovesan, Flávia. Direitos humanos e o direito constitucional internacional / Flávia Piovesan. – 18. ed., rev. e atual. – São Paulo : Saraiva, 2018.

Fraser, Nancy. Justice Interruptus Critical Reflections on the "Postsocialist" Condition.Published March 6, 1997 by Routledge

____________. Feminist Politics in the Age of Recognition: A Two-Dimensional Approach to Gender Justicem Studies in Social Justice, Volume 1, Number 1, Winter 2007 ISSN: 1911-4788. Disponível em <https://journals.library.brocku.ca/index.php/SSJ/article/view/979>.

IPEA. Mapa da Violência 2019. Disponível em: <https://www.ipea.gov.br/portal/images/stories/PDFs/relatorio_institucional/190605_atlas_da_violencia_2019.pdf>.

OEA. Convenção Americana de Direitos Humanos. Disponível em: <https://www.cidh.oas.org/basicos/portugues/c.convencao_americana.htm>.

CIDH. RELATÓRIO Nº 54/01. CASO 12.051 Maria da Penha vs. Brasil. Disponível em: <https://www.cidh.oas.org/annualrep/2000port/12051.htm>

OEA. Comissão Interamericana de Direitos Humanos. Disponível em: http://www.oas.org/pt/cidh/mandato/que.asp.

OEA. Corte Interamericana de Direitos Humanos. História. Disponível em: <http://www.corteidh.or.cr/index.php/en/about-us/historia-de-la-corteidh>.

ONU. Convenção sobre a Eliminação Convenção sobre a Eliminação de Todas as F odas as Formas de ormas de ormas de Discriminação contra a Mulher Discriminação contra a Mulher Discriminação contra a Mulher – Cedaw 1979. Disponível em: < https://www.onumulheres.org.br/wp-content/uploads/2013/03/convencao_cedaw.pdf>.

ONU. Assembleia Geral das Nações Unidas, "Principios y directrices básicos sobre el derecho de las víctimas de violaciones manifiestas de las normas internacionales de derechos humanos y de violaciones graves del derecho internacional humanitario a interponer recursos y obtener reparaciones", 60/147. Resolución aprobada por la Asamblea General el 16 de diciembre de 2005. Disponible en: http://www2. ohchr.org/spanish/law/reparaciones.htm.

PLANALTO. Convenção Interamericana para Prevenir, Punir e Erradicar a Violência contra a Mulher, Disponível em: <http://www.planalto.gov.br/ccivil_03/decreto/1996/d1973.htm>.

PLANALTO. LEI Nº 11.340, DE 7 DE AGOSTO DE 2006. Disponível em: <http://www.planalto.gov.br/ccivil_03/_ato2004-2006/2006/lei/l11340.htm.

PIMENTEL, S.; GREGORUT, A. S. Humanização do direito internacional: as Recomendações Gerais dos comitês de direitos humanos da ONU e seu papel crucial na interpretação autorizada das normas de direito internacional, In: PINTO, E. V. et al. (coord.). *Refugiados, imigrantes e igualdade dos povos:* estudos em homenagem a António Guterres, São Paulo: Quartier Latin, 2017.

5.
JUSTICIA CON PERSPECTIVA DE GÉNEROS: MANDATO DE TRANSFORMACIÓN: LAS RECOMENDACIONES GENERALES DE LA CEDAW COMO MOTOR*

Laura Clérico
Leticia Vita

5.1 La perspectiva de géneros: visibilizar el mandato transformador

Desde fines de los ochenta diversos países de Latinoamérica se dieron nuevas constituciones o las reformaron. Una entre muchas otras fue el caso de la Constitución argentina. En agosto de 1994 la reforma a la constitución entraba en vigencia. La discusión que envolvió ese proceso de reforma fue la de la habilitación de la reelección presidencial de Carlos Saúl Menem. La obra de la convención constituyente, sin embargo, excedió por mucho esa coyuntura. En efecto, a ya 27 años de ese proceso constituyente, lo decisivo y lo más trascedente de 1994 en términos de derechos, fue el otorgamiento de jerarquía constitucional a varias declaraciones y convenciones internacionales de derechos humanos. Entre ellas, la Convención sobre la Eliminación de todas las Formas de

* Este texto es una versión levemente modificada de la publicada, en Herrera, Marisa; De La Torre, Natalia (2021), *Repensar la Justicia en clave feminista: un debate desde la Universidad*, Editores del Sur: Buenos Aires.

Discriminación contra la Mujer (en adelante CEDAW, por sus iniciales en inglés).

Esta jerarquización fue pensada en su momento como garantía de no-repetición de las violaciones masivas a derechos humanos y crímenes de lesa humanidad cometidos por la última dictadura cívico-militar[1]. Los instrumentos internacionales tuvieron, en efecto, un peso decisivo para la declaración de la inconstitucionalidad de las leyes de obediencia debida y punto final, lo que implicó la reapertura de los juicios y la iniciación de nuevos procesos contra civiles y militares. Al mismo tiempo, la incorporación de estos tratados y en particular de la CEDAW, ponía a Argentina ante los ojos del mundo por otros motivos.

Era la primera vez que un país daba rango constitucional a la Convención adoptada por Naciones Unidas en 1979[2]. Como producto de la sanción de la ley de cuotas en 1991, por primera vez en nuestra historia constitucional casi un tercio de la convención se componía de representantes mujeres. Estas voces se hicieron escuchar, incluso frente a las resistencias y la violencia política ejercida por sus compañeros convencionales varones[3]. Gracias a sus intervenciones y la presión ejercida por el movimiento de mujeres, no se obstaculizó la inclusión de la CEDAW en el listado de instrumentos con rango constitucional y se pudieron superar las objeciones a la inclusión de las mujeres entre los grupos contemplados por el inciso 23 del artículo 75.

La CEDAW, entonces, como las otras Convenciones y Declaraciones incluidas en el inciso 22 del artículo 75, fueron jerarquizadas para garantizar justicia, verdad, reparaciones y memoria; pero así también como garantías de no-repetición, como reaseguro para prevenir nuevas violaciones a los derechos humanos de todo tipo. Así, el inciso 22 del artículo 75 contiene un doble mandato constitucional en clave de obligaciones. Por un lado, implica no seguir violando los derechos humanos.

[1] Ver, entre muchas otros, ver la intervención del Convencional Constituyente Juan Pablo Cafiero en CNC, 1994, p. 2832.

[2] Un detalle que demuestra lo hondo del proceso histórico que estaba atravesando el país, es que durante los debates de la convención constituyente se registró la presencia de una delegación del Comité por la Eliminación de todas las formas de discriminación contra la mujer de las Naciones Unidas (CNC, 1994, p. 2967).

[3] Sobre este punto nos encontramos trabajando, pero para ejemplo de estas resistencias ver por ejemplo CNC, 1994, p. 668 y 2947.

Por el otro lado, implica intervenir en diversos ámbitos para que las violaciones no sigan ocurriendo. Esto implica visibilizar las prácticas, factores o estructuras que las posibilitaron, las siguen posibilitando y *transformarlas* y, al mismo tiempo, prevenir que ocurran. De ahí que la constitución contenga un mandato transformador, de no-dominación o no-sometimiento (Aldao, Clérico y Ronconi, 2017).

En especial, los casos sobre violencia de género, discriminación y desigualdad por géneros y orientación sexual se ven favorecidos por un contexto que los habilita. Se repiten, porque requieren un *cambio más estructural del contexto* que los habilitó, las habilita y sigue habilitando. De ahí que para garantizar el goce efectivo de los derechos no solo se precisa hacer justicia en el caso individual, sino también visibilizar el patrón estructural o la práctica extendida o reiterada, para intervenirla y transformarla. Es necesario abordar "las causas subyacentes y las consecuencias de las violaciones" (A/HRC/14/22, 2010, párrs. 28-29) y subvertir la discriminación (A/HRC/27/21, 2014, párr. 51).

Las transformaciones requieren tomar en serio las voces de las poblaciones afectadas, las víctimas concretas y, en especial, de aquellas colectivas que han sufrido y siguen sufriendo el silenciamiento, el ninguneo, el maltrato, el pisoteo de sus voces y presencias. El mandato constitucional de garantizar implica, nuevamente, transformación. Y no puede ser menos. El *status quo* sigue basándose en la desigualdad estructural de género. La obligación es clara. El artículo 5 a) de la CEDAW (reiteramos, convención con jerarquía constitucional), establece que los Estados Partes tomarán todas las medidas apropiadas para "modificar los patrones socioculturales de conducta de hombres y mujeres, con miras a alcanzar la eliminación de los prejuicios y las prácticas consuetudinarias y de cualquier otra índole que estén basados en la idea de la inferioridad o superioridad de cualquiera de los sexos o en funciones estereotipadas de hombres y mujeres".

El mandato constitucional establece que la obligación de no-discriminación contra mujeres niñas y adolescentes implica, siguiendo a lo que la CEDAW y el respectivo Comité en sus recomendaciones generales postulan, no solo:

a) eliminar la discriminación directa o indirecta contra las mujeres en el ámbito público ni privado; sino también
b) promover su posición de facto (igualdad sustantiva); y

c) modificar "las relaciones prevalecientes entre los géneros y la persistencia de los estereotipos de género no solo a través de actos individuales, sino también porque se reflejan en las leyes y las estructuras e instituciones jurídicas y sociales" (RG Nro. 25, párr. 7).

En forma expresa, el artículo 5 de la CEDAW habla de "*transformación cultural*". Los esfuerzos hacia la igualdad deben dar un paso más y transformar las causas estructurales de la desigualdad. En ello es imprescindible identificar las principales causas de la desventaja y la discriminación de géneros, los estereotipos y los roles fijos de género. Los Estados deben adoptar las medidas necesarias para "transformar realmente las oportunidades, las instituciones y los sistemas de modo que dejen de basarse en pautas de vida y paradigmas de poder masculinos determinados históricamente" (Comité CEDAW, RG Nro. 25, párr. 10). Para ponerlo en clave gráfica:

Cuadro 1. Elaboración propia.

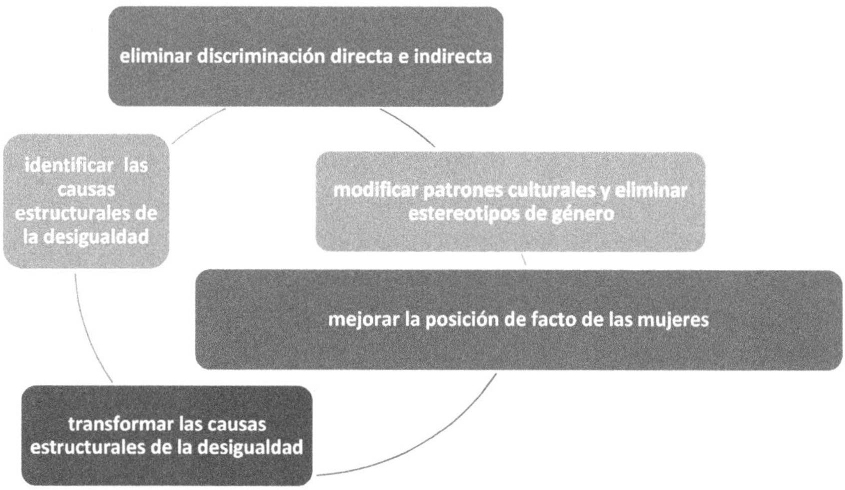

Fuente: CN y Recomendaciones Generales CEDAW, en especial, la Recomendación general Nº 25, sobre el párrafo 1 del artículo 4 de la Convención sobre la eliminación de todas las formas de discriminación contra la mujer, 2004.

La Constitución de 1994 avanzó también en otros aspectos respecto de una perspectiva de géneros (más allá de que podamos hoy pensar en transformaciones más sustanciales). En otro lugar sostuvimos que la reforma receptó —en forma expresa o implícita— diagnósticos en varias partes de la constitución (Clérico y Aldao, 2014). En lo que aquí nos interesa, en el inciso 23 del artículo 75 y en el artículo 37. En el primero se establece que no existe la igualdad real de oportunidades para el pleno goce y ejercicio de los derechos reconocidos por la Constitución y por los Instrumentos Internacionales de Derechos Humanos, en particular respecto de los niños, las mujeres, los adultos mayores y las personas con discapacidad. El diagnóstico es la asimetría. Para solucionar esta desigualdad que opera de hecho, la Constitución determina que el Congreso Nacional debe legislar y promover medidas de acción positiva. Sostener que opera de hecho no quiere decir que la desigualdad es "natural" e inevitable. Muy por el contrario, es comprender que ésta surge como producto de una estructuración social dada que se debe desarmar y transformar (Ronconi y Clérico, 2021; Vita, 2021).

En el segundo dispositivo, el artículo 37, la Constitución establece que no existe la igualdad real de oportunidades para mujeres en el acceso a los cargos electivos y partidarios, y manda también realizar medidas de acción positiva. En el mismo orden de ideas, la CEDAW, también reconoce esa asimetría en el goce efectivo de los derechos y ordena desarmar la desigualdad, realizando acciones para lograr la igualdad de géneros. Cabe recordar que en esta línea, el Estado argentino ratificó en 1996 (poco tiempo después de la reforma constitucional), la Convención Interamericana para prevenir, sancionar y erradicar la violencia contra la Mujer, "Convención De Belem Do Para", ampliándose, de este modo, las normas sobre igualdad que consolidan la necesidad y urgencia de un cambio estructural.

Estos diagnósticos y la constitucionalización del mandato transformador, fortalecieron las agendas de los movimientos feministas y del LGBTTI que venían desde mucho antes luchando por ellas a través de diversas estrategias. Con el tiempo se gestaron nuevos reclamos y luchas como así también se ampliaron las consignas, las estrategias de esas reivindicaciones. A su vez las asociaciones, movimientos y grupos feministas y del LGBTTI se volvieron más diversos. Varias acciones, creación de institucionalidad (Ministerio de las Mujeres, Géneros y Diversidad en el ámbito del Poder Ejecutivo Nacional, Unidades en el ámbito del Ministerio Público Fiscal o de la Defensa, entre otras), casos, leyes y otras normas marcaron los hitos de esta lucha, entre las leyes más recientes (todas entraron en vigencia en 2021): la ley Nº 27.610 de Acceso a la Interrupción Voluntaria del Embarazo (IVE), la ley Nº 27635 de Equidad en la representación de los géneros en los Servicios de Comunicación de la República Argentina y la ley 27636 de Promoción del Acceso al Empleo Formal para personas Travestis, Transexuales y Transgénero "Diana Sacayán-Lohana Berkins".

El diagnóstico es claro y tiene anclaje constitucional: desigualdad de hecho en el goce efectivo de los derechos humanos. El mandato constitucional también es claro, se requieren acciones para desarmar la persistencia de la discriminación de hecho o de derecho contra las mujeres y las personas del LGBTTI. El derecho debe tener en cuenta la actual asimetría y subordinación de estas colectivas, transformar las prácticas y elaborar normas específicamente diseñadas para rectificar y superar esta desigualdad y también atender a los marcos interpretativos y a los métodos de adjudicación judicial (Clérico y Ronconi, 2021; Herrera, 2021a y 2021b).

Sabemos que si bien se han dado muchos avances, al mismo tiempo han recrudecido los obstáculos, los desafíos y las resistencias. Se visibilizan cada vez más casos de violencia sexual, persiste la desigualdad en la distribución del trabajo del cuidado, la disparidad salarial, las dificultades en el acceso a cargos políticos, judiciales, académicos, de investigación y en todo el sector privado en desmedro de las mujeres y otros colectivos, hay desigualdad en el acceso, permanencia y egreso del sistema educativo, las defensoras de derechos humanos son perseguidas, estigmatizadas o invisibilizadas, la feminización de la pobreza y del LGBTTI son cada vez mayores y la vasta mayoría de mujeres del sur global se encuentra ocupada en trabajo precarizado y mal pago, entre otros (Arruzza, Fraser, Bhattacharya, 2019).

Los factores que provocan estos procesos son muchos. La lista es conocida, pero vale la pena reiterarla: el machismo, el patriarcalismo (Herrera, 2021a y 2021b), el racismo, las medidas de austeridad, el desfinanciamiento del sistema público de salud y de educación a la par que se apuntala la expansión y el financiamiento del sistema privado, la prevalencia de estereotipos sexistas, clasistas, raciales, étnicos; la tolerancia social frente a la violencia contra las mujeres y las personas del LGBTTI, entre muchos otros.

Afirmar, entonces, que la perspectiva de géneros es un mandato constitucional desde 1994 implica asumir que adoptarla no es una decisión arbitraria o ideológica ni tampoco un mero activismo. Se trata de cumplir con las obligaciones constitucionales que vinculan a todos los poderes constituidos sin excepción. Entre ellos, el poder judicial, el ministerio público fiscal y de la defensa en toda su dimensión.

Todos estos factores, en efecto, atraviesan las prácticas judiciales y operan en contra del cumplimiento de la manda constitucional transformadora y de inclusión de perspectiva de géneros. Están presentes en el acceso a la justicia, en la interpretación y adjudicación de los hechos, el contexto, la prueba, en la fundamentación de la sentencia, en la determinación de las reparaciones y en el quehacer judicial cotidiano, como así también en la organización del Poder Judicial, en las promociones al interior de la estructura y del ingreso para la ocupación de los cargos dentro de la judicatura, en el Ministerio Público Fiscal y de la Defensa, entre otros.

Para muestra basta un botón. Estudios muy recientes demuestran que la paridad de género en la justicia sigue siendo una deuda pendiente (Guzmán, 2021). Este es tan solo uno de los déficits de cumplimiento del mandato constitucional en la justicia. La paridad por sí misma no alcanza si luego persisten las prácticas de discriminación, de maltrato y de invisibilización de las voces que están presentes de manera paritaria. Las intervenciones necesarias para cumplir con el mandato transformador de los incisos 22 y 23 del artículo 75 pueden parecer titánicas, pero la mayoría son medidas de fácil implementación si existe un compromiso político y social suficiente. Somos conscientes de que *es urgente transformar* para que, como sostuvimos anteriormente, la vasta mayoría de mujeres tengan acceso efectivo a los derechos para visibilizar y remunerar con salario digno el trabajo precarizado y mal pago. Sin embargo, en este texto, nos centramos en las medidas aplicables al Poder Judicial, y en especial, en el mandato de la inclusión de la perspectiva de género en la labor judicial cotidiana.

Para ello, nos detendremos en una de las herramientas incorporadas en virtud de la jerarquización constitucional de la CEDAW (art. 75 inc. 22 CN), como es la Recomendación General Nro. 33[4] del Comité

[4] Sobre la importancia de la RG Nr 33: "Así como ocurrió en el Sistema Interamericano con la construcción del "control de convencionalidad" como concepto planteado para

para la Eliminación de la Discriminación contra la Mujer de Naciones Unidas. La comprendemos como una caja de herramientas para pensar cualquier la labor judicial cotidiana que se precie de incorporar perspectiva de géneros. Por último, concluiremos con algunas ideas en torno a la importancia de visibilizar la perspectiva de géneros como mandato constitucional.

5.2 El acceso a la justicia como llave guía y lógica: la recomendación general nº 33

El Comité para la Eliminación de la Discriminación contra la Mujer de la CEDAW monitorea el cumplimiento de las obligaciones estatales por diversos medios. El propio Comité nos ilustra que sus pronunciamientos se ponen de manifiesto por diversas vías: por medio del examen de las comunicaciones individuales (Salgado Álvarez, 2018), en sus Observaciones finales luego de analizar los informes periódicos de los Estados[5] y sus Recomendaciones Generales y sus investigaciones en virtud del Protocolo Facultativo[6]. Si bien cada uno de los documentos que produce el Comité de la CEDAW es una guía para la interpretación y adjudicación en derecho (tal como la jurisprudencia, las opiniones consultivas y las medidas provisionales de la Corte Interamericana de Derechos Humanos respecto de la Convención Americana de Derechos Humanos), nos interesa aquí hacer un mapeo de las Recomendaciones Generales (en adelante RG) porque, en comparación con las otras fuentes, son menos utilizadas en el orden interno. Aun cuando son funda-

hacer referencia a la forma en que los Poderes Judiciales de las Américas debían cumplir sus obligaciones derivadas de la Convención Americana para tutelar los derechos humanos de las personas justiciables, el Comité CEDAW describió en la Recomendación General 33 lo que implica incorporar la perspectiva de género en la impartición de justicia, con el objetivo de sistematizar las obligaciones que la CEDAW genera para las operadoras y los operadores de justicia." Corte Suprema de Justicia de la Nación, *Protocolo para incluir perspectiva de género*, México 2020.

[5] Los Estados que ratificaron la CEDAW se someten en forma periódica al monitoreo del Comité. El Comité sobre la base del informe del Estado y de los informes sombras que presentan las Organizaciones de Derechos Humanos interroga al Estado y luego elabora las consideraciones finales en clave de avances y de cuestiones pendientes en el cumplimiento de las obligaciones que surgen de la CEDAW. V. Comité CEDAW, Observaciones finales sobre el séptimo informe periódico de la Argentina, CEDAW/C/ARG/CO/7, 2016

[6] V. CEDAW, Recomendación General 28, párr. 5.

mentales en razón de que ofrecen pautas acerca de la interpretación de los derechos y obligaciones estatales que surgen de la CEDAW.

Las recomendaciones generales emergen de las reflexiones del Comité, del diálogo constructivo con los Estados, con diversas organizaciones de derechos humanos y de la sociedad civil, representantes de organizaciones internacionales y rondas de consulta con expertas/os. Hasta la fecha, el Comité ha emitido 38 RG. De ese universo, algunas se refieren a la presentación de informes por los Estados Partes y temas afines. Están muy relacionadas con cuestiones de informes que no hacen al núcleo duro de aquellas que resultan valiosas pautas de interpretación para impregnar de perspectiva de géneros al derecho en el orden interno. Aquí una reseña de las RG en clave de género:

Cuadro 2. Elaboración propia sobre la base de las Recomendaciones Generales de la CEDAW.

Clasificación temática	Números de las Recomendaciones Generales y títulos
Discriminación contra las mujeres. Igualdad, tipos. Medidas especiales.	Nº 5. Medidas especiales temporales. Nº 25. Medidas especiales de carácter temporal (párrafo 1 del artículo 4 de la Convención sobre la eliminación de todas las formas de discriminación contra la mujer). Nº 28. Relativa a las obligaciones básicas de los Estados partes de conformidad con el artículo 2 de la Convención sobre la eliminación de todas las formas de discriminación contra la mujer.
Violencia por razón de género.	Nº 12. La violencia contra la mujer. Nº 19. La violencia contra la mujer. N° 35. Sobre la violencia por razón de género contra la mujer, por la que se actualiza la recomendación general núm. 19.
Derechos al y del trabajo	Nº 13. Igual remuneración por trabajo de igual valor. Nº 16. Las mujeres que trabajan sin remuneración en empresas familiares rurales y urbanas. Nº 17. Medición y cuantificación del trabajo doméstico no remunerado de la mujer y su reconocimiento en el producto nacional bruto. Nº 26. Sobre las trabajadoras migratorias.
Derecho a la integridad física y psíquica. Derecho a la salud.	Nº 14. La circuncisión femenina. Nº 31. Sobre las prácticas nocivas Nº 24. La mujer y la salud (artículo 12 de la Convención sobre la eliminación de todas las formas de discriminación contra la mujer) Nº 15. Necesidad de evitar la discriminación contra la mujer en las estrategias nacionales de acción preventiva y lucha contra el síndrome de inmunodeficiencia adquirida (SIDA).

Derecho a la educación	Nº 36. Sobre el derecho de las niñas y las mujeres a la educación.
Derecho a la participación	Nº 8. Aplicación del artículo 8 de la Convención sobre garantizar a la mujer, en igualdad de condiciones con el hombre y sin discriminación alguna, las oportunidades de representar a su gobierno en el plano internacional y de participar en las actividades de las organizaciones internacionales. Nº 23. Vida política y pública.
Relaciones familiares	Nº 21. La igualdad en el matrimonio y en las relaciones familiares. Nº 29. Relativa al artículo 16 de la Convención sobre la Eliminación de Todas las Formas de Discriminación contra la Mujer (Consecuencias económicas del matrimonio, las relaciones familiares y su disolución).
Mujeres en situaciones o contextos específicos.	Nº 18. Las mujeres en situación de discapacidad. Nº 27. Sobre las mujeres de edad y la protección de sus derechos humanos N° 30. Sobre las mujeres en la prevención de conflictos y en situaciones de conflicto y posteriores a conflictos. Nº 32. Sobre las dimensiones de género del estatuto de refugiada, el asilo, la nacionalidad y la apatridia de las mujeres. Nº 34. Sobre los derechos de las mujeres rurales. Nº 38. Relativa a la trata de mujeres y niñas en el contexto de la migración mundial.
Acceso a la justicia.	Nº 33. Sobre el acceso de las mujeres a la justicia como así también los procedimientos y la calidad de la justicia para las mujeres a todos los niveles de los sistemas de justicia, incluidos los mecanismos especializados y cuasi judiciales.
Cambio climático.	Nº 37. Sobre las dimensiones de género de la reducción del riesgo de desastres en el contexto del cambio climático.

En agosto de 2015 el Comité dictó la RG número 33, relativa al acceso de las mujeres a la justicia. Su contenido completo debería ser de consulta cotidiana de cualquier operador/a judicial, y ser uno de los ejes de cualquier reforma judicial que se precie de incorporar una perspectiva de géneros como parte del mandato constitucional. En lo que sigue, entonces, nos interesa presentarla en clave de guía y de análisis de la lógica de la CEDAW. También como punto de partida para aplicar en lo inmediato y en forma habitual, porque insistimos, forma parte del mandato constitucional vigente.

La RG inicia declarando esencial el derecho de acceso de las mujeres a la justicia para la realización de otros derechos. Presenta este acceso como parte fundamental del estado de derecho y la buena gobernanza e identifica como fundamental "la participación en pie de igualdad de la mujer en la judicatura y otros mecanismos de aplicación de la ley", a la vez que entiende, "optimiza el potencial de emancipación y de transformación del derecho".

El texto de la RG señala los obstáculos y las restricciones que impiden a las mujeres acceder a la justicia y que nos hablan de la falta de cumplimiento efectivo de las obligaciones de los Estados. Es relevante el abanico en el cual los enmarca, al incluir la discriminación y la desigualdad estructurales, los estereotipos de género, las leyes discriminatorias, las prácticas interseccionales o compuestos de discriminación, los requisitos y prácticas en materia probatoria, y la no adecuación de las instituciones judiciales a la accesibilidad física, económica, social y cultural de las mujeres. Todo esto, concluye, son "violaciones persistentes de los derechos humanos de las mujeres".

La RG se organiza en tres grupos: (1) acceso de la mujer a la justicia, (2) áreas específicas y (3) mecanismos específicos. En el primer grupo se ocupa de: (a) la justiciabilidad, disponibilidad, accesibilidad, buena calidad, el suministro de recursos y la rendición de cuentas de los sistemas de justicia, (b) leyes, procedimientos y prácticas discriminatorias, (c) los estereotipos y los prejuicios de género en el sistema de justicia y la importancia del fomento de la capacidad, (d) la educación y la concienciación sobre los efectos de los estereotipos, (e) asistencia jurídica y defensa pública y (f) los recursos.

Así, un primer aspecto para atender respecto de las condiciones de acceso de las mujeres a la justicia tiene que ver con cuáles son los elementos necesarios para asegurarlas. Nuevamente, nos interesa destacar estos puntos en términos de *cómo deben ser interpretadas las normas y hechos* para posibilitar el acceso en cada caso particular que se presenta en lo cotidiano. A su vez nos interesa porque marca una agenda que incluye la perspectiva de géneros que debe ser tenida en cuenta en escenarios de reforma de la justicia macros. Cada uno se dirige específicamente a áreas clave de todo sistema de justicia y también del argentino. Los elementos que destaca la RG son 6:

> a) la *justiciabilidad* como acceso irrestricto de las mujeres a la justicia así como la capacidad y el poder para reclamar sus derechos en virtud de la Convención como derechos jurídicos inmediatamente exigibles;

> b) la *disponibilidad* a partir del establecimiento de tribunales y otros órganos cuasi judiciales en todo el territorio (incluidas las áreas remotas), así como su mantenimiento y financiación;
>
> c) la *accesibilidad* que precisa que los sistemas de justicia, tanto oficiales como cuasi judiciales, sean seguros, se puedan costear y resulten físicamente accesibles a las mujeres, y sean adaptados y apropiados a las necesidades de las mujeres, incluidas las que hacen frente a formas interseccionales o compuestas de discriminación;
>
> d) la *buena calidad* de los sistemas de justicia, que implica que todos los componentes del sistema se ajusten a las normas internacionales de competencia, eficiencia, independencia e imparcialidad y provean, de manera oportuna, recursos apropiados y efectivos que se ejecuten y den lugar a una resolución que tenga en cuenta las cuestiones de género para todas las mujeres. Esto precisa también que el sistema de justicia esté abierto a la participación, a medidas innovadoras prácticas, sensibles a la perspectiva y a las cuestiones de géneros y que tengan en cuenta las crecientes demandas de justicia que plantean las mujeres;
>
> e) la *aplicación de recursos* requiere que los sistemas de justicia ofrezcan a las mujeres una protección viable y una reparación significativa de cualquier daño que puedan haber sufrido; y
>
> f) la *rendición de cuentas de los sistemas de justicia* apunta a que funcionen conforme a los principios de justiciabilidad, disponibilidad, accesibilidad, buena calidad, y aplicación de recursos. Implica también la vigilancia de las acciones de las personas profesionales que actúan en ellos y su responsabilidad jurídica en caso de que violen la ley.

La RG plantea recomendaciones específicas para cada uno de estos elementos. Respecto de la justiciabilidad, exige que los Estados "aseguren que los profesionales de los sistemas de justicia tramiten los casos teniendo en cuenta las cuestiones de género". Asimismo que identifiquen y eliminen los obstáculos a la participación de las mujeres como profesionales en todos los órganos y a todos los niveles de los sistemas de justicia y cuasi judiciales; y que se tomen medidas para garantizar que las mujeres "estén igualmente representadas en la judicatura y otros mecanismos de aplicación de la ley". De esta manera, se presenta como una clara consigna la de la presencia en calidad de paridad, lo que en nuestro contexto es una deuda pendiente, especialmente respecto de los cargos de mayor jerarquía (Guzmán, 2021).

En materia de prueba, se requiere la revisión de las normas sobre carga de la prueba para asegurar la igualdad entre las partes, "en todos los campos en que las relaciones de poder priven a las mujeres de la oportunidad de un tratamiento equitativo de su caso por la judicatura". Es interesante que la RG apunte a normas capilares del sistema de justicia como son aquellas relativas a la prueba y no solo a los clásicos ámbitos en los cuales solemos poner la mirada a la hora de pensar reformas en el ámbito judicial en clave de géneros (paridad, capacitación, etc.). De ahí, insistimos, la riqueza de este material de trabajo.

En relación con las organizaciones de la sociedad civil, se destaca la importancia de cooperar con ellas, y que se alienten a las organizaciones no gubernamentales y a las entidades de la sociedad civil a tomar parte en litigios sobre derechos de las mujeres. En este punto, también se habla de la necesidad de asegurar que "los defensores de los derechos humanos de las mujeres tengan acceso a la justicia y reciban protección contra hostigamientos, amenazas, represalias y violencia". Un punto clave en relación al recrudecimiento de la violencia contra las mujeres en el ámbito regional.

Respecto de la disponibilidad de sistemas de justicia, los Estados partes deben a) asegurar la creación, el mantenimiento y el desarrollo de cortes, tribunales y otras entidades, que garanticen el derecho de la mujer de acceder a la justicia sin discriminación en todo el territorio del Estado parte, incluidas las zonas remotas, rurales y aisladas considerando la posibilidad de establecer tribunales móviles, especialmente para atender a mujeres que viven en esas zonas y utilizar de manera creativa modernas soluciones de información y tecnología cuando resulte posible (algo también clave en países de desigual desarrollo territorial como Argentina); b) en casos de violencia contra la mujer, aseguren el acceso a los centros de crisis, la asistencia financiera, los refugios, las líneas de emergencia y los servicios médicos, psicosociales y de orientación; c) aseguren que las normas en vigor permiten a grupos y organizaciones de la sociedad civil que tengan interés en un caso determinado planteen peticiones y participen en las actuaciones; y d) establezcan un mecanismo de supervisión a cargo de inspectores independientes para asegurar el funcionamiento apropiado del sistema de justicia y considerar cualquiera caso de discriminación contra la mujer cometido por profesionales del sistema judicial.

En cuanto a la accesibilidad de los sistemas de justicia, el Comité hace hincapié en la remoción de los (a) los obstáculos económicos; b) los obstáculos lingüísticos; c) el desarrollo de actividades de divulgación específicas; d) los obstáculos tecnológicos (internet y otras infraestructuras de acceso a la justicia); e) los obstáculos físicos (considerando la posibilidad de crear dependencias de género como componentes de las instituciones judiciales); f) la búsqueda por reducir el número de pasos que deben realizar las mujeres para obtener acceso a la justicia a partir de la creación de "centros integrales" y g) la remoción de obstáculos para las mujeres con discapacidad.

En cuanto a la buena calidad de los sistemas de justicia, las recomendaciones son las de (a) ajustar los sistemas de justicia a las normas internacionales de competencia, eficiencia, independencia e imparcialidad, así como a la jurisprudencia internacional; (b) adoptar indicadores para medir el acceso de la mujer a la justicia; se prevé expresamente la reforma judicial en clave de género al recomendar que (c) se asegure "un enfoque y un marco innovadores y de transformación de la justicia, que incluya cuando sea necesario la inversión en amplias reformas institucionales"; d) se ofrezcan recursos apropiados y eficaces; e) se apliquen mecanismos para evitar los estereotipos de género y prejuicios en el sistema judicial; f) se garantice cuando sea necesario, que los procedimientos jurídicos se puedan realizar de manera privada en todo o en parte, o se pueda prestar testimonio desde lugares remotos o mediante equipo de telecomunicaciones, y otras medidas para proteger la privacidad y la imagen de las víctimas, prohibiendo la captura y transmisión de imágenes, en casos en que ello pueda violar la dignidad, la condición emocional y la seguridad de niñas y mujeres; y g) se protejan a las mujeres querellantes, testigos, demandadas y reclusas contra amenazas, hostigamiento y otras clases de daños durante y después de las actuaciones judiciales y proporcionen los presupuestos, recursos, orientaciones y vigilancia, así como los marcos legislativos necesarios para garantizar que las medidas de protección funcionen de manera efectiva.

En relación al suministro de recursos, se requiere que los Estados (a) establezcan y hagan cumplir recursos jurídicos apropiados y oportunos para la discriminación contra la mujer y aseguren que éstas tengan acceso a todos los recursos judiciales y no judiciales disponibles; b) aseguren que los recursos sean adecuados, efectivos, atribuidos con prontitud, holísticos y proporcionales a la gravedad del daño sufrido, que c) tomen plenamente en cuenta las actividades domésticas y de cuidados no remuneradas de las mujeres al evaluar los daños y determinar la indemnización apropiada por el daño, que d) creen fondos específicos para las mujeres a fin de asegurar que reciban una reparación adecuada; e) en casos de violencia sexual en situaciones de conflicto o posteriores a conflictos, dispongan reformas institucionales, deroguen las leyes discriminatorias y promulguen legislación que proporcione sanciones adecuadas, f) que aseguren que los recursos no judiciales (como las disculpas públicas), no se utilicen como sustitutos de las investigaciones y el enjuiciamiento de los perpetradores; rechacen las amnistías por las violaciones de los derechos humanos basadas en el género, y rechacen la prescripción respecto de los enjuiciamientos de esas violaciones de los derechos humanos; que g) proporcionen recursos efectivos y oportunos y aseguren que se ajusten a los diferentes tipos de violaciones que sufren las mujeres, así como reparaciones adecuadas; y garanticen la participación de las mujeres en el diseño de los programas de reparaciones.

Sobre la rendición de cuentas de los sistemas de justicia, la RG establece para los Estados partes el desarrollo de mecanismos para observar y supervisar el acceso de la mujer a la justicia; para asegurar que los casos de prácticas y actos discriminatorios identificados por profesionales de la justicia sean efectivamente resueltos; el desarrollo de entidades específicas que reciban quejas, peticiones y sugerencias sobre el personal, que los datos que se generen incluyan ciertos datos específicos (como por ejemplo el número de hombres y mujeres que trabajan en órganos e instituciones judiciales); que se realicen y faciliten estudios cualitativos y análisis de cuestiones de género críticas de todos los sistemas de justicia, en colaboración con organizaciones de la sociedad civil y las instituciones académicas, para destacar las prácticas, los procedimientos y la jurisprudencia que promueven o limitan el pleno acceso de la mujer a la justicia; y que apliquen sistemáticamente las conclusiones de esos análisis a fin de determinar prioridades y elaborar políticas, leyes y procedimientos para garantizar que todos los componentes del sistema judicial tienen en cuenta las cuestiones de género, son fáciles de utilizar y están sujetos a la rendición de cuentas.

En relación a las leyes, los procedimientos y las prácticas discriminatorias, el Comité destaca el hecho de que con mucha frecuencia, los

Estados partes "tienen disposiciones constitucionales, leyes, reglamentos, procedimientos, jurisprudencia y prácticas basadas en normas y estereotipos tradicionales en cuanto al género que, por lo tanto, son discriminatorias y niegan a la mujer el disfrute pleno de sus derechos en virtud de la Convención", por eso llama que los Estados hagan un análisis de su marco legislativo y enmienden y/o deroguen las disposiciones que discriminan contra las mujeres.

En relación directa al trabajo judicial cotidiano (y, asimismo, de importancia clave si pensamos en una reforma de la justicia integral), se invita a revisar disposiciones o prácticas como aquellas que obliguen a las mujeres a pedir permiso a sus familias o comunidades antes de iniciar acciones judiciales; que estigmaticen las mujeres que luchan por sus derechos por participar activamente en el sistema de justicia; los procedimientos que excluyen o atribuyen un valor inferior al testimonio de las mujeres o la falta de medidas para asegurar condiciones de igualdad entre hombres y mujeres durante la preparación y la tramitación del caso, y con posterioridad a este; entre otros.

Un punto de fundamental interés para el quehacer judicial de aplicación urgente e inmediata es el que marca la RG respecto de los estereotipos y los prejuicios de género en el sistema de justicia. El texto alerta respecto de cómo los estereotipos "distorsionan las percepciones y dan lugar a decisiones basadas en creencias preconcebidas y mitos" y no en hechos. Esos estereotipos pueden hacer que los jueces y las juezas interpreten erróneamente las leyes o las apliquen en forma defectuosa. Por ello se postula a la eliminación de los estereotipos judiciales en los sistemas de justicia como "una medida esencial para asegurar la igualdad y la justicia para las víctimas y los supervivientes"[7].

La recomendación en este punto demanda que se (a) tomen medidas para eliminar los estereotipos de género e incorporar una perspectiva de género en todos los aspectos del sistema de justicia; (b) se incluyan a otros profesionales, en particular los profesionales de la salud y los

[7] Existe una abultada literatura que explica el análisis de estereotipos como mandato constitucional y convencional para cumplir con la obligación de no-discriminación y las metodologías para incluirlo en forma inmediata en la caja de herramientas judicial cotidiana, al respecto: Ascencio, 2010; Bórquez, 2021; Clérico, 2017; Di Corleto, 2018; Gauche, 2020; Lobato, 2019; Novelli, 2016; Arena, 2019; Cook y Simone, 2010; SCJN de México, 2020, entre muchas otras.

trabajadores sociales, en estos programas de concienciación y fomento de la capacidad; que (c) se asegure que los programas de fomento de la capacidad traten, en particular: i) la cuestión de la credibilidad y la ponderación dada a las opiniones, los argumentos y los testimonios de las mujeres, en su calidad de partes y testigos; ii) las normas inflexibles que suelen elaborar los jueces y fiscales acerca de lo que consideran un comportamiento apropiado de las mujeres; d) consideren la promoción de un diálogo sobre los efectos negativos de los estereotipos y los sesgos de género en el sistema judicial y la necesidad de mejorar los resultados de las justicia para las mujeres víctimas y supervivientes de la violencia; que los Estados (e) aumenten la comprensión de los efectos negativos de los estereotipos y los sesgos de género; y que (f) apliquen medidas de fomento de la capacidad para jueces, fiscales, abogados y funcionarios encargados de hacer cumplir la ley (Herrera, 2021) sobre la aplicación de los instrumentos jurídicos internacionales relacionados con los derechos humanos de las mujeres.

En relación a la educación y la concienciación sobre los efectos de los estereotipos la RG destaca su importancia para "superar las múltiples formas de discriminación y fijación de estereotipos que tienen efectos sobre el acceso a la justicia y para asegurar la eficacia y la eficiencia de la justicia para todas las mujeres" y que "con frecuencia no se garantiza a las mujeres la igualdad de acceso a la educación, la información y los programas de conocimientos básicos de derecho. Además, recuerda que lo que saben los hombres sobre los derechos humanos de las mujeres también es indispensable para garantizar la igualdad y la no discriminación. Por eso recomienda que los Estados, entre otras medidas, aumenten el número de personas asesoras en cuestiones de género, con la participación de organizaciones de la sociedad civil, las instituciones académicas y los medios de difusión; difundan materiales para informar a las mujeres sobre sus derechos humanos y la disponibilidad de mecanismos para acceder a la justicia; integren, en los planes de estudios a todos los niveles educativos, programas educacionales sobre los derechos de las mujeres y la igualdad entre los géneros, incluidos los programas de conocimientos jurídicos, que hagan hincapié en la función esencial del acceso de la mujer a la justicia y la función de los hombres y los niños como proponentes interesados directos.

En todo este proceso destaca la importancia de la función cumplida por la sociedad civil, los medios de difusión y las tecnologías de la información y las comunicaciones, al reafirmar y reproducir los estereotipos de género así como ayudando a superarlos. Por eso elabora pautas específicas orientadas a ese ámbito.

Mención aparte merecen las referidas a la asistencia jurídica y la defensa pública. En ese punto se insta a que los Estados, entre otras medidas, institucionalicen sistemas de asistencia jurídica y defensa pública que "sean accesibles, sostenibles y respondan a las necesidades de las mujeres; y aseguren que esos servicios se prestan de manera oportuna, continua y efectiva en todas las etapas de los procedimientos judiciales o cuasi judiciales"; que aseguren que los proveedores de asistencia jurídica y defensa pública "sean competentes, sensibles a las cuestiones de género, respetuosos de la confidencialidad y que tengan el tiempo suficiente para defender a sus clientes" y que se "desarrollen asociaciones con proveedores no gubernamentales competentes de asistencia jurídica y/o asistentes jurídicos para ofrecer a las mujeres información y asistencia cuando actúan en procesos judiciales o cuasi judiciales y sistemas de justicia tradicional".

La RG reitera en distintos puntos la referencia a la necesidad de disponer de recursos. Tanto materiales como humanos. Este es un tema especialmente importante para tener presente en una reforma judicial si queremos que la misma sea integral y efectiva. En este punto se requiere que los Estados proporcionen "asistencia técnica y presupuestaria adecuada y asignen recursos humanos altamente calificados a todas las partes de los sistemas de justicia" y que cuando los recursos nacionales sean limitados, soliciten apoyo de fuentes externas asegurando al mismo tiempo que, a mediano y largo plazo, el Estado asignará recursos a los sistemas de justicia para garantizar su sostenibilidad.

En un segundo grupo la RG establece cómo interpretar las obligaciones que surgen de la CEDAW, el Comité hace menciones específicas de acuerdo a algunas esferas del derecho. Son de mucho interés para comprender que toda acción sobre la justicia, requiere de una revisión de la normativa y de las prácticas de todo el derecho, y no solo de áreas específicas. Así, se plantean recomendaciones para el derecho constitucional, el derecho civil, el derecho de familia (Herrera, 2021), el derecho penal y el derecho administrativo, social y laboral.

Por último, la RG identifica estándares especiales respecto de mecanismos específicos de justicia y los sistemas de justicia internacionales y regionales. Entre los primeros habla de los "tribunales laborales, las reclamaciones de tierras, los tribunales electorales y militares, las inspecciones generales y los órganos administrativos" y se refiere en especial a los procesos alternativos de solución de controversias y tribunales indígenas no oficiales, a los que se les aplican también las recomendaciones generales.

Por último, también menciona a las instituciones de derechos humanos y las oficinas de defensores del pueblo nacionales y hace mención especial de los sistemas de justicia plurales, es decir, de aquellos en los que las leyes, los reglamentos, los procedimientos y las decisiones del Estado coexisten con prácticas religiosas, consuetudinarias, indígenas o comunitarias, dando lugar a la existencia de sistemas extraoficiales de justicia. Hay, por lo tanto, múltiples fuentes de derecho que pueden ser reconocidas oficialmente como parte del orden jurídico nacional o funcionar sin una base jurídica explícita. Los Estados tienen la obligación de "asegurar que los derechos de las mujeres sean respetados de manera equitativa y que éstas estén protegidas contra violaciones de sus derechos humanos por todos los componentes de los sistemas extraoficiales en de justicia".

5.3 Algunas conclusiones

En este breve recorrido nos propusimos visibilizar el mandato constitucional de incorporar una perspectiva de géneros en todos los ámbitos que atañen a la acción estatal y, en este caso en particular, que implican a la justicia. Vimos que tras la incorporación de la CEDAW con rango constitucional en el inciso 22 del artículo 75 y la inclusión de cláusulas de obligaciones positivas en el inciso 23 del mismo artículo (y en el nuevo artículo 37) para lograr igualdad real, la perspectiva de géneros no es una opción subjetiva. Es un mandato normativo constitucional desde el año 1994 que genera obligaciones para todos los poderes y derechos para mujeres y LGBTTI.

Asimismo nos propusimos recorrer uno de los instrumentos menos visitados de los emitidos por el sistema de protección internacional de derechos humanos: el de las recomendaciones generales. Y en particular, el de la recomendación general Nº 33. Lo hicimos porque entendemos que en ella se condensa un plan más de acción, entre otros (Herrera, 2021), para hacer carne el mandato constitucional de inclusión de la perspectiva de géneros en el Poder Judicial, Fiscalías y Defensoría. No hace falta, por lo tanto, ir muy lejos. Ya tenemos delineada gran parte de la tarea que es necesario todavía llevar a cabo.

Visibilizar el mandato constitucional de una perspectiva de géneros en todos los poderes del Estado y en particular, en el Poder Judicial implica llevar a cabo un plan de acción que nos interpela especialmente como docentes, investigadoras y extensionistas en el área de derecho. Nos invita a revisar nuestras prácticas a fin de internalizar la perspectiva de géneros pero, sobre todo, para contribuir con nuestro trabajo de formar operadoras y operadores jurídicos que van a crear y aplicar ese derecho y a reproducir o dejar de reproducir las prácticas que estamos intentando transformar.

Bibliografía y fuentes:

Aldao, Martín; Clérico, Laura y Ronconi, Liliana (2017). "A Multidimensional Approach to Equality in the Inter-American Context: Redistribution, Recognition, and Participatory Parity", en v. Bogdandy y Morales, M. *Constitutionalism in Latin America*, Oxford University Press: Oxford, pp. 83-96.

Arena, Federico (2019). "Algunos criterios metodológicos para evaluar la relevancia jurídica de los estereotipos", en: *Derecho y Control*, Córdoba: Ed. Ferreyra, pp. 11-44.

Arruzza, Cinzia; Fraser, Nancy; Bhattacharya, Tithi (2019). *Manifiesto de un feminismo para el 99%*. Rara Avis: Buenos Aires, 2019.

Asensio, Raquel y otras (2010). "Discriminación de Género en Las Decisiones Judiciales: Justicia Penal y Violencia de Género". Buenos Aires: Defensoría General de la Nación.

Bórquez, Natalia; Clérico, Laura (2021). "Una vuelta de tuerca al análisis de estereotipo: estereotipo combinado". *Revista Electrónica Instituto de Investigaciones Jurídicas y Sociales A. L. Gioja* 26, pp. 1-28.

Cardinaux, Nancy (2020). "Algunas herramientas para desmontar prejuicios y estereotipos en la enseñanza jurídica". *Revista Pedagogía Universitaria y Didáctica del Derecho*, 7(2), pp. 9-22.

Caroni, Pio (2014). *La soledad del historiador del derecho. Apuntes sobre la conveniencia de una disciplina diferente*. Madrid: Universidad Carlos III de Madrid.

Clérico, Laura (2017). "Derecho constitucional y derechos humanos: haciendo manejable el análisis de estereotipos". *Revista Derechos en Acción*, Vol. 5 (5), pp. 211-246.

Clerico, Laura (2018). "Hacia un análisis integral de estereotipos: desafiando la garantía estándar de imparcialidad". *Revista Derecho del Estado,* (41), Universidad Externado de Colombia, pp. 67-96.

Clérico, Laura y Aldao, Martín (2014). "La igualdad `des-enmarcada.' A veinte años de la reforma constitucional argentina de 1994", en *Revista Electrónica del Instituto de Investigaciones A.L. Gioja,* año VIII, nº 13, 2014, pp. 6-30.

Clérico, Laura y Ronconi, Liliana (coords.) (2021). *Tratado Géneros, Derechos y Justicia,* Tomo *Derecho Constitucional y derechos humanos.* Santa Fe: Rubinzal Culzoni.

Cook, Rebecca y Cusack, Simone (2010). *Estereotipos de género. Perspectivas legales transnacionales.* Bogotá: Profamilia.

Di Corleto, Julieta (2018). *Malas madres. Aborto e infanticidio en perspectiva histórica.* Buenos Aires: Didot.

Gauché Marchetti, Ximena (2020). "Acerca Del Concepto De Estereotipos en el Sistema Interamericano de Derechos Humanos. Un aporte para el abordaje de causas de violencia a mujeres". *Actualidad jurídica* (41), pp. 217-239.

Guzmán, Soledad (2021). "Paridad de género en los Superiores Tribunales de Justicia argentinos: una deuda pendiente". *Agenda Estado de Derecho,* Disponible en: https://agendaestadodederecho.com/paridad-de-genero-en-los-superiores-tribunales-de-justicia-en-argentina/.

Herrera, Marisa (2021a). La justicia transfeminista. Punto por Punto, en: https://www.pagina12.com.ar/338333-marisa-herrera-la-justicia-transfeminista-punto-por-punto.

Herrera, Marisa (2021b). Hacia una justicia feminista. Conversatorio organizado por el Ministerio de las Mujeres, Géneros y Diversidad. Disponible en: https://www.argentina.gob.ar/movemoselmundo/participacion-representacion/proximas/hacia-una-justicia-feminista.

Herrera, Marisa; De La Torre, Natalia (2021). *Repensar la Justicia en clave feminista: un debate desde la Universidad,* Editores del Sur, Buenos Aires.

Lobato, Julieta (2019). "Ampliación de la matriz de igualdad en los tribunales ordinarios. El caso `Erica Borda´ y la justicia laboral". *Derecho y Ciencias Sociales.* (21), pp. 214-240.

Novelli, Celeste (2016). *Silencio (parcial) en la Sala. Reconstrucción crítica del enfoque de estereotipos de género en la jurisprudencia de la Corte IDH.* Tesis de maestría. Universidad Nacional de San Martín. Centro Internacional de Estudios Políticos.

Saavedra Alessandri, Pablo (2016). "Algunas reflexiones en cuanto al impacto estructural de las decisiones de la Corte Interamericana de Derechos Humanos", en: von Bogdandy, A., Morales Antoniazzi, M., Ferrer Mc Gregor, E. *Construcción de un Ius Constitutionale Commune en América Latina: Contexto, estándares e impacto a la luz de la Corte Interamericana de Derechos Humanos.* BUAP, UNAM, Corte IDH, MPI: Puebla, pp. 457- 502.

Salgado Álvarez, Judith (2018). "El tratamiento sobre estereotipos de género en los dictámenes del Comité de Eliminación de la Discriminación contra la Mujer". *FORO Revista de Derecho* (29), pp. 21-48.

Valobra, Adriana María (2013). "Representación política y derechos de las trabajadoras en Argentina. El caso de la Convención Constituyente de 1957". *Nuevo Mundo, Mundos Nuevos*, pp. 1-17.

Vita, Leticia (2021). "*Constitucionalismo social y perspectiva de géneros: la constitución económica de las mujeres*", en: Ronconi, Liliana; Clérico, Laura (eds.), *Géneros, Justicia y Derecho Constitucional*, en la Colección dirigida por Herrera, Marisa; De La Torre, Natalia; Fernández, Silvia, *Tratado de Géneros, Derechos y Justicia*, Ed. Rubinzal Culzoni; Santa Fe.

Vita, Leticia y Lobato, Julieta (2021). "´Elevar nuestra voz a los constituyentes´: las peticiones de mujeres ante la reforma constitucional de 1949". *Pasado Abierto* (13), pp. 219-249.

Documentos y Fuentes:

Convención Nacional Constituyente de 1994, Diario de Sesiones, 1994. Disponible en: https://www4.hcdn.gob.ar/dependencias/dip/Debate-constituyente.htm

Informe de la Relatora Especial sobre la violencia contra la mujer, sus causas y consecuencias, *Informe temático sobre reparaciones*, A/HRC/14/22, 2010, párrs. 28-29.

Suprema Corte de Justicia de la Nación. (2020). Protocolo para juzgar con perspectiva de género. México. en: https://www.scjn.gob.mx/derechos-humanos/sites/default/files/protocolos/archivos/2020-11/Protocolo%20para%20juzgar%20con%20perspectiva%20de%20g%C3%A9nero%20%28191120%29.pdf (última consulta, 14.08.2021).

Comité de la CEDAW, Recomendaciones Generales Nro. 1 a 38, en: https://www.ohchr.org/SP/HRBodies/CEDAW/Pages/Recommendations.aspx (última consulta, 14.08.2021).

6.
CASO GONZÁLEZ E OUTROS VS. MÉXICO E A "FLORE DE ARENA": O FEMINICÍDIO NA JURISPRUDÊNCIA DA CORTE INTERAMERICANA DE DIREITOS HUMANOS

Mércia Cardoso de Souza

6.1 A proteção internacional dos direitos das mulheres

O Sistema Global de Proteção dos Direitos Humanos tem como diretriz normativa a Declaração Universal dos Direitos Humanos de 1948, complementada pelos Pactos Internacionais de Direitos Civis e Políticos e de Direitos Econômicos, Sociais e Culturais, ambos de 1966, e pelas demais Convenções que tratam da proteção dos Direitos Humanos, de modo específico. (Souza, 2009, p. 348).

Para abordar a proteção e meios de promoção dos vários direitos das mulheres e, baseados nos instrumentos internacionais mencionados, foi aprovada a Convenção sobre a Eliminação de Todas as Formas de Discriminação contra as Mulheres ou Convenção da Mulher (CEDAW, sigla em inglês)[1], em 1979, que é o tratado mais amplo sobre tais direitos. O seu texto não foi o primeiro da ONU a contemplar os direitos das mulheres, vez que antes já existiam outros documentos internacionais

[1] *Convention on the Elimination of all Forms of Discrimination against Women.*

referentes aos direitos da mulher casada, aos direitos civis, ao tráfico de mulheres, dentre outros. (Souza, 2009, p. 348)

A partir de 1946, iniciou-se o processo para a idealização da CEDAW, quando a Assembleia Geral da ONU instituiu a Comissão sobre o *Status* da Mulher (CSW, sigla em inglês)[2], "para estudar, analisar e criar recomendações que oferecessem subsídios à formulação de políticas aos diversos Estados signatários do referido tratado, vislumbrando o desenvolvimento das mulheres enquanto seres humanos." (Souza, 2009, p. 348).

Esta Comissão passou a dedicar-se a estudos, entre 1949 e 1962, sobre a condição das mulheres no âmbito global, o que originou vários instrumentos de proteção e promoção dos direitos das mulheres, tais como: a Convenção dos Direitos Políticos das Mulheres (1952); a Convenção sobre a Nacionalidade das Mulheres Casadas (1957); a Convenção sobre o Casamento por Consenso, Idade Mínima para Casamento e Registro de Casamentos (1962). (Souza, 2009, p. 348).

Em 1967, esta Comissão começou a redigir um novo instrumento de proteção: a Declaração sobre a Eliminação da Discriminação contra a Mulher[3], que mesmo consignando direitos iguais para homens e mulheres não chegou a ser efetivada como tratado[4], mas como resolução, por carecer de força vinculante. Isto é, não obstante tal declaração possuir força moral e política, não logrou estabelecer obrigações para os Estados na ótica do Direito Internacional. (Pimentel, 2008, p. 16).

A ONU proclamou 1975 como o Ano Internacional da Mulher[5] e declarou o período 1976-1985 como a Década da Mulher[6]. Este período foi de extrema riqueza, em termos de conquistas de direitos, em face da realização de muitas conferências de cunho internacional para deliberar e reivindicar direitos para as mulheres.

[2] *Commission on the Status of Women.*

[3] Em 7 de novembro de 1967 a Assembleia Geral da ONU adotou a Declaração sobre a Eliminação da Discriminação contra a Mulher, levando em consideração "a importância da contribuição da mulher à vida social, política, econômica e cultural, assim como sua função na família e especialmente na educação dos filhos".

[4] A terminologia "tratado" é utilizada para acordos solenes.

[5] Em 1972, a Assembleia Geral da ONU – Resolução 3010 (XXVII) – proclamou 1975 como o Ano Internacional da Mulher.

[6] A Assembleia Geral da ONU – Resolução 3520 (XXX) – proclamou o período 1976-1985 Decênio da ONU para a Mulher, com os temas Igualdade, Desenvolvimento e Paz.

Nesse sentido, merece destaque a I Conferência Mundial sobre a Mulher, em que foram formuladas várias propostas relacionadas aos Direitos Humanos, em busca da inclusão de questões específicas para o desenvolvimento das mulheres em escala mundial. (Piovesan, 2018).

Em 1972, a Comissão sobre o Status da Mulher considerou a possibilidade de buscar a elaboração de um tratado que conferisse força de lei à Declaração. Seus esforços, neste sentido, foram impulsionados pelo Plano Mundial de Ação, adotado pela Conferência Mundial do Ano Internacional da Mulher, das Nações Unidas, no México, em 1975. Esse Plano pedia uma Convenção para a Eliminação da Discriminação contra a Mulher, com procedimentos efetivos para sua implementação. Este trabalho também foi impulsionado pela Assembleia Geral, que declarou o período 1976-1985, Década das Nações Unidas para a Mulher. (Pimentel, 2008, p. 16)

Essa conjuntura propiciou um cenário favorável para a aprovação da Convenção sobre a Eliminação de todas as Formas de Discriminação contra as Mulheres pela Assembleia Geral da ONU, em 18 de dezembro de 1979 por meio da Resolução n. A-34-180, que entrou em vigor em 3 de setembro de 1981, após atingir o número mínimo de 20 ratificações[7].

A CEDAW vê-se regulada, pois, por um preâmbulo e trinta artigos. Até setembro de 2021, contava com 189 Estados Partes dos 193 Membros[8] da ONU.

A CEDAW consiste em avanço no que concerne à visão holística dos direitos humanos das mulheres, "superando as categorizações de direitos do passado", bem como a "pretensa" distinção entre o público e o privado. (Trindade, 2001, p. 46). A adoção desse instrumento demonstra-se como ápice de várias décadas de esforços em âmbito internacional, com o intuito de proteger e promover os direitos das mulheres em âmbito global. (Pimentel, 2008, p. 15).

Esta carta de direitos, em sua elaboração, pautou-se na concepção contemporânea de direitos humanos, sedimentada pela Declaração Universal

[7] Ratificação é o ato formal que faz com que o documento assinado produza efeitos jurídicos no âmbito internacional. Ao ratificar um tratado, o país passa a ser denominado Estado signatário, na medida em que está se obrigando a cumprir os dispositivos previstos no instrumento.

[8] A ONU conta atualmente com 193 Estados Partes.

dos Direitos Humanos de 1948, que traduziu um referencial ético a servir de bússola para a comunidade internacional. (Piovesan, 2001, p. 87).

A Convenção da Mulher deve ser tomada como parâmetro mínimo das ações estatais na promoção dos direitos humanos das mulheres e na repressão às suas violações, tanto no âmbito público como no âmbito privado. A CEDAW é a grande Carta Magna dos direitos das mulheres e simboliza o resultado de inúmeros avanços principiológicos, normativos e políticos construídos nas últimas décadas, em um grande esforço global de edificação de uma ordem internacional de respeito à dignidade de todo e qualquer ser humano. [...] A Convenção vai além das garantias de igualdade e igual proteção viabilizadas por instrumentos legais vigentes, estipulando medidas para o alcance da igualdade entre homens e mulheres, independentemente de seu estado civil, em todos os aspectos da vida política, econômica, social e cultural. (Pimentel, 2008, p. 17).

Percebe-se que tal instrumento é o único tratado internacional a abordar os direitos das mulheres, de maneira minuciosa e ampla, bem como se apresenta como uma das grandes conquistas dos movimentos de mulheres e feminista, ao tratar sobre os direitos políticos, civis, econômicos, sociais, culturais, dentre outros. (Souza, 2009, p. 349).

Além do mais, a CEDAW consiste em uma carta de direitos abrangente e rol de preocupações "abordadas de maneira *ad hoc* até então" por todo o sistema da ONU. (Dairiam, 2001, p. 75).

Leciona Valéria Pandjiarjian (2001, p. 107) sobre o alcance do CEDAW:

> É um tratado internacional de proteção aos direitos humanos que define em que consiste a discriminação contra as mulheres e estabelece uma agenda para ações nacionais com o fim de eliminá-la. Ao ratificar a CEDAW, os Estados comprometem-se a tomar uma série de medidas apropriadas para garantir a igualdade entre homens e mulheres em todos os campos e fazer valer o princípio da não discriminação. É o instrumento que prevê, também, a possibilidade de que os Estados adotem as famosas "ações afirmativas". Ao ratificá-la, os Estados se submetem, também, ao seu mecanismo de monitoramento internacional.

Nas décadas de 70 e 80 do século XX, os direitos das mulheres passaram a ser pauta de debates nos fóruns internacionais, nacionais, regionais e locais, sob o incentivo da ONU, responsável por tais eventos no cenário internacional.

Nesse sentido, se propiciou a realização das Conferências Mundiais de Direitos Humanos, ao se fomentar discussões e deliberações sobre os direitos das mulheres, "no sentido de desenvolver estratégias para dar um outro destino à condição da mulher na esfera global, que, ao longo da história, foi tratada como o 'segundo sexo', conforme Simone de Beauvoir (1970)". (Souza, 2009, p. 350).

Não se pode negar a importância das Conferências da ONU, para concretização destes ideais, tais como: a Conferência Internacional de Direitos Humanos, em 1968, realizada em Teerã, em que se tentou informar à sociedade internacional sobre o significado de se reconhecer e respeitar os direitos, tanto dos homens como das mulheres; a II Conferência Mundial de Direitos Humanos, em 1993, realizada em Viena, que contribuiu decisivamente para a eliminação da violência contra as mulheres, tanto na "vida pública" como na "vida privada", bem como para coibir quaisquer conflitos que possam, porventura, acontecer entre os direitos humanos da mulher e "os efeitos prejudiciais de certas práticas tradicionais ou costumeiras, preconceitos culturais e extremismo religioso". (Declaração de Viena, parágrafo 38); a Conferência Internacional sobre População e Desenvolvimento, em 1994, realizada no Cairo; a IV Conferência Mundial sobre a Mulher, ocorrida, em 1995, em Beijing, com o seu enfoque nos direitos humanos das mulheres, principalmente, ao colocar como objetivos centrais o relato do grau de implementação das Estratégias de Nairóbi, elaboradas na Conferência de 1985, assim como de preparar e promover uma Plataforma de Ação para o fim do século XX. (Trindade, 2003b; Lindgren-Alves, 2018).

Dessa maneira, as conferências temáticas promovidas pela ONU, com a participação incisiva da sociedade civil, especialistas e de representantes de vários Estados, ensejaram a mudanças, mesmo que de modo lento, na vida de muitas mulheres, tendo em vista as reivindicações sistematizadas pautadas no gênero.

Assevera-se que, embora a CEDAW não trate especificamente sobre a violência contra a mulher, pois na década de 70 não havia espaço para discussões sobre esse problema (Pimentel, 2008)[9], emitiu a Reco-

[9] "A Convenção CEDAW não possui nenhum artigo que trata expressamente da violência. Não havia em 1979, quando ela foi promulgada, condições políticas para tal. A forma encontrada para suprir esta "lacuna" – que não é admitida como lacuna no sentido estrito da palavra, pois se considera que a violência está implícita em todos os seus artigos – foi elaborar

mendação Geral n. 19 no sentido de contribuir para o enfrentamento do problema. Mais tarde foi atualizada por meio da Recomendação n. 35.

O Comitê da CEDAW, ao tratar da Recomendação n. 35, que atualizou a Recomendação n. 19, expressou-se da seguinte forma:

> El Comité considera que la violencia por razón de género contra la mujer está arraigada en factores relacionados con el género, como la ideología del derecho y el privilegio de los hombres respecto de las mujeres, las normas sociales relativas a la masculinidad y la necesidad de afirmar el control o el poder masculinos, imponer los papeles asignados a cada género o evitar, desalentar o castigar lo que se considera un comportamiento inaceptable de las mujeres. Esos factores también contribuyen a la aceptación social explícita o implícita de la violencia por razón de género contra la mujer, que a menudo aún se considera un asunto privado, y a la impunidad generalizada a ese respecto. (NACIONES UNIDAS, 2017, p. 8)

A partir dos esclarecimentos do Comitê da CEDAW, observa-se que a *violência contra a mulher está inserida na violência de gênero*, que afeta em sua maioria, as mulheres. Assevera, ainda que a violência de gênero contra a mulher ainda é considerada assunto da esfera privada e a impunidade generalizada que existe, mesmo com a existência de tratados internacionais e leis internas.

Nesse sentido, também merece destaque a ONU Mulheres, que foi criada para "unir, fortalecer e ampliar os esforços mundiais em defesa

uma Recomendação Geral sobre o tema. Inicialmente, a RG nº 12, de 1989, estabeleceu o dever dos Estados-parte de incluir em seus relatórios ao Comitê CEDAW informações sobre a legislação vigente protetora de todas as formas de violência contra a mulher, em seu cotidiano. Estabeleceu, também, o dever de informar sobre a existência de outras medidas adotadas para erradicar a violência, sobre a prestação de serviços às vítimas e sobre a necessidade de apresentação de dados estatísticos sobre esta realidade. Em 1992, o Comitê elabora a RG nº 19 que, como primeira afirmação, estabelece que a violência baseada no gênero é uma forma de discriminação que seriamente impede a mulher de usufruir direitos e liberdades, em base de igualdade com o homem, incluindo: o direito à vida; a não ser submetida à tortura ou a tratamento ou punição crueis, desumanos ou degradantes; à igualdade quanto a proteção, de acordo com as normas humanitárias, em períodos de conflito armado internacional ou interno; à liberdade e segurança pessoal; à igual proteção sob a lei; à igualdade na família; ao máximo padrão de saúde física e mental; a condições justas e favoráveis de trabalho." (Pimentel, 2008, p. 34).

dos direitos humanos das mulheres", possuindo uma forte atuação em seis áreas prioritárias: liderança e participação política das mulheres; empoderamento econômico; fim da violência contra mulheres e meninas; paz e segurança e emergências humanitárias; governança e planejamento; normas globais e regionais. (ONU, 2021)

Nesse marco, o presente artigo está estruturado em X tópicos. O tópico 1 faz breve introdução sobre a proteção aos direitos das mulheres no plano internacional. O tópico 2 aborda as distinções entre violência de gênero e violência contra a mulher. O tópico 3 apresenta o Caso González e outros ("Campo Algodoeiro") vs. México. O tópico 4 aborda a medida de reparação, isto é, o monumento em homenagem às mulheres vítimas de feminicídio. O tópico 5 faz breves considerações finais.

6.2 Deslindes conceituais sobre a violência de gênero e a violência contra a mulher

A violência contra a mulher é um problema histórico, produto das relações assimétricas entre os gêneros, isto é, fruto das desigualdades de gêneros. Esse tipo de violência está inserido numa sociedade patriarcal, sendo possível percebê-lo a partir das desigualdades de gênero, raça e classe e, portanto, a partir da *Interseccionalidade*.[10]

A violência contra a mulher é um tema multifacetado, pois pode ser abordado sob os olhares da Psicologia, do Direito, da Economia, dentre outros. A VCM constitui-se em problema social que afeta as esferas pública e privada das vidas das mulheres, vez que, mesmo após muitos direitos conquistados, a sociedade continua a aceitar com normalidade as múltiplas violências sofridas pelas mulheres.

Nesse sentido, observa-se que a violência contra a mulher tanto na esfera pública como na esfera privada representa um óbice ao desenvolvimento das mulheres e meninas. Outrossim, cabe esclarecer que violência contra a mulher e violência de gênero não são sinônimos. Foi na década de 1970 do século XX que o movimento feminista passou a

[10] O conceito de Interseccionalidade foi elaborado a partir de estudos desenvolvidos pela jurista estadunidense, a professora da teoria crítica de raça Kimberle Crenshaw. Para mais detalhes sugere-se a leitura: Crenshaw, Kimberle. *A Intersecionalidade na Discriminação de Raça e Gênero.* Painel 1, Cruzamento: Raça e Gênero. Disponível em: https://we.riseup.net/assets/372740/Kimberle-Crenshaw.A-interseccionalidade..de-raza-y-geCC80nero.pdf Acesso em: 25 abr. 2021.

usar as duas expressões como sinônimos, vez que a maior parte das vítimas de violência de gênero são as mulheres. Assim, a violência de gênero deve ser compreendida como uma categoria de análise ampla, vez que os homens como vítimas da construção social dos papéis entre os papéis, da divisão sexual de tarefas entre homens e mulheres.

Dessa maneira, se os homens (assim como ocorre com as mulheres) se afastam da construção social do gênero masculino, a tendência é que seja vítima de violência. Assim, a violência de gênero só pode ser entendida em sentido amplo a partir das relações de poder existentes entre homens e mulheres, em que os primeiros são dominantes e as segundas, submissas.

Ao tratar a violência contra a mulher não se pode ignorar que a sociedade é permeada por desigualdades de gênero. Isso nos leva a compreender o modo pelo qual se formam as relações entre mulheres e homens de acordo com a distribuição de poder. Para a autora, "na análise das desigualdades de gênero, não podemos abstrair as desigualdades de classe, etnicidade e raça que mais dramáticas as vivências dos indivíduos e, mais especificamente, das mulheres". (Barsted, s/d, p. 1)

O termo "gênero" é uma categoria de análise relevante, vez que o entendimento de que às relações desiguais e subalternizadas entre mulheres e homens se justapõem às relações sociais de gênero, porque um elemento historicamente constitutivo de relações sociais fundadas sobre as distinções, diferenças notadas entre os sexos e que se expressam por meio da violência (Saffioti, 1997; Saffioti, 2001).

Tradicionalmente, os dois conceitos foram identificados como sinônimos. Assim, o gênero masculino era entendido como correspondente ao homem e o gênero feminino à mulher. É exemplo de gênero, de construção social, afirmar que as meninas devem brincar com bonecas e panelas, enquanto os meninos devem brincar com espadas, carrinhos e bolas, porque são esses comportamentos femininos e masculinos que respectivamente devem ser esperados das meninas e dos meninos. A origem dessa distinção é do tempo das cavernas. As meninas têm que se preparar para, quando adultas, se tornarem boas mães, boas donas de casa. Os meninos, por sua vez, têm que desenvolver a força física, as habilidades técnicas e intelectuais, para terem êxito no espaço público. (Lopes, 2011, p. 24-25).

Constata-se que muitos estudos feitos por organizações internacionais evidenciam a exclusão das mulheres em muitos países. A exclusão vai desde a ocupação em postos nas esferas de poder[11], a banalização da violência contra as mulheres, a feminilização da pobreza, a participação política, na esfera da educação e tantos outros. De modo igual, cresce a proporção da população feminina economicamente ativa que estão inseridas em trabalhos precários, mal remunerados e desvalorizados. (BARSTED, s/d)

Esse processo, apesar de atingir homens e mulheres, apresenta desvantagens para as mulheres, que estão constatadas em vários diagnósticos.

A Declaração sobre a Eliminação da Violência contra a Mulher define a expressão "violência contra a mulher" como "Qualquer ato de violência de gênero que resulte, ou possa ter como resultado, dano físico, sexual ou psicológico à mulher, incluindo ameaças de tais atos, coerção ou privação arbitrária de liberdade, quer ocorram na vida pública ou em particular." (UNITED NATIONS, 1993)

O tratado internacional que trata sobre a violência contra a mulher de maneira específica é a Convenção Interamericana para Prevenir, Punir e Erradicar a Violência contra a Mulher[12] (1994), conhecida como Convenção de Belém do Pará. Este documento define a expressão "violência contra a mulher" e apresenta alguns tipos:

> [...] qualquer ação ou conduta baseada no gênero, que cause morte, dano ou sofrimento físico, sexual ou psicológico à mulher, tanto no âmbito público como no privado. Mais [...] a violência contra a mulher inclui a violência física, sexual e psicológica: a) que tenha ocorrido

[11] Cito como exemplo o caso do Supremo Tribunal Federal do Brasil, que é composto por 2 Ministras mulheres e 9 Ministros homens. (2021)

[12] A Convenção para Prevenir, Punir e Erradicar a Violência Contra a Mulher foi adotada em 6 de junho de 1994, pela Assembleia Geral da Organização dos Estados Americanos (OEA). Conhecida como Convenção de Belém do Pará, esse instrumento se constitui em um avanço na proteção internacional às mulheres, na medida em que é o primeiro tratado internacional a reconhecer a existência de violência contra a mulher de maneira explícita e que atinge muitas mulheres. A Convenção de Belém do Pará define a expressão "violência contra a mulher" como "qualquer ação ou conduta, baseada no gênero, que cause morte, dano ou sofrimento físico, sexual ou psicológico à mulher, tanto na esfera pública, como na privada". A respeito, ver Recomendação Geral nº 19 do Comitê sobre a Eliminação de todas as formas de Discriminação contra a Mulher, que entende a violência contra a mulher como uma forma de discriminação.

> dentro da família ou unidade doméstica ou em qualquer outra relação interpessoal em que o agressor conviva ou haja convivido no mesmo domicílio que a mulher e que compreende, entre outros, estupro, violação, maus-tratos e abuso sexual; b) que tenha ocorrido na comunidade e seja perpetrada por qualquer pessoa e que compreende, entre outros, violação, abuso sexual, tortura, maus tratos de pessoas, tráfico de mulheres, prostituição forçada, sequestro e assédio sexual no lugar de trabalho, bem como em instituições educacionais, estabelecimento de saúde ou qualquer outro lugar e que seja perpetrada ou tolerada pelo Estado ou seus agentes, onde quer que ocorra. (OEA, 1994)

Ressalta-se que a violência contra a mulher tende a aumentar em contextos de instabilidade, de catástrofes e de conflitos armados. Para exemplificar, no contexto de conflitos armados uma das expressões da violência contra a mulher é o tráfico para fins sexuais, que afeta mulheres e adolescentes, conforme revelou o Relatório sobre Tráfico de Pessoas (2020) do Escritório da ONU sobre Drogas e Crimes.

O caso objeto deste trabalho não está distante de uma realidade de instabilidade, permeada por problemas sociais, como é o caso da Ciudad Juárez, que está situada no norte do estado de Chihuahua e na fronteira com El Paso, Texas. A localidade tem uma população de mais de 1,2 milhões de habitantes, conhecida por ser uma cidade industrial onde se desenvolveu particularmente a indústria maquiladora. É uma relevante cidade de trânsito para migrantes (mexicanos e estrangeiros). Por outro lado, Ciudad Juárez apresenta problemas, como desigualdades sociais e a proximidade com a fronteira internacional. Tais fatores impulsionam a ocorrência de problemas relacionados com a criminalidade organizada, como tráfico de pessoas, tráfico de armas, narcotráfico e lavagem de dinheiro.

6.3 Caso González e outros ("campo algodoeiro") vs. México

O Caso González e outros ("Campo Algodoeiro") vs. México é um dos muitos casos controvertidos resolvidos no âmbito da Corte Interamericana de Direitos Humanos e a sentença foi prolatada em 16 de novembro de 2009.

Em 6 de março de 2002, três casos foram apresentados perante a Comissão Interamericana de Direitos Humanos sobre os assassinatos de três mulheres (duas menores de idade) encontradas no campo de algodão (Claudia Ivette González, Esmeralda Herrera Monreal e Laura Berenice Ramos Monárrez).

A admissibilidade e o mérito dos casos foram analisados, e insatisfeita com as medidas adotadas pelo Estado do México para remediar e reparar as violações de direitos humanos, a Comissão entendeu que deveria levar os três casos à Corte Interamericana de Direitos Humanos (doravante, a Corte), reunidos em um só caso.

Em 4 de novembro de 2007, a Comissão Interamericana de Direitos Humanos apresentou uma demanda em desfavor do Estado Mexicano. O caso apresentado à Corte referia-se à responsabilidade internacional do México pelo desaparecimento e assassinato das jovens Claudia Ivette González, Esmeralda Herrera Monreal e Laura Berenice Ramos Monárrez. Na petição solicitava-se que o Estado fosse responsabilizado pela falta de medidas de proteção às vítimas, duas menores de idade, a falta de prevenção dos crimes (apesar da existência de um padrão de violência de gênero em Ciudad Juárez), e falta de adequada diligência na investigação dos assassinatos.

A Comissão pleiteou junto à Corte que declarasse as violações dos seguintes artigos da Convenção Americana sobre Direitos Humanos (CADH) (Pacto de San José da Costa Rica, 1969): artigo 4º (direito à vida); artigo 5º (direito à integridade pessoal); artigo 7º (direito à liberdade pessoal); artigo 8 (garantias judiciais); artigo 19 (direitos da criança); e artigo 25 (proteção judicial), todos com relação aos artigos 1(1) (obrigação de respeitar os direitos) e 2 (obrigação de adotar disposições de direito interno).

Outrossim, os representantes dos familiares das vítimas acrescentaram o artigo 11 (honra e dignidade) da CADH. A Comissão solicitou ainda que se declarassem violações do artigo 7º da Convenção Interamericana para Prevenir, Punir e Erradicar a Violência contra a Mulher (Convenção de Belém do Pará, 1994).

Perante a Corte Interamericana, o México reconheceu parcialmente a responsabilidade internacional. Nesse ato, o Estado Mexicano dividiu as investigações em duas etapas, reconhecendo a responsabilidade por irregularidades na primeira fase, entre 2001 e 2003. Na segunda etapa, a partir de 2004, o Estado alegou que mudanças políticas e legislativas levaram ao saneamento das irregularidades. O Estado reconheceu que havia, entre 2001 e 2003, causado dor e sofrimento aos familiares das vítimas (por meio do assédio moral dos familiares das vítimas, da pouca seriedade com que as investigações foram conduzidas, das irregularidades com os relatórios dos médicos legistas, entre outras).

Contudo, o México declarou ter tomado medidas para reparar os danos citados a partir de 2004. Destacou que o Estado Mexicano não poderia ser responsabilizado pelos assassinatos das três mulheres, vez que não havia qualquer evidência de que os assassinatos tinham sido cometidos por agentes do Estado.

Nessa linha de compreensão, a Corte entendeu que esse era um aspecto positivo para o cumprimento das obrigações internacionais do México, porém que era incompleto, já que excluía fatos que a Corte deveria avaliar para determinar a responsabilidade do Estado por violações de direitos humanos ocorridas na segunda fase das investigações. De acordo com a Corte, isso deriva de uma violação continuada de direitos humanos, e que atos adotados depois de 2003, embora sejam considerados esforços válidos, devem ser também escrutinizados.

Ademais, esse reconhecimento não solucionava a questão da responsabilidade pelos atos em si. Dessa maneira, a Corte decidiu que o Estado admitiu os atos referentes ao contexto geral de violência contra a mulher em Ciudad Juárez, porém não admitiu sua responsabilidade pelos fatos específicos do caso.

Na etapa de objeções preliminares, o Estado solicitou que a Corte se declarasse incompetente para conhecer as violações da Convenção de Belém do Pará, pois este instrumento não estabelece um mandato específico para que a Corte IDH determine violações de seus dispositivos. No entanto, a Corte, ao interpretar a Convenção de Belém do Pará sob a ótica da erradicação da violência contra as mulheres, e do princípio *pro homine*, entendeu que tinha competência para analisar violações do instrumento.

Com relação ao mérito do caso, a Corte distinguiu os diferentes níveis de obrigações contidas em um mesmo direito humano. Iniciou avaliando a obrigação de respeito, que é a obrigação negativa, de que o Estado não viole os direitos protegidos. Explicou que esse é o nível básico de proteção de direitos humanos, mas que o Direito Internacional dos Direitos Humanos evoluiu para incluir obrigações de garantir, que é obrigação positiva, de impedir que terceiros violem os direitos protegidos no instrumento. Essa obrigação de garantir inclui o dever de investigar e punir violações de direitos humanos.

Conforme a jurisprudência consolidada da Corte Interamericana a prática de desaparecimento forçado é um crime complexo, que envolve violações dos direitos à vida, integridade pessoal e liberdade pessoal das vítimas. De igual modo é uma violação contínua e sistemática de direitos humanos, que se renova a cada dia em que a pessoa segue desaparecida. No caso das três mulheres mortas em Ciudad Juárez, seus corpos foram encontrados, o que faz com que a violação deixe de ser contínua, porém agrava mais a violação do direito à vida. Nesse sentido, a Corte entendeu que não poderia atribuir ao Estado violações dos direitos substantivos contidos nos artigos 4 (direito à vida), 5 (direito à integridade pessoal) e 7 (direito à liberdade pessoal) da Convenção, pelo menos no que se refere à obrigação de respeito. Contudo, a Corte reconheceu que o México violou esses mesmos direitos, com relação aos artigos 1(1) e 2 da CADH, ao permitir que atores não-estatais violassem os direitos das vítimas Claudia Ivette González, Laura Berenice Ramos Monárrez e Esmeralda Herrera Monreal.

No tocante ao dever de investigar e punir, contido na obrigação de garantir, a Corte entendeu que o Estado não cumpriu com suas obrigações com relação aos artigos 4, 5 e 7 da CADH (em conjunto com os artigos 1(1) e 2), bem como o artigo 7 da Convenção de Belém do Pará, com relação às três vítimas. Entretanto, a Corte compreendeu que os parentes das três mulheres eram vítimas de violações de direitos humanos, devido à falha do Estado em promover a justiça pleiteada. Diante disso, a Corte reconheceu as violações dos artigos 8 e 25 da CADH, do artigo 7, parágrafos (b) e (c), da Convenção de Belém do Pará, com relação aos familiares das três vítimas.

A Corte apontou várias irregularidades nas investigações, com relação a (1) custódia da cena do crime, coleção e manejo de provas, elaboração de autópsias e identificação das vítimas; (2) atuação contra suspeitos e fabricação de culpados; (3) demora injustificada e inexistência de avanços substanciais nas investigações; (4) fragmentação das investigações; (5) falta de sanção dos funcionários envolvidos com irregularidades; e (6) negativa de acesso aos documentos do caso.

Com relação à distinção entre a primeira e a segunda fase das investigações, a Corte entendeu que, embora houvessem ocorrido melhoras, de qualquer forma havia ainda muitos problemas, que levavam a uma negativa do direito de acesso à justiça. Determinou ainda violações do direito à integridade pessoal dos parentes das vítimas, em razão do assédio que sofreram das autoridades, das ameaças anônimas, e de toda a dor e sofrimento pelos quais passaram os parentes das três jovens na sua busca por justiça. Ainda, a Corte determinou que o Estado violou os direitos da criança, protegidos pelo artigo 19 da CADH, com relação a Esmeralda Herrera Monreal e Laura Berenice Ramos Monárrez, que eram menores de idade quando foram assassinadas. Por fim, a Corte declarou que não houve violação do artigo 11 (honra e dignidade) da CADH, porque as considerações com relação a esse artigo eram as mesmas já feitas com relação a artigos anteriores, e, portanto, não havia uma violação autônoma.

Com relação às medidas de reparação, a Corte determinou medidas que o Estado deve adotar para reparar o dano causado e para impedir que fatos similares voltem a ocorrer em época futura. Tendo em vista que os fatos do caso ocorriam dentro de um padrão sistemático de violações de direitos das mulheres em Ciudad Juárez, a Corte determinou um extenso número de medidas para melhorar as condições de mulheres em Ciudad Juárez, bem como no país.

Nesse sentido, algumas medidas merecem destaque.

A Corte determinou que México deve conduzir processo penal em curso (ou futuros) contra os possíveis autores de homicídios, de acordo com algumas diretrizes: a remoção de obstáculos jurídicos e fáticos na investigação; que a perspectiva de gênero seja incluída na investigação e no processo judicial; que os resultados dos processos sejam amplamente divulgados.

A Corte determinou que o Estado deveria investigar os funcionários acusados de irregularidades, promover um ato público de reconhecimento de responsabilidade em honra das vítimas, erigir um *monumento (memorial)* em homenagem às vítimas, alterar sua legislação interna para aplicar certos protocolos internacionais de investigação, criar uma base de dados sobre mulheres desaparecidas, pagar indenizações, implementar um programa de educação da população em geral com relação a questões de violência de gênero, entre outras medidas.

As medidas de reparação da Corte dividem-se em medidas de reparação dos danos *stricto sensu*, e "garantias de não-repetição", isto é, medidas para impedir que violações similares aconteçam novamente. A Corte concluiu o julgamento em 16 de novembro de 2009.

O próximo tópico tratará sobre a medida de reparação determinada pela Corte, qual seja, o monumento (memorial) em homenagem às vítimas do caso tratado.

6.4 O monumento como medida de reparação simbólica

> El Estado deberá, en el plazo de un año a partir de la notificación de la Sentencia de Excepción Preliminar, Fondo, Reparaciones y Costas, levantar un monumento en memoria de las mujeres víctimas de homicidio por razones de género en Ciudad Juárez. El monumento se develará en la misma ceremonia en la que el Estado reconozca públicamente su responsabilidad internacional, en cumplimiento de lo ordenado en el punto resolutivo anterior. (CIDH, 2009)

Há alguns anos a Corte Interamericana de Direitos Humanos tem inovado sua jurisprudência ao criar uma interação entre Arte e Direito[13]. Pode-se compreender que a Corte traz a ideia de Arte como um meio de denúncia de violações de direitos humanos. Para Humberto Cunha (2016, p. 291) a interação entre Arte e Direito pode se revelar por intermédio de várias expressões, inclusive para além disso, alcançando o direito, a filosofia, a sociologia, a psicologia, a psicanálise, o cinema, a literatura, a pintura, a música e outras manifestações artísticas.

No Caso González e outros versus México, a Corte determinou como uma das medidas de reparação a construção de um monumento em homenagem às vítimas Claudia Ivette González, Esmeralda Herrera Monreal e Laura Berenice Ramos Monárrez.

Nesse sentido, é importante trazer à baila notícias sobre o cumprimento da medida de reparação[14]. Assim, de acordo com a Corte, o Estado

[13] Refiro-me às jurisprudências destas demandas: Caso de la "Masacre de Mapiripán" vs. Colombia, em 1997; Caso Barrios Altos vs. Peru, 1991; Caso do Presídio Miguel Castro Castro vs. Peru, 1992.

[14] RESOLUCIÓN DE LA CORTE INTERAMERICANA DE DERECHOS HUMANOS1 DE 21 DE MAYO DE 2013 CASO GONZÁLEZ Y OTRAS ("CAMPO ALGODONERO") VS. MÉXICO SUPERVISIÓN DE CUMPLIMIENTO DE SENTENCIA. Disponível em: RESOLUCIÓN DE LA (corteidh.or.cr) Acesso em: 26 set. 2021.

do México declarou no segundo relatório a medida determinada foi implementada por meio de um Acordo de Coordenação entre o Ministério do Interior, por meio da CONAVIM, o Governo do Estado de Chihuahua e o Governo Municipal de Juárez, este último por meio do Instituto Municipal de Investigação e Planejamento. Nesse sentido, com o objetivo de construir o monumento no campo de algodão relacionado aos eventos do presente. (CORTE INTERAMERICANA DE DERECHOS HUMANOS, 2013)

Neste caso, a Comissão Nacional de Águas (CONAGUA) foi solicitada a realizar o repasse de domínio da respectiva superfície, vez que o referido terreno estava sob a administração da referida instituição. Em 25 de novembro de 2010, a CONAGUA entregou as escrituras de terras à Presidência Municipal de Juárez. (CORTE INTERAMERICANA DE DERECHOS HUMANOS, 2013)

Para a coordenação e construção do monumento, o México informou que o trabalho passou pelas etapas: participação ativa dos familiares e seus representantes na organização e concepção do memorial; consulta pública com outras famílias de vítimas de feminicídio; incorporação de observações feitas pelos representantes e familiares das vítimas ao esboço do memorial; localização das cruzes de madeira representativas dos feminicídios; elemento central do memorial, que é uma escultura realizada por Verónica Leiton[15]; fotografias de vítimas de feminicídio; inclusão de nomes de mulheres vítimas feminicídio e carta de consentimento informado. (CORTE INTERAMERICANA DE DERECHOS HUMANOS, 2013).

Nesse contexto, em 7 de novembro de 2011 foi realizado um ato público em que Estado Mexicano reconheceu a responsabilidade internacional, tendo inaugurado o *Memorial para Mujeres Víctimas de Homicidio por Razones de Género*, cujos trabalhos de construção foram finalizados em agosto de 2012.

[15] Para mais informações consultar: Inicio – Veronica Leiton Acesso em: 26 set. 2021.

IMAGEM 1. VERONICA LEITON, *FLOR DE ARENA* (2012) CIUDAD JUAREZ

FONTE: http://www.thefeministwire.com/2012/12/for-the-women-of-ciudad-juarez/

Conclusões

As mulheres têm sofrido variados tipos de violência em todo o mundo, o que impede o desenvolvimento. Essa sistematicidade leva à vulneração de direitos, o que contribui para que o problema não seja minimizado.

O Caso Campo Algodoeiro *versus* México levou à condenação do Estado, bem como a várias medidas, dentre elas a reparação simbólica com a construção do memorial "Flor de Arena". Dessa maneira, a obra artística representa uma homenagem às mulheres vítimas de feminicídio da região de Ciudad Juárez.

Por fim, acredita-se que o memorial enquanto reparação simbólica deve transmitir à sociedade a ideia de combate e/ou enfrentamento à violência contra a mulher, em suas diversas expressões.

Referências

BARSTED, Leila Linhares. *Os Direitos Humanos na Perspectiva de Gênero.* [s/d, s/l].

BARSTED, Leila Linhares. *Gênero e Desigualdades.* [s/d, s/l].

BHABHA, Homi K. Nuevas minorías, nuevos derechos: notas sobre cosmopolitismos vernáculos. Buenos Aires: Siglo Veintiuno, 2013.

CEPAL. Enfrentar la violencia contra las mujeres y las niñas durante y después de la pandemia de COVID-19 requiere financiamiento, respuesta, prevención y recopilación de datos [Covid-19- Respuesta]. Noviembre, 2020.

CORTE INTERAMERICANA DE DERECHOS HUMANOS. Resolución de la Corte Interamericana de Derechos Humanos, de 21 de mayo de 2013. Caso González y otras ("Campo Algodonero") vs. México Supervisión de cumplimiento de sentencia. Disponível em: RESOLUCIÓN DE LA (corteidh.or.cr) Acesso em: 26 set. 2021.

CORTE INTERAMERICANA DE DERECHOS HUMANOS. CASO GONZÁLEZ Y OTRAS ("CAMPO ALGODONERO") VS. MÉXICO SENTENCIA DE 16 DE NOVIEMBRE DE 2009 (EXCEPCIÓN PRELIMINAR, FONDO, REPARACIONES Y COSTAS).

Crenshaw, Kimberle. *A Intersecionalidade na Discriminação de Raça e Gênero.* Painel 1, Cruzamento: Raça e Gênero. Disponível em: https://we.riseup.net/assets/372740/Kimberle-Crenshaw.A-interseccionalidade..de-raza-y-geCC80nero.pdf Acesso em: 25 abr. 2021.

Cunha Filho, Francisco Humberto. Teoria dos direitos culturais: fundamentos e finalidades. São Paulo: Edições Sesc, 2018.

DECLARAÇÃO e Programa de Ação de Viena: Conferência Mundial sobre Direitos Humanos. Viena, 14-25 jun.1993. Direitos Humanos, Brasília, n. 5, p. 63-76, abr. 2010.

Lindgren-Alves, José Augusto. A Década das Conferências: 1990-1999. 2. ed. Brasília: FUNAG, 2018.

Lopes, Ana Maria D'Ávila. *Políticas de redistribuição e reconhecimento para a concretização da justiça social no combate à violência doméstica. In*: Menezes, Joyceane Bezerra de; Lima, Renata Albuquerque. (Org.). Justiça Social e Democracia. Fortaleza: Conceito Editorial, 2011. p. 19-36.

Luño, Antonio Enrique Pérez; DÍAZ, Ramon Luis Soriano; Torres, Carmelo José Gómez. Diccionario jurídico: Filosofía y teoria del derecho e informática jurídica. Granada: Comares, 2004.

Luño, Antonio Enrique Pérez. Los derechos fundamentales. Décima edición. Madrid: Tecnos, 2011.

Maliska, Marcos Augusto. *Artigos 215 e 216. In*: Canotilho, J. J. Gomes et al. Comentários à Constituição do Brasil. 2. Ed. São Paulo: Saraiva, 2018. (Série IDP). pp. 2057-2067.

NACIONES UNIDAS. Resolution adopted by the General Assembly on 6 July 2017 [without reference to a Main Committee (A/71/L.75)] 71/313. Work of the Statistical Commission pertaining to the 2030 Agenda for Sustainable Development. Disponível em: <https://undocs.org/A/RES/71/313> Acesso em: 03 maio 2021.

ORGANIZACIÓN MUNDIAL DE LA SALUD. Violencia contra la Mujer. Disponível em: <https://www.who.int/es/news-room/fact-sheets/detail/violence-against-women> Acesso em: 04 maio 2021.

ORGANIZACIÓN PANAMERICANA DE LA SALUD. Violencia contra la Mujer. Disponível em: <https://www.paho.org/es/temas/violencia-contra-mujer> Acesso em: 04 maio 2021.

ORGANIZAÇÃO DAS NAÇÕES UNIDAS. Declaração e Programa de Ação de Viena (1993). Disponível em: http://www.onumulheres.org.br/wp-content/uploads/2013/03/declaracao_viena.pdf Acesso em: 20 ago.2020.

ORGANIZAÇÃO DAS NAÇÕES UNIDAS. Convenção sobre a eliminação de todas as formas de discriminação contra a mulher, 1979.

ONU MULHERES. *Diretrizes para atendimento em casos de violência de gênero contra meninas e mulheres em tempos da pandemia da COVID-19*, 2020.

ORGANIZAÇÃO DAS NAÇÕES UNIDAS. *Nota informativa do Secretário-Geral sobre o impacto da doença causada pelo coronavírus (covid-19) na América Latina e no Caribe*, 2020.

ORGANIZAÇÃO DOS ESTADOS AMERICANOS. Convenção Interamericana para Prevenir, Punir e Erradicar a Violência contra a Mulher. Convenção de Belém do Pará (1994). Adotada em Belém do Pará, Brasil, em 9 de junho de 1994, no 24º Período Ordinário de Sessões da Assembleia Geral).

PIMENTEL, Sílvia. Experiências e Desafios: Comitê sobre a Eliminação de todas as Formas de Discriminação contra a Mulher – CEDAW/ONU. Brasília: SPM, 2008.

PIMENTEL, Silvia Carlos da Silva. *A superação da Cegueira de gênero: mais do que um desafio? um imperativo.* Revista Direitos Humanos, v. 02, p. 27-31, 2009.

PIMENTEL, Sílvia. Gênero e Direito. *In*: PIMENTEL, Sílvia; PEREIRA, Beatriz; MELO, Mônica de. Direito, Discriminação e Gênero. Rio de Janeiro: Lumen Juris, 2017. pp. 1-38.

SAFFIOTI, Heleieth I. B. *Violência de gênero: o lugar da práxis na construção da subjetividade.* Lutas Sociais. n. 2, p. 59-79, 1997.

SAFFIOTI, Heleieth I. B. *Contribuições feministas para o estudo da violência de gênero.* Cadernos Pagu (16) 2001, p. 115-136. Disponível em: <https://www.scielo.br/pdf/cpa/n16/n16a07.pdf> Acesso em: 03 abr. 2021.

SILVA, José Afonso da. Ordenação constitucional da cultura. São Paulo: Malheiros, 2001.

SOUZA, Mércia Cardoso de. *A Convenção sobre a Eliminação de todas as Formas de Discriminação contra as Mulheres e suas implicações para o direito brasileiro.* Revista Eletrônica de Direito Internacional, v. 5, p. 346-386, 2009.

TRINDADE, Antônio Augusto Cançado. Tratado de direito internacional dos direitos humanos. Porto Alegre: Sergio Antonio Fabris Editor, 2003, v. 3.

UNITED NATIONS. Declaration on the Elimination of Violence against Women. Resolution adopted by the General Assembly [on the report of the Third Committee (A/48/629)]. A/RES/48/104 23 February 1994. Disponível em: <https://digitallibrary.un.org/record/179739> Acesso em: 04 maio 2021.

7.
THÊMIS, A DEUSA DA JUSTIÇA – FEMININA, SÓ NO NOME: DESIGUALDADE DE GÊNERO NO TRIBUNAL DE JUSTIÇA DO ESTADO DO RIO DE JANEIRO

Arícia Fernandes Correia

Introdução

Diferentemente do que sugere o título, na mitologia grega, na verdade, *Thêmis* e *Zeus* são pais de *Diké*. *Diké,* para os gregos, e *Justitia*, para os romanos, são quem se consideram as verdadeiras Deusas da Justiça.

Os gregos colocavam a balança com os dois pratos na mão esquerda da deusa Diké, mas sem o fiel no meio, e em sua mão direita estava uma espada "e estando de pé com os olhos bem abertos declarava existir o justo (*jus*) quando os pratos estavam em equilíbrio (*ison*)." (Ferraz Junior, 2003, pp. 32-33) Percebe-se, nesta concepção, que, para os gregos, o ideal do *justo* (de Direito) era identificado com o de igualdade, *isonomia*. *Diké* era representada com os olhos bem abertos (*ibidem*), para se valer, no dia do julgamento, não só da audição, como também da visão, do conhecimento.

Justitia, a deusa romana, ao revés, tinha-os vendados, para que fosse imparcial e equidistante das partes ao julgar. Com as duas mãos, segurava uma balança, com o fiel no meio. Segundo Tércio Sampaio Ferraz

Júnior (2015), o fiel da balança mostrava quando o equilíbrio entre os dois pratos se realizava. Quando estava reto de cima abaixo, dizia o romano: 'Temos o fiel de cima abaixo, *de recto*'. Daí a expressão *Direito*. A concepção de Justiça para os romanos, pois, tem a ver com retidão, com o que é reto". *Justitia* dispensava a visão, mas aguçava a audição, o ouvir os dois lados.

Mitologia grega e deusas da Antiguidade em forma de mulheres segurando balanças e empunhando espadas são figuras e linguagens simbólicas de uma ideia abstrata chamada Justiça, que nem sempre encontram ressonância na realidade: pouco têm de isonômicas e "retas", direitas, iguais, institucionalmente, quando se trata do tema da igualdade de gêneros.

Pelo menos é o que se deflui da instituição da Política Nacional de Incentivo à Participação Feminina no Poder Judiciário, pelo Conselho Nacional de Justiça (BRASIL, CNJ, 2018), no ano seguinte a um simbólico e curto diálogo entre o Ministro do Supremo Tribunal Federal, Luís Roberto Barroso, e aquela que o presidia, a Ministra Carmem Lúcia, na Sessão Plenária de 8/03/2017: tendo o Ministro a cumprimentado pelo Dia Internacional da Mulher, a magistrada assim lhe respondeu: *"Vossa Excelência vê como é a vida... Nós (mulheres) temos um di;, Vossa Excelência tem todos os outros. Olha o princípio da igualdade ..."*. (LUCIA, 2017 *apud* BERNARDES, 2017)

Tendo como amostra o Tribunal de Justiça do Estado do Estado do Rio de Janeiro, indagar-se-á se o Sistema Judiciário Brasileiro é predominantemente masculino, a despeito da igualdade de gêneros, seja (i) por práticas ostensivas que ainda excluem o direito de voz das magistradas, como o *mansterrupting* e o *mansplaining*, ou de vez, como o assédio moral e o *bullying*, seja (ii) por *vieses inconscientes* de escolhas dos magistrados para as vagas dos cargos de confiança da cúpula do Tribunal; de, principalmente, Advogados, indicados pela Ordem dos Advogados do Brasil para Magistrados pelo "quinto constitucional"; e de Promotores de Justiça, para representantes do Ministério Público junto à Corte, ou pela indicação majoritariamente de pessoas do sexo masculino para a composição de bancas de concurso para magistrados da Corte e participação de equipes editoriais de revistas de direito das instituições de pesquisa e ensino do Tribunal, seja (iii) por uma discriminação velada de gênero, geralmente acompanhada de *intersecccionalidades*, mediante preconceitos cumulativos de raça, cor e religião.

Partindo-se da premissa da posição original *rawlsiana* (RAWLS, 2008) e da concepção de um *overlapping consensus* sobre a relevância da liberdade igualitária e do direito à diferença estabelecidos como princípio e subprincípio de justiça por John Rawls (2008), chega-se à necessidade de uma igual garantia de direitos à pessoa humana, não importa o seu gênero; de uma isonomia de oportunidades, independentemente de quem seja o(a) titular; de um direito (justamente) à diferença.

Isso no plano teórico, porque em matéria de pesquisa empírica em direito, a predominância de indivíduos do gênero masculino nas titularidades dos juízos, nas presidências das câmaras de segundo grau – e mesmo elevados ao *status* de desembargadores –, nos cargos comissionados da cúpula dos Tribunais, em especial na Presidência, Vice-Presidências e Corregedoria, como postos exemplares, poderá demonstrar, por amostragem, o quão masculina é ainda a Justiça Brasileira, revelando, nos números objetivos, aquilo que negam os discursos retóricos, contundentes e cheios de subjetividades em defesa da igualdade (formal) de gênero: a submissão institucionalizada da mulher ao homem de forma acachapante em quase todas as instituições do Sistema Judiciário Brasileiro em pleno século XXI.

Resta saber se essa hipótese se confirma ou não no âmbito do Tribunal de Justiça do Estado do Rio de Janeiro, cuja distribuição quantitativa entre gêneros é a mais equitativa de toda a Federação, conforme dados extraídos da Pesquisa realizada pelo Conselho Nacional de Justiça no ano de 2014. (BRASIL, CNJ, 2014)

O método utilizado será o hipotético-dedutivo, sendo que a metodologia a ser utilizada será a pesquisa bibliográfica e a pesquisa de dados, secundários e primários, em relação: (i) à distribuição de gênero no âmbito do Tribunal de Justiça do Estado do Rio de Janeiro; (b) à verificação do gênero dos ocupantes de titularidades dos cargos comissionados de Presidente, Vice-Presidentes e Corregedores, no período de 1975-2021 (ou, quando menos, de 1988 até 2021), com vistas à elaboração de gráficos a partir das fontes primárias coligidas nos bancos de dados do sítio eletrônico institucional do Tribunal; (c) à percepção das magistradas da Corte acerca da existência ou não do *discrímen*.

Haverá pesquisa documental relativa a fontes secundárias de análise da predominância da desigualdade de gênero nas instituições de direito público, mormente jurisdicional, mas também no âmbito do Poder xecutivo, *a latere*. Também a partir de pesquisas do Conselho Nacional de Justiça serão elaborados gráficos especificamente voltados para a compreensão da realidade da desigualdade de gênero no âmbito do Quadro de Pessoal da Magistratura do Tribunal de Justiça do Estado do Rio de Janeiro.

Como distinta metodologia da vertente pesquisa de campo, desta feita empírica, serão realizadas entrevistas com juízas de primeiro grau titulares de juízos e presidentes de câmaras de segunda instância acerca do universo jurisdicional masculino e sobre a percepção de assédio que sofrem, em seus mais variados matizes, bem como acerca da representatividade das magistradas na ambiência da Corte e o quanto a pluralidade de gêneros da Casa poderia ser refletida em decisões judiciais plurais em defesa de minorias em geral.

A hipótese que se levanta é a de que, a despeito da consagração da igualdade de *acesso* à magistratura via concurso público na Constituição de 1988, ainda prevalece na Justiça brasileira, mais de trinta anos depois, a desigualdade entre magistrados e magistradas no que toca à "*ascensão*" ou à participação mais intensa da vida do Tribunal, que comprometeria a igualdade de gênero no âmbito do Judiciário fluminense.

Nesta desigualdade de gênero estaria contida a falta de isonomia do direito à voz e à vez por parte das magistradas e de representatividade no âmbito do Tribunal de Justiça Fluminense, a despeito dos inúmeros avanços legais ao longo dos tempos, o que colocaria em xeque a efetiva emancipação feminina no sistema judiciário brasileiro, assim como a conquista de um olhar mais plural sobre as lides que são postas sob o julgamento do Estado-Jurisdição.

Deveras, a discriminação de gênero muitas vezes ocorre de maneira sutil, por vieses inconscientes daqueles mesmo que a combatem. Curiosamente, a fim de cumprir a ordem, estampada na capa da revista eletrônica do Conselho Nacional de Justiça, que decorreu de deliberação do órgão, em sua 325ª Sessão Ordinária, derivada de processo relatado pelo i. Ministro-Presidente do Supremo Tribunal Federal, Luís Fux, deve toda a magistratura observar que "a distinção de gênero passa a ser obrigatória no Judiciário" (BRASIL, CNJ, 2021).

A despeito das nobilíssimas intenções por detrás da medida de cunho ortográfico-isonômico, fato é que o CNJ, preocupado justamente com o valor das palavras – neste caso, com a flexão de gênero –, ao noticiar a ordem assim de forma descontextualizada, se trai, ao pretender a igualdade, mas impor a distinção.

A amostra da pesquisa será o Tribunal de Justiça do Estado do Rio de Janeiro, sua composição e estruturas do ano de 2021, tendo, quando possível, séries históricas que retroagem ao ano da fusão do Estado do Rio de Janeiro com o Estado da Guanabara, ocorrido em 1975, e no qual igualmente se oficializou, pela Organização das Nações Unidas, o chamado Dia Internacional da Mulher, comemorado todo dia 8 de Março no mundo inteiro, ou, quando menos, a 1988, ano da retomada democrática brasileira com a *Constituição Cidadã*, após o ocaso da ditadura militar.

O tema da igualdade de gênero reflete direitos fundamentais à igualdade, à liberdade, a não discriminação, à proteção aos direitos da personalidade, à intimidade, à imagem e à dignidade da pessoa humana com os quais não se pode transigir. Manifesta-se no refúgio impenetrável da casa, tanto quanto no ambiente de trabalho, quer físico, quer virtual, quanto no âmago de si. Reflete-se tanto na ocupação não equânime de postos de representatividade junto à Corte de Justiça, quanto em decisões judiciais que padecem de olhares plurais, viciados por uma leitura hegemônica, masculina, branca, heterossexual e economicamente privilegiada, da vida e da realidade.

Se um dia o homem teve o senhorio da vida de sua mulher, hoje até a mulher mais independente econômica e afetivamente há de se perguntar se deixou de o ter. Pesquisas elaboradas pelo Fórum Nacional de Segurança Pública indicam que há três feminicídios por dia no Brasil neste período de pandemia por *Covid-19*, no qual as taxas de violência doméstica cresceram. (ANUÁRIO, 2021)

Segundo a Organização Mundial de Saúde, o Brasil já era o quinto país com a maior taxa de feminicídios no mundo em 2015 (ONU-Mulheres; OMS): quando mulheres são assassinadas pelos homens por conta exatamente de sua condição feminina. Significa dizer que, a despeito de um século da revogação da lei que admitia ao marido dispor da vida de sua mulher, ainda hoje se acham no direito de matá-las, pelo simples fato de o serem. Juízas de direito não escapam à malfadada sina.

Longos anos de assédio moral foram necessários para que a Lei Maria da Penha viesse a garantir medidas cautelares de proteção para mulheres cujos companheiros são, na maioria das vezes, os algozes.

A violência contra a mulher não é só a física, nem decorre apenas de laços afetivos, tampouco se esconde entre quatro paredes ou se restringe às mulheres de baixa escolaridade e vulnerabilidade econômica; também pode advir de relações profissionais e funcionais de carreiras da "elite jurídica", para as quais não foram forjadas, pelo Direito, quaisquer formas de identificação precoce, tampouco de proteção. As injúrias veladas e disfarçadas por sofismas, bem como o assédio, em seus vários matizes, embora não matem, podem também ferir.

De fato, a discriminação de gênero no século XXI no meio jurídico não costuma ser ostensiva, confessa, franca; ela é estrutural e por isso ocorre de maneira silenciosa, se revela de forma insidiosa e, quando se pretende proposital, vem adornada com rebuscados e falsos elogios.

Buscar-se-ão, assim, respostas objetivas quanto à existência ou não de discriminação de gênero (a de *intergênero* ficará para uma próxima oportunidade) nos dados primários e secundários coligidos, com base em análise qualitativa e quantitativa, tendo por pressuposto ideológico e normativo o direito humano[1] e fundamental a não discriminação, à igualdade de gênero, à liberdade e à personalidade, corolários do princípio da dignidade da pessoa humana.

7.1 Direito à diferença

Ao contrário dos contratualistas dos séculos XVII e XVIII, como Thomas Hobbes (1946), John Locke (2004, trad.) e Jean Jacques Rousseau (2002, trad.), que pretendiam justificar a centralização do poder do Estado nas mãos de um soberano (o Monarca Absolutista), de um governo limitado (pelo Parlamento – e pelos direitos fundamentais) ou

1 Sobre a perspectiva do direito a não discriminação de gênero no âmbito dos direitos humanos, confira-se especificamente: Piovesan, 2004. A especialista (2004), já no início do século, descrevia que "em face do processo de internacionalização dos direitos humanos, foi a Declaração de Direitos Humanos de Viena de 1993 que, de forma explícita, afirmou, em seu parágrafo 18, que os direitos humanos das mulheres e das meninas são parte inalienável, integral e indivisível dos direitos humanos universais. Esta concepção foi reiterada pela Plataforma de Ação de Pequim, de 1995. O legado de Viena é duplo: não apenas endossa a universalidade e a indivisibilidade dos direitos humanos invocada pela Declaração Universal de 19482, mas também confere visibilidade aos direitos humanos das mulheres e das meninas, em expressa alusão ao processo de especificação do sujeito de direito e à justiça enquanto reconhecimento de identidades." (Piovesan, 2004) Os demais tratados internacionais acerca do tema, de que o Brasil é signatário, são citados pela autora ao longo do texto. (*ibidem*)

do povo (titular de *la volonté general*), respectivamente, para legitimar a derrocada do feudalismo e a legitimação do Estado de Direito (Correia, 1987), o *neocontratualismo* de John Rawls, concebido dois séculos depois, na década de setenta do século XX, pretende não legitimar o Estado tal qual ele o é, mas conceber uma sociedade mais igualitária e justa que possa ser ideal e democraticamente debatida por todos, seres livres e racionais.

Neste sentido, John Rawls (2002), em sua *Teoria da Justiça*, cria, através daquilo que denomina *posição original*, uma situação contrafática que permite que os indivíduos se despojem de suas posições na sociedade, antes de definirem as regras e consensos básicos e constituintes de sua organização política –, a fim de que possam ser os mais imparciais o possível.

Assim, ao se cobrirem, por um lado, com um véu da ignorância (*ignorance veil*), por outro, devem se desnudar: de suas classes sociais, cores, etnias, gêneros, nacionalidades, estados civis, idades, saúde e todas as condições personalíssimas que possam afetar um "imperativo categórico" de só desejar para si aquilo que possa se transformar numa máxima universal para todos. (Kant, 2005)

A posição original seria uma forma de neutralizar, por exemplo, quaisquer regras que levassem a favoritismos de gênero, uma vez que seriam pensadas por indivíduos que *a priori* o desconheceriam.

Além disso, as escolhas só poderão ser realizadas depois que estiverem todos despojados da consciência dessas situações personalíssimas que voluntária ou involuntariamente distorcem a imparcialidade de decisões políticas que afetarão o grupo social como um todo, de modo a evitar que sejam desde logo, nesta *posição original*, criadas castas de privilégios ou situações iníquas.

Para garantir que se tenha uma *sociedade bem ordenada* e construída a partir de princípios de justiça forjados diante de regras pactuadas sob o *véu da ignorância*, o filósofo político assevera que devem ser excluídas informações sobre as condições pessoais de cada um: "(...) imagina-se uma situação na qual todos estejam privados desse tipo de informação. Fica excluído o conhecimento dessas contingências que criam disparidades entre os homens e permitem que eles se orientem pelos seus preconceitos." (Rawls, 2002, p. 21)

O autor (Rawls, 2002, p. 64) cria seus dois princípios de justiça, que serviriam de base à formação de uma sociedade mais justa: o da liberdade igualitária e um segundo, cujo subprincípio, da diferença, também ganha destaque, assim os definindo:

> Primeiro: cada pessoa deve ter um direito igual ao mais abrangente sistema de liberdades básicas iguais que seja compatível com um sistema semelhante de liberdades para as outras.
>
> Segundo: (*a*) as desigualdades sociais e econômicas devem ser ordenadas como vantajosas para todos dentro dos limites do razoável e (*b*) vinculadas a posições e cargos acessíveis a todos. (grifos nossos)

Neste sentido, as liberdades precedem a própria igualdade, no sistema de primazia de direitos estabelecido pelo autor no primeiro princípio, enquanto no segundo, encontram-se dois subprincípios: *um* (*b*), que impõe uma igualdade de oportunidades acessíveis a todos, enquanto noutro (*a*), o direito à igualdade se transmuta em direito à diferença, mediante a possibilidade justa de haver diferenciação socioeconômica, sim, desde que colocada a favor de quem esteja em desvantagem.

Por isso, numa sociedade mais justa, as escolhas seriam *a priori* realizadas independentemente do gênero das pessoas e para que fossem estabelecidas regras justas: (1) liberdades iguais deveriam ser garantidas, bem como (ii.a) igualdade de acesso às oportunidades (posições e cargos) e (ii.b.) diferenciação colocada a favor de quem esteja numa posição mais vulnerável.

A liberdade de expressão no mundo jurídico, por exemplo, pertence a todos , mas os homens exercem com maior eloquência o seu direito de fala. Os juristas mais citados nas decisões judiciais são homens; nos artigos jurídicos, também. Foram treinados para falar e se expor; as mulheres, não. O ingresso na magistratura e o assento na Corte é plural, mas há *discrímen* na representação da Justiça: os auditórios dos tribunais homenageiam predominantemente os homens, em detrimento das mulheres; nos painéis de debates jurídicos, as mulheres invariavelmente se encontram sub-representadas, tanto quanto nas bancas de concursos públicos. (CNJ, 2019)

Não há dados substanciosos suscetíveis de pesquisa de fácil acesso sobre magistradas oriundas da pobreza e pretas no Brasil, país no qual quase quatrocentos anos de escravidão e servilismo têm que ser compensados com políticas afirmativas e olhos desvendados e corajosos de sapiência.

Em 2019, o Conselho Nacional de Justiça criou um Grupo de Trabalho: Políticas Judiciárias sobre a Igualdade Racial no âmbito do Poder Judiciário (CNJ, 2019) justamente para o estudo da desigualdade racial entre magistrados, fazendo também sua *interseccionalidade* com a discriminação de gênero. (CNJ, 2019)

A verdade é que a igualdade de gênero já é há muito tempo um discurso universal hegemônico ou, para ficar com Rawls (2002), um *overlapping consensus*. Mas isso não significa dizer que a realidade acompanhe a retórica ...

A igualdade de oportunidades junto ao Poder Público é uma conquista constitucional de 1988, através do concurso público, que pretensamente nivela homens e mulheres, olvidando-se do machismo estrutural que afasta do torneio aquelas a quem ainda é negado o caminho da liberdade, quem dirá o da igualdade. De toda sorte, observe-se esse aspecto *rawlsiano*: o concurso público é uma conquista da isonomia sob a forma de impessoalidade que corresponde a um dos subprincípios do segundo princípio de justiça de Rawls: o que preconiza a igualdade de oportunidade a todos.

Verifica-se, todavia, que a igualdade de gênero no acesso à magistratura estadual, no cargo de juiz e juíza de direito, diferencia-se significativamente da ascensão ao segundo grau de jurisdição como desembargador e desembargadora, respectivamente.

Os critérios de acesso à segunda instância do Tribunal de Justiça Estadual são guiados por duas metodologias de escolhas, em razão da pessoa: (i) nos casos dos membros de carreira, as indicações, por parte dos Tribunais, se alterna por critérios de antiguidade (ou entrância), relativos ao tempo de serviço do(a) magistrado(a) e de merecimento, relacionados a fatores em tese objetivos, tais como conduta, produtividade, figuração pretérita em lista(s), *performance* em cursos obrigatórios etc. e (ii) na ocupação de um quinto das vagas, na forma do art. 94 da Constituição, ora por Advogados inscritos na OAB, de reputação ilibada e notório saber jurídico, ora por membros do Ministério Público Estadual, com mais de dez anos de serviço público, indicados em lista sêxtupla pelos órgãos de representação das respectivas classes, reduzidos, pela Corte, para um rol tríplice a ser limitado a um escolhido – ou uma escolhida – pelo Chefe do Executivo Estadual.

Quem vence esse longo caminho dessa acirrada disputa de gênero já foi mapeado pelo Conselho Nacional de Justiça (2019) em relação aos desembargadores (de carreira) do Poder Judiciário como um todo e dos Tribunais de Justiça dos Estados brasileiros em especial, conforme gráficos a seguir. Logo adiante verificar-se-á o recorte específico desta realidade no âmbito do Tribunal de Justiça do Estado do Rio de Janeiro.

Antes, cumpre observar que, segundo o art. 98, inc. I, da Constituição, também cumpre aos Tribunais eleger seus órgãos diretivos.

Neste sentido, na mesma pesquisa acima mencionada, o Conselho Nacional de Justiça mapeou a presença feminina nos órgãos diretivos dos Tribunais do Judiciário Brasileiro como um todo – nos cargos emblemáticos de Presidente, Vice-Presidentes e Corregedoras – e no dos Tribunais Estaduais em especial.

A partir do banco de dados do Tribunal de Justiça do Estado do Rio de Janeiro, foi possível elaborar um gráfico da realidade judiciária fluminense, em específico, em cotejo com a nacional e as estaduais.

São as tarefas de que se passa a cuidar.

7.2 Onde estão *Diké* e *Justitia* ? Aqui só tem *Apólo e Julius* ...

No Tribunal de Justiça do Estado do Rio de Janeiro, o acesso é equilibrado entre os gêneros: 48% dos membros da Corte são magistradas, sendo o mais equitativo Tribunal Estadual neste aspecto, extremo oposto ao do Amapá, no qual há apenas 9,8% de representação feminina. (BRASIL, CNJ, 2014)

Figura 1. Percentual de Magistrados e Magistradas no Tribunal de Justiça do Estado do Rio de Janeiro em 2014

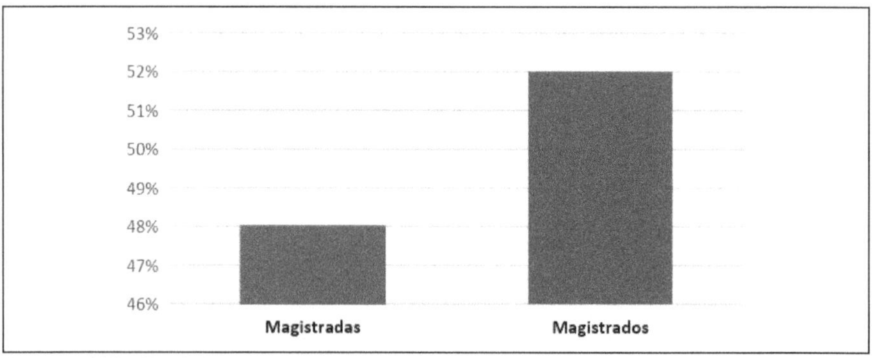

Fonte: BRASIL, CNJ, 2014

Pesquisa apresentada pelo Conselho Nacional de Justiça em 2019 (BRASIL, CNJ, 2019) mostrava, porém, que o Judiciário, em âmbito nacional, era ocupado predominantemente por homens, embora, numa análise histórica dos últimos dez anos a partir daquele ano para trás, demonstrasse a conquista de espaço por parte das magistradas, que saltara, em uma década, de 24,6% para 37,6% do total.

Esta percentagem média nacional diminuía, todavia, na medida em que se subia na hierarquia do Poder Judiciário: o percentual de Desembargadoras, Corregedoras, Vice-Presidentes e Presidentes retrocedia e oscilava, comparando-se as da década anterior com as magistradas então ativas, entre 25,5 e 29,4%, em média, em âmbito nacional, conforme gráfico abaixo:

Figura 2: Percentual de Magistradas por cargo no Poder Judiciário de 1998 a 2018

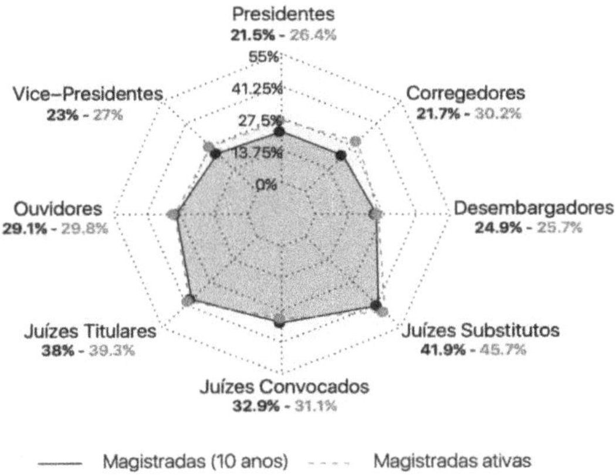

Fonte: CNJ, 2019

Esses números diminuem ainda mais no âmbito da Justiça Comum dos Estados.

Os dados relativos aos Tribunais de Justiça apresentam a média de ocupação dos cargos da cúpula do Judiciário (Presidente, Vice-Presidente e Corregedora) e de Desembargadoras por magistradas nos últimos 10 anos abaixo de 23%, sendo, portanto, 77% deles ocupados por homens, conforme se verifica na Figura 3.

FIGURA 3: PERCENTUAL DE MAGISTRADAS POR CARGO NA JUSTIÇA ESTADUAL DE 1998 A 2018

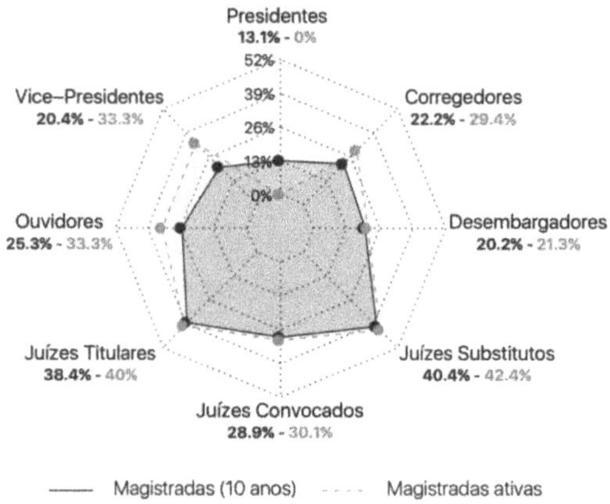

Fonte: CNJ, 2019

Um dado eloquente acerca da desigualdade de gênero no âmbito do Tribunal de Justiça do Estado do Rio de Janeiro diz respeito ao fato de só ter sido presidido por uma magistrada, a Desembargadora Leila Maria Carillo Cavalcante Ribeiro Mariana, no biênio 2013-2014, em seu quase meio século de existência, correspondendo a 3,34% do total de Presidentes da Corte no período de 1975-2021. (ESTADO, TJ, 2021).

Na série histórica de Vice-Presidentes e Corregedoras, têm-se os seguintes percentuais de magistradas: 2ª e 3ª Vice-Presidentes magistradas, no interstício de 1979-2021: 22,59%[2] [3] e Corregedoras: apenas 10%, no período de 2000-2022. (ESTADO, TJ, 2021)

[2] 2º Vice-Presidente: Total de 27 magistrados e 2 magistradas: Antônio Marins Peixoto – (1979-1980); Roque Batista dos Santos – (1981-1982); Jovino Machado Jordão – (1983-1984); Ivânio da Costa Carvalho Caiuby – (1985-1986); Jésus Antunes de Siqueira – (198--1988); Sérgio Mariano – (1989-1990); Maria Stella Villela Souto Lopes Rodrigues – (1990); João Francisco – (1991-1992); Joaquim Antônio de Vizeu Penalva Santos – (1992); Américo Augusto Guimarães Canabarro Reichardt – (1993-1994); Darcy Lizardo de Lima – (1995-1996); Mário Rebello de Mendonça Filho (1996); Luciano Humberto de Mendonça Belém – (1997-1998); Paulo Gomes da Silva Filho – (1999-2000); Wilson Santiago Mesquita de Mello – (2000-2002); Raul de San Tiago Dantas Barbosa Quental (2002); Manoel Carpena Amorim – (2003-2004); Amaury Arruda de Souza (2005-2006); Sylvio Capanema de Souza (2006); Celso Muniz Guedes Pinto – (2007-2008); Paulo Roberto Leite Ventura – (2009-2010); Sérgio de Souza Verani – (2010); Nascimento Antônio Póvoas Vaz – (2011-2012); Nametala Machado Jorge – (2013); Sérgio Lúcio de Oliveira e Cruz – (2013-2014); Nilza Bitar – (2015/2016); Celso Ferreira Filho – (2018/2018); Tarso Neves (2019/2020).

No âmbito do Tribunal de Justiça do Estado do Rio de Janeiro, o percentual de desembargadoras, em 2021, de carreira, é de 31,63 %; e de indicados para ocupação de um quinto das vagas do Tribunal, de 27,70%, entre os apontados pela Ordem dos Advogados do Brasil[4], sendo de 38,80 % o percentual de desembargadoras escolhidas entre os membros do Ministério Público Estadual, conforme percentuais extraídos pela autora dos números absolutos de desembargadores de carreira e indicados, por instituição. (ESTADO, TJ, 2021).

Assim, a média de desembargadoras fluminenses, entre as de carreira e as indicadas pelos órgãos de classe representativos para a ocupação de um quinto dos assentos do Tribunal Pleno, é de 32,71%, ou seja, 12,51% acima da média nacional entre os Tribunais de Justiça (CNJ, 2019), o que guarda uma relação de proporcionalidade com o fato de ser quase equiparável, na Corte, em quantitativo, o número de magistrados ao de magistradas, por um lado, mas, por outro, reflexo de que a paridade

Somou-se o quantitativo de homens e mulheres, que correspondeu a um universo de 100%, para que daí se extraísse o percentual de 2º Vice-Presidências ocupadas por magistradas.

[3] 3ª Vice-Presidente: 7 mulheres/15 homens: José Cyríaco da Costa e Silva (1983 – 1984); Abeylard Pereira Gomes (1984); Hermano Duncan Ferreira Pinto (1985 – 1986); Geraldo de Arruda Guerreiro (1987 – 1988); Maria Stella Villela Souto Lopes Rodrigues (1989 – 1990); Luiz Fernando Whitaker Tavares da Cunha (1990 – 1992); Áurea Pimentel Pereira (1993 – 1994); José Domingos Moledo Sartori (1995 – 1996); Décio Meirelles Góes (1997 – 1998); Semy Glanz (1999 – 2000); João Carlos Pestana de Aguiar Silva (2001 – 2002); Raul de San Tiago Dantas Barbosa Quental (2003 – 2004); Celso Muniz Guedes (2005 – 2006); Marianna Pereira Nunes Feteira Gonçalves (2007 – 2008); Valéria Garcia da Silva Maron (2009); Antônio José Azevedo Pinto (2009 – 2010); Antonio Eduardo Ferreira Duarte (2011 – 2012); Nilza Bitar (2013 – 2014); Celso Ferreira Filho (2015 – 2016); Maria Augusta Vaz Monteiro de Figueiredo (2017 – 2018); Elisabete Filizzola Assunção (2019 – 2020); Edson Aguiar de Vasconcelos (atual)

Somou-se o quantitativo de homens e mulheres, que correspondeu a um universo de 100%, para que daí se extraísse o percentual de 3º Vice-Presidências ocupadas por magistradas.

[4] Em 2020, a Ordem dos Advogados do Brasil (OAB) acolheu a paridade de gênero em seu sistema eleitoral. Em pesquisa à produção científica sobre a participação feminina no Poder Judiciário alinhada a uma pesquisa quantitativa sobre os currículos e as trajetórias profissionais dos desembargadores 217 (duzentas e dezessete) integrantes do quinto constitucional de 19 (dezenove) Tribunais de Justiça dos Estados, os autores da pesquisa (Feitosa; Almeida; Dias, 2021) sugerem que a paridade de gênero adotada pela OAB se apresenta como um instrumento com potencial para redução das desigualdades de gênero em sua própria cúpula, com reflexos no acesso à magistratura na modalidade do quinto constitucional.

quantitativa no *acesso* não afasta a disparidade de gênero na *ascensão* ao segundo grau de jurisdição.

Diante dos dados coligidos junto ao sítio eletrônico do Tribunal (ERJ, TJ, 2021), foi possível elaborar o gráfico constante da Fig. 4, o que permite uma comparação com a realidade nacional (Fig. 2) e pelas médias dos Tribunais de Justiça brasileiros (Fig. 3) e, a seguir:

Figura 4: Percentual de Magistradas por cargo no Tribunal de Justiça no Estado do Rio de Janeiro por Períodos situados entre 1975 e 2021

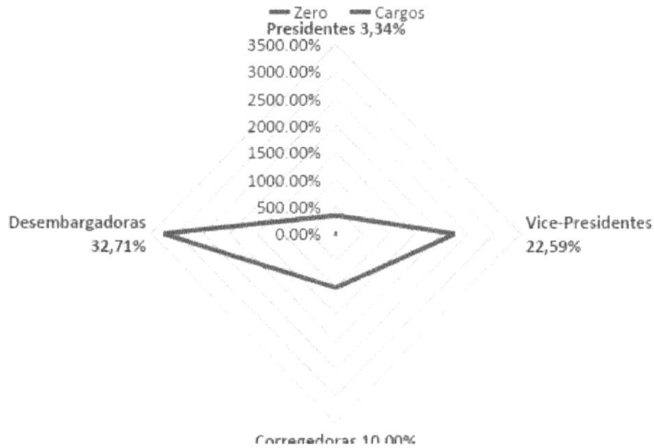

Fonte: elaborado pela autora

Quando se desmembram os números das Vice-Presidências do TJ/RJ na série histórica de 1983 a 2021, outro número se torna discrepante em relação aos demais, conforme ilustra a Fig. 5, abaixo; enquanto as magistradas disputam com os homens 14,28% dos cargos de 1ª Vice-Presidente e módicos 6,89% dos postos de 2ª Vice-Presidente, há quase uma paridade de exercício da função de 3ª Vice-Presidente por parte das magistradas fluminenses, com 48,6% das vagas no período de 1983-2021 – e obviamente 51,4% para os magistrados –, o que pode ser creditado, *primeiro*, a um período menor e descoincidente de amostragem em relação aos demais e, *segundo*, às atribuições típicas da 3ª Vice-Presidência, que incluem o exame de admissibilidade dos recursos raros opostos às decisões de segundo grau da Corte, o que, de alguma forma, neste momento, igualaria os sexos na disputa, em função do (possível) desinteresse dos magistrados.

Figura 5. Percentual de Magistradas por Cargo no Tribunal de Justiça no Estado do Rio de Janeiro por Períodos situados entre 1979 e 2021, com Desmembramento das Três Vice-Presidências

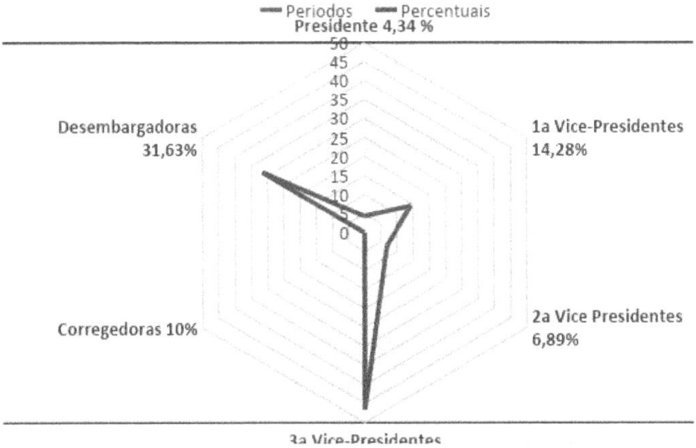

Fonte: elaborado pela autora

Observe-se que, nesta mesma Fig. 5, o número de magistradas apontadas, para o período situado entre 1979 e 2021, de 31,68%, é o daquelas advindas apenas da carreira e não de indicações da OAB, estas da ordem de 27,70% dos indicados; tampouco do Ministério Público, que oscila 11,10% a menos em matéria de discriminação de gênero em suas indicações para as vagas do "quinto constitucional", sendo de 38,80% o percentual de promotoras/procuradoras de justiça entre todos que o Ministério Público indicou para o Tribunal no período relativamente à carreira como um todo.

Chega-se, assim, àquela média de desembargadoras da ordem de 32,71% do quantitativo total de desembargadores da segunda instância da Corte de Justiça fluminense.

Pesquisa do CNJ já revelou percepções positivas das magistradas sobre a igualdade de gênero no TJ/RJ. Números, todavia, podem ser mais precisos do que percepções. Inegavelmente , as magistradas fluminenses raramente acedem ao topo da hierarquia da Corte de Justiça local, quer porque desde logo renunciam a essa pretensão, o que também é lídimo que o façam, se o fizerem num exercício pleno de liberdade, quer porque seus nomes são propositais ou inconscientemente preteridos (*the inconscious bials*).

7.3 Teoria do reconhecimento

Para Nancy Fraser (2003), não basta, porém, numa sociedade mais justa, haver uma distribuição mais equitativa de bens e direitos, se não houver sido bem desenvolvida uma teoria de reconhecimento, assim como para Axel Honnet, que também se inspira em Hegel para falar em reconhecimento, a construção do mundo social deriva de um "processo de aprendizagem moral, que conduz, através de diversos níveis de uma luta, às relações cada vez mais exigentes de reconhecimento recíproco." (Honnet, 2011, p. 87)

As mulheres alcançaram, pelo menos no serviço público, igualdade de acesso aos postos públicos em idênticas condições às dos homens, mas isso não significa que se reconheçam merecedoras do mesmo direito à ascensão.

Uma pesquisa junto à Administração Pública Federal (Mesquita, 2020) comprovou que os cargos em comissão, de livre nomeação e exoneração, no âmbito federal, que vão de uma escala de 1 a 6, são ocupados, nas escalas de 1 a 3, de diminuta relevância e de cunho essencialmente fiduciário-meritocrático, majoritariamente, por mulheres, invertendo-se esse percentual abruptamente justamente nos postos de chefia, de níveis 4 – 6, responsáveis por tomadas de decisão que influenciarão a formulação de políticas públicas de âmbito nacional, sendo os últimos essencialmente de natureza fiduciária-política.

Segundo Camile Mesquita (2020),

> Cargos de confiança no setor público são posições de liderança. Do total de DAS disponibilizados em 2018, as mulheres ocupavam 43%. No entanto, quando se considera os níveis de DAS, percebe-se uma grande discrepância nesse percentual. As mulheres estão bem representadas até o nível 3, quando ocupavam 48% das posições. A partir do nível 4, vê-se uma diminuição da participação das mulheres nos cargos de confiança. Eis, então, o teto de vidro da administração pública. É a partir do nível 4 que a posição de liderança efetivamente se concretiza. Os ocupantes desses postos participam dos círculos de decisão, sendo exigido deles habilidades como gestão de equipe, gestão estratégica, comunicação e capacidade de delegação. A não participação das mulheres em ambientes de formulação e implementação de políticas públicas pode levar a pontos cegos quanto às necessidades e prioridades dessa população. (g.n.)

A pesquisa aponta que no mais das vezes as próprias servidoras mulheres renunciam à disputa, preferem cuidar dos filhos, não estão dispostas a esse tipo de desgaste emocional (*idem*), ainda que isso signifique abdicar da perspectiva de novas lideranças e desafios profissionais, bem como de vencimentos superiores e satisfação pessoal.

Nas entrevistas realizadas no âmbito do Tribunal de Justiça do Estado do Rio de Janeiro, uma das entrevistadas ressaltou esse aspecto: o de que a não ocupação de cargos no Tribunal derivaria antes de um ato de livre exercício de escolha das magistradas e não de imposição de um machismo estrutural; elas prefeririam a "zona de conforto", na expressão da magistrada fluminense, de uma jornada de serviços mais concentrada e de uma rotina que excluísse viagens a trabalho a ter que entrar numa disputa que implicasse renunciar a essas preferências.

Neste sentido, essa desigualdade não derivaria de um ato de restrição à liberdade, mas antes de um seu exercício.

A pesquisa do Instituto de Economia Aplicada intitulada Mulheres e Homens em Ocupação de DAS na Administração Pública Federal, para que se permaneça, "nestes parênteses executivos", no mesmo contexto/Poder, parte de pressuposto diametralmente oposto: o de que ninguém é obrigado a deixar de ter a liberdade de escolher seu destino ou limitar sua trajetória profissional apenas pelo fato de ser mulher. (BRASIL, IPEA, p. 100)

E que essa limitação, pelo menos nos postos de natureza política, não adviria de um ato de vontade sua, mas do nomeante, até por sua qualidade de exonerável *ad nutum* daquele.

Uma singela pesquisa de gênero acerca dos postos de chefia no âmbito das especializadas dos órgãos públicos que compõem o Judiciário Fluminense – Ministério Público (Freitas, 2019), Defensoria Pública, Procuradoria do Estado[5] e Procuradoria do Município[6] – e que estão,

[5] Em seus postos de chefia (Procurador-Geral, Membros Titulares do Conselho geral, Chefe de Gabinete, Secretaria-Geral de Gestão, Corregedor-Geral, Núcleo de Autocomposição, Secretaria de Controle Interno e titularidades das Especializadas), 27 Procuradores e 9 Procuradoras (30%) do Estado do Rio de Janeiro , conforme apurado junto ao sítio eletrônico do órgão jurídico estadual em 7 Mar. 2021. Disponível em: https://pge.rj.gov.br/institucional/estrutura. Acesso em: 7 Mar. 2021

[6] Em seus postos de chefia, (Procuradores e Subprocuradores Gerais, Chefia de Gabinete e do Centro de Estudos e titularidades das Especializadas), 11 Procuradores e 2 Procuradoras (20%) do Município do Rio de Janeiro, conforme apurado junto ao sítio eletrônico

por isso mesmo, diuturnamente, embora já não mais nas *barras*, nas *telas* do Tribunal de Justiça do Estado do Rio de Janeiro, demonstra que a liderança do Sistema Judiciário Fluminense é majoritariamente composta por homens ou suscetível de adjetivação como *masculina*, sob o aspecto quantitativo.

Não significa dizer que, do ponto de vista qualitativo, a liderança jurídica fluminense seja necessariamente opressiva em relação à mulher, o que demandaria outras metodologias de pesquisa e análises, como a que se pretende empreender na amostra adiante.

De toda forma, há uma dificuldade de reconhecimento mesmo físico da magistrada no ambiente judiciário fluminense. As estátuas do mundo jurídico, a exemplo de Themis, a Deusa da Justiça, quando recebem nomes femininos, nos remetem a uma *ideia* universal (que se traduz numa palavra feminina) e não a uma *mulhe*r, como no exemplo da estátua da Justiça, que está sentada à frente do Supremo Tribunal Federal e que seria o símbolo-mor do Judiciário Brasileiro, inclusive.

No entorno do Tribunal de Justiça fluminense, localizado no Centro da Cidade do Rio de Janeiro, há três estátuas emparelhadas em uma de suas laterais, que representam a Lei, a Justiça e a Equidade, duas delas, ainda assim, simbolizadas por homens.

Os auditórios do Tribunal também homenageiam juristas predominantemente do sexo masculino, cujos nomes vêm escritos em placas pomposas e letras colossais; as galerias de fotos da Escola da Magistratura, expostas na antessala contígua ao respectivo Auditório principal, são predominantemente masculinas, porque retratam a disparidade da liderança hegemônica do homem no universo jurídico, pequeno recorte e herança do patriarcado aristocrático brasileiro refletido no universo do sistema jurídico.

Segundo Nancy Fraser (2003), teórica crítica feminista norte-americana, o discurso feminista deve se preocupar menos com igualdade de salários e ocupação de postos em paridade de armas com os homens e mais com o discurso e a prática inclusivas. Trata-se de contar com a inclusão de minorias raciais, de lutas identitárias, de agendas diferentes, de acolher também os que sofrem de “masculinidades tóxicas”, para

do órgão jurídico municipal em 7 Mar. 2021. Disponível em: http://www.rio.rj.gov.br/dlstatic/10112/9530845/4254911/Organograma_Setembro2019.pdf. Acesso em: 7 Mar. 2021.

dentro, solidariamente, de uma mesma disputa por espaço plural, sob pena de as vitórias se restringirem a um grupo seleto e exclusivo, sem atingir as estruturas sobre as quais as discriminações das minorias se assentam – e se incrustam.

O reconhecimento do olhar jurídico feminino tem que estar na pluralidade das cosmovisões que concorrerão para julgamentos mais plurais e por isso tendencialmente mais imparciais do que o hegemonicamente masculino; não porque a magistrada inocentará a ré culpada ou concederá Alimentos Provisórios em percentual superior ao magistrado, mas porque subtrairá de forma supostamente mais fácil de toda e qualquer causa os estigmas com que as mulheres, os negros, os casais homossexuais, os transexuais em busca de reconhecimento ainda são tratados no Brasil. Isso se o *machismo estrutural* também não tiver enviesado seu olhar.

A decisão de colocar uma menina numa cela com vinte presidiários homens foi de uma magistrada.[7]

Mais importante, portanto, do que a participação do gênero feminino nos postos de liderança e na vida política de uma instituição de Estado como o Poder Judiciário está a sua presença e o seu olhar sobre as causas que dizem respeito à emancipação de minorias e às interseccionalidades que muitas vezes ficam esquecidas ou *invisíveis,* como as, não só de gênero, mas também de raça e classe social, sendo ainda mais raras as juízas negras e de origem mais humilde que tenham alcançado algum *status* superior na hierarquia judiciária. E que tenham a perspectiva de obtê-lo, ainda que as carreiras jurídicas estejam em absoluta equiparação entre homens e mulheres, seres racionais e iguais.

Ainda assim, falta reconhecer também que, a despeito do discurso da igualdade e da não discriminação, a magistrada fluminense, branca, loira, de olhos claros e origem nobre, também sofre assédio, dos mais variados matizes, em seu ambiente trabalho e, muitas vezes, não se vê reconhecida, a não ser em suas tarefas ordinárias, na vida jurídica

[7] "Em 21 de outubro de 2007, a menor L.A.B. foi presa em Abaetetuba, no Pará, sob a acusação de tentar furtar um telefone celular. Tinha 15 anos, menos de 40 quilos e um metro e meio de altura. Ficou trancafiada numa cela com vinte homens durante vinte e seis dias", nos quais era estuprada várias vezes diuturnamente. A responsável pela prisão foi a juíza Clarice Maria de Andrade. (Nunes, 2020)

cotidiana do Tribunal, malgrado os inúmeros ofícios extraordinários desenvolvidos no âmbito da Corte.

7.4 Mas, afinal, o que é discriminação de gênero?

A questão da discriminação de gênero não deriva apenas da divisão sexual do trabalho, mas da distinção entre espaço público/espaço privado. Em *Sapiens*, segundo Harari (2015), enquanto no espaço privado estaria a vida doméstica e do lar, cujo trabalho ganha menos relevância, no espaço público, estariam as atividades ligadas ao agir em público, através de obras, trabalhos, feitos e do agir político propriamente dito (Elshtain, 1981/1993; Arendt, 1988), estes, sim, mais valorizados, sendo os dois responsáveis pela desigualdade de gênero.

Neste último aspecto, pode-se dizer que as mulheres são, na maioria das vezes, e independentemente dos trabalhos e funções que praticam e desempenham fora de casa, as responsáveis pelas atividades de reprodução da vida do lar e, com esta quase "determinação", ao adentrar o mercado de trabalho propriamente dito, sobrecarregam-se de trabalho (Araújo, Picanço e Scalon, 2007; p. 7), acumulando as funções de trabalho, domésticas e de cuidados com filhos e idosos.

A raiz histórica desse fenômeno estaria na estrutura patriarcal da sociedade brasileira, em que o homem figurava como o principal provedor da família – o que justificaria e demandaria que seu salário fosse mais elevado –, panaceia com a qual se obliteram outras nuances do *machismo estrutural* brasileiro, uma vez que essa realidade já se modificou significativamente nas últimas décadas, conforme inúmeras pesquisas.

Com efeito, numa sociedade mais igualitária, as pessoas teriam mais liberdade para escolher seus papéis: tanto o homem para assumir as atividades domésticas sem culpas e atavios machistas, quanto as mulheres para escolherem seus destinos com liberdade e, principalmente, até onde podem ou desejam ir em suas carreiras profissionais; o que é absolutamente natural num homem não soaria mais tão presunçoso numa mulher.

Por isso procedeu-se à pesquisa de campo no seio do Tribunal de Justiça do Estado do Rio de Janeiro, para garantir o direito de voz às magistradas, de modo a compreender de uma maneira mais analítica o que nem sempre os números por si sós são capazes de oferecer como ilação.

Afinal, as pesquisadoras Ana Paula Sciammarella e Nathalya Royer já haviam inferido, em trabalho voltado também para o Tribunal de Justiça do Estado do Rio de Janeiro, que "o exame da presença feminina na administração judiciária indicou que no interior das instituições judiciais o discurso de igualdade relacionado com o ideal de neutralidade do profissionalismo contrasta com as dificuldades para o acesso aos cargos de poder."

7.5 Elas por elas: a voz das magistradas sobre desigualdade de gênero na corte

Distribuiu-se, então, um formulário a magistradas do Tribunal de Justiça do Estado do Rio de Janeiro, através de contatos acadêmicos e profissionais, que repassaram o correio eletrônico da autora, para o qual os questionários foram enviados, respondidos de forma *anonimizada*, pela plataforma *google.form*, e cujos dados vieram a ser tabulados e cotejados pela autora para fins de uma análise qualitativa da ambiência de gêneros no âmbito da Corte de Justiça Fluminense, que se passa a compartilhar neste estudo, à luz dos aportes teóricos empreendidos e das análises de dados até agora procedidas, numa forma de cruzamento das *multimetodologias* de pesquisa – bibliográfica, documental e de campo – utilizadas na elaboração deste ensaio.

O tempo estimado de preenchimento do formulário era de três minutos. O objetivo era preencher algumas "faltas" e apresentar algumas respostas para as lacunas das pesquisas até então levadas a cabo pelo Conselho Nacional de Justiça e aqui analisadas. Em todas elas, a discriminação de gênero seria perceptível – como de fato pode o ser – a partir de dados relacionados, por exemplo, à ausência de magistradas na cúpula do Poder. De fato, em se tratando de postos políticos e/ou eletivos, há uma tendência à vontade do nomeante prevalecer sobre a do nomeado(a), mas em alguma medida estes números não respondem à indagação sobre se a magistrada foi sempre preterida ou *se* e *quando* ela mesma renunciou deliberadamente a essa ascensão.

A ocupação ou não de um cargo em comissão tampouco se resume a expressão da personalidade e a forma de reconhecimento de uma magistrada em seu ambiente de serviço, sendo sua liberdade de expressão, de autodeterminação, de autonomia funcional, de livre persuasão, outros elementos, muito mais relevantes até, de seu reconhecimento como ser livre, racional e igual no âmbito do Tribunal, a merecer tratamento de idêntica dignidade à de seus pares do sexo masculino.

Além disso, outras formas de discriminação odiosa de gênero parecem estar fora do radar oficial das instituições de corregedoria da magistratura, até por serem por vezes mais difíceis de percepção ou por suscitarem debates mais sensíveis às instituições.

Por tais razões, foram feitas perguntas relacionadas: (i) ao tempo e forma de ingresso na magistratura; (ii) quanto às possíveis formas de reconhecimento das magistradas em atividades extraordinárias da Corte, como participação em colegiados deliberativos ou ligados à área de cultura; (iii) quanto ao grau de assédio (moral, sexual ou econômico) ou por outras medidas de discriminação sofridas pelo simples fato de serem do sexo feminino, como *mansterrupting, mansplanning, stalking, bullying* (Correia, 2021, *in fine*) e condutas afins e (iv) quanto à possível influência da participação feminina no Órgão Especial da Corte como fator determinante da mudança de decisões em matéria de decisões judiciais em geral e, em especial, no controle de constitucionalidade, em causas que porventura envolvessem minorias, não só de gênero, mas também de raça e identitárias, *se* e *quando* cabíveis.

O tempo de serviço como magistrada e a forma de acesso serviram para ter alguma noção do grau de experiência da magistrada e para compreender as razões de sua composição paritária entre os sexos, em números.

Não se pode atingir este segundo objetivo, pela baixa adesão à pesquisa, mas se pode constatar que a sensação de ter sofrido algum tipo de assédio, teve um grau de intensidade inversamente proporcional ao tempo de magistratura ou, dito de outra forma, quanto mais jovem a magistrada, maior a intensidade com que se percebe a discriminação de gênero, uma vez que menos *naturalizado* é o processo.

É unânime o estranhamento de todas com o fato de só ter havido uma magistrada Presidente da Corte em todas essas décadas.

Em matéria de reconhecimento, foram apresentadas as seguintes opções de atividades extraordinárias através das quais as magistradas deveriam marcar como se sentiam representadas: (i) participação em bancas de concursos públicos para ingresso na magistratura do TJ/RJ; (ii) ocupação de cargos em comissão ligados à Presidência do Tribunal; (iii) composição dos conselhos deliberativos do Tribunal; (iv) composição de órgãos de cultura, ensino e pesquisa do Tribunal; (v) publicações das Revistas d4e Direito do Tribunal; e (vi) outras.

Apenas cargos comissionados junto à Presidência – ou seja, junto à cúpula da Corte – e ligados à cultura ou à pesquisa e ao ensino foram apontados como aqueles nos quais as magistradas também se reconheciam como protagonistas da vida jurídica no Tribunal.

Em relação às decisões do Órgão Especial do Tribunal, as respostas foram claudicantes, não havendo consenso em torno da matéria, tributável talvez de uma pergunta por demais conteudística por parte da própria pesquisadora, o que não impede o exame de decisão paradigmática do Órgão Especial do Tribunal de que se trata a seguir.

7.6 Controle de constitucionalidade pelo órgão especial

Em 1991, havia duas desembargadoras no Órgão Especial, Áurea Pimentel e Maria Stella Rodrigues, aliás as duas primeiras mulheres a ingressar na magistratura do antigo Estado da Guanabara; vinte anos depois, a diferença entre magistrados e magistradas não mudou tanto assim.

No ano de 2020, o Ministério Público do Estado do Rio de Janeiro ajuizou uma Ação Civil Pública em face das concessionárias *Super Via* e *Opportrans*, para, em nome da defesa dos consumidores, impedir que fossem aplicadas sanções aos homens, caso violassem a Lei Estadual n. 4.733/2006, que criou os vagões exclusivos para mulheres nos horários de pico nos trens e no metrô. Visava à proteção, segundo o autor, justamente da "igualdade de gênero, bem como da liberdade de escolha de homens e mulheres".

Segundo o promotor de justiça Rodrigo Terra, além de não garantir a inocorrência do assédio, a lei poderia causar outra espécie de dano. "A mulher que não faça questão do tratamento privilegiado terá de conviver com a possibilidade de que a julguem 'prostituta', enquanto o homem que esteja no vagão especial será visto como um 'pervertido'", palavras literais do membro do Ministério Público Estadual no processo.

A 5ª Vara Empresarial do Rio extinguiu o processo sem julgamento do mérito, por entender que a ação coletiva é meio inadequado para alcançar a inconstitucionalidade da lei. Irresignado, o Ministério Público recorreu.

Ao analisar a apelação, a 13ª Câmara Cível suspendeu o julgamento do recurso e encaminhou o processo para o Órgão Especial do Tribunal, para fins de apreciação do incidente de inconstitucionalidade, em sede de controle de constitucionalidade incidental.

Em decisão unânime, no julgamento do incidente relativo à Arguição de Inconstitucionalidade n. n. 2009.017.00019, o Órgão Especial reputou a lei constitucional, conforme trecho da ementa que a seguir se transcreve:

> (...). Se o diploma normativo objeto da arguição observou o princípio da igualdade real e proporcional ao prever a destinação de vagões exclusivos para as mulheres somente em horários de pico matutino e vespertino, devidamente especificados, excetuados os sábados, domingos e feriados, e também em qualquer dia nos demais horários, exatamente para aniquilar as diferenças entre homens e mulheres, no ponto tratado, objetivando atingir a igualdade substancial, descabe a investida a pretexto de violação ao princípio da isonomia, pois o que se instituiu na lei foi mais um reforço à proteção à liberdade sexual da mulher, tutelado penalmente com rara eficiência, e não privilégio de transporte em vagão especial, como sustentado na inicial da ação coletiva de consumo pelo nobre Promotor de Justiça, pouco importando o conceito subjetivista da mulher que faz uso de vagão misto ou do homem que não pode viajar no vagão exclusivo de mulheres, parecendo exagero que só por isso possam ser considerados "prostituta ou pervertido sexual", ou as mulheres que viajam em vagão exclusivo sejam tratadas como "bonequinhas frágeis e disponíveis". IMPROCEDÊNCIA DA ARGUIÇÃO

Por fim, menos uma comemoração do que um lamento, cita-se uma outra decisão de controle de constitucionalidade, desta feita, no âmbito federal/nacional: o fato de que, em 2021, o Supremo Tribunal Federal precisasse dizer o óbvio: que descabe a alegação de *legítima defesa da honra* no *feminicídio*.[8]

Faz supor que o mundo jurídico masculino ainda pudesse cogitar que coubesse ...

[8] Por unanimidade, o Supremo Tribunal Federal firmou entendimento de que a tese da legítima defesa da honra é inconstitucional, por violar os princípios constitucionais da dignidade da pessoa humana, da proteção à vida e da igualdade de gênero. A decisão, tomada na sessão virtual encerrada em 12/3/2021, referendou, por unanimidade, a liminar concedida pelo Ministro Dias Toffoli anteriormente, na Arguição de Descumprimento de Preceito Fundamental (ADPF) n. 779 / DF.

Referências

ALI, Yashar. *Porque as mulheres não estão loucas. Gaslighting é uma coisa que você não deveria fazer.* Disponível em: https://papodehomem.com.br/porque-as-mulheres-nao-estao-loucas/. Acesso em: 15 Set. 2021.

BERNARDES, Lúcia. *Judiciário é retrato da desigualdade de gênero*, Justificando, 2017. Disponível em: http://www.justificando.com/2017/03/15/poder-judiciario-e-retrato-da-desigualdade-de-genero/ Acesso em: 13 Jul. 2021.

Bertrand, M., D. Chugh. *Implicit Discrimination*, The American Economic Review, 1995, no. 2 (2005): pp. 94–98.

BRASIL. CONSELHO NACIONAL DE JUSTIÇA. Distinção de gênero passa a ser obrigatória no judiciário. Brasília: CBJ, 2021. Disponível em: https://www.cnj.jus.br/distincao-de-genero-passa-a-ser-obrigatoria-no-judiciario/ Acesso em: 31 Mar. 2021.

BRASIL. CONSELHO NACIONAL DE JUSTIÇA. Grupo de Trabalho Políticas Judiciárias sobre a Igualdade Racial no âmbito do Poder Judiciário (Relatório) Disponível em: https://www.cnj.jus.br/wp-content/uploads/2020/10/Relatorio_Igualdade-Racial_2020-10-02_v3-2.pdf. Acesso em: 15 Jun. 2021.

BRASIL. CONSELHO NACIONAL DE JUSTIÇA. Diagnóstico da participação feminina no Poder Judiciário. 2019. Disponível em: https://www.cnj.jus.br/wp-content/uploads/conteudo/arquivo/2019/05/cae277dd017bb4d4457755febf5eed9f.pdf Acesso em: 13 Jul. 2021.

BRASIL. CONSELHO NACIONAL DE JUSTIÇA. Resolução n. 255/2018.

BRASIL. CONSELHO NACIONAL DE JUSTIÇA. *Censo do Poder Judiciário*: VIDE: Vetores iniciais e dados estatísticos. Brasília: CNJ, 2014. 212p. Disponível em: http://www.cnj.jus.br/images/dpj/CensoJudiciario.final.pdf. Acesso em: 14 mar. 2017.

BRASIL. IPEA. Mulheres e Homens em Ocupação de DAS na Administração Pública Federal, Brasília: Repositório IPEA, 2012. . http://repositorio.ipea.gov.br/bitstream/11058/7745/1/RP_Mulheres_2012.pdf. Acesso em: 31 Mar. 2021.

BRASIL. SUPREMO TRIBUNAL FEDERAL. Ação de Descumprimento de Preceito Fundamental n. 779, MC-REF / DF. Disponível em: https://redir.stf.jus.br/paginadorpub/paginador.jsp?docTP=TP&docID=755906373. Acesso em: 31 Mar. 2021.

CORREIA, José Manuel Sérvulo. Legalidade e autonomia contratual nos contratos administrativos. Coimbra: Almedina, 1987.

ESTADO DO RIO DE JANEIRO. ESCOLA DA MAGISTRATURA DO ESTADO DO RIO DE JANEIRO. Curso "Teorias da Justiça", ministrado por Tércio Sampaio Ferraz Junior, 2015. Disponível em: https://epm.tjsp.jus.br/Noticias/noticia/26749 Acesso em: 31 Mar. 2021.

ESTADO DO RIO DE JANEIRO. TRIBUNAL DE JUSTIÇA. Galeria dos Presidentes. Disponível em: http://www.tjrj.jus.br/consultas/banco-conhecimento/galeria Acesso em: 31 Mar. 2021.

EUA. *Victims and Survivors*, Definitions, Oregon University, Dispone em: https://safe.uoregon.edu/stalkinghttps://safe.uoregon.edu/stalking Acesso em: 15 Set. 2021.

FEITOSA, Gustavo. E ALMEIDA, Davi. DIAS, Thaís. *Igualdade de Gênero nos Tribunais pelo Quinto Constitucional*: um caminho pela paridade no sistema eleitoral da OAB e a participação feminina nas cúpulas judiciais, Revista de Direito Público, v. 18 , n. 98, 2021.

FERRAZ JÚNIOR, Tércio Sampaio. Introdução ao Estudo do Direito: técnicas, decisão, dominação. 4. ed. rev. e ampl. São Paulo: Atlas, 2003, p. 32-33.

FORUM NACIONAL DE SEGURANÇA PÚBLICA. Anuário Brasileiro de Segurança Pública 2021. Disponível em: https://forumseguranca.org.br/wp-content/uploads/2021/07/anuario-2021-completo-v6-bx.pdf. Acesso em 21 Jun. 2021.

FLETCHER, Thandi. *Mansplaining, manterrupting and the new language of feminism*, The Hamilton Spectator, Março, 2015. Article. Disponível em: https://www.thespec.com/news/2015/03/06/mansplaining-manterrupting-and-the-new-language-of-feminism.html. Acesso em: 15 Set. 2021.

FRASER, Nancy. *Social Justice in the Age of Identity Politics*: Redistribution, Recognition, and Participation. In: Fraser, Nancy e Honneth, Axel. Redistribution or Recogntion? A political-Philosophical Exchange. Nova Iorque, Londres: Verso, 2003.

FREITAS, Ana Teresa Silva de. *O despertar da consciência da desigualdade de gênero no Ministério Público Brasileiro*. In: CASTILHO, Wiecko Volkmer; OMOTO, João Akira. (Orgs.) Perspectivas de gênero e o sistema de justiça brasileiro. Brasília: ESMPU, 2019.

HARARI, Yuval Noah. Sapiens: uma breve história da humanidade. São Paulo: L&PM, 2015.

HONNET, Axel. Luta pelo Reconhecimento – para uma gramática moral dos conflitos sociais. São Paulo: Biblioteca de Filosofia Contemporânea, Edições 70, 2011.

KANT, Immanuel. Fundamentação da metafísica dos costumes. Trad. Paulo Quintela. Lisboa: Edições 70, 2005.

LOCKE, John. Segundo tratado sobre o governo. Trad. Alex Marins. São Paulo: Martin Claret, 2004.

MESQUITA, Camile. *Desigualdade de gênero na remuneração persiste na burocracia federal brasileira*, ANESP, Mar., 2020. Disponível em: http://anesp.org.br/todas-as-noticias/2020/3/11/desigualdade-de-gnero-na-remunerao-persiste-na-burocracia-federal-brasileira. Acesso em: 31 Mar. 2021.

NUNES, Augusto. *Juíza que prendeu uma garota por 26 dias na cela dos homens vai receber sem trabalhar nos próximos dois anos*. Revista Veja, 30 jul. 2020. Disponível em: https://veja.abril.com.br/blog/augusto-nunes/a-juiza-que-prendeu-uma-garota-por-26-dias-na-cela-dos-homens-vai-receber-sem-trabalhar-nos-proximos-dois-anos/ Acesso em 13 Jul. 2021.

ONU-MULHRES, OPAS-OMS. WAISELFISZ, Júlio Jacobo. Mapa da Violência 2015: homicídios de mulheres no Brasil. Disponível em www.mapadaviolencia.org.br Acesso em: 15 Jun. 2021.

PIOVESAN, Flávia. A Mulher e o debate sobre direitos humanos no Brasil, Revista de Doutrina, TRF4, Escola da Magistratura do Tribunal Regional Federal TRF4, EMOGGS, 2004.

RAWLS, John. Uma Teoria da Justiça. São Paulo: Martins Fontes, 2002.

ROUSSEAU, Jean Jacques. Do contrato social: princípios do direito político. trad. e coment. de J. Cretella Junior e Agnes Cretella. São Paulo: Revista dos Tribunais, 2002.

* *Presidenta do Supremo Tribunal Federal, Ministra Carmem Lúcia, na sessão plenária do dia 8/3/17, respondendo ao cumprimento do Ministro Luís Roberto Barroso pelo Dia Internacional da Mulher. O registro foi feito na seguinte reportagem: 'Nós (mulheres) temos um dia, Vossa Excelência tem todos os outros', diz Carmem Lúcia. The Huffington Post. Disponível em: http://www.huffpostbrasil.com/2017/03/08/nos-mulheres-temos-um-dia-vossa-excelencia-tem-todos-os-outr_a_21876558/. Acesso em: 11 mar. 2017.*

Glossário (FLETCHER, 2015; OREON, 2021 – traduções nossas):

Bropriating: When a man takes credit for a woman's idea at a meeting.
(Quando um homem se apropria dos créditos da ideia de uma mulher numa reunião.)

Bullying [over woman]: When an individual [in case, a woman] is threatened, harassed, humiliated, embarrassed, or otherwise targeted by another person, whether in person or by other means including the internet, social media, and interactive and digital technologies, or mobile phones.
(Quando uma pessoa, [no caso, uma mulher] é ameaçada, assediada, humilhada, envergonhada ou alvo de outra pessoa [um homem], seja pessoalmente ou por outros meios, incluindo a internet, mídia social e tecnologias interativas e digitais ou telefones celulares.)

Gasligting (do filme *Gasligth*, que deu origem ao termo) Termo usado com frequência por profissionais da área da saúde mental para descrever comportamento manipulador usado para induzir pessoas a pensarem que suas reações são tão insanas que só podem estar loucas; "manipulação emocional que alimenta uma epidemia" em que os homens "|definem as mulheres como loucas, irracionais, exageradamente sensíveis e confusas" e "tristes".

Manslamming: When a man is unwilling to make way for a woman coming in the opposite direction on a sidewalk and pummels into her.
(*Quando um homem não está disposto a abrir caminho para uma mulher que vem na direção oposta em uma calçada e a empurra.*)

Mansplaining: A term to describe when a man patronizingly explains something to a woman, under the supposed assumption that she couldn't possibly understand because she's a woman.
(*Termo que descreve quando um homem, paternalmente, explica alguma coisa para uma mulher, sob a suposição de que ela não entenderia pelo fato de ser uma mulher.*)

Manspreading: The male habit of sitting with legs apart and taking up too much space on the subway.
(*Hábito masculino de sentar com as pernas abertas, tomando muito espaço no metrô.*)

Manterrupting: When a man interrupts a woman while she's trying to speak.
(*Quando um homem interrompe uma mulher enquanto ela está tentando fa*lar.)

Sexual harassing: A type of harassment involving the use of explicit or implicit sexual overtones, including the unwelcome and inappropriate promise of rewards in exchange for sexual favors. (*Um tipo de assédio envolvendo nuances sexuais explícitas ou implícitas, incluindo a promessa indesejada e inadequada de recompensas em troca de favores sexuais.*)
*Crime qualificado no art. 216-A do Código Penal Brasileiro:*Artigo 216-A. Constranger alguém com o intuito de obter vantagem ou favorecimento sexual, prevalecendo-se o agente da sua condição de superior hierárquico ou ascendência inerentes ao exercício de emprego, cargo ou função.

Stalking: A repetitive and or menacing pursuit, following, harassment, and/or interference with the peace and/or safety of a member of the community [woman] or the safety of any of the immediate family members of the community.
(*Uma perseguição repetitiva e/ou ameaçadora, perseguição, assédio e/ou interferência na paz e/ ou segurança de um membro da comunidade [mulher] ou na segurança de qualquer um dos membros de sua família.*) *Crime qualificado no art. 147-A do Código Penal Brasileiro:*Artigo 147-A. Perseguir alguém, reiteradamente e por qualquer meio, ameaçando-lhe a integridade física ou psicológica, restringindo-lhe a capacidade de locomoção ou, de qualquer forma, invadindo ou perturbando sua esfera de liberdade ou privacidade.

PARTE II
AS MULHERES COMO PROTAGONISTAS DAS POLÍTICAS, PATRIMÔNIOS E DIREITOS CULTURAIS NO BRASIL

8.
DA VIDA AO PATRIMÔNIO, A DILUIÇÃO DAS MULHERES

Vivian Barbour

> Tecer a teia e não ficar presa nela, criar o mundo, criar sua própria vida, governar seu destino, dar nome à sua avó assim como ao seu pai, desenhar redes e não apenas linhas retas, ser alguém que faz, não só alguém que limpa, poder cantar e não ser silenciada, tirar o véu e aparecer: é tudo isso que eu penduro no meu varal.
>
> Rebecca Solnit, Avó Aranha, 2017

A partir de um olhar crítico sobre a constituição do campo da preservação do patrimônio cultural no Brasil, esse artigo propõe uma reflexão sobre em que medida essa política tem dado espaço e celebrado a participação das mulheres na constituição de nossa cultura e identidade. Tomando como ponto de partida a divisão sexual do trabalho, refletiremos especialmente sobre o trabalho do cuidado, sua naturalização e diluição no espaço e a consequente dificuldade de rememorá-lo em práticas fundadas no discurso autorizado do patrimônio. Feito um sobrevoo sobre os bens tombados a nível federal no Estado de São Paulo, nos questionamos em que medida a política de preservação do imaterial pode ser caminho para trazer luz ao cuidado enquanto sustentáculo da vida. Fica então o desafio de, num processo dialético, manter e transformar as bases de nossa política de preservação para que a celebração do cuidado não seja um completamento, mas antes uma revolução no modo como enxergamos a constituição de nossa sociedade.

8.1 Todo patrimônio é um ato político

A constituição do campo do patrimônio cultural no Brasil é marcada por muitos silenciamentos, pouco ou nada enfrentados até ao menos o cinquentenário do órgão federal de preservação. O célebre texto de Sérgio Miceli, *Sphan: Refrigério da Cultura Oficial*, publicado na Revista do IPHAN em 1987, é um marco na virada das análises do que vinha sendo tombado em nível federal, com uma severa crítica à "marca classista" da política de preservação.

E que marca era essa? Como aponta Miceli, tratava-se de um recorte que priorizava bens materiais que em alguma medida refletiam os valores compartilhados pelas elites e classes dominantes no Brasil. Com um apego à herança material portuguesa[1], essa marca da nossa política federal de preservação construiu narrativas que dessem conta de costurar racionalmente uma trajetória de nossa identidade nacional. Nela, as influências vindas de Portugal teriam sido deglutidas e reformuladas pelos colonos em terras brasileiras, resultando numa tradição construtiva sólida e autoral.

Nesse continuum, a arquitetura moderna teria sido aquela que soube absorver essa herança e ditar como seria o jeito eminentemente brasileiro de se construir e de se manifestar materialmente no mundo. Não à toa, diversas edificações cânones da arquitetura moderna foram tombadas com poucos anos de existência. É o caso, por exemplo, do Ministério de Educação e Saúde Pública, construído entre 1937 e 1943 por equipe

[1] Bastante elucidativo texto extraído do curso dado por Afonso Arinos de Melo Franco para os técnicos do SPHAN, em 1938: "O desenvolvimento de nossa civilização material é de base portuguesa, entendida no seu complexo luso-afro-asiático. A contribuição negra e indígena, muito notável na elaboração do nosso psiquismo nacional, é pouco importante na civilização material, não somente por ter sido absorvida no choque com um meio muito mais desenvolvido mas também porque as condições de sujeição em que viviam as raças negra e vermelha não permitiam a expansão plena das suas respectivas formas de cultura. Por isso mesmo os elementos negros e índios, presentes na nossa civilização material, salvo um ou outro notável, são de difícil identificação", FRANCO, Afonso Arinos de Melo, Desenvolvimento da civilização material no Brasil. 3ª ed. Rio de Janeiro: Topbooks Editora, 2005, p. 37.

liderada por Lucio Costa e tombado em 1948. Com o tombamento do moderno, anunciava-se o ponto de chegada e o futuro incontornável da construção de nossa identidade nacional.

Não é mero acaso que, nesse rápido rabisco introdutório sobre a história da construção de nossas políticas de preservação, o patrimônio cultural seja tratado como sinônimo ou confundido com patrimônio arquitetônico. De fato, durante aquilo que Maria Cecília Londres da Fonseca (2009) cunhou de *fase heroica* do patrimônio – que vai de 1936 a 1967 – edificações era o que predominava entre os bens reconhecidos como de interesse para a preservação. Havia uma clara sobrerepresentação dos chamados bens de *pedra e cal*. Em pareceres elaborados no contexto de processos de tombamento, Lucio Costa ora falava em patrimônio cultural, ora falava em história da arquitetura. Preservar o patrimônio e preservar a arquitetura – não qualquer uma, mas aquela "autêntica" e "verdadeira" – se confundiam enquanto objetivos a serem perseguidos pelo campo[2].

Esse olhar para o patrimônio cultural enquanto valor arquitetônico trazia consigo a sobrevalorização da materialidade dos bens analisados o que, por sua vez, evocava noções de origem e autenticidade. Em documento que orientava os trabalhos da Divisão de Estudos e Tombamentos do IPHAN, Lucio Costa fincava essas três perguntas no horizonte dos pesquisadores do órgão: quando o bem estudado foi construído; como foi construído; quem o construiu[3]? As questões, fundamental-

[2] Em parecer sobre o pedido de tombamento de edificações na Avenida Rio Branco, no Rio de Janeiro, Lucio Costa disse: "Se o IPHAN tomou a iniciativa de tombar as 3 'casinhas' referidas – Ruas da Glória, da Quitanda e Mairynk Veiga, foi simplesmente porque tais 'casinhas', inclusive a do Virzi – corresponderam, na sua época, à linha de evolução – ou revolução – arquitetônica verdadeira, ao passo que as imponentes construções a que o relator alude são produtos marginais a essa linha evolutiva autentica, e como tais – não obstante seu apuro acadêmico – artificiosas manifestações da falsa arquitetura pejorativamente tachada, pela crítica internacional autorizada, de beaux-arts. Trata-se, pois de uma distinção fundamental", Costa, Lucio, Casa à Rua Mairynk Veiga, n. 9, 1971, in Pessôa, José, (org.), *Lucio Costa: documentos de trabalho*. Brasília: IPHAN, 1999, p. 274. Havia uma recusa por parte de Costa em reconhecer a produção arquitetônica eclética, típica do século XIX e início do século XX, como passível de reconhecimento para preservação. A classificação das escolas e estilos arquitetônicos, a "boa" e a "má" arquitetura, essas chaves de análise eram todas mobilizadas para as análises para tombamento.

[3] "A criação, na sede e nos distritos, de várias turmas de pesquisadores de dados histórico-elucidativos, para atuarem simultaneamente cada uma num setor delimitado, con-

mente relacionadas à origem do bem traduzem um olhar excessivo sobre a materialidade, a partir da lente de seu estado original.

A ideia de origem implica em apego à noção de autenticidade, num movimento de essencialização do patrimônio e de tecnicização dos critérios para sua identificação. Responder às perguntas de *quem*, *quando* e *como* é circunscrever no campo da objetividade os critérios que justificam a seleção de um bem para a preservação. É como se o valor a ser preservado estivesse imanente, apenas aguardando ser descoberto e protegido. Não há espaço para a historicidade e para o acúmulo de tempos e significados, cuja complexidade rapidamente desvalidaria a pretensa objetividade dos critérios: como as pessoas se relacionaram com esse bem? Quais os papéis e símbolos que ele assumiu ao longo do tempo? Quais os usos ali desenvolvidos? Em que medida os discursos sobre aquele bem foram contestados, disputados e/ou reconstruídos?

Essas são todas questões que trazem para o centro do debate do patrimônio cultural seu aspecto subjetivo e político. Afinal, na direção oposta daquilo que definimos como de interesse para a preservação está tudo aquilo que "pode" ser esquecido. Ter em mãos a possibilidade de dizer o que merece ou não ser preservado se traduz, então, em imenso poder sobre as narrativas que se desejam perpetuar e aquelas que, por serem consideradas de menor valor, incômodas e/ou subversivas e subalternas, se desejam silenciar. A política de preservação não é neutra e absorvida de forma incólume pela sociedade. Como indica Antônio Augusto Arantes, ela é "prática social que acrescenta novos bens, valores e processos culturais à experiência da comunidade envolvida. Nesse sentido, ela é sempre uma forma de intervenção" (1987: 48).

centrando-se cada pesquisador em um determinado monumento com as obras de arte que encerra, a fim de se esclarecer quando se construiu ou executaram, como se construiu ou executaram, e quem construiu e executou (...). Contudo não é necessário nem mesmo talvez aconselhável o recurso exclusivo a historiadores de profissão uma vez que a curiosidade do ofício os conduz insensivelmente a pesquisas laterais demoradas e absorventes com prejuízo dos informes simples e precisos que interessam à repartição", Costa, Lucio, Plano de Estudos para a Divisão de Estudos e Tombamento da DPHAN, 1949, in Pessôa, José, (org.), *Lucio Costa: documentos de trabalho*. Brasília: IPHAN, 1999, p. 87. Chama a atenção a forma superficial com que Costa lida com as informações a serem levantadas para auxiliar nos estudos de tombamento do IPHAN.

8.2 O incontornável discurso autorizado do patrimônio

O caráter eminentemente político do patrimônio é algo que foi historicamente afastado da construção do campo, em especial por meio daquilo que Laurajane Smith (2006) cunhou como *authorized heritage discourse* (AHD), termo que podemos traduzir como discurso autorizado ou hegemônico do patrimônio.

Em resumo, se trata de exercício discursivo que prioriza bens, sítios, lugares e/ou paisagens esteticamente aprazíveis, os quais entende-se que devem ser preservados pelas gerações do presente e repassados às gerações futuras como algo que elas *devem* conhecer e cuidar enquanto uma identidade comum localizada em algum lugar do passado (SMITH, 2006: 29). Comentando as implicações desse entendimento, diz Smith:

> A ideia de que o valor da cultura material é inato ao invés de atribuído está seguramente incrustado nesse discurso. *Patrimônio como algo frágil, finito e não renovável* é assim visto no contexto desse discurso como estando corretamente sob os cuidados daqueles especialistas, que teriam um lugar privilegiado para se apresentarem como condutores para o passado e para entender e comunicar o valor do patrimônio para a nação (2021: 144, grifos no original).

O discurso hegemônico do patrimônio mobiliza dois pressupostos importantes. O primeiro é a pretensa imanência dos valores dos bens selecionados como de interesse para a preservação. Como foram produzidos num passado intocável, são bens entendidos como raros, excepcionais, não reproduzíveis, enfim, congelados no tempo. Não há relação com o bem no presente, há apenas aprendizado e contemplação.

Se o valor é tido como intrínseco, daí vem o segundo pressuposto, que é a existência da figura dos especialistas, entendidos como aqueles dotados de capacidade técnica para identificar os valores emanados e ensinar a sociedade sobre o que é importante e o que não é para a preservação de nossa cultura e identidade.

Se os valores já estão lá, o patrimônio é menos processo e mais um dado. Logo, a relação com ele será eminentemente passiva. Suas lições, discursos e símbolos são tidos como verdadeiros e são assim *consumidos*. Nesse sentido, o discurso autorizado do patrimônio é aquele que retira do campo da subjetividade e da política a construção das narrativas em torno da preservação.

Fica evidente que esse discurso autorizado é autorreferente: se o que importa é o esteticamente aprazível, o belo, o grandioso, não há espaço para a construção de valores dissidentes, de valores subalternos, de narrativas dissonantes. Se não há dissidência, se não há possibilidade de apropriações distintas sobre o patrimônio, então ele está dado e está pronto para ser *descoberto* pelos especialistas. E aí ficamos por décadas em um ciclo de difícil rompimento.

Como uma instância que desafia a estabilidade do patrimônio tal como apresentado pelo AHD, está a memória. Como nos mostra Smith, a memória está menos no campo da materialidade e mais no campo da ação, no sentido de constante criação e interpretação do mundo (2006: 59). Nesse sentido, a memória é viva, eminentemente subjetiva. Com a dinâmica do cotidiano, ela coloca em xeque a estaticidade do patrimônio, tal como defendido por seu discurso autorizado. Ainda que, enquanto categoria de análise, a memória tenha sido cada vez mais mobilizada a partir da segunda metade do século XX, observamos o desafio de sua absorção pela literatura tradicional do campo do patrimônio, justamente por sua fluidez e dificuldade de conformação com as narrativas homogeneizantes e nacionalizantes.

Outra chave que coloca em questão a hegemonia do discurso autorizado do patrimônio é seu deslocamento geográfico. Surgido como parte do processo de construção dos estados nacionais, o patrimônio historicamente se associou a territórios totalizantes: a nação, o todo. Com a UNESCO, chegamos ao patrimônio de interesse para a humanidade, com valores que em tese deveriam ser globalmente apreciados. É no âmbito local, no entanto, que a relação entre patrimônio e pessoas melhor se realiza.

No Brasil, até os anos 1970, o IPHAN era o único responsável pela preservação do patrimônio cultural. Não havia patrimônios locais ou específicos, apenas patrimônios nacionais. A partir daquele momento, junto com uma série de transformações que começam a se passar no campo, aventou-se a necessidade da descentralização das políticas de preservação, seja por conta da pouca capilaridade do órgão federal para com os territórios, seja por conta da crescente demanda pelo reconhecimento de bens que não necessariamente se encaixavam na narrativa de identidade nacional que vinha sendo há décadas construída pelo IPHAN.

Os Compromissos de Brasília (1970)[4] e Salvador (1971)[5] são um marco nesse processo. Por meio deles, foi dada a largada para a construção dos órgãos locais de preservação. Ao direcionar tal demanda para os estados e municípios, aos poucos começaram a surgir questões: mesmo que por meio de atuação local, a política de preservação deveria perseguir apenas bens cuja importância fosse consensuada nacionalmente? Quais deveriam ser os critérios para o reconhecimento de bens como de patrimônio local? Até que ponto faz sentido seguir diferenciando patrimônios nacionais de patrimônios locais?

Essas perguntas são absolutamente importantes porque trazem, em seu bojo, a própria reacomodação daquilo que pode ser considerado patrimônio. Como já apontado, até o cinquentenário do órgão federal de preservação, o discurso autorizado do patrimônio era reinante entre as práticas patrimoniais. Não havia espaço para o dissenso. Os bens tombados eram aqueles que traziam excepcionalidade em sua matéria ou em seu agente ou fato histórico. A noção educativa do patrimônio, como algo que as futuras gerações *deveriam* conhecer e valorizar, era absolutamente presente. Nessa chave, seria muito difícil lidar com bens materiais e/ou narrativas que, apesar de constituidoras de determinadas localidades, não se encaixavam nas categorias de preservação praticadas pelo IPHAN.

Abrir os olhos para o que é de interesse local necessariamente implica num alargamento da gramática que passa a ser aceita como critério para a definição daquilo que é de interesse para a preservação. A potência do local está, portanto, em forçar um processo de revisão dos paradigmas do campo, mas não só. Depois de décadas de pesquisas, trabalhos, projetos e políticas voltadas para o campo da preservação no Brasil, fica evidente que o tombamento não é tábua de salvação para a proteção de nossos bens culturais. Quantos não são os bens – se não a maioria, ouso dizer – que, apesar de tombados, estão em estado absolutamente precário, sem uso, deixados à margem das relações sociais e dos territórios nos quais eles estão inseridos?

[4] Disponível em: http://portal.iphan.gov.br/uploads/ckfinder/arquivos/Compromisso%20de%20Brasilia%201970.pdf. Acessado em 14 de setembro de 2021.

[5] Disponível em: http://portal.iphan.gov.br/uploads/ckfinder/arquivos/Compromisso%20de%20salvador%201971.pdf. Acessado em 14 de setembro de 2021.

Ulpiano Bezerra de Meneses (2015) bem observou essa situação, em texto aguçado sobre o necessário processo de revisão do campo. A desconexão entre os bens tombados e a vida do entorno seria fruto da aplicação reiterada da noção de valor cultural como algo imanente, e não como algo produzido no contexto das subjetividades e das relações sociais em disputa (Meneses, 1996: 93). Trata-se de típico cenário do discurso autorizado do patrimônio. Ocorre que o resultado desse descolamento entre valor imanente e valor praticado no seio das relações sociais em concreto leva ao paulatino abandono ou desconhecimento dos bens tombados, chegando à situação paradoxal em que "bens declarados de valor universal não são percebidos como tais pelos habitantes, para quem eles podem constituir apenas ônus e, na maior parte das vezes, mera oportunidade de negócios" (Meneses, 2015: 39).

Desse paradoxo, surgem então as questões: faz sentido falar em universal? O universal existe? Como ele se manifesta no plano concreto, das relações sociais cotidianas? Não seria o universal mera abstração? Os bens tombados a nível local, de outro lado, têm muito mais conexão com questões concretas. Eles estão imiscuídos nas relações sociais cotidianas, e são suporte material para valores construídos, revisitados, disputados e compartilhados no seio das dinâmicas sociais. O nível local é aquele, por excelência, da fruição dos bens culturais (Meneses, 2015: 39)[6].

Ainda citando Meneses, é no nível local que melhor se identificam as tensões a partir das quais surgem os bens culturais e suas apropriações. São facetas da cidade, e portanto do patrimônio construído e dos bens de interesse para preservação: a dimensão do artefato, enquanto materialidade, elemento físico apropriado socialmente; a dimensão do campo de forças, enquanto relações sociais entre pessoas, regadas de disputas

[6] Aqui, vale a pena transcrever a contribuição do autor: "Nessa ordem de ideias, o principal sujeito da cultura é o habitante local. A palavra "habitante" vem do latim *habeo*, que quer dizer ter, manter uma relação constante com algo; o sufixo "it" (*habito*) aprofunda e reitera esta relação. Hábito, habitar, portanto, expressam um grau superior e constante de apropriação. Essa relação contínua, permanente, cotidiana, demorada e que o tempo adensa, é que cria as condições mais favoráveis para a fruição do patrimônio ambiental urbano", Meneses, Ulpiano Bezerra de, A cidade como bem cultural. Áreas envoltórias e outros dilemas, equívocos e alcance na preservação do patrimônio ambiental urbano, in Mori et. al. (orgs), *Patrimônio: atualizando o debate.* 2ª ed. ampl. São Paulo: Fundação Energia e Saneamento, 2015, p. 39.

e negociações constantes – não há consensos, mas confrontos , acordos e silenciamentos; e a dimensão das representações sociais, enquanto a construção de sentidos, leituras e símbolos para o ambiente socialmente construído e apreendido (2015: 36). A partir dessas chaves de análise, é inevitável o diagnóstico de que nossas políticas de preservação carregam em si as dinâmicas políticas e sociais presentes na sociedade como um todo. Não há imanência de valores, mas sim disputa, silenciamento e exercício de atribuição de valor.

8.3 As mulheres, a invisibilidade, o cuidado

Se as políticas de preservação estão às voltas com suas categorias totalizantes e autorreferentes de patrimônio, o que dizer, então, da presença das mulheres nesse processo? Elas enfrentam uma invisibilidade que se dá em ao menos duas frentes. De um lado, pela ausência de registros celebrativos de sua presença e atuação na formulação e implementação das políticas de preservação. Ainda que muitas delas tenham contribuído para a construção da política federal de preservação – seja no apoio técnico, seja com trabalho intelectual e também de gestão – pouco ou nada ouvimos falar sobre essas mulheres, em comparação às clássicas figuras masculinas cujas biografias se confundem com a biografia do IPHAN[7].

[7] Um esforço de celebração dessas mulheres na atuação profissional no campo do patrimônio foi em alguma medida enfrentado pela historiadora e socióloga Silvana Rubino, em fala para o Grupo de Trabalho "História e Patrimônio Cultural" da ANPUH – Associação Nacional do Patrimônio. Rubino citou diversas mulheres que contribuíram para a construção do IPHAN, ainda que pouco tenhamos ouvido falar delas ou, como ela mesma disse, ainda que a atuação dessas mulheres não tenha sido a lente por meio da qual conhecemos e escrevemos sobre a constituição do campo da preservação no Brasil. Cito-as aqui: Lygia Martins Costa, primeira museóloga a entrar para o IPHAN, em 1952, assumindo a Divisão de Estudos e Tombamentos em 1972; Maria Elisa Carrazzoni, organizadora do Guia dos Bens Tombados a nível federal, em 1980; Hanna Levy, alemã, veio para o Brasil em 1937 e lecionou História da Arte no IPHAN; Judite Martins, secretária particular de Rodrigo Melo Franco de Andrade, se imiscuiu nas pesquisas do campo, com trabalhos sobre Aleijadinho e artífices mineiros; Dora Alcântara, importante pesquisadora sobre o patrimônio cultural indígena e do que futuramente viria a ser o patrimônio imaterial; Lélia Coelho Frota, antropóloga e historiadora da arte, responsável pela organização da correspondência entre Rodrigo Melo Franco e Mário de Andrade, reunida no livro *Mário de Andrade: Cartas de Trabalho*; e Heloísa Alberto Torres, na direção do Museu Nacional e envolvida nos debates de criação do IPHAN. A fala inspiradora de Silvana Rubino pode ser vista em: https://www.youtube.com/watch?v=u6k

Por outro lado, a invisibilidade se dá também pela ausência de representações materiais que referenciem a participação de mulheres na constituição de nossa história e identidade. Levando em conta que a excepcionalidade tenha sido a chave de seleção de bens para o tombamento – para isso, basta ver a definição de patrimônio cultural no Decreto-lei 25/37[8], aplicada sem críticas por décadas – as mulheres, invariavelmente, ficam fora de cena. A elas, caberiam especialmente lugares de subalternidade os quais, apesar de em geral invisíveis, são essenciais para a reprodução da sociedade. Falo do trabalho do cuidado enquanto sustentáculo da reprodução e organização da vida. É nessa segunda faceta de invisibilidade que vamos focar nosso artigo.

A ideia de se pensar no cuidado como central na composição de nossa cultura e identidade tem especial relevância no contexto da pandemia de Covid-19. Com a declaração da quarentena e isolamento social em março de 2020, espaços públicos foram fechados, aglomerações foram proibidas, e as pessoas foram convidadas a ficar em suas casas. Creches e escolas não mais recebiam crianças e as trabalhadoras domésticas não foram trabalhar – ao menos a orientação era essa.

De repente, toda uma rede compartilhada de cuidado, sempre tão à disposição e por isso sempre tão tomada como óbvia, foi desmantelada. De repente, o trabalho do cuidado emergia pela sua ausência: homens e mulheres tiveram que lidar com suas reuniões de trabalhos às voltas com seus filhos os interrompendo com suas demandas cotidianas, com a comida a ser feita, com a roupa a ser lavada e o banheiro a ser limpo. O que a princípio foi visto de modo bastante romantizado – "ah, como é bom trabalhar do lado dos meus filhos e participar de seu crescimento" – logo revelou todo o peso do trabalho do cuidado. Não é um detalhe cuidar da casa e dos filhos enquanto se executa o trabalho produtivo. O trabalho reprodutivo demanda tempo e energia e não tem hora pra acabar.

Tão difícil é a desvinculação do trabalho produtivo do trabalho do cuidado, que é muito emblemático que a primeira morte por Covid-19

8z5aLklA&ab_channel=GTHist%C3%B3riaePatrim%C3%B4nioCulturalANPUH. Acessado em 6 de setembro de 2021.

[8] Vale a pena lembrar, em seu artigo 1º: "Constitue o patrimônio histórico e artístico nacional o conjunto dos bens móveis e imóveis existentes no país e cuja conservação seja de interêsse público, quer por sua vinculação a fatos memoráveis da história do Brasil, quer por seu excepcional valor arqueológico ou etnográfico, bibliográfico ou artístico.

no Rio de Janeiro em março de 2020 tenha sido de uma empregada doméstica[9]. A trabalhadora pegou a doença de sua empregadora, que voltou infectada pelo coronavírus de uma viagem que fizera para a Itália. Ela seguiu trabalhando apesar dos anúncios de que era necessário se praticar o isolamento. Sua morte foi um prenúncio dos desafios que seriam enfrentados nos longos meses de pandemia, com os trabalhadores produtivos vivendo cotidianamente o impasse entre trabalhar para serem remunerados e trabalhar para sobreviver.

Mas esse impasse não foi sentido da mesma forma por homens e mulheres. São alarmantes os dados levantados pela pesquisa *Sem parar: o trabalho e a vida das mulheres na pandemia*[10]. Logo de início, nos deparamos com a informação de que 50% das mulheres brasileiras passaram a cuidar de alguém por conta da pandemia. Das mulheres que já se ocupavam do cuidado de crianças, idosos ou pessoas com deficiência, 74% afirmaram que o trabalho do cuidado aumentou por conta da maior demanda por monitoramento e companhia. Das mulheres que seguiram trabalhando e sem aumento de salário, 41% afirmaram que houve um aumento de trabalho em função da pandemia. Em relação à rede de apoio ao cuidado, 51% das mulheres afirmaram que na pandemia o apoio diminuiu, gerando sobrecarga e mais jornada de trabalho para aquelas que continuaram a exercer atividade remunerada. Por fim, é interessante notar que o cuidado não é apenas com os relativamente incapazes. Na pandemia, 54% das mulheres negras e 44% das mulheres brancas responderam serem responsáveis pelo cuidado de adultos saudáveis e sem deficiência.

A centralidade do cuidado na reprodução da vida foi bem posicionada por Berenice Fisher e Joan Tronto, ao definirem que "todas as atividades, incluindo aquelas que pensamos como políticas, envolvem uma dimensão de cuidado porque, além de atuar, nós precisamos nos auto-sustentar enquanto atores" (1990: 39, apud Vieira, 2018: 41). Ou seja, independentemente de quem somos e do que fazemos, existem questões que são intrínsecas à nossa condição de seres humanos e que devem

[9] Notícia disponível em: https://g1.globo.com/rj/rio-de-janeiro/noticia/2020/03/19/rj-confirma-a-primeira-morte-por-coronavirus.ghtml. Acessado em 15 de setembro de 2021.

[10] Elaborado por Gênero e Número e SOF – Sempre Viva Organização Feminista. Disponível em: http://mulheresnapandemia.sof.org.br/wp-content/uploads/2020/08/Relatorio_Pesquisa_SemParar.pdf. Acessado em 23 de setembro de 2021.

ser endereçadas se quisermos seguir com capacidade de atuar e intervir no mundo.

Mas afinal, o que é o cuidado? De início, podemos já traçar a diferenciação entre o trabalho produtivo, aquele que tem valor econômico reconhecido e é historicamente associado aos homens, e o trabalho reprodutivo, aquele que não tem valor econômico reconhecido, associado a questões de sobrevivência e mormente executado por mulheres. E por que mulheres?

Silvia Federici indica como, na exploração do trabalho, a divisão sexual é peça fundante: de um lado, está o homem enquanto operário, que recebe um salário num suposto equilíbrio contratual com o patrão; de outro, está a mulher enquanto dona de casa, num suposto lugar natural da feminilidade – esse do cuidado da prole e do trabalho doméstico – que garante a reprodução não paga da força de trabalho. Como aponta Federici, "o capital também disciplinou o homem trabalhador, ao tornar 'sua' mulher dependente de seu trabalho e de seu salário, e o aprisionou nessa disciplina, dando-lhe uma criada, depois de ele próprio trabalhar bastante na fábrica ou no escritório" (2019: 44).

Assim, na divisão sexual do trabalho, temos uma mulher domesticada, que ao longo de todo seu crescimento é ensinada a ser subserviente e estar à disposição dos outros, e temos um homem domesticado, que se entende como o sustento econômico da família, não podendo ser exigente e/ou rebelde em relação às condições de seu trabalho. Trata-se de um duplo aprisionamento, portanto: do homem enquanto provedor econômico da casa e da mulher enquanto sustentáculo da vida doméstica e das relações sociais que a compõem.

Já nos anos 1970, Federici apontava para a invisibilidade do trabalho doméstico – que aqui, sem espaço para maiores ponderações, o colocamos como similar ao trabalho do cuidado – sendo a cobrança de salários uma estratégia revolucionária para lançar luzes sobre essa atividade essencial à reprodução humana:

> Na verdade, exigir salários para o trabalho doméstico não significa dizer que, se formos pagas, seguiremos realizando esse trabalho. Significa exatamente o contrário; dizer que queremos salários pelo trabalho doméstico é o primeiro passo para recusá-lo, porque a demanda por um salário faz nosso trabalho visível. Essa visibilidade é a condição mais indispensável para começar a lutar contra essa situação, tanto em seu

> aspecto imediato como trabalho doméstico quanto em seu caráter mais traiçoeiro como próprio da feminilidade (2019: 48).

Nos anos 1970, o movimento *Wages for Housework Campaign* reivindicava o reconhecimento da centralidade do trabalho doméstico para a reprodução da vida e da força de trabalho e rechaçava a pretensa naturalidade que enlaçava o cuidado às mulheres. Tal enlace seria um peso não apenas no âmbito doméstico, como também marcaria a atuação da mulher no mundo profissional. Como aponta Federici, o não assalariamento do trabalho do cuidado seria uma das primeiras causas da desigualdade de salários entre homens e mulheres no mercado de trabalho. Segundo a autora, "os empregadores sabem que estamos acostumadas a trabalhar por nada e que estamos tão desesperadas para ganhar um dinheiro próprio que eles podem nos ter a um preço baixo" (2019: 74).

A pretensa naturalidade entre mulher e trabalho do cuidado é o que leva à invisibilidade desse último. Analisando a composição do espaço doméstico na São Paulo da virada do século XIX para o século XX, Vânia Carneiro de Carvalho (2020) propõe um método de análise sobre a manifestação material do cuidado que é bastante reveladora e nos auxilia a pensar, num espectro mais amplo, como tem se dado o reconhecimento e a celebração do cuidado em nossas políticas de preservação. A autora fala em dinâmicas centrípetas e centrífugas para identificar como a materialidade da casa reflete, cada qual a seu modo, a presença de homens e mulheres.

A dinâmica centrípeta está relacionada à presença do homem no espaço doméstico. Em sua relação com a materialidade, o homem é substantivo e os objetos o adjetivam. Os bens distribuídos pela casa que são associados ao homem servem para lhe agregar características e reforçar sua individualidade e seu lugar no mundo. A partir do acervo do Museu Paulista, Carvalho analisa alguns objetos tipicamente associados ao lugar de poder do homem na organização do espaço doméstico. Entre eles, citamos as mesas de trabalho, as canetas e os óculos. Todos eles "apontam para a construção de uma masculinidade voltada para a máxima individualização" (Carvalho, 2020: 67 e 68). Os objetos contam a história e a posição social do homem individualizado, sublinhando sua participação na construção da sociedade por meio do trabalho, em especial o trabalho intelectual e político.

Vejamos o caso das canetas que compõem o acervo do Museu Paulista, tombado pelo IPHAN. Como aponta Carvalho, são diversas as canetas celebradas como objetos que materializam grandes feitos históricos ou figuras masculinas ilustres[11]. Ao mesmo tempo, não há uma única caneta no acervo que seja rememorada como pertencente a uma mulher. Não porque mulheres não soubessem escrever ou porque canetas não fossem objetos usados por mulheres, mas porque, enquanto os homens estavam à frente de grandes marcos históricos, às mulheres geralmente cabia o trabalho de manutenção das relações sociais em nível privado:

> As mulheres alfabetizadas da elite tinham o hábito de escrever. Sua correspondência mantinha a família e amigos próximos atualizados. Pelas cartas femininas eram feitas as encomendas de viagem e a comunicação entre o marido e os demais parentes. (...) No entanto, os objetos ligados à escrita feminina não tiveram o mesmo prestígio, certamente por estarem relacionados ao contexto de reprodução no qual a casa de insere (2020: 52).

No caso dos óculos, a dinâmica se mantém. A maior parte desses objetos está associada a figuras masculinas ilustres. Os únicos óculos femininos do acervo são um *face-à-main*, óculos para serem segurados com as mãos, indicando um uso rápido e pontual (Carvalho, 2020: 63).

A dinâmica centrípeta, que Vânia Carneiro de Carvalho associa aos homens, individualiza e valoriza a figura histórica excepcional sendo, portanto, tipicamente alinhada com o discurso autorizado do patrimônio. A mulher, de outro lado, está associada à dinâmica centrífuga: no espaço doméstico, ela trabalha para a manutenção do contexto ao seu redor, seja a nível material – aspectos físicos da casa – seja a nível relacional – cuidando das relações e dos agentes sociais com os quais convive. A mulher se desdobra e cuida do todo. Está em todos os lugares. Despende atenção a cada uma dessas camadas. Doando-se infinitamente, se dissipa no espaço.

[11] São elas: Prudente de Moraes, Campos Salles, Pedro de Toledo, Américo Brasiliense, Wenceslau Brás, Bernardino de Campos, Santos Dumont e Altino Arantes. Carvalho, Vânia Carneiro de, *Gênero e artefato: o sistema doméstico na perspectiva da cultura material – São Paulo, 1870-1920*. São Paulo: EDUSP/Fapesp, 2020, p. 49 e 50.

A excelência e o sucesso da atuação feminina, na leitura feita por Carvalho, estaria em atender e equilibrar as demandas domésticas de tal forma que elas passassem desapercebidas. Há aqui muita semelhança com as definições de cuidado feitas por Pascale Molinier (2012 apud Vieira, 2018). A partir de uma abordagem sociológica e psicológica, a autora propõe algumas formas de apreensão do cuidado: como *gentleness*, ou seja, como resposta adequada à fragilidade do outro; como *savoir-faire*, ou seja, quando bem feito, não é notado, porque se antecipa às necessidades; como trabalho sujo, ou seja, como aquele que entra em contato com os fluídos corporais, atividade tipicamente segregada e invisibilizada; e como trabalho inestimável, ou seja, como não passível de precificação.

A dinâmica centrífuga caracteriza-se pela inespecificidade. Em muito ela se assemelha ao que se espera do cuidado. O sucesso do papel feminino estaria na sua pulverização no espaço. Seu bom trabalho anula a sua presença. Se perceptível, ele deve ser fugaz e delicado, como a rápida utilização dos óculos *face-à-main* ou como a delicadeza da renda disposta no ambiente doméstico. Aliás, potente figura simbólica essa: a toalha de renda repousa na mesinha de centro e descansa graciosamente no espaço, escondendo toda a técnica, precisão, aprendizado e trabalho envolvidos em sua concepção. A renda está ali inespecificamente para tornar o ambiente acolhedor e familiar. Assim também o é a presença da mulher no espaço doméstico e no trabalho do cuidado: quando bem feito, desaparece. A relação centrífuga chega a tal ponto que a mulher se dilui e se confunde com o espaço: "(...) Beverly Gordon constata a ausência de distinções entre casa e corpo feminino ao observar a similaridade entre trabalhos manuais confeccionados para a casa e aqueles produzidos como adereço pessoal" (Carvalho, 2020: 78).

Em sendo "tarefa natural", "tarefa simples", "tarefa assessória", o trabalho do cuidado não condiz com o olhar do patrimônio cultural a partir da perspectiva do excepcional e de seu discurso autorizado. Sendo o trabalho doméstico sustentáculo da reprodução social, porém invisível do ponto de vista da produção capitalista, não espanta que essa invisibilidade se reflita nas políticas que celebram a construção de nossa história e identidade. Assim como na dinâmica centrífuga sabiamente desenhada por Vânia de Carvalho, o cuidado está em todo lugar, e por isso não está em lugar algum. Se o trabalho reprodutivo bem feito é aquele que não parece, fica realmente difícil pensar em como ele se materializaria e seria celebrado em bens reconhecidos como de interesse para a preservação, em especial na chave do discurso autorizado do patrimônio.

A partir dos anos 1960 e 1970, começa a haver um paulatino processo de alargamento do conceito de patrimônio cultural no mundo e no Brasil. Aos poucos, a narrativa do universal, do nacional, do uno, vai dando lugar ao cotidiano, ao vernacular, ao conjunto urbano, ao ordinário. Mas as práticas culturais institucionais e políticas ainda têm muita dificuldade em implementar esse entendimento alargado. É uma constante a dificuldade da acomodação do presente. A noção de originalidade é repetida um sem contar de vezes, por leigos e especialistas, todos como que se ausentando de seu papel político na construção do que entendemos por patrimônio e identidade. Talvez essa seja uma das facetas mais bem sucedidas da política de preservação, como defendeu Sérgio Miceli. São décadas de uma prática homogeneizante. Fomos muito bem treinados ao apego à originalidade, ao discurso hegemônico, à dinâmica centrípeta. E, nessa toada, assim como a presença da mulher que se dilui no espaço doméstico, o lugar cotidiano do cuidado é obliterado. É como se ele fosse a cama em que todos nos deitamos, mas que ninguém vê.

8.4 Um sobrevoo sobre o patrimônio e as mulheres

Não é uma pretensão esgotar o assunto da invisibilidade das mulheres nas políticas de preservação. Trata-se, na verdade, de um esforço em elaborar hipóteses e lançar luzes sobre a pouca representatividade das mulheres nos bens selecionados para tombamento. Para isso, propomos uma análise em sobrevoo, a partir de bens tombados a nível federal no Estado de São Paulo, pondo em questão em que medida é rememorado e/ou celebrado o trabalho do cuidado. Nossa hipótese é de que, na política cultural mais bem sucedida do Brasil, as mulheres tenham sido mantidas invisibilizadas.

A escolha desse universo de análise se dá justamente por compreendermos que é no campo do patrimônio nacional que são mais tensionados os argumentos homogeneizantes em torno dos valores que "devem importar" e "representar" a todos. Na outra ponta da cadeia, estariam os bens tombados a nível municipal, os quais, em tese, teriam um interesse mais localizado, específico, e por isso não mereceriam atenção a nível nacional. Os bens tombados a nível federal são veículo e materialidade para se debater e construir narrativas da história nacional – das nossas raízes sociais e culturais aos métodos construtivos e aos ciclos econômicos que moldaram os rumos do Brasil.

Para iniciarmos esse sobrevoo, emprestamos a análise fundamental de Antônio Augusto Arantes em seu artigo *Documentos Históricos, Documentos de Cultura* publicado na Revista do Patrimônio em 1987 – mesma edição em que saiu o já citado texto de Sérgio Miceli. No momento em que Arantes escreveu o artigo, havia cinquenta bens tombados pelo IPHAN no Estado de São Paulo. Conforme levantamento realizado pelo autor, "os imóveis são, em sua quase totalidade, templos e conventos católicos, sedes de propriedades rurais e residências urbanas, construídos principalmente entre os séculos XVII e XIX" (1987: 48). No que diz respeito especificamente às propriedades e residências, Arantes aponta que cerca de metade delas estariam associadas a personagens ilustres. Em um exercício conclusivo de análise, indica Arantes:

> O que se destaca efetivamente no conjunto dos tombamentos federais realizados em São Paulo são bens constitutivos da vertente luso-brasileira de nossa cultura e, no interior desta, o trecho de sua linha de desenvolvimento principal que vai do bandeirismo à cafeicultura do Vale do Paraíba (1987: 50 e 51).

Assim, há que se sublinhar que no recorte aqui proposto há uma sobrerepresentação de bens de uso institucional e religioso, bem como há uma grande ocorrência de bens associados a excepcionalidades, sejam elas arquitetônicas ou de agentes e fatos históricos. Nesse primeiro recorte, fica evidente a ausência de narrativas associadas às mulheres, em especial no que diz respeito ao trabalho cotidiano do cuidado. Vejamos, então, os bens tombados depois de 1987[12], excetuados os excepcionais e os de uso institucional ou religioso, para ver em que medida o diagnóstico de Antônio Augusto Arantes pode ser reformulado e presenças não centrípetas podem ser encontradas na materialidade preservada.

São dezesseis os bens tombados que se encaixam nesses filtros. Três deles são conjuntos urbanos e arquitetônicos – Iguape, São Luiz do

[12] Para tanto, utilizamos a relação disponibilizada pelo IPHAN e atualizada até maio de 2021. Disponível em http://portal.iphan.gov.br/uploads/ckfinder/arquivos/2021-05-12-%20CONTROLE%20BENS%20TOMBADOS.xlsx

Paraitinga e Bairro da Luz em São Paulo, tombados respectivamente em 2011, 2012 e 2016 – os quais celebram a construção de nossa trajetória nacional desde as implantações coloniais (como no Iguape) até os processos de consolidação da cafeicultura, imigração e urbanização (como São Luiz do Paraitinga e Bairro da Luz). Por seus perímetros abrangentes, tais tombamentos dizem muito mais sobre traçados urbanísticos e formas de ocupação do território, não havendo espaço para se debater a materialidade incidental e inespecífica do trabalho do cuidado.

A Coleção Nemirovsky também surge dos filtros acima esclarecidos como um bem tombado a nível federal no Estado de São Paulo. Em resumo, ela traz obras de arte referenciais do modernismo brasileiro, com telas de artistas como Tarsila do Amaral, Di Cavalcanti e Cândido Portinari. Ainda que eventualmente tematizem o papel da mulher na reprodução social e no trabalho do cuidado, as pinturas restringem-se ao campo da representação, extrapolando nossa análise, que busca elementos da cultura material que celebram ou rememoram o trabalho do cuidado.

Por fim, há que se falar sobre os tombamentos representativos da imigração japonesa no Vale do Ribeira, tombados em 2013. O perfil desses bens (são onze no total) destoa daquele desenhado por Arantes, à medida que traz à composição de nossa história nacional a participação de imigrantes para além dos portugueses. Esse caso é um claro exemplo de alargamento dos critérios para seleção dos bens de interesse para preservação a nível federal, porque reconhece a importância de outros povos na ocupação do território e na construção de culturas e identidades.

Nesse conjunto, chama a atenção a sinalização de que uma das casas tombadas pertenceu a uma mulher, a Senhora Susu Okiyama. Analisando o dossiê que fundamentou o tombamento desses bens no Vale do Ribeira, no entanto, fica em evidência que o critério para a seleção dessa casa, bem como a das outras residências, foi suas características construtivas e sua solução arquitetônica[13]. Não há que se desprezar o testemunho

[13] "As residências da família Hokugawa, Amaya, Fukasawa, do Sr. Gozo Okiyama, e da Sra. Susu Okiyama foram destacadas ao longo do processo de estudo como representativas por terem entre si grande diversidade de soluções, ao mesmo tempo em que conservam a unidade enquanto arquitetura da imigração japonesa. Todas são ricas no que se refere à técnica e à plasticidade. São construídas com estrutura auto-portante em madeira, com madeiramento encaixado (sambladuras) sem a utilização de pregos, e com vedações em

dessas construções no que diz respeito aos modos de construir e morar naquele início de imigração japonesa na região. Esse é um importante registro e um importante passo no sentido de reconhecer que nossa cultura material se nutriu de outras referências e culturas para além da portuguesa. No entanto, mantém-se aqui uma análise que se encerra na origem da construção, sem espaço para se debater as manifestações materiais do trabalho cotidiano do cuidado, as quais, por serem muitas vezes inespecíficas, se diluem no espaço, como na dinâmica centrífuga.

Concluído nosso sobrevoo sem encontrar vestígios de celebração do trabalho do cuidado, emerge a impressão de que será difícil encontrar no patrimônio cultural material, regado pelo discurso autorizado do patrimônio, bens tombados que cuidem de materialidades tão invisibilizadas. O trabalho do cuidado produz uma miríade de manifestações materiais. Mas se o seu sucesso está em seu apagamento – porque antecipa a necessidade ou se ocupa daquilo que a sociedade não deseja expor – há uma desconexão profunda entre a materialidade subjacente e seu elemento subjetivo. A materialidade é naturalizada, e a atuação das mulheres invisibilizada. É de se questionar, portanto, se inclusive faria sentido em se falar de patrimônio cultural material como veículo de rememoração dessa atividade fundante de nossa sociedade. Surge, então, a indagação se não seria o campo do patrimônio imaterial uma possibilidade de superação dessa invisibilidade.

Importante dizer, desde logo, que não acreditamos na divisão entre patrimônio material e imaterial. A construção feita até aqui propõe que todo patrimônio é intangível, porque é fruto de relações sociais e de constante atribuição e negociação de significados. Sendo sempre intangível, o patrimônio eventualmente carrega em si um componente material. Esse é um pressuposto do qual partimos. A partir dele, podemos refletir sobre o quanto a política de preservação do patrimônio imaterial tem permitido correções históricas no que diz respeito à contribuição das mulheres na construção de nossa cultura e de nossa identidade por meio do trabalho do cuidado.

pau-a-pique, com palha do arroz misturada ao barro. O telhado era feito primeiramente em palha, sendo substituído por telhas de barro, e, mais recentemente por fibrocimento. A estrutura das casas é suspensa do chão por embasamento que pode ser em tijolos ou em pedra", IPHAN, Bens culturais da imigração japonesa no Vale do Ribeira. Registro e Iguape – SP. Dossiê de tombamento, p. 176.

De acordo com dados atualizados em maio de 2021[14], o Brasil conta hoje com quarenta e nove bens imateriais registrados pelo IPHAN. Dentre eles, vemos referências ao protagonismo de mulheres em atividades tipicamente associadas ao plano doméstico. Esse é o caso, por exemplo, do Ofício das Paneleiras de Goiabeiras, da Ritxòkò: Expressão Artística e Cosmológica do Povo Karajá e das Tradições Doceiras da Região de Pelotas e Antiga Pelotas.

Notamos que nas políticas de preservação do patrimônio imaterial as dinâmicas da divisão sexual do trabalho também se fazem presentes. Ao mesmo tempo em que emerge o reconhecimento da contribuição das mulheres na construção dos saberes-fazeres, a elas é constantemente associado o lugar tipicamente do cuidado, não como centralidade da atividade celebrada, mas como apoio à sua realização. Essa constatação fica evidente em estudo realizado por Inês Virgínia Soares e Cecília Rabêlo, no qual é examinado se e em que medida a questão de gênero é mobilizada em quatro registros de bens imateriais[15].

Dentre os registros analisados, as autoras destacam aquele do Cordel como o único a expressamente a problematizar a abordagem de gênero na constituição desse bem imaterial. No que diz respeito às mulheres, diz o Dossiê que embasou o registro:

> O sistema editorial que se organizou em torno da literatura de cordel, consolidado na década de 1930 – formado por uma rede de autores, folheteiros, agentes –, foi organizado excluindo as mulheres de uma participação mais ativa. Às mulheres era atribuído o trabalho de costurar, dobrar e embalar os folhetos, além de auxiliar os companheiros nas mais diversas tarefas sem, no entanto, serem reconhecidas (apud Soares, Rabêlo, 2021: 164).

De novo aqui a dinâmica centrífuga desenhada por Vânia Carneiro de Carvalho é muito pertinente. O trabalho da mulher é essencial para o desenvolvimento daquele saber-fazer. No entanto, ele é relegado à condição de bastidor, de base sobre a qual performam os agentes

[14] Dados podem ser conferidos em http://portal.iphan.gov.br/uploads/ckfinder/arquivos/ListasBensRegistrados2021_25-08.xlsx. Acessado em 22 de setembro de 2021.

[15] São registros analisados pelas autoras o Círio de Nazaré, a Feira de Caruaru, o Cordel e a Capoeira.

masculinos. Muito comum, portanto, que também no reconhecimento dos bens imateriais sejam reproduzidas as dinâmicas machistas e patriarcais da sociedade. Como bem apontam Soares e Rabêlo, "o machismo e a invisibilidade do papel da mulher, presentes na sociedade de forma geral, são reproduzidos, quase sempre de maneira imperceptível, pelas instituições culturais e pelos atores que buscam a proteção do patrimônio imaterial" (2021: 167).

Invisível e imperceptível porque, num paralelo, é mantida a posição da mulher enquanto naturalmente associada ao cuidado e à manutenção da vida. Emprestamos a percepção de Jacira França, ao refletir sobre a presença das mulheres nos lugares de cultura: "seja preparando a comida dos brincantes que saem na folia, seja preparando as roupas da sua agremiação, seja dando suporte apoio e moral aos familiares e participantes do grupo, a presença da mulher sempre foi uma constante" (CULTURA, PE, 2017, apud SOARES, RABÊLO, 2021: 158 e seguinte). Nesse sentido, não se trata de denunciar a ausência da mulher na construção de nossas identidades, mas de lançar luzes sobre sua presença subalterna, primeiro para reconhecer sua importância, depois com o desejo de libertá-la de uma divisão sexual do trabalho alienante.

Ainda há uma outra camada de reflexão a ser feita no que diz respeito ao patrimônio imaterial. Justamente por sua roupagem flexível e dinâmica, ele acaba muitas vezes sendo inferiorizado em relação ao patrimônio material e seu discurso autorizado. Isso porque o imaterial não traz em si uma materialidade una, que possa ser celebrada. O patrimônio imaterial, com suas práticas e saberes, resulta sim em muitas materialidades, mas são materialidades do cotidiano, difíceis de serem abraçadas em um contexto de celebração do passado desconectada de práticas intrinsecamente cotidianas e do presente.

Existe uma grande dificuldade em associar o patrimônio imaterial a uma dimensão de interesse nacional. O local, a especificidade, a diferença, essas são lentes que em geral compõem o valor dos bens registrados. Não à toa apenas três dos quarenta e nove bens imateriais são considerados de abrangência nacional[16]. Fica então a questão: o quanto que reconhecer a contribuição das mulheres especialmente no campo do

[16] São eles o Ofício das Baianas de Acarajé, o Ofício dos Mestres de Capoeira e a Roda de Capoeira.

imaterial não é reforçar seu lugar de subalternidade, de especificidade, quase de exceção?

Esse incômodo, para o qual não propomos solução, traz consigo outras provocações. Em primeiro lugar, é preciso trazer para dentro do debate do patrimônio material e imaterial a contribuição das mulheres. Ou seja, é preciso revelar a tal presença constante, é preciso valorizá-la e celebrá-la como constituinte de nossa cultura e identidade, à revelia da invisibilidade que as dinâmicas centrífugas podem trazer às manifestações materiais do cuidado. E para isso é necessário desconstruir o discurso autorizado do patrimônio presente em nossas políticas. Em paralelo, é necessária uma paulatina desconstrução da fronteira entre o material e o imaterial, porque ela alimenta os elementos fundantes do discurso hegemônico – do valor estético imanente e dos critérios objetificados.

8.5 Um novo patrimônio?

No contexto da corrente historiográfica da nova história, nascida nos anos 1970, Joan Scott (2011) coloca a seguinte questão, frente ao caráter essencialmente branco e masculino do campo disciplinar: como lidar com a ausência das mulheres nos relatos e registros históricos? Falar das mulheres é fazer um ajuste de rotas, com completamentos necessários? Nesse caso, não estaria subjacente a confirmação do modo hegemônico como se produziu a história até ali? Considerando que a disciplina se constituiu até aquele momento com contínuos apagamentos de metade da população – as mulheres enquanto protagonistas de seu tempo e também enquanto pesquisadoras que pensam e escrevem sobre a história – é válida a história até então produzida?

A problemática trazida por Scott lançava luzes sobre o que Martha Minow (1997 apud Scott, 2011: 79) chamou de “dilema da diferença”. Ao trazer a especificidade da história das mulheres, não ficaria sublinhado o discurso de uma “história universal”, cujo protagonista é o homem branco? Nesse sentido, enfrentar a invisibilidade das mulheres na história e na historiografia sempre será, em alguma medida, uma subversão e uma desconstrução do até então construído. Nas palavras de Scott:

> Reivindicar a importância das mulheres na história significa necessariamente ir contra as definições de história e seus agentes já estabelecidos como “verdadeiros”, ou pelo menos, como reflexões acuradas sobre

> o que aconteceu (ou teve importância) no passado. E isso é lutar contra padrões consolidados por comparações nunca estabelecidas, por pontos de vista jamais expressos como tais (2011: 80).

Do mesmo modo e com muitas semelhanças, ao agregar às narrativas de identidade, cultura e memória aquelas adjacentes e esquecidas das mulheres, não estaríamos reforçando o lugar de centralidade do protagonismo masculino, relegando à mulher o lugar de especificidade, excentricidade, de via marginal do processo de constituição de nossa identidade?

Tomando emprestada a reflexão de Scott, podemos dizer que pensar o protagonismo das mulheres nas políticas de preservação não é apenas um reconhecimento ou um "remedo" de que havia algo ali que ainda não havia sido visto, e que deve ser agora trazido à luz para uma mais "completa" política de preservação. Esse movimento pode ser também um questionamento radical da própria constituição do campo. Focado no excepcional, nos marcos históricos, dificilmente haveria protagonismo para as mulheres, historicamente relegadas ao trabalho invisível do cuidado e à manifestação material centrífuga de Vânia Carneiro de Carvalho. Independentemente da (in)visibilidade que tiveram, os trabalhos reprodutivos das mulheres foram sustentáculo para os feitos grandiosos celebrados pelas políticas de preservação.

A subversão do debate sobre as mulheres no patrimônio é tal que anda de mãos dadas com o questionamento mesmo do sistema de exploração capitalista e de divisão sexual do trabalho, porque propõe colocar em pé de igualdade o trabalho econômico-produtivo e o trabalho inestimável-reprodutivo. Sem desprezar todo o construído até aqui, fica o desafio de pensarmos em caminhos possíveis para tornar visível a presença das mulheres no campo da preservação sem que esse movimento seja entendido como um simples completamento do que foi protegido até agora. A pandemia de Covid-19 veio como um evento global que, dentre outras coisas, para sempre marcou o modo de se perceber e valorizar o trabalho do cuidado. Ela trouxe uma incontornável desalienação à centralidade desse trabalho silencioso e indispensável para a reprodução da vida. Assim, trazer as mulheres para o debate sobre a conformação dos nossos bens culturais é colocar em xeque os critérios, padrões e referências pelos quais o campo do patrimônio cultural se consagrou.

Referências

ARANTES, Antônio Augusto, Documentos históricos, documentos de cultura, *Revista do Serviço do Patrimônio Histórico e Artístico Nacional*, n. 22, 1987, p. 48-55.

CARVALHO, Vânia Carneiro de, *Gênero e artefato: o sistema doméstico na perspectiva da cultura material – São Paulo, 1870-1920*. São Paulo: EDUSP/Fapesp, 2020.

COSTA, Lucio, Plano de Estudos para a Divisão de Estudos e Tombamento da DPHAN, 1949; e Casa à Rua Mairynk Veiga, n. 9, 1971, in PESSÔA, José, (org.), *Lucio Costa: documentos de trabalho*. Brasília: IPHAN, 1999.

FEDERICI, Silvia, *O ponto zero da revolução: trabalho doméstico, reprodução e luta feminista*. São Paulo: Ed. Elefante, 2019.

FONSECA, Maria Cecília Londres, *O patrimônio em processo: trajetória da política federal de preservação no Brasil*. Rio de Janeiro: Editora UFRJ, 2009.

FRANCO, Afonso Arinos de Melo, *Desenvolvimento da civilização material no Brasil*. 3ª ed. Rio de Janeiro: Topbooks Editora, 2005.

GÊNERO E NÚMERO, SEMPRE VIVA ORGANIZAÇÃO FEMINISTA, *Sem parar: o trabalho e a vida das mulheres na pandemia*, 2021. Disponível em http://mulheresnapandemia.sof.org.br/wp-content/uploads/2020/08/Relatorio_Pesquisa_SemParar.pdf. Acessado em 23 de setembro de 2021.

IPHAN, *Bens culturais da imigração japonesa no Vale do Ribeira. Registro e Iguape – SP*. Dossiê de tombamento.

IPHAN, MINISTÉRIO DA CULTURA, Compromisso de Brasília, 1970. Disponível em <http://portal.iphan.gov.br/uploads/ckfinder/arquivos/Compromisso%20de%20Brasilia%201970.pdf>.

IPHAN, MINISTÉRIO DA CULTURA, Compromisso de Salvador, 1971. Disponível em <http://portal.iphan.gov.br/uploads/ckfinder/arquivos/Compromisso%20de%20salvador%201971.pdf>.

MENESES, Ulpiano Bezerra de, A cidade como bem cultural. Áreas envoltórias e outros dilemas, equívocos e alcance na preservação do patrimônio ambiental urbano, in MORI et. al. (orgs), *Patrimônio: atualizando o debate*. 2ª ed. ampl. São Paulo: Fundação Energia e Saneamento, 2015.

MENESES, Ulpiano Bezerra de, Os "usos culturais" da cultura. Contribuição para uma abordagem crítica das práticas e políticas culturais, in YÀZIGI et. al. (orgs), *Turismo: espaço, paisagem e cultura*. São Paulo: Editora Hucitec, 1996.

MICELI, Sérgio, SPHAN: Refrigério da cultura oficial, in MICELI, Sérgio, *Intelectuais à brasileira*. São Paulo: Companhia da Letras, 2001, p. 357-368.

RUBINO, Silvana, *Patrimônio tem gênero?*, 2021. Vídeo disponível no Youtube em: https://www.youtube.com/watch?v=u6k8z5aLklA&ab_channel=GTHist%C3%B3riaePatrim%C3%B4nioCulturalANPUH. Acessado em 17 de agosto de 2021.

SCOTT, Joan, História das mulheres, in BURKE, Peter (org.), *A escrita da história: novas perspectivas*. São Paulo: Ed. Unesp, 2011.

SMITH, Laurajane, *Desafiando o discurso autorizado de patrimônio, Caderno Virtual de Turismo*, 2021, vo. 21, núm. 2, pp. 140 – 154.

SMITH, Laurajane, *Uses of heritage*. Oxon, UK: Routledge, 2006.

SOARES, Inês Virgínia P. Soares, RABÊLO, Cecília, Registro de mulheres (in)visíveis no patrimônio imaterial brasileiro, in SOARES et al. (orgs.), *Patrimônio imaterial e políticas públicas no Brasil: trajetórias e desafios*. Belo Horizonte: Ed. Letramento, 2021.

SOLNIT, Rebecca, *Os homens explicam tudo para mim*. São Paulo: Ed. Cultrix, 2017.

VIEIRA, Regina Stela Correa, *Cuidado como trabalho: uma interpelação do Direito do Trabalho a partir da perspectiva de gênero*. Tese (Doutorado), Faculdade de Direito da Universidade de São Paulo, 2018.

9.
MULHERES INDÍGENAS, PODER E ANCESTRALIDADE: O PAPEL DE LIDERANÇAS INDÍGENAS NA DEFESA DOS DIREITOS DOS POVOS ORIGINÁRIOS

Nathália Mariel Ferreira de Souza Pereira
Puyr Tembé

Introdução

O presente trabalho, apesar de ser um esforço acadêmico e uma construção com fundamentos científicos e metodológicos, é também uma forma de homenagear e destacar a importância do papel da mulher nos espaços indígenas e sim, abandonando um pouco o distanciamento científico, usar da admiração e da experiência judicial para avaliar as funções e como se desenvolve, de maneira tão única e peculiar, o protagonismo das mulheres indígenas nas lutas de seu povo.

Ainda em 2014, quando assumia minha primeira lotação como Procuradora da República, tive a honra (e sorte) de ser lotada no Município de Paragominas, no Ministério Público Federal do Pará e ser apresentada ao meu primeiro grande desafio: ser a responsável pelas demandas do povo indígena Tembé que reside na Terra Indígena do Alto Rio Guamá-TIARG. Foi nessa experiência que conheci uma destacada liderança desse povo, minha querida coautora, Puyr Tembé.

Os Tembé se identificam com gente verdadeira, significado de sua língua, *tenetehar*, oriunda do tronco tupi (família Guarani) e possuem uma luta (assim como outros povos indígenas) intensa relacionada à demarcação e defesa de seu território. Aprendi muito mais do que pude ajudar, convivendo com esse povo e aprendi, em especial, com a Puyr.

Não teria como abordar o tema de gênero, luta e papel de lideranças indígenas na defesa dos direitos dos seus povos, sem abordar a experiência da Puyr. Importante destacar que ao contrário do que historicamente a noção colonizadora quis inserir no estudo dos povos originários, eles são diversos, de várias etnias, línguas, costumes, mas que se identificam em comum pela luta da terra e da preservação de sua cultura.

Então, seriam diversos os exemplos de lutas de mulheres indígenas como lideranças, assim como essas próprias lutas seriam ao todo distintas, mas a escolha do relato da Puyr para introduzir a abordagem do estudo aqui proposto foi uma opção de recorte meramente exemplificativo, para reforço do papel da importância da ocupação desses espaços.

O artigo se inicia com relato pessoal de Puyr Tembé sobre sua experiência como liderança indígena e, posteriormente, trataremos de avaliar o que seria esse feminismo indígena, quais as vantagens de avaliar as diversas vias de opressão que recaem sobre a mulher nesse caso sob o véu da interseccionalidade. Por fim, a ideia é avaliar um pouco do histórico de luta das organizações de mulheres indígenas e sua importância, com as considerações finais pertinentes.

9.1 A voz da mulher indígena: a experiência de Puyr Tembé

Me chamo Puyr Tembé, sou liderança e ativista indígena, pertenço ao povo Tembé, da aldeia São Pedro, que fica localizada no estado do Pará, no município de Santa Luzia do Pará. Meu papel é defender quem eu sou e a vida dos povos indígenas. A terra onde nasci chama-se Terra Indígena Alto Rio Guamá, tendo sido reservada em 1945 pelo extinto SPI (Serviço de Proteção ao Índio), foi interditada em 1990 e homologada em 1993. Com cerca de 2 mil indígenas, é considerada uma das mais antigas terras indígenas reconhecidas no Brasil e no Estado do Pará. No entanto, diversos pontos da terra continuam invadidos por não indígenas. Os indígenas estimam em mais de 300 atividades ilegais no território, muitas das quais ligadas à extração clandestina de madeira.

Isto mostra que nós, povos indígenas, já nascemos com espírito guerreiro e militante. À medida que crescemos vamos estudando, buscando conhecimentos e assumindo uma linha de luta dentro das comunidades e do movimento indígena. No meu caso, optei pela linha da luta territorial e pela garantia e permanência da participação das mulheres indígenas dentro dos eixos temáticos da saúde, educação, meio ambiente, sustentabilidade e política.

Sou mãe de três meninas, Nimu'y Tembé, Minu'y Tembé e Milena Nana'y Tembé, e avó de duas meninas e dois meninos. Hoje trabalho na Secretaria de Estado Justiça e Direitos Humanos (SEJUDH) como gerente de Promoção e Proteção dos Direitos dos Povos Indígenas e também estou como Presidente da FEEPIPA (Federação dos Povos Indígenas do estado do Pará). Fiz meus estudos de educação básica na Escola Indígena Estadual na aldeia e em seguida realizei o ensino médio fora da aldeia, quando passei a frequentar a escola na cidade.

Depois de algum tempo fui conquistando um certo protagonismo como indígena e, fortalecendo essa pauta, pude ocupar cargos públicos no governo. Nesse contexto, fui a primeira indígena a ocupar o cargo de coordenadora na Coordenação de Educação Escolar Índigena no estado do Pará pela Secretaria Estadual de Educação (SEDUC) e fui parte da primeira turma de Direito na Universidade Federal do Pará (UFPA), em 2010, pela política de Ações Afirmativas, porém não cheguei a concluir.

Em 2008, fui a primeira mulher indígena que entrou para formar parte da equipe do órgão central da Secretaria de Estado de Educação SEDUC/Pará ainda como Coordenadora de Educação Escolar Indígena, permanecendo até 2012. A minha entrada no órgão central se deu a partir de um convite da própria secretária de estado da época, que depois me disse que o fato de eu ser mulher, jovem e militante do movimento de mulheres, contribuiu e foi importante nesta escolha.

Outro ponto decisivo foi o aval das lideranças indígenas que naquele momento se encontravam em um Seminário sobre Educação dos povos indígenas do Pará. E, em conjunto, eles decidiram para que eu aceitasse o convite e tomasse posse do cargo.

Além disso, dentro da luta indígena, fui uma das organizadoras da *Primeira Marcha das Mulheres Indígenas* no Brasil, militando sempre em prol da participação das mulheres em todas as instâncias políticas, porque a ausência de mulheres nas posições de poder — como posições políticas — e a falta de representação pode contribuir para a violência contra o nosso seguimento.

Além do mais, a influência das mulheres também é limitada pela maneira em que as escolas apresentam a história dos povos indígenas e percebendo isto, só me fortalece o desejo de mudar o contexto educacional das escolas públicas e particulares, ou melhor, de mudar também o material didático no Brasil, pois estes precisam falar sobre os povos indígenas contemporâneos, para que essas crianças e jovens entendam este indígena de hoje.

Então, é por isso que um grupo de mulheres teve a iniciativa de começar a mobilizar e organizar em 2016 um momento que ficasse marcado na história do nosso país. Foi então que lançamos a *Marcha das Mulheres Indígenas*, em 2019, que foi uma construção coletiva construída pelas mãos das mulheres das cinco regiões deste lindo Brasil, do qual fiz parte nesta construção. A Marcha foi uma mobilização histórica em Brasília, em que reuniu mulheres indígenas de diversas regiões brasileiras manifestando contra questões mais conflituosas de suas vivências.

No entanto, não foi só o processo da Marcha que nos despertou essa organização política. Anteriormente, houve momentos de preparação para que pudéssemos chegar naquela grande Marcha. Ou seja, já vínhamos construindo pautas e pautas, falando destes espaços que precisávamos e que precisamos continuar ocupando hoje.

Esta Marcha foi fruto de um grande projeto chamado "Voz das Mulheres Indígenas", iniciativa implementada pela ONU Mulheres em cooperação com a Embaixada da Noruega e as organizações indígenas que fomentou o empoderamento, a mobilização social e a participação política de mulheres indígenas de diversos povos no Brasil. Este projeto nos ajudou na compreensão e fortalecimento da luta pelos nossos direitos, e nos mostrou que podemos estar na linha de frente debatendo sobre vários temas transversais.

O evento "Marcha das Mulheres Indígenas, Território: Nosso Corpo, Nosso Espírito", dentro do escopo do projeto, encorajou e resultou em muitas candidaturas de mulheres indígenas nos estados e municípios. Ou seja, isso é um saldo muito positivo, porque entendemos que estamos enfrentando o sistema e encarando-o de igual para igual, apesar de sabermos que ainda há muito que se fazer e aprender, e muitos outros desafios a serem enfrentados.

Temos mulheres em vários espaços de tomada de decisões, como órgãos, assessorias, gabinetes, à frente de organizações indígenas. Também há médicas, professoras, advogadas entre tantos outros. Como foi dito, só estamos começando e vamos dominar estes espaços que também são das mulheres indígenas.

Uma questão a ser falada, que também tem ligação com a luta das mulheres, diz respeito ao desafio principal dos povos indígenas no Brasil: a continuidade das demarcações dos territórios. Este direito é reconhecido na Constituição Brasileira de 1988, mas foi contestado pela PEC 215, que dá ao Congresso Nacional o poder de mudar as demarcações, ao invés dos órgãos do Estado especializados na questão indígena, como a FUNAI. Assim, os territórios indígenas que não foram reconhecidos antes de 1988 agora têm muitos obstáculos para conseguir seu reconhecimento.

Sem a demarcação, os territórios são invadidos e seus recursos naturais são levados. A relação entre o povo e a terra indígena não é apenas material, também tem uma dimensão espiritual. Por isso defendemos não apenas para quem hoje nela está, mas sim para nossas futuras gerações, Ou seja, é a única herança que podemos dar continuidade, porque foi passada dos nossos ancestrais, dos avôs e avós, mães e pais, filhos e filhas, netos e netas.

E isso, o homem branco nunca vai entender. Isto é, essa maneira de nos relacionarmos com nosso território. Sempre propomos um reconhecimento real dos nossos direitos e dos nossos territórios indígenas, e também a integração dos povos indígenas nas narrativas da história, cultura e memória do Brasil, sem preconceitos nem prejuízos.

A discussão sobre mulheres indígenas vem sempre carregada pelo debate e luta pelo território, não faz sentido discutir gênero sem aliar as situações às quais as comunidades estão sendo submetidas. Isto é, constantemente invadidas com fins de atividades ilegais e contrárias ao modo de vida indígena, em outras palavras, é o território e as vidas indígenas que são ameaçadas e, por vezes, perdidas.

Precisamos avançar no sentido de unir esforços e tecer teias de colaboração para encorajar cada vez mais e encarar os desafios, porque só a luta coletiva é que vai conseguir conter essa avalanche que está constantemente aterrorizando a vida indígena. E nós, mulheres indígenas, representamos e fazemos um grande diferencial para as mudanças que se fazem necessárias no mundo.

9.2 Um feminismo indígena? Vias de opressão e interseccionalidade

Os estudos de gênero são variados e os campos de pesquisa envolvem diversos desafios. É interessante avaliar até que ponto existem convergências ou não com a avaliação do tema em face do componente indígena. Qual a leitura que pode ser feita sobre as mulheres indígenas, que respeite em especial as diferenças metodológicas e o alcance de práticas e costumes desses povos?

Não avaliaremos os conceitos e as múltiplas possibilidades que envolvem a temática de gênero, contudo traremos a sua leitura mais atual, moderna, que faz com que a sua ideia seja a de um conceito que engloba não apenas a questão biológica, mas, e de maneira mais intensa inclusive, envolve as relações entre poder, conhecimento e práticas sociais.

São as relações sociais e a linguagem que se tornam elemento central para nos permitir avaliar a importância da perspectiva de gênero como uma categoria a ser aplicada em todas as ciências e espaços sociais e assumindo um construcionismo social. Entendemos o gênero como uma construção social, um sistema de significados que se constrói e se organiza nas interações e que governa o acesso ao poder e aos recursos. "Não é, assim, um atributo individual, mas uma forma de dar sentido às transações: ele não existe nas pessoas, mas sim, nas relações sociais". (Crawford; Denzin, 1995 apud Nogueira, 2001),

A perspectiva de gênero para o estudo das mulheres indígenas é um instrumento que nos garante ampliar a visão possível de políticas de defesa para os povos originários e, em especial, que permite sustentar a importância da voz dessas mulheres em prol de uma sociedade que preze pela alteridade e que abrace as consequências do contato dos povos com a cultura branca. Cada um desses itens será explorado a seguir.

Antes de mais nada, importante destacar que um dos grandes problemas do feminismo, identificado desde seus primeiros trabalhos e debates, é a tendência da universalização, o colocar mulheres em uma categoria homogênea sem considerar as diferenças e particularidades de grupos que deveriam se apoiar para juntos formar um movimento mais dialogicamente forte.

Os primeiros rompantes de um feminismo universal foram levantados pelo feminismo negro com o trabalho de diversas pesquisadoras e autoras que identificaram a violência da homogeneização, que acaba se somando à via de opressão patriarcal e esmagando todo um grupo sem voz.

A metodologia que nos permite avaliar o resultado do encontro de diversas vias de opressão é a interseccionalidade, expressão usada por Kimberle Crenshaw (alguns estudos demonstram que Lélia Gonzalez já tratava da mesma ideia) para identificar grupos que sofrem não apenas um, mas dois ou mais sistemas opressores agindo sobre sua existência.

Mulheres indígenas sofrem não apenas discriminação e exclusão baseada em seu gênero, mas também em razão de serem indígenas e também, em sua maioria, em razão de sua situação social de pobreza. Todas essas vias, somadas, servem para conferir aos estudiosos um olhar mais completo sobre os desafios e também para fornecer ferramentas de ensino de como reagir e viver em um sistema de exclusões.

Para além da necessidade desse olhar interseccional sobre as vias de opressão sobre a mulher indígena, o outro grande esforço que deve ser feito é o de saber que os povos originários são compostos por múltiplas cidadanias. Não se trata de um grupo homogêneo e carrega consigo todas as particularidades oriundas dos costumes e vivências de cada povo.

Iniciamos o artigo compartilhando o relato de uma vivência na etnia Tembé, mas são diversos outros grupos, com costumes e com papéis delimitados para as mulheres em sua organização social, geralmente decorrentes de situações antigas envolvendo poder e tradição.

A título de exemplo, usando as mulheres Kadiwéu e as da etnia Guarani/Kaiowá e Bororo, temos que enquanto as mulheres Bororo e Guarani/Kaiowá se destacaram pela condição de guardiãs das tradições e costumes de suas etnias, as mulheres Kadiwéu se destacaram por sua habilidade como artesãs e ceramistas:

> Não que não representassem também um papel importante na manutenção dos costumes e valorização da própria cultura, mas o fazem essencialmente por meio da cerâmica. Lévi Strauss, (1996) descreve como traço extraordinário uma arte gráfica dos Kadiwéu, cujo estilo é incomparável diante de quase tudo o que a América pré-colobiana nos legou e que só lembra, talvez, a decoração de nossas cartas de baralho. (Grubits; Darrault-Harris; Pedroso, 2005, p. 370).

Interessante que existem algumas etnias que colocam a mulher com um espaço de poder muito grande dentro da organização interna daquele povo:

> A propósito das observações sobre mulheres indígenas encontramos informações importantes nos relatórios das visitas de parlamentares a terras indígenas e audiências públicas realizadas nos estados de Mato Grosso, Mato Grosso do Sul, Rondônia, Roraima, Pernambuco e Santa Catarina de 07 a 17 de outubro de 2003, devido a "Conflitos em Terras Indígenas" (Relatório das visitas..., 2003):
>
> Pôde-se perceber que as mulheres indígenas, ao mesmo tempo em que possuem poder no interior das comunidades, em geral não são reconhecidas como representantes destas perante os não-índios. Entretanto, é importante ouvir sua voz. Não que se proponha trazê-las para frente da roda, pois isso poderia implicar um desrespeito à cultura dos índios, o que provavelmente seria rechaçado pelas próprias mulheres indígenas. O que se faz necessário é que a política indigenista também possua um corte de gênero, ou seja, que os problemas das comunidades indígenas sejam vistos também da perspectiva feminina. Tal atitude será benéfica não somente para as mulheres, mas para a política indigenista como um todo. (Grubits; Darrault-Harris; Pedroso, 2005, p. 364).

Diante de mais essa particularidade decorrente das diversas culturas inseridas no contexto do que chamamos de povos indígenas, devemos ter muito cuidado no sentido de evitar a simples aproximação do movimento de mulheres indígenas com o feminismo, o que poderia gerar risco de distorções por estarmos nos referindo a culturas diferentes, com valores, práticas e representações sobre o corpo, sobre a sexualidade e sobre a condição feminina não necessariamente convergentes.

9.3 A exclusão da mulher indígena no olhar antropológico, a necessidade de uma lente de gênero e a questão das indígenas inseridas em contexto urbano

Algo que sempre é levantado quando falamos de mulheres indígenas e perspectiva de gênero é: onde estão essas mulheres nas leituras antropológicas e nas análises políticas e de organização social dos povos originários?

> Um fato notório é que as mulheres indígenas são grandes desconhecidas, seja nas políticas públicas, na tradição etnológica. Este é um aspecto de rápida identificação pela grande lacuna de dados

> consolidados a respeito da mulher indígena. Isso se deve principalmente ao pouco destaque recebido pelas mulheres nos estudos antropológicos; esta lacuna tem sua origem na oposição entre público x privado na qual foi dividida a vida social pela tradição acadêmica – com a conseqüente depreciação do espaço doméstico, além da tradicional "supremacia" masculina nas organizações. (Santos, 2012).

A ênfase dada aos homens nos estudos etnológicos envolve a importância dada ao papel masculino de agente de contato com o mundo exterior; a valorização cultural da caça e da guerra, que são atividades normalmente atribuídas aos homens e a existência de rituais secretos exclusivos aos homens, que funcionam como momentos de afirmação de identidade cultural e da própria masculinidade.

Por outro lado, a mulher indígena nesses estudos é representada como o elemento passivo da cultura, ora aparecendo como item de negociação para garantir alianças a partir do parentesco, ora como elemento apenas da esfera doméstica, reproduzindo o já conhecido confronto entre espaços público e privado como estruturante de processos sociais mais complexos (Lasmar, 1999).

É nesse contexto que surge a importância da antropologia feminista, um olhar de gênero dentro dos estudos etnográficos:

> As leituras da Antropologia Feminista estabelecem o ponto de partida da dupla condição de invisibilidade da mulher indígena Terena, enquanto minoria, indígena e mulher, na esfera política global do mundo ocidental, que é uma condição de submissão histórica de invisibilidade. A linha paradoxal das transformações da realidade social, que possivelmente ocorre com a inserção da mulher indígena no espaço público de poder, aponta que ao percorrermos as representações da mulher indígena é imperativo que nos deparemos com acúmulos de negação de direitos, quanto da sua identidade indígena, substanciado pela própria condição feminina na civilização ocidental, à qual ser mulher é ocupar uma posição na estrutura social de segunda categoria. Assim como questionam as intelectuais feministas ocidentais, desde os primeiros passos da humanidade ocidental como há destacado Beauvoir, Safiotti, Rubin, entre outros importantes destaques, na literatura feminista. (Duarte, 2017, p. 21).

A função dessa antropologia com perspectiva de gênero é explicar o processo de inserção das mulheres indígenas nos espaços de poder e na formação do processo de tomada de decisão além de permitir visualizar o potencial do olhar de alteridade mais completa sobre as políticas públicas e ações afirmativas levantadas e defendidas pelas mulheres indígenas para a transformação de sua realidade social.

Por muitas vezes, e aqui faço apenas um parênteses sobre a antropologia feminista porque ao fundo é uma questão que envolve todo o debate de gênero, as pautas feministas são vistas como exclusivas de mulheres e com disputas de poder que acabam apenas garantindo ganhos para esse grupo, quando na verdade, a alteridade e olhar mais atento sobre políticas públicas, especialmente com uma paridade na composição desse debate, produz um aumento de qualidade do próprio resultado dessas discussões, promovendo assim melhorias para toda sociedade (Cornnell, 2016).

Afinal, a falta de efetividade em programas voltados aos povos indígenas é reflexo da inoperância de políticas públicas para os mesmos e como consequência desta negligência, as condições de vida desta população específica tornam-se precárias:

> Haja vista que, a sociedade se fez compreendida por uma homogeneidade enquanto que as grandes diferenças e complexidades, que de fato ocorrem em nosso cotidiano, fossem ignoradas. Portanto, a inserção da mulher como sujeito na história tem o poder modificador nas ciências, nas estruturas da força de trabalho, na administração do Estado e do mercado econômico. (Muraro, 2001, p. 7, 8 e 9).

Para a análise das políticas sociais e indigenistas o que temos é a invisibilidade da mulher nesses espaços, o que carrega além da complexidade entre a relação do eu e do outro, a complexidade do que é viver em um sistema formalmente não estatal também sob ampla influência do Estado. É um feixe de opressões vindo de sistemas formais e não formais.

> O antropólogo Pierre Clastres, afirma que nas sociedades estatais a estrutura político-administrativa é centralizada e especializada, de modo a garantir a ordem social lançando mão de recursos que podem ou não ser utilizados. Quando que, nas sociedades não estatais em sua estru-

> tura organizativa não há a presença do Estado, assim como é o caso das sociedades indígenas. Portanto, no sistema não estatal indígena há um sistema de controle social próprio representado por caciques, por exemplo, entre outros modos de liderança e estruturação política (De Paula; Vianna, 2011, p. 15). E embora seja esse seu modo organizativo, os indígenas convivem também com o modelo estatal, haja vista que seus territórios são considerados da União, e quando em centros urbanos, estes ainda, respondem às diretrizes do Estado. (Duarte, 2017, p. 34).

Um ponto que deve ser levado em consideração é que o contato e maior convívio de comunidades indígenas com a sociedade ocidentalizada carregou para dentro de suas organizações, nossas reproduções de discriminação e isso é uma preocupação apresentada por diversas lideranças indígenas.

> Com relação às mudanças nos papéis de gênero, uma das preocupações das lideranças femininas expressa durante o encontro foi a "adequação" do que possa representar as transformações nos papéis de gênero a partir da experiência do contato em função da diversidade de culturas dos povos indígenas. Há um consenso sobre a necessidade de questões delicadas como a participação feminina ser discutida com muito cuidado em cada comunidade, dada a diferença entre as culturas indígenas. (Santos, 2012).

É justamente o que extraímos da identificação de que as primeiras associações de mulheres indígenas surgiram em contexto urbano, onde o contato com o mundo ocidentalizado é maior, como a AMARN (Associação de Mulheres Indígenas do Alto Rio Negro) e a AMISM (Associação das Mulheres Indígenas de Mulheres Indígenas Sateré-Maué), que são inclusive as primeiras organizações de mulheres surgidas na Amazônia.

Apesar de termos, até em sua grande maioria, sociedades indígenas que possuem modelos equitativos de gênero nos quais homens e mulheres se complementam em suas tarefas dentro da família e na sociedade, o maior e progressivo contato com o homem branco vem causando um aumento da influência dessas sociedades dominantes, através da colonização e a repressão, reestruturado os papéis antes equitativos.

> Por conta da vinculação das mulheres aos espaços domésticos, sendo estes vistos sempre como mais tradicionais, as mulheres são relacionadas a uma maior resistência à mudança e encaradas como o elemento mais conservador dos grupos. O antagonismo sexual é comum em praticamente todas as sociedades humanas, bem como o caráter misógino das restrições que tem como objeto o comportamento feminino, seu acesso aos espaços, ao conhecimento dos rituais sagrados ou à legitimação política para negociar (Rosaldo & Lamphere, 1976). Nas sociedades indígenas não é diferente. Os marcadores de gênero são ditados pelo costume; o mito justifica e sustenta a ordem social, inclusive a exclusão da mulher da esfera política. (Santos, 2012).

Diversas mulheres indígenas identificam que nos últimos tempos estão enfrentando o mesmo conjunto de condições injustas impostas pelas sociedades dominantes em razão do aumento desse contato e precisam saber como enfrentar esses sistemas de exclusão social inseridos agora em suas próprias comunidades.

> Uma preocupação política por construir um feminismo da diversidade que considere a pluralidade de contextos nos que as mulheres vivem as desigualdades de gênero e desenvolvem estratégias para sua transformação. (Hernandez, 2008, p. 17).

Identifica-se, nas associações de mulheres indígenas, discursos políticos com um forte potencial emancipatório, que têm ido procurando estabelecer diálogos interculturais, ajudando a construir alianças políticas baseadas no reconhecimento da diferença, buscando facilitar a identificação de um conjunto de pautas na agenda de reivindicações dessas mulheres, diante não apenas de sua exclusão de gênero, mas diante de sua condição indígena.

9.4 A importância das mulheres como lideranças, os direitos dos povos originários e as primeiras organizações

Em razão do contato com a cultura ocidental e o aumento das preocupações com as demandas de gênero no âmbito das comunidades, é identificado o surgimento de diversas associações de mulheres indígenas bem como a identificação de pautas antes não avaliadas.

Além disso, é possível identificar para além do aumento no número de associações de mulheres, o crescente espaço dado a elas nas organizações indígenas de modo geral, bem como o maior capital social obtido por estas nas agendas públicas e o espaço aberto por agências financiadoras de projetos sociais junto às comunidades, com a criação de linhas de trabalho específicas para as questões de gênero. Transformações que são sintomáticas para identificar a crescente demanda de uma análise de gênero nessas comunidades.

As mulheres indígenas vêm demonstrando, para além das questões culturais que identificam a sua inserção em espaços de poder na organização de algumas etnias, uma preocupação e maior sensibilidade para as demandas de gênero em que foram inseridas. O crescimento das organizações de mulheres nas associações indígenas em contexto urbano indica algumas das estratégias adotadas por elas para a sobrevivência de seu grupo familiar e expressam um novo momento de afirmação de uma identidade em formação.

> A política cultural desenvolvida por estas mulheres através de suas organizações locais, nacionais ou transnacionais tem significado o descentramento dos discursos hegemônicos e uma confrontação nas relações de dominação que acontecem nos diversos âmbitos de poder, ou seja, o discurso feito pelos mesmos movimentos indígenas e a política nacional externa com uma visão universalista e assimilacionista. Um fato de importância simbólica que apresentou a visibilidade das mulheres indígenas no movimento indígena foi a emergência e seu protagonismo no levantamento indígena de Chiapas no México em 1994, onde surgiu a Lei Revolucionária de Mulheres que deu a conhecer o Exército Zapatista de Libertação Nacional, reconhecendo-se os direitos das mulheres indígenas a assumir cargos públicos, herdar terras ou decidir sobre seu próprio corpo, direitos que em muitos casos implicariam o quebre com a tradição comunitária. (PINTO, 2010, p. 6).

O papel dessa consciência de gênero ou a chamada "identidade étnica feminina insurgente" (SANCHEZ, 2004) foi algo que emergiu em diversas instâncias das comunidades indígenas e podem, como já dito, serem identificadas no aumento das organizações e redes de mulheres indígenas em nível local, nacional e internacional e ainda através do impacto dessa consciência em diversos graus nas comunidades indígenas, mas em geral influindo positivamente ao mexer nas estruturas tradicionais destes povos e, por conseguinte, levando a questionar às mesmas mulheres indígenas sua posição na sua família e comunidade

As organizações de mulheres indígenas nos permitem detectar que a questão de gênero não identifica esse grupo apenas através dos elementos social e culturalmente mais ligados aos filhos e às famílias, mas sim ligadas à sua condição dentro da comunidade, as preocupações que abrangem não apenas sua condição biológica, mas também aquelas elaboradas como mães, filhas e parentas.

A luta das mulheres também provoca uma série de outras questões que acabam nascendo no bojo de seu movimento, especialmente pelo aprendizado trazido com a forma de resistência contra tantas formas de opressão. Outros grupos e novas demandas surgem, demandas que poderiam estar silenciadas, mas que com o exemplo da resistência e do diálogo de gênero, ganham espaço. O que dizer da necessidade de políticas específicas para os idosos indígenas, para as crianças, para os adolescentes, para o indígena urbanizado?

De maneira geral, sempre é importante bater nesse ponto, os povos indígenas pensam e lidam de modo distinto aos não índios com a política e com os problemas brancos, justamente por serem pautados por códigos e símbolos morais que fazem jus ao seu modo de vida originário e não de acordo com o modo de vida ocidental e esse estigma ainda percorre de maneira dura as mulheres indígenas:

> Portanto, ainda que em contexto urbano as ações e representações se articulam em caracteres de diferentes aspectos no âmbito das motivações e interesses, pois tais interesses de ações políticas se remetem em prol da sua cultura. Em afirmação dessa distinção temos que, como já bem exposto por Eduardo Nunes (2010), a imagem do índio é categoricamente inferiorizada e estigmatizada em comparação ao não índio. Deste modo, a crença na inferioridade e incapacidade do índio na realização de atividades comuns aos brancos simboliza, como afirma Juliana Melo (2013), que embora haja o (pré) conceito entorno dos povos indígenas, os purutuias não percebem que estes, os índios, estão há tempos inseridos nas cidades e, para além disso, colaboram na construção do cotidiano urbano, apesar de injustamente serem percebidos como "anomalias". (Hall, 2005).

Além disso, é interessante verificar que as associações de mulheres indígenas vão esbarrar em problemas comuns às organizações de gênero de maneira geral:

> O associativismo das mulheres indígenas ainda esbarra em problemas de várias ordens: estruturais, como a dificuldade técnica em captar recursos para a manutenção das organizações e das próprias lideranças e de ordem de legitimidade, uma vez que elas têm que disputar espaço fora e dentro das organizações maiores, onde seu espaço político ainda é precário e necessita de fortalecimento. Apesar da criação dos departamentos e organizações de mulheres indígenas dentro ou fora das organizações já ter se tornado relativamente comum, as indígenas ainda ressentem-se de dificuldades em serem reconhecidas como lideranças dentro das organizações, uma vez que seu capital político – a representatividade de um segmento tradicionalmente "invisível" na arena política – é de origem distinta da dos homens. (Santos, 2012)

O olhar da mulher indígena, em organizações coletivas ou individualmente, permite uma maior clareza para análise mais completa sobre os problemas das políticas envolvendo comunidades tradicionais, possibilitando assim uma defesa e argumentações que abranjam todos os grupos inseridos naquele contexto:

> Durante o meu trabalho naquela região, pude observar a atuação de Ângela voltada para a organização de mulheres indígenas. Interessada pelo tema, solicitei à liderança que autorizasse minha participação na 2ª Assembleia de Mulheres Indígenas da Região de Oriximiná, que foi realizada na aldeia Santidade, no Rio Cachorro em maio de 2016, e envolveu mulheres de diferentes idades dos rios Cachorro, Nhamundá e Mapuera. Ao participar deste encontro, compreendi que o mesmo teve origem na primeira Assembleia, também organizada por Ângela (representando a AIKATUK), realizada em fevereiro de 2015 na aldeia Chapéu (Rio Cachorro). Segundo a liderança, já teria sido possível observar resultados positivos do primeiro encontro como, por exemplo, uma inesperada participação ativa das mulheres na etapa local do CNPI (Conselho Nacional de Política Indigenista) – 80% dos delegados escolhidos para as etapas regionais eram mulheres. Nesta segunda Assembleia, cuja principal pauta foi a saúde das mulheres, e contou com

> presença de enfermeiras que representavam a Secretaria Especial de Saúde Indígena (Sesai), ficou evidente para todos os presentes que muitas das reivindicações levantadas pelas mulheres nunca haviam sido apresentadas ou discutidas em outras assembleias.
>
> Além de apresentarem demandas mais gerais em relação ao serviço de saúde que já são recorrentes em outros espaços de discussão – como falta de postos de saúde, contratação de Agente Indígena de Saúde e fornecimento de medicamento suficiente nas aldeias – pela primeira vez foram apresentadas questões específicas relacionadas à saúde da mulher indígena como a falta de maca ginecológica, falta de estrutura adequada para realização de exames ginecológicos nas aldeias e salubridade das salas de acolhimento às mulheres no puerpério na Casa de Saúde Indígena (Casai) da cidade. (Dutra, 2019).

No relato, acima reproduzido, é possível ver a diferença do olhar de uma mulher, liderança indígena, sobre uma determinada questão, o que nos permite concluir acerca dos enormes ganhos advindos de uma alteridade nesses espaços e da presença imprescindível da mulher.

Inclusive, segue no relato destacando que naquela reunião foi possível identificar a questão do parto de mulheres indígenas em contexto urbano, onde estas declararam que não estavam satisfeitas, pois, no hospital, os médicos não permitiam que elas entrassem acompanhadas e não autorizavam que o parto fosse realizado conforme seus costumes, o que para além de uma violação de gênero clássica, pelo desrespeito com a mulher parturiente, demonstrava um desrespeito cultural, com as práticas daquele grupo.

Elas ainda denunciaram que nos hospitais corta-se e joga fora, sem autorização das mães, o cordão umbilical, o que não é uma prática desejável para aquele povo, pois não é compatível com seus rituais e cosmologia:

> Em linhas gerais, as mulheres indígenas querem uma distribuição de oportunidades mais equânime, de acordo com o redimensionamento dos papéis sociais de gênero provocados pelo contato, maior sensibilidade das lideranças masculinas, dos parceiros e da sociedade sobre os câmbios sociais e as transformações dele decorrentes na vida das mulheres. Não se justifica que benefícios básicos como acesso à escola, atenção à saúde e políticas específicas sejam negados ou subtraídos das mulheres

> indígenas. Esta é uma das mensagens que as mulheres constantemente evocam. Sem dúvida o sentido de autonomia preconizado pelo movimento das mulheres indígenas é diferente do defendido pelo movimento feminista. Transposto da esfera acadêmica para os movimentos sociais, o conceito de gênero tem sofrido vários câmbios teóricos. Estes câmbios de sentido, em se tratando do movimento de mulheres indígenas, acontecem nos dois sentidos: tanto em relação ao conceito, que precisa ser revisto para aplicação, quanto em relação às próprias mulheres e o movimento de forma geral, que dele se apropriam para balizar os debates e reivindicações. (Santos, 2012).

Em meio a isso, há um levante de mulheres indígenas empoderadas na busca por seus espaços de direito, o de se inserir no espaço de poder. Portanto, isto é um simbolismo de resistência, tendo em vista que é uma mulher indígena lutando para se inserir e pautar políticas em um espaço criado por e para homens. É uma mulher indígena na busca da superação de toda forma de preconceito e discriminação vivenciada, principalmente, por meio da execução e construção efetiva de Políticas Públicas para os povos indígenas.

Conclusões

O olhar de gênero é imprescindível quando se discute o tema de políticas públicas e a completude necessária para uma democracia mais efetiva. Ocorre que quando falamos de gênero em questões de povos originários, são muitos os desafios enfrentados para que não haja, como resultado, um silenciamento das particularidades desses grupos e uma universalização que acabe por violentar as condições das mulheres nessas organizações.

A questão da existência de diferentes etnias e culturas e costumes que vão variar de acordo com o povo, igualmente devem ser consideradas como forma de preservar suas particularidades e potencializar a defesa de seus direitos.

Igualmente não se pode ignorar a inserção, para dentro dessas organizações, de culturas de discriminação oriundas de nossa sociedade ocidentalizada e que acabam carregando consigo os desafios da exclusão, com uma carga redobrada pela via da exclusão étnica. O esforço de gênero deve ser acompanhado pela lente da interseccionalidade e por uma antropologia feminista que faça uma melhor adequação das lutas e políticas para e por mulheres indígenas.

Por fim, todo esse esforço teórico serve para justificar e esperar, com otimismo, que a análise das políticas públicas mais completa, plural, seja pautada pelo respeito e pela ocupação dos espaços de diálogo, por mulheres indígenas, responsáveis pela luta de seus povos e que carregam consigo toda uma visão única, que contribui para os esforços de toda comunidade.

Que o relato aqui trazido e que o discurso construído com a liderança Tembé Puyr, seja apenas mais um reforço da necessidade de mulheres nesses espaços e o entendimento sobre todas as violências ao qual estão submetidas, mas igualmente, todo o potencial de sua luta e sua contribuição para uma sociedade plural, justa e mais igual.

Referências

BONETTI, Alinne de Lima. Etnografia, gênero e poder: antropologia feminista em ação. *Mediações*, Londrina, v. 14, n. 2, p. 105-122, dez. 2009. Disponível em: http://www.uel.br/revistas/uel/index.php/mediacoes/article/view/4509. Acesso em: 10 maio 2017.

DE PAULA, Roberto de Paula; VIANNA, Fernando de Luiz Brito. *Mapeando Políticas Públicas para Povos Indígenas*. Rio de Janeiro: Contra Capa Livraria; LACED/Museu Nacional/UFRJ, 2011. 116p.

DUARTE, Danielly Coletti. Protagonismo de mulheres indígenas no espaço de poder: resistência e superação. *Movimentação, Doutorados*, v. 4, n. 6, p. 20-44, 2017. Disponível em: https://ojs.ufgd.edu.br/index.php/movimentacao/article/download/9475/4996. Acesso em: 27 ago. 2021.

DUTRA, Juliana Cabral de O.; MAYORGA, Claudia. Mulheres Indígenas em Movimentos: Possíveis Articulações entre Gênero e Política. *Psicol., Ciênc. Prof.*, n. 39, set. 2019. Disponível em: https://www.scielo.br/j/pcp/a/TmkJTj6vTNMxpzhB3jhbPjK/?lang=pt. Acesso em: 28 ago. 2021.

GRUBITS, Sonia; DARRAULT-HARRIS, Ivan; PEDROSO, Maíra. Mulheres indígenas: poder e tradição. *Psicol. Estud.*, v. 10, n. 3, dez. 2005. Disponível em: https://www.scielo.br/j/pe/a/DpMvQpVB7KBxKxVc7ZHp3Vc/?lang=pt. Acesso em: 28 ago. 2021.

HALL, Stuart. *A Identidade Cultural na pósmodernidade*. RJ: Editora DP&A, 2005.

HEBISCHER, Verena. O conhecimento como resultado de relações conflituosas entre grupos. *In*: GERGEN, Mary (ed.). *O pensamento feminista e a estrutura do conhecimento*. Rio de Janeiro: Rosa dos Tempos: EdUnb, 1993.

HERNANDEZ, R. (org.). *Etnografias e historias de resistencia:* Mujeres indígenas, procesos organizativos y nuevas identidades políticas. México: Centro de Investigaciones y Estudios em Antropologia Social: UNAM, Programa Universitário de Estudios de Gênero, 2008. 516 p.

HERNANDEZ, R. Descentrando el feminismo, leciones aprendidas de las luchas de las mujeres indígenas. *In*: HERNANDEZ, R. (Edit) Etnografias e historias de resistencia: Mujeres indígenas, procesos organizativos y nuevas identidades políticas. México: Centro de Investigaciones y Estudios em Antropologia Social: UNAM, Programa Universitário de Estudios de Gênero, 2008. p. 15-44.

IBGE. Instituto Brasileiro de Geografia e Estatística. Disponível em: https://www.ibge.gov.br/. Acesso em: 12 jun. 2017.

LASMAR, Cristiane. Mulheres indígenas: representações. *Revista Estudos Feministas.* v. 7, n. 1 e 2, p. 143-156, 1999.

MACHADO, Meline; EYNG, Vanessa (orgs.). *Plano de Gestão Terra Indígena Alto Rio Guamá.* Brasília: ECAM, 2018. 106 p. Disponível em: http://ecam.org.br/wp-content/uploads/2018/04/pgta-tiarg-web3.pdf. Acesso em: 27 ago. 2021.

MELO, Juliana G. Dimensões do Urbano: O que as narrativas indígenas revelam sobre a cidade? Considerações dos Baré sobre Manaus, AM. *Teoria e Controle,* Juiz de Fora, v. 8, n. 1, p. 115 a 126, jun. 2013. Disponível em: https://periodicos.ufjf.br/index.php/TeoriaeCultura/article/view/12182. Acesso em: 10 maio 2021.

MURARO, Rose Marie; PUPPIN, Andrea Brandão. *Mulher, gênero e sociedade.* Rio de Janeiro: Reúne Dumará, 2001. 173p.

NUNES, Eduardo Soares. Aldeias urbanas ou cidades indígenas? Reflexões sobre índios e cidades. *Espaço Ameríndio,* Porto Alegre, v. 4, n. 1, p. 9-30, jun. 2010.

OLIVEIRA FILHO, João Pacheco de. *Ensaios em antropologia história***.** Rio de Janeiro: Editora UFRJ, 1999, 272p.

ORTNER, Sherry B. *Making Gender: the politics and erotics of culture.* Boston: Beacon Press, 1966.

PINTO, Alejandra Aguilar. Reinventando o feminismo: as mulheres indígenas e suas Demandas de gênero. *In*: *Diásporas, Diversidades, Deslocamentos.* Florianópolis, 23-26 ago. 2010. Disponível em: http://www.fg2010.wwc2017.eventos.dype.com.br/resources/anais/1276200140_ARQUIVO_ApresentFazendoGenero Aleword.pdf. Acesso em: 28 ago. 2021.

PORTAL GELEDÉS. *Dialogando com Kimberle Crenshaw (ou: porque falar de interseccionalidades nos limita).* Disponível em: https://www.geledes.org.br/dialo gando-com-kimberle-crenshaw-ou-porque-falar-de-interseccionalidades-nos-limita/. Acesso em: 27 ago. 2021.

RUBIN, Gayle. *O tráfico de mulheres. Notas sobre a "Economia Política" do sexo.* Tradução de Christine Rufino Dabat. Recife: SOS Corpo, 1993.

SACCHI, Ângela; GRAMKOW, Márcia Maria. (Orgs.). *Gênero e povos indígenas:* coletânea de textos produzidos para o "Fazendo Gênero 9" e para a "27ª Reunião Brasileira de Antropologia". Rio de Janeiro, Brasília: Museu do Índio/ GIZ / FUNAI, 2012. Disponível em: http://www.educadores.diaadia.pr.gov.br/arquivos/File/pdf/genero_povos_indigenas.pdf. Acesso em: 27 ago. 2021.

SAFFIOTI, Heleieth Iara Bongiovani. *A mulher na sociedade de classe: mito e realidade.* Petropolis, RJ: Vozes, 1976. 383p.

SANTOS, Fabiane Vinente dos. Mulheres indígenas, movimento social e feminismo na Amazônia: empreendendo aproximações e distanciamentos necessários. *Revista EDUCAmazônia – Educação Sociedade e Meio Ambiente, Humaitá,*

LAPESAM/GISREA/UFAM/CNPq/EDUA, a. 5, v. 8, p. 94-104, jan./jun. 2012. Disponível em: file:///C:/Users/Natalia/Downloads/Dialnet-MulheresIndigenasMovimentoSocialEFeminismoNaAmazon-4133411.pdf. Acesso em: 27 ago. 2021.

SCOTT, Joan. *Gender*: a useful category of historical analyses. Gender and the politics of history. Tradução: Christine Rufino Dabat e Maria Betânia Ávila. New York: Columbia University Press, 1989.

SILVA, Enir Bezerra da. *Onde já se viu, na cultura indígena, uma mulher ser cacique?*. Ministério Público Federal.

SILVA, Luiz Felipe Barros da; BERNADELLI, Mara Lúcia Falconi da Horta. A Constituição da comunidade urbana água bonita em Campo Grande/MS: territorialidade e identidade indígena. *In*: ENCONTRO NACIONAL DE GEÓGRAFOS, n. 18, 2016.

STRATHERN, Marilyn. Uma relação incômoda: o caso do feminismo e da antropologia. *Mediações*, Londrina, v. 14, n. 2, p. 105-122, dez. 2009. Disponível em: https://edisciplinas.usp.br/pluginfile.php/365006/mod_resource/content/1/Strathern%2C%20Uma%20rela%C3%A7%C3%A3o%20inc%C3%B4moda.pdf. Acesso em: 10 maio 2017.

VERDUM, Ricardo (org). Mulheres Indígenas, Direitos e Políticas Públicas. *In*: CASTILHO, Ela Wiecko. V. de; et al. *Mulheres Indígenas, direitos e Políticas Públicas.* Brasília: Inesc, 2008.

10.
AS CATADORAS DE MANGABA DE SERGIPE: PROTAGONISMO CULTURAL E CONFLITOS SOCIOAMBIENTAIS

Lívia Tinoco

Introdução

No Estado de Sergipe se encontra uma população tradicional, majoritariamente formada e liderada por mulheres que se apresentam como Catadoras de Mangaba e cuja atividade principal é o extrativismo da mangaba, fruto da mangabeira (*Hancornia Speciosa Gomes*), geradora de importante fonte de renda, de afirmação identitária e de destaque social.

A mangabeira é uma árvore típica da Mata Atlântica e é muito comum no litoral nordestino, porém não é apenas ocorrente nessa região, pois também pode ser encontrada no cerrado e na caatinga. Seu extrativismo é praticado por populações tradicionais desses biomas para produção de diversos produtos como sucos, doces, licores, bombons e sorvetes. Infelizmente, a ocorrência natural dos mangabais vem sofrendo uma drástica diminuição, decorrente do conhecido problema do desmatamento da Mata Atlântica na zona costeira brasileira. Em Sergipe, as áreas naturais de mangabeiras estão situadas ao longo do litoral, desde a Foz do Rio São Francisco que fica ao norte do Estado até a Foz do Rio Real, situada ao sul.

A população tradicional que pratica o extrativismo da mangaba em Sergipe se autodenomina Catadoras de Mangaba e nelas é possível reconhecer uma forma de expressão própria, modos típicos de criar, fazer e viver: criações artísticas como os cânticos que entoam ao realizar a coleta, criações gastronômicas como o licor, o bolo e o bombom de mangaba, produções fonográficas como CDs, cinematográficas como documentários, programas de televisão de exclusiva relação com elas e tudo isso realizado a partir dos territórios onde plantam, cultivam, colhem, se reproduzem física e culturalmente, conservam suas memórias e constroem sua identidade.

Todo esse caldo cultural deixa patente que as Catadoras de Mangaba de Sergipe destacam-se como um grupo inserido no contexto constitucional da proteção às comunidades tradicionais, bem como no contexto internacional da Convenção 169 da Organização Internacional do Trabalho (OIT), merecendo um olhar atento da sociedade civil e das instituições estatais, além dos pesquisadores que estudam práticas culturais sob a perspectiva de gêneros.

Nos últimos 20 anos, as Catadoras de Mangaba de Sergipe têm se envolvido em uma intensa mobilização social e política voltada a não perder o acesso às áreas que tradicionalmente utilizam para o extrativismo. Nesse ínterim, criaram, em 2007, o Movimento das Catadoras de Mangaba de Sergipe (MCM) e por meio de parcerias com diversas instituições foram apresentando à sociedade a sua identidade, através da divulgação de suas práticas extrativistas, de suas receitas, de seus produtos, de seus cânticos, de seus saberes e de sua visão do mundo.

A peculiaridade e beleza do Movimento das Catadoras de Mangaba de Sergipe, o encantamento que causam a quem mais amiúde busca conhecê-las, não tem sido suficiente, entretanto, para impedir os conflitos sociais que envolvem essa comunidade tradicional e que põem em risco a sua sobrevivência. Desmatamento, plantio de espécies exóticas como eucalipto e cana-de açúcar, construção civil e especulação imobiliária, violência no campo e em áreas urbanas, pragas e o vertiginoso cercamento de áreas nas quais o extrativismo era praticado livremente são ameaças constantes no cotidiano das Catadoras.

A presença do Movimento das Catadoras de Mangaba de Sergipe (MCM) em relevantes comissões, como a Comissão Nacional de Desenvolvimento Sustentável dos Povos e Comunidades Tradicionais

(CNPCT), a Comissão Mista Intersetorial do Plano Nacional para Fortalecimento das Comunidades Extrativistas e Ribeirinhas (Planafe) e a Comissão Nacional de Fortalecimento das Reservas Extrativistas e dos Povos Extrativistas Costeiros e Marinho (Confrem), conferiram-lhes visibilidade, mas não as imunizaram de intenso risco de desaparecimento.

Comunidades tradicionais em todo o Brasil têm praticado seus modos de viver e mantido saberes relacionados com os recursos naturais há muitas décadas. Nessas práticas, a sustentabilidade ambiental e a conservação desses recursos têm convivido com a utilização e manejo de espécies, notadamente com a finalidade da subsistência.

Em 2019, a Revista Nature publicou um artigo tratando da importância das comunidades tradicionais para a conservação ambiental no mundo. O artigo contou com a participação de 15 países, inclusive instituições brasileiras como a Embrapa Amazônia Oriental, a Universidade de São Paulo (USP) e o Instituto Tecnológico Vale (ITV). O artigo denominado "Biocultural approaches to pollinator conservation"[1] resultou de um trabalho coordenado pela agência nacional de pesquisa da Austrália – Commonwealth Scientific and Industrial Research Organisation (CSIRO) que produziu dados sobre preservação ambiental e comunidades étnicas ou tradicionais.

Segundo o trabalho científico, povos indígenas e comunidades tradicionais atuam como polinizadores e sustentam meios de vida sustentáveis que vinculam ecossistemas, valores espirituais e culturais e sistemas de governança consuetudinários. As práticas de conservação são inerentes à manutenção dos meios de subsistência dessas comunidades e no modo de vida, no modo de fazer desses grupos estão a prática de valorizar a diversidade e promover a diversidade biocultural, as práticas de gestão da paisagem e os sistemas agrícolas diversificados, que trazem benefícios culturais, ecológicos, econômicos e de qualidade de vida não só para os envolvidos, mas para a coletividade como um todo.

Como conclusão, o trabalho aponta a necessidade de que gestores de todo o mundo desenvolvam políticas públicas para apoiar a conservação baseada na abordagem biocultural, que vão desde criar legislação para acesso aos conhecimentos e áreas de comunidades tradicionais, passando por assegurar direito ao território tradicional, fortalecimento de práticas

[1] https://www.nature.com/articles/s41893-019-0244-z acesso em 13/07/2021 às 13h16.

de conservação, compartilhamento entre saberes tradicionais e saberes científicos e fortalecimento do patrimônio cultural e natural.

Esse artigo visa apresentar ao leitor o Movimento das Catadoras de Mangaba de Sergipe, seu protagonismo, suas lutas, seus saberes, mas também os conflitos socioambientais nos quais se veem diuturnamente inseridas e os desafios que necessitam enfrentar para afirmarem-se, perpetuarem-se e conquistarem o respeito aos seus direitos, por parte da sociedade e do poder público.

10.1 Caracterização das catadoras de mangaba de Sergipe como comunidade tradicional, sua inserção nas proteções da legislação estadual sergipana e na convenção 169 da OIT

Os melhores estudos, mapeamentos e a mais completa caracterização das Catadoras de Mangaba de Sergipe, até o momento, foram realizados sob a coordenação da Embrapa Tabuleiros Costeiros, em um trabalho interinstitucional, nomeado Mapa do Extrativismo da Mangaba em Sergipe, originalmente publicado em 2009[2], e que veio a ser posteriormente atualizado em 2017, por meio de uma segunda publicação. Esses levantamentos decorreram de uma solicitação do Ministério Público Federal à Embrapa, após a apresentação da demanda pelo Movimento das Catadoras de Mangaba.

Os referidos diagnósticos apontam que nos 13 Municípios sergipanos onde existem áreas naturais com ocorrência de mangaba[3] foram identificadas 72 comunidades de catadoras, nas quais 1.776 famílias se dedicam ao extrativismo da fruta, que dá sustento direto a aproximadamente 5.328 pessoas. Esse extrativismo é a principal fonte de renda para quase 40% das famílias que o praticam, porém, a grande maioria das catadoras não detém a posse das áreas em que realizam a coleta, dependendo da tolerância, da aceitação ou da parceria com os donos das terras.

[2] Vieira, D. L. M.; Rodrigues, R. F. de A.; Pereira, E. O.; Amaral, C. de S.; Moraes, A. da C.; Lessa, C. M.; Santos, J. V. dos; Pereira, C.; Barreto, C.; Oliveira, P. C. U. de O. Mapa do extrativismo da mangaba em Sergipe: ameaças e demandas. Aracaju: Embrapa Tabuleiros Costeiros, 2009.

[3] Santa Luzia do Itanhy, Indiaroba, Estância e Itaporanga d'Ajuda, Aracaju, São Cristóvão, Nossa Senhora do Socorro, Barra dos Coqueiros, Santo Amaro das Brotas, Pirambu, Japaratuba, Japoatã e Pacatuba.

Os estudos coordenados pela Embrapa em 2009 decorreram da necessidade de melhor conhecer a integralidade da atividade que se dispersava pelo Estado de Sergipe, em diversos municípios localizados na zona costeira, *habitat* preferencial da mangabeira, para assim fornecer material que possibilitasse a formatação de políticas públicas para o grupo, após identificar as ameaças e demandas. Porém, em 2015, percebendo um aumento dos conflitos e a resultante perda exponencial de áreas livres para o extrativismo, o MCM solicitou ao Ministério Público Federal que uma atualização do mapeamento fosse realizada, a fim de constatar o incremento da diminuição dessas áreas. Assim, a Embrapa renovou os esforços e, em 2017, lançou o segundo mapa do extrativismo da mangaba[4], com situação mais atual, trazendo, inclusive, o quadro comparativo da disponibilidade de áreas em 2009 e 2016.

O novo levantamento realizado 6 anos depois demonstrou uma redução de um terço (30%) das áreas de ocorrência de mangabeiras[5], com o desaparecimento da espécie em áreas naturais de 10.456 hectares (29,6%), nos municípios de Barra dos Coqueiros, Estância, Indiaroba, Itaporanga d'Ajuda, Japaratuba, Japoatã, Pacatuba, Pirambu e Santa Luzia do Itanhy, no período de 2010 a 2016. A pressão sobre as mangabeiras resulta da pressão sofrida pelo bioma Mata Atlântica no Estado de Sergipe, que hoje conta apenas com pequenas áreas remanescentes, haja vista o intenso processo de desmatamento incidente sobre a faixa litorânea.

Segundo dados do Censo Agro 2017, Sergipe é o segundo maior produtor de mangaba do país, com 766 toneladas, perdendo apenas para o Estado do Rio Grande do Norte, o qual produz 1.072 toneladas[6]. As associações de catadoras de mangaba, no Estado, maiores responsáveis por essa produção, contam com mais de 600 mulheres. A mangaba tem sido um fator de empoderamento feminino para essas mulheres.

[4] Rodrigues, R. F. de A.; Silva Júnior, J. F. da; Mota, D. M. da; Oliveira, E. P. de; Schmitz, H. Mapa do extrativismo da mangaba em Sergipe: situação atual e perspectivas. Brasília, DF: Embrapa, 2017

[5] https://www.embrapa.br/busca-de-noticias/-/noticia/31342606/mapa-do-extrativismo-da-mangaba-em-se-disponivel-para-download, acesso em 13/07/2021 às 09h22

[6] https://censos.ibge.gov.br/2012-agencia-de-noticias/noticias/26745-conhecido-pela-producao-de-crustaceos-sergipe-mostra-diversidade-agropecuaria.html acesso em 15/07/2021, às 22:45h

A atividade extrativista da mangaba no Estado de Sergipe é liderada, precipuamente, por mulheres, as quais são a maioria no Movimento das Catadoras de Mangaba, assumindo também em maior porcentagem a representação das associações ou cooperativas de catadoras. Essas mulheres são responsáveis pela subsistência de suas famílias ou contribuem significativamente para o orçamento familiar a partir da atividade extrativista que realizam.

As mulheres catadoras de mangaba mobilizaram-se, reuniram em um evento mais de 100 pessoas ligadas ao extrativismo e fundaram, em 2007, o Movimento das Catadoras de Mangaba de Sergipe, cujo mais importante legado foi o autorreconhecimento, pois a partir dali, assumiram a identidade de catadoras, abandonando o uso de expressões como pegadoras, apanhadoras ou tiradoras de mangaba.

Em 2009 lançaram uma Carta das Catadoras de Mangaba e já em 2010 obtiveram o reconhecimento legislativo de sua condição de comunidade tradicional, por meio da Lei Estadual no 7.082/2010, que declarou todas as catadoras de mangaba de Sergipe como grupo culturalmente diferenciado. A norma estadual estabeleceu ainda que as Catadoras de Mangaba devem ser protegidas segundo as suas formas próprias de organização social, seus territórios e recursos naturais, indispensáveis para a garantia de sua reprodução física, cultural, social, religiosa e econômica, estabelecendo a autoidentificação como critério fundamental para a efetivação do seu reconhecimento. O impulso do reconhecimento estadual catapultou o Movimento das Catadoras, que pleiteou e conseguiu assento no Conselho Nacional de Povos e Comunidades Tradicionais.

Frise-se que a mangabeira é declarada como árvore símbolo do Estado de Sergipe desde 1992, conforme estabelecido pelo Decreto n. 12.723/92. Disso já se depreende o forte laço do sentimento de sergipanidade com as mangabeiras e com as mangabas, sendo certo que uma maior visibilidade e divulgação do trabalho e da importância das catadoras para a conservação da diversidade biocultural é necessária para que a sociedade estreite laços com o grupo, reconhecendo também nelas, e não só nas árvores e frutas, os elementos que constituem a identidade sergipana.

A prova de que uma maior difusão de informações a respeito do grupo e de sua importância cultural para Sergipe é ainda indispensável é que recentemente, no ano de 2020, num conflito judicial envolvendo a defesa dos direitos territoriais da comunidade tradicional Catadora de Mangaba de Aracaju, em uma ação civil pública movida pelo Ministério Público Federal[7], para garantir à população tradicional o uso de área onde exercem atividade extrativista desde a década de 50, o Município de Aracaju alegou que à comunidade tradicional de catadores e catadoras de mangaba não poderiam ser aplicadas as normas previstas na Convenção 169 da OIT. Segundo o Município de Aracaju, os integrantes da população tradicional já estariam "devidamente integrados" à sociedade e não mereceriam as proteções próprias destinadas às comunidades tradicionais.

O argumento da municipalidade demonstra as dificuldades ainda presentes na sociedade brasileira e nos operadores do Direito de compreensão dos direitos culturais. Ora, a contemporânea concepção de minorias étnicas e povos tribais, dentre os quais se incluem indígenas, quilombolas, ciganos, extrativistas e outras comunidades tradicionais, conforme se depreende da Convenção 169 da OIT, afasta qualquer conceito eufemístico de integracionismo, que, em verdade, quer veicular uma política de assimilação cultural, cujo verdadeiro objetivo é eliminar diferenças culturais para abrir caminhos ao solapamento principalmente de direitos territoriais desses povos.

Isso porque, como acentua Cristina Melo[8], "o direito à terra não pode mais ser visto como adstrito a si próprio, mas sim, como consequência lógica do direito à identidade e à autodeterminação". Há um especial significado do território para as comunidades tradicionais extrativistas, pois as terras em que coletam são os locais necessários para sua subsistência e produção econômica, tendo ao mesmo tempo o valor ecológico pela imprescindibilidade do manejo adequado para a preservação dos recursos naturais necessários a perpetuar o seu bem estar e sobrevivência por gerações. O território, a terra é, portanto, no dizer da citada autora "o suporte da própria identidade, absolutamente necessária a sua reprodução física e cultural".

[7] Ação Civil Pública nº 0803409-82.2020.4.05.8500, em tramitação perante a 1ª Vara da Justiça Federal em Sergipe.

[8] Melo, Cristina. Terras Indígenas: identidade, reconhecimento e marco temporal. Rio de Janeiro: Lumen Juris, 2018.

Dizer que a integração à sociedade seria um critério para retirar de um grupo a sua identidade tradicional diferenciada revela profundo desconhecimento acerca de direitos humanos e de direitos constitucionais, pois ignora a formação do Estado brasileiro como Estado pluriétnico, multicultural e aprofunda uma visão segregacionista e discriminatória em relação às comunidades tradicionais, negando-lhes seu direito de relacionarem-se e interagirem como queiram com seu território e com a sociedade que lhe é circundante.

A ideia de "integração" veiculada pelo Município de Aracaju traduz em verdade o desejo do reconhecimento de uma homogeneização cultural reveladora da suposta e falaciosa incorporação da comunidade tradicional à sociedade majoritária, com o objetivo claro de com isso poder negar seu direito ao território. Paulo Thadeu Gomes da Silva ensina que a "incorporação como sinônimo de assimilação" é um "evento no qual uma cultura é incorporada pela outra, não remanescendo qualquer possibilidade de sobrevivência da minoritária"[9] e logo destaca que "não há margem constitucional para que se promova a assimilação", pois que essa "positiva a diversidade, a diferença".

Pelo raciocínio da assimilação, qualquer membro de comunidade tradicional que por exemplo tenha um estudo formal em universidade, que possua uma formação técnica para realização de atividade diferente da sua tradicional, que utilize aparelhos como celulares ou computadores perderia de logo sua cultura diferenciada e com ela qualquer proteção legislativa decorrente de sua identidade tradicional e estaria impedido de manter seu modo de vida e de contrapor-se à destruição dele.

Em verdade, o uso do termo integração muitas vezes tem o sentido de defender a ocorrência de uma aculturação da população tradicional, fazendo crer que ela já se encontra despida de seus modos próprios de vida, passando a ideia de que já estão eliminadas as suas tradições e que, portanto, as proteções ao território são despiciendas e incabíveis. O argumento da aculturação tenta colocar em vantagem a posição contra-minoritária, para com isso reduzir ou eliminar o direito ao território tradicional.

O art. 1º da Convenção 169 da OIT define povos indígenas e tribais, como aqueles que "possuem condições sociais, culturais e econômicas

[9] SILVA, Paulo Thadeu Gomes da. Os direitos dos índios: fundamentalidade, paradoxos e colonialidades internas. São Paulo: Café com Lei, 2015.

que os distinguem de outros setores da coletividade nacional, e que estão regidos, total ou parcialmente, por seus próprios costumes ou tradições ou por legislação especial". Tendo em vista o contexto brasileiro, marcado por uma diversidade muito grande de comunidades tradicionais, incluem-se nessa categoria aquelas coletividades que satisfaçam as duas condições previstas na convenção: (I) possuir condições sociais, culturais e econômicas que os distingam de outros setores da coletividade nacional, e que estejam regidos, total ou parcialmente, por seus próprios costumes ou tradições ou por legislação especial; e (II) tenham consciência de sua identidade grupal.

O conceito de povos e comunidades tradicionais trazido pela Política Nacional de Desenvolvimento Sustentável dos Povos e Comunidades Tradicionais – PNPCT, instituída pelo Decreto 6.040/2007 é por demais explicativo e inclui grupos culturalmente diferenciados e que se reconhecem como tais, que possuem formas próprias de organização social, que ocupam e usam territórios e recursos naturais como condição para sua reprodução cultural, social, religiosa, ancestral e econômica, utilizando conhecimentos, inovações e práticas gerados e transmitidos pela tradição.

As Catadoras de Mangaba, como população tradicional culturalmente diferenciada que é, possuem uma perspectiva própria de grupo, com crenças, costumes, hábitos e práticas diferenciadas. Possuem saberes, tradições e valores peculiares, um modo particular de interagir com o meio ambiente, uma cosmovisão constituída por uma maneira subjetiva de ver e entender o mundo, de manter relações e exercer papéis na sociedade. Essa diferenciação gera o sentimento de pertencimento a um grupo e faz eclodir o fator identitário.

O respeito a esses direitos culturais demanda o reconhecimento de sua organização, de interpretação adequada dos fatos sociais, conflitos e escolhas do grupo, sempre respeitando sua significação individual para cada membro e sua significação social e coletiva. Só assim o intérprete será capaz de aplicar o Direito a essas comunidades tradicionais e a seus membros.

É imensa a dificuldade do profissional do Direito se aproximar dessa conduta e prova disso é a existência de discussão até mesmo sobre a aplicação da Convenção Internacional 169 às comunidades tradicionais. Sempre que a Convenção 169 OIT é invocada para defesa dessas comunidades há quem negue a identidade do grupo como tradicional para evitar as proteções internacionais convencionais.

Nesse palco de debates jurídicos já há, entretanto, respeitável doutrina e já começa a se formar jurisprudência nacional a respaldar a subsunção do documento internacional às populações tradicionais, para além da aplicação que hoje já é sedimentada quanto a indígenas e quilombolas. Exemplo disso se colhe na jurisprudência do Tribunal Regional Federal da 1ª Região (TRF-1), sediado em Brasília:

> Processual. agravo de instrumento. desapropriação. implantação do pólo naval de manaus/am. comunidades ribeirinhas. consulta prévia. obrigatoriedade. constituição federal. convenção internacional. brasil. país signatário. observância. produção de prova pericial complexa. necessidade. 1. Não foram infirmados no presente recurso os fundamentos da decisão agravada, que deram azo à determinação de que tanto a União quanto o INCRA não realizassem nenhuma transferência de seus imóveis, a qualquer título, para o Estado do Amazonas, além da proibição de retirar ou remover as comunidades ribeirinhas de suas terras durante o curso da ação civil pública em trâmite no Juízo de origem. 2. Para a implantação do Pólo Naval no Estado do Amazonas, faz-se necessária a observância às normas supralegais – Convenção 169 da OIT, Convenção da Diversidade Biológica e Declaração Universal Sobre a Diversidade Cultural, da qual o País é signatário –; constitucionais – artigos 215 e seu § 1º, 216, 231 e 232 –; e infraconstitucionais referentes à proteção dos direitos inerentes às populações tradicionais. 3. A ausência de consulta prévia e livre e consentimento claro das comunidades tradicionais envolvidas no processo expropriatório torna a implantação ilegal e ilegítima. 4. Nas informações prestadas pelo Juízo de origem constata-se que a ação civil pública encontra-se conclusa para decisão em razão do Estado do Amazonas ter pugnado, na fase de especificação de provas, pela produção de prova pericial complexa, para fins de realização de exame, vistoria por parte de engenheiros ambientais e antropólogos, com o fito de serem fixados quais seriam os impactos a serem sofridos pelas comunidades ribeirinhas supostamente afetadas pela implantação do Pólo Naval e ainda, se haveria comunidade diretamente afetada pelo empreendimento. 5. Diante do quadro fático apresentado, afigura-se necessária a manutenção da decisão agravada. 6. Agravo de instrumento

da União não provido. (TRF-1 – AI: 00315072320144010000, Relator: DESEMBARGADOR FEDERAL NEY BELLO, Data de Julgamento: 09/06/2015, TERCEIRA TURMA, Data de Publicação: 12/06/2015)

Acertadamente a decisão do Desembargador do TRF-1, Ney Bello, considerou aplicável a Convenção 169 OIT a uma população ribeirinha tradicional que seria afetada pela implantação do Pólo da Indústria Naval do Amazonas, atualmente nomeado Complexo Naval Mineral e Logístico, o qual para ser construído contou com uma declaração de utilidade pública justamente de áreas onde vivia, sem que fosse realizada a consulta prévia, livre e informada prevista na convenção.

O reconhecimento, pois, das populações tradicionais como grupos abrangidos pelas proteções da Convenção 169 OIT é uma condição *sine qua non* para que mais e mais os direitos dessas comunidades sejam respeitados e que se consolide uma mentalidade de estabelecer o processo dialógico de escuta, de consulta, de conversa com esses povos a respeito de todas as políticas públicas e atos administrativos que possam de qualquer modo os afetar.

10.2 Produção cultural das catadoras de mangaba de Sergipe e a estratégia de visibilizar conflitos, lutas e demandas

Uma das estratégias das Catadoras de Mangaba para fortalecimento de seus laços com a sociedade sergipana é dar visibilidade às suas práticas, ao seu modo de vida, aos seus saberes, ao manejo ecológico que realizam, a sua produção e à importância de sua cultura e de sua atividade para a manutenção da biodiversidade. A visibilidade dada a esses fatores arregimenta apoios sociais, políticos e institucionais, dando força às suas demandas que passam a ser discutidas localmente e regionalmente, em um primeiro momento, podendo alcançar foros nacionais e internacionais.

Segundo a Política Nacional de Desenvolvimento Sustentável dos Povos e Comunidades Tradicionais, que tem como principal objetivo promover o desenvolvimento sustentável dos Povos e Comunidades Tradicionais, com ênfase no reconhecimento, fortalecimento e garantia dos seus direitos territoriais, sociais, ambientais, econômicos e culturais, com respeito e valorização à sua identidade, suas formas de organização e suas instituições, as ações e atividades voltadas para o alcance dos objetivos dessa política devem observar alguns princípios dentre os quais o de que a visibilidade dos povos e comunidades tradicionais deve se expressar por meio do pleno e efetivo exercício da cidadania.

As expressões culturais das Catadoras de Mangaba de Sergipe, assim, além de serem a própria resultante do fator identitário diferenciado que possuem, são formas de dialogar com a sociedade, de tentar tocá-la, para que uma rede de proteção e apoio se forme para permitir a perpetuação do modo de vida, dos modos de fazer, criar e viver das Catadoras.

A difusão e comunicação social acerca da identidade coletiva tradicional das Catadoras de Mangaba, com a apresentação da diversidade dos seus conhecimentos e práticas tradicionais permite que a sociedade conheça os seus modos de fazer, criar e viver sob diferentes olhares. Observar o Movimento das Catadoras de Mangaba de Sergipe a partir do cinema, da televisão, da música, da culinária e de outras expressões culturais suas, pode resultar na aproximação, compreensão, apreciação e adesão dos observadores em relação às demandas sociais que apresentam, a partir de um trabalho de resgate cultural das histórias dessas mulheres.

10.3 Produção cinematográfica

Em 2011, o modo de vida das catadoras de mangaba é retratado em um documentário, lançado durante o Festival Iberoamericano de Cinema de Sergipe e posteriormente apresentado no Festival de Cinema Montpellier na França, bem como no Fórum Mundial Social, na Turquia. O filme é resultado do projeto Catadoras de Mangaba: Gerando Renda e Tecendo Vida em Sergipe, patrocinado pela Petrobrás.

Nesse documentário as mangabeiras são as protagonistas e revelam a importância da mangaba em suas vidas, em sua subsistência, de que forma lidam com ela e apresentam o sonho de ver a mangaba livre para que seus filhos possam continuar a catar a mangaba sem a necessidade de lutar e enfrentar os conflitos como elas fazem no presente.

Fica clara a plena identificação dessas mulheres com a mangaba, a ponto de a indicarem como a razão de existirem, de sobreviverem, de perpetuarem suas famílias e de as identificarem como sua família. A mangaba é a mãe de leite, aquele fruto de onde se extrai o látex que é passado no seio das mulheres nutrizes, quando seu leite está secando ou se apresenta insuficiente para a alimentação dos bebês.

A realidade dessas mulheres, suas histórias, suas dificuldades, lutas, desafios, o convite para o trabalho coletivo, o pedido por políticas públicas tudo está reunido nessa produção, apresentada de forma lúdica, entre as falas sensíveis e as cantigas carinhosas. A tentativa de verem sua importância reconhecida e de terem sua atividade valorizada para poder atravessar gerações.

É uma rica história que conta com a narrativa própria das personagens da vida real e que se debruça sobre a atividade tradicional dessas mulheres, provenientes de diferentes municípios sergipanos. Antes de ser lançado, as catadoras assistiram ao documentário e autorizaram sua exibição naqueles moldes. Muitas dessas mulheres catadoras pisaram pela primeira vez em uma sala de cinema quando foram assistir a si mesmas numa produção audiovisual.

Patrícia de Jesus, produtora do vídeo e então presidente do Movimento das Mulheres Catadoras de Mangaba de Sergipe declarou que "ao se verem nas imagens, as mulheres dialogam com o documentário, dão risadas, choram e se identificam com aquilo que está sendo apresentado. Mesmo aquelas que não estão no vídeo, reconhecem-se na história contada pelas outras catadoras, reconhecem assim, nossas semelhanças, dificuldades e conquistas".

Como a produção audiovisual permite uma relação intensa, que possibilita o aprofundamento na vida dessas catadoras, o documentário favorece uma reflexão sobre as perspectivas de um desenvolvimento sustentável da atividade de coleta da mangaba, bem como sobre as necessárias transformações da sociedade sergipana para melhor acolher as necessidades das Catadoras de Mangaba.

10.4 Produção musical

As Catadoras de Mangaba registraram seus cânticos em dois álbuns. O primeiro, Canto das Mangabeiras, foi lançado em 2011, com 18 canções, todas oriundas da tradição oral das catadoras. São músicas que falam das mangabeiras e de seu fruto, falam das atividades que praticam, como a coleta, a lavagem de roupas, as orações, o lar, a natureza, o amor, dentre outros temas.

O segundo álbum, "Quero ver rodar com as griôs da restinga sergipana", teve lançamento em 2015 e trouxe 14 faixas, mantendo as temáticas dos cantos de trabalho, inserindo memórias da infância e brincadeiras de roda, demonstrando a leveza com a qual as Catadoras expressam a afirmação de sua identidade no processo de resistência às ameaças que existem à continuidade de suas atividades e às dificuldades cotidianas que enfrentam.

As protagonistas desta produção musical são as pessoas mais idosas da comunidade, as quais detém a memória das cantigas e são capazes de transmiti-las para as gerações mais jovens que estão inseridas no extrativismo da mangaba, no qual os cânticos são usados como um recurso para combater o desânimo diante do sol quente.

As Catadoras possuem também o seu hino que foi formado a partir da junção de várias letras construídas previamente. Esse hino evoca a estupefação do grupo diante do cercamento das áreas de extrativismo, do seu desmatamento por meio do fogo e o sentimento de impotência que sentem diante desses fatos, além do temor pela sua sobrevivência. O hino fala da necessidade de políticas públicas para perpetuar o prazer de experimentação do fruto e de seus derivados, como o suco e o sorvete. Revela também a tecnologia tradicional do uso dos ganchos no extrativismo e da coexistência do extrativismo da mangaba com a pesca e a atividade marisqueira, que se completam e revezam nos períodos do ano em que não há safra.

Os CDs e outros cantos esparsos são de acesso público e gratuito[10], com todos os direitos liberados e reprodução e cópia permitidas, o que faz parte da estratégia de disseminação da informação sobre a existência da auto-organização das Catadoras de Mangaba e de seu Movimento, a fim de manter viva a cultura tradicional em torno da mangaba.

10.5 Produção culinária

As catadoras de mangaba de Sergipe produzem mais de 15 produtos oriundos da mangaba como geleias, compotas, bolos, trufas, licor, balas, biscoito, tartaletes, bombons, mousses, tortas, sorvete, frutos desidratados, dentre outros. A palavra mangaba tem origem tupi-guarani e significa "coisa boa de comer". Na tradição oral das catadoras, conta-se que o Cacique Serigy, autoridade indígena que deu origem ao nome do Estado, pediu para que as mangabas fossem protegidas. A fruta é tida como benfazeja ao estômago, aos ossos, à cicatrização, limpeza pélvica,

[10] https://soundcloud.com/catadoras-de-mangaba

além de ter propriedades afrodisíacas. É, portanto, um fruto completo, no dizer tradicional das catadoras.

As mulheres que antes apenas colhiam aprenderam a aproveitar melhor o fruto da mangaba, a beneficiá-lo e assim transformar a mangaba em diversos outros produtos, agregando valor à produção. O processo de produção das receitas também acontece de forma coletiva em alguns povoados de Municípios do Estado, e na cozinha, enquanto umas descascam e produzem polpas, outras preparam as massas ou controlam os fornos.

Os frutos desidratados têm um tratamento diferenciado, pois são produzidos a partir do desenvolvimento do fogão solar, uma tecnologia social que veio a ser dominada a partir de oficinas que disseminaram técnicas de beneficiamento dos frutos. Com o fogão solar os frutos são desidratados mantendo um alto grau de nutrientes, sem aditivos químicos ou materiais industrializados.

Com a venda dos produtos, a renda é dividida entre as Catadoras, que assim dão subsistência a suas famílias. Em razão do sustento econômico gerado para os núcleos familiares, a mangaba é identificada como dotada de parentalidade, sendo por vezes chamada de segunda mãe dos filhos das catadoras. Com a renda oriunda da produção gastronômica, as famílias conquistam bens materiais como televisão, geladeiras, antenas de TV e outros itens.

Os produtos são vistos como mais que um simples bolo ou um simples bombom, mas como um bem que carrega o valor identitário dos saberes das catadoras, transmitidos de mães para filhas, abrangendo todo o processo que vai desde a catação até a venda, passando pela produção. Esse coletivo de mulheres então almeja políticas públicas que favoreçam a instalação de cozinhas, de unidades de beneficiamento e processamento da mangaba e pontos de venda dos produtos. Demanda também a realização de oficinas sobre o processamento e beneficiamento dos frutos.

A venda dos produtos ocorre geralmente em feiras locais e em pequenos pontos comerciais dos municípios de origem das catadoras. Em Aracaju, capital sergipana, acontecem feiras regionais e nacionais, muitas de caráter cultural, destacando os sabores e os saberes das catadoras. O Movimento das Catadoras já logrou também a participação em eventos e feiras internacionais. Os pontos de venda na capital também já estão mais bem estruturados, ocorrendo inclusive em grandes shopping centers da cidade, demonstrando a força e visibilidade alcançada pelo Movimento.

As Catadoras desejam agora que a mangaba ultrapasse as divisas de Sergipe e conquiste o mercado nacional, o que já começam a fazer por meio do e-commerce. A pandemia do COVID-19 pelo Brasil acelerou o processo de comercialização por meio de redes sociais, com o propósito de mitigar os efeitos danosos à economia. Isso não foi diferente para as Catadoras de Mangaba, as quais se organizaram para iniciar a comercialização de seus produtos via web. Construíram um site para as vendas, além de fazê-lo por meio de uma página no Instagram e um assistente virtual, via Whatsapp. Adotaram a prática da entrega em domicílio e também a oferecer a busca pessoal do produto em uma central de distribuição, por meio do serviço drive in.

Outra política pública de grande importância para o fortalecimento da agricultura familiar dessas mulheres é a venda de seus produtos para a merenda escolar de escolas públicas. Participar do Programa Nacional de Alimentação Escolar (PNAE) foi uma grande conquista para alguns dos grupos de Catadoras, porque além da divulgação local, a compra pelo poder público, de itens produzidos diretamente por essa comunidade tradicional para a alimentação escolar, fortalece a economia, incrementa a renda grupo, privilegia os alimentos que são produzidos pelas catadoras e contribui para a segurança alimentar, por assegurar uma alimentação mais saudável e variada para os estudantes.

Deve-se registrar ainda que o Movimento das Catadoras de Mangaba, com o objetivo de difundir sua cultura e comercializar produtos que geram rendas para as famílias, divulga seus trabalhos em redes sociais. O Movimento mantém um site, e perfis sociais nas plataformas Facebook e Instagram onde se divulga que as Catadoras não apenas como mulheres extrativistas da mangaba, mas também como marisqueiras, pescadoras, culinaristas, artesãs, compositoras e poetisas.

10.6 Necessidade de políticas públicas que garantam os direitos humanos e culturais das catadoras de mangaba do Sergipe

Bobbio, com pragmatismo, asseverou que "o problema grave de nosso tempo, com relação aos direitos do homem, não era mais o de fundamentá-los, e sim o de protegê-los"[11]. Nessa frase, o autor deixa claro que não estamos diante de uma questão filosófica e sim política. A necessidade é a de estabelecer o modo mais seguro para garantir direitos e impedir que sejam continuamente violados.

A Política Nacional para o Desenvolvimento dos Povos e Comunidades Tradicionais conceituou os territórios tradicionais como os espaços necessários à reprodução cultural, social e econômica dos povos e comunidades tradicionais, sejam eles utilizados de forma permanente ou temporária. E pontuou que o desenvolvimento sustentável é o uso equilibrado dos recursos naturais, voltado para a melhoria da qualidade de vida da presente geração, garantindo as mesmas possibilidades para as gerações futuras.

Os territórios utilizados pelas Catadoras de Mangaba são para elas lugares de memória, locais onde a cultura se perpetua e ao mesmo tempo se transmuta e são, sobretudo, o suporte físico de onde brotam todas as experiências ambientais, sociais, políticas e culturais dessas comunidades.

Assim, as catadoras frequentemente se referem ao quanto é essencial a criação de políticas públicas específicas que preservem seus territórios, proíbam o corte das mangabeiras e facilitem o livre acesso às árvores. Ao mesmo tempo, as políticas públicas de valorização cultural são um fator de retroalimentação do grupo, pois colaboram para seu empoderamento e desenvolvimento econômico.

Estudos da Embrapa indicam ser adequado pensar a conservação da mangaba sob dois vieses: primeiro, sob o viés do incentivo ao cultivo por intermédio da oferta de linhas de crédito; segundo, por meio da realização de pesquisas científicas focadas no melhoramento genético da espécie, sob condução governamental.

O já mencionado estudo publicado na *Nature* aponta que as políticas públicas voltadas para esse tipo de comunidade devem primeiramente passar pelo filtro do consentimento prévio, livre e informado, para bem estabelecer a conservação e o desenvolvimento, nos termos do que preconiza a Convenção 169 da OIT. Outros apontamentos são a garantia de posse habitual, o fortalecimento das comunidades voltadas à

[11] Bobbio, Noberto. A Era dos Direitos; tradução de Carlos Nelson Coutinho. Rio de Janeiro: Elsevier, 1992. 19ª reimpressão.

conservação e de suas governanças tradicionais, o apoio à co-produção de conhecimento, ou seja ao conhecimento coletivamente produzido, consideração de comunidades tradicionais como patrimônio cultural e promoção de meios de subsistência e autonomia alimentar.

A obtenção pelo Estado de áreas privadas para destinação coletiva ao grupo extrativista é uma das grandes frentes de luta das comunidades catadoras de mangaba, pois hoje, a maioria das áreas onde extrativismo é realizado está nas mãos de particulares, dos quais as catadoras dependem da boa vontade para terem acesso aos pés de mangaba. O INCRA possui grande vocação e largo espaço dentro de suas competências legais para trabalhar com o público extrativista, podendo promover projetos de desenvolvimento sustentável em áreas desapropriadas ou objeto de aquisição direta de modo a proteger a territorialização das comunidades catadoras.

Conflitos decorrentes dos antagonismos sociais relacionados com o acesso à terra e manutenção de áreas de extrativismo já geraram a inclusão de membros do Movimento das Catadoras de Mangaba do Município de Aracaju no Programa de Proteção aos Defensores de Direitos Humanos, Comunicadores e Ambientalistas – PPDDH. O Ministério Público Federal, ao ter ciência das ameaças realizadas em razão de conflito territorial, solicitou a inclusão no programa e em 01/08/2019, o Ministério da Mulher, da Família e dos Direitos Humanos informou o deferimento da inclusão, após a triagem e checagem dos fatos.

A equipe do referido programa federal salientou, na oportunidade, que a atuação não estaria voltada apenas à proteção da vida e da integridade física das pessoas incluídas e reconhecidas como defensores de direitos humanos, mas também à articulação de medidas e ações que permitam a superação das causas que geram as ameaças, sendo de suma importância a contribuição do Estado na proteção daqueles que lutam pela efetivação dos direitos humanos no país.

Como a maior fonte de conflito é exatamente a territorialização, as demandas do grupo estão focadas na obtenção de livre acesso a áreas particulares, da União, do Estado e dos Municípios e mesmo a áreas de preservação ambiental de assentamentos rurais preexistentes. Mesmo em imóveis nos quais ingressam de forma autorizada pelos proprietários, as catadoras não vivenciam liberdade ampla de manejo dos frutos e tampouco possuem direito pleno à obtenção de ganhos econômicos, pois pagam pelos frutos coletados. Coletar em sítios próprios, em áreas desapropriadas e coletivamente destinadas ao extrativismo permitiria o exercício do manejo tradicional e maiores lucros na atividade comercial, diminuindo também gastos eventuais com arrendamentos de imóveis.

Não ter territórios livres para o cultivo e extrativismo da mangaba significa sucumbir à especulação imobiliária, ao plantio de culturas que avançam como o eucalipto, cana de açúcar, é não estar imune ao contato com agrotóxicos que impactam a saúde das famílias coletoras que trabalham em áreas alheias, sobre as quais não possuem controle e nem conhecimento sobre o manejo realizado. É assistir impotente à perda de safras inteiras por impossibilidade de coleta em territórios privados cercados, nos quais se impede o extrativismo até mesmo aquele firmado em regimes de parceria.

Algumas iniciativas pontuais podem ser comemoradas, como a conduta do Município de Barra dos Coqueiros, que, a partir de intermediação do Ministério Público Federal, efetivou a doação de imóveis em prol da associação de catadoras local, com o objetivo de garantir a continuidade do extrativismo da Mangaba na municipalidade, num claro reconhecimento da importância de suas populações.

No mesmo Município foi inaugurada uma nova sede para a Associação de Catadoras e Catadores de Mangaba. A reforma foi realizada com recursos provenientes de um projeto de compensação exigido em licenciamento ambiental conduzido pelo IBAMA. Com espaço adequado para convívio associativo, o grupo passa a ter mais encontros para reuniões, deliberações e criação de estratégias, pode receber autoridades públicas em seu território, o que amplia o diálogo interno e externo.

A construção ou disponibilização de centros comunitários ou sedes associativas para o movimento das catadoras de mangaba resulta também na ampliação da capacidade de realizarem treinamentos e oficinas de agroecologia e educação ambiental. Ao final, isso redunda em uma maior valorização do trabalho coletivo, no fortalecimento do grupo e em ganhos de eficiência do processo de coleta.

A criação de unidades de conservação extrativistas é um outro formato desejável de acesso a regiões detentoras de qualidades ambientais adequadas ao exercício do extrativismo, contando com apoio estatal e maior garantia de proteção e manutenção dos pés de mangaba. Não por outro motivo, há anos o Movimento das Catadoras de Mangaba está envolvido com os estudos que se realizaram para a criação de uma Reserva Extrativista no Litoral Sul do Estado de Sergipe, bem como reivindica a criação de uma outra unidade extrativista em área urbana do Município de Aracaju, na qual se localiza a última grande área com presença de mangabas na Capital do Estado.

Dentro desses territórios seria possível construir unidades de beneficiamento da mangaba para o desenvolvimento das receitas oriundas da culinária tradicional das catadoras, produção industrial de seus produtos e até mesmo pontos de vendas e de distribuição. Hoje, os territórios existentes nem sempre permitem arranjos socioeconômicos e biodiversos como estes. Nessa linha, foram inauguradas em 2016, com o apoio da UFS, Fecomércio-SE, SESC, Petrobrás e o Governo Federal, Unidades de Produção de Processamento de Frutos nas comunidades Pontal, Ribuleirinha, Capoã e Porteira.

Ao protagonismo das mulheres catadoras de mangaba deve se unir o Estado sob o prisma de garantir a integridade dessa população tradicional, direcionando ações pensadas conjuntamente que possam permitir o desenvolvimento econômico, social e cultural, sempre a partir do respeito aos modos de vida, crenças e instituições tradicionais, que se perfazem num dado território ocupado ou utilizado.

Apesar da lida recolhida em áreas rurais sergipanas, as Catadoras de Mangaba lançam-se ao Brasil e ao mundo. O trabalho em rede que desenvolvem debaixo das mangabeiras é a semente do trabalho em rede que demonstram estarem dispostas a executar. Tendo o recorte de gênero como um legítimo diferencial, as Catadoras unem-se a outros grupos organizados de mulheres extrativistas da América Latina. Assim, representantes do Movimento das Catadoras de Mangaba de Sergipe (MCM) participaram do Intercâmbio Internacional das Mulheres Marisqueiras de Comunidades Costeiras de Sergipe, na região da Araucanía no Chile. O evento foi organizado pelo Programa de Educação Ambiental com Comunidades Costeiras (PEAC), visando justamente "ampliar as relações sociopolíticas das marisqueiras sergipanas em âmbito local, nacional e internacional", com forte tônica na ausência de políticas públicas ambientais e de gênero para comunidades tradicionais.

Com suporte territorial, a produção cultural das catadoras de mangaba restaria bem mais fortalecida e evidenciada, o que também estimularia a adoção de políticas como o desenvolvimento de proteção autoral coletiva sobre as criações grupais das catadoras, decorrentes da criatividade e originalidade que lhe são próprias, como seus cantos, suas receitas e outras formas de criar.

O Brasil já instituiu, por meio do Decreto, 6.040, de 7 de fevereiro de 2007, a Política Nacional de Desenvolvimento Sustentável dos Povos e Comunidades Tradicionais. Estabeleceu nesse ato a Comissão Nacional de Desenvolvimento Sustentável dos Povos e Comunidades Tradicionais – CNPCT – na qual as Catadoras de Mangaba têm assento.

Temos conceitos, objetivos gerais e específicos, temos um catálogo principiológico belíssimo. Todo o instrumental jurídico tem discurso direcionado para o reconhecimento, a valorização e o respeito à diversidade socioambiental e cultural dos povos e comunidades tradicionais, inclusive com o recorte de gênero sendo levado em conta. Nosso dever-ser preconiza visibilidade, plena expressão, exercício da cidadania, a preservação dos direitos culturais, o exercício de práticas comunitárias, a memória cultural e a identidade racial e étnica.

Temos indicado por lei até a forma, o rito para realizar tudo isso, com a ativa, prévia e livre participação dos povos e comunidades interessadas. Estamos fundamentados para promover desenvolvimento social e econômico, para gerar renda e respeitar culturas. Mas é como disse Bobbio: nosso problema grave é simplesmente não proteger.

11.
O PROTAGONISMO FEMININO E OS DESAFIOS DO CINEMA INDEPENDENTE PARA MULHERES NA REGIÃO DO CARIRI CEARENSE

Cheyenne de Oliveira Alencar
Juliana Rodrigues Barreto Cavalcante

Introdução

Os bastidores dos projetos voltados ao campo audiovisual envolvem a atuação de profissionais diversos, como atores, cinegrafistas, escritores, roteiristas etc. As pessoas que ficam por detrás das câmeras exercem múltiplas atividades com o objetivo de alcançar todas as etapas do processo cinematográfico, que, por sua vez, inicia-se com a criação, desenvolve-se com a produção e, finaliza-se com a realização.

Ocorre que, historicamente, o sistema de produção audiovisual edificou-se a partir de uma lógica predominantemente masculina, e, tendo em vista o contexto da supremacia de um gênero dominante, que sustentou-se por muitos anos neste setor, torna-se necessário realizar um estudo que verifique as desigualdades sofridas por mulheres na busca por espaços de trabalho em searas como a fotográfica e a fílmica, confrontando-o com histórias de mulheres protagonistas, que alcançaram reconhecimento por meio da produção independente.

O recorte da pesquisa é feito de forma mais profunda, ao refletir sobre o protagonismo destas mulheres nas produções audiovisuais de baixo orçamento no interior do Ceará, na Região do Cariri Cearense, lugar de grande referência cultural e tradições populares, onde as mulheres começam a produzir de forma independente, desafiando a falta de orçamento e o machismo existente por detrás das câmeras, dentre tantos outras dificuldades, como a falta de maiores referências femininas nas produções audiovisuais caririenses.

Este projeto de obra coletiva, pensado por e para mulheres, almeja trazer discussões acerca da temática da equidade de gênero na efetividade dos direitos culturais e na proteção do patrimônio cultural brasileiro. Sua importância reside na centralidade da luta histórica de mulheres por oportunidades iguais. O escrito, que se adequa ao eixo temático "Mulheres como protagonistas das políticas, dos patrimônios e dos direitos culturais no Brasil", leva em consideração o desenvolvimento do Cinema e os desafios de mulheres cineastas como forma de contribuição para o empoderamento feminino.

A pesquisa é descritiva com relação aos objetos almejados. Quanto ao percurso metodológico utilizado para este trabalho, a pesquisa caracteriza-se como bibliográfica e documental, com a análise de artigos, acervos públicos, documentários e trabalhos acadêmicos, estimulando o alcance dos resultados a partir do estudo específico sobre o tema.

11.1 A descoberta do cinema: uma breve reflexão

As representações imagéticas, a luz e as sombras sempre foram objetos de estudo dos povos antigos. Inclusive, há quem diga que a própria alegoria da Caverna, de Platão, descreve um mecanismo imaginário de projeções cinematográficas. O uso de imagens projetadas também percorreu a cultura oriental, haja vista que os povos chineses desenvolveram o engenhoso teatro de sombras a partir da sobreposição de luzes que simulavam movimentos.

Diferentes formas de linguagem percorreram os tempos e se adequaram à mutabilidade do homem com a intenção de trazer significado do próprio mundo ao seu redor: pinturas rupestres, desenhos, esculturas, escrita, arquitetura, pinturas em quadros, fotografias, projeções visuais, e finalmente, o cinema:

> O cinema constitui uma linguagem, uma existência cinematográfica na qual estruturas narrativas e visuais relacionadas com o espaço e o tempo se articulam e lidam com o real, ou ilusão deste, através de um movimento que é imaterial, que só se mostra visualmente, mas que sugere, projeta a materialidade a corporalidade de uma ilusão. Assim o real é irresistivelmente confundido com o tangível, já que o cinema lida com sombras e luzes, e o critério da materialidade passa pelo tátil (SARMENTO, 2012, p. 188).

O cinema[1] originou-se em meados do século XIX, quando diversas variações do cinetoscópio[2] foram desenvolvidas. A princípio, os primeiros aparelhos buscavam estudar fenômenos da imagem em frações de segundos. Quando da invenção do cinetoscópio, em 1891, no laboratório de Thomas Edison, foi possível que os filmes atravessassem uma película de celulóide capaz de fixar as imagens e projetá-las através das lentes. Assim, os primeiros trabalhos cinematográficos não eram visualizados nas grandes telas, mas sim no interior de um cinetoscópio, que era um instrumento individual.

GRAVURA Nº 1

FONTE: Filmoteca Unam

GRAVURA Nº 2

Fonte: Filmoteca Unam

[1] Etimologicamente, a palavra "cinema" é a abreviação de "cinematógrafo". *"Cine"*, do grego, significa movimento, e o sufixo *"ágrafo"* significa, gravar. Assim, temos o movimento gravado.

[2] O cinetoscópio é um instrumento de projecção interna de filmes, desenvolvido em meados de 1891, por Willian K. L Dickson, engenheiro chefe da empresa Edison Laboratories, de Thomas Edison.

Com o aperfeiçoamento do cinetoscópio, foi desenvolvido o cinematógrafo[3], pelos irmãos franceses Lumière, no ano de 1895. O novo aparelho era movido à manivela e utilizava negativos perfurados. Sua primeira exibição denominada como *"La sortie de l'unsine Lumière à Lyon"* (a saída da fábrica Lumière em Lyon), ficou mundialmente conhecida, e ocorreu no mesmo ano de sua descoberta, no Grand Café Paris, dando um passo inicial no rumo da indústria cinematográfica (Thebas, 2021). Anos depois, essa mesma tecnologia dominaria as grandes telas.

Os filmes desenvolveram uma linguagem audiovisual que se tornou dominante no planeta. O padrão de organização de imagens, sons criados pela linguagem cinematográfica tem, desde então, influenciado nossas maneiras de conceber e representar o mundo, nossa subjetividade, nosso modo de vivenciar nossas experiências, de armazenar conhecimento e transmitir informações (Costa, 2005, p. 17).

No contexto de tantas narrativas masculinas, as mulheres ocupavam pequenos espaços – nas telas e nos sets – por serem consideradas incapazes de executar trabalhos assim. Esse tipo de discurso de ódio que subjuga pessoas em razão do gênero cria estereótipos negativos permeados por falsas memórias coletivas introjetadas no meio social por um sistema patriarcal de poder:

> O poder corresponde à habilidade humana não apenas para agir, mas para agir em concerto. O poder nunca é propriedade de um indivíduo; pertence a um grupo e permanece em existência apenas na medida em que o grupo conserva-se unido (Arendt, 1994, p. 36).

O gênero se materializa na divisão sexual do trabalho. É através dele que surgem as hierarquias sexuais e as demais formas de desigualdades, inclusive, a socioeconômica. Afinal, a pobreza tem sexo e cor. Com a inserção da mulher no plano cinematográfico disseminou-se a falsa ideia de que áreas de direção, produção e fotografia não seriam lugares adequados para profissionais mulheres, e mesmo aquelas que ocupavam posições nesta esfera, não possuíam salários e oportunidades iguais às

[3] O cinematógrafo é um instrumento desenvolvido no final do século XIX, pelos irmãos franceses Auguste e Louis Lumière, a partir dos estudos dos cinescópios, para projetar pequenos filmes.

dos homens, e ainda, seus projetos eram por vezes assinados com pseudônimos masculinos, um reflexo da cultura misógina que alimenta o sistema patriarcal.

Na contramão desse contexto, surgiu a francesa Alice Guy-Blaché (1873-1968), reverenciada como a primeira mulher cineasta, que lamentavelmente só veio a alcançar reconhecimento ao longo das últimas décadas, graças ao empenho de pesquisadores(ras) e críticos do cinema feminista. Tal qual reforça pesquisas em descobrir e tornar públicas as histórias das produções audiovisuais realizadas por mulheres.

Somente no decorrer das últimas três décadas é que foi possível observar o destaque de mulheres cineastas em importantes festivais. Assim como na função de direção de fotografia, muitas mulheres lutaram para ter seu lugar ao sol em outras funções de produção, até conseguirem de fato realizar grandes obras primas que contribuíram para a construção do cinema mundial, e talvez seja por esse mesmo motivo que suas identidades foram ocultadas por anos na história do cinema.

Conhecida como "a mãe do cinema de ficção", Alice Guy-Blaché dirigiu uma das primeiras obras de narrativa ficcional do cinema, o curta-metragem intitulado "*La Fée aux Choux*" (A fada repolho)'. Sendo ainda uma das pioneiras no uso de gravações de som em sincronia com as imagens por meio do aparelho de chronophone[4], foi apenas em 2009 que a diretora de cinema recebeu uma tardia exposição em sua homenagem, no museu norte-americano "*Whitney Museum of American Art*", com exposição que fazia uma breve retrospectiva sobre o trabalho da cineasta, denominado de "Alice Guy Blaché: Cinema Pioneer – Abrangente dos filmes da cineasta." Alice também foi a primeira mulher diretora e a primeira a estabelecer e a presidir seu próprio estúdio de cinema (Machado, 2018).

[4] O chronophone foi um aparelho desenvolvido no século XX para sincronizar o cinematógrafo com um disco de fonógrafo.

GRAVURA Nº 3. ALICE GUY-BLACHÉ

Fonte: Filmoteca Unam

No Brasil, as primeiras exibições cinematográficas surgiram no Rio de Janeiro, em 1896, e, no ano seguinte, houve a primeira sala de cinema aberta ao público, com incentivo dos irmãos italianos Paschoal Segreto e Affonso Segreto. Sua expansão deu-se pelo país somente após a implantação de eletricidade, sempre embalada por nomes de cineastas homens (AIDAR, 2020).

A historiografia tradicional não contextualizou ou analisou as produções das mulheres cineastas e, apesar de tal discussão ser atual, há carência de estudos a este respeito. É necessário resgatar trabalhos de profissionais mulheres a fim de incentivar que mais estudos sejam realizados, tanto os de características mais panorâmicas, quanto os de abordagens mais específicas (SILVA, 2019).

11.2 O patrimônio cultural cinematográfico

De acordo com Cunha Filho (2004, p. 29), a expressão "cultura tem múltiplos significados, sendo identificada precisamente por suas manifestações [...] relacionadas à identidade dos diferentes grupos formadores da sociedade", o que faz relação, inclusive, com o sentido e a evolução dos direitos humanos, que, por sua vez, revelam que todos os seres humanos, apesar das inúmeras diferenças biológicas e culturais que os distinguem entre si, merecem igual respeito, justificando-se no princípio da dignidade humana, que sobreveio com a descoberta de nosso processo evolutivo (COMPARATO, 2008. p. 01). Mas, se somos iguais em necessidades e direitos, quanto à cultura somos diferentes, isso porque cada grupamento humano possui sua cultura.

É possível dividir, ao menos para finalidades didáticas, a cultura nas esferas material e imaterial, sendo a primeira aquela que se refere ao que deve ser apreendido, usado, preservado e guardado na memória, ou seja, o termo relaciona-se com o sentido que os objetos têm para um povo ou a influência que exercem na definição da identidade cultural de uma sociedade. Por outro lado, a cultura imaterial é intangível, caracterizada pela tradição e transmissão dos saberes. É o conhecimento transmitido na prática, de geração para geração.

Funari (2001, p. 04) traz um enfoque acerca de cultura material ressaltando a valorização da diversidade como caminho para a construção de uma sociedade, apontando, para tanto, que "a cultura material é tudo aquilo que é produzido ou modificado pelo ser humano, ou seja, tudo aquilo que faz parte do cotidiano da humanidade, independente do tempo ou mesmo do espaço." Esta seria, contudo, uma primeira análise dada a partir de estudos arqueológicos que se basearam por vestígios capazes de elucidar o funcionamento de determinadas culturas.

A partir da ideia de que a cultura material está incrustada às nossas vidas, observa-se que nascemos, crescemos e morremos interagindo com as mais diversas materialidades, criadas dentro de diferentes propósitos: são as estruturas, objetos e modificações que compõe os nossos espaços de lazer, trabalho, moradia, entre inúmeras outras possibilidades (Funari, 2001, p. 04), ou seja, sua construção provém do processo de desenvolvimento humano. E ao reconhecimento deste conjunto de tradições materiais e imateriais, e de representatividade simbólico-valorativa para um povo atribui-se a ideia de patrimônio cultural.

Nesse contexto, é importante salientar que o termo "patrimônio" passou por diferentes contextos sociais e históricos que alargaram sua compreensão ao longo do tempo. Do ponto de vista do Direito Privado, persiste uma concepção clássica de patrimônio como somatório de "bens e direitos economicamente apreciáveis" (Popp; Parodi, 2012, p. 372), interligando-se "à visão de propriedade legítima, visto que emana de um direito historicamente de enfoque proprietário ou patrimonialista" (Popp; Parodi, 2012, p. 356).

Tal caráter eminentemente privado percebido na ideia original do patrimônio difere de sua noção ligada à cultura, que veio à tona em meados do século XVIII, em um período de transformações trazidas pela Revolução Francesa, transferindo-se de uma representação individualista para outra, de natureza coletiva. Assim, as primeiras concepções de patrimônio cultural passaram a desenvolver-se durante a construção de um Estado-nação e da necessidade de legitimação da identidade do povo, o que instigou o Estado a criar instituições públicas voltadas à matéria do patrimônio cultural e também ambiental (CHAUÍ, 2006).

O historiador francês Dominique Poulot (2009) entende que existem várias noções de patrimônio. É um campo em constante mutação que instiga a prática dialógica com diferentes grupos em busca de uma identidade. Poulot considera que o patrimônio se mantém vivo e pulsante graças às práticas de memória que o reveste para contribuir com a identidade de cada um como reflexo e comunicação com o outro, ou seja, um tipo de "investimento de identidade" a ser transmitido. Dessa forma, a história do patrimônio torna-se justamente aquela que a sociedade constrói, e tanto as noções mais antigas quanto a mais contemporânea derivam de construções sociais.

As informações que hoje vislumbramos e que permeiam conceitos como artístico, móvel e imóvel, histórico, paisagístico, arquivístico, genético, material e imaterial, tangível e intangível indicam uma ressemantização do termo, que sinaliza concepções de tempo e espaço. Aliás, quando se trata de patrimônio cultural, não se pode trabalhar com um conceito único, vindo exclusivamente de um ramo do conhecimento, dado que é multi e transdisciplinar.

Hodiernamente, compreende-se que "o patrimônio é o legado que recebemos do passado, vivemos no presente e transmitimos às futuras gerações. Nosso patrimônio cultural e natural é fonte insubstituível de vida e inspiração, nossa pedra de toque, nosso ponto de referência, nossa identidade" (UNESCO, 2017).

O patrimônio cultural brasileiro é formado por bens de natureza material e imaterial, e o objeto de sua tutela é justamente o valor que se traduz de fatos relativos à ação, à memória e à identidade dos grupos formadores da sociedade brasileira, sendo, portanto, a sua salvaguarda, um direito fundamental na proporção em que a preservação da identidade e da memória dos referidos grupos atende, em última análise, ao princípio da dignidade da pessoa humana (RODRIGUES, 2007, p. 01).

Defende-se, nos dias atuais, que o cinema também integra o patrimônio cultural da humanidade. O cinema é a forma contemporânea da arte: a da imagem sonora em movimento. Nele, a câmera capta uma sociedade complexa, múltipla e diferenciada (Chauí, 2002, p. 333). O trabalho audiovisual pode vir a retratar culturas e sociedades, além de fazer registros de épocas ou fatos históricos. Inclusive, de acordo com Jesús Martin-Barbero (*apud* Souza; Rocha, 2013, p. 06), "até a década de 1950, o cinema foi o responsável por dar imagem e voz à identidade nacional, dessa forma, nacionalizando o público".

Entretanto, de acordo com Laura Bezerra (2009, p. 02), "o cinema, enquanto parte da indústria de entretenimento de massas, não era reconhecido como 'verdadeira cultura' e não figurava entre os produtos de 'valor universal excepcional' considerados dignos de ações de preservação".

Somente a partir da Recomendação sobre a Salvaguarda e Conservação das Imagens em Movimento, em 1980, é que a Organização das Nações Unidas para a Educação, a Ciência e a Cultura (UNESCO) passou a discutir a preservação do patrimônio audiovisual e a salvaguarda do Patrimônio Fílmico. Anos depois, as cinematecas surgiram diante da necessidade de guardar e preservar o patrimônio cinematográfico (Souza; Rocha, 2013, p. 05).

A Resolução nº 53, da 33ª Conferência Geral da UNESCO, implementou o Dia Mundial do Patrimônio Audiovisual como dia 27 de outubro. Sua importância reside no conhecimento cultural, econômico e linguístico de uma sociedade, além de constituir elemento importante para a formação de memórias coletivas.

11.3 Cinema x audiovisual

A cinematografia vive um período de transformações, com a chegada das mais diversas tecnologias para executar uma produção fílmica, mutações essas que perpassam a diversificação do cinema aos recursos de audiovisual. Entretanto, cinema e audiovisual despertam algumas discussões e dúvidas quando há uma reflexão entre os dois universos.

Ainda há o que pensar sobre a diversificação dos recursos audiovisuais que são inúmeros, a fim de tornar a produção mais flexibilizada. Já no cinema, não há a mesma facilidade. Existem estudos que analisam a possibilidade de junção dos dois universos, no entanto, relacionar as duas áreas seria possível pensar o cinema em si, juntamente com as relações advindas do próprio universo audiovisual. Por outro lado, em uma segunda perspectiva, o cinema seria considerado apenas um meio entre os demais recursos audiovisuais.

Em sua pesquisa sobre cinema e audiovisual, Bernardette Lyra (2005), traz uma inquietude sobre as novas tecnologias serem uma espécie de ameaça ao meio cinematográfico, levantando o seguinte questionamento: como um filme produzido em imagens digitais e tendo sua difusão na Internet poderia ser considerado cinema? Essa contestação provém de correntes que tratam acerca do cinema digital, em sua forma de reprodução automática sobre a realidade:

> A meu ver, um estudo da atual situação do cinema, sob o ponto de vista dos sistemas audiovisuais, favorece a possibilidade de um deslocamento dos estudos textuais de cinema para o campo conceitual da indústria cinematográfica. Esse conceito pode ser alargado, na pluralidade epistemológica das materialidades que cercam o cinema, dentro de um outro conceito, ou seja, de instituição cinematográfica, Afinal, não se pode esquecer que o cinema resulta de uma perversa mistura entre a indústria de filmes e as estratégias de combinação de imagens em movimento e sons (Lyra, 2005, p. 12).

Desta forma é possível compreender que o cinema e audiovisual são segmentos diferentes, porém que se intercomunicam diretamente. O cinema, como um todo, sendo uma obra complexa, e o audiovisual, ganhando espaço cada vez nas plataformas de *streaming* pela Internet, podendo se auto distribuir através de outras alternativas de dimensão.

No modelo audiovisual contemporâneo os filmes não são mais exclusivos dos espectadores pagantes que frequentavam as salas de cinema. Após a década de 50, com a chegada da televisão no lares, iniciou-se uma grande audiência e um grande consumo, à distância, de curiosos de todos os cantos do mundo. Com isso, a atividade de ir ao cinema deixou de ser algo predominante na vida das pessoas. Passou-se a substituir a sala de cinema pela sala de estar:

> À medida que os avanços tecnológicos iam permitindo uma interconexão entre as diferentes técnicas, o poder exclusivo da televisão cedeu lugar a um partilhamento com outros meios audiovisuais, com o aparelho de reprodução de vídeo-cassete e o de vídeo-disco. Assim, cada vez mais eram exigidos produtos especializados, muitos dos quais passaram a ser fornecidos pela indústria cinematográfica de grande e de pequeno porte (Lyra, 2005).

Hoje, vivemos na época em que o audiovisual é o modo de expressão predominante. Na arte, na mídia, na tecnologia, e até mesmo na forma como nos comunicamos; com a pandemia as mídias audiovisuais têm se multiplicado cada vez mais ao mesmo tempo em que mídias tradicionais passam a tornar-se completamente digitais. Um exemplo desta mudança é o afastamento do consumo de DVD'S, CD'S, entre outros. Agora, instrumentos assim, passam a ser mediados por meio da proliferação de uma cultura digital. A realidade se tornou virtual.

Marcia Nogueira Alves (2008), pesquisadora brasileira sobre comunicação audiovisual, acredita que os métodos e as técnicas utilizadas pela linguagem audiovisual estão cada vez mais atraindo profissionais para atuar na área, pois o produto final consegue despertar um fascínio no público através da sua finalidade tal qual é comunicar-se com alguém. E a comunicação advinda do produto audiovisual é um ato intencional, tal como um fenômeno que desperta a necessidade de ser analisado, discutido e aprendido.

Dedicar-se ao tema de novas possibilidades de produção audiovisual é também refletir sobre mecanismos que foram utilizados anteriormente por outros profissionais, embora essas menções sejam pontilhadas por meio de criações internacionais, é de suma importância que esse recorte seja realizado com o foco no Brasil, onde, aparece, como suficiente e exemplar nesta representatividade.

11.4 Cinema independente no Brasil

O cinema brasileiro, desde sua origem, procurou desenvolver-se de forma independente. Mas o que seria um cinema independente? Significa tornar-se autônomo. E para que isso seja possível é necessário ter recursos próprios para poder administrar de forma livre suas produções. Inclusive, muitos estudiosos da área cinematográfica já refletiram sobre a temática da independência dessas produções, no entanto, é de se notar que a definição de cinema independente sofreu alterações no decorrer do tempo.

Até o final dos anos 1980, o termo "independente" estava relacionado a uma concepção de desenvolvimento autônomo. No ano de 1990, essa visão tornou-se associada à independência das grandes empresas de comunicação.

Essa nova perspectiva aconteceu a partir do momento em que o cinema quase desapareceu durante o governo Collor (1990-1992), e este foi o momento em que o cinema foi incluído na definição mais abrangente de obra de audiovisual, com o advento da Lei nº 8.401, de 08 de janeiro de 1992, que dispunha sobre o controle de autenticidade de cópias de obras audiovisuais em videogramas postas em comércio. De acordo com o artigo 2º, inciso I, da referida Lei:

> A obra audiovisual é aquela que resulta da fixação de imagens, com ou sem som, que tenham a finalidade de criar, por meio de sua produção a impressão de movimento, independente dos processos de sua captação, do suporte usado inicial ou posteriormente para fixá-las, bem como dos meios utilizados para sua veiculação (BRASIL, 1992).

Ainda no mesmo artigo, no inciso II da mencionada Lei, a definição de obra audiovisual de produção independente era a seguinte:

> [...] aquela cujo produtor majoritário não é vinculado, direta ou indiretamente, às empresas concessionárias de serviços de radiodifusão e cabodifusão de sons ou imagens em qualquer tipo de transmissão (BRASIL, 1992).

Na luta pelo cinema independente, durante um longo período de queixas e confrontos para desenvolver as produções, ocorreram diversos problemas com os setores, como por exemplo, se o setor responsável não aceitasse o filme oferecido para a exibição, o mesmo poderia impedir a comercialização da obra; além disso, falta de recursos e de atenção de órgãos vinculados à área. Desta forma, era necessário que se criasse uma legislação específica que amparasse o produtor brasileiro, porém, o cinema estrangeiro, como o americano, que por muitos anos assumiu a posição de maior concorrente do cinema brasileiro, impedia que isso ocorresse:

> O cinema independente é aquele que mais tem crescido exponencialmente nos últimos anos, seja pelo barateamento das tecnologias, seja pelo aumento de recursos públicos para essa categoria (Simis, 2018, p. 102).

Assim, reflete-se: esse cinema que cresce sem apoio financeiro, seja de empresas ou de editais de fomento à cultura, praticamente independente dos recursos públicos, como pode ser pensado? Como pode ser produzido? E diante desse contexto, como é possível encontrar espaços que possam contribuir com a distribuição destes produtos audiovisuais no Brasil?

11.5 Mulheres no cinema brasileiro

Após refletirmos sobre alguns dos maiores desafios encontrados na produção audiovisual independente no Brasil, especificamos ainda mais a nossa pesquisa para as dificuldades encontradas por mulheres nessa esfera, em razão do gênero, à medida que a indústria cinematográfica considerou, ao longo dos anos, a lógica masculina como a universal, fazendo com que instituições de artes proibissem a entrada de mulheres como alunas no Brasil do séc. XIX, que muitos dos trabalhos produzidos por mulheres fossem assinados por homens, que as oportunidades e os salários fossem desiguais e que o subjugamento fosse considerado como algo normalizado.

11.6 Mulheres nas telas

O cinema tornou-se objeto de pesquisa, trazendo à tona uma consciência cinematográfica, entre os anos de 1920 a 1930. É possível perceber que o filme representa um documento importante para a compreensão de cada cultura, trazendo a representatividade e as memórias de uma tradição popular através das produções fílmicas. O cinema traz a possibilidade de conhecer o mundo e reproduzi-lo de forma peculiar, revelando suas ideologias e representações dentro de uma sociedade.

Entretanto, há de se observar que o cinema se reproduziu dentro de uma lógica patriarcal, trazendo mais oportunidades e melhores salários a profissionais homens nos cargos de direção e produção, e, em seus enredos, focando, por muitos anos, nas relações heteronormativas, na hipersexualização do corpo feminino, determinando padrões de beleza e estética a serem seguidos; e desta forma, foi possível influenciar gerações nas mais diversas produções.

As técnicas usadas para a direção, nos cenários e nas trilhas sonoras fazem com que essa construção seja exigida de forma que o filme produzido passe a efetuar sua finalidade principal -que é a de impactar o público-. Ao voltarmos os olhares, cronologicamente, para as presenças femininas nas telas, percebemos que o cinema clássico narrativo utilizou do espaço e do tempo desta atmosfera fílmica para construir montagens das imagens com efeitos irreais, ilusórios. No cinema, essa atmosfera criada é conhecida como "*voyeurística*", que significa o ato de observar prazerosamente uma figura/alguém sem nem sequer ter consciência sobre isso:

> O espectador de qualquer sexo tem uma relação *voyeurística* com a imagem da mulher na tela. O desenvolvimento do cinema como indústria está nitidamente ligado à beleza da estrela feminina, pois os atores também atraíam audiência, mas, as atrizes eram adoradas por ambos os sexos. Foram desenvolvidos refletores e lentes especialmente para as atrizes, e surge o *close up*, que estagnava o movimento do filme a fim de enfatizar a imagem da estrela como espetáculo à parte (ALVES, 2011, p. 369).

Desta forma a centralidade da imagem da mulher no cinema tornou-se espetáculo, sendo a figura feminina por vezes hipersexualizada e vislumbrada com grande potencial de sedução, o que ocasionou, por consequência, a falsa ideia de que seu corpo seria sinônimo de mercadoria.

Assim, o corpo feminino foi rapidamente transformado em objeto de consumo dentro da lógica capitalista. Por outro lado, essa mesma representatividade passou a ter grande influência sobre a moda, a maquiagem, o comportamento, ditando padrões estéticos e comportamentais, impulsionando uma nova imagem feminina dentro da sociedade.

11.7 Mulheres por detrás das telas

Somente a partir do período do cinema mudo, em meados de 1930, há registros da presença de mulheres na produção cinematográfica brasileira, como a paulistana Cléo de Verberena (1904-1972), considerada como a primeira mulher brasileira a dirigir um filme: "O Mistério do Dominó Preto". Ao lado de seu marido, Jacyra (nome artístico de Cléo) construiu um estúdio de filmes e conseguiu importar equipamentos da França para suas produções. Além dela, também tivemos referência das diretoras Carmem Santos (1904-1952) e Gilda de Abreu (1904-1979):

> Carmem Santos foi a grande estrela da época do cinema mudo no Brasil. Estreou como atriz em 1919 e atuou também como produtora ainda na fase do cinema mudo. Em 1933, ela fundou sua primeira produtora, que a partir de 1935, mudou de nome e se tornou o segundo maior estúdio surgido no Brasil. [...] Seu estúdio produziu muitos dos mais importantes filmes do seu tempo. Já Gilda de Abreu, cantora lírica, começou no cinema como atriz do filme Bonequinha de seda, e mais tarde escreveu o argumento de outro filme (Chico Viola Não Morreu) e dirigiu um romance (Mestiça) que fora adaptado para o cinema. Dirigiu o primeiro filme a fazer sucesso e carreira no Brasil: O Ébrio (1946). (ALVES, 2011, p. 381-382).

O cinema novo chega com grande influência em subdesenvolver preocupações temáticas nacionais, na busca de uma nova estética para as produções. Além de filmes, o período do cinema novo foi marcado por grandes produções de textos, reflexões e críticas antes nunca abordadas no país. Contudo, esses avanços ligados aos movimentos de resistência não contemplou as mulheres.

Ocorre que nos anos 1990 surge um novo “boom” de novas diretoras mulheres, principalmente, nos curtas-metragens. As escolas de cinema, a publicidade e a televisão favoreceram a feminização da profissão. Também aumenta o número de mulheres a assumirem outras funções nos filmes. Foram quatorze as diretoras que estrearam em longas-metragens nos anos 1990, no entanto, muitas dessas diretoras tiveram uma única, algumas duas, experiências, e não constituíram carreira (ALVES, 2011, p. 388).

Nesse contexto, uma cineasta brasileira ganhava destaque no cinema novo como primeira mulher negra a dirigir um longa no Brasil: Adélia Sampaio. Potencialmente politizada, Adélia enfrentou a luta por igualdade social, de gênero e racial no Brasil, e seus trabalhos carregam seus ideais. A quase inexistente presença de mulheres negras no próprio imaginário social a respeito do cinema brasileiro ilustra o injusto apagamento que a história cometeu contra tantas cineastas talentosas que não tiveram oportunidade de publicizar seus trabalhos.

Com a retomada do cinema brasileiro nos anos 90, após a crise da embrafilmes, a época ficou marcada pela entrada de mulheres assumindo grandes papéis nas produções fílmicas, como a direção no cinema brasileiro, contudo, sua participação não foi suficiente.

Com o passar dos anos, houve avanço que se deu a partir do posicionamento de muitas artistas contra o sexismo nos estúdios. Atualmente, a luta contra a desproporcionalidade de gênero entre diretores e roteiristas tem sido discutida na maioria dos eventos fílmicos, por profissionais da área e grupos feministas que pressionam as instituições externas às indústrias cinematográficas para de fato promover mudanças.

De acordo com dados do último relatório da Agência Nacional do Cinema (ANCINE), os percentuais de participação feminina na direção, no roteiro e na direção de fotografia, em filmes, apresentaram um aumento de dois pontos percentuais em 2018 em relação a 2017. O percentual de produção executiva aumentou um ponto percentual (41%), com 1.714 títulos produzidos (ANCINE, 2018).

De acordo com o relatório, as mulheres foram responsáveis pela direção de 22% dos títulos, considerando apenas os filmes lançados comercialmente em salas de exibição no ano de 2018. Isso representa um avanço em relação a 2014, quando elas dirigiram apenas 10% dos títulos brasileiros (ANCINE, 2018). No entanto, verificou-se que as mulheres ainda não estão na direção dos filmes de maior bilheteria, pois a pesquisa aponta que as obras dirigidas por mulheres concentraram 12% do público em 2018. O relatório do ano de 2016, inclusive, apontava que a maior parte dos filmes produzidos por mulheres eram de menor orçamento. Essa intersecção entre gênero e trabalho aponta disparidades inaceitáveis.

Neste ano de 2021, pela primeira vez em 93 edições do Oscar, duas mulheres foram simultaneamente indicadas ao prêmio de melhor direção: Chloé Zhao, com "Nomadland", e Emerald Fennell, com "Bela Vingança". E o único filme brasileiro presente no Oscar 2020 foi o documentário dirigido por Petra Costa: Democracia em Vertigem (2019).

Entre as mulheres, as cineastas autoras são exceção no que já seria considerado fora dos padrões dentro do modo de produção industrial, e em um meio tradicionalmente de domínio masculino. Entretanto, o que foi escondido, esquecido e até mesmo apagado da história das mulheres no meio dos filmes é que há pioneiras de produções que trabalharam como diretoras, roteiristas, produtoras, executivas, dentre outros papéis apropriados convencionalmente pelos homens (Machado, 2018, p. 05).

11.8 O cinema nordestino e a invisibilidade de cineastas mulheres no Cariri

A herança cultural de um povo compreende toda uma construção de tradições, conhecimentos e técnicas, e, por meio da preservação do patrimônio cultural há uma perpetuação de suas marcas históricas no tempo, o que indica, de forma interdisciplinar, a necessária participação dos segmentos das comunidades locais para a construção e escolhas dos bens a serem valorizados e geridos mediante esforços dos entes da Federação. Dessa forma, importa salientar que a ideia de patrimônio cultural não só nos remete a uma herança natural, mas, principalmente, advinda de uma construção social.

Além de questionar as desigualdades sofridas por mulheres na busca por espaços de trabalho nas searas cinematográfica e audiovisual, este trabalho também instiga a reflexão sobre o protagonismo de mulheres nas produções audiovisuais de baixo orçamento no interior do Ceará, na Região do Cariri Cearense, lugar de grande referência cultural e tradições populares, onde as mulheres começam a produzir de forma independente, desafiando a falta de orçamento e o machismo existente por detrás das câmeras.

Do ponto de vista metodológico, a escolha que leva em conta o aspecto regional para este trabalho justifica-se pelo fato de ser o Nordeste o local onde as pesquisadoras-escritoras estão inseridas. Juliana Cavalcante é mulher nordestina, advogada e desenvolve pesquisa na área de direitos culturais. Cheyenne Alencar é mulher nordestina, formada em direito, cineasta, produtora cultural, diretora e atriz, e desenvolve trabalhos voltados à produção audiovisual independente na região do Cariri.

No Brasil, as produções cinematográficas ganham destaque no Rio de Janeiro e São Paulo como principais locações. Já no nordeste do país, a cidade de Juazeiro do Norte, situada na região do Cariri, no estado do Ceará, tem sido um dos espaços mais representados na cinematografia nacional, principalmente nas produções conhecidas como produção independente, lançando mais de quarenta filmes entre os anos de 1925 até 2021:

> Juazeiro do Norte recebe quatro romarias principais, propiciando um ciclo anual de peregrinação, atraindo levas de romeiros que chegam de todos os lugares do país, sobretudo das cidades do Norte e Nordeste.

> Tal mobilidade espacial faz adensar, a cada ano, o número de habitantes em Juazeiro, tornando-a cidade mais populosa da emergente Região Metropolitana do Cariri (FERNANDES, 2016. p. 21).

Desta forma, as produções cinematográficas são comumente atraídas pelas figuras voltadas à religiosidade e às tradições populares presentes na cidade de Juazeiro do Norte, expandindo toda a sua inspiração para ao desejo de uma representatividade popular através das mais diversas tradições presentes na região do Cariri, trazendo à tona a forte abordagem do real versus ficcional abordada nas produções:

> O crescimento da população regional audiovisual fora do Rio-São Paulo, e em especial a nordestina, ganhou destaque novamente em 2008. No caso do Nordeste, além de Pernambuco- com 26 produções concluídas-, surgem por ordem Bahia (11) e Ceará (8). Se formos incluir os outros pólos em termos de Brasil, o segundo colocado seria o Estado de Minas Gerais (16) (LUSVARGHI, 2008, p. 21).

A maior dificuldade em produzir audiovisual no interior do Nordeste ainda está vinculada à falta de financiamento e à dificuldade de distribuição do produto, o que ocasiona muitas vezes o esquema de coprodução entre o eixo Rio-São Paulo. Desta forma, consegue-se ter a oportunidade de que o filme transite em alguns eixos. Assim ocorreu com o cinema pernambucano, que começou a ganhar maior notoriedade graças às iniciativas privadas e não de políticas públicas culturais, que por sua vez, não contribuíram para a visibilidade conquistada hoje pelo cinema produzido em Pernambuco.

No Ceará, uma das maiores preocupações existentes era a conquista de um formato cinematográfico que valorizasse a região no sertão cearense, mas deixando de lado a imagem de Nordeste rural e atrasado, acentuando suas características como verdadeiras riquezas que o Ceará tem a oferecer, consolidando assim, uma imagem de modernidade a fim de atrair o gerenciamento de empresários e a mundialização da cultura:

> O Ceará nunca teve um histórico de ciclos do audiovisual, portanto, entender o papel do governo nas mudanças dentro de um movimento mais amplo da sociedade brasileira é fundamental para entender a função do audiovisual enquanto garantia de visibilidade política (LUSVARGHI, 2008, p. 29).

Entretanto, a falta de registros da presença de mulheres cineastas na região do Cariri é grande, pois não encontram-se pesquisas de gênero que resgatem o histórico audiovisual na região, trazendo uma forte indagação sobre essa representatividade nas produções independentes.

Recentemente, uma das poucas cineastas de que se tem conhecimento e que vem se destacando nas produções em nível nacional é Bárbara Cariry, filha de Rosemberg Cariry, grande referência na produção audiovisual no Sertão Cearense. A cearense nascida em Fortaleza teve sua infância marcada por grandes vivências no Cariri, cidade natal dos pais, sendo assim tomada pela inspiração das recordações dos festejos religiosos e de suas viagens ao interior. A cineasta lançou um filme produzido pela Iluminura Filmes intitulado como "Pequenos Guerreiros".

A trama investe no diálogo entre a infância e a cultura popular nordestina. De acordo com a matéria realizada pelo Diário do Nordeste (on-line, 2021) o filme ganha voos, e este ano foi exibido na programação do 13th Milwaukee Film Festival, em Wisconsin, em Minnesota.

São poucas as políticas públicas com um olhar voltado para produção feminina, e ainda há grande dificuldade de alcance nas produtoras independentes. Contudo, a ANCINE anunciou dia 29 de março de 2021 o edital de concurso para produção em cinema, que passará a incluir cotas para diretores negros e indígenas, e também para cineastas mulheres. A expectativa é que as produtoras pequenas e iniciantes tenham mais oportunidades de serem contempladas.

> De acordo com a ANCINE, o cenário de desigualdade é similar ao observado nas salas de cinema. Embora as mulheres representem 53% do total de graduados em cursos de audiovisual e respondem por 52% dos empregos formais em empresas produtoras, assinaram apenas 15% das obras brasileiras veiculadas nos canais de televisão por assinatura no ano passado. Setenta e nove por cento dos filmes exibidos foram dirigidos por homens e 6% tiveram direção mista. Em 28 canais, não houve sequer uma produção com direção exclusivamente feminina (on-line, 2021).

A cineasta independente Cheyenne Alencar produz atualmente na região do Cariri cearense, alcançando destaque em suas produções principalmente por se familiarizar com o gênero terror. A produtora conhece, atualmente, apenas uma mulher cineasta que produz diretamente no Cariri, Adriana Botelho (fortalezense que se mudou há alguns anos para a região do Cariri, onde atualmente produz documentários). Mesmo com a baixa participação de mulheres caririenses inseridas nas funções de produções audiovisuais na região, Cheyenne verifica ser possível produzir, ainda que com muita dificuldade e descrença, produções de grande qualidade, superando, na maioria das vezes, as expectativas do produto final.

> "Lembro de uma entrevista da qual fui convidada. A entrevista demorou bastante, pois o entrevistador estava aguardando o diretor do filme de terror chegar, sendo que eu já estava na sala há muito tempo. Ele achou que eu estava "brincando" quando afirmei ser a diretora do filme. Lembro dele ter dito com um ar debochado: Você? Uma mulher muito bonita para fazer filmes de terror..." (relato próprio de Cheyenne Alencar, produtora cultural e também escritora neste trabalho).

As políticas públicas voltadas para produção feminina no Cariri são insuficientes, como anteriormente relatado no texto, e ainda é bastante difícil o acesso a recursos e concursos de seleção para projetos audiovisuais. Não existe um preparo para que as produtoras compreendam a burocracia do processo seletivo e a comunicação entre esses concursos é mínima, dificultando e desestimulando a inserção desta alternativa, que, por muitas vezes, passa a ser submetida a uma produção totalmente independente, sem subsídios governamentais de acesso à cultura.

Considera-se o Cariri como um cenário de grande potencial para assumir posição de pólo cinematográfico no Brasil, tendo porte para receber produções de todos os lugares do nordeste e de outros estados. No entanto, o notório descaso do poder público com a cultura e com os profissionais da área cultural, em especial com o setor audiovisual, inviabiliza o próprio acesso aos equipamentos culturais, à informação, e à compreensão da importância da sétima arte para o contexto sociocultural da região.

O Cariri resiste e desponta nas produções audiovisuais independentes, sem o apoio dos recursos advindos de políticas públicas culturais, contando apenas com a distribuição dos filmes produzidos nos festivais regionais, nas plataformas de *streams* e na televisão local, que também colabora com a divulgação e circulação do produto. Entretanto, esses meios poucas vezes conseguem sair do eixo Cariri, tendo sua exibição concentrada apenas na região.

Conclusões

Conclui-se, a partir do estudo realizado, que as produções cinematográficas são consideradas como Patrimônio cultural, haja vista que são produtos culturais passíveis de proteção. Ocorre que, durante muito tempo, o cinema deu ensejo às narrativas masculinas que subjugavam mulheres ao redor do mundo como seres incapazes de ocupar lugares nas telas e nos sets, um tipo de discurso criador de estereótipos negativos permeados por falsas memórias coletivas introjetadas no meio social por um sistema patriarcal de poder.

Verificou-se que as mulheres foram forçadas a desenvolver uma semiótica do cinema que pudesse incluir uma teoria da referência, já que a opressão da formação social lhes foi impingida diariamente (Kaplan, 1995, p. 127). Assim, figuras como a de Alice Guy-Blaché surgiram na contramão do sistema para legitimar a ideia de que mulheres podem ocupar os cargos que elas quiserem, e a genialidade no cinema também pode ser atribuída a uma profissional mulher.

A ambivalência existencial de que mulheres precisavam assumir múltiplos papéis sociais, tendo que compatibilizar cargos de trabalho e o controle da casa/família, e que por isso não conseguiriam alcançar sucesso na direção de um projeto fílmico ou de audiovisual, cai por terra quando figuras femininas ganham destaque com seus trabalhos e conquistas fruto de si mesmas.

Ocorre que a historiografia tradicional não contextualizou ou analisou as produções das mulheres cineastas e, portanto, há carência de estudos a este respeito. É importante resgatar trabalhos de profissionais mulheres a fim de incentivar que mais estudos sejam realizados como forma de empoderamento e rede de apoio.

Além disso, verificou-se que, no Brasil, conforme dados da ANCINE, as mulheres ainda não estão na direção dos filmes de maior bilheteria, e ainda, que a maior parte dos filmes produzidos por mulheres são os de menor orçamento. Essa intersecção entre gênero e trabalho aponta disparidades inaceitáveis e confronta-se com o protagonismo de mulheres como o de Petra Costa, diretora que dirigiu o único filme brasileiro presente no Oscar 2020, o documentário Democracia em Vertigem (2019); e de Adélia Sampaio, que, por ter sido a primeira mulher negra a dirigir um longa no Brasil, enfrentou a luta por igualdade social, de gênero e racial.

No Cariri cearense, as mulheres que almejam alcançar um lugar na produção audiovisual enfrentam desafios orçamentários, de distribuição/publicação, e apoio governamental, mas apostam na produção independente como alternativa para seguirem seus sonhos, e clamam por políticas públicas culturais que viabilizem subsídios para o cinema feminino no Cariri.

Observa-se, por fim, que atravessamos tempos de mudança com a contemporaneidade, onde emergem novas ondas de feminismo e de emergência da sororidade. As mulheres querem atuar, dirigir, produzir, editar, filmar, fotografar, escrever e obter oportunidade para tanto. Uma nova indústria audiovisual precisa se levantar em detrimento da antiga, trazendo novas perspectivas de gênero e raça, invalidando o discurso de tradicional domínio masculino. A arte precisa alcançar o propósito de mudar vidas, e é necessário que as reflexões aqui delineadas contribuam para o aprimoramento do setor cinematográfico de modo a atentar para a formulação de políticas públicas culturais inclusivas e que viabilizem a equidade.

Referências

AIDAR, Laura. História do cinema brasileiro. Artes, 2020. Disponível em: https://bityli.com/23ZUo. Acesso em: 04 set. 2021.

ALVES, Marcia Nogueira, Mídia e produção audiovisual: uma introdução. Curitiba: Ibpex, 2008.

ALVES, José Eustáquio Diniz; ALVES, Paula; SILVA, Denise Britz do Nascimento. Mulheres no Cinema Brasileiro. Cod Esp. Fem, Uberlândia/MG, 2011.

ANCINE. Participação feminina na produção audiovisual brasileira, 2018. Disponível em: https://oca.ancine.gov.br/sites/default/files/repositorio/pdf/participacao_feminina_na_producao_audiovisual_brasileira_2018_0.pdf. Acesso em: 07 set. 2021.

ARENDT, Hannah. Da violência. Col. Pensamentos Políticos. Brasília: Ed. UnB, 1985.

BEZERRA, Laura. A UNESCO e a preservação do patrimônio audiovisual. V Enecult – Encontro de Estudos Multidisciplinares em Cultura, UFBA, 2009. Disponível em: http://www.cult.ufba.br/enecult2009/19163.pdf. Acesso: 05 set. 2021.

Chauí, Marilena. Convite à filosofia. São Paulo: Ática, 2002.

Chauí, Marilena. Mito fundador e sociedade autoritária. São Paulo: Fundação Perseu Abramo, 2000.

Comparato, Fábio Konder. A afirmação histórica dos direitos humanos. São Paulo: Saraiva, 2008.

Costa, Flávia Cesarino. O primeiro cinema: espetáculo, narração, domesticação. Rio de Janeiro: Azougue Editorial, 2005.

Cunha Filho, Francisco Humberto. Cultura e democracia na Constituição Federal de 1988: a representação de interesses e sua aplicação ao Programa Nacional de Apoio à Cultura – PRONAC. Rio de Janeiro: Letra Legal, 2004.

Fernandes, Glauco Vieira. Juazeiro do Norte no cinema documental: Entre a representação e a experiência de uma cidade. Geosaberes: Revista de Estudos Geoeducacionais, vol. 7, núm. 12, 2016. Universidade Federal do Ceará, Brasil.

Funari, P.P.A. Os desafios da destruição e conservação do Patrimônio Cultural no Brasil. Trabalhos de Antropologia e Etnologia, Porto, 2001.

Kaplan, E. Ann. A Mulher e o Cinema: Os Dois Lados da Câmera. Rio de Janeiro: Rocco, 1995.

Lyra, Bernardette. Cinema e audiovisual: cinco anotações. Revista da Associação Nacional dos Programas de Pós-Graduação em Comunicação. E-Compós, 4, 2005. Disponível em: https://www.e-compos.org.br/e-compos/article/view/49. Acesso em: 01 set. 2021.

Machado, Sandra de Souza. Uma Outra História: A "Esquecida" Nação do Cinema das Mulheres. Hist. R., Goiânia, v. 23, n. 1, p. 4–27, 2018. Disponível em: https://www.revistas.ufg.br/historia/article/view/51438. Acesso em: 01 set. 2021.

Popp, Carlyle; Parodi, Ana Cecília. A atual concepção de patrimônio e o direito das coisas. Revista Jurídica Unicuritiba, v.1, n.28, 2012. Disponível em: http://revista.unicuritiba.edu.br/index.php/RevJur/article/view/420/325. Acesso em: 04 set. 2021.

Rodrigues, Francisco Luciano Lima. O direito ao patrimônio cultural preservado: um direito e uma garantia fundamental. Pensar, Fortaleza, p. 52-61, abr. 2007.

Sarmento, Rosemari. Construindo a poética da imagem: da caverna ao cinema. Todas as Musas. v.4, n.1, 2012.

Silva, Cleonice Elias da. Cineastas Mulheres: um panorama histórico. São Paulo: LiberArs. 2019.

Simis, Anita. Cinema independente no Brasil. Revista Brasileira de História da Mídia. vol.7. n. I, 2018. Disponível em: https://revistas.ufpi.br/index.php/rbhm/article/view/6988. Acesso em: 05 set. 2021.

Souza, Barbara Damiana Costa Duarte de; ROCHA, Adriano Medeiros da. Cinema e Patrimônio Cultural na região dos Inconfidentes. 9º Encontro Nacional de História da Mídia UFOP, 2013. Disponível em: http://www.ufrgs.br/alcar/encontros-nacionais-1/9o-encontro-2013/artigos/gt-historia-da-midia-audiovisual-e-visual/cinema-e-patrimonio-cultural-na-regiao-dos-inconfidentes. Acesso em: 05 set. 2021.

THEBAS, Isabella. A origem do cinema. Instituto de Cinema INC. Disponível em: https://institutodecinema.com.br/mais/conteudo/a-origem-do-cinema. Acesso em: 05 set. 2021.

ON-LINE. Jornal do Comércio. Ancine anuncia cotas de gênero e raça em edital para produção de filmes, 2021. Disponível em: https://www.jornaldocomercio.com/_conteudo/2018/03/cultura/619524-ancine-anuncia-cotas-de-genero-e-raca-em-edital-para-producao-de-filmes.htm. Acesso em: 07 set. 2021.

ORGANIZAÇÃO DAS NAÇÕES UNIDAS PARA A EDUCAÇÃO, A CIÊNCIA E A CULTURA – UNESCO. O patrimônio: legado do passado ao futuro. 2019. Disponível em:http://www.unesco.org/new/pt/brasilia/culture/world-heritage/heritage-legacy-from-past-to-thefuture/. Acesso em: 04 set. 2021.

12.

A IMPORTÂNCIA DAS MULHERES NO PAGODE BAIANO E SUA INFLUÊNCIA NA REPRESENTAÇÃO DAS JOVENS NEGRAS

Dandara Amazzi Lucas Pinho
Rafaela Tavares Von Czekus

Introdução

A priori, a presente pesquisa não está voltada para a desqualificação da música em detrimento de outros ritmos. Essa pesquisa vem para que entendamos como o pagode corroborou, sim, para o crescimento midiático das periferias que deram início a essa revolução musical, ao passo que se apresentou como resistência às discriminações de classe, raça e gênero diante da população baiana elitista e normativa, em sua maioria branca.

Buscando uma análise feminista diante dos elementos temáticos propostos no artigo, é importante compreender a encruzilhada[1] que nos desafia a dissertar a respeito de cada uma dessas interseções, sem deixar de reconhecer a participação ativa da tríade classe/raça/gênero na cons-

[1] Aqui, ao me apropriar do termo "encruzilhada" utilizado por Carla Akotirene em seu livro "Interseccionalidade, " faço um adendo para que olhemos cada um dos caminhos que essa encruzilhada nos leva de maneira a reconhecer a divindade da comunicação, Exu, como grande guardião desses caminhos epistêmicos guiados por ele. Akotirene, portanto, se remete à Exu como senhor da encruzilhada, da comunicação.

trução da linguagem audiovisual do pagode, uma vez que o ritmo musical transpassa as experiências e a cultura da periferia negra de Salvador.

Quando se fala acerca de gêneros musicais mais bem aceitos pela população, não cabe ao pagode ter lugar de fala para defender suas ideologias, uma vez que sempre foi colocado no lugar de vulgarização, contudo, atualmente o debate acerca dessa característica ser intrínseca ao pagode já se acirra quando analisadas as letras de músicas vistas com maior teor cultural e capacidade interpretativa, por exemplo as letras de MPB, dado que:

> A música de pagode produzida na Bahia nas duas últimas décadas é, ainda, um campo a ser explorado. Pouco se sabe sobre esse produto cultural senão através do discurso dominante, carregado de juízos de valor veiculado pela mídia ou pelas elites de viés estético ocidental e pelos formadores de opinião (intelectuais, jornalistas, críticos de música, pessoas letradas etc.), um discurso que é passado para as classes médias como legítimo e autorizado[2].

Mas se o pagode não é o único a vulgarizar tabus não discutidos abertamente, o que faz dele o maior receptor de críticas e ataques, inclusive dentro das próprias assembleias legislativas municipais?[3]

É objetivo deste projeto, inicialmente, discutir a respeito do preconceito existente no pagode em detrimento da aceitação de determinadas letras musicais e artistas que passam a mesma imagem vulgarizada das mulheres e de pessoas negras, sendo assim, se independente do ritmo, continua existindo a depreciação do imagético feminino, o que difere o pagode de outros ritmos musicais é a forma como ambos estruturam suas letras e de onde o ritmo surge. Enquanto o pagode está interessado em expor temas considerados tabus, como sexualidade, desejo e o "pecado" da cobiça e da luxúria, até então demonizados pela Igreja Católica, outras composições se utilizam de eufemismos e metáforas para

[2] Nascimento, Clebemilton. Pagodes Baianos: entrelaçando sons, corpos e letras. Salvador: EDUFBA, 2012.

[3] Nesse momento, me refiro ao famoso projeto de lei "Antibaixaria" aprovado no município baiano de Lauro de Freitas, assunto que será discutido mais adiante no projeto. Vale ressaltar que o município de Camaçari- BA, independente de não ter sancionado a Lei Antibaixaria, possui uma disposição contratual que proíbe a utilização dos recursos públicos locais para contratação de bandas e eventos que desqualificam a imagem da mulher.

garantir que suas letras sejam cobertas por um manto capaz de esconder a real interpretação das letras.

Tomemos como exemplo a música Se eu fosse teu patrão, composição de Chico Buarque:

> Eu te encarcerava
> Te acorrentava
> Te atava ao pé do fogão
> Não te dava sopa, morena
> Se eu fosse o teu patrão
>
> Eu te encurralava
> Te dominava
> Te violava no chão
> Te deixava rota, morena
> Se eu fosse o teu patrão

E a música "Pau nas putiane" de La Fúria, banda soteropolitana de pagode:

> Mas tem uma mina que é chata e de madrugada chora
> Mas tem uma mina que é chata e de madrugada chora
> Não tem ninguém pra eu comer vou tacar nessa idiota
> Não tem ninguém pra eu comer vou tacar nessa idiota
> Mandar prazer pras de casa
> Satisfaz as amante
> Mas no final do baile colocando nas putiane
> Vou colocando nas putiane
> Vou colocando nas putiane
> Vou colocando nas putiane
> Vou colocando nas putiane

Percebe-se nas músicas uma variação linguística quando comparada as letras e ritmos do pagode, contudo, quanto à interpretação, Chico Buarque não hesita em falar temáticas "escandalosas" inclusive para a sua época, ao referenciar uma cena de estupro e até mesmo colocar a imagem da mulher sob o lugar de neutralidade. Enquanto, do outro lado, mas não tão diferente, La Fúria se refere ao órgão sexual masculino de forma vulgar ao mesmo tempo em que revela uma imagem violenta quanto ao sexo com uma mulher.

A neutralidade feminina na música revela o fascínio de um sistema patriarcal em retirar da mulher o direito ao desejo, às suas vontades, e impor um comportamento subordinado aos homens, além disso, o termo "morenas" utilizado no final do verso, revela uma necessidade de modificar a imagem da mulher negra em uma tentativa de embranquecimento, também causada pelo interesse da população em manter o mito da democracia racial presente em todas as facetas, incluindo a música. Conforme Sueli Carneiro:

> Temos sido ensinados a usar a miscigenação ou a mestiçagem como carta de alforria do estigma da negritude: um tom de pele mais claro, cabelos mais lisos ou um par de olhos verdes herdados de um ancestral europeu são suficientes para fazer alguém que descenda de negros se sentir pardo ou branco, ou ser "promovido" socialmente a essas categorias.[4]

Ademais, antes de responder a pergunta anterior, vale ressaltar que não faz parte da escrita deste projeto defender a forma como os vocalistas homens se referem em relação à mulher, mas, que o pagode não trouxe nada que a sociedade já não tenha tido contato anteriormente: sexo, fetichização, hiperssexualização, entre outros.

Uma das características que o difere dos outros ritmos musicais é a forma como os vocalistas, dançarinos e musicistas foi se apropriando das suas vivências dentro das periferias e transformando-as em motivo de orgulho, marchando contra essa sensação de não pertencimento que a periferia tinha nas artes, contribuindo para uma certa representatividade do corpo negro da cultura oriunda das comunidades. Por conta disso, o preconceito velado que já existia diante dos negros e a força que o centro emana para as periferias com o desejo de calar a voz dos favelados é o ingrediente que faltava para contribuir com a invisibilização da cultura popular periférica, criando lacunas quanto à autovalorização dos negros e impondo-lhes a realidade do Outro, do branco, afinal

[4] Carneiro, Sueli. Racismo, sexismo e desigualdade no Brasil. 1 ed. São Paulo: Selo Negro Edições, 2011.

> Sistemas de dominação, imperialismo, colonialismo e racismo coagem ativamente as pessoas negras a internalizarem percepções negativas da negritude, a se autoodiarem. Muitos de nós sucumbem a isso. No entanto, negros que imitam os brancos (adotando seus valores, discursos, modos de ser etc.) continuam a observar a branquitude com desconfiança, medo ou até mesmo ódio.[5]

Dessa forma, durante o processo criativo do projeto iremos abordar a maneira como o pagode sofreu com esses preconceitos, perpassando por suas raízes no samba e ramificações no *funk*, por exemplo, contextualizando o conceito de Gueto[6] para falar sobre a importância da vivência dos pagodeiros nas periferias de Salvador. Sem esquecer de mencionar as consequências da fetichização das mulheres, o discurso será voltado para uma análise interseccional do pagode protagonizado por mulheres, periféricas e negras, até chegar ao ponto que nos interessa: como a mudança do cenário do pagode masculino para o feminino corroborou para o processo de aceitação do fenótipo negro das mulheres e na construção do seu imaginário erótico.

12.1 "Abre os braços, me dê um sorriso... sou eu, negro lindo"[7]

Preambularmente, foi citada a "Lei Antibaixaria" como tentativa de deslegitimar determinadas composições que pudessem vir a se referir sobre a mulher de forma hiperssexualizada, assim como canções que fizessem apologias às drogas, violência, entre outros. De forma generalizada, a Lei nº 12.573 sancionada em 11 de abril de 2012 pelo Governador do Estado da Bahia dispõe acerca da utilização dos recursos públicos estaduais para contratação de bandas, cantores ou a realização de eventos que desvalorizem a imagem da mulher, incitem a violência ou o uso de drogas, além de promover a homofobia e a discriminação racial.

[5] HOOKS, Bell. Mulheres negras revolucionárias: nos transformando em sujeitas. *In*: ______. (org.). Olhares negros: raça e representação. São Paulo: Elefante Editora. 2019. p. 96-128.

[6] Wacquant, Loic. O que é Gueto?. Curitiba: Revista Sociologia Política, 2004, p. 155-164.

[7] Referenciado da seguinte forma por homenagem à música Negro Lindo, da banda soteropolitana Parangolé.

Transcrevendo parte do Art. 1º:

> É vedada a utilização de recursos públicos estaduais para contratação de artistas que, no cumprimento do objeto do contrato, apresentem músicas que desvalorizem, incentivem a violência ou exponham as mulheres à situação de constrangimento.
>
> O disposto neste artigo aplica-se também a manifestações de homofobia ou discriminação racial, bem assim apologia ao uso de drogas ilícitas.

Se for analisada a Lei sancionada no Palácio do Governo do Estado da Bahia e em contraposição buscarmos informações sobre os gastos da prefeitura de Salvador com o financiamento de festas e patrocínios, como o Carnaval, não será difícil perceber como, mesmo gerando diversas polêmicas a Lei sequer parece ter entrado em vigor em termos práticos, uma vez que todos os anos o "Carnaval dos Carnavais" contrata artistas e bandas de diferentes estilos musicais, incluindo o pagode cantado por Harmonia do Samba, Léo Santana, Parangolé, entre outros. De acordo com a SECOM (Secretaria de Comunicação), o governo desembolsa cerca de 60 milhões com o Carnaval, sendo 20 milhões para os recursos para os recursos municipais e os outros 40 milhões são decorrentes de patrocínio privado, isso sem contar o cachê dos artistas contratados por fora.

A Lei não passa de mais uma tentativa de anular, principalmente, a cultura periférica, mesmo que de maneira circunstancial, pois, caso os cantores e cantoras contratados descumpram com o que está exposto na Lei a respeito das suas músicas, os mesmos precisarão pagar uma espécie de multa contratual de 50% do valor de contratação, ou seja, a periferia, com o objetivo de ascender socialmente, busca nas expressões artísticas uma maneira de cantar sobre seu lugar de pertencimento, sua cultura, mas se vê impedida pelos obstáculos legislativos ao correr o risco de arcar financeiramente com taxas por suas composições, enquanto, do outro lado, outros artistas "carnavalescos" com uma certa estabilidade dentro do ramo artístico não se preocupam de abusar da liberdade artística durante a festa, independente da aplicação, ou não, da Lei Antibaixaria.

O pagode surge da periferia e se volta para a mesma, galgando espaços midiáticos pouco a pouco para, posteriormente, ganhar parte de um público mais elitizado. A respeito desse cenário etnográfico do gênero musical é possível desenterrar mais uma das mágoas da elite baiana: a necessidade de controlar as favelas, sem que essa invada os espaços até então frequentados por ela, "ou seja, independentemente dos contextos de apropriação do ritmo por integrantes das classes altas, a experiência de escuta do pagode baiano se associa à cena periférica, e dessa forma aos preconceitos de classe e raça vivenciados majoritariamente por este grupo social.[8]"

Nesse contexto periférico do pagode baiano, vale-se de compreensão a importância que essas favelas têm para os moradores, sendo o ritmo musical instrumento de interpretação do cotidiano e das dinâmicas sociais. As favelas são o que Wacquant atribui anteriormente ao conceito de "gueto", uma formação geograficamente estratégica, não natural, capaz de confinar a população estigmatizada (negra e pobre) dentro de espaços de violência coletiva. Na metrópole norte-americana fordista, após a I Guerra Mundial os negros eram recrutados pelas indústrias por sua mão de obra desqualificada e mais barata, então, ao longo da migração dos negros para o Sul do país, o racismo foi de legitimando por medidas de isolamento social, obrigando-os a se locomover para as regiões periféricas em busca de proteção contra os ataques dos brancos, ocasionando, involuntariamente, na formação desses guetos[9].

Nos guetos "a segregação juntava-se ao abandono físico e à superpopulação, exacerbando assim males urbanos como a criminalidade, a desintegração familiar, a pobreza e a falta de participação na vida nacional," tornando-se a maneira mais eficaz da alta sociedade branca manter o controle etnorracial. Acerca dessa tecnologia de controle geográfica e também racial, uma vez que grande parte dos guetos são compostos por homens e mulheres negros, Foucault em "História da Sexualidade: vontade de saber" discute, de forma semelhante, sobre a importância de manter essa parcela populacional em confinamento espacial, uma espécie de controle social através dos corpos e da manipulação da sexualidade.

[8] Almeida, Beatriz; Melo, Joyce; Vilas Boas, Valéria. Transformações Provocadas pela Presença de Mulheres Vocalistas na Cena do Pagode Baiano. Belém: Intercom – Sociedade Brasileira de Estudos Interdisciplinares da Comunicação 42º Congresso Brasileiro de Ciências da Comunicação, 2019.

[9] Wacquant, Loic. O que é Gueto?. Curitiba: Revista Sociologia Política, 2004, p. 155-164.

> Quanto a nós, estamos em uma sociedade do "sexo", ou melhor, "de sexualidade": os mecanismos do poder se dirigem ao corpo, à vida, ao que a faz proliferar, ao que reforça a espécie, seu vigor, sua capacidade de dominar, ou sua aptidão para ser utilizada. Saúde, progenitura, raça, futuro da espécie, vitalidade do corpo social, o poder fala da sexualidade e para a sexualidade; quanto a esta, não é marca ou símbolo, é objeto e alvo.[10]

Nesse ínterim, a tecnologia de controle social dos corpos molda a estrutura racista que as favelas são configuradas, de maneira a desqualificar a própria cultura periférica e o fenótipo negro, mas é nesse momento que entra a importância do pagode em si para essas pessoas no que tange às discussões de raça.

Os guetos, como produto de uma hostilidade externa, têm causado inflamações nos discursos de ódio quando se trata do pagode, não só pela linguagem performática e gesticulada que as danças se configuram, mas por vender um ideário dessas bandas, em sua maioria dominada pelo cenário masculino negro, de sensualidade presente em seu tom de pele mais escuro. Assim como outros gêneros musicais também oriundos das classes mais baixas, como o samba, o funk e o *rap,* o pagode soube se apropriar das suas condições existentes dentro das comunidades e remodelar a imagem do negro frente a mídia, alcançando, inclusive, parte da "elite cultural" baiana, ao misturar as letras sexualizadas à ideia de "patrão," "senhor" dentro do próprio gueto – posição até então colocada frente as pessoas brancas – como se pode ver em composições como a de Igor Kannário:

> Eu vim das ruas de terra onde a chapa é quente
> E o ódio impera
> Conheço a minha quebrada
> E tenho respaldo em qualquer favela (...)
> E fala pra todos otário que só o Kannário
> É o príncipe do gueto

[10] Foucault, Michel. A história da Sexualidade: a vontade de saber. 13 ed. Rio de Janeiro: Graal, 1999.

Os paredões são festas caracterizadas por serem parte da cultura de jovens pobres, em sua maioria negros, que juntam equipamentos sonoros em carros de forma a montar uma parede de som. Paredões de som, ou de pagode, são práticas culturais nem tão recentes, têm origem na década de 70 inspirados pelo *sound system*, que foi responsável pela alteração da música ocidental a partir do *hip-hop* e que também trouxe novas formas de uso público do corpo (Pinho, 2016). De acordo com Vieira (2016), a utilização dos paredões de som é uma prática cultural popular, e pode ser utilizada como uma forma de identificação das massas, afinal, se trata da manifestação de um grupo. É comum observar pessoas que ligam seus sons aos finais de semana durante a realização de alguma atividade, sendo uma prática bem aceita e bastante comum. A manifestação cultural dos paredões acabou se tornando uma forma de identificação, e em algumas cidades é possível observar associações que são criadas pelos praticantes com o objetivo de promover integração.

Também existem disputas de paredões, nos chamados "encontros de paredões" nos quais vários praticantes se reúnem em uma competição para identificar quem tem o aparelho mais potente (Vieira, 2016). O paredão de pagode se trata, portanto, de uma estrutura móvel, que pode ser deslocada a qualquer local, sendo como uma festa móvel; os dispositivos são capazes de criar um ambiente no local em que são ligados. Geralmente se tratam de dispositivos de som automotivo que são conectados à estruturas sonoras de alta potência cuja intenção é amplificar o som, fazendo com que a música seja alta e a festa garantida (Pinho, 2016). As festas podem ocorrer nos mais diversos locais como praias, praças, postos de gasolina, e reúnem inúmeros jovens que vão com a intenção de dançar, beber e se divertir. Muitas vezes são eventos que fecham ruas sem a devida autorização, o que resulta em chamadas de polícia no local, que geralmente acaba com a festa (Pinho, 2016).

Os paredões de pagode, muitas vezes, são marcados por músicas que falam sobre objetificação, perversão sexual, ou seja, falam sobre sexualidade como uma "baixaria". Assim, este tipo de evento acaba por ser hiper-sexual e violento por este olhar (Pinho, 2016). Estes eventos ocorrem em várias cidades da Bahia, nas quais jovens pobres cantam e dançam músicas que tratam a celebração do corpo, da sexualidade e a exaltação da figura feminina. Existe, nessas festas, a reunião de dois elementos que fazem parte da subjetividade masculina: carros e mulheres.

Ainda que exista sempre um risco nestas festas, pois não é raro atos de violência e até mesmo atos policiais que resultam em pessoas feridas (Pinho, 2016). A violência mencionada pode ser descrita em três níveis: a violência estrutural da sociedade com relação a classes racializadas; a execução desta violência, por parte do Estado; e a violência que faz parte da estruturação destas subjetividades existentes nos paredões (Mattos, 2012).

Ao conceituar a raça ao longo da história, o autor de Racismo Estrutural, Silvio Almeida, faz uma breve contextualização desde a atribuição de inferioridade racial no século XIX até a conclusão sociológica de que raça é, à priori, "um elemento essencialmente político, sem qualquer sentido fora do âmbito socioantropológico"[11]. À raça foi responsabilizada as referências a imagem "bestializada" e feroz do negro.

> Desse modo, a pele não branca e o clima tropical, favoreceriam o surgimento de comportamentos imorais, lascivos violentos, além de indicarem pouca inteligência.[12]

Esses comportamentos estigmatizados dos negros não ganha espaço no pagode, ou como os pagodeiros falam, não tem "moral," pois, composições como a de Parangolé em 2012 intitulada "Negro Lindo" quebram as correntes do pensamento colonizante ao se referir ao negro, nesse caso o próprio vocalista, por meio de adjetivos quase que polêmicos para uma sociedade soteropolitana que aprendeu a desviar esses olhares valorativos dos negros.

> Sou eu negro lindo
> Sou eu
> Sou eu
> Lute minha raça
> Ame minha cor
> Ame minha raça
> Lute minha cor

Na medida em que, por um lado, há essa valorização quanto a representatividade da negritude por meio dos vocalistas homens, por outro, e

[11] Almeida, Silvio. Racismo Estrutural. 1 ed. São Paulo: Pólen livros, 2019.

[12] Almeida, Silvio. Racismo Estrutural. 1 ed. São Paulo: Pólen livros, 2019.

isso já adotando um olhar interseccionalizado do pagode quando colocado em pauta a dimensão que esse cenário musical alcança a partir de letras e da manipulação da imagem feminina sexualizada, essa mesma representatividade perde força quando se trata da condição da mulher negra no gênero musical, dessa forma:

> Na medida em que as letras de música e videoclipes apresentam o homem como destaque, sendo protagonista, reproduz o modelo heteronormativo e sexista que visa ao controle da mulher. Essa última é considerada naquele contexto como objeto sexual visto que, no cotidiano, são inúmeros os símbolos de controle que são impostos ao corpo, à sexualidade feminina. As composições musicais constroem a sexualidade feminina na concepção, ou melhor, na visão que o homem tem sobre o corpo e a sexualidade da mulher.[13]

Se o pagode protagonizado pelo homem se coloca na posição de dominador frente às mulheres, essa música, gradativamente, corrobora para a manutenção dessa prática de controle dos corpos referenciado anteriormente por Foucault, diferenciando-se não somente pela raça, mas aplicando essa tecnologia social aos corpos femininos, reprodutivos. A imagem feminina é reduzida aos olhares masculinos nos conteúdos audiovisuais do pagode, quando em sua maioria os homens vocalistas se colocam à frente delas, colocando-as nesse local subjugado.

Nesse âmbito, faz-se necessário atribuir as grandes mudanças que o pagode tem proporcionado para os jovens negros e moradores dos guetos soteropolitanos, assim como reconhecer as repetições que essas músicas têm reproduzido, semelhante a outros estilos, sobre a exposição exacerbada do corpo feminino por meio de conotações sexuais e a imposição desses papéis estereotipados de gênero, auxiliando na manutenção caricata das mulheres.

[13] Pereira, Wellington. Joga nota de 100 que ela vem! Corpo, linguagem, *status* e fenótipo. Salvador: Encontro da rede feminista Norte e Nordeste de Estudos e Pesquisas sobre Mulher e Relações de Gênero, 2018.

12.2 "A fascinação por bundas negras continua[14]"

Para que seja possível compreender a respeito da importância das mulheres negras no pagode, é preciso buscar na própria música o histórico de referências que se pode encontrar. Como abordado na introdução sobre os diversos gêneros musicais e sua relação com a representação das mulheres em suas letras, não só o pagode, mas outros estilos musicais têm excluído a identidade negra sob o pano de fundo da mestiçagem, da mentira da democracia racial, por exemplo, ao deturpar a imagem da mulata/morena, corroborando para uma dupla opressão do racismo. Enquanto ele impõe às mulheres negras de pele clara esse papel de símbolo do embranquecimento e da aceitação da mestiçagem por meio da manipulação da imagem dessas mulheres, colocando-as como receptáculos vazios por dentro, marionetes da comunidade racista, esse mesmo racismo mantém a subjetividade das negras de peles mais escura escondida, privando-as do entendimento acerca da sua própria identidade e da noção de representatividade nas expressões artísticas. Por isso é tão importante reconhecer no pagode predominantemente masculino a falta de condições oferecidas para que as mulheres negras pudessem atuar positivamente nesse ramo e a necessidade que essas futuras protagonistas da cena musical tiveram em ressignificar sua identidade.

Durante algumas pesquisas, não se pode evitar a concordância sobre a falta da participação feminina no pagode abordada por alguns autores, algo que, diferente do funk e alguns poucos cenários da música, tem tido maior visibilidade. Nesse momento, vide o projeto Transformações Provocadas pela Presença de Mulheres Vocalistas na Cena do Pagode Baiano *apud* Maycon Lopes, "o único momento em que a figura feminina aparece em cena é na coreografia de determinada música. Diferente de outros gêneros diaspóricos como o funk, do Rio de Janeiro, no pagode baiano a mulher não é produtora ou protagonista"[15]. Curiosamente, a depreciação da imagem feminina – além da vontade da ostentação – é colocada como parte imprescindível para a provação da masculinidade

[14] Título inspirado em passagem do livro "Olhares Negros: raça e representação" de Bell Hooks.

[15] Almeida, Beatriz; Melo, Joyce; Vilas Boas, Valéria. Transformações Provocadas pela Presença de Mulheres Vocalistas na Cena do Pagode Baiano. Belém: Intercom – Sociedade Brasileira de Estudos Interdisciplinares da Comunicação 42º Congresso Brasileiro de Ciências da Comunicação, 2019.

no pagode, uma vez que, protagonizado pelos homens, suas letras e performances sempre estão associadas a ambos os elementos temáticos.

> A associação entre dinheiro e mulher é assim recorrente e aparece em diversas outras canções e gêneros musicais, como, por exemplo, no funk carioca. No culto profano ao dinheiro na sociedade de espetáculo, rapazes empobrecidos e submetidos às mais duras formas de exploração econômica e de subjugação social, veem na equação dinheiro e mulher uma promessa de emancipação subjetiva por meio da objetificação, coisificação da mulher.[16]

Essa coisificação da mulher se torna integrante principal das letras, um dos subprodutos da construção da negritude desumanizada que se reflete através dos constantes debates a respeito da raça e representação. Especificamente ao longo deste tópico será colocado em pauta a questão da representatividade como elemento utilizado na transição do pagode sub inclusivo[17]em relação às mulheres negras para um outro cenário revolucionário do pagode: aquele em que se baseia na autodefinição e na valorização dos corpos femininos.

No cenário iconográfico do pagode, isso se for analisada não somente a linguagem verbal, mas os elementos visuais das músicas cantadas por homens, há uma certa homogeneidade fenotípica que "vangloria" a imagem de um conjunto específico de mulheres: as famosas morenas, pardas, mulatas, entre outras. Ou seja, independentemente do pagode atual ter promovido a aproximação das periferias para o centro, resgatando a memória da identidade negra, e a ressignificação da masculinidade violenta, animalesca, ele peca com as mulheres ao transmitir um discurso excludente com relação à diversidade étnica.

16 PINHO, Osmundo. "Putaria": masculinidade, negritude e desejo no pagode baiano. Bogotá: Universidad Nacional de Colombia, 2016, p. 209-238.

17 "Com frequência, parece que, se uma condição ou problema é específico das mulheres do grupo étnico ou racial e, por sua natureza, é improvável que venha a atingir os homens, sua identificação como problema de subordinação racial ou étnica fica comprometida. Nesse caso, a dimensão de gênero de um problema o torna invisível enquanto uma questão de raça ou etnia." (CRENSHAW, 2002, p.175). Ou seja, em relação ao pagode, a especificidade das mulheres negras como pauta das letras desses artistas não parece ser uma questão a ser levada em consideração, uma vez que, para estes, o tema da negritude sub inclui a dimensão de gênero. CRENSHAW, Kimberlé. Documento para o encontro de especialistas em aspectos da discriminação racial relativos o gênero. Estudos Feministas, 2002.

Enquanto isso, as mulatas são manipuladas por esse discurso excludente que se utiliza do corpo negro feminino misturado ao tom de pele mais claro para passar a impressão da fêmea de beleza exótica, essa manipulação ocorre porque:

> A gradação da pele mais clara para as mulheres pardas traz proximidade com o fenótipo branco, é o cabelo que é considerado "melhor", é a pele mais clara que garante uma diferenciação perante a mulheres pretas. As pardas criam laços que vão colocá-las em um patamar diferenciado dentro da estrutura social. (...) entende-se que a sexualidade das mulheres negras foi construída a partir da miscigenação, em que a mulata aparece como símbolo sexual, como o corpo a ser desejado, e, por sua vez, a morenidade ganha força a partir das relações inter-raciais. As mulheres pretas e pardas passam a ser vistas como as mais "quentes", consideradas "boas de cama[18]".

Nesse âmbito, enquanto o pagode se apropria das mulheres negras de pele mais clara, colocando-as em suas coreografias com gestos obscenos que façam alusão ao ato sexual ou ao órgão sexual feminino, ele é também alvo de um sistema de opressão racista e sexista maior que o próprio preconceito musical, que se camufla nesses discursos de juízo de valor para conseguir sustentar o emaranhado de opressões sofridos pelas mulheres negras, principalmente por se voltar às negras de pele mais escura. O mito da democracia racial se alimenta dessa "paleta de cores" nas expressões artísticas do pagode na tentativa de apagar as páginas da luta antirracista em expor a diversidade negra e dominar os espaços dos discursos midiáticos, artísticos, políticos, etc.

Embora haja, atualmente, um posicionamento diferente em relação a essa inferioridade racial das mulheres negras, o corpo dessas pessoas ainda é visto através das lentes de uma sexualidade exacerbada, onde "a fascinação por bundas negras continua"[19] quando se trata do pagode,

[18] Pereira, Wellington. Joga nota de 100 que ela vem! Corpo, linguagem, *status* e fenótipo. Salvador: Encontro da rede feminista Norte e Nordeste de Estudos e Pesquisas sobre Mulher e Relações de Gênero, 2018.

[19] Hooks, Bell. Vendendo uma buceta quente: representações da sexualidade da mulher negras no mercado cultural. *In*: ______. (org.). Olhares negros: raça e representação. São Paulo: Elefante Editora. 2019. p. 128-156

a "bunda" é mencionada de formas que tentam desafiar as presunções racistas de que é um sinal feio de inferioridade, ainda que permaneça como um símbolo sexualizado[20].

12.3 "Ela não é puta, ela é solteira"[21]

A partir daqui, entram os debates acerca da importância das representações para a construção de projetos auto identitários, uma vez que "as representações sociais são saberes produzidos que, fazendo circular valores que ordenam o mundo e suas regras, estruturam e hierarquizam os sujeitos e as relações sociais (...)"[22] e que, em detrimento dessa representação, "a mulher negra que emerge nos últimos anos, exibe orgulhoso um corpo politizado, valorizado pelo discurso cujo principal objetivo é resgatar a autoestima negra."[23]

Já se sabe que o pagode tem modificado o cenário musical em relação às periferias e a própria imagem do negro, não é uma novidade para os estudiosos que vêm se aproximando desse gênero musical para além dos paredões, transformando-o em objeto de análise de estudo, a exemplo de Clebemilton Nascimento, autor do livro "Pagodes Baianos." Mas o que acontece quando as mulheres negras "roubam" a cena desse pagode e se tornam as protagonistas do próprio imaginário sexual? O que diferencia a fetichização da mulher cantada aos olhos dos homens daquela cantada por elas mesmas? Esses são os questionamentos que devem ser feitos de acordo com os avanços da música baiana.

As mulheres negras aprendem a se ver através das lentes do Outro, o grande espelho cujo qual nos olhamos reflete a imagem do branco,

[20] Hooks, Bell. Vendendo uma buceta quente: representações da sexualidade da mulher negras no mercado cultural. *In*: ______. (org.). Olhares negros: raça e representação. São Paulo: Elefante Editora. 2019. p. 128-156

[21] Trecho da música "Ela não é puta, ela é solteira" de A Dama, artista soteropolitana.

[22] Nascimento, Clebemilton. **Pagodes Baianos: entrelaçando sons, corpos e letras**. Salvador: EDUFBA, 2012.

[23] Figueiredo, Ângela. **Gênero: dialogando com os estudos de gênero e raça no Brasil.** In: Pinho, AO., and Sansone, L., orgs. Raça: novas perspectivas antropológicas [online]. 2nd ed. rev. Salvador: EDUFBA, 2008, pp. 237-255. Disponível em <https://www.google.com/url?sa=t&rct=j&q=&esrc=s&source=web&cd=&cad=rja&uact=8&ved=2ahUKEwiLn9iJ3ObqAhXgILkGHdACC7IQFjAAegQIBBAB&url=http%3A%2F%2Fbooks.scielo.org%2Fid%2F3tqqd%2Fpdf%2Fpinho-9788523212254-09.pdf&usg=AOvVaw36XfnTIQgXpilWsNH_c_qm>. Acesso em: 24 de Julho de 2020.

somos vistas aos pés da comparação, da concorrência entre as nossas semelhantes para favorecer a dominação masculina. Dessa forma, uma série de estudiosas feministas negras têm desenvolvido uma série de "protocolos" em busca dessa emancipação feminina, para que possamos nos enxergar nas expressões artísticas, na política, relações afetivas, etc. "Dando nome aos bois" vale-se nesse projeto explorar os conceitos de autodefinição e autoavaliação da professora e escritora Patricia Hill Collins como elementos imprescindíveis da representatividade feminina no pagode, mesmo que essas vocalistas não tenham conhecimento da utilização desses conceitos em suas músicas.

Ao se autodefinir como negra, a mulher vai contra essas estruturas racistas que implantam estereótipos lascivos à essas pessoas. A "autodefinição envolve desafiar o processo de validação do conhecimento político que resultou em imagens estereotipadas externamente definidas da condição feminina afro-americana" (p.102). A manutenção desses estereótipos é a arma dos Outros, uma vez que essa representação externa da condição da mulher negra é o que passa a sustentar a imagem desumanizada das mulheres no pagode, pois, aquilo que não se define consequentemente não tem teor político, é o que faz jus ao receptáculo feminino que a masculinidade impõe.

> Feministas negras têm questionado não apenas o que tem sido dito sobre mulheres negras, mas também a credibilidade e as intenções daqueles que detêm o poder de definir. Quando mulheres negras definem a si próprias, claramente rejeitam a suposição irrefletida de que aqueles que estão em posições de se arrogarem a autoridade de descreverem e analisarem a realidade têm o direito de estarem nessas posições. Independentemente do conteúdo de fato das autodefinições de mulheres negras, o ato de insistir na autodefinição dessas mulheres valida o poder de mulheres negras enquanto sujeitos humanos[24].

A partir do momento em que os holofotes se voltam às mulheres no pagode, esse discurso estereotipado perde voz para a valorização feminina (autoavaliação), que será abordada mais adiante, principalmente

[24] Collins, Patricia H. **Aprendendo com a *outsider within*: a significação sociológica do pensamento feminista negro**. Revista Sociedade e Estado, vol. 31, p. 99-127, 2016.

porque essas pagodeiras se desviam das concepções depreciativas e direcionam suas letras para as próprias mulheres, o que, de certa forma, vai modificar o imaginário negro e feminino. Se autodefinir no pagode é se reconhecer enquanto mulher negra e buscar nessa autodeclaração remodelar a figura da construção da sua identidade, além do fato de que, enquanto mulheres, essas vocalistas voltam suas composições para outras questões, mesmo que se apropriando das pautas fetichizadas, sexualizadas, as letras passam a valorizar a beleza negra independentemente dos traços fenotípicos, nesse momento surge a autoavaliação feminina.

A autoavaliação é fruto de um longo processo histórico e identitário quanto ao valor que essas mulheres negras desempenham na comunidade. Ainda em acordo com as atribuições de Collins, a autoavaliação é o próximo passo a ser dado uma vez sanada as questões da autodefinição, é quando as mulheres negras passam a ver em determinados estereótipos racistas motivos para valorizarem quem são e como se comportam. Percebe-se aqui uma tentativa de ressignificar a feminilidade negra, de " aconselhar mulheres negras a abraçarem sua assertividade, a valorizarem sua ousadia, e a continuarem a usar essas qualidades para sobreviverem e transcenderem os ambientes hostis que circunscrevem as vidas de tantas mulheres negras" (p. 104). A exemplo desses conceitos aplicados em termos práticos, segue a composição de Preta Gil *feat.* Aila Menezes intitulada "Din Din Dom:"

> Já cheguei chegando e tô com a corda toda
> Ninguém me segura, sou dona da porra toda
> Cabelo no grau
> Leve, linda e solta
> Se liga no som
> Já tô preparada pro din din dom
> (Chegou nossa hora)

Mesmo que a artista Preta Gil não se intitule como cantora de pagode, da sua parceria com a cantora Aila Menezes surge uma música marcada por um ritmo quente e ambientalizada em diversos locais de Salvador, sugerindo uma certa aproximação também das mulheres no pagode com a população periférica da Bahia. Por trás das danças sensualizadas e do contraste entre os cenários de classes mais baixas e mais altas, a letra traz consigo aspectos ainda novos do pagode baiano: a valorização da autoestima negra. Duas mulheres vão contra os estereótipos coloniais e a cultura do pagode ao fetichizar um corpo que já não é aquele da mulata, da morena *sexy* com corpos magros e curvas definidas, mas dois corpos femininos que quebram os paradigmas do que é ser uma mulher bonita.

Ao assumir seu "cabelo no grau" as vocalistas convergem com as pautas mais iniciais do movimento negro até questões identitárias e de representação feminina negra. Enquanto o discurso vigente prioriza a imagem da "nega do cabelo duro" Preta Gil e Aila Menezes se utilizam de dançarinos e dançarinas de diversas idades e gêneros, em sua maioria negros e negras com estilos oriundos da cultura africana, por exemplo, a utilização de tranças e *dreads*, contribuindo para a autoavaliação das telespectadoras que possam vir a se reconhecer pelo olhar das suas semelhantes, não mais pelos discursos brancos elitistas contra as expressões do pagode.

> O discurso da militância negra em torno do cabelo é basicamente contestatório e pretende a destruição de imagem dual construída na sociedade ocidental. Nela, o negro encontra-se associado à feiúra, à burrice, à sujeira, etc., em contraposição ao branco, visto como bom, belo e justo. O discurso do movimento negro, portanto, propõe uma inversão simbólica. Na perspectiva do movimento negro, a marca do negro, antes submetido a um processo de manipulação, visando ao embranquecimento, torna-se determinante na construção da identidade negra.[25]

Adentrando mais especificamente nas problemáticas trazidas por Nascimento em "Pagodes Baianos" o autor dedica seu último capítulo à imagem exclusiva das "piriguetes" e "putões" e como se dá a construção desses termos baseados em paradigmas heteronormativos que ditam os papéis sociais. Ou seja, o pagode por si só não seria suficiente para moldar esses estereótipos, assim como, ele sozinho não é capaz de modificar esses papéis, mas acompanhado dos discursos preconceituosos e

[25] Figueiredo, Ângela. **Gênero: dialogando com os estudos de gênero e raça no Brasil.** In: Pinho, AO., and Sansone, L., orgs. Raça: novas perspectivas antropológicas [online]. 2nd ed. rev. Salvador: EDUFBA, 2008, pp. 237-255. Disponível em <https://www.google.com/url?sa=t&rct=j&q=&esrc=s&source=web&cd=&cad=rja&uact=8

sexistas de uma sociedade patriarcal, ele reproduz e alastra esses discursos e "através dessas formações discursivas vão se delineando as atitudes e comportamentos, os lugares de poder, os papéis sociais e os discursos sobre os corpos construídos no lastro da matriz heteronormativa"[26]

Através de um discurso divergente deste já engendrado no cenário musical e outras facetas sociais, onde "piriguete" aparece sob a representação da mulher ninfomaníaca, onde a sexualidade é automaticamente aquela que não parece conceder à mulher, por exemplo, a possibilidade de se atrair por outras mulheres, uma vez que as letras desse gênero musical atribuem um único sentido: o heterossexual. O protagonismo feminino concede a essas piriguetes um cenário em que esse "binarismo ideal" ultrapassado é deixado para trás.

A partir da década de 60, o movimento feminista entra em sua segunda fase, ou segunda onda, dessa vez explorando pautas trabalhistas e sexuais do corpo feminino, onde, para além dessa visão heteronormativa, a liberdade sexual da mulher também é colocada em pauta. Dessa forma, "como parte importante do debate do feminismo da segunda onda, a sexualidade é vista, por um lado, como uma fonte de opressão da mulher em uma ordem patriarcal e, por outro lado, como um potencial de libertação, isto é, como uma fonte de prazer e poder."[27]

Sendo assim, essa piriguete viciada em sexo e em obter diversos parceiros sexuais diferentes como forma de sensualidade vai se perdendo para a piriguete que, pela sua autoestima, pela sua atitude e beleza, chama a atenção dos homens, revelando por trás desses olhares uma mulher que, pela sua liberdade, tem o direito de se relacionar com quem e quantas pessoas ela desejar. A respeito disso, segue abaixo trechos da música "Ela é solteira" da artista baiana "A Dama":

> "se vai pra festa, tu diz que ela não presta
> se tá bebendo, tu diz que ela não presta
> se a mulher sai com as amigas, tu diz que ela não presta
> se ela tem vários boys, tu diz que ela não presta
> ela fica com quem quiser, pare de falar besteira
> ela não é puta, ela é solteira."

[26] NASCIMENTO, Clebemilton. **Pagodes Baianos: entrelaçando sons, corpos e letras**. Salvador: EDUFBA, 2012.

[27] NASCIMENTO, Clebemilton. **Pagodes Baianos: entrelaçando sons, corpos e letras**. Salvador: EDUFBA, 2012.

A pagodeira Alana Ramos, conhecida como A Dama, tem conquistado espaço ao sair dos papéis de dançarina e *backing vocals* impostos pelos grupos em predominância masculina que participava, para ser a protagonista do seu sucesso em Salvador, a cantora, que em entrevista para o jornal A Tarde acerca do seu trabalho anterior à carreira solo faz as seguintes observações:

> Lésbica e negra, Alana é hoje o maior nome de uma cena que ainda engatinha, a de mulheres à frente de grupos de pagode baianos. O gênero, que começou a ganhar força no estado na década de 1990 com o Gera Samba, que depois virou o É o Tchan, teve, desde sempre, comando masculino. A elas eram reservados os papéis de dançarinas ou backing vocals em trajes mínimos, duas funções que Alana ocupou no começo da carreira. Agora, diz, é chegada a hora da "revolução". "Eu tava cansada de depender de homem para fazer sucesso"[28]

Essa "revolução" que A Dama fala durante a entrevista já pode ser identificada em parte das suas letras e de outras mulheres pagodeiras. Enquanto o discurso de desqualificação da piriguete emerge acompanhado dos estereótipos de paradigmas sociais, A Dama explora em sua música um eu-lírico que resiste na condição de mulher livre para frequentar festas, bares, socializar com os amigos, e, conforme discutido por Nascimento, se aventurar com seus parceiros sexuais. Ao tratar de questões acerca da liberdade sexual feminina, a artista tem como propósito ressignificar a hiperssexualização, apagando das suas letras essa forma depreciativa da mulher piriguete e colocando-a ao patamar do empoderamento, ela assume para o eu-lírico uma posição de protagonista da tensão sexual entre seus parceiros, não aceitando a posição imposta pelo cenário musical masculino de ser culpabilizada pelas "ereções alheias." Nesse sentido, a respeito da mulher dentro dos espaços de pagode, enquanto

> [ela] é lida pelo discurso masculino burguês como a "periguete", tem sua sexualidade vinculada a um discurso no qual o sexo é um tabu que

[28] Mendonça, Tatiana. Pela primeira vez, mulheres assumem protagonismo no pagode baiano. A TARDE, Salvador, 23/12/2019. Disponível em <http://atarde.uol.com.br/muito/noticias/2113448-pela-primeira-vez-mulheres-assumem-protagonismo-no-pagode-baiano>. Acesso em: 23 de Julho de 2020.

> remete a um discurso da cultura dominante que as representa como desejadas e, ao mesmo tempo, como desqualificadas, julgadas pelo seu comportamento sexual.[29]

Nas composições deste novo cenário musical que tem tido visibilidade representativa para as mulheres negras, as características sociais em consequência ao seu comportamento vêm mergulhando nesse novo ambiente cultural trazido pelas mesmas mulheres que passam por condições parecidas. Entre as músicas e a fama, A Dama propõe uma abordagem da sexualidade e corpo negro diferente da que estamos acostumadas a ver e ouvir, a ponto de intitular sua recente *live* "Empoderamento,"[30] e exaltar a "diversidade do negro com poder" conforme citado pela mesma em sua apresentação.

Dentre diversos sucessos, a música intitulada "Ai pai,pirraça" foi o marco do início da sua carreira solo, então, onde fica esse discurso do empoderamento feminino negro quando a artista diz em seus trechos que "A dama gosta quando você pega e maltrata?"

> Eu conheci um maloca gostoso
> Com uma pegada diferenciada
> Adoro quando ele me pega, me puxa
> Eu fico excitada
> Aí eu falei assim pra ele ó
> Ai pai, pirraça
> A dama gosta quando você pega e maltrata
> Ai pai, pirraça
> A dama gosta quando você pega e maltrata
> Dá murrinho dá, dá, dá

De que forma essa letra explora a sexualidade feminina se alguns podem vir a afirmar que A Dama traz um discurso violento em relação ao sexo? Novamente em entrevista para o A TARDE a artista diz:

[29] Nascimento, Clebemilton. Pagodes Baianos: entrelaçando sons, corpos e letras. Salvador: EDUFBA, 2012.

[30] A live "Empoderamento" foi transmitida em 18 de Julho de 2020, pela plataforma digital do *Youtube*, em seu canal "A Dama Oficial". Disponível em <https://www.youtube.com/watch?v=H6dDsPFb57Y>.

> "entre quatro paredes, vale tudo". "No particular, gosto de sexo violento. Mas isso não quer dizer que tô fazendo apologia ao crime, que o homem tem que chegar fora da cama e espancar a mulher"[31]

Para a cantora, sua música não parece desqualificar as mulheres e, de fato, não faz apologias ao crime ou a violência forçada ao corpo feminino. Contra esses argumentos pode-se dizer que a pagodeira narra o momento em que conhece um homem e durante a tensão sexual entre os dois, ele não se coloca a frente desse eu-lírico feminino, ao contrário do que ocorre na maioria das letras dominadas pelo universo estereotipado masculino, o eu-lírico tem o pleno exercício da sua liberdade sexual ao se colocar no lugar da protagonista, daquela que também busca o prazer em uma relação sexual. A problemática não gira em torno da sexualidade feminina por si, mas a forma como ela é colocada nas esferas musicais, trazendo um novo significado ao ser cantado a partir do olhar das mulheres, pois, enquanto para a sociedade burguesa de tradições cristãs, a piriguete explora o tabu da sexualidade, na cultura afro-baiana essa sexualidade sequer é tratada dessa forma.

Conclusões

O pagode tem se tornado o gênero musical onde o burguês se mistura ao periférico nos camarotes sociais e carnavalescos, que durante um determinado período abaixa os seus escudos de discursos preconceituosos e hipocrisias para participar no processo de ascensão e financiamento da própria. Ou seja, em festas baianas como o Carnaval – citado no início do texto como uma das grandes festas estaduais com participações de bandas de pagode – a contratação de artistas pagodeiros e pagodeiras, que tanto desobedece a "Lei Antibaixaria", é comum nos camarotes baianos, sendo estes grandes núcleos da sociedade burguesa por possuir preços altos. A exemplo dos camarotes da Skol, Harém, Premier com preços que fogem da realidade da população que vive nos supostos guetos, as atrações variam entre Sertanejos e pagodeiros baianos como Parangolé, Harmonia do Samba, entre outros, além dos trios elétricos

[31] Mendonça, Tatiana. Pela primeira vez, mulheres assumem protagonismo no pagode baiano. A TARDE, Salvador, 23/12/2019. Disponível em <http://atarde.uol.com.br/muito/noticias/2113448-pela-primeira-vez-mulheres-assumem-protagonismo-no-pagode-baiano>. Acesso em: 23 de Julho de 2020.

que oferecem diversão nas "pipocas" com atrações como La Fúria, Igor Kannário e recentemente, A Dama.

Logicamente, se os camarotes se resumem a ambientes de luxo nos melhores circuitos da festa, são o público-alvo as pessoas de melhores condições financeiras, muitas vezes de outros estados e países, que pagam as diárias mais caras para ter como atração esses cantores de pagode. Essas contradições da comunidade conservadora ao julgar o pagode e estar disposto a pagar para escutá-lo nos causa intriga, pois, percebe-se como esses estereótipos marginalizados são abstraídos em locais "subversivos", a exemplo da sexualidade exacerbada não é mais tratado como tabu. Assim como não somente o cenário musical do pagode, mas outros estilos musicais durante a festa oferecem discursos semelhantes a este gênero. Dessa forma, se o pagode tem sido popularizado, isso demonstra uma certa comercialização das vivências e culturas periféricas, pois, enquanto na maior parte do tempo essas vivências são vistas como tabus, em festas específicas esses tabus impulsionam a economia turística.

Exatamente por conta dessa comercialização das vivências das classes mais baixas – que a ressignificação do pagode feminino tem trazido resultados positivos para as mulheres negras e periféricas ao valorizar seu corpo e sua estética. A representação do corpo negro vai além da objetificação da pele clara, mulata, morena, é a inclusão da diversidade subjetiva e física negra. A respeito dessa diversidade, Bell Hooks descreve um cenário em que as mulheres negras constroem um entendimento de que:

> (...) é difícil para mulheres negras construírem uma subjetividade radical dentro do patriarcado capitalista supremacista branco, de que nossa luta para sermos "sujeitos",embora semelhante, também era diferente da travada pelos homens negros, e que a políticas de gênero criam essas diferenças[32].

Ou seja, trazendo a questão da identidade negra em geral, o movimento de resistência negra, por mais que possuam semelhanças, as pautas de gênero entre as mulheres e homens devem ser trabalhadas

[32] Hooks, Bell. Mulheres negras revolucionárias: nos transformando em sujeitas. *In*: ______. (org.). Olhares negros: raça e representação. São Paulo: Elefante Editora. 2019. p. 96-128.

separadamente, justamente para que não haja a superinclusão das questões raciais sobre as diferenças entre gêneros, e o pagode protagonizado pelas mulheres têm se tornado referência das reivindicações femininas.

Referências

ALMEIDA, Beatriz; MELO, Joyce; VILAS BOAS, Valéria. Transformações Provocadas pela Presença de Mulheres Vocalistas na Cena do Pagode Baiano. Belém: Intercom – Sociedade Brasileira de Estudos Interdisciplinares da Comunicação 42º Congresso Brasileiro de Ciências da Comunicação, 2019.

ALMEIDA, Silvio. Racismo Estrutural. 1 ed. São Paulo: Pólen livros, 2019.

CARNEIRO, Sueli. Racismo, sexismo e desigualdade no Brasil. 1 ed. São Paulo: Selo Negro Edições, 2011.

COLLINS, Patricia H. Aprendendo com a *outsider within*: a significação sociológica do pensamento feminista negro. Revista Sociedade e Estado, vol. 31, p. 99-127, 2016.

CRENSHAW, Kimberlé. Documento para o encontro de especialistas em aspectos da discriminação racial relativos o gênero. Estudos Feministas, 2002.

FIGUEIREDO, Ângela. Gênero: dialogando com os estudos de gênero e raça no Brasil. In: PINHO, AO., and SANSONE, L., orgs. Raça: novas perspectivas antropológicas [online]. 2nd ed. rev. Salvador: EDUFBA, 2008, pp. 237-255. Disponível em <https://www.google.com/url?sa=t&rct=j&q=&esrc=s&source=web&cd=&cad=rja&uact=8&ved=2ahUKEwiLn9iJ3ObqAhXgILkGHdACC7IQFjAAegQIBBAB&url=http%3A%2F%2Fbooks.scielo.org%2Fid%2F3tqqd%2Fpdf%2Fpinho-9788523212254-09.pdf&usg=AOvVaw36XfnTIQgXpilWsNH_c_qm>. Acesso em: 24 de Julho de 2020.

FOUCAULT, Michel. A história da Sexualidade: a vontade de saber. 13 ed. Rio de Janeiro: Graal, 1999.

HOOKS, Bell. Mulheres negras revolucionárias: nos transformando em sujeitas. *In*: ______. (org.). Olhares negros: raça e representação. São Paulo: Elefante Editora. 2019. p. 96-128.

HOOKS, Bell. Vendendo uma buceta quente: representações da sexualidade da mulher negras no mercado cultural. *In*: ______. (org.). Olhares negros: raça e representação. São Paulo: Elefante Editora. 2019. p. 128-156

MENDONÇA, Tatiana. Pela primeira vez, mulheres assumem protagonismo no pagode baiano. A TARDE, Salvador, 23/12/2019. Disponível em <http://atarde.uol.com.br/muito/noticias/2113448-pela-primeira-vez-mulheres-assumem-protagonismo-no-pagode-baiano>. Acesso em: 23 de Julho de 2020.

NASCIMENTO, Clebemilton. Pagodes Baianos: entrelaçando sons, corpos e letras. Salvador: EDUFBA, 2012.

PEREIRA, Wellington. Joga nota de 100 que ela vem! Corpo, linguagem, *status* e fenótipo. Salvador:Encontro da rede feminista Norte e Nordeste de Estudos e Pesquisas sobre Mulher e Relações de Gênero, 2018.

PINHO, Osmundo. "Putaria": masculinidade, negritude e desejo no pagode baiano. Bogotá: Universidad Nacional de Colombia, 2016, p. 209-238.

SECOM. Carnaval de Salvador movimenta R$1,8 bilhão e gera 215 mil empregos. Salvador, 06/02/2020. Disponível em <http://www.comunicacao.salvador.ba.gov.br/index.php/todas-as-noticias/55891-carnaval-de-salvador-movimenta-r-1-8-bilhao-e-gera-215-mil-empregos>. Acesso em: 24 de Julho de 2020.

WACQUANT, Loic. O que é Gueto?. Curitiba: Revista Sociologia Política, 2004, p. 155-164.

13. O PAPEL DAS MULHERES *INY* KARAJÁ NA PRESERVAÇÃO DA IDENTIDADE DO GRUPO: OS CASOS DAS *RITXOKO* E DO *HETOHOKY*

Tuinaki Koixaru Karajá
Luciana de Castro Mendonça
Manuelina Maria Duarte Cândido

Introdução

Este artigo foi originado a partir de reflexões do *Projeto Presença Karajá: cultura material, tramas e trânsitos coloniais*, sendo as três autoras integrantes desta pesquisa. Tal projeto vem sendo realizado desde 2017 e os resultados da primeira etapa podem ser encontrados em um relatório *online*[1] e em diversos artigos publicados por seus integrantes.

Desde o início da trajetória da pesquisa, são realizados encontros de estudo concentrados no aprofundamento do conhecimento sobre as práticas culturais do povo *Iny* Karajá, como forma de aprimorar a compreensão não apenas do fazer *ritxoko*, mas da cultura *Iny* Karajá como um todo. Em um destes encontros de estudo ligado ao projeto, foi lido

[1] Relatório disponível em https://orbi.uliege.be/handle/2268/256194 (Duarte Cândido, 2020).

e estudado o Trabalho de Conclusão de Curso de Tuinaki Koixaru Karajá, que nos chamou atenção sobre a realização tradicional do *Hetohokỹ* e sobre a presença fundamental da mulher Karajá neste ritual destinado integralmente aos jovens meninos *Iny*, futuros *Jyré*.

Para falar da preservação da identidade do povo *Iny* Karajá, optamos por discutir, neste artigo, duas práticas culturais, sendo uma reconhecida oficialmente e outra não, e destacar em ambas o papel das mulheres em sua realização e continuidade. A atuação das mulheres *Iny* Karajá se faz essencial à salvaguarda da cultura *Iny* Karajá, inclusive por meio de seus papéis nas práticas de fazer *ritxoko* e no ritual do *Hetohokỹ*.

Ao refletirmos que "(...) a cultura consiste nos comportamentos, pensamentos e pelos conhecimentos adquiridos dentro da sociedade que dá importância aos costumes e aos valores sociais." (Bizzocchi, 2003 *apud* Karajá, 2011, p. 15), a preservação e continuidade do fazer das *ritxoko*, assim como a constante prática e realização do ritual do *Hetohokỹ*, devem ser encarados como atos de resistência cultural do povo *Iny* Karajá.

13.1 O projeto presença karajá (PPK)

O projeto de pesquisa interdisciplinar *Presença Karajá: cultura material, tramas e trânsitos coloniais*, idealizado em meados de 2016, foi submetido formalmente à Universidade Federal de Goiás no ano de 2017. Desde então,

> O projeto está mapeando, identificando e analisando coleções de *ritxoko* presentes em coleções de museus brasileiros e estrangeiros com vistas a reconstituir a trajetória de formação das coleções, os contatos entre pesquisadores/instituições e grupos indígenas Karajá, bem como estudar adornos corporais e indumentárias das bonecas. (Duarte Cândido, 2020, p. 04)

Em quatro anos de pesquisa, com a colaboração de diversas pessoas, o projeto avançou em muitas descobertas ao redor do Brasil e mundo. Até a finalização da primeira etapa, realizada entre os anos de 2017 a 2020, foram identificadas bonecas *ritxoko* em 77 museus, brasileiros e estrangeiros, de 16 países, conforme lista e gráficos presentes no Relatório final da etapa 1 do projeto (Duarte Cândido, 2020).

IMAGEM 01: MAPA DO MUNDO COM LOCALIZAÇÃO DAS INSTITUIÇÕES QUE POSSUEM *RITXOKO*.

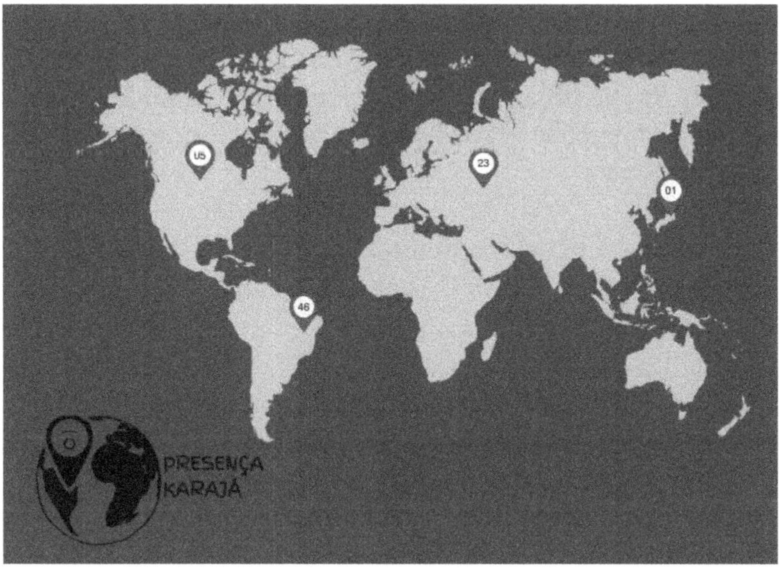

Elaboração: Bárbara Freire e Manuelina Duarte. Acervo Projeto Presença Karajá.

A pesquisa, por meio de seu processo de identificação e análise de tais acervos ao redor do mundo, pretende e tem gerado um aprimoramento das informações já registradas por estas instituições museológicas nos acervos em que foram encontradas *ritxoko*. Apesar do considerável número de museus listados, ainda há, certamente, muitas outras instituições a serem inseridas, e por isto, se fez necessária a continuação do Projeto Presença Karajá (PPK). Esta permitirá ainda a verticalização das pesquisas sobre cada uma das coleções, percebendo os caminhos que levaram à sua constituição, e permitindo intercruzamentos que ajudarão a compreender as tramas e os trânsitos entre instituições coloniais que são os museus, pesquisadores e aldeias.

Esta pesquisa visa contribuir ainda para a divulgação das coleções de *ritxoko* presentes em museus pelo Brasil e pelo mundo, no intuito de não apenas despertar novas pesquisas museológicas sobre elas, mas propiciar acesso e conhecimento deste patrimônio a não indígenas e, também, aos *Iny* Karajá, como forma de compartilhamento destas peças que atravessaram o Atlântico, por muitas vezes, em situações de caráter marcadamente colonial. Consideramos que este contato e, em alguns casos, reconhecimento destas *ritxoko* por parte dos *Iny* é uma das formas de retomar elementos importantes da história deste povo[2].

As autoras deste texto são duas pesquisadoras que ingressaram no mesmo mais recentemente, entre o final de 2020 e início de 2021, Tuinaki Koixaru Karajá (integrante do povo *Iny* Karajá) e Luciana de Castro Mendonça, e Manuelina Maria Duarte Cândido, coordenadora do Projeto Presença Karajá.

13.2 As *ritxoko* e o papel das mulheres em sua continuidade

As mulheres *Iny* Karajá são as criadoras e produtoras das "(...) bonecas de cerâmica, *Ritxoko* na língua Karajá – *Inyribè*. Classificadas como cerâmica lúdica na documentação museológica de muitas instituições, essas bonecas são reconhecidas como patrimônio cultural imaterial do Brasil desde 2012." (Moraes Wichers, 2019, p. 56)

Rumo aos seus dez anos de reconhecimento oficial como patrimônio cultural imaterial brasileiro, pelo Instituto do Patrimônio Histórico e Artístico Nacional (IPHAN), as *ritxoko* são consideradas, na cultura Karajá, "(...) como objetos-representação marcadores de gênero e de ciclos de idade; como expressão dc adornos e estética corporal; como materialização de mitos e lendas da cosmologia *Iny*, entre outras coisas." (Lima, Leitão, 2016, p. 03)

Ou seja, a perpetuação da prática cultural do fazer *ritxoko* atravessa o rio de resistência cultural do qual o povo *Iny* Karajá navega. Por meio destas formas de barro colhido, modelado, queimado e pintado por suas ceramistas, a "(...) imagem e cultura Karajá se espelham nas suas *ritxoko*, e, de modo reverso, as *ritxoko* espelham as formas culturais Karajá." (Whan, 2010, p. 11)

Faz-se importante ressaltar, mais uma vez, que a prática de fazer bonecas *ritxoko* é uma atividade exclusivamente feminina. As ceramistas, em todo o seu processo de feitio, dialogam de forma muito próxima com

[2] Para mais informações do Projeto Presença Karajá, além do Relatório dedicado à sua primeira etapa (2017-2020) (Duarte Cândido, 2020) é também possível acessar *online* o primeiro seminário da pesquisa, realizado por meios virtuais, no início de 2021, por conta da pandemia da COVID-19, e ainda devido ao fato das pesquisadoras e pesquisadores se encontrarem em variados locais no Brasil e demais países. O I Seminário do Projeto Presença Karajá está disponível no canal Youtube do Projeto, no seguinte *link*: https://youtube.com/playlist?list=PL8kv6ZQwc9py0W4fXe8ILHYAuV_evP2tt

as meninas Karajá, que são a razão mesma da existência das *ritxoko*, inicialmente produzidas como brinquedos. Estas meninas permanecem sempre ao redor de suas mães e avós durante a produção de quase todas as etapas das *ritxoko*.

Entre observar o fazer e ouvir os diálogos das ceramistas, as meninas entram em contato de forma lúdica e densa com sua cosmologia, com as características da cultura *Iny*, com a língua *Inyribè* e com as representações dos diferentes papéis existentes em sua sociedade. Logo, são estimuladas a dar continuidade a este ofício, que por sua vez, colabora diretamente com a resistência cultural Karajá diante das cada vez mais intensas relações com o universo não indígena.

Campos explica esta relação entre avós e netas, descrevendo este importante papel da *ritxoko,* que mescla ensino e resistência cultural:

> É comum, como já mencionado, que sejam confeccionadas para presentear as meninas pequenas, tratando-se de uma prática simbólica tradicional em que a avó materna ou uma das tias tenha habilidade e empenho em manufaturar um elenco de figuras que projetam por recursos simbólicos uma pequena 'família'. Dessa forma, as bonecas assumem um caráter pedagógico: as meninas enquanto brincam, reproduzem o cotidiano familiar dos Karajá, organizado segundos normas e valores (Campos, 2007, p. 55).

E ainda,

> A linguagem modelada no barro e pintada sobre as figuras retrata esses traços diferenciais, destacando as semelhanças da organização familiar Karajá. Dessa maneira, quando a menina ganha a sua 'família' de bonecas, ela reforça seu processo de reconhecimento da organização social de seu povo, o aprendizado do ambiente se processa antes mesmo do domínio completo da linguagem. (Campos, 2007, p. 57)

As mulheres *Iny* Karajá desenvolveram sua própria tecnologia para a produção das bonecas de cerâmica, todavia, as primeiras *ritxoko* não eram feitas como nos dias atuais.

> A tradição oral karajá narra um passado em que as bonecas de cerâmica, na sua origem, eram confeccionadas com cera de abelha, por mães, avós e tias, como brinquedos de meninas, instrumentos lúdicos e

> de socialização das crianças. (...) Até então, elas não eram submetidas à queima. (Porto; Lima Filho, 2019, p. 85)

Nos acervos musealizados em todo o mundo ainda é possível ver estas *ritxoko* mais antigas, como nas coleções do *Grassi Museum für Völkerkunde* de Leipzig, Alemanha, sobre cujos objetos a equipe do Projeto Presença Karajá vem se debruçando ao longo deste ano de 2021, com intensa participação de Tuinaki Koixaru Karajá. A coleção deste museu foi predominantemente coletada por Fritz Krause em 1908 e possui peças em barro não cozido com detalhes como o cabelo em cera de abelha, havendo ainda peças inteiramente feitas em cera de abelha.

Imagem 02: *Still* do filme "Iny Karajá – Presença Karajá".

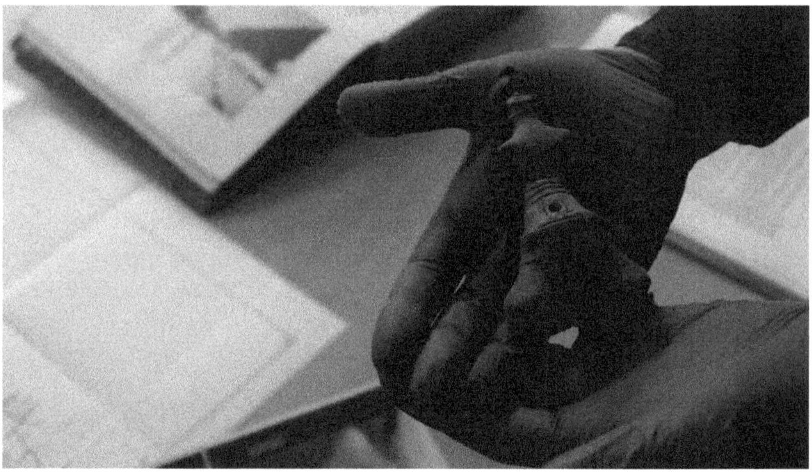

Fotógrafo Sebastian Lange, 2021. © Grassi Museum für Völkerkunde zu Leipzig, Staatliche Kunstsammlungen Dresden.

Em meados do século XX, com a intensificação do contato entre o povo *Iny* Karajá e a sociedade nacional, especialmente estimulada por eventos como a Marcha para o Oeste, começa a ocorrer a mais profunda alteração na produção das *ritxoko* (Porto; Lima Filho, 2019), que consiste na queima da cerâmica, tornando-as mais resistentes e expandindo possibilidades plásticas e variedade nas formas das bonecas. Nessa época, ocorreu também o aumento considerável de turistas na região da Ilha do Bananal, no atual estado do Tocantins, principal pólo de produção de cerâmica *Iny* Karajá.

Chang Whan (2010, p. 06) ressalta que "Através de suas *ritxoko*, as mulheres Karajá falam de suas vidas, de seus objetos de afeto, de suas crenças, de suas idealizações. Deste modo, as *ritxoko* nos fornecem uma via de acesso à visão de mundo feminina Karajá." Em seu manuseio e criação das *ritxoko*, as mulheres atuam como narradoras e/ou intérpretes dos traços e valores culturais Karajá, sendo protagonistas na continuidade da história e transmissão da cultura do povo *Iny*.

Campos chama-nos a atenção para a importância da figura da mulher Karajá dentro de sua sociedade, fortemente associada à resistência cultural do seu povo:

> As mulheres ocupam lugar de prestígio no meio Karajá. Sua ascendência sobre os homens é decorrente de um casamento matrilocal, que garante a propriedade da casa e o consequente domínio do espaço onde vivem. Além disso, é ela quem educa os filhos, transmitindo e garantindo o cumprimento das normas sociais. Dominam, também, o repertório do grafismo simbólico, sendo elas que aplicam a pintura corporal nos homens e nos demais membros da comunidade (Campos, 2007, p. 52).

Além da resistência cultural Karajá, a produção das bonecas de cerâmica se constitui, cada vez mais, como uma forma de gerar renda para as ceramistas e suas famílias. Como colocam Lima e Leitão:

> Tradicionalmente, a boneca é feita para ser um brinquedo das crianças Karajá. No entanto, a intensificação dos contatos dos Karajá com a sociedade nacional agregou novas utilidades àquele artefato: a boneca passou a ser vendida para não indígenas interessados em torná-la objeto de decoração. A comercialização das bonecas, agora como artesanato indígena, juntamente com outros objetos produzidos pelos Karajá, passou a gerar renda para as famílias Karajá, especialmente para as mulheres ceramistas detentoras da tecnologia oleira Karajá (Lima; Leitão, 2016, p. 04).

Desta forma, as ceramistas, além do domínio da tecnologia oleira, passaram a ter um protagonismo ainda maior no aspecto do sustento do grupo, o que afeta o reconhecimento delas no grupo e pela sociedade nacional.

Percebe-se que o papel da mulher Karajá por intermédio do seu saber oleiro, ativa possibilidades de salvaguarda da cultura do povo Karajá, ao mesmo tempo que atua na esfera de geração de recursos financeiros para o seu povo. E esta relação, cada vez mais estreita, deve ser analisada de perto, como faremos logo à frente.

Estas mulheres também são tema das esculturas figurativas que elas mesmas produzem, registrando sua presença marcante no cotidiano *Iny* Karajá (imagem 03).

IMAGEM 03: *RITXOKO* DO ACERVO DO MUSEU ANTROPOLÓGICO DA UNIVERSIDADE FEDERAL DE GOIÁS, MA-UFG.

Número de inventário: 70.01.259. Fotógrafo Markus Garscha, 2017.

A pesquisadora Michele Resende chama a atenção para o fato de que nem toda mulher Iny Karajá é ceramista, e nem toda ceramista é mestra.

> As mestras ceramistas, por exemplo, possuem um saber refinado e complexo sobre a confecção da boneca, que vai além do conhecimento

> técnico e está associado a vários outros campos do saber. Elas também conhecem todo o contexto social, cultural e ambiental que envolve o seu ofício e que estão ligados à classificação e uso dos recursos naturais, às práticas de ensino e aprendizagem, às narrativas míticas e aos rituais, enfim, sobre a sociedade Karajá e seu universo cultural, conhecimento este difícil de ser compreendido a partir de uma abordagem disciplinar (Resende, 2014, p. 16)

A categoria de ceramista mestra foi, segundo a autora, descrita pela primeira vez na etnografia que resultou no Dossiê descritivo dos modos de fazer *ritxoko* (Lima *et alli*, 2011), que fundamentou o registro pelo IPHAN e é identificada com as mulheres que dominam a modelagem e a queima do barro, mas também todo um vasto repertório de símbolos, narrativas e memórias associados às bonecas:

> ser ceramista mestra é extrapolar o âmbito das técnicas do ofício. É ocupar uma postura intelectual reconhecida dentro e fora das aldeias ampliando o diálogo com instituições também reconhecidas socialmente, como alguns espaços de "construção do saber", (escolas, universidades, museus etc). (Resende, 2014, p. 37)

Este reconhecimento é, portanto, potencializado pela inserção destes artefatos nos acervos das instituições museológicas, vitrines que contribuem para legitimar determinadas referências culturais como relevantes para a sociedade e que podem também estimular a produção de saberes e diálogos interculturais e interepistêmicos:

> O papel dos museus e processos de musealização na resistência cultural indígena é fundamental, não somente como espaço de preservação e de difusão de elementos de sua cultura, mas como espaços de pesquisa e produção de conhecimento pelos indígenas (Lima; Pires e Duarte Cândido, 2021, p. 423)

O gosto dos turistas também influenciou na criação de novas soluções formais para as bonecas, o que se percebe especialmente na criação de uma base em grande parte das peças, que facilita o uso decorativo das mesmas, mas também na inserção de novos sentidos utilitários à cerâmica, como pode ser exemplificado no item a seguir, um cinzeiro.

Imagem 04: Cinzeiro decorado. Cerâmica *Iny* Karajá.

Acervo do Museu Antropológico da Universidade Federal de Goiás, MA-UFG. Número de inventário: 2016.03.014. Fotógrafo Markus Garscha, 2017.

Cabe notar, porém, que de acordo com as categorias *Iny*, esta peça não seria uma *ritxoko*, denominação reservada à cerâmica antropomorfa, mas uma *iroduxumo*, como são chamadas as bonecas cerâmicas em forma de animais. O número de inventário dá algumas pistas para a compreensão desta peça, pois o Museu Antropológico usa uma numeração tripartite em que a primeira parte do número corresponde ao ano de entrada no acervo. Trata-se, portanto, de uma das aquisições mais recentes do museu em termos de cerâmica karajá, ao menos à época do mutirão de fotografias. Pela mesma lógica, a figura anterior (imagem 03), é de uma *ritxoko* que deu entrada no acervo do mesmo museu em 1970[3], e a próxima (imagem 05), entrou no acervo em 1990.

As datas anotadas nos números de inventário das diferentes peças cerâmicas do acervo do Museu Antropológico da UFG apresentadas aqui (1970, 1990 e 2016) são uma pequena amostra da relação antiga e reiterada desta instituição com o povo *Iny* Karajá mediada, entre outras

[3] O número de inventário é grafado a mão em tinta nanquim na base da peça ou em outro local de forma que fique imperceptível para o público em uma exposição, por isto não está visível nas fotografias, embora seja legível o suficiente para permitir aos profissionais do museu a organização e o controle das peças do acervo e das informações sobre elas especialmente nas reservas técnicas, laboratórios e outros espaços de trabalho da instituição.

maneiras, pelas mãos de suas ceramistas. Assim, o espalhamento das *ritxoko* pelos museus vai contribuindo para a valorização da cultura e da identidade deste povo e tecendo redes de reciprocidade entre as instituições e agentes de um lado e de outro, na sociedade nacional e no próprio povo *Iny*. O protagonismo feminino, vale registrar, também tem se reforçado nos dois lados, com o incremento marcante de pesquisadoras mulheres nos diferentes projetos que estudam a cultura karajá e seus acervos musealizados, como é o caso do Projeto Presença Karajá, cuja média de pesquisadoras mulheres gira em torno de 80% ou mais da equipe de pesquisa.

13.4 *Hetohokỹ*: um ritual exclusivo do universo masculino?

O povo Karajá é formado por três subgrupos denominados Xambioá, Javaé, e os *Iny* Karajá propriamente ditos. Todos vivem ao longo do rio Araguaia, no centro-norte do Brasil, sendo que os *Iny* compõem 20 aldeias formadas por cerca de 3000 indivíduos. Eles falam a língua *inyribè*. São conhecidos pela riqueza de sua arte plumária, cestaria, construção de embarcações e outras artes da madeira e pela cerâmica, especialmente pela produção que temos destacado aqui, das *ritxoko*.

A cultura do povo *Inỹ* Karajá está profundamente ligada ao grande rio *Berohokỹ* (Rio Araguaia), que é também elemento constitutivo de seus mitos de origem e festas, como é o caso do ritual do *Hetohokỹ* (Casa Grande). Trata-se de uma festa dedicada principalmente à iniciação masculina, na qual ocorrem diversas danças culturais e lutas corporais que dão, por sua vez, oportunidade aos jovens para demonstrar força e coragem.

Conforme Tuinaki Karajá explica,

> O *Hetohokỹ* é a festa realizada pelos indígenas considerada a mais importante dentro da sociedade Karajá, pois nessa festa são convidadas as aldeias vizinhas para participarem do evento realizado e há uma preparação tanto dos pais que desejam realizar a festa quanto aos homens da aldeia que ajudam a limpar o pátio central da aldeia, se reúnem para pescar e caçar, e ir à busca de materiais para construir casas temporárias e enfeites dos Aruanãs.
>
> Todavia, o grupo indígena Karajá expressa seu manifesto através de danças, cantos, choros, lutas e várias outras atividades durante a realização da grande final da Festa do *Hetohokỹ*, que tem duração de três

> dias. Familiares e convidados de aldeias vizinhas chegam e se hospedam na casa dos pais dos jovens iniciados (Karajá, 2011, p. 15).

Ainda nesta descrição ela enfatiza a característica do *Hetohokỹ* como ritual de iniciação masculina:

> Após o ritual o menino é levado para o *Hetohokỹ* (Casa Grande) onde os meninos ficam confinados durante sete dias para receber os ensinamentos da vida adulta e a princípio as mães ficam sem ver os filhos que passaram pelo ritual.
>
> Na realização da festa do ritual *Hetohokỹ* a invocação dos seres mitológicos é sagrada, pois são eles a alegria contagiante da aldeia como, por exemplo, a presença dos Aruanãs (os *Ijasó*, os *Lateni*), das danças representativas dos *Aõniaõni*, os habitantes do céu, da terra e da água.
>
> Essa dança representa a alegria contagiante da aldeia, mostra os seres cosmológicos da cosmologia Karajá. Para eles essa dança representa a alma dos entes mais próximos que se foram, de tal forma que eles incorporam e cantam para alegrar a aldeia. (Karajá, 2011, p. 15)

Imagem 05: *Ritxoko* representando o *Jyré*, o menino que está passando pelo ritual de iniciação durante o *Hetohokỹ*.

Acervo do Museu Antropológico da Universidade Federal de Goiás, MA-UFG. Número de inventário: 90.03.06. Fotógrafo Markus Garscha, 2017.

Mas, a autora não deixa de revelar, tanto na escrita como nas diversas trocas realizadas oralmente no âmbito do Projeto Presença Karajá, que mesmo neste ritual marcadamente masculino, o papel das mulheres é fundamental, como organizadoras e como participantes, embora sejam proibidas de entrar na casa sagrada. "A mãe do jovem prepara todas as atividades, desde a alimentação até os enfeites do jovem. Os homens das aldeias vizinhas chegam para participar do evento e, assim como as mulheres, também realizam as atividades na Casa Sagrada." (Karajá, 2011, p. 15) Ou ainda: "A mãe prepara todos os artesanatos que serão utilizados no dia da festa, prepara muitos alimentos para os convidados e para os Aruanã." (Karajá, 2011, p. 34)

Mulheres de várias idades possuem seu papel na realização das danças:

> A partir do momento que os Aruanãs se apresentam, as mães convidam as moças que ainda não são casadas para dançarem, convidam também as mulheres mais velhas e casadas para participarem das danças realizadas pelos Aruanãs. A vinda dos seres mitológicos ocorre durante a festa do *Hetohokỹ* quando um filho é preparado para a iniciação masculina. A demanda de alimentos é grande e são produzidos diariamente. Os Aruanãs vêm especialmente para esta ocasião e permanecem na aldeia durante o ciclo anual, e o casal que não sustentar com generosidade e fartura os Aruanãs sofrerá desonra pública transmitida aos seus descendentes, também poderá ter seus parentes próximos punidos com feitiços mortais. (Karajá, 2011, p. 36)

Como parte do ritual do *Hetohokỹ*, há um momento importante que é a dança dos *Aruanãs*:

> (...) os homens vestidos de Aruanãs, considerados pelos Karajás como sagrados representando os seres cosmológicos. A indumentária que cobre não apenas o rosto, mas também o corpo do usuário representando um disfarce de animais do fundo das águas, da mata e do céu, prontos para buscarem os meninos que acabaram de passar pelo ritual *Hetohokỹ*. Observa-se que na dança dos Aruanãs sempre tem uma moça para acompanhar os passos da dança.
>
> (...)
>
> A *idjadomã* (moça) está preparada para dançar juntamente com os Aruanãs, ela usa todos os enfeites e é realizada uma pintura corporal

> diferenciada, mostrando a beleza da moça Karajá. Geralmente a moça é convidada pela mãe do jovem iniciado.
>
> As mulheres e as crianças geralmente vão à casa dos pais dos Aruanãs para assistirem de perto todas as apresentações culturais, neste caso a moça *Idjadomã* fica sentada na esteira esperando os Aruanãs para dançarem juntos. (Karajá, 2011, p. 39-41)

Tuinaki Karajá também relatou reiteradas vezes o papel das mulheres como *"brotyré mahadu"*, que dançam ao lado de visitantes de outras aldeias e inclusive de turistas que vêm assistir e participar do ritual do *Hetohokỹ*. Estas mulheres realizam um papel de espelhamento de alguns gestos rituais, por exemplo, na realização das lutas corporais quando um rapaz é derrubado, as mulheres *"brotyré mahadu"* que estão a ele associadas caem igual ao rapaz. (Karajá, 2011, p. 45). Elas também ficam sentadas nas esteiras no final da realização da festa do *Hetohokỹ*, a fim de proteger o jovem iniciado.

O povo *Iny* Karajá tem o hábito de praticar o *brotyré* que, segundo Tuinaki, significa a troca: elas se oferecem para que sejam realizadas as pinturas corporais e o corte do cabelo igualmente ao jovem iniciado. Com isto elas passarão a ter o direito de pedir e ganhar o presente dos seus pais.

14.5 O patrimônio cultural como resistência

Os povos originários brasileiros expressam sua maior forma de resistência por meio de sua própria existência, tendo enfrentado mais de cinco séculos de ataques e ações que pretendem seu apagamento e desaparecimento.

"Perante o desmonte articulado ao longo dos últimos quatro anos, as políticas públicas de proteção às comunidades tradicionais têm sido cada vez menos eficazes em dispor a estas comunidades seus direitos fundamentais no Brasil." (Entratice; Andrade; Duarte Cândido; Lima, 2020, p. 02). Logo, tem se tornado ainda mais difícil a perpetuação de suas vidas, e consequentemente, de seus patrimônios imateriais e materiais, suas culturas, suas histórias.

Considerando as pedagogias indígenas como pedagogias de resistência (Kuitá, 2001, p. 31) e de reforço das identidades, fica mais evidente o papel das mulheres, pois estas pedagogias não ocorrem somente nas escolas indígenas, mas especialmente no cotidiano, em que a transmissão realizada pelas mulheres é fundamental.

Para além da noção de que trabalhar com patrimônio é gerir o que restou (Debary, 2017) podemos reforçar, então que:

> The research and "heritagisation" of original peoples' cultural assets should, first and foremost, contribute to ensuring that these peoples, holders of unique cultural repertories, have access to the Fundamental Rights to live in society.[4] (Entratice; Andrade; Duarte Cândido; Lima, 2020, p. 02)

Se nos voltamos para o ideal de que o maior patrimônio é a vida (Duarte Cândido; Vial; Entratice; Andrade; Lima, no prelo), a salvaguarda da cultura *Iny* Karajá só possui sentido se houver a continuidade de quem a cria, produz e perpetua. O impacto da COVID-19 levando muitos anciãos, inclusive algumas ceramistas, pessoas que detinham um manancial enorme de informações sobre os modos de fazer e de viver do povo *Iny* Karajá acentuou ainda mais as fragilidades desses patrimônios e a necessidade de se trabalhar de maneira urgente com a transmissão e com a proteção destas pessoas que são verdadeiros arquivos vivos da memória ancestral.

Conclusões

Os saberes e fazeres relacionados às *ritxoko*, apesar de oficialmente patrimonializados, só resistirão se houver a transferência entre as gerações *Iny* Karajá, que por sua vez é possível por meio das ceramistas.

Podemos defender, então, que a permanência cultural se dá pela própria existência e continuidade dos povos indígenas. Por sua vez, a existência e valorização destes patrimônios demonstra de maneira emblemática a longa duração da presença indígena em nosso território e a profunda relação destes povos com o ambiente circundante, bem como a necessidade de que todas as políticas de preservação considerem a necessidade de integrar ações, pois não faz sentido separar a preservação do patrimônio do direito ao território e do direito à vida.

[4] Tradução livre: A pesquisa e patrimonialização dos bens culturais dos povos originários dos povos originais deve, antes de mais, contribuir para assegurar que estes povos, detentores de repertórios culturais únicos, tenham acesso aos Direitos Fundamentais de viver em sociedade.

De fundamental importância, o *Hetohokỹ* também assume, como vimos, este papel de resistência cultural. O ritual, sempre que realizado, desde sua preparação até finalização, renova constantemente na comunidade *Iny* Karajá seus valores e sua história. Apesar de não ter tido o mesmo reconhecimento oficial que as *ritxoko*, ele:

> Possui potencial em se tornar um atrativo turístico pelo fato da aldeia realizar todos os preparativos da festa e buscar mostrar para outros visitantes o quanto trabalharam para mostrar a eles a maior festa promovida, e o mais importante da Festa do *Hetohokỹ* são todas as representações cosmológicas. (Karajá, 2011, p. 55)

Para Tuinaki Karajá,

> Embora o ritual *Hetohokỹ* seja conhecido apenas na aldeia, investigou-se a possibilidade do turismo cultural ser realizado na aldeia, desde que seja trabalhado com cautela, pois os rituais são de grande importância aos indígenas Karajá, principalmente o ritual *Hetohokỹ*. (Karajá, 2011, p. 52)

As relações entre indígenas e não indígenas ainda ocorrem de maneira muito assimétrica em virtude de heranças coloniais que marcam indelevelmente nossas maneiras de pensar e agir. Neste contexto, o patrimônio cultural rico, diverso e exuberante pode ser um instrumento de resistência, pois demonstra a força e a ancestralidade destes povos. Por outro lado, autores e autoras indígenas, como Tuinaki Koixaru Karajá, alertam para as dificuldades neste âmbito, como as que ela percebeu em seu estudo que envolveu percepções sobre a festa do *Hetohokỹ* pela ótica do turismo.

A autora alertou que, apesar da intenção de compartilhar e mostrar aos não indígenas sua cultura e sua história, e poderem também assim obterem rendas para sua subsistência, trazer turistas para as festas nas aldeias, nem sempre ocorre de maneira tranquila. São vários os relatos dentro da comunidade *Iny* Karajá em que é perceptível que não indígenas acabam por não respeitar tais manifestações e gerar impactos indesejados no exercício de tais expressões e práticas culturais (Karajá, 2011).

Para que uma festa como o *Hetohokỹ* possa tornar-se um atrativo turístico é necessário o estabelecimento de regras propostas pelos próprios indígenas no que diz respeito a sua organização social, obtenção de conteúdos fotográficos e audiovisuais, cuidados com a fauna e flora do local, dentre outras.

Devemos, então, atentar para estas percepções e relatos sobre os comportamentos dos *Tori* (não indígenas) diante das expressões culturais dos Karajá, neste caso, o *Hetohokỹ*. Como já pontuamos, ainda existem fortes traços coloniais em nossas formas de pensar e agir para com os povos originários brasileiros e para que consigamos avançar na decolonialidade de tais realidades e relações, a resistência por meio da continuidade de fazeres e saberes é uma ferramenta insubstituível. E assim, o papel das mulheres de guardiãs e transmissoras dos traços da identidade cultural indígena mostra-se sempre fundamental e vital.

Referências

CAMPOS, Sandra Maria Christiani de la Torre Lacerda. Bonecas Karajá: modelando inovações, transmitindo tradições. São Paulo: Departamento de Ciências Sociais – Antropologia da Pontifícia Universidade Católica de São Paulo, 2007. (Tese de Doutorado)

DEBARY, Octave. Antropologia dos restos: da lixeira ao museu. Pelotas: UM2, 2017.

DUARTE CÂNDIDO, Manuelina Maria. Nem tudo está perdido! Coleções de ritxoko em museus da Alemanha. In: LIMA Filho, Manuel Ferreira. Fazendo coisas com os Iny-Karajá: Materialidades, saberes e partilhas. (no prelo)

DUARTE CÂNDIDO, Manuelina Maria; VIAL, Andréa Dias; ENTRATICE, Henrique Gonçalves, ANDRADE, Rafael Santana Gonçalves de; LIMA, Nei Clara de. "Social Museology and the Health Action *Iny Karajá*". In: ICOFOM Studies Serie, 49. (no prelo)

DUARTE CÂNDIDO, Manuelina Maria. Relatório Projeto Presença Karajá – cultura material, tramas e trânsitos coloniais – Etapa 1 (2017-2020). Liège, 2020. 223 p.. (Trabalho técnico – material não publicado) Disponível *online* em: http://hdl.handle.net/2268/256194.

ENTRATICE, Henrique Gonçalves; ANDRADE, Rafael Santana Gonçalves de; DUARTE CÂNDIDO, Manuelina Maria; LIMA, Nei Clara de. Diminuição das distâncias entre intenção e gesto: a Ação de Saúde Iny Karajá e os meios de efetivação da Museologia Social. Comunicação oral no Pré-evento da 32ª Reunião Brasileira de Antropologia – Antropologia e Museologia Social: avanços e desafios. Promovido: Comitê de Patrimônios e Museus da Associação Brasileira de Antropologia (ABA), 22 de outubro de 2020. (texto não publicado)

KARAJÁ, Tuinaki Koixaru. Cultura Karajá: um estudo de caso da Festa Hetohokỹ. 2011. 77f. TCC (Bacharel em Turismo). Departamento de Turismo da Universidade do Estado de Mato Grosso – *Campus* de Nova Xavantina, Mato Grosso, 2011.

KUITÁ, Gilda. A educação indígena estava muito fechada. In: VEIGA, Juracilda; SALANOVA, Andrés (Orgs.). Questões de educação escolar indígena: da formação do professor ao projeto de escola. Brasília: FUNAI/DEDOC, Campinas/ALB, 2001. p. 24-33. Disponível *online* em http://www.funai.gov.br/arquivos/conteudo/cogedi/pdf/Livros/Questoes-de-educacao-escolar-indigena/Questoes_de_educacao_escolar_indigena.pdf. Acesso em 06 de setembro de 2021.

LIMA, Nei Clara de; PIRES, Ema Cláudia Ribeiro; DUARTE CÂNDIDO, Manuelina Maria. Cruzando arenas da arte e do patrimônio karajá. In: SOARES, Inês Virgínia; CAMPOS, Yussef Daibert Salomão de; LANARI, Raul. Patrimônio imaterial e políticas públicas no Brasil: trajetórias e desafios. Belo Horizonte, Editora Letramento, 2021. p. 417-429.

LIMA, Nei Clara de; LEITÃO, Rosani Moreira. Bonecas Karajá como Patrimônio Cultural do Brasil: da pesquisa à salvaguarda. Disponível *online* em https://ndh.ufg.br/up/322/o/Artigo5.pdf?1453825313.

LIMA, Nei Clara de *et alli*. Bonecas Karajá: arte, memória e identidade indígena no Araguaia – dossiê descritivo do modo de fazer *ritxoko*. Goiânia: Museu Antropológico/Universidade Federal de Goiás/Instituto do Patrimônio Histórico e Artístico Nacional, 2011.

MORAES WICHERS, Camila Azevedo de. Sobre a musealização de acervos iny-karajá: desafios e possibilidades para uma prática decolonial. Revista Habitus – Instituto Goiano de Pré-História e Antropologia, Goiânia, v. 17, n. 1, p. 53-76, ago. 2019. Disponível *online* em: <http://seer.pucgoias.edu.br/index.php/habitus/article/view/7258/4134>. Acesso em: 28 ago. 2021.

RESENDE, Michele Nogueira de. As ceramistas Karajá e o processo de registro de suas bonecas de cerâmica como patrimônio cultural do Brasil. Goiânia: Universidade Federal de Goiás, Programa de Pós-graduação em Direitos Humanos, 2014. (Dissertação de Mestrado)

WHAN, Chang. Ritxoko. A voz visual das ceramistas Karajá. Universidade Federal do Rio de Janeiro, Escola de Belas Artes, 2010. (Tese de Doutorado)

14.
COMPOSITORAS BRASILEIRAS: APAGAMENTOS EM SEUS DIREITOS, EM SUAS CRIAÇÕES E EM SUAS BIOGRAFIAS

Ana Carolina Arruda de Toledo Murgel

Desde meu mestrado venho trabalhando e pesquisando as compositoras brasileiras, tendo construído finalmente, no pós-doutorado, a pesquisa *Cartografias da Canção Feminina: compositoras brasileiras no século XX*, um trabalho tão extenso que venho publicando muito lentamente online[1]. Quando iniciei essa pesquisa, imaginava encontrar de 800 a 900 compositoras, mas me deparei com o número surpreendente de 7.500 mulheres compondo entre os séculos XIX e início do XXI. Assim, um trabalho que inicialmente buscava pensar a produção musical das mulheres se tornou rapidamente em levantamento empírico e pesquisa para muitos anos, pensando somente em levantamento de obras e dados biográficos.

Não foi um trabalho inédito – antes de mim, nos anos de 1980, duas pesquisadoras tentaram esse levantamento extenso, Nilcéia da Silva Baroncelli[2] e Eli Maria Rocha[3], e considerando as perspectivas daquele

[1] Disponível em: http://www.compositoras.mpbnet.com.br/

[2] Baroncelli, Nilcéia Cleide da Silva. *Mulheres Compositoras: Elenco e Repertório*. São Paulo: Rowsitha Kempf, 1987.

[3] Rocha, Eli Maria. *Nós, as Mulheres (notícias sobre as compositoras brasileiras)*. Rio de Janeiro: Edição da Autora, 1986.

período para pesquisa, que se restringia a bibliotecas, acervos particulares e livros às vezes bastante caros, ter pesquisado essas compositoras contemporaneamente, no século XXI, com o auxílio das mesmas fontes e, especialmente, com o advento da internet, foi um trabalho com muito mais resultados, considerando especialmente a utilização dos acervos digitais da Biblioteca Nacional.

O primeiro apagamento sofrido pelas compositoras – e não só por elas, é o apagamento ou preconceito na linguagem: o plural é sempre masculino. Um grupo de dez compositoras, se estiver conversando com um compositor serão todos compositores. Porque se os compositores sempre existiram, e esse plural inclui (ou deveria incluir) as mulheres, elas são apagadas na forma culta da linguagem.

Esse plural masculino é bastante discutido entre as feministas e acadêmicas de várias áreas, e pode ser percebido como um dos responsáveis pelo apagamento das mulheres não só na criação artística. Quando falamos sobre os compositores brasileiros tendemos a excluir as mulheres, assim como quando falamos sobre os operários no início do século XX. As indústrias têxteis contratavam em sua maioria mulheres – um dos primeiros curtas dos irmãos Lumière, *A Saída dos Operários da Fábrica Lumière*[4] mostra a predominância de mulheres nas imagens, mas poucos são os historiadores do movimento operário que se aprofundam nessa questão, com exceções como, por exemplo, Margareth Rago, em seu *Do Cabaré ao Lar: utopia da cidade disciplinar.* Em sua maioria, são as historiadoras que vão aos poucos incluindo as mulheres na história, de certa forma atendendo ao apelo de Virginia Woolf em *Um teto todo seu*, escrito em 1928, ao se debruçar sobre as escritoras:

> Uma ambição que ultrapassaria minha audácia, pensei, procurando pelas prateleiras os livros que não estavam ali, seria sugerir às alunas dessas famosas universidades que reescrevessem a história, embora deva admitir que, muitas vezes, ela parece um tanto estranha tal como é – irreal, tendenciosa; – mas por que não poderiam elas acrescentar um suplemento à história, dando-lhe, é claro, algum nome não conspícuo, de modo que as mulheres pudessem ali figurar sem impropriedade? Pois freqüentemente as percebemos de relance na vida dos grandes homens,

[4] *A Saída dos Operários da Fábrica Lumière.* Disponível em https://www.youtube.com/watch?v=fNk_hMK_nQo. Acesso em 20 de setembro de 2021.

> despachadas logo para o segundo plano, ocultando, às vezes, um piscar de olhos, um riso, uma lágrima talvez[5]

Virginia Woolf, nesse livro, tem muito a dizer para as mulheres contemporâneas quase 100 anos depois que o escreveu. Ela buscava em seu texto as escritoras, mostrando a dificuldade que era encontrá-las e explicando o porquê dessa dificuldade – a vida das mulheres nunca foi fácil, mas na leitura de Woolf compreendemos o tanto que foram excluídas, boicotadas, criticadas, espoliadas e difamadas. Em sua visão, se a vida e a arte de uma escritora já eram extremamente difíceis, provavelmente sobre as pintoras haveria maior dificuldade, e para as compositoras. Elas seriam verdadeiramente as batalhadoras das artes, considerando o que se escrevia (os homens, notadamente), sobre elas.

Durante essas pesquisas, percebi muitas formas de apagamentos que submeteram as compositoras, mas quatro específicos, todos ligados, direta ou indiretamente, ao discurso do patriarcado sobre a incapacidade da criação por parte das mulheres: usurpação dos direitos autorais por maridos ou parceiros, dúvidas não fundamentadas sobre a veracidade do pertencimento da obra, ausência marcante de dados biográficos mesmo sobre grandes nomes e, incrivelmente, dúvidas de biógrafos e pesquisadores – de outros compositores ou sobre elas mesmo – sobre a obra das compositoras. Culturalmente, as mulheres são bombardeadas desde crianças sobre a incapacidade de criar, minando desde pequenas sua autoestima – a única criação aceitável para elas seria a dos próprios filhos.

Neste texto, falo sobre quatro mulheres que sofreram o apagamento de suas criações por esses quatro caminhos: Carmen Miranda, Aylce Chaves, Lucília Guimarães Villa-Lobos e Dora Vasconcellos. O leitor que não leu ainda meus textos[6], com certeza reconhece o nome de Carmen Miranda, mas provavelmente apenas como cantora – o que, veremos, por desejo de seu principal biógrafo, deveria se manter assim.

Uma das fontes que trabalhei em minha pesquisa para cruzamento de dados foi o catálogo digital do ECAD (Escritório de Arrecadação de Direitos Autorais). Ao comparar as obras nas discografias com os registros do ECAD, a primeira observação foi que grande parte das compo-

[5] WOOLF, Virginia. *Um Teto Todo Seu*. São Paulo: Círculo do Livro, 1990, pp. 57-58.

[6] Alguns de meus artigos sobre as mulheres na canção estão disponíveis em https://www.caromurgel.mpbnet.com.br/publicacoes/.

sitoras sequer tem registro, incluindo as que iniciaram sua produção no século XXI e, o que foi bastante surpreendente, muitas delas tiveram seus nomes suprimidos por seus parceiros ou intérpretes no momento do registro – estão nos créditos dos discos, mas desaparecem no momento da arrecadação de direitos autorais ou ainda tem suas obras registradas por seus companheiros no nome deles. E geralmente, nos textos biográficos desses companheiros – em se tratando de algum compositor igualmente – os biógrafos, quase todos homens, costumam insinuar que o foi o marido quem registrou sua própria composição no nome da esposa para "garantir seu futuro" – invertendo as evidências documentais e a questão óbvia que elas seriam herdeiras naturais dos direitos desses maridos, portanto uma ação desnecessária.

Para que uma compositora ou compositor tenha o registro de suas obras no ECAD, é preciso que seja filiado a uma das seguintes associações de compositores: ABRAMUS (Associação Brasileira de Música e Artes), AMAR (Associação de Músicos Arranjadores e Regentes), ASSIM (Associação de Intérpretes e Músicos), SBACEM (Sociedade Brasileira de Autores Compositores e Escritores de Música), SICAM (Sociedade Independente de Compositores e Autores Musicais), SOCIMPRO (Sociedade Brasileira de Administração e Proteção de Direitos Intelectuais) e UBC (União Brasileira de Compositores). A inscrição nessas associações é gratuita, e o compositor deve, além de enviar os dados da obra e parceiros, enviar atualmente também cópias digitais das composições. É a associação escolhida quem vai repassar para o ECAD a listagem das obras e fonogramas, assim os compositores precisam estar cadastrados e registrar toda sua produção e parcerias para garantir o recolhimento de seus direitos na execução das obras. Se o/a compositor/a não está cadastrado em uma associação, mas se seu parceiro teve o cuidado de registrar a parceria, seus direitos estarão resguardados, sendo pagos tão logo se filiem a alguma dessas associações.

14.1 Aylce Chaves: procura-se pistas e registros de uma existência

A primeira forma de apagamento é o esquecimento – no caso das mulheres isso pode ser reforçado ainda por casamento e troca de sobrenomes. Mas eventualmente conseguimos encontrar os registros procurando, quando sabemos, pelo nome dos pais, por exemplo. Mas alguns nomes tudo o que temos são as notícias publicadas na imprensa de seu tempo – não há mais quem entrevistar quando mais nos distanciamos das personagens de nossas pesquisas.

Aylce Chaves em foto publicada no jornal *Diário da Noite*, RJ, em 24 de janeiro de 1952.[7]

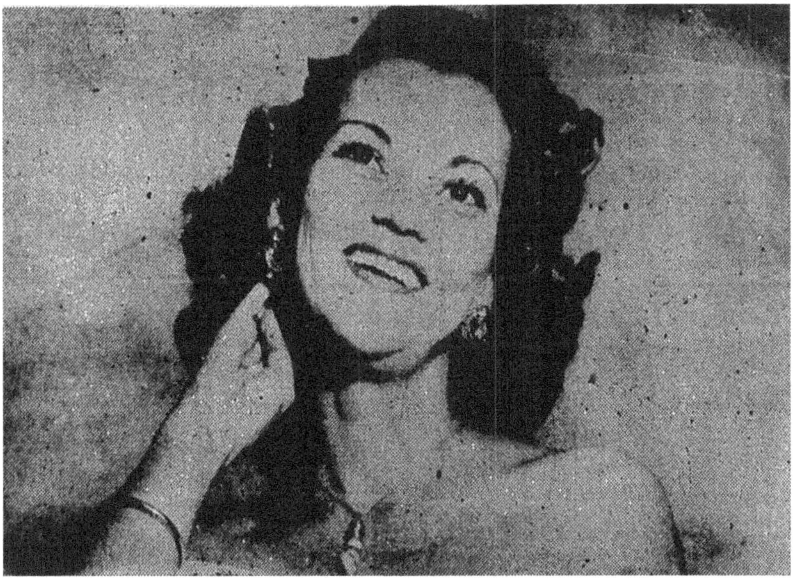

Aylce Chaves é um bom exemplo, apesar de existirem muitos outros. Ela sempre afirmou em entrevistas que havia nascido em Itapetininga, SP, e pouco se sabia a mais sobre sua vida, apesar de ser autora de uma das canções mais lembradas do século XX e que, já tendo feito sucesso em 1952, na voz de Linda Rodrigues, estourou na segunda metade do século com a gravação de Maria Bethânia:

[7] Disponível em http://memoria.bn.br/DocReader/221961_03/17034. Acesso em 20 de setembro de 2021.

Lama
(Aylce Chaves e Paulo Marques)

Se eu quiser fumar, eu fumo
Se eu quiser beber, eu bebo
Não me interessa mais ninguém
Se o meu passado foi lama
Hoje quem me difama
Viveu na lama também
Comendo a mesma comida
Bebendo a minha bebida
Respirando o mesmo ar
E hoje, por ciúme ou por despeito
Achar-se com o direito de querer me humilhar
Quem foste tu?
Quem és tu?
Não és nada!
Se na vida fui errada,
Tu foste errado também
Se eu errei, se pequei,
Não importa!
Se a esta hora estou morta,
Pra mim morreste também![8]

Bethânia suprimiu um trecho da letra original – libertando a mulher que inspira essa canção das amarras do patriarcado, como sugeria o trecho retirado por ela:

[8] "Lama" (Aylce Chaves e Paulo Marques). Gravada por Maria Bethânia no LP *Recital na Boite Barroco* (Odeon/1968)

> [...] Quem foste tu?
> Quem és tu?
> Não és nada! [...]
> Se na vida fui errada,
> Tu foste errado também
> Não compreendeste sacrífico
> Sorriste do meu suplício
> Me trocando por alguém
> Se eu errei, se pequei,
> Não importa! [...][9]

Deu várias entrevistas sobre sua obra aos jornais cariocas dos anos de 1940 a 60[10] – e o pouco que se sabe sobre sua vida são essas fontes. Quando nasceu[11], se casou, se ou quando morreu, tudo encoberto pelo esquecimento e apagamento que recai sobre as mulheres.

Há alguns anos venho procurando informações para construção da sua biografia, e muito recentemente encontrei no *Family Search* a certidão de nascimento[12]: Ailce de Vasconcellos Chaves era filha de Carlota de Vasconcellos Chaves e do Capitão Francisco José Monteiro Chaves. Nasceu no Rio de Janeiro em 17 de junho de 1919 – suas declarações sobre ser paulista de Itapetininga poderiam ter relação com o desejo de esconder suas origens, já que as mulheres que levavam vida pública além de sofrerem preconceitos e constantes comparações com a vida de prostitutas, "manchavam" também o nome de suas famílias. Bem diferente do que se entendia por homem público, é claro. No entanto, é curioso que ela tenha contado a um repórter da Revista da Semana, em 1940, que seu pai era do exército. Seria muito difícil uma homônima

[9] Trecho de "Lama" (Aylce Chaves e Paulo Marques). Gravada por Linda Rodrigues no 78 RPM 16.559-a (Continental/1952)

[10] A cantora, compositora e pesquisadora Denise Mello tem feito um levantamento precioso sobre as reportagens sobre Aylce Chaves – ela mapeou o aparecimento da compositora na imprensa até 1983. O livro está no prelo, com o nome provisório de *As Mulheres na Canção.*

[11] As únicas informações sobre seu nascimento são as da própria compositora, que como veremos, não eram corretas.

[12] "Brasil, Rio de Janeiro, Registro Civil, 1829-2012," database with images, Family Search. Disponível em https://www.familysearch.org/ark:/61903/3:1:S3HT-678J-8D?i=185&cc=1582573. Acesso em 20 de setembro de 2021.

nascida no Rio ter também o pai como capitão do exército. Mas são pistas como essas que podem aos poucos desvendar sua biografia.

Trecho da certidão de nascimento de Aylce Chaves

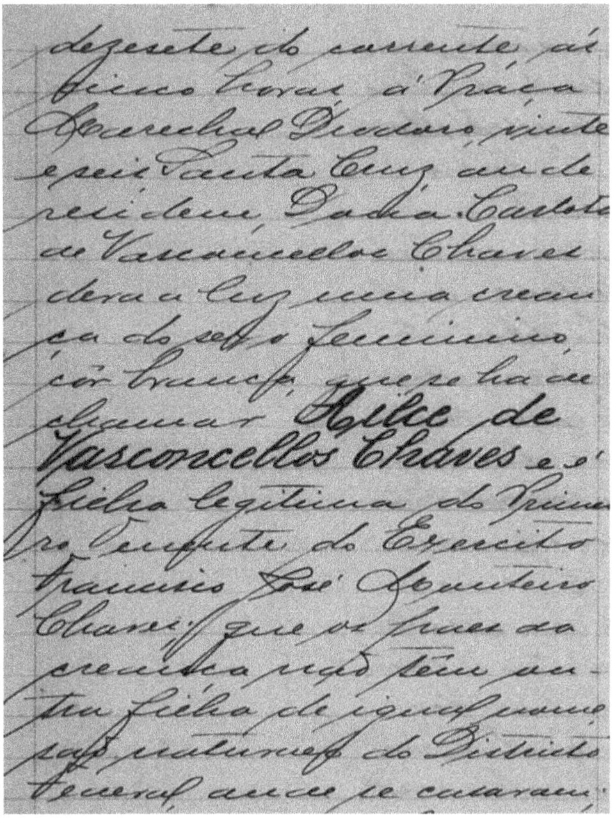

dezesete do corrente ás
cinco horas á Praça
Marechal Deodoro vinte
e seis Santa Cruz onde
reside, Dona Carlota
de Vasconcellos Chaves
dera a luz uma crean-
ça do sexo feminino,
côr branca, que se ha de
chamar Aylce de
Vasconcellos Chaves e é
filha legitima do Primei-
ro Tenente do Exercito
Francisco José Monteiro
Chaves, que os paes da
creança não tem ou-
tra filha de igual nome,
são naturaes do Districto
Federal onde se casaram.

Fonte: FamilySearch

Aylce foi um dos grandes nomes da composição na primeira metade do século XX, teve várias parcerias especialmente com Linda Rodrigues, Paulo Marques e Elvira Pagã e, segundo afirma em uma entrevista publicada na Revista Semanal de 1940[13], teria mais de quinhentas composições entre sambas, marchas e samba-canção, o que torna ainda mais inexplicável a dificuldade de encontrar fontes oficiais sobre sua biogra-

[13] Galvão, Francisco. "Aylce Chaves preferiu o samba". In: Revista da Semana, 06 de abril de 1940. Disponível em http://memoria.bn.br/DocReader/025909_04/622. Acesso em 20 de setembro de 2021.

fia. Faleceu provavelmente antes de 2011, o que poderia ser comprovado por um documento[14], do ano em questão, da UBC à CPI do ECAD informando que sua obra estava em espólio, ainda sem herdeiro definido. "Poderia" porque o documento traz nomes como espólio de pessoas que ainda estavam ou estão vivas, como é o caso, por exemplo, de Renata Pallottini, que faleceu somente em 2021, dez anos depois e de pelo menos mais uma compositora que está viva e passando muito bem, obrigada.

1. Carmen Miranda: a "decisão" do biógrafo

CARMEN MIRANDA COMO "CARMEN NAVARRO" NO FILME *COPACABANA*.

Rede Web de Museus do Estado do Rio de Janeiro[15]

[14] Carta da UBC à CPI do Senado, 2011. Disponível em http://www.senado.leg.br/comissoes/documentos/SSCEPI/DOC%20ECAD%200031.pdf. Acesso em 20 de setembro de 2021.
[15] Disponível em http://www.museusdoestado.rj.gov.br/sisgam/index.php. Acesso em 20 de setembro de 2021.

Maria do Carmo Miranda da Cunha nasceu em Marco de Canaveses, Portugal, em 09 de fevereiro de 1909. Sua família já estava para imigrar para o Brasil quando sua mãe ficou grávida: a viagem foi adiada até o nascimento da filha – o pai vem para o Brasil e a família o segue em 1910.

Ela inicia sua carreira em 1928, na rádio Roquete Pinto, e dois anos depois já era a cantora que mais gravava discos no país.

Carmen viveu uma vida breve, falece aos 46 anos, em Beverly Hills, Califórnia, aos 05 de agosto de 1955. Apesar disso, teve uma intensa carreira, sendo a primeira cantora brasileira reconhecida internacionalmente e a primeira a participar de vários filmes em Hollywood além de ter renovado definitivamente a forma de cantar, influenciando ainda hoje cantoras como Ná Ozzetti, por exemplo.

Carmen foi uma das surpresas em minha pesquisa – tem duas composições, uma com Pixinguinha, "Os home implica comigo", e outra com Josué de Barros, "Por ti estou presa".

Ao procurar as canções na biografia escrita por Ruy Castro, encontrei referência somente à primeira canção:

> Foi também a Victor que tornou Carmen 'parceira' de Pixinguinha no samba 'Os home implica comigo' – a ideia da letra pode ter sido dela, mas os versos tortos tinham todos os cacoetes de Josué. [16]

Castro coloca em dúvida – sem qualquer documentação que evidencie sua versão – a capacidade de Carmen como compositora, sem duvidar, no entanto, de que ela criou e definiu uma forma única de interpretação da música popular brasileira a partir de seu trabalho.

Recentemente, Denise Mello[17] escreveu a Ruy Castro para perguntar sobre essa questão. A resposta que obteve é que isso (incluir parceiros ou compra de parcerias) era fato comum na época. Sabemos que sim, é o caso de Francisco Alves e Mário Reis, por exemplo, que costumavam comprar os direitos das canções que gravavam.

[16] CASTRO, Ruy. *Carmen – uma biografia*. São Paulo: Companhia das Letras. 2005, p. 63. O autor se refere ao compositor Josué de Barros, de quem Carmen Miranda gravou várias canções e era parceira na segunda canção citada aqui.

[17] Op. Cit.

Um caso bem famoso em relação a isso, é o da canção "Divina dama", composta por Cartola. Em um programa *MPB Especial*[18], Cartola contou:

> "Divina dama". Depois que eu vendi esse samba ao Chico [Alves], ô, ao Mário Reis, depois veio o Chico. Aí ele ouviu esse samba lá no morro e ficou me amolando todo dia lá no morro, atrás do samba, até que eu acabei vendendo por 300 mil-réis também. Tanto que pra mim hoje não é vantagem a regravação de "Divina dama", porque eu não recebo direitos. Porque eu vendia naquela época os direitos de disco só. Quer dizer que, se gravar disco, eu não recebo; recebo de direitos autorais, essa coisa de execução. Mas disco eu não recebo um tostão.[19]

Essa história contada por Cartola mostra como havia várias formas de se vender a canção – nesse caso, foram os direitos de edição.

Francisco Alves era conhecido por comprar sambas, em especial de Ismael Silva, assim seu nome aparecia também como compositor, recebendo também os direitos de execução caso as canções fossem gravadas por outros nomes.

Mas são em sua maioria casos documentados e públicos. Cravo Albin conta que esse hábito de Francisco Alves acabou por manchar sua reputação e talento como compositor[20].

No caso de Carmen, não há nada que comprove situação similar. Ao generalizar dizendo que afirmou isso no livro porque "era comum na época", o biógrafo age como sempre age o patriarcado: desacredita as mulheres. Não encontrei situação similar entre as compositoras nesse período, foi puro "achismo" e machismo mesmo de Castro. Ele teria se incomodado tão profundamente por Carmen Miranda ser parceira de alguém tão "grande" quanto Pixinguinha?

A própria letra dessa canção de Carmen pode responder a seu biógrafo:

[18] Programa da TV Cultura de São Paulo dirigido por Fernando Faro.

[19] CARTOLA. Programa MPB Especial. TV Cultura, 23 de março de 1973. Entrevista transcrita pelo SESC em Arley, Pereira e Botezelli, J. C. Pelão. *A Música Brasileira deste Século por seus Autores e Intérpretes.* São Paulo: SESC-SP, 2000, p. 81.

[20] Cf. *Dicionário Cravo Albin da Música Popular Brasileira.* Disponível em https://dicionariompb.com.br/francisco-alves/dados-artisticos. Acesso em 20 de Setembro de 2021.

"Os home implica comigo" – 1930
(Pixinguinha e Carmen Miranda)

Meu Deus, eu já não posso mais
Viver assim
Com esses home implicando
Por causa de mim

Eles gosta da gente
Eu já sei por que é
É porque eles não pode
Vivê sem muié

Eu não gosto dos home
Porque eles são ruim
Quarqué coisa que eu faço
Eles falam de mim

Eles pensa que eu sou dessas
Garotas de arengação
Mas estão muito enganado
Comigo não violão!

Encontrei também um terceiro registro no ECAD, feito pela UBC da qual ela era associada, de uma canção chamada "Blues pra sax" creditada como somente de Carmen Miranda (UBC), sem parcerias, tendo como editora a Zimbo Produções Musicais – também apontada com o nome Zem (Abramus), com 96 obras editadas. Procurei, mas não encontrei essa editora em outro lugar – a Abramus não possui um sistema de busca de registros aberto ao público em geral, como a UBC. A mesma editora tem também um "Blues para sax" creditada para Lilú (Maria de Lourdes Marmo de Aguiar), da SICAM. Nesse caso, sim, parece haver algum erro.

2. Lucília Guimarães Villa-Lobos: o piano de Villa-Lobos

Uma das grandes controvérsias nas biografias sobre Heitor Villa-Lobos (1887-1959) é sua relação (e não estou falando emocional) com Lucília

Guimarães Villa-Lobos (1886-1966), com quem o maestro se casou em 1913 e com quem viveu 22 anos. Quando se casaram, Villa-Lobos só tocava violão e violoncelo, e há um consenso entre vários biógrafos que a participação da brilhante pianista como sua parceira em diversas obras é apagada.

Lucília Guimarães Villa-Lobos

Acervo Online do Museu Villa-Lobos[21]

Biógrafa da compositora, Mary Luciana Lombardi afirma que

> Logo após seu casamento, antes que ele aprendesse a tocar piano, ela [Lucília Guimarães Villa-Lobos] escreveu peças de piano para que ele submetesse ao curso de repertório de piano do conservatório. Em suas memórias, ela escreveu "fui eu quem fiz as primeiras execuções

[21] Disponível em https://museuvillalobos.acervos.museus.gov.br/acervo/. Acesso em 20 de setembro de 2021.

> parciais", e era bem conhecido que pelo menos duas das peças submetidas ao conservatório foram "inteiramente de sua autoria", embora "ela nunca tenha se gabado disso". [...] Creditá-lo [Heitor Villa-Lobos] como autor exclusivo das composições para piano é certamente um exagero. Se sua música para piano apresenta "uma originalidade nas soluções técnicas" e "pode ser considerada um dos pontos significativos na evolução da música pianística moderna", como alguns sugeriram, então parece claro que as primeiras obras para piano solo a aparecerem sob seu nome são na verdade "criações conjuntas com Lucília", e "se ela não tivesse sido assim muito modesta e sem egoísmo, sua carreira como compositora poderia ter sido bem mais importante".[22]

Villa-Lobos era conhecido por sua vaidade – se torna amante de sua aluna Arminda e, na volta de uma de suas viagens para a Europa, em 1936, envia uma carta bastante grosseira para sua esposa, dizendo que exigia a separação e que não passaria na casa de ambos nem mesmo para pegar suas coisas, enviando um mensageiro. Ele enumera razões, que considera "poucas, mas justas":

> Não posso viver em companhia de nenhuma pessoa pela qual eu me sinta inteiramente estranho, isolado, constrangido, enfim sem mais nenhuma afeição, a não ser uma certa gratidão de ter se conservado fiel durante muitos anos em minha companhia.
>
> Proclamo a nossa absoluta liberdade.
>
> Porém com a consciência tranquila que tudo fiz para que não lhe falte nada. Foi pelo meu único intermédio que conseguiu os ótimos cargos que ocupa e que, por isso mesmo, ganha mais do que eu e tem melhores garantias de vitalidade.[23]

Lucília era uma pianista premiada por seu desempenho, quando se formou no Instituto Nacional de Música, e parte de seus biógrafos consideram que o rancor de Villa-Lobos se devia também, além do romance

[22] LOMBARDI, Mary Luciana. *Lucília Guimarães Villa-Lobos: An Introduction.* Disponível em https://musicandwords.net/lucilia052008.html. Acesso em 20 de setembro de 2021. Tradução da autora.

[23] VILLA-LOBOS, Heitor. *Carta à Lucília Guimarães Villa-Lobos.* Disponível em https://correioims.com.br/carta/proclamo-nossa-absoluta-liberdade/. Acesso em 20 de setembro de 2021.

com Arminda, à importância de sua esposa tanto na elaboração das obras para piano como na divulgação do trabalho do autor. Por ser reconhecida como pianista e pela pouca fluência de seu marido no piano, seria natural que no período já se duvidasse que as obras para piano pertencessem somente a ele. "Os ótimos cargos" a que ele se refere foram conseguidos por mérito de ambos:

> Em 1931, Lucília excursionou com o marido e outros músicos pelo interior de São Paulo. O êxito da "Caravana Arte Brasileira" chegou ao conhecimento do então presidente da República, Getúlio Vargas, que convidou Villa-Lobos para dirigir a Superintendência de Educação Musical e Artística (SEMA); Lucília foi presidente de comissões e consultora artística no órgão.[24]

Antes disso, em 1927, para acompanhar o marido que decide se mudar para a Europa, recusou o emprego de professora da Escola Normal, tendo excelente qualificação no concurso.

A separação nesse período era muito malvista, especialmente para as mulheres. Lucília se muda para o interior do Rio onde continua a compor e dar aulas até o final de sua vida, em maio de 1966. Nunca tirou o nome do marido e, também, não lhe concedeu a separação.

Villa-Lobos se junta definitivamente à Arminda dois anos depois da separação, mas ela só conseguiu somar oficialmente o sobrenome do compositor ao seu nos anos de 1970.

A história do relacionamento de Heitor e Lucília e seu desfecho, era uma repetição de outras histórias apontadas por Michelle Perrot, quando se tratava de homens e mulheres compositores:

> E a música? Aí se acumulam obstáculos. Por parte das famílias, para começar [...]. O pai de Félix e Fanny Mendelssohn, igualmente dotados, escreve a esta última, em 1820, a respeito da música: "É possível que, para ele, a música venha a ser uma profissão, enquanto, para você, não será mais do que um ornamento". Pior ainda quando as desaprovações vêm do marido ou do companheiro. Clara Schumann se sacrifica por Robert; Alma Mahler por Gustav. Durante o noivado, Gustav lhe

[24] Lopes, Sergio Gustavo. *Lucília Guimarães Villa-Lobos: Entre compensações e desenganos.* Disponível em https://revistavaledocafe.com.br/2020/06/16/lucilia-guimaraes-villa-lobos-entre-compensacoes-e-desenganos/. Acesso em 20 de setembro de 2021.

> pedira explicitamente renunciar à música. "Como é que você imagina um casal de compositores? Você já pensou a que ponto uma rivalidade tão estranha se tornará necessariamente ridícula? [...] Que você seja aquela de que preciso, [...] minha esposa e não minha colega, isso sim, está certo.[25]

Vários outros biógrafos e jornalistas vão relativizar a importância de Lucília na obra do maestro – é comum na historiografia (e praticamente em todas as áreas) autores homens duvidarem da importância das mulheres em conjunto ou comparativamente ao trabalho de outros homens, como vimos em Carmen Miranda – mas até mesmo nessas situações as incertezas são evidentes:

> Villa-Lobos era um gênio autodidata, com muita facilidade para assimilar a teoria musical. Sua obra é uma das mais importantes do século XX em nível internacional e seria também exagero dizer que ele se escorou no talento da mulher. Mas a questão nunca foi esclarecida por certas circunstâncias, entre elas a própria personalidade do compositor, um homem vaidoso. Quando voltou de Paris, em 1924, Manuel Bandeira escreveu: "Quem chega de Paris espera-se que venha cheio de Paris. Entretanto, Villa-Lobos chegou de lá cheio de Villa-Lobos". Para criar um clima de mistério em torno de si, inventava mitos que se tornaram um tormento para seus biógrafos. Nunca esclareceu sua data de nascimento, só descoberta pelo biógrafo Vasco Mariz. Dizia ter estudado no Instituto Nacional de Música – mas nunca foi matriculado na instituição – e ter excursionado pelo interior do Brasil para coletar ritmos regionais típicos que inspiraram sua obra, o que também não aconteceu. Mudou a data de composições para anos bem anteriores àqueles em que as obras foram escritas, para causar a impressão de ter sido pioneiro em determinada linguagem. Esse tipo de sombra estendeu-se também à presença de Lucília nos primeiros anos.[26]

[25] PERROT, Michelle. *Minha História das Mulheres.* São Paulo: Contexto, 2007, pp. 104-105.

[26] BORTOLOTI, Marcelo. "A mulher que influenciou a arte de Villa-Lobos". In: *ÉPOCA/Cultura.* Disponível em: https://epoca.oglobo.globo.com/cultura/noticia/2017/06/mulher-que-influenciou-arte-de-villa-lobos.html. Acesso em 20 de setembro de 2021.

Lucília, nas biografias encontradas, parece ter cedido suas parcerias ao marido, e é sempre apontada como "uma pessoa excepcionalmente modesta". Era o que se esperava (ou o que o patriarcado esperava) das mulheres até meados do século XX, no entanto parece que sua modéstia ainda era pouca para o temperamento vaidoso e egocêntrico de Villa-Lobos.

3. Dora Vasconcellos: o sequestro de direitos por parceria

VILLA-LOBOS, AO PIANO, COM ARMINDA (À SUA ESQUERDA) E DORA VASCONCELOS (EM PÉ) – 1955

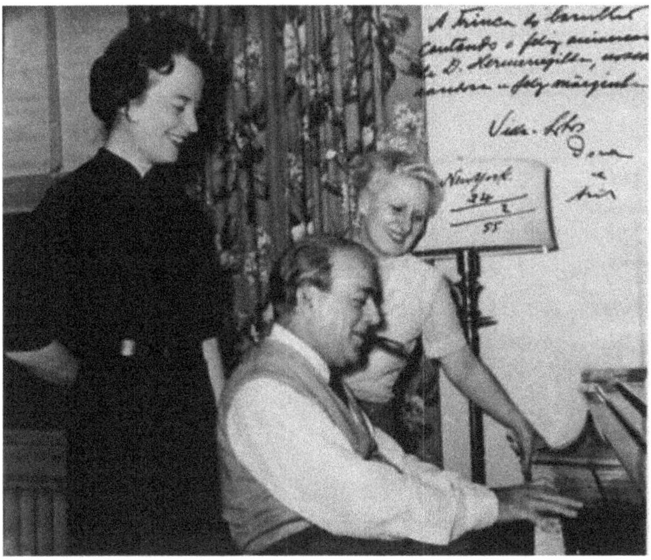

Fonte: Instituto Piano Brasileiro, com autorização do Acervo do Museu Villa-Lobos[27]

No caso dos direitos de execução, ligados ao ECAD, foi possível perceber a quantidade de autoras que têm seus direitos lesados por parceiros, mas chama especialmente a atenção o da compositora Dora Vasconcelos (1910-1973). Dora foi uma das primeiras embaixadoras brasileiras, e se tornou amiga de Villa-Lobos nos anos de 1950, as biografias encontradas contam que ela foi a ponte entre Brasil e Estados Unidos na divul-

[27] Disponível em http://institutopianobrasileiro.com.br/images/view/1513. Acesso em 20 de setembro de 2021.

gação da bossa nova, nos anos de 1960, quando foi Cônsul Geral do Brasil em New York, sendo responsável pelo famoso show no Carnegie Hall com Tom Jobim, Vinícius de Moraes e João Gilberto, além da Semana do Cinema Brasileiro. O trabalho diplomático de Dora rendeu frutos importantes para a cultura brasileira.

Poeta, ela é a autora de todas as letras do disco *Forest of the Amazon: the Symphony of the Air*, com a música de Villa-Lobos regida por ele e interpretada por Bidu Sayão. São dela as letras de *"Love song"* ["Canção de amor" ou "Melodia sentimental"], *"Twilight song"* ["Cair da tarde"], *"Sails"* ["Veleiros"] e *"Blue dusk"* ["Tarde azul"]. Há alguma confusão em relação aos títulos de "Love song" – já foi cantada como sendo a "Tarde azul"[28], mas na gravação original de Bidu Sayão percebemos que é a conhecida "Melodia sentimental":

> "Melodia sentimental" ["Love song"]
> (Heitor Villa-Lobos e Dora Vasconcellos)
>
> Acorda, vem ver a lua
> Que dorme na noite escura
> Que fulge tão bela e branca
> Derramando doçura
> Clara chama silente
> Ardendo meu sonhar
>
> As asas da noite que surgem
> E correm no espaço profundo
> Oh, doce amada, desperta
> Vem dar teu calor ao luar
>
> Quisera saber-te minha
> Na hora serena e calma
> A sombra confia ao vento
> O limite da espera
> Quando dentro da noite
> Reclama o teu amor

[28] A listagem das canções originais pode ser conferida em https://www.discogs.com/pt_BR/release/12169708-Heitor-Villa-Lobos-Conducting-The-Symphony-Of-The-Air-Bidu-Sayao-Forest-Of-The-Amazon. Acesso em 20 de setembro de 2021.

Acorda, vem olhar a lua
Que brilha na noite escura
Querida, és linda e meiga
Sentir teu amor e sonhar[29]

"Melodia sentimental" foi gravada com esse nome por diversos nomes da música brasileira, como Olívia Byington, Ney Matogrosso, Teca Calazans, Elizeth Cardoso, Cida Moreyra, Mônica Salmaso, Maria Bethânia, Johnny Alf e Zizi Possi entre muitos outros intérpretes – somente no Instituto Memória Musical Brasileira (IMMuB) aparecem 44 fonogramas da canção.

Apesar de a maior parte dos artistas (mas não todos) creditarem a autoria de Dora Vasconcellos nas canções citadas, sua família não recebe nenhum centavo pelas execuções. As canções não foram registradas em seu nome. Elas só são tão gravadas por terem as letras de Dora, mas o crédito não existe.

Todas as canções com letra de Dora Vasconcellos constam como sendo apenas de Villa-Lobos no ECAD.

Há alguns anos, Ferreira Gullar escreveu, em uma crônica para a Folha de S. Paulo, a história da composição de "Trenzinho do caipira", num belíssimo texto. Sobre a parceria com Villa-Lobos, ele explicou:

> Não escrevi essa letra pensando que ela um dia seria gravada; escrevia-a porque aquela reversão da lembrança foi um fator a mais de emoção, um choque mágico, que se incorporava ao poema. Por isso, pus ali uma indicação meio irônica: "Para ser cantada com a "Bachiana nº 2", "Tocata"". Mas surgiu alguém que levou a sério a indicação.
>
> O poema [Trenzinho do Caipira] foi publicado em 1976, pela editora Civilização Brasileira, de Ênio Silveira, e lançado numa noite de autógrafo sem o autor. Um ano depois, volto para o Brasil e sou procurado por Edu Lobo, que queria gravar o "Trenzinho do Caipira", com minha letra. [...] Ele fez o arranjo e gravou o "Trenzinho", que passou a tocar muito no rádio e, verdade seja dita, contribuiu para popularizar a "Bachiana nº 2", talvez a que mais se ouve atualmente. É que a letra facilita

[29] "Love song" ["Canção de amor" ou "Melodia sentimental"] (Villa-Lobos e Dora Vasconcellos). Gravada por Bidu Sayão e Symphony of the Air regida por Heitor Villa-Lobos (United Artists Records/1959).

> a comunicação com as pessoas pouco habituadas a ouvir música instrumental. O mérito não é meu, claro, mas dessa obra-prima que ele compôs, acrescida, então, da interpretação de Edu.
>
> Mas, na hora de obter a autorização para gravar a música com minha letra, Edu se deparou com um problema: a viúva do maestro alegou que adotara como norma não dividir o direito autoral com quem pusesse letra em música de Villa-Lobos. O que me pareceu razoável, já que muita gente poderia valer-se da fama do compositor para pôr qualquer letra em suas músicas e ganhar dinheiro com isso.[30]

Ferreira Gullar nesse texto também mostra modéstia em relação à belíssima letra de "O trenzinho do caipira". E aponta uma questão muito importante: no geral o público tem dificuldade para ouvir música instrumental apenas – as letras tendem a popularizar as obras instrumentais ampliando em muitas vezes seu alcance.

E parece que o mesmo "princípio" de Arminda em relação a Ferreira Gullar valeu para Dora Vasconcellos, apesar de os dois estarem juntos na composição das obras e dela ser amiga pessoal do casal. Essa história sempre me causou profundo estranhamento, já que em outras canções de Villa-Lobos constam a parceria na arrecadação de direitos, como por exemplo "Canto do pajé", parceria de Villa-Lobos com o paraense Carlos Marinho de Paula Barros, entre muitas outras. Em comum, as parcerias creditadas foram somente para parceiros homens.

Numa de suas últimas entrevistas aos jornais americanos, ao completar 72 anos, Villa-Lobos

> [...] anunciou que está trabalhando em uma nova ópera, Ameríndio, baseada na poesia de Dora Vasconcellos, cônsul-geral do Brasil em Nova York. Disse que a inspiração não o tem abandonado. E que dela se aproveita avaramente, trabalhando sem cessar.[31]

[30] GULLAR, Ferreira. "Trenzinho do caipira".In: Folha de S. Paulo. São Paulo, 06 de dezembro de 2009.Disponível em https://www1.folha.uol.com.br/fsp/ilustrad/fq0612200923.htm. Acesso em 20 de setembro de 2021.

[31] "Renasce Villa-Lobos ao comemorar 72 anos numa biografia para a juventude". In: *Diário da Tarde*. Curitiba, 12 de junho de 1959. Disponível em http://memoria.bn.br/DocReader/800074/94086. Acesso em 20 de setembro de 2021. Grifo da autora.

No mesmo documento da UBC entregue para a CPI do ECAD em 2011[32], consta que hoje toda a arrecadação de direitos das canções marcadas como sendo exclusivamente de Villa-Lobos vão para a Academia Brasileira de Música, fundada pelo maestro. Das 40 cadeiras de acadêmicos, somente 8 são ocupadas por mulheres.

Referências

"Renasce Villa-Lobos ao comemorar 72 anos numa biografia para a juventude". In: Diário da Tarde. Curitiba, 12 de junho de 1959. Disponível em http://memoria.bn.br/DocReader/800074/94086. Acesso em 05 de outubro de 2021.

BARONCELLI, Nilcéia Cleide da Silva. *Mulheres Compositoras: Elenco e Repertório*. São Paulo: Rowsitha Kempf, 1987.

BORTOLOTI, Marcelo. "A mulher que influenciou a arte de Villa-Lobos". In: *ÉPOCA/Cultura*. Disponível em: https://epoca.oglobo.globo.com/cultura/noticia/2017/06/mulher-que-influenciou-arte-de-villa-lobos.html.

Carta da UBC à CPI do ECAD. Disponível emhttp://www.senado.leg.br/comissoes/documentos/SSCEPI/DOC%20ECAD%200031.pdf. Acesso em 05 de outubro de 2021.

CARTOLA. *Programa MPB Especial*. TV Cultura, 23 de março de 1973. Entrevista transcrita pelo SESC em ARLEY, Pereira e BOTEZELLI, J. C. Pelão. *A Música Brasileira deste Século por seus Autores e Intérpretes*. São Paulo: SESC-SP, 2000.

CASTRO, Ruy. *Carmen – uma biografia*. São Paulo: Companhia das Letras. 2005.

GALVÃO, Francisco. "Aylce Chaves preferiu o samba". In: Revista da Semana, 06 de abril de 1940. Disponível em http://memoria.bn.br/DocReader/025909_04/622.

GULLAR, Ferreira. "Trenzinho do caipira". In: *Folha de S. Paulo*. São Paulo, 06 de dezembro de 2009. Disponível em https://www1.folha.uol.com.br/fsp/ilustrad/fq0612200923.htm.

LOMBARDI, Mary Luciana. *Lucília Guimarães Villa-Lobos: An Introduction*. Disponível em https://musicandwords.net/lucilia052008.html. Acesso em 05 de outubro de 2021.

LOPES, Sergio Gustavo. *Lucília Guimarães Villa-Lobos: Entre compensações e desenganos*. Disponível em https://revistavaledocafe.com.br/2020/06/16/lucilia-guimaraes-villa-lobos-entre-compensacoes-e-desenganos/.

MELLO, Denise. *As Mulheres na Canção*. São Paulo: PROAC, no prelo.

PERROT, Michelle. Minha História das Mulheres. São Paulo: Contexto, 2007.

ROCHA, Eli Maria. *Nós, as Mulheres (notícias sobre as compositoras brasileiras)*. Rio de Janeiro: Edição da Autora, 1986.

[32] Carta da UBC à CPI do Senado, op. Cit.

Villa-Lobos, Heitor. *Carta à Lucília Guimarães Villa-Lobos*. Disponível em https://correioims.com.br/carta/proclamo-nossa-absoluta-liberdade/.

Woolf, Virginia. *Um Teto Todo Seu*. São Paulo: Círculo do Livro, 1990.

Sites

A saída dos operários da Fábrica Lumière: https://www.youtube.com/watch?v=fNk_hMK_nQo

Acervo do Museu Villa-Lobos: https://museuvillalobos.acervos.museus.gov.br/acervo/

Carô Murgel: https://www.caromurgel.mpbnet.com.br/publicacoes/

Cartografias da Canção Feminina: compositoras brasileiras no século XX: http://www.compositoras.mpbnet.com.br/

Dicionário Cravo Albin da Música Popular Brasileira: https://dicionariompb.com.br

Discogs: *Forest of the Amazon:* https://www.discogs.com/pt_BR/release/12169708-Heitor-Villa-Lobos-Conducting-The-Symphony-Of-The-Air-Bidu-Sayao-Forest-Of-The-Amazon

FamilySearch: https://www.familysearch.org/

Hemeroteca Digital da Biblioteca Nacional: http://memoria.bn.br/hdb/periodico.aspx

Instituto Piano Brasileiro: http://institutopianobrasileiro.com.br/

Rede Web de Museus do Estado do Rio de Janeiro: http://www.museusdoestado.rj.gov.br/sisgam/index.php

Canções Citadas

"O trenzinho do caipira" (Villa-Lobos e Ferreira Gullar). Gravada por Edu Lobo no LP *Camaleão* (Philis/1978)

"Os home implica comigo" (Pixinguinha e Carmen Miranda). Gravada por Carmen Miranda no 78 RPM 33.331-a (Victor/1930).

"Por ti estou presa" (Carmen Miranda e Josué de Barros) Marchinha. Gravada por Carmen Miranda no 78 RPM 33.396-a (Victor/1931).

"Blue dusk" ["Tarde azul"] (Villa-Lobos e Dora Vasconcellos). Gravada por Bidu Sayão e Symphony of the Air regida por Heitor Villa-Lobos no LP *Forest of the Amazon* (United Artists Records/1959)

"Divina dama" (Cartola). Gravada por Francisco Alves e Mário Reis no 78 RPM 10.977-a (Odeon/1933)

"Lama" (Aylce Chaves e Paulo Marques). Gravada por Maria Bethânia no LP *Recital na Boite Barroco* (Odeon/1968) e gravada por Linda Rodrigues no 78 RPM 16.559-a (Continental/1952)

"Love song" ["Canção de amor" ou "Melodia sentimental"] (Villa-Lobos e Dora Vasconcellos). Gravada por Bidu Sayão e Symphony of the Air regida por Heitor Villa-Lobos no LP *Forest of the Amazon* (United Artists Records/1959)

"Sails" ["Veleiros"] (Villa-Lobos e Dora Vasconcellos). Gravada por Bidu Sayão e Symphony of the Air regida por Heitor Villa-Lobos no LP *Forest of the Amazon* (United Artists Records/1959)

"Twilight song" ["Cair da tarde"] (Villa-Lobos e Dora Vasconcellos). Gravada por Bidu Sayão e Symphony of the Air regida por Heitor Villa-Lobos no LP *Forest of the Amazon* (United Artists Records/1959)

15. MULHERES INDÍGENAS PRESAS: O SUFOCAMENTO DA DIVERSIDADE CULTURAL POR MEIO DO DIREITO PENAL

Natália Albuquerque Dino
Maria Judite da Silva Ballerio Guajajara

Introdução

Escrever sobre a temática do aprisionamento de mulheres indígenas requer, em primeiro lugar, a afirmação de um pressuposto consistente na interseccionalidade de gênero e etnia, que resulta na sobreposição de vulnerabilidades específicas que potencializam a situação de violação de direitos característica da realidade carcerária brasileira no caso desse grupo específico.

É dizer: as mulheres indígenas encarceradas sofrem triplamente – por estarem presas em um sistema permeado por gravíssimos problemas estruturais, já reconhecidos pelo Supremo Tribunal Federal como compondo um "estado de coisas inconstitucional"[1]; e sofrem mais por serem mulheres, em espaços inadequados, sem políticas apropriadas às

[1] O Supremo Tribunal Federal, em setembro de 2015, declarou que o sistema prisional brasileiro caracteriza um Estado de Coisas Inconstitucional, em virtude das violações estruturais e generalizadas de direitos fundamentais e do quadro de inércia e responsabilidade estatal, requerendo a atuação concertada de todas as instituições, sob monitoramento da Corte, para superação das dificuldades constatadas. A decisão foi proferida no julgamento da

suas necessidades de gênero como saúde e maternidade, e frequentemente sem apoio da família; e ainda mais por serem indígenas, diante da invisibilização de suas realidades étnicas e de uma gama de outras violações de direitos protegidos por normas nacionais e internacionais que resguardam suas especificidades socioculturais.

De fato, há todo um regramento internacional de proteção de direitos humanos que assegura um tratamento jurídico-penal diferenciado para as pessoas indígenas com garantias de acesso à tradução, perícia antropológica e consideração dos métodos tradicionais de solução de conflitos, além da excepcionalidade extrema do encarceramento indígena, notadamente a Convenção nº 169 da Organização Internacional do Trabalho, a Convenção Americana de Direitos Humanos, a Declaração das Nações Unidas sobre os Direitos dos Povos Indígenas e a Declaração Americana sobre Direitos dos Povos Indígenas.

No caso das mulheres indígenas, essas normas deveriam ser conjugadas, ainda, com os princípios e direitos decorrentes da condição de gênero, como aqueles previstos nas Regras de Bangkok.

A despeito da gravidade da violação de direitos de mulheres indígenas encarceradas, a sua realidade é bastante invisibilizada, até mesmo nos meios e demandas que pugnam pela reforma do sistema penal e pela melhoria das condições do sistema prisional.

De um lado, as falhas e insuficiências das estatísticas oficiais sobre grupos culturalmente diferenciados produzem inequívocos impactos sobre o conhecimento do quadro geral e, consequentemente, sobre o planejamento e a implementação de todas as outras políticas de proteção de direitos. Parafraseando Manuela Carneiro da Cunha, se não há mulheres indígenas presas, tampouco existirão os seus direitos[2].

De outro, o etnocentrismo e o patriarcalismo dificultam a compreensão dessa problemática, em meio a tantas que permeiam o estado de coisas inconstitucional do sistema carcerário brasileiro, como mere-

medida cautelar na Arguição de Descumprimento de Preceito Fundamental nº 347, Relator Ministro Marco Aurélio (DJe 09/09/2015).

[2] Cunha, Manuela Carneiro da. O futuro da questão indígena. Estudos Avançados [online]. 1994, v. 8, n. 20 [Acessado 27 Setembro 2021], pp. 121-136. Disponível em: <https://doi.org/10.1590/S0103-40141994000100016>. Epub 05 Dez 2005. ISSN 1806-9592. https://doi.org/10.1590/S0103-40141994000100016.

cedora de esforços mais enérgicos por parte das instituições e agentes públicos envolvidos.

Limitar o aprisionamento de mulheres indígenas a uma análise precipitada de que se trata apenas de um pequeno contingente numérico de mulheres diretamente afetadas na verdade desconsidera o silêncio sobre os fatores que promovem a criminalização dessas mulheres, a vulnerabilidade social, econômica e política de seus corpos-territórios. E por isso é um problema do Direito Penal, tanto quanto da preservação de direitos culturais, haja vista o papel feminino dentro da aldeia e da sociedade indígena, que não apenas são responsáveis por laços de afeto e cuidado como também pela transferência de conhecimentos, realização de rituais e outras atividades comunitárias.

O presente artigo busca lançar luz sobre esse quadro demonstrando como o encarceramento de mulheres indígenas produz, além de consequências individuais, outras violências de caráter coletivo sobre a vivência, a autonomia e a cultura dos povos indígenas, tendo em vista a indissociabilidade dos corpos femininos indígenas, seus territórios e seus papéis na organização social comunitária e na preservação de suas culturas originárias.

15.1 Da descaracterização étnica nas estatísticas oficiais

De acordo com os últimos dados do Departamento Penitenciário Nacional[3], relativos ao período de julho a dezembro de 2020, a população prisional total corresponde a 811.107 pessoas[4], dos quais 41.580, ou 5,11%, são mulheres. A título comparativo, no último relatório pré-pandemia de Covid-19, relativo a dados de julho a dezembro de 2019, a população carcerária total era de 755.274 pessoas, sendo 37.197 mulheres, ou 4,92% do total[5].

[3] BRASIL. Ministério da Justiça. Departamento Penitenciário Nacional. Relatório analítico do Sistema de Informações do Departamento Penitenciário Nacional – SISDEPEN – jul-dez-2020. Disponível em: https://www.gov.br/depen/pt-br/sisdepen/mais-informacoes/relatorios-infopen/relatorios-analiticos/br/brasil-dez-2020.xls. Acesso em 25 de setembro de 2021.

[4] Observa-se que esse é o quantitativo total da população carcerária indicado no relatório analítico do período julho a dezembro de 2020. Contudo, o painel BI de dados do SISDEPEN indica que o contingente em celas físicas corresponderia a 668.135 pessoas, excluindo presos sob custódia das polícias judiciárias, batalhões de polícias e bombeiros militares.

[5] BRASIL. Ministério da Justiça. Departamento Penitenciário Nacional. Relatório analítico do Sistema de Informações do Departamento Penitenciário Nacional – SISDEPEN – jul-

O SISDEPEN também demonstra que o aprisionamento feminino sofreu um expressivo crescimento ao longo das últimas duas décadas, passando de aproximadamente 5.6 mil mulheres encarceradas em 2000 para 28.88 mil em 2020, tendo registrado o seu ápice em 2016, com cerca de 40.97 mil mulheres presas[6]. Isso representaria um crescimento na ordem de quase 515,7% em apenas vinte anos. O mesmo levantamento indica uma concentração de prisões de mulheres por tipos penais relacionados ao tráfico de drogas, que responderiam por 56,16% dos casos, seguidas por crimes contra o patrimônio, os quais representavam 25,05% do total.

Cumpre observar que a correlação entre o encarceramento feminino e os delitos associados ao tráfico de drogas é vista como um fenômeno mundial, o que já ensejou uma declaração do *Committee on the Elimination of Discrimination against Women* (CEDAW) da Organização das Nações Unidas, que manifestou preocupação com o aumento significativo do aprisionamento de meninas e mulheres e o fato de que grande parte delas foi presa pelo envolvimento com o transporte de drogas, na condição de mulas, muitas vezes a pedido de seus parceiros[7].

No mesmo sentido, Lima e Miranda, analisando o contexto latinoamericano, observam que a atuação feminina no tráfico de drogas, em regra, envolve atividades de menor importância, de modo que o encarceramento feminino sequer auxilia no enfrentamento aos mercados ilegais de drogas, atuando, na verdade, em sentido oposto ao piorar a situação dessas mulheres, já vulneráveis, dificultando seu acesso a trabalhos formais após à prisão e facilitando novo envolvimento com o tráfico, em um

dez-2019. Disponível em: https://www.gov.br/depen/pt-br/sisdepen/mais-informacoes/relatorios-infopen/relatorios-analiticos/br/brasil-dez-2019.pdf . Acesso em 25 de setembro de 2021.

[6] BRASIL. Ministério da Justiça. Departamento Penitenciário Nacional. Painel de dados bi – SISDEPEN – jul-dez-2020. Disponível em: https://app.powerbi.com/view?r=eyJrIjoiZmY1NjZlNmMtZmE5YS00MDlhLWEyNGYtYmNiYTkwZTg4ZmQ1IiwidCI6ImViMDkwNDIwLTQ0NGMtNDNmNy05MWYyLTRiOGRhNmJmZThlMSJ9. Acesso em 25 de setembro de 2021

[7] ORGANIZAÇÃO DAS NAÇÕES UNIDAS. Committee on the Elimination of Discrimination against Women. Concluding observations on Brazil. 51st session, UN doc. no. CEDAW/C/BRA/CO/7, 23 February 2012.Disponível em: http://www2.ohchr.org/english/bodies/cedaw/docs/co/CEDAW-CBRA-CO-7.pdf. Acesso em 05/10/2021.

ciclo vicioso de encarceramento[8]. Nota-se que o proibicionismo criminalizador também possui forte relação com a criminalização indígena na América Latina.[9]

Passando para a análise da população prisional indígena, por sua vez, o *Sisdepen* aponta um total de 1.229 pessoas, sendo 61 mulheres, sendo que destes, 133 homens e 11 mulheres estão em prisão domiciliar. É forçoso notar, porém, que apenas 66% dos estabelecimentos afirmam possuir condição de obter essa informação em seus registros para todas as pessoas privadas de liberdade.

Conforme o Depen, os estados que mais concentram população indígena presa em celas físicas são Mato Grosso do Sul (20 mulheres e 338 homens), Rio Grande do Sul (19 mulheres e 246 homens) e Roraima (8 mulheres e 115 homens). Tais dados permitem inferir que há uma presença mais frequente de indígenas no cárcere em regiões que vivenciam conflitos fundiários e disputas pela proteção territorial contra o avanço das fronteiras agrícolas ou da criminalidade organizada, seja por tráfico internacional de drogas na região de fronteira, seja pela exploração ilegal de recursos minerais.

Ocorre que a insuficiência de dados fidedignos para qualificação da condição de indígena no sistema prisional é um problema antigo. Ainda hoje, muitos sistemas informatizados de órgãos públicos trazem a questão étnica apenas dentro de um marcador inadequado de "cor/raça", por vezes indicando a cor "vermelha" como correspondente à identificação de uma pessoa como indígena.

Por outro lado, a lacuna de dados também é influenciada pelo fato de a criminalização indígena configurar um processo permeado pela visão assimilacionista, traduzida na ideia frequente de que os indígenas em conflito com a lei na verdade perderam a condição de indígenas, pois

[8] LIMA, Fernanda da Silva; MIRANDA, Carlos Diego Apoitia. *Encarceramento Feminino na América Latina e Política de Guerra às Drogas: seletividade, discriminação e outros rótulos.* In: Revista Direitos Sociais e Políticas Públicas (UNIFAFIBE) Disponível em: http://www.unifafibe.com.br/revista/index.php/direitos-sociais-politicas-pub/index ISSN 2318 -5732 – VOL. 7, N. 2, 2019. Acesso em 07/10/2021.

[9] KARAM, Maria Lúcia. O proibicionismo criminalizador em matéria de drogas e a violação de direitos de povos indígenas na América Latina. In: VILLARES, Luiz Fernando. Direito Penal e povos indígenas. 1ª ed. Cutiriba: Juruá, 2014. (p. 139-150

estariam tão "integrados" à sociedade envolvente, tão "aculturados", que já estariam até mesmo praticando "crimes".

As várias aspas aqui se fazem necessárias em primeiro lugar porque a relação de proximidade com a sociedade não-indígena não pode jamais implicar a perda da condição de indígena: a identidade cultural é passível de complexificação, mas não de perda. O assimilacionismo que vigorou por muito tempo na legislação, na jurisprudência e no pensamento jurídico predominante e que previa a separação de indígenas por graus de integração, inclusive para efeitos do seu tratamento jurídico-penal, foi superado pela Constituição de 1988, que reconheceu o direito dos povos indígenas a manterem suas culturas e organizações sociais, sem prejuízo de gozarem simultaneamente de todo o estatuto de direitos civis, sociais e políticos assegurados a todos os outros brasileiros[10].

Além disso, qualquer análise sobre a prática de crimes por pessoas indígenas demanda reflexão mais aprofundada sobre os processos de criminalização primária e secundária desses grupos sociais e sobre a efetiva existência de tipicidade material e culpabilidade, tendo em vista que as condutas delitivas imputadas podem estar amparadas por hipóteses que afastam a responsabilidade penal, como excludentes de ilicitude e justificantes culturais.

Inseridas nesse panorama, as mulheres indígenas presas aparecem em números que devem ser entendidos dentro do contexto de fragilidade de identificação e classificação que interferem na coleta de dados realizada pelos gestores prisionais e que ainda não seguem uma uniformização de procedimento que observe estritamente a autodeclaração como critério fundamental para identificação de uma pessoa como indígena. Portanto, o dado de etnia nesses sistemas se torna uma variável sujeita à subjetividade de quem produz e preenche as informações.

Conforme Caroline Dias Hilgert e Michael Mary Nolan enfatizam:

> Diante do histórico de repressão e criminalização, é de se esperar que as pessoas indígenas não se identifiquem como tal no momento da prisão, muito menos espontaneamente. Historicamente, como dito, esperava-se que os indígenas normalmente se integrariam, contudo não

[10] Duprat, Deborah Macedo de Britto Pereira. O Estado pluriétnico, 2016. Disponível em: <http://www.mpf.mp.br/atuacao-tematica/ccr6/documentos-epublicacoes/artigos/docs/artigos/docs_artigos/estado_plurietnico.pdf>. Acesso em: 13/09/2021

> apenas, se esperava, agia-se violentamente. As pessoas indígenas ao falarem a própria língua, eram torturadas. A língua dos diferentes povos é uma das maiores expressões da identidade cultural e foi brutalmente amordaçada ao tronco das árvores ao longo de centenas de anos. Os reflexos dessas violências ainda continuam vivos no consciente dos povos indígenas condicionando seus membros, dentre outras coisas, a não se identificarem perante as autoridades.[11]

A ausência de informações sobre etnia/povo é um indicativo do despreparo dos órgãos oficiais para a complexidade da questão intercultural, que envolve perceber que ser indígena não é um dado apenas relativo à origem ou à cor da pele, mas, sim, ao pertencimento a outro povo e a outra cultura. Boa parte dos sistemas informatizados sequer conta com esse campo para preenchimento, que demandaria, por outro lado, algum esforço de agentes públicos em perguntar para a pessoa indígena presa a que povo pertence. Isso porque, diversamente da percepção fenotípica, a etnia/povo é uma informação que não é facilmente atribuível por um observador externo, a partir do olhar distante do servidor que está registrando o dado no sistema.

Além disso, cabe ressaltar que a subidentificação nas estatísticas oficiais está fortemente relacionada com um processo de descaracterização étnica, representado, por exemplo, na aplicação inadequada da categoria censitária "pardo" para registrar pessoas que, na verdade, se questionadas em espaços que garantissem o respeito à sua identidade cultural, provavelmente se identificariam como indígenas. Quanto ao ponto, Stephen Baines explana que:

> "Além da descaracterização étnica praticada por operadores do Direito e o problema de falta de documentos da população carcerária, alguns indígenas presos preferem não se identificar, e outros assumem os preconceitos pejorativos da sociedade regional a respeito de índios e caboclos, o que Cardoso de Oliveira (1996) chama "caboclismo". As próprias categorias utilizadas nos Censos Nacionais e adotadas pelo sistema penitenciário contribuem para uma invisibilização dos indígenas presos

[11] Hilgert, Caroline Dias; Nolan, Michael Mary. Indígenas em conflito com a lei: a criminalização dos povos indígenas no Brasil através do judiciário. Disponível em: http://ittc.org.br/indigenas-em-conflito-com-a-lei/. Acesso em 5/08/2021.

subsumidos na categoria "pardo", como também categorias regionais como "caboco", "caboclo", "índio civilizado",dentre outras, em oposição ao "índio puro". Essas categorias são usadas para desqualificar o tratamento diferenciado garantido aos indígenas pela Constituição Federal. Além disso, não existe nenhum tipo de orientação administrativa para sistematizar os presos segundo sua identidade étnica. O que fica evidente por meio dos levantamentos realizados é a inconsistência das informações nos cadastros com relação ao perfil étnico indígena da população carcerária. Quase todos os indígenas entrevistados afirmaram não ter recebido nenhum tratamento diferenciado e a maioria dos funcionários revela um desconhecimento dos direitos constitucionais dos povos indígenas".[12]

A relação entre a subidentificação e a "descaracterização étnica"[13] dos indígenas presos se constata também ao compararmos os dados gerais do SISDEPEN com aqueles detalhados na Nota Técnica nº 77 elaborada em maio de 2020 pela Divisão de Atenção às Mulheres e Grupos Específicos do DEPEN[14], que apresentou o primeiro mapeamento oficial em nível nacional acerca da distribuição das pessoas indígenas presas por etnia. Referido documento aponta apenas 672 autodeclarados indígenas que indicaram seus respectivos povos, o que, pelos dados já mencionados, significa que faltam dados sobre etnia/povo para aproximadamente metade dos indígenas presos no Brasil.

De acordo com a Nota Técnica nº 77/2020/DIAMGE/CGCAP/DIRPP/DEPEN/MJ, o povo Kaiowá representaria a maior concentração de indígenas presos (184), seguido pelos Guarani (93), Macuxi (72),

[12] BAINES, S. G. A situação prisional de indígenas no sistema penitenciário de Boa Vista, Roraima / The situation of indigenous people in the prisons of the city of Boa Vista, Roraima. Vivência: Revista de Antropologia, v. 1, n. 46, 9 mar. 2016.

[13] ABA – Associação Brasileira de Antropologia; PGR – Procuradoria Geral da República. Criminalização e Situação Prisional de Índios no Brasil. Edital Projeto de Pesquisa ESMPU n. /2006. Relatório Final. Brasília: ABA, 2008. Disponível em: https://carceropolis.org.br/media/publicacoes/Criminalizacao_e_situacao_prisional_de_indios_no_Brasil_2007.pdf. Acesso em 28 de setembro de 2021.

[14] BRASIL. Ministério da Justiça e Segurança Pública. Departamento Penitenciário Nacional. NOTA TÉCNICA Nº 77/2020/DIAMGE/CGCAP/DIRPP/DEPEN/MJ . Disponível em: http://antigo.depen.gov.br/DEPEN/copy_of_SEI_MJ11751702NotaTcnicaLevantamentoIndigena.pdf Acesso em 28 de setembro de 2021.

Terena (67), Kaiang/RS (62), Janinawa (24), Wapixana (23), Guajajara (11) e Pataxó (10).

Em menor concentração, Wassu Cocal (8), Kaxinawá (7), Kaingang/SC (6), Macurap (5), seguidos pelos Potiguar, Funiô, Kadiwéu, Apurinã, Yanomami, com 4 cada; Capinoá, Tikuna e Xerente, com 3 cada; Machinery, Katukina, Kokama, Kiriri, Amirandera, Xavante, Gavião; Kadiuwéu; Xucurú/Ororubá; Purúbora; Cassupá; Sabanê; Guarajara; Tupiniquim, com 2 cada; e Palmari, Manchineri, Shanenawá, Mura, Baré, Dessano, Tokama, Sateré Mawé, Miranhas, Massacará, Segredo, Akum, Pankararé, Truká, Kayabi, Parecis, Karajá, Kamaiurá, Axixá, Assurini, Tembé, Waiwai, Arara, Cambiuá, Pankaruru, Pankará, Akum Umã, Trukas, Fulni-ô/Yatê, Orowin, Jabu, Canoé, Wajuru-Tupari, Akainã, Suruí, Puruborá, Carajá Xambioá, Inuma, Guaraçue, Ingarico, Guiana, Taurepang e Xokleng, cada um destes com 1 pessoa de seu povo na prisão.

A despeito da importância desse levantamento inédito, contudo, não houve separação de gênero nos dados divulgados, o que apenas reforça a percepção de que se os indígenas são invisíveis no cárcere, as mulheres indígenas sofrem esse silenciamento étnico de forma ainda mais acentuada.

Nota-se, nesse sentido, que dentre os três anos, 2014, 2016, 2017, em que o Departamento Penitenciário Nacional publicou Relatórios Temáticos sobre Mulheres Privadas de Liberdade, não houve análises mais detalhadas que cotejassem a informação de cor de pele/etnia indígena com outros marcadores, como escolaridade, faixa etária, estado civil, filhos, tipo penal e tempo da pena.

Todos esses elementos demonstram que não apenas há uma limitação quantitativa de informações, pois a perspectiva qualitativa também é comprometida pela ausência de análises que transversalizem a identidade dessas mulheres. Não se sabe povo, comunidade de origem e língua falada, tampouco se conhece o processo de criminalização dessas mulheres, os tipos penais mais frequentes, como se deu a prisão ou como se mantém a sua relação com seus familiares, comunidade ou povo de origem.

15.2 Do tratamento jurídico-penal das pessoas indígenas

A dogmática penal clássica parte de um discurso oficial de que o povo transfere ao Estado o exercício da força, a fim de que o Direito Penal atue como *ultima ratio* para proteger a ordem social justa e as "realidades ou potencialidades necessárias ou úteis para a existência e desenvolvimento individual e social do ser humano", impondo sanções e reprimindo os atos que violarem determinados valores morais eleitos pelo conjunto da sociedade como os valores de maior importância, os "bens jurídicos tutelados".[15]

Em uma explicação muito superficial – e sobre a qual, frise-se, há muito a criminologia crítica vem promovendo questionamentos – os "crimes" representariam a violação desses valores fundamentais da sociedade e, a depender da gravidade da conduta, acarretariam a imposição de penas previstas em rol taxativo, após aferição da materialidade da conduta – se ela efetivamente existiu – e da autoria – quem a praticou por ação ou, em alguns casos, omissão –, respeitado o devido processo legal e a ampla defesa. Ainda nesse plano ideal, a execução penal teria por objetivo "efetivar as disposições de sentença ou decisão criminal e proporcionar condições para a harmônica integração social do condenado e do internado", nos termos do art. 1º da Lei de Execução Penal (Lei nº 7.210/1984).

A esse discurso oficial sobre a função do sistema de justiça criminal a criminologia crítica contrapõe a percepção de que a criminalidade não existe como um fenômeno ontológico e neutro, estando, na verdade, muito relacionada aos fatores reais de poder existentes na sociedade, à desigualdade nas relações sociais e a aspectos culturais, de modo que o Direito Penal opera como o centro de um sistema de controle social a serviço dos grupos hegemônicos[16].

De fato, a seletividade penal opera em várias camadas, desde a criminalização primária, por meio da forma de elaboração das normas que preveem os tipos penais no processo legislativo, que ordinariamente exclui as classes menos favorecidas; à criminalização secundária, consistente na ação punitiva concreta do Estado e materializada na atuação das forças de segurança pública e demais agências estatais – advogados,

[15] SANTOS, Juarez Cirino. Manual de Direito Penal – Parte Geral. 2ª ed. Florianópolis: Conceito Editorial, 2012. (p. 2)

[16] BATISTA, Vera Malaguti. Introdução à criminologia crítica brasileira. Rio de Janeiro: Revan, 2011, 2ª edição.

Ministério Público, Judiciário, Sistema Penitenciário –, nas fases de investigação, processamento, condenação e prisionização.[17]

No caso da relação entre os povos e pessoas indígenas com o sistema de justiça criminal, a primeira reflexão necessária é justamente quanto à ausência de suas perspectivas na fase de criminalização primária. Os povos indígenas historicamente não participaram da escolha dos bens jurídicos mais relevantes, não foram ouvidos e não estavam sequer representados no processo legislativo que resultou na escolha sobre que tipo de ato deveria ou não ser considerado crime, deveria corresponder a uma pena de prisão, uma sanção pecuniária ou mesmo uma punição alternativa como alguma prestação de serviços à comunidade.

A representatividade política e eleitoral dos povos indígenas é ínfima no Brasil frente aos estimados 305 diferentes povos (IBGE 2010), distribuídos em todo o território nacional, com distintas realidades, organizações sociais, valores, culturas e sistemas jurídico-normativos internos, que são excluídas e invisibilizadas no processo democrático. Como enfatizou Keyla Conceição "Pataxó", em trabalho dedicado a analisar os entraves à representação política indígena no processo eleitoral brasileiro:

> (...) há muito que se discutir acerca da lógica imperialista e das estruturas políticas do Brasil no que se refere ao direito do indígena decidir sobre os assuntos que o afetam diretamente. A desconsideração dos legisladores sobre o que vem expresso da Declaração dos Direitos dos Povos Indígenas elaborada pela ONU, no que tange ao direito de participação e representação, é um dos motivos pelos quais, o assunto deve ser ampla e minuciosamente ponderado, não apenas nas esferas interessadas – me refiro aos espaços das organizações indigenistas e indígenas – mas nas academias, nas organizações civis de outros grupos, onde todos deveriam ser largamente ouvidos. Mas esta demanda não pode se prender exclusivamente ao debate. Igualmente, deve ganhar caráter de consulta popular dos povos envolvidos e de suas demandas legítimas. Os povos devem ser ouvidos.[18]

[17] Zaffaroni, Eugenio Raul; Batista, Nilo; Alagia, Alejandro e Slokar, Alejandro. 2 ed. Direito Penal Brasileiro. Primeiro Volume – Teoria Geral do Direito Penal. Rio de Janeiro: Revan, 2003, p. 43.

[18] Conceição, Keyla Francis de Jesus da. A invisibilidade do indígena no processo eleitoral brasileiro: as organizações indígenas e a luta pela representação política. 2018. 119 f., il. Dissertação (Mestrado em Direito)—Universidade de Brasília, Brasília, 2018. (p. 105)

A necessidade de que os povos indígenas participem da tomada de decisões políticas que os afetarão está presente em uma série de normativos internacionais ratificados pelo Estado Brasileiro, notadamente a Convenção 169 da Organização Internacional do Trabalho, que entrou em vigor internacional em 5 de setembro de 1991 e, para o Brasil, em 25 de julho de 2003. A Convenção 169 prevê expressamente, em seu artigo 6º, que

> 1. Ao aplicar as disposições da presente Convenção, os governos deverão:
>
> a) consultar os povos interessados, mediante procedimentos apropriados e, particularmente, através de suas instituições representativas, cada vez que sejam previstas medidas legislativas ou administrativas suscetíveis de afetá-los diretamente;
>
> b) estabelecer os meios através dos quais os povos interessados possam participar livremente, pelo menos na mesma medida que outros setores da população e em todos os níveis, na adoção de decisões em instituições efetivas ou organismos administrativos e de outra natureza responsáveis pelas políticas e programas que lhes sejam concernentes;
>
> c) estabelecer os meios para o pleno desenvolvimento das instituições e iniciativas dos povos e, nos casos apropriados, fornecer os recursos necessários para esse fim.
>
> 2. As consultas realizadas na aplicação desta Convenção deverão ser efetuadas com boa fé e de maneira apropriada às circunstâncias, com o objetivo de se chegar a um acordo e conseguir o consentimento acerca das medidas propostas.

A Convenção OIT/169 foi assinada pelo Brasil em 1989, dentro do mesmo processo de reconhecimento histórico de direitos indígenas que viveu a América Latina no final da década de 80. Ela compartilha dos mesmos ideais que inspiram a Constituição de 1988 de superação da ideia de tutela e assimilação dos povos indígenas, para dar lugar ao reconhecimento de seus direitos originários, respeito às suas culturas, autonomias e identidades, a serem afirmadas por meio da autodeterminação, conforme as práticas e instituições de cada povo indígena. Nesse contexto, é imprescindível o direito à participação social indígena como requisito de legitimidade democrática da própria ordem jurídica brasileira, que afeta as subjetividades tão diversas existentes na nossa sociedade pluriétnica.[19]

Especificamente sobre a questão criminal, a Convenção OIT/169 dispõe que "quando sanções penais sejam impostas pela legislação geral a membros dos povos mencionados, deverão ser levadas em conta as suas características econômicas, sociais e culturais", devendo ser dada "preferência a tipos de punição outros que o encarceramento" (art. 9º).

Além disso, deverão ser respeitados os métodos tradicionais de solução de conflitos e repressão de delitos aos quais os povos indígenas recorrem, "na medida em que isso for compatível com o sistema jurídico nacional e com os direitos humanos internacionalmente reconhecidos", cabendo às autoridades e tribunais, ao se pronunciarem sobre questões penais, levar em conta os costumes dos povos interessados a respeito do assunto.

A Declaração das Nações Unidas sobre os Direitos dos Povos Indígenas também afirma o direito à livre-determinação, autonomia, autogoverno, compreendendo os direitos a conservarem suas próprias instituições políticas, jurídicas, econômicas, sociais e culturais, a não sofrerem nenhum tipo de assimilação forçada, a elaborarem suas próprias estratégias de desenvolvimento e trajetórias históricas e a participarem nas decisões sobre questões que afetem seus direitos, vidas e destinos. A referida Carta também estabelece a obrigação dos Estados e da comunidade internacional de concederem atenção diferenciada aos direitos e necessidades das mulheres indígenas, bem como anciãos, jovens, crianças e pessoas com deficiência.

Mais recentemente, a Declaração Americana sobre os Direitos dos Povos Indígenas, aprovada em 15 de junho de 2016, estabelece de maneira expressa o direito ao reconhecimento e respeito dos sistemas jurídicos indígenas, em conformidade com as normas internacionais de direitos humanos, reafirmando tal como os diplomas anteriormente ci-

[19] DINO, Natália Albuquerque. Entre a Constituição e a Convenção n. 169 da OIT: o direito dos povos indígenas à participação social e à consulta prévia como uma exigência democrática. Boletim Científico ESMPU, Brasília, a. 13 – n. 42-43, p. 481-520 – jan./dez. 2014 487 Disponível em: http://boletimcientifico.escola.mpu.mp.br/boletins/boletim-cientifico-n-42-43-janeiro-dezembro-2014/entre-a-constituicao-e-a-convencao-n-169-da-oit-o-direito-dos-povos-indigenas-a-participacao-social-e-a-consulta-previa-como-uma-exigencia-democratica . Acesso em 15/09/2021.

tados a autodeterminação, o direito de consulta e participação, a proibição da assimilação e de qualquer forma de discriminação.

Cabe recordar, ainda, as Regras de Bangkok que estabelecem diretrizes das Nações Unidas para o tratamento de mulheres presas e medidas não privativas de liberdade para mulheres infratoras, das quais se extraem os seguintes comandos:

> Regra 54. Autoridades prisionais deverão reconhecer que mulheres presas de diferentes tradições religiosas e culturais possuem necessidades distintas e podem enfrentar múltiplas formas de discriminação para obter acesso a programas e serviços cuja implementação seja ligada a fatores de gênero e culturais. Desta forma, autoridades prisionais deverão oferecer programas e serviços abrangentes que incluam essas necessidades, em consulta com as próprias presas e os grupos pertinentes.
>
> Regra 55. Serão revisados os serviços de atenção anteriores e posteriores à soltura para assegurar que sejam adequados e acessíveis às presas de origem indígena e de grupos étnicos e raciais minoritários, em consulta com os grupos correspondentes.[20]

Todos esses marcos normativos internacionais representam significativo avanço para o tratamento jurídico-penal das pessoas indígenas, demandando a interpretação das normas infraconstitucionais que dispõem sobre a matéria conforme esse novo paradigma estabelecido a partir da Constituição de 1988.

Conforme Piovesan ensina, os tratados internacionais de direitos humanos não apenas orientam e inspiram o legislador nacional brasileiro, como também complementam dispositivos nacionais e adicionam novos direitos não previstos pela ordem jurídica interna e, ainda, podem invalidar disposições em conflito, cabendo aplicar como critério sempre a norma mais favorável ao indivíduo, titular do direito.[21]

Nesse sentido, é preciso declarar a inconstitucionalidade e inconvencionalidade das disposições do Estatuto do Índio (Lei nº 6.001/1973)

[20] Conselho Nacional de Justiça Regras de Bangkok: regras das Nações Unidas para o tratamento de mulheres presas e medidas não privativas de liberdade para mulheres infratoras / Conselho Nacional de Justiça; Coordenação: Luís Geraldo Sant'Ana Lanfredi – Brasília: CNJ, 2016.

[21] Piovesan, Flávia. Direitos humanos e o direito constitucional internacional. 14 ed. São Paulo: Saraiva, 2013. p. 163 e ss.

que atribuem à cultura e à identidade indígenas uma condição de transitoriedade a ser superada pela progressiva assimilação à "sociedade". É o caso do art. 4º, que separava as pessoas indígenas em graus de integração e em diferentes níveis de gozo dos direitos civis, a depender da sua "incorporação à comunhão nacional":

> Art 4º Os índios são considerados:
> I – Isolados – Quando vivem em grupos desconhecidos ou de que se possuem poucos e vagos informes através de contatos eventuais com elementos da comunhão nacional;
> II – Em vias de integração – Quando, em contato intermitente ou permanente com grupos estranhos, conservam menor ou maior parte das condições de sua vida nativa, mas aceitam algumas práticas e modos de existência comuns aos demais setores da comunhão nacional, da qual vão necessitando cada vez mais para o próprio sustento;
> III – Integrados – Quando incorporados à comunhão nacional e reconhecidos no pleno exercício dos direitos civis, ainda que conservem usos, costumes e tradições característicos da sua cultura.

Na mesma linha, o art. 56 que prevê que "no caso de condenação de índio por infração penal, a pena deverá ser atenuada e na sua aplicação o Juiz atenderá também ao grau de integração do silvícola" merece uma interpretação conforme o novo paradigma constitucional, demandando que sua prescrição seja compreendida como a obrigação do magistrado de ao aplicar normas penais estatais a pessoas indígenas leve em consideração não a sua eventual "integração", mas, sim, as suas especificidades socioculturais.

Nota-se, por outro lado, que mesmo antes do paradigma da Constituição de 1988, havia na legislação infraconstitucional brasileira uma preocupação com estabelecer um tratamento jurídico-penal diferenciado às pessoas indígenas.

O parágrafo único do art. 56 prevê um modelo diferenciado de cumprimento de penas de reclusão e detenção, que deveriam ser cumpridas em "regime especial de semiliberdade, no local de funcionamento do órgão federal de assistência aos índios mais próximos da habitação do condenado". O art. 57, por sua vez, vai mais além e prevê que "será tolerada a aplicação, pelos grupos tribais, de acordo com as instituições próprias, de sanções penais ou disciplinares contra os seus membros, desde que não revistam caráter cruel ou infamante, proibida em qualquer caso a pena de morte".

Especificamente no que se refere ao art. 57, cumpre observar o etnocentrismo que se auto denuncia na expressão "tolerada", a indicar algo que não se respeita, mas, na melhor das hipóteses, se suporta. Quanto ao regime especial de semiliberdade, ainda hoje não há clareza na doutrina processualista penal e na jurisprudência pátrias sobre como ele deveria ser cumprido, sobretudo diante da menção à sede de funcionamento do órgão federal de assistência indigenista[22].

Retomando o exercício de interpretar esses dispositivos à luz da Constituição de 1988 e das normas internacionais que o Brasil é signatário, na verdade seria necessário prever o respeito aos meios pelos quais os povos indígenas reprimem condutas desviantes, assim consideradas segundo seus próprios códigos normativos, e, na excepcionalidade extrema da aplicação da lei penal estatal para condenar uma pessoa indígena, a pena privativa de liberdade deveria ser cumprida no seio da sua respectiva comunidade.

A despeito dessas normas vigentes, várias pesquisas empíricas de relevo evidenciam a persistência de discursos jurídicos que insistem em negar direitos subjetivos das pessoas indígenas no contato com as agências do sistema de justiça criminal[23].

Tédney Moreira da Silva, por exemplo, a partir da análise de discurso aplicada à jurisprudência criminal concluiu como "a doutrina e a jurisprudência penal majoritárias conferem a atenuação de pena somente aos indígenas isolados e, em alguns casos, aos indígenas em vias de integração (...) sem, em muitas ocasiões a produção de laudo antropológico", possibilitando, assim, "o exercício de um poder sobre a etnicidade que, simultaneamente, define-lhe os contornos e a própria existência"[24].

O que esses estudos demonstram é que a definição da culpabilidade, sob o prisma do etnocentrismo e do paradigma etiológico, é atravessada

[22] Silva, Tédney Moreira da. No banco dos réus, um índio: criminalização de indígenas no Brasil. 2015. 242 f., il. Dissertação (Mestrado em Direito)—Universidade de Brasília, Brasília, 2015. (pp. 183-189)

[23] Amado, Luiz Henrique Eloy (Org.) Justiça Criminal e Povos Indígenas no Brasil. Organizador: Luiz Henrique Eloy Amado. São Leopoldo: Karywa, 2020.

[24] Silva, op. cit., 2015. p. 195

pela avaliação da imputabilidade do indígena de acordo com a teoria dos graus de integração, como se a pessoa indígena ré somente pudesse ter a sua responsabilidade penal afastada por algum tipo de "subdesenvolvimento", nos termos do art. 26 do Código Penal, que considera inimputável aquele que "por doença mental ou desenvolvimento mental incompleto ou retardado, era, ao tempo da ação ou da omissão, inteiramente incapaz de entender o caráter ilícito do fato ou de determinar-se de acordo com esse entendimento". Nessa toada, Nelson Hungria inseria os "silvícolas" dentro do grupo de pessoas com deficiência mental nos Comentários ao art. 26 do Código Penal, assim mencionando "(...) o homo sylvester, inteiramente desprovido das aquisições éticas do civilizado homo medius que a lei penal declara responsável"[25].

Já segundo adverte Carlos Frederico Marés de Souza Filho,

> Na visão dominante, a única justificativa para atenuar as penas e minorar os efeitos de sua aplicação aos índios, é o fato de que eles teriam um entendimento incompleto do caráter delituoso, por falta de compreensão das regras sociais e, numa visão que chega ao limite do racismo, por inferioridade ética ou mental. A ideologia dominante não consegue entender que os índios pertencem a outra sociedade, cultural e organizativamente diferenciada, de tal forma que o tipo de pena e a forma de seu cumprimento devem também ser diferenciados. E é isto que pretende dizer o Estatuto do Índio, jamais entendido.[26]

Em contraposição, perspectivas que parecem muito mais adequadas são as propostas por René Ariel Dotti, no sentido de que o indígena "estará isento de pena se o fato punível por ele praticado não estiver na categoria de valores próprios de seus usos e costumes", havendo uma hipótese de erro inevitável sobre a ilicitude do fato (art. 21 do Código

[25] Hungria, Nélson. Comentários ao Código Penal. Vol. I. Tomo 2º (Arts. 11 a 27). Rio de Janeiro: Revista Forense, 1958.

[26] Souza Filho, Carlos Frederico Marés de. O Direito envergonhado (O Direito e os Índios no Brasil). Trabalho preparado originalmente para o "Encuentro-Taller sobre la Administración de la Justicia Penal y los Pueblos Indígenas en América" San José, Costa Rica, em 1990, organizado pelo Instituto Interamericano de Direitos Humanos. Ampliado para publicação em maio de 1992. Disponível em: https://www.corteidh.or.cr/tablas/r06852-5.pdf . Acesso em 30 de agosto de 2021.

Penal) ou um erro culturalmente condicionado, instituto que é assim definido por Zaffaroni e Pierangeli:

> (...) pode haver casos em que o sujeito conhece a proibição e a falta de permissão, e, sem embargo, não lhe seja exigível que entenda a regra que conhece. (...) o indígena de uma comunidade que há séculos tem seus próprios ritos para funerais e sepultamentos, talvez incorra numa tipicidade contravencional ao violar as regulamentações sobre inumações, mas é muito duro exigir-lhe que abandone todas essas regras para acolher as nossas e reprovar-lhe porque não o tenha feito (...) Nestes casos, estaremos diante de um erro de proibição invencível, na forma de erro de compreensão. (...) Como regra geral, o erro de compreensão culturalmente condicionado será um erro de proibição invencível, que eliminará a culpabilidade da conduta (...). Muito embora exista delito que o silvícola pode entender perfeitamente, existem outros cuja ilicitude ele não pode entender, e, em tal caso, não existe outra solução que não a de respeitar a sua cultura no seu meio, e não interferir mediante pretensões de tipo etnocentrista, que escondem, ou exibem, a pretendida superioridade de nossa civilização industrial, para destruir todas as relações culturais a ela alheias.[27]

De toda forma, para que sejam atingidos esses objetivos de respeito à diversidade cultural indígena, também se faz necessária a observância de princípios e procedimentos específicos, sem os quais não haverá verdadeiramente ampla defesa e devido processo legal. Trata-se, principalmente, das garantias de respeito à autodeclaração, assistência jurídica adequada, acesso a intérprete e realização de perícia antropológica, com a finalidade de fornecer subsídios à autoridade judicial para o estabelecimento da responsabilidade da pessoa indígena acusada, sobretudo quanto ao entendimento em relação à conduta típica que lhe é imputada, os mecanismos próprios de julgamento e punição adotados para seus membros e se já houve alguma outra punição pela mesma conduta, a fim de se evitar a dupla punição.

[27] Zaffaroni, Eugenio Raúl. Manual de direito penal brasileiro, volume 1: parte geral/ Eugenio Raúl Zaffaroni, José Henrique Pierangeli. 7ª ed. São Paulo: Editora Revista dos Tribunais, 2008. p. 552-555.

Diante da necessidade de esmiuçar esses procedimentos, o Conselho Nacional de Justiça editou a Resolução nº 287, de 25 de junho de 2019, que detalha no nível infralegal todos esses marcos normativos internacionais já mencionados, a qual também foi objeto de um manual orientativo direcionado especialmente à magistratura[28]. No art. 13 da Resolução CNJ 287/2019, é previsto que:

> Art. 13. O tratamento penal às mulheres indígenas considerará que:
> I – para fins do disposto no art. 318-A do Código de Processo Penal, a prisão domiciliar imposta à mulher indígena mãe, gestante, ou responsável por crianças ou pessoa com deficiência, será cumprida na comunidade; e
> II – o acompanhamento da execução das mulheres indígenas beneficiadas pela progressão de regime, nos termos dos arts. 72 e 112 da Lei de Execução Penal, será realizado em conjunto com a comunidade.

Além do encarceramento ser excepcionalíssimo, na hipótese de indígenas em cumprimento de pena em estabelecimentos penais, os magistrados deverão zelar pela garantia à pessoa indígena de assistência material, à saúde, jurídica, educacional, social e religiosa, prestada conforme sua especificidade cultural, devendo levar em consideração, especialmente, para visitas sociais, as formas de parentesco reconhecidas pela etnia a que pertence a pessoa indígena presa e o respeito à cultura dos visitantes, o fornecimento de alimentação adequada e conforme suas práticas culturais e a observância de especificidades para trabalho, educação, inclusive para fins de remição de pena.

15.3 A realidade das mulheres indígenas encarceradas na perspectiva de gênero

Com uma Carta Política dispondo sobre o reconhecimento da pluralidade do Brasil, relativamente aos povos que o compõe, aspirava-se pelo

[28] CONSELHO NACIONAL DE JUSTIÇA. Manual da Resolução 287/2019: procedimentos relativos a pessoas indígenas acusadas, rés, condenadas ou privadas de liberdade: orientações a tribunais e magistrados para cumprimento da Resolução 287/2019 do Conselho Nacional de Justiça. Brasília: CNJ, 2019. 52 p. Disponível em: https://www.cnj.jus.br/wp-content/uploads/2019/09/Manual-Resolu%C3%A7%C3%A3o-287-2019-CNJ.pdf. Acesso em 30/01/2021.

movimento de constitucionalização tanto das normas infraconstitucionais quanto de políticas públicas a ponto de que fossem capazes de reflexionar contribuições e peculiaridades de outras culturas que não a pretensa hegemônica.

Para os povos indígenas, seria a continuidade do já provocado pela Constituição de 1988, processo de superação de ideologias colonialistas, dado que até então a legislação e a política indigenistas estavam a serviço da perversa ordem assimilacionista que enquadrava o ser indígena como passível e disponível à transformação empreendida principalmente por forças violentas físicas ou identitárias.

Inobstante, esse movimento está estancado e por consequência tem-se a perpetuação da perversão de sistemas como o jurídico, sob o prisma legislativo, consubstanciados em perspectivas coloniais que subalternizam o indígena fundamentados em relativismos de subsídios hermenêuticos subjetivos estruturados em estereótipos não mais encontram validez ante a ordem constitucional inaugurada em 1988.

Configura-se em conjuntura que instiga paradoxos à medida que se sustenta no ordenamento jurídico legislações cujos fundamentos são conflitantes. Se o contrário o fosse, não seria usual o operador do direito brasileiro fundamentar a hermenêutica jurídica, isoladamente, em institutos como a hierarquização da identidade indígena prevista no artigo 4º do Estatuto do Índio sem considerar o direito constitucionalmente reconhecido no art. 231, de existir enquanto diversidade e de expressar e permanecer a identidade sem que isso tenha como parâmetro o domínio de qualquer traço material ou imaterial de aspectos de culturas não indígenas.

Essa ausência é traduzida para os povos indígenas pela prejudicialidade do processo de efetivação dos direitos conquistados na constituinte e, consequentemente, na relativização do controle pleno e efetivo dos seus modos de organização social exercidos pela autonomia e autodeterminação. Limita-se de forma imediata a fenda que detém potencialidade de tornar concebível o aprofundamento das especificidades e complexidades internas das comunidades.

Destarte, as garantias constitucionais são o ponto de partida para dialogar com as diversas pautas das estruturas das sociedades indígenas que até então permaneciam limitadas nos planos intracomunitários em razão da prioridade de garantir o direito de existir enquanto povos indígenas o que só sobreveio em 1988. Trata-se de casos como a situação das mulheres indígenas e suas interfaces, a exemplo daquelas que estão reclusas no sistema penitenciário.

Em suma, as incongruências das hermenêuticas aplicadas à legislação indigenista se somam a um contexto mais amplo de políticas anti-indígenas que historicamente silenciam através da simplificação da completude que englobam os indígenas no âmbito de estruturação social de suas comunidades, e isto subsiste como fundamento do empreendimento de perspectivas que intentam pela universalização e integração desses povos.

Impera o empenho pela tentativa de invisibilização política, social, econômica e cultural em circunstâncias que mesmo pautas de caráter indisponível são comprometidas. Senão, veja-se a categoria de mulheres indígenas encarceradas nos presídios brasileiros, inseridas em um sistema estatal que as desconhece, ou que pelo menos o faz em normas legislativas.

São estrangeiras em seu próprio país, subjugadas a um penalismo que se limita a identificar corpos numerados dos quais se pode aproveitar para imprimir a histórica tentativa de integração, mas nunca uma ressocialização ao meio originário a que pertencem. Falar em desconhecimento do Estado quanto às especificidades dessas mulheres seria demasiadamente pretensioso.

Talvez o mais correto fosse reconhecer que se está diante do silenciamento estratégico historicamente utilizado, uma vez que não há como ignorar as matriarcas de onde se origina a sociedade plural brasileira. Se isto for, então é proposital que a legislação específica as desconsidere como forma de suprimir suas identidades.

Espelham os tipos de políticas colonialistas e subalternizantes a que foram submetidos os povos originários, sem revelar a intersecção utilizada para as afligir. Sempre tiveram reproduzido em seus corpos as consequências da interação das categorias de gênero e etnia, no entanto, trata-se de fato utilizado a serviço de oprimi-las sendo desconsiderando totalmente para a estruturação da legislação ou mesmo de políticas públicas específicas.

Dentre as formas possíveis de identificar o expressado até aqui, veja-se a ponderação entre a intersecção das categorias de etnia e gênero em paralelo com institutos apresentados por Kimberlé Crenshaw[29], quais sejam a superinclusão e a subinclusão, conforme apresenta Guajajara[30].

Se na superinclusão são desconsideradas as especificidades que formam os diversos tipos possíveis de ser mulher pela sobreposição de gênero, as mulheres indígenas padecem da vulnerabilização que desconsidera a necessidade de compreendê-las pela diferença étnica identitária invisível aos aspectos que definem o tratamento universalizante de gênero[31].

Decerto é justamente por isso que essas mulheres enfrentam uma realidade traduzida pela inaplicabilidade de grande parte das políticas e normas ditas específicas direcionadas às mulheres sob uma ótica generalizante. Dentro da categoria ampla de gênero, ser indígena ainda é causa de estranheza.

Por conseguinte, na subinclusão algumas problemáticas enfrentadas por grupo de mulheres com características específicas são desconsideradas como de gênero por não guardar similitude plena com as narrativas de mulheres de categorias dominantes. Para Guajajara (2019), essa categoria dialoga com a realidade indígena à medida que enfrentam violências e violações específicas em razão do gênero, mas isso é sobreposto pelo enquadramento de coletividade étnica.

Portanto, quanto a um panorama normativo adequado que considere a interface entre as categorias que transversalizam os corpos femininos indígenas ainda é demasiadamente lacunoso. Pode-se falar em políticas esparsas, mas de nenhuma forma em sistema estruturado que as ampare quanto a direitos e garantias fundamentais às suas existências específicas, menos ainda quando se trata do âmbito penal. Isto posto que, se para a coletividade indígena ainda persistem antagonismos na

[29] Crenshaw, Kimberlé. Documento para o encontro de especialistas em aspectos da discriminação racial relativos ao gênero. Revista Estudos Feministas, ano 10, p. 171-188, 1º semestre de 2002. Disponível em:< http://www.scielo.br/pdf/ref/v10n1/11636.pdf>. Acesso em 15 de julho de 2019.

[30] Esse tópico expõe algumas das conclusões atingidas durante pesquisa de mestrado em Direito na Universidade de Brasília. V. Guajajara, Maria Judite da Silva Ballerio. Mulheres indígenas: gênero, etnia e cárcere. 2020. 104 f. Dissertação (Mestrado em Direito) — Universidade de Brasília, Brasília, 2020. Disponível: https://repositorio.unb.br/bitstream/10482/38588/1/2020_MariaJuditedaSilvaBallerioGuajajara.pdf .

[31] Crenshaw, op. cit., p. 174.

interpretação e aplicação da legislação, ainda mais complexa é a situação das mulheres.

Conclusões

A despeito de não haver uma legislação específica, o encarceramento de mulheres indígenas é pauta emergente conforme demonstram os dados supramencionados e urgente à medida que a memória histórica do Brasil revela que o encarceramento serviu e continua a servir como instrumento descaracterizador dos povos originários (Guajajara, 2019).

Rememoram na atualidade o que membros antepassados dos seus povos vivenciaram mesmo fora das grades tradicionais dos presídios. O direito de expressão em uma de suas formas possíveis, através das línguas tradicionais, em um passado recente foi proibido a muitos povos indígenas como estratégia para colonizá-los.

Apesar do formato reconfigurado, a barreira linguística continua sendo limitador de expressão e ainda pior, de compreensão. A língua portuguesa coloquial não é de domínio unânime de todos os brasileiros, mesmo este sendo o idioma oficial do país, menos ainda o português jurídico. Para mulheres indígenas representa óbice por vezes intransponível, isto posto que em sua maioria têm línguas maternas próprias muito diferentes do português e mesmo um intérprete nem sempre conseguirá estabelecer pontos de interlocução mínimos entre os diversos mundos sociais que se entrelaçam.

Ao ingressarem no sistema jurídico penal, as mulheres indígenas sofrem como qualificadora preliminar a submissão a um sistema relativamente desconhecido, visto que foi estruturado a despeito de quaisquer contribuições das realidades e sistemas próprios indígenas.

Um dos reflexos possíveis desse cenário é o fato de que, se um dos objetivos do sistema prisional é a ressocialização, pode-se afirmar que no caso das mulheres indígenas existe a hipótese de que ele é falido desde seu início e isso tem potencialidade de representar um efeito contrário com possíveis reincidências e até mesmo um crescimento da população carcerária indígenas.

Afastar essas mulheres de seus contextos culturais e familiares além da violência que naturalmente exprimem, diminui em grande medida uma reinserção social efetiva sem vulnerabilizar a identidade originária. Presídios a longas distâncias das terras tradicionais ou decisões que desconsiderem medidas alternativas como o instituto como o da semiliberdade distanciam a manutenção dos laços familiares e culturais.

Em um cenário em que o Estado é um dos principais limitadores do exercício da autodeterminação[32], não há que se falar em segurança jurídica sobre os dados quantitativos da população carcerária indígena no país. Sem fruir efetivamente do direito à autodeterminação, esses indivíduos se vêm à mercê de um sistema que naturalmente já os classifica como pardos e afastam o direito à identidade e garantias específicas.

Sem a identificação do povo a que pertencem, o território do qual são oriundas, a língua originária em que se comunicam essas mulheres podem de diversos fatores que não só contribuem para a descaracterização mas afastam possibilidades reais que devem ser ofertadas em um contexto adequado de ressocialização.

Referências

ABA – Associação Brasileira de Antropologia; PGR – Procuradoria Geral da República. Criminalização e Situação Prisional de Índios no Brasil. Edital Projeto de Pesquisa ESMPU n. /2006. Relatório Final. Brasília: ABA, 2008. Disponível em: https://carceropolis.org.br/media/publicacoes/Criminalizacao_e_situacao_prisional_de_indios_no_Brasil_2007.pdf. Acesso em 28/09/2021.

AMADO, Luiz Henrique Eloy (Org.) Justiça Criminal e Povos Indígenas no Brasil. Organizador: Luiz Henrique Eloy Amado. São Leopoldo: Karywa, 2020.

BALLERIO, Maria Judite da Silva (Kari Guajajara). Mulheres indígenas: gênero, etnia e cárcere. 2020. 104 f. Dissertação (Mestrado em Direito). Universidade de Brasília, Brasília, 2020.

BAINES, S. G. A situação prisional de indígenas no sistema penitenciário de Boa Vista, Roraima / The situation of indigenous people in the prisons of the city of Boa Vista, Roraima. Vivência: Revista de Antropologia, v. 1, n. 46, 9 mar. 2016.

BATISTA, Vera Malaguti. Introdução à criminologia crítica brasileira. Rio de Janeiro: Revan, 2011, 2ª edição.

BRASIL. Departamento Penitenciário Nacional. Nota Técnica nº 77/2020/DIAMGE/CGCAP/DIRPP/DEPEN/MJ de 25/05/2020. Disponível em: http://antigo.depen.gov.br/DEPEN/copy_of_SEI_MJ11751702NotaTcnicaLevantamentoIndigena.pdf. Acesso em 30/01/2021.

[32] Senão veja-se, o órgão indigenista oficial sem consulta aos povos indígenas e em uma empreitada autoritária, decidiu mudar os critérios usados no País para determinar quem é índio ou não no Brasil através da Resolução nº 04/2021. Disponível no link: https://www.in.gov.br/en/web/dou/-/resolucao-n-4-de-22-de-janeiro-de-2021-300748949.

___. Departamento Penitenciário Nacional. Nota Técnica nº 53/2019/DIAMGE/CGCAP/DIRPP/DEPEN/MJ, que recomenda aos órgãos estaduais de administração penitenciária a adoção de medidas necessárias e efetivas à custódia das pessoas indígenas privadas de liberdade nos estabelecimentos penais. Disponível em: http://antigo.depen.gov.br/DEPEN/NotaTcnicaIndgenas.pdf. Acesso em 08/10/2021.

___. Departamento Penitenciário Nacional. Relatório analítico do Sistema de Informações do Departamento Penitenciário Nacional – SISDEPEN – jul-dez-2019. Disponível em: https://www.gov.br/depen/pt-br/sisdepen/mais-informacoes/relatorios-infopen/relatorios-analiticos/br/brasil-dez-2019.pdf. Acesso em 25 de setembro de 2021.

___. Departamento Penitenciário Nacional. Relatório analítico do Sistema de Informações do Departamento Penitenciário Nacional – SISDEPEN – jul-dez-2020. Disponível em: https://www.gov.br/depen/pt-br/sisdepen/mais-informacoes/relatorios-infopen/relatorios-analiticos/br/brasil-dez-2020.xls. Acesso em 25 de setembro de 2021.

___. Departamento Penitenciário Nacional. Painel de dados bi – SISDEPEN – jul-dez-2020. Disponível em: https://app.powerbi.com/view?r=eyJrIjoiZmY1NjZlNmMtZmE5YS00MDlhLWEyNGYtYmNiYTkwZTg4ZmQ1IiwidCI6ImViMDkwNDIwLTQ0NGMtNDNmNy05MWYyLTRiOGRhNmJmZThlMSJ9. Acesso em 25 de setembro de 2021.

Conceição, Keyla Francis de Jesus da. A invisibilidade do indígena no processo eleitoral brasileiro: as organizações indígenas e a luta pela representação política. 2018. 119 f., il. Dissertação (Mestrado em Direito)—Universidade de Brasília, Brasília, 2018.

CONSELHO NACIONAL DE JUSTIÇA. Manual da Resolução 287/2019: procedimentos relativos a pessoas indígenas acusadas, rés, condenadas ou privadas de liberdade: orientações a tribunais e magistrados para cumprimento da Resolução 287/2019 do Conselho Nacional de Justiça. Brasília: CNJ, 2019. 52 p. Disponível em: https://www.cnj.jus.br/wp-content/uploads/2019/09/Manual-Resolu%C3%A7%C3%A3o-287-2019-CNJ.pdf. Acesso em 30/01/2021.

___. Conselho Nacional de Justiça Regras de Bangkok: regras das Nações Unidas para o tratamento de mulheres presas e medidas não privativas de liberdade para mulheres infratoras / Conselho Nacional de Justiça; Coordenação: Luís Geraldo Sant'Ana Lanfredi – Brasília: CNJ, 2016.

Crenshaw, Kimberlé. Documento para o encontro de especialistas em aspectos da discriminação racial relativos ao gênero. Revista Estudos Feministas, ano 10, p. 171-188, 1º semestre de 2002. Disponível em:< http://www.scielo.br/pdf/ref/v10n1/11636.pdf>. Acesso em 15/07/2019.

CUNHA, Manuela Carneiro da. O futuro da questão indígena. Estud. av., São Paulo,v. 8, n. 20, p. 121-136, Abr. 1994. Disponível em <http://www.scielo.br/scielo.php?script=sci_arttext&pid=S0103-40141994000100016&lng=en&nrm=iso>. Acesso em 30/01/2021.

DINO, Natália Albuquerque. Entre a Constituição e a Convenção n. 169 da OIT: o direito dos povos indígenas à participação social e à consulta prévia como uma exigência democrática. Boletim Científico ESMPU, Brasília, a. 13 – n. 42-43, p. 481-520 – jan./dez. 2014 487 Disponível em: https://bit.ly/3iOs48N. Acesso em 15/09/2021.

DUPRAT, Deborah Macedo de Britto Pereira. O Estado pluriétnico, 2016. Disponível em: <http://www.mpf.mp.br/atuacao-tematica/ccr6/documentos-epublicacoes/artigos/docs/artigos/docs_artigos/estado_plurietnico.pdf>. Acesso em: 13/09/2021.

GUAJAJARA, Maria Judite da Silva Ballerio. Mulheres indígenas: gênero, etnia e cárcere. 2020. 104 f. Dissertação (Mestrado em Direito) — Universidade de Brasília, Brasília, 2020. Disponível: https://repositorio.unb.br/bitstream/10482/38588/1/2020_MariaJuditedaSilvaBallerioGuajajara.pdf. Acesso em: 13/09/2021.

HILGERT, Caroline Dias; NOLAN, Michael Mary. Indígenas em conflito com a lei: a criminalização dos povos indígenas no Brasil através do judiciário. Disponível em: http://ittc.org.br/indigenas-em-conflito-com-a-lei/ . Acesso em 5/08/2021.

HUNGRIA, Nélson. Comentários ao Código Penal. Vol. I. Tomo 2º (Arts. 11 a 27). Rio de Janeiro: Revista Forense, 1958;

KARAM, Maria Lúcia. O proibicionismo criminalizador em matéria de drogas e a violação de direitos de povos indígenas na América Latina. In: VILLARES, Luiz Fernando. Direito Penal e povos indígenas. 1ª ed. Curitiba: Juruá, 2014.

LIMA, Fernanda da Silva; MIRANDA, Carlos Diego Apoitia. *Encarceramento Feminino na América Latina e Política de Guerra às Drogas: seletividade, discriminação e outros rótulos.* In: Revista Direitos Sociais e Políticas Públicas (UNIFAFIBE) Disponível em: http://www.unifafibe.com.br/revista/index.php/direitos-sociais-politicas-pub/index ISSN 2318 -5732 – VOL. 7, N. 2, 2019. Acesso em 07/10/2021.

NOLAN, Michael Mary e BALBUGLIO, Viviane. "Se não há índios, tampouco há direitos": uma análise de dados sobre pessoas indígenas em situação de prisão no Brasil a partir do uso dos mecanismos da Lei de Acesso à Informação". Em: Justiça Criminal e Povos Indígenas no Brasil. Organizador: Luiz Henrique Eloy Amado. São Leopoldo: Karywa, 2020;

ORGANIZAÇÃO DAS NAÇÕES UNIDAS. Committee on the Elimination of Discrimination against Women. Concluding observations on Brazil. 51st session, UN doc. no. CEDAW/C/BRA/CO/7, 23 February 2012.Disponível em: http://www2.ohchr.org/english/bodies/cedaw/docs/co/CEDAW-CBRA-CO-7.pdf. Acesso em 05/10/2021.

PIOVESAN, Flávia. Direitos humanos e o direito constitucional internacional. 14 ed. São Paulo: Saraiva, 2013.

SANTOS, Juarez Cirino. Manual de Direito Penal – Parte Geral. 2ª ed. Florianópolis: Conceito Editorial, 2012.

SOUZA FILHO, Carlos Frederico Marés de. O Direito envergonhado (O Direito e os Índios no Brasil). Trabalho preparado originalmente para o "Encuentro-Taller sobre la Administracion de la Justicia Penal y los Pueblos Indigenas en América" San José, Costa Rica, em 1990, organizado pelo Instituto interamericano de Direitos Humanos. Ampliado para publicação em maio de 1992. Disponível em: https://www.corteidh.or.cr/tablas/r06852-5.pdf . Acesso em 30/08/2021.

___. O Renascer dos Povos Indígenas para o Direito, 1ª ed., Curitiba: Juruá, 2008.

SILVA, Tédney Moreira da. No banco dos réus, um índio: criminalização de indígenas no Brasil. São Paulo: IBCCRIM, 2016.

ZAFFARONI, Eugenio Raul; BATISTA, Nilo; ALAGIA, Alejandro e SLOKAR, Alejandro. 2 ed. Direito Penal Brasileiro. Primeiro Volume – Teoria Geral do Direito Penal. Rio de Janeiro: Revan, 2003.

ZAFFARONI, Eugenio Raúl. Manual de direito penal brasileiro, volume 1: parte geral/ Eugenio Raúl Zaffaroni, José Henrique Pierangeli. 7ª ed. São Paulo: Editora Revista dos Tribunais, 2008.

16.
MULHERES HUMORISTAS: O HUMOR COMO EXERCÍCIO DA LIBERDADE DE EXPRESSÃO ARTÍSTICA E MANIFESTAÇÃO DO PATRIMÔNIO CULTURAL DE UM POVO

Ana Beatriz de Carlos Moura
Ana Cristina Nunes Rabelo
Cecilia Nunes Rabelo

Introdução

O humor, como forma de expressão intelectual e artística, constitui-se como uma manifestação cultural que permeia as relações sociais nos mais variados contextos e por meio de expressões diversas. Charges, histórias em quadrinhos, filmes, programas de televisão e interpretações cênicas humorísticas, bem como simples piadas ou posturas irônicas perante o cotidiano, dentre outras, são expressões culturais que, cada uma a seu modo, traduzem as percepções de comicidade construídas socialmente, podendo servir como ferramentas de manifestação e difusão de pensamento, de sensibilidade artística ou de crítica sociopolítica.

Sendo assim, o humor, assim como outras expressões culturais e artísticas, é passível do tratamento jurídico concedido nos termos da Constituição Federal de 1988 – CF/88, que trata, em seu art. 215 e 216, da proteção dos direitos culturais e do patrimônio cultural, e, em seu art. 5º, IX prevê que "é livre a expressão da atividade intelectual, artística, científica e de comunicação, independentemente de censura ou licença".

Sob essa perspectiva, o humor, a comicidade e o riso são elementos indissociáveis da experiência humana plena e do exercício da cidadania. Não obstante, tal aspecto da vida em sociedade tem sido historicamente negado às mulheres, de forma similar ao que ocorreu e ainda ocorre com outras dimensões de direitos, como a racionalidade, a participação na vida política e a liberdade sexual, devido a razões de cunho político e social que permeiam as relações de gênero em sociedade até os dias de hoje.

Nesse contexto, diante do reconhecimento do humor como manifestação cultural e expressão artística, estando inserido na esfera do patrimônio e dos direitos culturais e, assim, sendo passível de proteção constitucional, bem como considerando as limitações socioculturais à vivência e produção de humor e da comicidade pelas mulheres, o presente estudo visa analisar como as dificuldades de se fazer humor enquanto mulher impactam (ou limitam) a efetivação dos direitos culturais e do patrimônio cultural.

Para aprofundamento da análise, foram realizadas entrevistas com mulheres humoristas atuantes no Estado do Ceará, estado brasileiro com longa tradição cultural na seara do humor, com o fito de contrapor suas percepções com os estudos bibliográficos realizados.

Primeiramente, é analisado como o humor enquadra-se como expressão de liberdade artística e patrimônio cultural, apurando-se as dimensões que justificam sua proteção e promoção constitucional. Em seguida, são feitas considerações a respeito das limitações históricas que existem ao exercício do humor pelas mulheres. Por fim, é estudada a vivência das mulheres humoristas entrevistadas, para avaliação do impacto da negação da comicidade às mulheres ao exercício pleno de seus direitos fundamentais e à promoção e proteção do patrimônio cultural.

16.1 O riso e a cultura: o humor enquanto expressão da liberdade artística e patrimônio cultural

O relevante papel do humor na vida social pode ser percebido não somente por sua função como ferramenta de comunicação, mas também como fator de identificação e pertencimento de uma comunidade.

Nesse sentido, Jaime Fernando dos Santos Júnior[1], em estudo a respeito do cômico como estratégia retórica no debate político, faz as seguintes ponderações:

> De certa forma (...) uma piada é sempre um riso coletivo, *representa aquilo que um grupo entende como cômico.* Afinal, rir de algo é necessariamente tomar partido. Conhecemos uma pessoa pelo o que ela ri, adotando certas posturas e posições que revelam uma cumplicidade que, às vezes, mantém-se escondida sob o véu da seriedade. Poderíamos, parafraseando a máxima evangélica, dizer: "diga-me do que tu ris (e com quem) que te direi quem és" (grifos nossos)

A comicidade e o humor, de fato, são carregados de símbolos e significados construídos por um grupo específico, sendo, portanto, um fator importante de identificação da humanidade que existe nas relações sociais. Como colocado por Juliana Spagnol Sechinato[2], em análise das teorias relativas ao local do riso e do humor no campo social, o riso, historicamente, já foi compreendido como fenômeno psíquico e biológico e também como fenômeno social, podendo ser entendido como forma de manifestação ativa de energias poupadas ou retidas, expurgando inibições, pensamentos e sentimentos reprimidos, ou também como uma expressão de inteligência.

Assim, o cômico pode ser percebido como uma forma de externalização do mundo humano interior, seja sob a ótica de um indivíduo ou de um grupo social, englobando manifestação de pensamentos, ideologias, visões de mundo, percepções estéticas ou expressões de sensibilidade artística, ou seja, manifestações de humanidade em suas múltiplas dimensões. O exercício e a apropriação do humor e do riso pelos mais diferentes grupos de cidadãos, portanto, integra o exercício da sua liberdade de expressão em sentido amplo. Nesse contexto, é oportuno

[1] SANTOS JUNIOR, Jaime Fernando dos. O cômico como estratégia retórica no debate político. **Faces da História**, Assis-SP, v. 4, n. 2, p. 218-233, 3 jan. 2018. Disponível em: https://seer.assis.unesp.br/index.php/facesdahistoria/article/view/372. Acesso em: 07 fev. 2022, p. 219.

[2] SECHINATO, Juliana Spagnol. **Se eu estou com o microfone, eu estou com o poder?:** humor produzido por mulheres em performance ao vivo. 2021. 217 f. Tese (Doutorado) – Curso de Sociologia, Universidade Federal de São Carlos, São Carlos, 2021. Disponível em: https://repositorio.ufscar.br/handle/ufscar/14893. Acesso em: 07 fev. 2022.

destacar as seguintes observações de Luiz Gonzaga Silva Adolfo e Júlia Schroeder Bald Klein[3]:

> *O exercício da liberdade de expressão e de comunicação de ideias e de pensamento detém proteção constitucional.* O respeito a tais prerrogativas insere-se nos mais variados modos de manifestação do pensamento: falas, escritas, pinturas, desenhos, imagens computadorizadas, músicas, filmes, bem como nas sátiras. Não é apenas a liberdade de expressão transmitida de forma circunspecta que detém proteção constitucional. *As manifestações humorísticas de liberdade do pensamento também estão englobadas sob o manto estabelecido pelo constituinte.*
>
> (...)
>
> Inobstante os posicionamentos acerca do humor, não se pode negar que a comicidade sempre existiu: da Antiguidade aos tempos atuais. O que mudou com o decorrer dos anos e as evoluções sociais foram os objetos e os sujeitos sobre os quais versam o humor. No entanto, a motivação do riso manteve durante todos os séculos um ponto em comum: de criticar o poder. O humor, dessa forma, consubstancia-se, igualmente, em crítica. Destarte, *o humor não tem apenas a finalidade de fazer rir, mas, igualmente, enseja levar o receptor de sua transmissão à reflexão.*
>
> A informação é fundamental para o exercício da cidadania. Seja para trazer conhecimento, expressar diferentes opiniões, bem como para fomentar a participação e o debate da sociedade na política. (grifos nossos)

Vê-se, portanto, que o humor, por seu conteúdo de reflexão, transmissão de ideias e manifestação artística, corresponde a uma forma de expressão da liberdade artística e de pensamento, albergado pela proteção constitucional ao direito fundamental à livre expressão da atividade intelectual, artística, científica e de comunicação, previsto no art. 5º, IX, da CF/88.

Sobre os limites da liberdade de expressão artística, o Supremo Tribunal Federal – STF já se manifestou no sentido de que ela deve ser

[3] Adolfo, Luiz Gonzaga Silva; Klein, Júlia Schroeder Bald. Liberdade de expressão humorística em ano eleitoral: uma análise do voto relator da ação direta de inconstitucionalidade n. 4.451 a partir do direito contado como um romance em cadeia de Ronald Dworkin. **Revista da Faculdade de Direito do Sul de Minas**, Pouso Alegre-MG, v. 37, n. 2, p. 223-240, jul/dez 2021. Semestral. Disponível em: https://revista.fdsm.edu.br/index.php/revistafdsm/article/view/419. Acesso em: 07 fev. 2022, p. 227/228.

exercida de forma plena, por ser um dos pilares fundamentais do próprio sistema democrático. Na Ação Direta de Inconstitucionalidade – ADIN 4.815, o tribunal decidiu pela constitucionalidade da edição de biografias não autorizadas exatamente com fundamento na premissa maior de que os possíveis danos que o exercício da liberdade de expressão pode causar não superam o perigo institucional de vedá-la a priori (censurando-a).

O humor se insere nessa perspectiva, visto que expressão da liberdade artística, devendo ser exercido de maneira plena e livre, desde que, por óbvio, respeitada a própria lei, sendo vedado qualquer mecanismo de censura ou proibição a priori (não obstante, infelizmente, seja comum encontrar casos de arbitrariedade contra o exercício da liberdade humorística).

É importante observar, ademais, que a interface entre o riso e a cultura, bem como sua proteção constitucional, não se esgota com a percepção de sua relação com a liberdade de expressão. O humor, estando intimamente relacionado com os modos de ver e pensar dos diferentes grupos formadores da sociedade, também pode ser entendido como parte do patrimônio cultural, que engloba formas de expressão, modos de criar, fazer e viver e todo o conjunto de obras e criações artísticas da população, como pode ser extraído, no âmbito do ordenamento jurídico brasileiro, do art. 216 da CF/88.

O humor, desse modo, engloba o patrimônio cultural tanto sob a ótica antropológica de expressão de modo de vida como também sob a ótica da expressão artística e da produção de bens e serviços culturais, incluindo, portanto, o viés econômico da cultura.

Tal multiplicidade das dimensões do humor enquanto elemento integrante do patrimônio cultural pode ser percebida de forma palpável na realidade do humor cearense, no âmbito do qual atuam as humoristas entrevistadas durante a realização desta pesquisa.

16.2 O humor como patrimônio cultural: o caso do estado do Ceará

A respeito do humor cearense enquanto manifestação cultural, Francisco Secundo da Silva[4], em estudo que trata da "molecagem" cearense e da construção do conceito de "Ceará moleque", observa que:

[4] SILVA, Francisco Secundo da. Molecagem e "cearensidade": o humor na produção da cultura. **Métis:** História & Cultura, Caxias do Sul, v. 12, n. 23, p. 203-220, jan./jun. 2013. Dispo-

> O humor do Ceará refere-se a um humor que é feito no terreno da cultura. *Ser cearense não está apenas na condição de nascer ou viver no Ceará, não está apenas na condição de ser moleque, de ser hospitaleiro ou valente como o vaqueiro ou o jangadeiro, mas no modo como todas essas condições são organizadas e apropriadas simbolicamente.* (PENNA, 1992). A força da representação reside no fato de que ela pode contribuir para produzir o que aparentemente ela descreve ou designa, ou seja, a realidade objetiva. (BOURDIEU, 1996). Os critérios objetivos da identidade regional ou étnica constituem o objeto de representações mentais e de representações objetais (emblemas, bandeiras, insígnias), coisas ou atos. (...)
>
> A molecagem cearense como representação, é, ao mesmo tempo, indicação e aparecer; relação a um objeto e manifestação de si. (FOUCAULT, 2007). Não se trata aqui de reforçar estereótipos ou clichês, mas de perceber *como os diversos discursos, ações e representações se constituem como práticas sociais e contribuem para a constituição de uma realidade social, de como essa é vista, sentida e vivida.* (grifos nossos)

A construção da ideia do Ceará como "Terra do Humor", pois, envolve a apropriação simbólica de práticas sociais, as quais passam a integrar a memória coletiva e a identidade do povo cearense. Outrossim, tais percepções socioantropológicas que permeiam o imaginário coletivo materializam-se também no aspecto de produção artística e de movimentação da economia da cultura, reforçando a noção da onipresença do humor no "existir enquanto cearense".

Sobre esse assunto, o mencionado autor[5] destaca também a atuação dos humoristas cearenses nas atividades artístico-culturais que integram a economia da cultura, como os "shows de humor" apresentados nos bares, restaurantes e teatros cearenses e as obras audiovisuais (como programas humorísticos ou de auditório), registrando a apropriação dessa marca cearense pela indústria cultural e do turismo, as quais se desenvolveram economicamente ao longo da década de 1990 no Estado do Ceará.

Vale ressaltar que o reconhecimento do humor cearense como modo de viver, criar e se expressar vem servindo como substrato para a cam-

nível em: http://www.ucs.br/etc/revistas/index.php/metis/article/view/1516. Acesso em: 07 fev. 2022, p. 215.

[5] Ibidem, p. 210/211.

panha por seu reconhecimento como Patrimônio Cultural da Humanidade pela Organização das Nações Unidas para a Educação, a Ciência e a Cultura (UNESCO), a qual foi lançada em 2021 pelo Grupo de Estudos e Pesquisas em Direitos Culturais (GEPDC), do Programa de Pós-Graduação em Direito Constitucional da Universidade de Fortaleza (Unifor/PPGD)[6].

Também em reconhecimento do humor como elemento integrante do patrimônio cultural, o Grupo promoveu, no ano de 2021, o X Encontro Internacional de Direitos Culturais com o tema "O riso, seu valor social, suas problemáticas jurídico-políticas", tendo como objetivo debater e avaliar, de forma científica, a importância das atividades artístico-humorísticas no cotidiano[7].

Ressalta-se que as humoristas entrevistadas durante a realização desta pesquisa foram indagadas a respeito de sua opinião quanto ao reconhecimento do humor como patrimônio cultural e do reconhecimento do Estado do Ceará como região de referência no humor. A esse respeito, a humorista Karla Karenina manifestou que entende que o humor do Ceará já é um patrimônio imaterial cultural de fato, ainda que não de direito. Quando perguntada se a cidade de Fortaleza tem atributos para deter o título de capital do humor e qual seria a relevância desse título disso para os humoristas e para a população fortalezense, afirmou ainda que:

> Fortaleza é a cidade de referência do humor, sem sombra de dúvidas. A relevância desse título para nós humoristas e fortalezenses faria, em primeiro lugar, com que nossa autoestima enquanto fazedores da cena humorística fosse elevada e, consequentemente, a da população que tanto prestigia essa linguagem. A partir daí mais investimentos em formações na área, mais estrutura e pautas nos equipamentos culturais. Dar mais visibilidade e legitimidade ao fazer humorístico geraria, inclusive, mais renda a toda cadeia produtiva no entorno das produções.

[6] Portal G1. **Humor cearense pode ser considerado Patrimônio Cultural da Humanidade.** 2021. Disponível em: https://g1.globo.com/ce/ceara/especial-publicitario/unifor/ensinando-e-aprendendo/noticia/2021/04/08/humor-cearense-pode-ser-considerado-patrimonio-cultural-da-humanidade.ghtml. Acesso em: 07 fev. 2022.

[7] Idem. **X Encontro Internacional de Direitos Culturais debate sobre o riso e seu valor social.** 2021. Disponível em: https://g1.globo.com/ce/ceara/especial-publicitario/unifor/ensinando-e-aprendendo/noticia/2021/04/08/humor-cearense-pode-ser-considerado-patrimonio-cultural-da-humanidade.ghtml. Acesso em: 07 fev. 2022.

Dessa forma, a entrevistada reconhece o humor enquanto manifestação artística integrante do patrimônio cultural, apontando também seu papel como vetor de desenvolvimento social, cultural e econômico.

16.3 A proteção e promoção do humor como direito cultural sob a perspectiva de gênero

O humor e a comicidade, como extrai-se do já exposto, são manifestações culturais protegidas constitucionalmente tanto sob a ótica da livre expressão da atividade intelectual, artística, científica e de comunicação, independentemente de censura ou licença (art. 5º, IX, da CF/88) quanto da proteção e promoção do patrimônio cultural brasileiro (art. 216 da CF/88).

Além disso, importa registrar que o reconhecimento do humor enquanto manifestação cultural integrante do patrimônio cultural e passível de proteção jurídica tem, como consequência lógica, a compreensão de sua integração nos direitos culturais, assim entendidos, na lição de Francisco Humberto Cunha Filho[8], como aqueles afetos às artes, à memória coletiva e ao fluxo de saberes, que asseguram a seus titulares o conhecimento e uso do passado, interferência ativa no presente e possibilidade de previsão e decisão de opções referentes ao futuro, visando sempre à dignidade da pessoa humana.

O tratamento jurídico do humor também perpassa a proteção dos direitos culturais prevista de forma expressa no art. 215 da CF/88, que dispõe, em seu caput, que o Estado garantirá a todos o pleno exercício dos direitos culturais e acesso às fontes da cultura nacional, bem como apoiará e incentivará a valorização e a difusão das manifestações culturais, e, em seu § 1º, que o Estado deve proteger as manifestações dos diversos grupos participantes do processo civilizatório nacional.

Além do reconhecimento dos direitos culturais como direitos fundamentais em âmbito nacional, também é essencial destacar o tratamento dado à temática pela Declaração Universal dos Direitos Humanos – DUDH, de 1948, cujo art. 19 explicita que todo ser humano tem direito à liberdade de opinião e expressão, o que inclui a liberdade de, sem interferência, ter opiniões e de procurar, receber e transmitir informações

[8] CUNHA FILHO, Francisco Humberto. **Direitos culturais como direitos fundamentais no ordenamento jurídico brasileiro.** 1.ed. Brasília: Brasília Jurídica, 2000, p. 34.

e ideias por quaisquer meios e independentemente de fronteiras. Como é sabido, o art. 27 da Declaração, por sua vez, registra que todo ser humano tem o direito de participar livremente da vida cultural da comunidade, de fruir as artes e de participar do progresso científico e de seus benefícios.

O reconhecimento dos direitos culturais como direitos fundamentais e humanos leva à compreensão de que a expressão, difusão e fruição do humor correspondem a direitos de todo ser humano, ou seja, de toda(o) e qualquer cidadã(o). Tais direitos, assim, devem ser promovidos e protegidos para todos os grupos sociais, o que, sob a ótica da equidade de gênero, significa que tanto mulheres quanto homens devem ter assegurado seus direitos culturais.

No que se refere à proteção dos direitos fundamentais e humanos no contexto de gênero, cumpre deixar explícito que o art. 5º, I, da CF/88 prevê expressamente que homens e mulheres são iguais em direitos e obrigações. A Declaração Universal dos Direitos Humanos, por sua vez, registra em seu art. 1º que "todos os seres humanos nascem livres e iguais em dignidade e direitos" e, em seu art. 2º, que todo ser humano tem capacidade para gozar os direitos e as liberdades estabelecidos na Declaração, sem distinção de qualquer espécie.

A ideia de que a proteção e promoção dos direitos humanos e fundamentais, aqui incluídos os direitos culturais, deve abranger de forma igualitária, tanto homens quanto mulheres, poderia passar como óbvia. Entretanto, considerando a histórica limitação dos direitos das mulheres, as disposições explícitas da CF/88 e da DUDH são essenciais para afastar qualquer distorção herdada de dispositivos jurídicos do passado, como, para citar um documento que antecedeu historicamente a DUDH, a Declaração dos Direitos do Homem e do Cidadão (no original, "*Déclaration des Droits de l'Homme et du Citoyen*"), de 1789.

Essa declaração, reflexo do avanço dos ideais modernos de liberdade e cidadania, não atingiu às mulheres da mesma forma que aos homens, como aborda Juliana Spagnol Sechinato[9]:

> Segundo Joan Scott (2002), no livro A cidadã paradoxal: as feministas francesas e os direitos do homem, os fundamentos do Estado burguês e do sujeito dotado de razão que proclamava os seus direitos funda-

[9] SECHINATO, Juliana Spagnol. Op. cit, p. 85.

> mentais anunciados pela Revolução Francesa, não alcançaram da mesma forma às mulheres, que tiveram que se provar como agentes racionais e de direitos, o que incluía ser cidadã, mas também atuar publicamente, como nas artes. Corroborando esta perspectiva, Eleni Varikas (1996), no texto "O pessoal é político: desventuras de uma promessa subversiva", observa que, sob a tutela dos homens e muitas vezes relegadas ao espaço privado, as mulheres foram reduzidas a não sujeitos e não incluídas, portanto, no berço do Estado moderno, sem a chance de participação na gestão da vida em comum e da própria definição da nova sociedade que se anunciava.

Assim, a nomenclatura "Declaração dos Direitos do Homem e do Cidadão", com uso dos termos no masculino, não parece ser mera construção linguística. Não por acaso, também como abordado por Sechinato[10], as mulheres francesas trabalharam pela elaboração da Declaração dos Direitos da Mulher e da Cidadã (no original, "*Déclaration des Droits de la Femme et de la Citoyenne*"), criada por Olympe de Gouges, em 1791, em resposta à pretensão universal da definição de indivíduo da Declaração dos Direitos do Homem e do Cidadão. Em resposta, Olympe foi guilhotinada.

A DUDH, portanto, representou uma mudança de paradigma até mesmo por sua construção semântica. Sobre o assunto, o *Haut Conseil à l'Egalité entre les Femmes et les Hommes* ("Conselho Superior para a Igualdade entre Mulheres e Homens", em tradução livre) do governo francês, em artigo publicado em sua página virtual no ano 2018[11], apresentou as seguintes considerações:

> *Le HCE tient à rappeler que la Déclaration des droits de l'Homme et du citoyen de 1789, dans laquelle s'enracine l'utilisation persistante de « droits de l'Homme » en France, loin d'être universelle, excluait explicitement les femmes, et a longtemps permis de les écarter du droit de vote et de la vie politique. Jamais*

[10] Ibidem, p. 86.

[11] HCE – Haut Conseil à l'Egalité entre les Femmes et les Hommes . République Française. **"Droits humains" vs "Droits de l'Homme":** en finir avec une logique linguistique discriminatoire. en finir avec une logique linguistique discriminatoire. 2018. Disponível em: https://haut-conseil-egalite.gouv.fr/parite/actualites/article/droits-humains-une-expression-qu-il-est-temps-de-generaliser. Acesso em: 07 fev. 2022.

> *il n'a été dans l'intention des auteurs de la Déclaration de 1789 d'accorder aux femmes les mêmes droits qu'aux hommes. Faut-il ainsi rappeler que, lorsqu'en 1791 des femmes menées par Olympe de Gouges ont voulu compléter le texte de 1789 en proclamant une Déclaration des droits de la femme et de la citoyenne, elles ont été persécutées et de Gouges guillotinée?*
>
> *La Déclaration universelle des droits de l'Homme (Universal Declaration of Human Rights en anglais) adoptée par les Nations unies en 1948 est d'essence différente et s'adresse, elle, aux femmes comme aux hommes*[12].

Sendo assim, registrar a previsão, tanto na CF/88 quanto na DUDH, de que as mulheres são dotadas dos mesmos direitos que os homens, é essencial para a compreensão de que, sob a perspectiva jurídica, a proteção e promoção do humor como direito cultural devem ser efetivadas com atenção à equidade de gênero.

Ocorre que, como se sabe, o mundo jurídico do "dever ser" muitas vezes não se efetiva diante da realidade do que realmente é. No que se refere ao tema em análise, as dificuldades históricas e culturais para o exercício e expressão do humor e da comicidade pelas mulheres são elementos que podem impactar diretamente a efetivação dos direitos culturais, o que será analisado no tópico a seguir.

16.4 Humor e gênero: os desafios históricos das mulheres para exercer sua capacidade de rir e fazer rir

A experiência humana vivida enquanto mulher é, historicamente, objeto de um sem número de limitações e duros julgamentos. Alba Valéria

[12] "O Conselho Superior para a Igualdade entre Mulheres e Homens deseja relembrar que a Declaração dos Direitos do Homem e do Cidadão de 1789, na qual se enraíza a utilização persistente de "direitos do Homem" na França, longe de ser universal, excluía explicitamente as mulheres e por muito tempo permitiu a privação de seu direito ao voto e à vida política. Jamais foi a intenção dos autores da Declaração de 1789 conceder às mulheres os mesmos direitos que aos homens. É necessário também relembrar que, em 1791, quando mulheres lideradas por Olympe de Gouges quiseram completar o texto de 1789 proclamando uma Declaração dos Direitos da Mulher e da Cidadã, elas foram perseguidas e de Gouges guilhotinada?
A Declaração Universal dos Direitos Humanos (Universal Declaration of Human Rights, em inglês) adotada pelas Nações Unidas em 1948 é diferente em essência e se dirige igualmente às mulheres e aos homens" (tradução nossa).

Tinoco Alves Silva[13], em estudo que analisa as relações entre a mulher e o humor, rememora que "ao longo da história, em diversos campos de atuação, apesar das evidências do que a mulher faz, há sempre quem o negue ou, caso se admita que ela o faz, há sempre quem se apresse em fazer a ressalva de que ela não faz bem o bastante". No âmbito do humor a situação não é diferente, sendo sempre colocada em dúvida a capacidade das mulheres de produzirem humor ou os limites do senso de humor feminino. Como forma de ilustrar essa percepção, expõe-se a seguinte citação do autor francês Georges Minois, emitida em análise à obra de E. Dupréel[14]:

> A feminilidade exclui o cômico. Não há mulheres palhaças, não há mulheres bufas. Um rápido exame do mundo dos cômicos profissionais, do show business atual, lhe dá razão. Mesmo vestida de homem, a mulher não é engraçada, ao passo que o homem vestido de mulher faz rir. Só a mulher velha, justamente aquela que perdeu a feminilidade, pode fazer rir. No jogo da sedução, o riso supre a ausência de charme. É comparável ao charme físico: aquele que ri não resiste mais.

Daiani Brum[15], analisando tal manifestação, pondera que essa concepção condiz com as expectativas da sociedade patriarcal em relação às mulheres, uma vez que nela prevalece a visão de que a função feminina vincula-se aos aspectos sedutores da existência, sendo que sua graça, charme e candura não deixam espaço para a comicidade. O gênero, nesse contexto, configura-se como uma ferramenta de aprisionamento das mulheres, que, ao serem condicionadas a determinadas formas de viver e se comportar, acabam privadas de explorar com plenitude diferentes aspectos da existência humana, o que afeta diretamente a vivência do humor pelas mulheres.

[13] SILVA, Alba Valeria Tinoco Alves. Deus e o diabo no humor das mulheres: contos, casos e crônicas com humor escritos por mulheres. Salvador: Edufba, 2015. 192 p. Disponível em: https://doi.org/10.7476/9788523218683. Acesso em: 07 fev. 2022, p. 50.

[14] MINOIS, Georges. História do riso e do escárnio. São Paulo: Unesp, 2003. Tradução de Maria Elena O. Ortiz Assumpção, p. 433.

[15] BRUM, Daiani C. S. R.. A atuação de mulheres como palhaças: resistência e subversão. **Revista Ártemis,** [S. l.], v. 26, n. 1, p. 157–174, 2018. DOI: 10.22478/ufpb.1807-8214.2018v26n1.42096. Disponível em: https://periodicos.ufpb.br/ojs2/index.php/artemis/article/view/42096. Acesso em: 7 fev. 2022, p. 159.

O fato é que, como extrai-se das observações feitas por Juliana Spagnol Sechinato[16], o próprio significado que é socialmente dado ao "feminino" levou à construção de um senso comum de que as mulheres são agentes incapazes de produzir ou de apreciar o humor. Tal julgamento, além de abranger a vivência cotidiana das mulheres, refletindo incluive a negação da mera existência de seu senso de humor, afeta de forma ainda mais direta as perspectivas da expressão do humor pelas mulheres como manifestação artística ou meio de vida profissional.

A relação das mulheres com o humor tem como uma fonte interessante de análise os estudos a respeito da execução da arte da palhaçaria por mulheres. Sobre o tema, Ana Carolina Muller Fuchs e Gilberto Icle[17] registram que as mulheres participavam dos espetáculos de circo, porém não podiam ser palhaças devido às características grotescas de tal papel. No mesmo sentido, Karla Concá, em entrevista concedida a Brum[18], observa que, historicamente, no ambiente circense a atuação das mulheres era limitada a números de acrobacias como o trapézio ou de contorcionismo que reforçavam os traços de beleza, feminilidade, graça, leveza e perfeição conferidos à mulher.

Conforme Juliana Spagnol Sechinato[19], tais padrões limitados e limitantes de como as mulheres devem se portar ou de qual aparência devem ter, priva-as da ironia, do grotesco e das expressões corporais livres, elementos tão propícios ao humor e ao cômico. Isso pode ser relacionado com a ideia apresentada por Alba Tinoco[20] no sentido de que a mulher pode ter sido levada a evitar ou esconder o humor pelo medo de incorrer numa perda da feminilidade, em culturas em que a demonstração pública de humor não é considerada apropriada para mulheres.

A isso, soma-se o debate mais amplo da sociedade patriarcal a respeito da capacidade intelectual, racionalidade e liberdade das mulheres, que perdura por séculos e só avançou mediante a resistência de movi-

[16] SECHINATO, Juliana Spagnol. Op. cit, p. 86.

[17] FUCHS, Ana Carolina Muller; ICLE, Gilberto. Comicidade crítica e riso autodepreciativo: um estudo com mulheres palhaças. **Revista Estudos Feministas**, Florianópolis, v. 28, n. 3, p. 1-14, 18 dez. 2020. Disponível em: https://periodicos.ufsc.br/index.php/ref/article/view/61738. Acesso em: 07 fev. 2022, p. 2.

[18] BRUM, Daiani C. S. R., Op. cit, p. 168.

[19] SECHINATO, Juliana Spagnol. Op. cit, p. 94.

[20] SILVA, Alba Valeria Tinoco Alves, Op. cit, p. 74.

mentos formados por mulheres. Sobre o humor, como exposto por Alba Valéria Tinoco Alves Silva[21]:

> A impressão que se tem é de que, depois de conquistadas a consciência, a inteligência, a liberdade sexual etc., o humor é uma espécie de novo eterno bastião que as mulheres vão precisar escalar para fazer jus ao direito de saber e fazer rir.

A persistência da ideia de que "as mulheres não são e nem podem ser engraçadas" ou "não têm senso de humor", portanto, também guarda estreita relação com a visão das mulheres como uma classe inferior de ser humano. Nesse sentido, vale pontuar também as reflexões de Jaime Fernando dos Santos Júnior[22] ao avaliar a histórica relação entre o riso e a oratória, explicitando que sua utilização envolvia uma distinção e hierarquização, apontando superiores (aquele que o provoca) e inferiores (de quem se ri), sendo o objeto de risada menorizado e afastado de um ideal de credibilidade.

Sob essa ótica, também não é difícil compreender a longevidade da ideia de que as mulheres são incapazes de expressar humor e comicidade. De fato, o encadeamento lógico a partir dessa percepção é o de que, se a mulher é "inferior", não poderia fazer humor, pois inexiste, para aquele que é inferior, a possibilidade de rir-se de seus superiores.

Tal noção é condizente com a realidade avaliada por Jaime Fernando dos Santos Júnior[23] em seu estudo já citado, conforme observa-se a seguir:

> Patologizado, encarcerado e afastado do convívio social, o louco (irracional), a *mulher (histérica)*, o camponês (popular), o trabalhador (escravo de suas necessidades) etc. *eram tidos como indignos de serem ouvidos, tratados de forma infantil e colocados sob o signo do risível. E isso, não por algo que tenha sido dito ou feito, mas simplesmente por serem o que são.* Não há de ser surpreendente a existência e o reconhecimento dessa mesma estrutura no racismo, machismo, homofobia etc. (grifos nossos)

Além disso, a ideia dominante na sociedade atual a respeito da incapacidade das mulheres em relação ao humor, que, consoante Juliana

[21] Ibidem, p. 63.

[22] SANTOS JÚNIOR, Jaime Fernando, Op. cit, p. 225.

[23] Ibidem, p. 226.

Spagnol Sechinato[24], reflete a negação do próprio senso de humor às mulheres, é perpassada por questões que envolvem inclusive o conteúdo do humor difundido e o olhar por meio do qual ele é apresentado. Alba Tinoco[25] argumenta que a percepção masculina distorcida de que mulheres não fazem piadas, não sabem contá-las, não conseguem entendê-las e não têm, portanto, senso de humor, pode ser oriunda de uma desatenção ao caráter machista de muitas das ditas anedotas, afirmando a autora que:

> Ora, se a própria mulher é o alvo preferencial da punch line, ela pode ter problemas não em entender a piada, mas com a piada em si. O caráter pejorativo de muitos estereótipos femininos nela veiculados, como a resmungona, a megera, a fofoqueira, a encrenqueira, a dominadora do marido, justifica a resistência da mulher em rir. Ela talvez não queira ser cúmplice de sua própria destruição.

Além das questões já abordadas, para vivenciar a comicidade a mulher enfrenta ainda uma hierarquização de conteúdos que coloca o humor feito por homens como um humor "universal", que deve ser compreendido por todos, enquanto o humor produzido por mulheres é visto como um "humor de mulher" (ou, de forma mais pejorativa, de "mulherzinha").

Cabe ressaltar ainda que o fato de as mulheres terem sido, mesmo após os avanços relativos às liberdades individuais no período pós-Revolução Francesa, costumeiramente relegadas ao espaço privado, também trouxe distorções à percepção da expressividade do humor pelo gênero feminino, conforme Alba Valéria Tinoco[26]:

> O fato de a maioria das mulheres, até meados do século XX, depender financeiramente do marido ou do pai tornava-as obedientes à lei de "não morder a mão que alimenta", fazendo com que o humor produzido por mulheres que tivessem o homem como alvo fosse compartilhado em segredo. Além disso, sendo a casa o universo onde a maioria delas transitava, era sobre a família e os afazeres domésticos que o seu humor versava. Por mais engraçada que seja a comédia da vida privada, ela não

[24] Sechinato, Juliana Spagnol. Op. cit.

[25] Silva, Alba Valeria Tinoco Alves, Op. cit, p. 72.

[26] Ibidem, p. 77.

> consegue concorrer com a sátira do mundo masculino, que abrange o comércio, a política, o direito e os negócios.

A mesma autora[27] reflete que, em regra, as críticas ao humor feito por mulheres "suscita a ideia de que ele é trivial, tolo, indigno de atenção séria, não chegando, enfim, aos pés daquele escrito pelos homens". Ocorre que tal desvalorização nasce do olhar dos próprios homens, a partir de seus critérios e sua experiência, o qual não se identifica com os temas do cotidiano feminino abordado no humor produzido por mulheres, como menstruação, gravidez, parto e filhos.

Ademais, considerando que a expressão humorística das mulheres é também impactada pelos rigorosos padrões de beleza a elas impostos e perpetuadas por uma cultura da vaidade que coloca a aparência física feminina quase como um atributo de sua competência, Sechinato[28], em sua análise à atuação feminina na comédia *stand-up*, faz as seguintes considerações:

> Críticas em relação às roupas, à maquiagem, à corporalidade e ao vocabulário para que cumpram certas expectativas de gênero, destoam da autenticidade pretendida pela stand-up e se colocam em detrimento, muitas vezes, da produção de um bom texto como crivo para que haja o reconhecimento como uma boa comediante. Sobre seus repertórios de piadas, há recorrente maledicência sobre os temas das piadas em que tratam de seus cotidianos e de suas vidas privadas ou públicas. Sugeridas como enfadonhas, estas piadas tratam de experiências não vividas por homens ou em que eles são colocados como alvos das piadas.

A depreciação do humor feito por mulheres nasce, pois, de uma lógica perversa da sociedade patriarcal que, ao mesmo tempo relega as mulheres e o feminino somente a aspectos da vida privada e a ideias de beleza, delicadeza e sensualidade, menospreza e ridiculariza a experiência feminina pelos assuntos por ela vivenciados, que são vistos como "assuntos de mulher" e não reconhecidos com a pretensão de universalidade concedida às experiências masculinas.

[27] Ibidem, p. 66

[28] Sechinato, Juliana Spagnol. Op. cit, p. 101.

Desse modo, o mito da falta de humor das mulheres, como afirma Alba Valéria Tinoco[29], "a esta altura já pode ser entendido como uma falha de percepção de quem não consegue (ou não quer) enxergá-lo". Convém pontuar que referida autora[30] opta por utilizar o termo "humor produzido ou escrito por mulheres" em lugar de "humor feminino ou feminista", o que contribui para a superação da visão de que o humor, quando sem adjetivação, corresponde ao humor produzido por homens.

Ante todo o exposto, observa-se que a percepção de que as mulheres teriam uma incapacidade natural para o humor não passa de uma ideia decorrente do impacto dos complexos e enraizados padrões de gênero construídos socialmente. Nesse sentido, Maria Silvia do Nascimento[31], ao analisar a palhaçaria exercida por mulheres, afirma que:

> Uma perspectiva feminista para o entendimento da comicidade das palhaças demonstra, primeiramente, que não há barreiras "naturais" para as mulheres praticarem a palhaçaria. Se houve em algum momento esse tipo de restrição, ela estava pautada na própria ideologia de gênero que restringia o cômico às mulheres para manter privilégios masculinos dentro da sociedade. Nesse sentido, é preciso desconstruir falácias como a da "incapacidade inata" das mulheres em reproduzir um repertório cômico.

Assim, as restrições e dificuldades que se perpetuam no exercício do humor pelas mulheres, longe de ter uma suposta origem biológica, estão, na verdade, vinculadas às limitações culturais e sociais construídas com base nos padrões de gênero vigentes. O humor das mulheres não é inexistente, mas passa, na verdade, por um processo de invisibilização decorrente das variadas limitações a ele impostas, como sua negação pelo ideal de feminilidade bela e delicada e pelos assuntos supostamente banais e desinteressantes para o olhar masculino.

[29] SILVA, Alba Valeria Tinoco Alves, Op. cit, p. 76.

[30] Ibidem, p. 51/52.

[31] NASCIMENTO, Maria Silvia do. **Olha a palhaça no meio da praça**: lily curcio, lilian moraes, questões de gênero, comicidade e muito mais!. 2017. 230 f. Dissertação (Mestrado) – Curso de Artes, Instituto de Artes, Universidade Estadual Paulista "Júlio de Mesquita Filho", São Paulo, 2017. Disponível em: http://hdl.handle.net/11449/151957. Acesso em: 07 fev. 2022, p. 67.

Faz-se essencial destacar que, consoante exposto por Brum[32], mesmo diante de tantas dificuldades as mulheres percorreram a história manifestando-se teatral e comicamente A autora afirma que "desde a Grécia Antiga até o Período Elisabetano, a presença oficial das mulheres em cena era proibida, porém há registros de sua persistente presença". Jennifer Jacomini de Jesus[33], nesse sentido, faz as seguintes considerações:

> Há indícios de que, ao longo da história da humanidade, houve manifestações cênicas cômicas com presença feminina, a despeito da severa repressão sofrida pelas mulheres (Castro, 2005, p.320). Na origem da mitologia, o espetáculo cômico, ato fundamental e sacralizador presente em todos os rituais iniciáticos gregos, era protagonizado por mulheres (Rame, 2004, p.348) e durante a Idade Média, mulheres exerceram o ofício de bobo da corte (Castro, 2005, p.32). Existe, entretanto, uma escassez de registros oficiais dessas práticas artísticas, o que dificulta o traçado de um percurso cronológico, o estudo e a compreensão de tais fenômenos. A constatação destas lacunas permite afirmar que a invisibilidade de figuras femininas desempenhando papéis cômicos possui razões culturais, históricas e sociais, uma vez que durante séculos houve proibição da participação da mulher nas artes cênicas, fossem como espectadoras ou como atrizes, sendo os papéis femininos representados por homens travestidos.

Observa-se, assim, que existem diversas limitações de cunho social e cultural que limitam o exercício do humor pelas mulheres. Tais circunstâncias, pois, prejudicam a efetivação das diretrizes constitucionais relativas à cultura, por limitarem a expressão, difusão e preservação da diversidade de vozes e olhares, o exercício da livre expressão artística e intelectual da visão feminina por meio do humor e a inclusão das mulheres de forma integral na vida cultural da comunidade.

Reforça-se que tais dificuldades e restrições afetam diretamente a atuação de mulheres no humor como ocupação profissional e/ou artís-

[32] Brum, Daiani C. S. R., Op. cit., p. 167.

[33] Jesus, Jennifer Jacomini de. A mulher na palhaçaria. In: 13º MUNDO DE MULHERES E FAZENDO GÊNERO 11, 2017, Florianópolis. **Anais eletrônicos.** Florianópolis: 2017. p. 1-8. Disponível em: http://www.en.wwc2017.eventos.dype.com.br/resources/anais/1498860434_ARQUIVO_AMULHERNAPALHACARIA.pdf. Acesso em: 07 fev. 2022, p. 1.

tica. Sob uma perspectiva histórica da temática, cabe destacar a seguinte análise realizada por Sechinato[34] com base em ensaio de Linda Nochlin:

> A historiadora Linda Nochlin, em seu ensaio "Por que não houve grandes mulheres artistas?" (2016), questiona as narrativas de invisibilidade e de subalternidade das mulheres no campo das artes e dos estereótipos a elas associados neste âmbito (como passividade e fraqueza). Aponta, pois, as circunstâncias políticas e sociais impostas às mulheres (como múltiplas jornadas de trabalho, a falta de tradição familiar de passar a profissão de pai para filho, as boas maneiras como habitus das mulheres etc.) que muito as proporcionaram como objeto da arte (sempre muito próximas à natureza e ao doméstico), mas não enquanto produtoras desta arte.

Assim sendo, o exercício das atividades de mulheres humoristas é algo extremamente desafiador. Não obstante, estas continuam a resistir e persistir para assegurar o seu direito a participar desta dimensão da vida cultural da comunidade. Para avaliar, sob uma perspectiva prática, como as dificuldades de se fazer humor enquanto mulher impactam a proteção e promoção dos direitos culturais, passa-se à análise das entrevistas efetuadas com mulheres humoristas a respeito da temática.

16.5 A vivência das mulheres humoristas e as dificuldades ao exercício de seus direitos culturais: análise das entrevistas com as humoristas Karla Karenina e Samia Bittencourt

As mulheres humoristas, ou seja, aquelas que atuam profissionalmente com humor, enfrentam as dificuldades existentes para o exercício do humor de forma ainda mais explícita que outras profissionais da cultura ou que as demais mulheres em geral. Com efeito, no caso das humoristas, as barreiras relativas à sua relação com a comicidade impactam diretamente não apenas sua vivência cotidiana como também sua atuação enquanto profissional, impactando o desenvolvimento de suas carreiras, a existência de oportunidades de trabalho e a equidade de remuneração.

A humorista Karla Karenina, quando perguntada a respeito dos desafios por ela enfrentados desde que começou a fazer humor na década de 1990 e de que forma isso tem avançado, assim se pronunciou:

[34] SECHINATO, Juliana Spagnol. Op. cit, p. 92/93.

> De fato, na década de 90, não era comum ver mulheres na cena humorística. Ainda mais com personagem tipicamente nordestina. Enfrentei alguns preconceitos e dificuldades como mulher, especialmente, porque fui mãe muito nova e vivia um estilo de vida mais noturno, sempre tinha que viajar...Cheguei a enfrentar uma situação de assédio...Ser pioneira tem dessas coisas e hoje me orgulho de ter ajudado a abrir caminho pra outras mulheres. Vemos muito mais mulheres no humor nos dias de hoje! Mas ainda menos que homens. Torço pra que alcancemos a igualdade e vemos que muito já mudou!

A percepção de um cenário de humor com baixa participação feminina é também replicada pela humorista Samia Bittencourt, que, em sua entrevista, afirmou que o desafio do início de sua carreira foi ser palhaça numa cidade que não as tinha.

Isso se coaduna com as observações de Alba Valeria Tinoco[35] quando, ao avaliar os estudos sobre humor feito por mulheres, reconheceu a existência de um sentimento de pioneirismo e da sensação de se estar aventurando por um território inexplorado. Seja sob a ótica do estudo ou da prática do humor, assim, há uma dificuldade do encontro com a memória coletiva das mulheres humoristas. A citada autora[36], ao tratar da história das humoristas dos Estados Unidos, pontua que:

> A ironia central está justamente no fato de apesar de estarem escrevendo e publicando textos humorísticos há mais de 150 anos, ainda permanece vigente a ideia de que as mulheres não têm senso de humor. E *esta tradição permanece ignorada até mesmo por mulheres humoristas que, na década de 1970, acreditavam que eram pioneiras numa área na qual não havia ainda uma tradição feminina.* (grifos nossos)

A desconexão entre as mulheres humoristas, assim, é uma das marcas do cenário em que ocorreram situações como as mencionadas por Karla Karenina no trecho já citado. Num ambiente praticamente integralmente masculino, a artista encontra incompreensão com as demandas da maternidade ou mesmo situações de assédio.

[35] Silva, Alba Valeria Tinoco Alves, Op. cit. p. 56.

[36] Ibidem, p. 60.

Por outro lado, ambas as humoristas, quando perguntadas sobre as inspirações femininas de sua carreira, afirmam ter encontrado referências de mulheres no âmbito do humor. Samia Bittencourt menciona a atriz Julieta Mazina e a palhaça Gardy Huther, bem como outras palhaças que conheceu ao longo de suas pesquisas. Karla Karenina, por sua vez, referiu-se às mulheres do Sertão, às domésticas e às tias engraçadas de sua família.

A existência, apesar de tudo, de referências femininas no humor, não somente no meio profissional como nas relações pessoais, fortalece a ideia de que a inviabilização do humor feminino não significa que as mulheres não possuem ou somente recentemente passaram a possuir senso de humor. Aqui, vale citar novamente Alba Tinoco[37], que, ao mencionar o livro "*The Penguin Book of Women's Humor*", organizado por Regina Barreca, assevera que:

> Não deve (e não pode) ser surpreendente o fato de a mulher ter sempre feito uso de algum tipo de humor, principalmente como uma ferramenta de sobrevivência no mundo social e profissional e como uma arma contra os absurdos da injustiça. O fato de sua coletânea reunir cerca de 200 escritoras, do século XVI aos dias atuais, mostra que *as mulheres não se tornaram subitamente engraçadas nos anos 1990, assim como não se tornaram ambiciosas nos 1970, nem sexualmente liberadas nos 1960, nem inteligentes em 1890.* (grifos nossos).

Em sentido semelhante, Sechinato[38] disserta que:

> (...), as mulheres são minoria no campo das artes em geral e do humor por diversos motivos. Mas *ser minoria não quer dizer que elas não existem ou que não existiram, isto porque minoria não é um conceito quantitativo (estar em menor número), mas qualitativo: ser minoria é compor grupos sociais deslocados das posições e das possibilidades do exercício do poder.* Não por acaso, quando percebidas, foram classificadas como "humor feminino" ou "comediante mulher", porque tratadas como um subgênero dentro de uma arte/prática maior. (grifos nossos)

[37] Ibidem, p. 78/79.

[38] SECHINATO, Juliana Spagnol Op. cit, p. 106.

Diante dos avanços da participação das mulheres no humor, intensificada a partir dos anos 1990, a humorista Samia Bittencourt, em resposta a indagações a respeito da conquista, pelas mulheres humoristas e palhaças, de seu lugar no palco e nas telas, afirmou: "já alcançamos sim, mas nos deparamos quase sempre com preconceitos e com a dúvida da capacidade de uma mulher fazer rir". Karla Karenina, por sua vez, reconhece que houve muitos avanços, mas "não tanto quanto gostaria". A artista argumenta ainda que "apesar de atualmente termos muito mais políticas públicas, de forma geral, a presença feminina na cena artística humorística ainda é muito pequena. Penso que a mentalidade machista ainda predomina na vida social e familiar".

Assim, extrai-se do depoimento de ambas as humoristas que, apesar dos avanços ocorridos, o exercício do humor por um maior número de mulheres ainda é fortemente limitado pelos ideais patriarcais que predominam na vida social, incluindo o pensamento já abordado no item anterior de uma suposta incompatibilidade entre as mulheres e o humor.

A visão predominantemente masculina do humor, portanto, configura-se como um elemento limitante da atuação das humoristas. Nesse sentido, cabe ressaltar também a menção da entrevistada Samia Bittencourt à existência, atualmente, de uma Rede de Comicidade Feminina do Ceará, na qual as artistas pesquisam suas dramaturgias e viram suas próprias referências.

A observação sobre a existência dessa rede é interessante por, além de evidenciar a importância, para a humorista, do acesso à memória coletiva referente ao humor produzido por mulheres, também reforça a noção do humor e da comicidade enquanto expressão do modo de viver e das experiências de grupos sociais específicos, no caso, das mulheres. A valorização de referências que tenham vivências também femininas demonstra o desconforto que a persistência de uma visão única do humor (a saber, a masculina) gera na mulher enquanto agente e apreciadora do humor.

Também nesse sentido, Samia Bittencourt coloca como um dos desafios enfrentados em sua carreira o fato de que as reprises e cenas clássicas tinham e ainda têm um teor machista, racista e misógino. A falta de identificação da artista com o humor demonstra, mais uma vez, como a invisibilização de vozes femininas afasta as artistas da participação na vida cultural e fruição das artes na perspectiva do humor, prejudicando, portanto, o pleno exercício de seus direitos culturais.

O reconhecimento do humor como política pública e dimensão passível de proteção, como parte integrante do direito à cultura, é expressado pela entrevistada Karla Karenina quando questionada a respeito da possibilidade do entendimento do humor como política pública e de efetivação do direito à cultura através do humor:

> É possível dentro da dimensão sociológica da cultura pensar e planejar ações estratégias para dar visibilidade às produções humorísticas que fazem parte dos saberes do nosso povo. Manter esse fazer nato do riso, legitimá-lo e propiciar novos aprendizados aos artistas do humor é parte do que entendemos que pode ser feito através das políticas públicas da cultura.

Assim, das manifestações das entrevistadas, é possível extrair não somente a materialização do reconhecimento da importância da promoção e proteção do humor enquanto patrimônio cultural e memória coletiva, para possibilitar a vivência plena das experiências culturais, como também o papel do humor como elemento de expressão artística e intelectual e vetor de desenvolvimento da economia da cultura.

Conclusões

A liberdade de expressão artística, como direito fundamental e humano, é uma das vertentes dos denominados direitos culturais, consagrados tanto pelos documentos internacionais quanto pela Constituição Federal. Nesse sentido, o exercício dessa liberdade deve se dar de forma ampla e plena, apenas sendo limitado pelos contornos legais, restando absolutamente vedado qualquer tipo de censura.

O humor se coloca, portanto, como um viés do exercício desse direito, além de poder se constituir como expressão do patrimônio cultural de um povo, já que pode ser compreendido como um modo de criar, fazer e viver que pode ter referência à identidade, memória ou ação de um dos diversos grupos formadores da sociedade brasileira, nos termos conceituados pela Constituição Federal.

Apesar desses dois aspectos fundamentais, o humor e a comicidade exercidos pelas mulheres sofreram ao longo da história (e sofrem ainda hoje) as limitações impostas pela própria estrutura patriarcal da sociedade ocidental. Entendidas como incapazes de fazer rir, o afastamento da mulher do campo humorístico parece derivar do próprio fato desta ter sido compreendida como um ser inferior, inapta a qualquer tipo de atividade artística e cultural.

Apesar de não ser dado à mulher o papel ativo na arte e na cultura, ela sempre costumou ser objeto destas, sendo figurativamente representada – por homens – por meio de diversas linguagens. No entanto, a visão de mundo e as ideias dessas mulheres eram invisibilizadas, motivo pelo qual há, muitas vezes, uma percepção errônea de que não havia mulheres artistas (inclusive humoristas) nesses períodos.

O que é possível constatar, no entanto, é exatamente o contrário. As mulheres sempre estiveram tanto na arte e na cultura quanto, de forma específica, no humor. Ainda que não de forma pública, as mulheres já manifestavam seu senso de humor entre elas próprias, no âmbito doméstico, rindo de temas inerentes a esse mundo, criando e tecendo suas próprias narrativas.

Até hoje, há uma percepção comum de que o humor feito pelas mulheres é exclusivo para elas ou que não é feito para homens rirem. Na verdade, o que ocorre é a falta de identificação do homem nas piadas feitas pelas mulheres, assim como, por anos, as mulheres deixaram de rir das piadas feitas por homens, cujo objeto primordial era, muitas vezes, a chacota às mulheres e seus estereótipos: a louca, a histérica, a ciumenta etc.

Nesse sentido, não é verdade que não existem mulheres no humor ou que essa arte é menor – ou de pior qualidade – pelo simples fato de ser feita por mulheres. As entrevistas das artistas aqui selecionadas demonstram, de forma contundente, que a presença feminina no humor é forte e resistente, e que, para além do exercício do direito de liberdade de expressão artística, é manifestação de sua própria identidade – e, nesse sentido, patrimônio cultural vivo.

Por fim, é possível dizer que, de fato, a efetivação dos direitos culturais das mulheres, em especial o direito de liberdade de expressão artística e a proteção e promoção do patrimônio cultural, enfrenta, além das dificuldades econômicas e políticas inerentes a qualquer outro direito, a pressão de uma estrutura social consolidada no machismo e na colocação dos direitos das mulheres em segundo plano.

PARTE III
RESISTÊNCIA DE MULHERES COMO MEMÓRIA E PATRIMÔNIO CULTURAL

17.
MULHERES NEGRAS E SUA MEMÓRIA

BIANCA SANTANA

> Ao falar das mulheres negras na realidade brasileira, estou refletindo sobre mim mesma, saindo do silêncio em que, tenho certeza, está a quase totalidade das mulheres brasileiras, que convivem numa sociedade etnocêntrica, racista e sexista, que usa e abusa de uma linguagem que veio de longe, que exprime conceitos alheios à realidade global do país, além de projetar sobre os demais segmentos populacionais uma série de rótulos e categorizações.
>
> (Helena Theodoro, em Mito e espiritualidade: mulheres negras)

Na minha infância, livros da biblioteca pública e da biblioteca escolar foram bons companheiros. Mas nas publicações a que eu tinha acesso, não havia registros das histórias contadas por minha mãe, de como saiu do emprego doméstico para a universidade; nem dos relatos de minha avó sobre a vida à beira do rio São Francisco; ou dos amores vivenciados pelas vizinhas da Cohab. A sempre ambivalente relação com as patroas, de afeto e solidariedade, mas também de humilhação e injustiça, não estavam narradas no papel. Nem a inventividade para alimentar as crianças quando não havia dinheiro para o pão ou as ervas caçadas no mato para tratar males do corpo e do espírito. A oralidade que constituía minha subjetividade de menina negra e periférica (que não se sabia nem negra nem periférica) parecia não caber na formalização dos livros.

Carolina Maria de Jesus e Conceição Evaristo só me foram apresentadas muitos anos depois. Quando eu já vivia assombrada pelas histórias não contadas, acreditando que meu corpo, minha casa e minha família estavam abaixo da linha da humanidade. Para crescer saudável, faltava dar nome e profundidade às minhas raízes. E na certeza de que eu habitaria sempre um não-lugar cheguei à universidade desproporcionalmente branca de antes das políticas de ações afirmativas. Os que hoje nos acusam de identitárias só ofereciam referências masculinas e brancas, como se esse fosse o repertório de uma humanidade universal (e identitárias somos nós...).

Nas repercussões da Marcha das Mulheres Negras de 2015, que reuniu 50 mil pessoas em Brasília, foi que compreendi a existência de um sujeito político mulher negra, com características e referenciais próprios. Só ali, com mais de 30 anos de idade, acessei a força de um movimento social que havia décadas estava organizado para enfrentar o racismo, o machismo, as desigualdades de classe e quaisquer formas de injustiça. *Mulher negra*, então, não dizia respeito apenas às que se declaram pretas e pardas ao censo, mas às pretas e pardas que, a partir de memória coletivas, histórias e repertórios culturais comuns, se colocam como sujeito político solidário e insurgente frente às discriminações de raça, gênero e classe. Com nossas diferentes trajetórias, origens, agrupamentos, motivações, tons de pele, nós, mulheres negras, somos indivíduos diversos, é evidente. É consciente e intencional a afirmação de um sujeito político *mulher negra* (obrigada Lélia Gonzalez, Beatriz Nascimento, Sueli Carneiro, Jurema Werneck e todas as que vieram antes de mim). É sobre o sujeito político *mulher negra* – e nosso direito à memória – que escrevo neste capítulo.

17.1 Corpos de mulheres negras e desigualdades sociais brasileiras

Não é novidade que as desigualdades sociais brasileiras estão constituídas a partir de hierarquias nas relações de gênero, raça e classe e que, portanto, as mulheres negras ocupam a base da pirâmide social brasileira. Mulheres negras têm a pior renda de toda a sociedade e, dentre as mulheres, são as menos escolarizadas, têm menos acesso à saúde e são mais vítimas de violência. Nosso presente está marcado pela atualização diária do racismo e também pela escravização de nossas ancestrais. Apesar disso, é nosso direito saber – e afirmar – que a história das mulheres negras brasileiras começa muito antes da colonização europeia.

Leda Maria Martins nos ensinou (1997) como nosso corpo, individual e coletivamente, foi violado pelos emblemas e códigos linguísticos, filosóficos, religiosos, culturais europeus; e quanto o eurocentrismo desconsiderou a história das civilizações e culturas africanos. Mas, mais importante que isso, Leda nos desvelou no que chama "tapeçaria discursiva" (2021), "os textos da história e da narrativa mitopoética" a partir da Irmandade Nossa Senhora do Rosário, na região de Jatobá, em Belo Horizonte, Minas Gerais. Deste "reino banto" Leda nos conta sobre memória, ancestralidade e saberes. "No movimento curso da memória, nosso tempo-tambor gira para trás e simultaneamente para frente, na cadência das espirais que enovelam e inspiram o presente. Volver o olhar para o antes é virá-lo também para o depois, e para os agoras" (Martins, 2021, p. 16).

Tive a oportunidade de vivenciar no corpo, pelo toque da alfaia e voz entoada com outras 400 mulheres, o pulsar do fio que conecta temporalidades. No bloco-afro paulistano Ilú Obá de Min experimentei o toque no couro que antecede a violência colonial, e as palavras ritmadas que abriam horizontes de pesquisa:

> Em terras africanas/ formaram-se impérios
> de destemidas mulheres/ de grandes guerreiras.
> Rainhas soberanas/ divindades da beleza
> nobreza, sabedoria e poder.
>
> Rainha Makeda, Etiópia/Rainha Nzinga, de Angola,
> Rainha Yaa Asantewaa/ no Reino Ashanti de Gana
>
> Candaces de nossa história,/ mulheres negras,
> Candaces de nossa história,/ negras africanas.
> (Letra de Mulheres Negras, de Célia Santos e Estela Carvalho, repertório do Carnaval 2011 do Ilú Obá de Min)

Os sequestros, a escravização e a colonização não apagaram de nosso corpo a memória. Quem já pisou em um terreiro de candomblé sentiu.

A mitologia iorubá, revivida em casas de candomblé nagô, espalhadas pelo Brasil desde o século XIX, nos permite experienciar faces da complexa constituição simbólica de civilizações africanas. Em 1982, Sueli Carneiro e Cristiane Cury propuseram uma reflexão, no texto "O poder feminino no culto aos orixás" da condição das mulheres a partir do universo mítico nagô. Iyá mi, a mãe ancestral, divindade mítica feminina que guarda o poder e o segredo da criação. é a representação máxima do poder feminino e por isso é muito temida. Aspectos de Iyá mi constituem orixás femininos, como Oxum, Iemanjá, Iansã, Obá, Ewá e Nanã.

Cada um desses orixás femininos tipifica qualidades complexas que não cabem nas dicotomias que costumam qualificar as mulheres em uma perspectiva eurocêntrica: boa/ má; santa/puta. Oxum, deusa da fertilidade, da beleza, da riqueza, das águas doces, também pode provocar esterilidade e enchentes. A mãe doce e suave é também destruidora. Oxum, como as águas calmas, é considerada também traiçoeira.

No bloco afro Ilú Obá de Min, além das dançarinas fazerem uma releitura dos movimentos arredondados da dança de Oxum, de suas mãos invocarem o espelho, instrumento do orixá, a bateria também se movimenta evocando no corpo determinadas características. No naipe das alfaias, ao tocar o couro e o aro do instrumento com leveza, as integrantes reproduzem nas pernas o ritmo da dança do ijexá. Ao final, apoiam as baquetas no couro do tambor e movimentam as mãos como se tomassem banho em um rio ou cachoeira. Compreendendo este comportamento expressivo como performance, é possível afirmar, que se trata de uma episteme: um modo de conhecer, ao ativar conhecimentos por meio da ação incorporada, da agência cultural e das escolhas (Taylor, 2013, p. 17) . Há, então, a ativação de uma memória coletiva.

Soma-se aos movimentos espontâneos e aos reproduzidos, aquilo que se compartilha em rodas de conversa e aulas, quando as mestras do grupo, as mulheres do axé – iniciadas e frequentadoras do candomblé – e as que têm maior experiência na dança dos orixás, explicam às demais o sentido dos movimentos. Reconhecer os atributos de Oxum em cada uma das integrantes do bloco, além de honrar e saudar o orixá, é também um ensinamento de autocuidado e valorização da beleza e do poder de cada uma das integrantes, em seus diferentes corpos, formatos e tons de pele.

Sueli Carneiro e Cristiane Cury foram precursoras na afirmação de que as potencialidades humanas presentes nos sistemas de representação dos orixás e das mulheres míticas oferecem vivências e saberes negados pela sociedade patriarcal. O poder negado às mulheres negras na estrutura social brasileira, pode ser experimentado no candomblé, em outras religiões de matriz africana, nas manifestações culturais diversas como no bloco Ilú Obá de Min. Como este experimentar pode aumentar nossa fome por transformação da estrutura social é um caminho de investigação-ação.

A mitologia iorubá é a mais nomeada no país, embora os povos bantos tenham chegado ao Brasil em maior número e muitas de suas tradições possam ser percebidas em manifestações da cultura popular brasileira. No livro "African cosmology of the Bantu-Kongo: tying the spiritual knot" (FU-KIAU, 2001), traduzido para o português por Tiganá Santana em sua tese chamada "A cosmologia africana dos Bantu-Kongo por Bunseki Fu-Kiau: tradução negra, reflexões e diálogos a partir do Brasil" (2019), o pensador Fu-kiau sistematizou fundamentos culturais bantu e 53 kinganas, espécie de máximas que exprimem de forma concisa o pensamento filosófico.

O *kingana* de número 2, *Kanda diasâla nsâng n'kènto ka ditûmbukanga ko,* em *kikongo,* é traduzido como "O feminino é a vida (Deus) em e ao redor de nós". Além da interpretação óbvia de que do útero das mulheres cis nascem os descendentes de uma comunidade, que permitem sua continuidade, podemos abstrair a informação de que as mulheres são as guardiãs daquilo que é necessário para que uma comunidade exista: "terra e pessoas", segundo indica um outro aforisma.

A vida comunitária, segundo diversas autoras e autores, é central para as mulheres negras brasileiras. Muitas vezes fala-se do navio negreiro como a quebra de possibilidade de vínculos consanguíneos que levou mulheres e homens negros a formarem comunidades de acordo com outros vínculos. Mas, de acordo com a filosofia banto, conforme interpretada por Fu-Kiau, antes e apesar da colonização, uma noção ampliada de família/ comunidade marca a organização dos povos congo, que conformam a ancestralidade da maior parte das pessoas negras no Brasil.

É na comunidade que mulheres negras reproduzem suas vidas e resistem ao machismo, ao racismo, ao neoliberalismo, à pobreza. As premissas da chamada economia do cuidado, de formulação mais recente, estão presentes na organização política de mulheres negras. Disseminar a memória dessa organização política é também fortalecer a memória das mulheres negras brasileiras. Por isso, reproduzo abaixo o capítulo de minha tese de doutorado (SANTANA, 2020) que busca sistematizar tópicos principais da história do movimento de mulheres negras.

17.2 Organização política das mulheres negras

O poder feminino, de organizar mulheres politicamente, está no cerne da ialodê muito antes da existência de qualquer movimento de mulheres ou do feminismo. Além de título a Oxum e Nanã, ialodê é o título dado a mulheres que atuam politicamente em defesa das mulheres, detentoras de poder e capacidade de luta. "Ialodê", para além das esferas rituais, é também um cargo político conferido à representante das mulheres nas instâncias públicas de poder e governo. O título refere-se a mulheres emblemáticas, lideranças políticas femininas que realizam suas atividades nos grupamentos urbanos, nas cidades" (Werneck, 2007). Nos quilombos, a liderança feminina era reconhecida em figuras como Acotirene, matriarca de Palmares no final do século XVI ou início do século XVII, e Tereza de Benguela, liderança do Quilombo de Quariterê, no século XVIII, conhecida na região do atual Mato Grosso como Rainha Tereza.

No século XIX, ainda durante o período escravocrata, as irmandades da Boa Morte e de Nossa Senhora do Rosário dos Pretos – que reuniam praticantes do candomblé e do catolicismo popular – organizavam compras coletivas de alforrias, garantiram enterros dignos, mantinham festas aos espíritos de seus antepassados e, tanto nos segredos do candomblé quanto nos ritos católicos, cultuavam orixás e nkisis (Marques, 2009). Das anciãs organizadas na Irmandade da Boa Morte, nos fundos da Igreja da Barroquinha, em Salvador, nasceu o primeiro candomblé do Brasil, possivelmente antes de 1820, oficialmente entre 1830 e 1840. Depois da Revolta dos Malês, acredita-se que, para se afastar da perseguição policial, a Irmandade da Boa Morte se mudou para a cidade de Cachoeira, também na Bahia.

Em todo o país, os periódicos da imprensa negra eram importantes veículos de organização política e floresceram entre a última década do século XIX até mais ou menos 1950, nesses jornais, mulheres negras publicavam artigos, crônicas e ocupavam postos importantes como editoras ou redatoras. Exemplos são Eunice Cunha, redatora no Paulistano

Clarim D'Alvorada, possivelmente entre 1924 e 1932, e Maria de Lurdes Valle Nascimento, diretora e gerente do jornal Quilombo, entre 1948 e 1950, quando também publicava a coluna Fala Mulher.

Em 1936, Laudelina de Campos Mello foi uma das mulheres negras que criou a primeira associação de empregadas domésticas do Brasil, na cidade de Campinas, em São Paulo. A organização, financiada pelas próprias empregadas domésticas, foi muito importante para negociar condições mínimas às mulheres que, com o trabalho doméstico, garantiam minimamente a sobrevivência de suas comunidades no pós-abolição, essencial para pavimentar o caminho para a conquista de direitos trabalhistas quase 80 anos depois. Laudelina também foi militante da Frente Negra Brasileira, organização presente em diversos estados brasileiros, que chegou a ter mais de oito mil membros. Transformada em partido político em 1936, um ano depois foi fechada pelo Estado Novo.

Do Teatro Experimental do Negro – TEN, idealizado por Abdias do Nascimento e fundado em 1944, participaram inúmeras mulheres negras, como a atriz Ruth de Souza e a própria Maria de Lurdes Valle Nascimento. Além de diretora do jornal Quilombo, Maria de Lurdes foi assistente social e uma das criadoras do Conselho Nacional de Mulheres Negras, em 1950.

Durante a ditadura militar, mulheres negras participaram ativamente de organizações de resistência ao regime. Em 1978, na fundação do Movimento Negro Unificado, a presença de Lélia Gonzalez e outras mulheres negras nas escadarias do Teatro Municipal de São Paulo foi visibilizada quando a jornalista Neusa Maria Pereira pegou o microfone para denunciar as situações de racismo e sexismo vivenciadas por mulheres negras.

Na redemocratização, em 1983, foi criado em São Paulo o Conselho Estadual da Condição Feminina, em sua composição inicial, de um total de 17 mulheres, nenhuma era negra. Provocadas pela radialista Marta Arruda, mulheres negras que militavam ou no movimento negro ou no movimento feminista se juntaram no Coletivo de Mulheres Negras, conquistaram um assento no conselho, ocupado por Thereza Santos, que também havia participado do TEN, no Rio de Janeiro, e depois foi uma das fundadoras do Cecan, em São Paulo. Dentre as 15 mulheres que compuseram o conselho estavam Marta Arruda, Thereza Santos, e Sueli Carneiro.

Anos depois, em 1987, no Conselho Nacional dos Direitos da Mulher, foi criada uma coordenadoria dos direitos da mulher negra, comandada por Sueli Carneiro. A estrutura governamental foi importante para apoiar feministas e mulheres do movimento negro para participarem da Constituinte e organizarem atividades de denúncias no centenário da abolição.

Do *Encontro Nacional Mulher e Constituinte,* em agosto de 1986, participaram Benedita da Silva e Lélia Gonzalez, que compunham o Conselho Nacional dos Direitos da Mulher, e foram responsáveis por inscrever as demandas das mulheres negras nas comissões temáticas que encaminharam propostas à Assembleia Constituinte. A única parlamentar negra eleita para a Constituinte foi Benedita da Silva (PT-RJ). Ao lado de Carlos Alberto Caó (PDT-RJ), Edmilson Valentim (PT-RJ) e Paulo Paim (PT-RS) formou a *Bancada Negra da Constituinte.*

A *Carta das Mulheres Brasileiras aos Constituintes,* ganhou força política na presença constante de mulheres organizadas no Congresso Nacional, no chamado *Lobby do Batom,* que fazia o corpo a corpo com parlamentares e teve 80% de suas reivindicações incluídas na nova Constituição ou nas mudanças nos códigos civil, penal e outras leis complementares. "Pela primeira vez na história do Brasil, mulheres e homens foram considerados iguais, em direitos e obrigações. Crianças adotadas ou nascidas fora de uma relação de casamento seriam consideradas filhas legítimas, com direito de herança e uso do nome do pai. Licença-maternidade de 120 dias, direito à posse de terra, igualdade de salários, mecanismos para coibir a violência doméstica" (Santana, B., 2020).

Em 1984, o movimento negro já havia promovido um primeiro encontro, *O Negro e a Constituinte,* quando foram listadas as demandas de ensino de história da África nas escolas, efetivada 15 anos depois, com a aprovação da Lei 10.639/2003, que torna obrigatório o ensino de história e cultura afro-brasileira nos ensinos fundamental e médio; estatização do sistema de saúde e dos transportes coletivos, licença maternidade de seis meses, assistência a idosos, descriminalização do aborto, atividades produtivas e remuneradas a presos e unificação das polícias civil, dentre outras. As duas reivindicações incorporadas na nova constituição foram tornar o racismo crime inafiançável e imprescritível, e o direito de propriedade às comunidades remanescentes de quilombos.

> Dos Direitos e Garantias Fundamentais
> Dos direitos e deveres individuais e coletivos
> Art. 5º Todos são iguais perante a lei, sem distinção de qualquer natureza, garantindo-se aos brasileiros e aos estrangeiros residentes no País a inviolabilidade do direito à vida, à liberdade, à igualdade, à segurança e à propriedade, nos termos seguintes:
> XLII – a prática do racismo constitui crime inafiançável e imprescritível, sujeito à pena de reclusão, nos termos da lei.

O inciso constitucional foi tipificado um ano depois, na lei complementar 7.716/89, conhecida como Lei Caó, que definiu a punição de crimes em razão de preconceito e discriminação de raça ou cor, passando a considerar as condutas discriminatórias como crimes.

> Ato das Disposições Constitucionais Transitórias
> Art. 68 Aos remanescentes das comunidades dos quilombos que estejam ocupando suas terras é reconhecida a propriedade definitiva, devendo o Estado emitir-lhes os títulos respectivos.

Além da grande movimentação em torno da Constituinte, o governo Sarney pretendia celebrar, em 1988, os cem anos da abolição. O movimento negro aproveitou como oportunidade para denunciar o racismo e a falácia de que a assinatura da Lei Áurea teria libertado negras e negros. No Conselho Nacional dos Direitos da Mulher, mulheres negras realizaram o Tribunal Winnie Mandela, com o objetivo de avaliar as repercussões econômicas, sociais, políticas e ideológicas da população negra, em especial da mulher negra. Entre maio e novembro de 1988 foram promovidas sessões nas principais faculdades de Direito do país para julgar os efeitos da Lei Áurea, assinada cem anos antes, sob o título "100 anos de abolição, 100 anos de discriminação: a mulher negra na sociedade brasileira".

Depois de apresentar dados, relatos e reflexões sobre as condições da mulher negra no mercado de trabalho, imagens e estereótipos nos meios de comunicação, produção literária, o encerramento do Tribunal em 20 de novembro, dia de Zumbi dos Palmares, foi teatral e relatado por Sueli Carneiro como impactante. Joel Rufino, historiador e escritor negro, produziu o roteiro de uma peça, em que uma personagem de 117 anos, encenada por Ruth de Souza, contou a história de sua vida.

17.3 O movimento das mulheres negras no Brasil: 1988 a 2003

É a partir de 1988 que se pode falar de um movimento social próprio, independente dos movimentos negro, feminista, sindicatos e partidos políticos: o movimento de mulheres negras. Um ano antes, durante o IX Encontro Nacional Feminista, em Garanhuns, Pernambuco, as cerca de 200 mulheres negras presentes se indignaram com a falta de espaço para a questão racial. Decidiram, então, organizar o I Encontro Nacional da Mulher Negra, que aconteceu na cidade de Valença, Rio de Janeiro, em dezembro de 1988.

Participaram 450 mulheres negras, de 17 estados, que vinham de diferentes setores e experiências organizativas: governo, movimento feminista, movimento negro, sindicatos, associações comunitárias ou religiosas. O tema central do encontro era a organização do movimento nascente de mulheres negras.

Informações sobre a estruturação do movimento de mulheres negras, a partir de 1988, foram por mim escritas, a partir de pesquisa documental e entrevistas com Sueli Carneiro, Solimar e Suelaine Carneiro, Sonia Nascimento e Nilza Iraci, todas de Geledés – Instituto da Mulher Negra; a escritora Cidinha da Silva; Regina Adami, do Irohin Centro de Documentação, Comunicação e Memória Afro-brasileira; contribuições de Marcia Lima, professora do departamento de sociologia da FFLCH-USP e coordenadora do AFRO-Cebrap, para biografia Ato das Disposições Constitucionais Transitórias

> Art. 68 Aos remanescentes das comunidades dos quilombos que estejam ocupando suas terras é reconhecida a propriedade definitiva, devendo o Estado emitir-lhes os títulos respectivos que escrevi sobre Sueli Carneiro, a ser publicada ainda em 2020. Para evitar a reescrita, os parágrafos que seguem, até a Conferência de Durban, foram produzidos para o livro, mas, como ainda serão editados e revisados, é provável que sejam bastante modificados. De todo modo, fica registrado o alerta.

O encontro de Valença, composto por palestras, oficinas e grupos de trabalho, foi seguido pela organização de fóruns estaduais em quase todo o país. Entre 1988 e 1991, grupos de mulheres negras se organizaram nas estruturas internas do movimento negro, do movimento feminista, dos partidos, das centrais sindicais. Foram fundadas também inúmeras organizações não-governamentais como Geledés Instituto da Mulher Negra, que passa a operar no final de 1988, Casa de Cultura da Mulher Negra de Santos, em 1990, Criola, no Rio de Janeiro, em 1992, e tantas outras, que se multiplicaram nos diferentes estados ao longo da década de 1990.

Lélia Gonzalez publicou, no mesmo dezembro de 1988, em um periódico do MNU, um artigo crítico ao Encontro (GONZALEZ, 2008, p. 363). Apesar de reconhecer o quão fundamental era a organização política de mulheres negras, afirmou que o evento estava fechado em si mesmo, em um sexismo sectário que o distanciava da maior parte das mulheres negras do país. Como exemplo, trouxe a declaração de uma das mulheres que compunham a executiva do encontro de que a revolução só seria possível com a radicalização da luta entre homens e mulheres. Para Lélia, a dialética não cabia nesse tipo de formulação – branca – de macho opressor versus fêmea oprimida. A opressão racial e a exploração de classe ficariam, então, esquecidas.

Estava identificado por Lélia o que chamou de um feminismo sexista no interior do movimento de mulheres negras, que repetia o chavão machista de que política é coisa de homem, a identificação com um feminismo branco e ocidental, o desconhecimento da história de luta de mulheres negras, a falta de identidade própria. Lélia explicou no texto que, em sua visão, debates políticos amplos foram descaracterizados como político-partidários e que mulheres do PT e do PDT foram acusadas de desarticular o bom andamento do encontro. A recomendação era de "aprender (e refletir) com mulheres negras que, do abismo de seu anonimato, têm dado provas eloquentes de sabedoria", por estarem pautadas pela solidariedade e coletivismo.

Para Lélia Gonzalez, as mulheres negras deviam assumir-se como sujeitos políticos que denunciam a exploração econômica e a subordinação racial e sexual, para lutar com todas e todos pela libertação de todas e todos.

Em 1991, aconteceu o II Encontro Nacional de Mulheres Negras (ENMN), em Salvador (BA), com a participação de 430 mulheres de 17 estados. Nele, foram planejados encontros estaduais e temáticos, como o *Seminário Nacional Políticas e Direitos Reprodutivos das Mulheres Negras*, em Itapecerica da Serra, em 1993. Cada organização participava das diferentes instâncias de decisão e por isso pautava a atuação regional e nacional, assim como era pautada pelos debates coletivos. Desde então, preservando a autonomia e a independência de cada entidade, o movimento de mulheres negras tem sido feliz em compartilhar coletivamente as definições estratégicas.

Assim como se articulam nacionalmente, entidades negras e de mulheres negras se organizam por toda a parte. Em 1992, entre 19 e 25 de julho, foi realizado o I Encontro de Mulheres Negras Latino-Americanas e Caribenhas, com representantes de 70 países. Sueli Carneiro, de Geledés, Jurema Werneck e Lúcia Xavier, de Criola, representaram as organizações de mulheres negras brasileiras.

Durante o encontro, foi fundada a Rede de Mulheres Negras Afro Latinoamericana e Afro Caribenhas (RMAA), que assumiu papel central nas denúncias e articulações internacionais contra o racismo e o sexismo nas conferências da ONU na década de 1990, especialmente nas conquistas da Conferência de Durban, em 2001. Uma das principais figuras da rede, Epsy Campbell Barr, é hoje vice-presidenta da Costa Rica. Por Geledés, Nilza Iraci segue participando da entidade.

Naquele primeiro encontro, o 25 de julho ficou definido como marco internacional da luta e da resistência da mulher negra. No Brasil, em 2014, Dilma Rousseff decretou, pela lei 12.987/2014, o 25 de julho como o Dia Nacional de Tereza de Benguela e da Mulher Negra. Tereza de Benguela foi, durante o século XVIII, uma líder quilombola que resistiu à escravidão por pelo menos duas décadas. A data tem contribuído para dar visibilidade às organizações e pautas de mulheres negras.

Em 1991, de 14 a 17 de novembro, no Ginásio do Pacaembu, aconteceu o I Encontro Nacional de Entidades Negras, com objetivo de avaliar e discutir as concepções, desafios e perspectivas do movimento negro.

Foram destacados como desafios principais naquele momento: a esterilização em massa das mulheres, o extermínio programado de crianças e adolescentes, a discriminação no mercado de trabalho, a discriminação da mulher negra, o aumento geométrico da miséria, a prostituição infantil, a fome, a educação, a cultura, a religião, o esporte.

Fortalecer as entidades negras, ampliar a articulação com outros movimentos e fazer campanhas contra a pena de morte foram encaminhamentos tirados do encontro, assim como a formulação de plataformas de campanhas negras para as eleições de 1992, o apoio a Cuba, Haiti e à luta contra o apartheid na África do Sul. A oposição ao projeto neoliberal de destruição das estatais e privatização da saúde, da educação, da previdência também constava no documento final.

Depois da queda do muro de Berlim, em 1989, a Organização das Nações Unidas (ONU) promoveu uma série de conferências mundiais para repactuar quais seriam as diretrizes de seus países membros. Tais espaços se consolidaram como fóruns de recomendações de políticas públicas, relativamente respeitados pelos governos brasileiros até 2017.

A consciência de que os processos de globalização neoliberais agudizam a pobreza e a desigualdade crescia entre as mulheres. As estratégias de ação deveriam ter uma perspectiva internacionalista, com a parceria de diversos outros movimentos e instituições. Além de desenvolver ações regionais na América Latina e no Caribe, estavam articuladas para participar de fóruns internacionais também com as mulheres do Norte do mundo, naquele momento chamado de Primeiro Mundo.

As mulheres negras, em composição com o movimento feminista internacional, foram extremamente bem sucedidas em incidir nas conferências da ONU. A saber: Conferência das Nações Unidas sobre Meio Ambiente e Desenvolvimento (ECO 92), no Rio de Janeiro, Conferência de Direitos Humanos de Viena (1993), Conferência do Cairo (1994), Convenção de Belém do Pará (1994), Conferência de Beijing (1995). A intervenção nestes fóruns permitiu ampliar o debate racial nacional e internacionalmente, sensibilizando movimentos, governos e a própria ONU para a inclusão da perspectiva antirracista e de respeito à diversidade nos mais variados temas.

Na ECO 92, paralelamente à Conferência Oficial, organizações não-governamentais e movimentos sociais realizaram o Fórum Global 92, reconhecido pelas Nações Unidas como instância de participação da sociedade civil. O movimento de mulheres organizou o Planeta Fêmea, com seminários, reuniões, manifestações políticas e culturais, por onde passaram mais de 30 mil pessoas. A ambientalista queniana Wangari Maathai, fundadora do Green Belt Movement, vencedora do Prêmio Nobel da Paz de 2004, foi uma das conferencistas da tenda das mulheres.

Sob coordenação de Nilza Iraci e Arnaldo Xavier, Geledés e Soweto Organização Negra lançaram a publicação *Há um buraco negro entre a vida e a morte*, afirmando a questão racial como central para o chamado desenvolvimento sustentável. Os argumentos por eles desenvolvidos subsidiaram nossa participação na ECO 92.

O documento resultante da Conferência, a Agenda 21, demandava urgência aos governos para que ratificassem todas as convenções relativas à mulher, e o cumprimento dos procedimentos jurídicos, constitucionais e administrativos para transformar os direitos reconhecidos em leis nacionais, além da implementação de tais leis, para que as mulheres pudessem participar plenamente e em condições de igualdade nas questões e decisões relativas ao desenvolvimento sustentável.

Em 1993, Deise Benedito representou Geledés na II Conferência Mundial de Direitos Humanos, realizada em Viena, na Áustria. A atuação do movimento feminista foi decisiva para explicitar que mulheres e meninas também fazem parte da categoria "humano", pela inclusão do artigo 18 da Declaração de Viena:

> Os direitos do homem, das mulheres e das crianças do sexo feminino constituem uma parte inalienável, integral e indivisível dos direitos humanos universais. A participação plena e igual das mulheres na vida política, civil, econômica, social e cultural, em nível nacional, regional e internacional, e a erradicação de todas as formas de discriminação com base no sexo constituem objetivos prioritários da comunidade internacional.

O debate feminista entra de vez no campo dos direitos humanos, com o reconhecimento de que o Estado não é responsável por violar direitos apenas quando tortura pessoas, mas também quando é omisso e discriminatório. A Declaração de Viena afirmou, o que ficou ainda mais explícito na Convenção Interamericana para Prevenir, Punir e Erradicar a Violência Contra a Mulher – Convenção de Belém do Pará (1994): a violência contra mulheres em esfera privada é uma questão pública. Portanto, estupro e violência doméstica deveriam ser interpretados como crimes contra os direitos humanos. Tal dispositivo abriu espaço, por exemplo, para a criação da Lei Maria da Penha, em 2006. Ainda que a lei tenha se mostrado pouco efetiva para a proteção de mulheres negras, é um marco legal importante. Entre 2003 e 2013, a taxa de homicídios entre mulheres negras aumentou 54%, enquanto a de mulheres brancas diminuiu 9,8%.

Em Viena, o governo brasileiro sugeriu a realização de uma conferência mundial sobre racismo e outra sobre imigração, antes do ano 2000. Chamava a atenção internacionalmente como a diplomacia brasileira parecia assumir todas as demandas da sociedade civil. Especialmente depois do Cairo, quando o Itamaraty apresentou as propostas mais avançadas no campo dos direitos humanos, incorporando definições importantes da Declaração de Itapecerica.

As mulheres negras organizadas foram para a III Conferência Internacional sobre População e Desenvolvimento, no Cairo, em 1994, com a ideia de que "em tempos de difusão do conceito de populações supérfluas, liberdade reprodutiva é essencial para etnias discriminadas para barrar as políticas controlistas e racistas". A partir do Cairo, as políticas e os programas de população deixaram de focar no controle do crescimento populacional como condição para a melhoria da situação socioeconômica dos países. A saúde reprodutiva foi considerada direito humano e elemento fundamental para a igualdade de gênero, e o aborto inseguro, um grave problema de saúde pública.

Também em 1994, mulheres negras representantes de dezesseis países da América Latina estiveram juntas no Foro de Mar del Plata, para preparar a Conferência de Beijing. Geledés organizou um painel com apoio da UNIFEM (Fundo de Desenvolvimento das Nações Unidas para a Mulher) e, a partir dele, produziu um documento específico das mulheres negras, em que reivindicavam, com o objetivo de construir um projeto político plural, que a diversidade fosse o meio de alcançar níveis de desenvolvimento e de participação social e política.

No documento, pontuaram que o racismo, como forma ideológica de sustentação de um setor da população sobre o outro, é a barreira para o desenvolvimento sustentável de pessoas não brancas. Solicitaram o reconhecimento de que os países são multirraciais e multiculturais. Exigiram dos governos a implementação de políticas para saldar a dívida histórica com mulheres negras, prioritariamente, e também dados de etnia e gênero nos censos dos diferentes países.

Na V Conferência Mundial sobre a Mulher (Beijing, 1995), Nilza Iraci, representando Geledés, era uma das que estava com o documento em mãos, quando viram o termo étnico-racial ser retirado de um dos artigos da declaração final. Também estavam lá Wânia Sant'Anna, representando a Articulação de Mulheres Brasileiras; Fátima de Oliveira, da Rede Feminista de Saúde; Marta Oliveira, ISER – Instituto de Estudos da Religião, no papel de observadora; e a então senadora Benedita da Silva. Foi quando a diplomacia brasileira se mostrou ainda mais comprometida com o movimento social. Pela primeira vez, o Itamaraty obstruiu uma reunião do G-77, grupo dos países em desenvolvimento do qual faz parte, por discordar da retirada do termo.

A questão, inegociável para as mulheres negras brasileiras, latino-americanas, caribenhas e dos países do Norte, foi assumida com firmeza pelo Estado brasileiro, que assegurou a redação final do Artigo 32:

> intensificar esforços para garantir o desfrute, em condições de igualdade, de todos os direitos humanos e liberdades fundamentais a todas as mulheres e meninas que enfrentam múltiplas barreiras para seu desenvolvimento e seu avanço devido a fatores como raça, idade, origem étnica, cultura, religião...

Pela primeira vez, os termos raça e etnia foram incorporados em um documento das Nações Unidas. Diante do entusiasmo das organizações internacionais com a diplomacia brasileira, Nilza Iraci e Fátima de Oliveira chegaram contando a resposta da mulherada: "Não temos problemas com o governo brasileiro nos espaços da ONU, nossos problemas só começam na volta". Cumprir os acordos eram outros quinhentos.

Em 20 de novembro de 1995, 30 mil pessoas participaram da Marcha em Brasília. No ano comemorativo do tricentenário da morte de Zumbi dos Palmares, maior herói negro do Brasil, afirmaram que o 13 de maio não dizia respeito a negras e negros, e que a liberdade negra era fruto da luta de Zumbi. O dia de sua morte, dia nacional da consciência negra, era a nossa data. Depois de anos denunciando a falácia do mito da democracia racial, era o momento de exigir ações efetivas do Estado.

Da Marcha, participaram pessoas de 20 estados brasileiros, em atividades que começaram às 10h da manhã e terminaram depois das 21h. Muitas viajaram de ônibus por três ou quatro dias. Uma delegação chegou às 19h, ao final do ato, contente por marcar presença naquele momento de articulação política ímpar do movimento negro. Os resultados da Marcha foram essenciais na formulação de políticas públicas posteriores.

Uma sessão solene do Congresso homenageou negras e negros e pautou três reivindicações: a reescrita da história da liberdade negra; a titulação de terras a remanescente de quilombos e a indenização de descendentes de pessoas escravizadas. Ao final da sessão, a Coordenação Executiva da Marcha foi recebida pelo então presidente Fernando

Henrique Cardoso, para a entrega do Programa de Superação do Racismo e da Desigualdade Racial e a assinatura de um decreto presidencial instituindo um Grupo de Trabalho Interministerial (GTI) com a finalidade de desenvolver políticas para a valorização da população negra.

O documento apresentava um diagnóstico da desigualdade racial e as reivindicações estavam divididas em tópicos: educação, saúde, trabalho, religião, terra, violência, comunicação, informação e cultura. O GTI foi composto por representantes do governo e oito militantes do movimento negro, dentre os quais estava Zélia Amador de Deus, do Cedenpa – Centro de Estudos e Defesa do Negro no Pará.

Há de se reconhecer que Fernando Henrique teve coerência com sua preocupação acadêmica sobre o negro, ao menos simbolicamente. Foi o primeiro presidente na história a declarar em seu discurso de posse que havia um problema racial no Brasil e que era necessário enfrentá-lo com audácia política. No grupo de trabalho, iniciativa de seu governo, foi elaborada, em 1996, uma noção de ação afirmativa essencial à construção posterior de Durban e da política de cotas:

> Ações afirmativas são medidas especiais e temporárias, tomadas pelo Estado e/ou pela iniciativa privada, espontânea ou compulsoriamente, com o objetivo de eliminar desigualdades historicamente acumuladas, garantindo a igualdade de oportunidade e tratamento, bem como de compensar perdas provocadas pela discriminação e marginalização, por motivos raciais, étnicos, religiosos, de gênero e outros.

Também em 1996, FHC lançou o Programa Nacional de Direitos Humanos, pelo Decreto 1.904/96, formalmente reconhecendo os direitos humanos de "mulheres, negros, homossexuais, populações indígenas, idosos, deficientes físicos, refugiados, indivíduos infectados pelo HIV, crianças e adolescentes, policiais, prisioneiros, ricos e pobres".

Entre as propostas para combater desigualdades raciais, estavam, como medidas de curto prazo: apoio a grupos de trabalho e a criação de conselhos; inclusão do quesito cor em todos e quaisquer sistemas de informação e registro sobre a população negra e bancos de dados públicos; estímulo à presença dos grupos étnicos que compõem a população brasileira em propagandas institucionais do governo federal; apoio às ações da iniciativa privada que realizassem ações afirmativas, nomeadas como "discriminação positiva".

A médio e longo prazo, havia o compromisso de formular políticas compensatórias para promover a comunidade negra social e economicamente; alteração do conteúdo de livros didáticos; e a ampliação do acesso de entidades negras aos diferentes setores do governo. Portanto, havia espaço no Programa para a possibilidade de se instituírem ações afirmativas no ensino superior. A reação na imprensa foi imensa, com muitas acusações de "racismo às avessas" e uma defesa da igualdade jamais vista no Brasil.

Às vésperas da II Conferência Mundial Contra o Racismo, a Discriminação Racial, a Xenofobia e a Intolerância Correlata, Luiza Bairros propôs a criação de um Comitê Impulsor Pró-Conferência de Durban, formado por lideranças de organizações negras e sindicais, que assumiria as inúmeras tarefas organizativas para a atuação na Conferência mais esperada. As duas conferências mundiais sobre o racismo precedentes, de 1978 e de 1983, foram importantes para fortalecer a luta anti-apartheid e o movimento negro norte-americano. A expectativa era de que a terceira conferência fosse um incentivo ao governo brasileiro na implementação de políticas efetivas para a população negra.

Militantes do movimento negro investiram nas articulações prévias. A partir de abril do ano 2000, o Comitê realizou contatos com organizações internacionais responsáveis pela Conferência, como o International Law Group, e constituiu o Fórum Nacional de Entidades Negras para a III Conferência contra o Racismo. *O Fórum* elaborou uma denúncia do Estado brasileiro pelo descumprimento e violação sistemática da Convenção Internacional sobre Todas as Formas de Discriminação, depois, um documento sobre os efeitos do racismo no Brasil. Também formou as delegações para a participação na Conferência. Em maio daquele ano, Cidinha da Silva, representando Geledés, Edson Cardoso, como Irohin, e alguns outros brasileiros e brasileiras participaram da primeira reunião preparatória em Genebra, na Suíça. A expectativa era de que a reunião preparatória das Américas acontecesse no Brasil, mas o governo brasileiro alegou falta de recursos e a reunião foi em Santiago, no Chile.

Na conferência regional de Santiago, a ONU reconheceu os afro-descendentes como vítimas do racismo. Apesar de o Brasil, tanto governo quanto sociedade civil, utilizar o termo negro, os outros países latino-americanos se recusaram a ele. Afrodescentes foi o termo negociado para designar descendentes da diáspora africana.

Dentre as mulheres, foi criada a Articulação de Organizações de Mulheres Negras Brasileiras Pró-Durban, composta por treze organizações, sob coordenação de Criola, do Rio de Janeiro; Maria Mulher, do Rio Grande do Sul, e por Geledés. Internacionalmente, aproveitar a reunião preparatória das Américas, em Santiago, que aconteceu em dezembro de 2000, para convocar uma Conferência Cidadã, e fortalecer coalizões na incidência sobre as decisões na Conferência e seus preparatórios. Assim, também foi criada a Alianza Estratégica Afro-Latino-Americana y Caribenha Pró III Conferência Mundial del Racismo.

Além do Seminário intergovernamental de Genebra e da Pré-Conferência das Américas, em Santiago, aconteceram pré-conferências regionais em São Paulo, Belém e Salvador ao longo do ano 2000. E em julho de 2001, a I Conferência Nacional contra o racismo e a Intolerância. Tantos fóruns foram fundamentais para o desenvolvimento de ativistas, que chegaram bem exercitados a Durban, e também para o aprofundamento das pautas estratégicas.

O governo FHC também criou um comitê preparatório para Durban, que criou o documento levado pelo Brasil à Conferência, com a proposta da adoção de cotas ou outras medidas afirmativas para garantir o acesso de negras e negros às universidades públicas. Outra proposta era o reconhecimento da escravidão de africanos e indígenas, o tráfico transatlântico e a marginalização de seus descendentes como violações aos direitos humanos fundamentais.

O documento, aprovado por consenso, era um importante instrumento de pressão para que fossem estruturadas medidas reparatórias, por meio de políticas públicas de superação da desigualdade. E se o próprio governo brasileiro o levava a Durban, a aposta era de boas condições para que as medidas se concretizassem por aqui depois da Conferência.

Entre 31 de agosto e 8 de setembro de 2001, mais de 18 mil pessoas participaram da Conferência Mundial contra Racismo, Discriminação Racial, Xenofobia e Intolerância Correlata, em Durban, África do Sul, entre representantes da sociedade civil, dos governos, da ONU, jornalistas, trabalhadoras e trabalhadores. O Brasil, dentre os 170 países participantes, tinha a maior delegação, com cerca de 300 pessoas, somando pessoas negras e indígenas.

Na cerimônia de abertura, Kofi Annan, então secretário-geral da ONU, prêmio Nobel da Paz naquele 2001, reproduziu o slogan da luta anti-apartheid nas eleições de 1994 da África do Sul: "seksik hathi", traduzido do zulu como "Chegou a hora!".

Muitas manifestações aconteceram ao longo da semana. A maior foi a brasileira, com sua grande delegação, apoiadoras e apoiadores do mundo todo. O Fórum Mundial de ONGs, paralelo à Conferência oficial, teve mesa com Winnie Mandela e Angela Davis, participação de Fidel Castro, e acusação do Estado de Israel de práticas racistas e colonialistas contra o povo palestino. Israel abandonou a Conferência, seguido pelos Estados Unidos.

O clima da conferência era tenso. Questões étnicas, raciais, culturais e religiosas, e todos os problemas nos quais elas se desdobram, como racismo, discriminação racial, xenofobia, exclusão e marginalização social têm mesmo potencial para polarizar o mundo e isso ficou explícito em Durban. Apareciam oposições entre Norte e Sul, Ocidente e não-Ocidente, brancos e não-brancos e as contradições internas da maioria dos países. Carga explosiva que parecia ameaçar a aprovação do documento final.

Países europeus deixavam explícito que abandonariam a Conferência caso esta caminhasse no sentido de condenar o colonialismo e suas consequências. O reconhecimento do tráfico transatlântico como crime de lesa-humanidade era um tema especialmente difícil. Ele poderia dar suporte a exigências de reparação, por parte de africanos e afro-descendentes, contra os países que se beneficiaram do tráfico, da escravidão e da exploração colonial africana.

Aprovar a *Declaração* e o *Plano de Ação* da Conferência, por si só, já foi uma vitória a comemorar. A escravidão e o tráfico de escravos foram considerados crimes contra a humanidade. E no documento final está a recomendação para que as nações assegurem o acesso à educação e a novas tecnologias, além de oferecer a africanos e afrodescendentes, em particular mulheres e crianças, recursos adequados à educação, ao desenvolvimento tecnológico e ao ensino a distância em comunidades locais. Outra recomendação é a promoção da inclusão da história e da contribuição dos africanos e afrodescendentes no currículo escolar.

As conquistas da Conferência Regional das Américas foram ratificadas, com a incorporação de parágrafos inteiros, e o termo afrodescendente tornou-se linguagem consagrada nas Nações Unidas, para designar um grupo específico de vítimas de racismo e discriminação. Foi reconhecida urgência na implementação de políticas públicas para a eliminação das desvantagens sociais de afrodescendentes, recomendando aos Estados e aos organismos internacionais, que "elaborem programas voltados para os afrodescendentes e destinem recursos adicionais aos sistemas de saúde, educação, habitação, eletricidade, água potável e às medidas de controle do meio ambiente, e que promovam a igualdade de oportunidades no emprego, bem como outras iniciativas de ação afirmativa ou positiva".

As especificidades das mulheres também foram reconhecidas, na orientação para que os Estados "reforcem medidas e políticas a favor das mulheres e jovens afrodescendentes, tendo presente que o racismo os afeta mais profundamente, colocando-os em situação de maior marginalização e desvantagens".

A agenda de Durban esteve muito além das propostas de cotas que polarizaram o debate da questão racial no Brasil nos anos subsequentes. Durban afirma a urgência de uma intervenção decisiva nas condições de vida das populações historicamente discriminadas, o que não se pode alcançar apenas com a adoção de cotas para o ensino universitário. Como Sueli Carneiro escreveu no artigo a *Batalha de Durban*, de 2002: "Precisa-se delas e de muito mais".

A relevância da II Conferência para a estruturação de políticas públicas no Brasil fica evidente nas inúmeras citações em documentos e programas do governo. Lideranças negras foram fortalecidas, especialmente as mulheres organizadas que construíram acordos com a representação governamental ao longo do tempo, para levar a Durban mais que denúncias, encaminhar propostas concretas de ação para o combate ao racismo. Além de toda essa importância, tantas brasileiras e brasileiros pisando solo africano conectados, causavam extrema comoção.

(In)conclusões: sobre o *feminismo enegrecido* cunhado por Sueli Carneiro

Com a eleição de Luiz Inácio Lula da Silva, em 2003, foram nomeadas Matilde Ribeiro na equipe de transição de governo, depois no comando da Seppir, com status de ministra; Benedita da Silva, no Ministério da Assistência Social; Marina Silva no Meio Ambiente. Três ministras negras, somadas a Gilberto Gil na Cultura e nenhum outro governo, teve tantas pessoas negras em postos de alto escalão. A Articulação de ONGs de Mulheres Negras foi convidada a compor o recém-criado Conselho de Desenvolvimento Econômico e Social (CDES), um colegiado de representantes da sociedade civil, que daria assessoria direta ao presidente, qualificando a discussão de políticas públicas e a proposição de medidas para o crescimento econômico, o desenvolvimento e a equidade, e Sueli Carneiro foi como representante da entidade.

Em 2004, aconteceu a I Conferência Nacional de Políticas para as Mulheres, em Brasília, por iniciativa da Secretaria Especial de Políticas para as Mulheres. Ali, negras e indígenas inauguraram uma parceria política baseada na semelhança dos processos históricos que submeteram igualmente povos indígenas, africanos e seus descendentes.

A política entre as mulheres foi e será um campo de disputa de interesses. Houve um tempo em que as divergências pareciam irreconciliáveis, quando negras e indígenas não tinham lugar na agenda feminista, quando o conflito racial parecia insolúvel do ponto de vista político, traduzindo-se em confronto racial permanente entre as mulheres. Em um plenário de mais de duas mil mulheres, apresentaram um documento histórico:

> Firmar o nosso parentesco através de uma aliança política na busca conjunta de superação das desigualdades econômicas, políticas, sociais e culturais e de poder; firmar uma aliança estratégica para a conquista da igualdade de oportunidades para mulheres índias e negras na sociedade brasileira; firmar uma aliança estratégica que dê visibilidade a índias e negras como sujeitos de direitos. Doravante índias e negras consideram-se parentes (Carneiro, S., 2004).

Naquela I Conferência, o apoio de diferentes organizações de mulheres ao manifesto de negras e indígenas sinalizava a disposição das mulheres organizadas de trair o pacto racial excludente, construído pelo racismo, e recusar os privilégios raciais decorrentes da discriminação e exclusão social de negras e indígenas, em prol da construção da efetiva igualdade de oportunidade para todas as mulheres.

No contexto de uma conferência deliberativa para a formulação e implementação de políticas, reafirmaram que raça e etnia são, para além do gênero, elementos produtores de modalidades específicas de opressão sobre as mulheres no Brasil. São, portanto, variáveis inegociáveis no recorte das políticas públicas para a promoção da igualdade de gênero e entre as mulheres.

Em 2005, um racha entre setores do movimento negro mais ligados a partidos e sindicatos e setores independentes culminou na realização de duas edições da Marcha Zumbi + 10: uma no dia 16, outra no 22 de novembro.

Na II Conferência Nacional de Política para as Mulheres, em 2007, as mulheres negras inscreveram o combate ao racismo, ao sexismo e à lesbofobia como elementos essenciais do combate ideológico indispensável para a promoção da igualdade de gênero e raça. Este foi o principal resultado da Conferência, eixo central do II Plano Nacional de Políticas para Mulheres.

Depois de um longo e difícil aprendizado, de décadas, havia chegado o momento de negociar politicamente a partir dos diferentes interesses e perspectivas que atravessam o movimento de mulheres. E as mulheres negras eram protagonistas. Naquele encontro, construir uma agenda coletiva de reivindicações ao Estado brasileiro que contemplava as diferentes necessidades das diferentes mulheres era o ápice do trabalho iniciado quase 30 anos antes. O movimento de mulheres negras tinha enegrecido o feminismo brasileiro.

Referências

AGUIAR, Gilberto Orácio. Mulheres negras da montanha: as benzedeiras de Rio de Contas, Bahia, na recuperação da saúde. 2009. Disponível em: <https://ciberteologia.com.br/assets/pdf/post/mulheres-negras-da-montanha-as-benzedeiras-de-rio-de-contas-bahia-na-recuperacao-da-saude.pdf>.

BELI, Beth. Sobre mim e sobre nós!. *In*: SANTANA, Bianca. Inovação ancestral de mulheres negras: táticas e políticas do cotidiano. São Paulo: Oralituras, 2019.

BENTES, Nilma. Brasil – Durban – Brasil: um marco na luta contra o racismo. *In*: SANTANA, Bianca. Vozes insurgentes de mulheres negras: do século 18 à primeira década do século 21. Belo Horizonte: Mazza Edições, 2019.

CARNEIRO, Sueli. A construção do outro como não-ser como fundamento do ser. 2005. Tese de Doutorado. FE-USP, 2005.

______. Aliança de Parentesco. Geledés, 2004. Disponível em: <https://www.geledes.org.br/alianca-de-parentesco>.

______. Enegrecer o feminismo: a situação da mulher negra na América Latina a partir de uma perspectiva de gênero. *In*: ASHOKA EMPREENDIMENTOS SOCIAIS; TAKANO CIDADANIA (org.). Racismos contemporâneos. Rio de Janeiro: Takano Ed., 2003.

______. Gênero Raça e Ascensão Social. Estudos Feministas, v. 3, n. 2, p. 544, 1995.

CARNEIRO, Sueli; CURY, Cristiane. O poder feminino no culto aos orixás. *In*: NASCIMENTO, Elisa Larkin (Ed.). Guerreiras de Natureza: mulher negra, religiosidade e ambiente. Grupo Editorial Summus, 2008b.

EVARISTO, Conceição. Carolina Maria de Jesus: como gritar no Quarto de despejo que "black is beautiful"? *In*: CHALHOUB, Sidney e PINTO, Ana Flávia Magalhães. Pensadores negros – pensadoras negras: Brasil séculos XIX e XX. Belo Horizonte: Fino Traço, 2016.

______. Gênero e etnia: uma escre (vivência) de dupla face. *In*: MOREIRA, Nadilza de Barros; SCHNEIDER, Liane (orgs.). Mulheres no mundo: etnia, marginalidade e diáspora. João Pessoa: Idéia, 2005. Disponível em: <http://nossaescrevivencia.blogspot.com/2012/08/genero-e-etnia-uma-escrevivencia-de.html>.

FU-KIAU, Kimbwandende Kia Bunseki. African cosmology of the Bântu-Kôngo: tying the spiritual knot: Principles of life & living. African Tree Press, 2001.

GONZALEZ, Lélia. Cultura, Etnicidade e Trabalho: Efeitos Lingüísticos e Políticos da Exploração da Mulher. Comunicação apresentada no 8º Encontro Nacional da Latin American Studies Association Pittsburgh, 5 a 7 de abril de 1979. Disponível em: <https://coletivomariasbaderna.files.wordpress.com/2012/09/cultura_etnicidade_e_trabalho.pdf>.

______. Mulher Negra. *In*: NASCIMENTO, Elisa Larkin (Ed.). Guerreiras de Natureza: mulher negra, religiosidade e ambiente. Grupo Editorial Summus, 2008.

______. Democracia racial? Nada disso! *In*: Jornal Mulherio, a. 1, n. 4, São Paulo: Mulherio, nov./dez, 1981.

______. Por un feminismo afrolatinoamericano. 1988.

______. Primavera para as rosas negras. São Paulo: Diáspora Africana, 2018.

______. Racismo e sexismo na cultura brasileira. *In*: SANTANA, Bianca. Vozes insurgentes de mulheres negras: do século 18 à primeira década do século 21. Belo Horizonte: Mazza Edições, 2019.

JESUS, Carolina Maria de. Trechos do livro *Quarto de despejo: diário de uma favelada*. *In*: SANTANA, Bianca. Vozes insurgentes de mulheres negras: do século 18 à primeira década do século 21. Belo Horizonte: Mazza Edições, 2019.

MARCHA DAS MULHERES NEGRAS. Manifesto contra o racismo e a violência e pelo bem viver. Brasília, 2015.

MANIFESTO PELO DIA INTERNACIONAL DA MULHER NEGRA. Construindo a nossa história com autonomia. 2016. Disponível em: <http://www.marchamundialdasmulheres.org.br/wp-content/uploads/2016/07/Manifesto-do-25-de-Julho.pdf>. Acesso em: julho de 2016.

MARTINS, Leda Maria. Afrografias da memória: o Reinado do Rosário no Jatobá. Belo Horizonte: Mazza Edições, 1997.

____. Afrografias da memória: o Reinado do Rosário no Jatobá, edição revista e atualizada. São Paulo: Perspectiva; Belo Horizonte: Mazza Edições, 2021.

MELLO, Laudelina de Campos. Entrevista concedida a Maria Dutra Lima. *In*: SANTANA, Bianca. Vozes insurgentes de mulheres negras: do século 18 à primeira década do século 21. Belo Horizonte: Mazza Edições, 2019.

MORENO, Renata Faleiros Camargo. Entre a família, o Estado e o mercado: mudanças e continuidades na dinâmica, distribuiçao e composição do trabalho doméstico e de cuidado. Tese de Doutorado. Universidade de São Paulo, 2019.

NASCIMENTO, Abdias. O genocídio do negro brasileiro: processo de um racismo mascarado. São Paulo: Editora Perspectiva, 2016.

______. O quilombismo: documentos de uma militância pan-africanista. São Paulo, Perspectiva, 2019.

NASCIMENTO, Beatriz do. O Conceito de Quilombo e a Resistência Cultural Afro -Brasileira. Sankofa: resgate da cultura afro-brasileira. Rio de Janeiro: Seafro, 2008.

RIBEIRO, Matilde. Mulheres negras brasileiras: de Bertioga a Beijing. Revista Estudos Feministas. Rio de Janeiro, volume 3, nº 2, 1995, p. 446 – 463. Disponível em: <https://periodicos.ufsc.br/index.php/ref/article/view/16459>.

______. Mulheres negras: uma trajetória de criatividade, determinação e organização. *In*: SANTANA, Bianca. Vozes insurgentes de mulheres negras: do século 18 à primeira década do século 21. Belo Horizonte: Mazza Edições, 2019.

SANTANA, Bianca. Inovação ancestral de mulheres negras: táticas e políticas do cotidiano. São Paulo: Oralituras: 2019a.

______. A escrita de si de mulheres negras: memória e resistência ao racismo. 2020. Tese (Doutorado em Cultura e Informação) – Escola de Comunicações e Artes, Universidade de São Paulo, São Paulo, 2020.

____. Continuo preta: a vida de Sueli Carneiro. São Paulo: Companhia das Letras, 2021.

SANTOS, Tiganá Santana Neves. A cosmologia africana dos Bantu-Kongo por Bunseki Fu-Kiau: tradução negra, reflexões e diálogos a partir do Brasil. 2019. Tese de Doutorado. Universidade de São Paulo. Disponível em: <https://www.teses.usp.br/teses/disponiveis/8/8160/tde-30042019-193540/publico/2019_TiganaSantanaNevesSantos_VCorr.pdf>.

SHARPE, Jenny. Ghosts of Slavery: A Literary Archaeology of Black Women's Lives. U of Minnesota Press, 2003.

THEODORO, Helena. Mito e espiritualidade: mulheres negras. Pallas Editora e Distribuidora, 1996.

WERNECK, Jurema. O Samba Segundo as Ialodês: mulheres negras e a cultura midiática. Rio de Janeiro. Tese (Doutorado)-Programa de Pós-graduação em Comunicação. Universidade Federal do Rio de Janeiro, 2007.

_____. De Ialodês a feministas. Reflexões sobre a ação política das mulheres negras na América Latina e Caribe. *In*: SANTANA, Bianca. Vozes insurgentes de mulheres negras: do século 18 à primeira década do século 21. Belo Horizonte: Mazza Edições, 2019.

18.
A MUSEOLOGIA E SEUS PRIMÓRDIOS: A FORÇA FEMININA NA CONSTRUÇÃO DO PATRIMÔNIO MUSEOLÓGICO BRASILEIRO

SANDRA CUREAU

Toda a obra de arte é filha do seu tempo e, muitas vezes, mãe de nossos sentimentos[1].

Introdução

Pouco se escreve sobre museologia no Brasil. Talvez este fato se deva à atual pobreza da maioria das coleções dos museus públicos e à falta de cuidado com as obras expostas, sujeitas a todo o tipo de infortúnios, desde furtos até incêndios, como aquele que destruiu o Museu de Arte Moderna, no Rio de Janeiro, na madrugada de 8 de julho de 1978.

O MAM, inaugurado em 1958, tinha um acervo de mais de mil peças e, quando da tragédia que o atingiu, recebia exposições itinerantes, como "Arte Agora", com obras de 25 artistas latino-americanos. Quase todo o trabalho do artista uruguaio Torres Garcia, 80 telas, foi des-

[1] KANDINSKY, Wassily. *Du Spirituel dans l'art et dans la peinture en particulier.* Paris: Denoël – Essais Folio, 2004, p. 51.

truído. Dentre as obras do acervo permanente, constavam quadros de Matisse, Picasso, Dalí, Miró, Paul Klee, Magritte e Portinari, todos transformados em cinzas.[2]

O descaso parece ter sido o motivo da calamidade que atingiu não só as obras, mas o próprio prestígio internacional do Brasil no campo da museologia.

Para evitar atribuir as chamas que consumiram o acervo do MAM a um mero acaso, é preciso lembrar que, de 2000 a 2018, foram parcialmente destruídos pelo fogo o Memorial da América Latina, o Museu da Língua Portuguesa, a Cinemateca Brasileira e, mais recentemente, o Museu Nacional da Quinta da Boa Vista. Tudo isso apenas revela o imenso descaso com que o país trata sua arte.

Entretanto, no final do século XIX, o Brasil tinha aproximadamente dez museus, entre os quais o Museu Nacional (1892), o Museu Paulista (1895) e o Museu Goeldi (1866), o que o colocava na vanguarda museológica da América do Sul.

Havia, ainda, a Academia Imperial de Belas Artes, criada em 1816, cujos professores, em sua maioria, faziam parte do grupo denominado "missão francesa": Joaquim Lebreton, Pedro Dellon, Jean-Baptiste Debret, Nicolas-Antoine Taunay, Auguste-Marie Taunay, Auguste-Henri-Victor Grandjean de Montigny, François Ovide, Louis Meunié, Charles-Simon Pradier, Charles-Henri Levasseur e François Bonrepos. Em 1820, dois decretos alteraram seu nome para Real Academia de Desenho, Pintura, Escultura e Arquitetura Civil e, posteriormente, para Academia de Artes.

Em 1922, como uma das comemorações do centenário da Independência, foi criado, pelo presidente da República Epitácio Pessoa, o Museu Histórico e Artístico Nacional, o qual ocupa, atualmente, todo o conjunto arquitetônico da antiga Ponta do Calabouço, no Rio de Janeiro, então Capital Federal.

Entretanto, foi a partir do Governo Provisório, instaurado no país após a vitoriosa Revolução de 1930, que marcou o final da República Velha e inaugurou a Era Vargas, que as primeiras ações efetivas de

[2] Disponível em https://www.hypeness.com.br/2018/09/picasso-portinari-matisse-em-1978-incendio-destruiu-quase-todo-o-acervo-do-mam-do-rio/. Acesso em 30 de setembro de 2021.

valorização e preservação do patrimônio histórico e artístico nacional começaram a ser efetivadas. Pode-se afirmar, consequentemente, que a construção do patrimônio cultural brasileiro e, dentro dele, do patrimônio museológico, se localiza, historicamente, nas décadas de 1930 e 1940.

Infelizmente, como bem salienta Márcia Chuva[3], as redes de relações tecidas entre agentes e agências de poder na construção das ações de preservação cultural "foram de tal forma eficientes que legitimaram um determinado grupo no controle da agência do Estado criada para esse fim – o Sphan – e suas representações acerca do patrimônio histórico e artístico cultural".

18.1 As primeiras iniciativas patrimoniais no Brasil e a criação do Sphan

No período entre guerras, o Brasil passou por profundas transformações: "os laços de dependência política e econômica ficaram mais frouxos, o que estimulou a indústria nacional e contribuiu para a emergência de múltiplos e diferentes nacionalismos".[4] No campo da cultura, criou-se o Museu Histórico e Artístico Nacional, cujo diretor recebeu, em 1934, a incumbência de presidir a recém criada Inspetoria de Defesa do Patrimônio Histórico e Artístico Nacional.

As repercussões do Movimento Modernista de 1922 levaram vários de seus integrantes a assumirem posições de relevo no campo político, o que foi, igualmente, determinante no processo de institucionalização e legitimação das ações voltadas à institucionalização do patrimônio cultural.

Durante cerca de 15 anos, a partir de 1925, pensou-se na criação de museus no país. Naquele ano, projeto de lei de autoria de José Lins sugeriu ao presidente de Minas Gerais, Melo Viana, a criação do Museu Mineiro, numa primeira tentativa de criação de museus locais.

Em 1936, Mário de Andrade teve a ideia de criar quatro museus nacionais na capital do Brasil, que era, então, o Rio de Janeiro. Esses

[3] Chuva, Márcia Regina Romeiro. *Os arquitetos da memória*. 2ª ed. Rio de Janeiro: Ed. UFRJ, 2017, p. 143.

[4] Chagas, Mário. *Museus e patrimônios: por uma poética e uma política decolonial*. Revista do Patrimônio Histórico e Artístico Nacional. Nº 35. IPHAN: 2017, p. 124.

seriam uma contrapartida aos quatro Livros do Tombo e subordinados ao Serviço de Patrimônio Histórico e Artístico Nacional (que, embora já fizesse parte de um anteprojeto do próprio Mário, só veio a ser criado no ano seguinte), tendo como chefia a própria diretoria deste último. A proposta não vingou, até porque houve forte resistência do Museu Histórico e Artístico Nacional, cujo diretor havia sido incumbido das primeiras providências de defesa do patrimônio monumental e dos bens históricos e artísticos do país. A criação do Sphan se deu, assim, de forma conflituosa, desde sua instalação experimental.

Durante o Governo Provisório fora concebida, como já referido, a Inspetoria de Monumentos Nacionais (1934) e, embora tenha começado a funcionar, experimentalmente, em 1936, o Sphan – Serviço de Patrimônio Histórico e Artístico Nacional só veio a ser criado em 1937, através da Lei nº 378. Para sua direção foi indicado o nome de Rodrigo Melo Franco de Andrade, advogado e jornalista, amigo de Mário de Andrade e de outros personagens e intelectuais de destaque na época.

Gustavo Capanema, que era o Ministro da Educação e da Saúde, empenhava-se diretamente no debate sobre a nacionalidade e os marcos fundadores da "nação brasileira", elemento importante para o projeto de modernização conservadora, levado a efeito a partir de 1937, ainda que, antes de sua gestão, algumas ações já tivessem sido implementadas, como a elevação de Ouro Preto à categoria de Monumento Nacional.[5] Mas, foi de Capanema a iniciativa de levar a Getúlio Vargas o anteprojeto de criação do Sphan, para que este fosse incluído na estrutura do MES, que estava sendo reorganizado.

A influência de Mário de Andrade no anteprojeto do primeiro texto jurídico a tratar da proteção do patrimônio cultural brasileiro, embora reconhecidamente importante, se manteve apenas em relação a duas de suas noções básicas, que restaram incorporadas ao Decreto-lei nº 25/37. À versão definitiva, que teve a liderança de Rodrigo Melo Franco de Andrade, foram incorporadas diversas outras proposições, algumas delas baseadas na legislação francesa, e que já haviam sido apresentadas, na década de 1920, na forma de projetos de lei.

A propósito, em entrevista publicada na Revista do Patrimônio Cultural nº 31/2005, Lygia Martins Costa comenta:

[5] Vide Chuva, Márcia. Op. cit., p. 123 e ss.

> Quando entrei para o Patrimônio, não falávamos do Mário de Andrade como autor do projeto de criação do Serviço do Patrimônio Histórico e Artístico Nacional – Sphan, pois o plano que ele fez, em 1936, a pedido do ministro Capanema, não foi realmente tão significativo para o Patrimônio. O dr. Rodrigo Melo Franco de Andrade, designado desde abril de 1936, como mineiro que era, precavido e desconfiado, mergulhou profundamente no assunto, antes de definir a legislação necessária. Segundo ele mesmo relatava, estudou toda a legislação preexistente no País, inclusive o recente projeto de Mário de Andrade; depois, também, a legislação estrangeira, e esboçou um projeto que submeteu a seus amigos Prudente Morais Neto e Afonso Arinos de Melo Franco. Daí resultou o decreto-lei nº 25, de 30 de novembro de 1937, que criou o Iphan e também o Museu Nacional de Belas Artes – MNBA. Não se trata de um projeto de Mário de Andrade. As ideias de Mário de Andrade sobre arte popular, sobre antropologia, foram um elemento enriquecedor para o projeto. Mas tudo o mais veio do dr. Rodrigo e da equipe dele (...).[6]

Rodrigo Melo Franco de Andrade assumiu oficialmente a direção do Sphan em 1937. Fazendo uso de sua experiência como jornalista, concebeu, no mesmo ano, a Revista do Patrimônio Histórico e Artístico Nacional, a fim de divulgar as ações da nova Secretaria. Esta Revista, como é sabido, sobrevive até os nossos dias.

A implantação do Sphan exigiu, pois, a redação de uma legislação específica, que, entre outras matérias, introduziu a figura de tombamento no Brasil. Rodrigo Melo Franco de Andrade foi diretamente responsável pela edição do Decreto-lei nº 25/37.

É, ainda, Márcia Chuva quem observa que, do ponto de vista das especificidades profissionais, a única formação de caráter técnico dos componentes do grupo originário de intelectuais do Sphan era a de arquitetos, muito embora a maioria fosse formada em direito e versada em letras.[7] Pode-se citar, dentre os envolvidos com a temática da proteção do patrimônio cultural de então, Mário de Andrade, Lúcio Costa, Gilberto Freyre, Carlos Drummond de Andrade, Sérgio Buarque de

[6] Casco, Ana Carmen Jara, Chagas, Mário. "ENTREVISTA-DEPOIMENTO. Lygia Martins Costa". *Revista do Patrimônio Histórico e Artístico Nacional*, nº 31, 2005, p. 275-276.

[7] Op. cit., p. 107.

Holanda, além do próprio Rodrigo Melo Franco de Andrade. E, embora os museus tenham sido objeto de destaque nas primeiras ações de preservação patrimonial, nenhum museólogo foi lembrado naquele momento.

18.2 O museu nacional de belas artes

Conforme sítio eletrônico do Iphan, o Museu Nacional de Belas Artes foi criado pela lei nº 378, de 13 de janeiro de 1937, tendo sido inaugurado em 19 de agosto de 1938. Seu acervo inicial originou-se das coleções que pertenciam à Escola Nacional de Belas Artes, trazidas ao Brasil em 1808 por Dom João VI[8] – a chamada "Biblioteca dos Reis" –, acrescidas da pequena coleção de quadros que trouxera, em 1816, Joachim Lebreton (1760-1819), chefe da "missão artística francesa"[9], citada na introdução do presente trabalho.

A respeito, abre-se um pequeno parêntese. O terremoto de Lisboa de 1755 destruiu todo o acervo da Biblioteca Real de Portugal, uma das mais preciosas da Europa. Para a reconstrução de Lisboa, uma das tarefas consideradas prioritárias foi a de recomposição da Biblioteca, o que foi realizado com compras, doações e apropriações. Dessa forma, no início do século XIX, o novo acervo tinha chegado aos quase 70.000 itens que possuía antes do terremoto, os quais incluíam manuscritos raros, incunábulos, livros, gravuras, mapas, moedas, etc. Para fugir de uma possível apropriação por Napoleão Bonaparte, D. João VI trouxe a coleção consigo para o Brasil.

Segundo informa o sítio eletrônico da Biblioteca Nacional[10], a coleção continuou crescendo, desde então, tanto devido a doações quanto a compras. Ao retornar à Europa, D. João VI levou apenas os manuscritos referentes à história de Portugal. Quando da negociação da independência do Brasil, a coleção foi arrolada e avaliada, visando indenizar a família real portuguesa pelos bens deixados no Brasil. Seu pagamento,

[8] Segundo depoimento de Lygia Martins Costa, Dom João VI trouxe consigo a coleção de arte para que não fosse apropriada por Napoleão Bonaparte. Este depoimento pode ser acessado na Revista do Patrimônio n. 31, de 2005, já citada.

[9] Disponível em https://mnba.museus.gov.br/museu/historico. Acesso em 29 de setembro de 2021.

[10] Disponível em http://bndigital.bn.br/projetos/expo/djoaovi/index.htm. Acesso em 30 de setembro de 2021.

no valor de 800 contos de réis, foi uma parcela do empréstimo de 2 milhões de libras esterlinas, que inaugurou a dívida externa brasileira com a Inglaterra.

Desde a sua criação, o MNBA dividiu a ocupação do prédio com a Escola Nacional de Belas Artes, que lá já estava, o que ocorreu até 1976, quando esta última foi deslocada para a ilha do Fundão. Mas, nesse mesmo ano, com a criação da Fundação Nacional de Arte – Funarte, houve novo compartilhamento. O arquiteto autor do projeto foi um dos mestres da ENBA, Adolfo Morales de Los Rios (1858-1928). O prédio, no estilo *fin-de-siècle*, sofreu a influência da concepção do palácio que abriga o Museu do Louvre, apresentando, ainda, características formais neoclássicas.

18.3 Rodrigo Melo Franco de Andrade e a descentralização dos museus

Conforme revela Lygia Martins Costa[11], "Rodrigo não tinha a intenção deliberada de criar museus, tanto que só lhes destinou um artigo no Decreto-lei nº 25/37", o artigo 24, *in verbis*:

> Art. 24. A União manterá, para a conservação e a exposição de obras históricas e artísticas de sua propriedade, além do Museu Histórico Nacional e do Museu Nacional de Belas Artes, tantos outros museus nacionais quantos se tornarem necessários, devendo outrossim providenciar no sentido de favorecer a instituição de museus estaduais e municipais, com finalidades similares.

No entender do diretor do Sphan, a preocupação com a preservação dos bens patrimoniais abria horizontes para uma visão mais ampla do relacionamento das produções artísticas com a sociedade e a concentração de museus e patrimônios numa única região (no caso, a atual região Sudeste, onde se situava a Capital do país) não contribuía para a expansão da noção de patrimônio nacional nem para a sua preservação.[12]

O Museu das Missões foi o pioneiro dessa experiência de delegar a instituição de museus aos estados da federação. Rodrigo encarregou

[11] Costa, Lygia Martins. *De Museologia Arte e Políticas de Patrimônio.* Rio de Janeiro: IPHAN, 2002, p. 78.

[12] Chagas, Mário, op. cit., p. 105. Costa, Lygia Martins, op. cit., p. 80.

Lúcio Costa de verificar as condições em que se achavam as Missões Jesuíticas no Rio Grande do Sul. Ao retornar, o arquiteto propôs que, além dos trabalhos de recuperação arquitetônica, fosse construído um pequeno museu, para que o visitante tivesse uma impressão aproximada do que haviam sido as Missões.

O acervo do Museu veio a ser constituído de artefatos dos jesuítas e peças artesanais produzidas pelos indígenas, encontrados na região. Nada se falou, no Museu, sobre a expulsão dos jesuítas e a dizimação dos indígenas. Lúcio Costa entendia que, para que os visitantes mal informados compreendessem melhor a significação das ruínas, deveriam apenas entender que já houvera vida dentro delas. Essa dupla construção, didática e física, a seu ver, "reafirmaria a forte influência de um padrão artístico erudito europeu, e a 'docilidade' daqueles indígenas que ali experimentaram uma vida distinta."[13]

Sobre as peças que vieram a compor o Museu das Missões, Teniza Spinelli formula a seguinte crítica:

> Com visão de arquiteto, Lúcio Costa recomendou a concentração de todas as peças missioneiras em São Miguel, independentemente dos locais de origem ou características da região. Foram para lá removidos os bens encontrados em todas as demais reduções. Nesse esforço, peças que estavam em capelas e residências particulares dos municípios vizinhos foram integradas ao recém criado museu.[14]

As ruínas da Igreja de São Miguel Arcanjo e do povoado missioneiro foram tombadas em 1938 e registradas no Livro Tombo das Belas Artes. Por décadas, o Museu das Missões foi o único a testemunhar a obra jesuítica-missioneira na América. Em 1940, o Museu foi formalmente criado, embora só tenha sido aberto ao público em 1942. Desde então, o Iphan é o guardião do patrimônio missioneiro, muito embora, a partir da década de 1970, os poderes estaduais e municipais tenham passado a atuar, conjuntamente, na sua preservação.

[13] CHUVA, Márcia. Op. cit., p. 185-186.

[14] SPINELLI, Teniza. *Esculturas missioneiras em museus do Rio Grande do Sul.* Porto Alegre: ALF, 2008, p. 20.

Sobre a arquitetura dos jesuítas no Brasil, Lúcio Costa publicou artigo na Revista do Serviço do Patrimônio Histórico e Artístico Nacional de número 5, que circulou em 1941, no qual comenta:

> Graças às pesquisas efetuadas pelo Serviço do Patrimônio Histórico e Artístico Nacional, foram identificados e devidamente classificados vários retábulos jesuíticos do primeiro período, figurando aqui [na Revista], pela primeira vez, a respectiva documentação fotográfica.
>
> O valor dessas peças como raridade e o seu interesse histórico e artístico são de tal ordem, que é muito de se estranhar – acessíveis como se encontram – não tivessem elas ainda despertado a atenção dos nossos entendidos em arte colonial.[15]

Ao finalizar o artigo, Lúcio Costa faz uma referência especial aos Sete Povos das Missões, sobre cuja arquitetura informa nada ter a ver com a arquitetura jesuítica da Província do Brasil, transcrevendo alguns trechos do relatório por ele feito, em 1937, quando, por determinação da direção do Sphan, visitara seis dos sete povos.

O relatório apresentado, relativamente ao conjunto missioneiro, "foi a chama que iluminou o terreno para Rodrigo."[16] Durante o processo de instalação do Museu das Missões, Rodrigo, conhecedor da história de Minas Gerais, onde nascera, idealizou os museus que iriam caracterizar a sua administração: quase simultaneamente, concebeu o Museu da Inconfidência e o Museu do Ouro, o primeiro sediado na antiga Casa de Câmara e Cadeia de Ouro Preto e o segundo na antiga Casa da Intendência do Ouro, em Sabará, MG. O primeiro foi criado em 1938, e inaugurado em 1944, e o segundo em 1946.

Dessa forma, os primeiros e principais museus regionais, criados pelo Sphan, foram o Museu das Missões, o Museu da Inconfidência e o Museu do Ouro.

Ocorre que a concepção de Rodrigo Melo Franco de Andrade, fortemente representada pelos Museus da Inconfidência e do Ouro, era de instituições destinadas à preservação de bens culturais dirigida a uma classe social informada. Não se dirigia ao povo, nem tinha com ele qual-

[15] Costa, Lúcio. *A arquitetura jesuítica no Brasil.* Rio de Janeiro: Revista do Serviço do Patrimônio Histórico e Artístico Nacional, n. 5, 1941, p. 9-104.

[16] Costa, Lygia Martins, p. 80-82.

quer preocupação. Suas pretensões de inventário de peças e estudo de coleções, como bem observa Lygia Martins Costa[17], só não foram adiante face às dificuldades econômicas e à falta de recursos humanos. Mas, ao mesmo tempo, os museus que se seguiram àqueles primeiros não demonstraram que o pensamento de Rodrigo evoluíra com o tempo.

18.4 O primeiro congresso nacional de museus

Entre os dias 23 e 29 de julho de 1956, ocorreu o Primeiro Congresso Nacional de Museus, em Ouro Preto, MG, com a participação da Unesco e do Comitê Nacional do *Icom – International Council of Museums,* criado em 1946. Rodrigo Melo Franco de Andrade era, à época, diretor do Sphan e presidente brasileiro do Icom –, contando, neste último, com as duas secretárias originais, Lygia Martins Costa e Regina Leal.[18]

Com a participação de mais de 100 congressistas, entre diretores, conservadores, educadores, pesquisadores e arquitetos, vindos de estados e territórios brasileiros (existentes à época), foram apresentados cerca de 80 trabalhos – teses, moções, propostas –, discutidos nas seções de Arquitetura, Arte, Ciência, História e Generalidades, cujos pareceres foram levados às sessões plenárias.

Pouco se fala desse Congresso. Entretanto, Lygia Martins Costa, em entrevista ao jornal Diário de Notícias, de 5 de junho de 1956, afirma ser aquele momento propício para a formação de monitores, visando a realização de visitas guiadas – campanha que estava sendo promovida pelo referido órgão de imprensa –, face estar o país às vésperas do Congresso de Ouro Preto (que se realizou no mês seguinte), quando os museus viveriam o seu grande momento.

Em 1958, o Museu de Arte Moderna do Rio de Janeiro abrigou o Seminário Regional da Unesco sobre a Função Educativa dos Museus. Também sobre este evento pouca coisa se conhece.

[17] Op. cit., p. 83-84.

[18] O primeiro presidente brasileiro do Icom foi Oswaldo Teixeira, Diretor do Museu de Belas Artes. O fato de ter secretariado a direção nacional do Icom conduz a que, em muitas publicações, Lygia Martins Costa apareça como "secretária de Rodrigo Melo Franco de Andrade", o que nunca foi.

18.5 A mesa redonda de Santiago do Chile de 1972

No campo da moderna museologia, é importante mencionar a Mesa Redonda que, sob os auspícios da Unesco, se realizou em Santiago do Chile, em 1972, durante o governo de Salvador Allende.

A Mesa-Redonda aconteceu catorze anos após a reunião internacional de 1958, no Rio de Janeiro. Esta nova versão do programa de cooperação, promovido pela Unesco, dirigia-se aos museus da América Latina e envolvia o Conselho Internacional de Museus – Icom, fundado em 1946. A novidade era que os eventos passaram a ser decididos a partir da solicitação dos países que os hospedavam.

No encontro de Santiago do Chile, a organização do evento estruturou-se em quatro tópicos importantes, que serviram de apoio para as discussões que deveriam estimular a renovação do cenário museológico: 1. Museu e Sociedade – pautava-se nas questões de ordem econômica dos países de terceiro mundo e considerava a agricultura como base da economia da América Latina; 2. Urbanismo – analisava o crescimento desordenado da população e o tomava como foco; 3. Ciência e Tecnologia – denunciava, no continente, o distanciamento do setor, enfatizando a mudança de atitude para se adaptar ao mundo contemporâneo; e 4. Educação – abordava suas ações na perspectiva da educação para todos, de caráter permanente (*Museum*, 1973).[19]

Dessa forma, o objetivo central da Mesa Redonda, em Santiago do Chile, era tratar da importância e do desenvolvimento dos museus no mundo contemporâneo, através de uma abordagem de interrelação profissional entre a área dos museus e o desenvolvimento econômico e social, denominado "O papel do museu na América Latina atual".

Os participantes, ao longo dos trabalhos, firmaram a convicção de que os museus faziam muito pouco, ou quase nada, em favor dos latino-americanos em condições de pobreza, o que levou-os a refletir sobre a finalidade dos museus e a concluir que, aparentemente, os museólogos estavam sendo insensíveis aos problemas econômicos e sociais que afligiam a América Latina.

Nas palavras de Mario E. Teruggi, se a maior parte dos especialistas presentes tinha uma vaga ideia do que eram os museus, bem como de

[19] Disponível em http://revistamuseologiaepatrimonio.mast.br/index.php/ppgpmus/article/viewFile/70/105. Acesso em 01 de setembro de 2021.

suas possibilidades e perspectivas, o restante da população, com maior razão, ignorava a natureza e a significação dos trabalhos de museologia. Segundo ele, os museus eram visitados, de tempos em tempos, geralmente nos dias de chuva ou para serem mostrados às crianças e aos visitantes de passagem, momento em que os trabalhos de montagem das exposições eram recebidos ora com satisfação, ora com indiferença, sem qualquer compreensão, entretanto, do fenômeno cultural por eles representado[20].

Assim, o grupo que participou do evento – dentre os quais, Lygia Martins Costa, representando o Brasil – tomou para si a incumbência de definir e gestar políticas que mantivessem vigentes os valores dos museus como atores vivos da sociedade, ao mesmo tempo em que lhes era reconhecida a contribuição no plano educativo e no desenvolvimento social. Este grupo veio a criar dois novos conceitos para reflexão e plano de ação: o museu integral e o museu integrado, refletindo a necessidade de os museus se afirmarem como fator de mudança social e rompendo, totalmente, com os conceitos até então vigentes.

Conforme artigo publicado por Luciana Christina Cruz e Souza:

> O "Museu Integral" pode ser pensado no âmbito do enfrentamento e resistência à colonialidade – esta encarada como responsável por problemas estruturais de ordem política, econômica e social. Nessa perspectiva epistêmica, os museus poderiam ser uma poderosa ferramenta moderna apropriada para a crítica às noções de 'progresso' e 'desenvolvimento' largamente operacionalizadas na Mesa de Santiago. Sendo assim, também é possível pensar ou projetar, a partir da Mesa Redonda de Santiago do Chile, a criação de um modelo conceitual de museu que não se alinhasse à dinâmica de progresso pela via da exploração de recursos naturais, exploração do trabalho, concentração de terras, urbanização desordenada, entre outros – elementos elencados e comentados na transcrição das conferências e nos artigos da Revista Museum como parte da experiência latino-americana.[21]

[20] Teruggi, Mario E. *La Table ronde de Santiago du Chili.* In Nascimento, José do – Junior, Trampe, Alan, Santos, Paula Assunção dos (Organizadores). "Mesa redonda sobre la importancia y el desarrollo de los museos en el mundo contemporáneo", *Revista Museum, 1973.* V. 2. Brasília: IBRAM/MinC; Programa Ibermuseos, 2012, p. 129-133.

[21] Souza, Luciana Christina Cruz e. "A Mesa Redonda de Santiago do Chile e o Desenvolvimento da América Latina: o papel dos Museus de Ciências e do Museu Integral". *Museologia e Interdisciplinaridade.* Vol. 9. Nº 17. Jan/jul de 2020.

Dentre as recomendações importantes de Santiago, havia, ainda, a do aproveitamento das reservas dos museus em benefício das comunidades carentes. Ou seja, os museus deveriam trabalhar para organizar suas reservas, a fim de que fossem expostas em museus pequenos, subúrbios e entidades culturais acessíveis ao povo, sob a assistência do museu responsável.

18.6 Lygia Martins Costa, a primeira museóloga brasileira

Em 1869, John Stuart Mill[22] contestou, pela primeira vez, o conceito de "natureza feminina", demonstrando que os chamados caracteres peculiares da mulher nada mais eram do que o produto de um determinado contexto histórico, cultural e social.

Nas décadas de 1930 e 1940, as mulheres brasileiras ainda eram, prioritariamente, vocacionadas ao casamento e aos cuidados com a prole. Quanto muito, era aceito que exercessem a profissão de professoras primárias. Foi nesse contexto que Lygia Martins Costa construiu sua vida e sua carreira, em meio a seguidos conflitos com o pai, que não aceitava que uma filha sua vivesse do próprio trabalho.

18.7 Primeiros passos

Lygia Martins Costa já foi citada inúmeras vezes ao longo deste trabalho, quer por suas opiniões, quer por seus escritos e realizações.

Nascida no dia 13 de dezembro de 1914, em Pinheiros, atual Pinheiral, cidade fluminense do Vale do Paraíba, era filha de um engenheiro da Estrada de Ferro Central do Brasil e de uma dona de casa, ambos cariocas. As duas famílias, paterna e materna, descendiam de antigas oligarquias rurais. O fato de ter nascido no interior do estado do Rio de Janeiro deveu-se, exclusivamente, à profissão do pai, já que a família retornou à Capital Federal algum tempo mais tarde.

Em 1922, seu pai foi enviado pela Central do Brasil aos Estados Unidos, para especializar-se nas modernas técnicas de engenharia aplicadas às redes ferroviárias.

Em Nova York, onde a família residiu nos primeiros seis meses, Lygia conheceu o Museu de História Natural e o Metropolitan Museum, o

[22] Mill, John Stuart. *La soggezione delle donne.* Roma: Partisan, 1971, p. 47.

que, certamente, exerceu forte influência sobre o espírito da futura museóloga e historiadora da arte[23].

Voltando ao Brasil, após um ano e meio nos Estados Unidos, Lygia prosseguiu em seus estudos, concluindo o ensino secundário por volta de 1933. Durante cinco anos, manteve-se indecisa quanto aos caminhos a seguir, até que, no início de 1938, um jornal publicou o anúncio de abertura de matrículas para o Curso de Museus do Museu Histórico Nacional. Entusiasmada, Lygia teve que enfrentar a oposição de seu pai, que acabou enviando um filho homem para "verificar como era o ambiente". O rapaz voltou com a informação de que nada havia a temer: – "Pode deixar, papai. Só tem mulher!" [24].

Em março de 1940, após ter concluído o curso e ter sido aprovada no concurso público para Conservador de Museus, Lygia Martins Costa começou sua carreira no Museu Nacional de Belas Artes, no qual foi lotada.

18.8 Curadora de exposições no museu nacional de belas artes

Lygia realizou uma série de atividades na implantação efetiva do Museu. O próprio prédio, em estilo eclético, vinha sendo utilizado, desde 1909, pela Escola Nacional de Belas Artes e necessitava de adaptação, reforma e modernização. Também as coleções da antiga Academia Imperial (depois Escola Nacional de Belas Artes) não prescindiam da realização de trabalhos técnicos.

Inicialmente, buscou maiores conhecimentos na cadeira de História da Arte, ministrada pela Escola de Belas Artes, com a duração de dois anos. Foi uma experiência importante, pois, antes da reforma de 1944, não havia História da Arte Geral no Curso de Museus, que só contemplava a Arte Brasileira.

[23] A respeito, vide SÁ, Ivan Coelho de. Lygia Martins Costa: narrativa sobre suas contribuições à museologia e ao patrimônio. Disponível em https://periodicos.unb.br. Acesso em 02 de setembro de 2021. Toda a biografia de Lygia foi inspirada nessa obra.

[24] SÁ, Ivan Coelho de; Vilagran, Raquel. "Entrevistas com D. Lygia Martins Costa (Projeto de Extensão e Cultura Centenário de Lygia Martins Costa: uma reflexão sobre histórias de vidas pioneiras)" [não publicado]. Rio de Janeiro: Jun-nov. 2014. Entrevista concedida ao Núcleo de Memória da Museologia no Brasil. Disponível em https://periodicos.unb.br. Acesso em 02 de setembro de 2021.

Posteriormente, dedicou-se ao estudo de Filosofia e de Literatura Portuguesa, na Faculdade Nacional de Filosofia, da então Universidade do Brasil.

Lygia recebeu o desafio de classificar a coleção de gravuras do MNBA. Para tanto, decidiu frequentar, por um ano, a disciplina de Iconografia, que era oferecida no Curso de Biblioteconomia da Biblioteca Nacional e que compreendia a história da gravura, a identificação das suas técnicas, a iconografia e a iconologia. Esses estudos concederam-lhe a segurança necessária para catalogar a coleção e organizar a Exposição "Dürer e a Gravura Alemã"[25], entre julho e agosto de 1941.

Um fato interessante em relação a esta exposição é que, para montá-la, Lygia partiu da coleção de gravuras de Dürer, não exposta, da Biblioteca Nacional (que não fazia exposições) e foi procurando outras obras do artista em coleções particulares. Para situá-la no tempo, começou a buscar o que precedeu àquele período da arte alemã e seu desdobramento. Como curadora, ao investigar a coleção Julius Arp, Lygia fez contato com o professor de arte Georg Höltjen, especialista na matéria, que a integrou no mundo da gravura alemã. Isso levou à ampliação do tema da exposição, que veio a abranger os incunábulos do século XV, os primeiros livros impressos. Nestes, as gravuras eram coloridas à mão[26].

Em 1940, Lygia já havia trabalhado na Exposição de Arte Francesa, realizada entre junho e agosto daquele ano. Com mais de cem obras oriundas do Museu do Louvre e de outros museus franceses, foi uma exposição muito movimentada, que contou, inclusive, com conferências e visitas guiadas.

Sua atuação como curadora intensificou-se pouco a pouco. Em 1943, organizou a Exposição do Centenário de Pedro Américo e a Exposição de Pintura Britânica Contemporânea, esta última no segundo semestre.

[25] Albrecht Dürer foi gravador, pintor, ilustrador, matemático e teórico de arte alemão. Provavelmente, foi o mais famoso artista do Renascimento nórdico. É considerado como o primeiro grande mestre da técnica da aguarela, principalmente quanto à representação de paisagens. Disponível em https://www.wikiart.org/pt/albrecht-durer. Acesso em 26 de setembro de 2021.

[26] Entrevista de Lygia disponível na Revista do Patrimônio Histórico e Artístico Nacional, nº 31, 2005, já referida. Segundo consta, Georg Höltjen teria vindo para o Brasil com a Guerra Mundial e aqui ficado.

Em 1944, fez a curadoria das exposições "A Paisagem na Pintura Brasileira" e "A Criança na Arte". Em 1946, da Exposição Canadense de Artes Gráficas, organizada com o apoio da Embaixada do Canadá e montada no prédio do MEC, cuja construção havia sido concluída no ano anterior. Em 1949, cinco anos após a morte do mestre, organizou a "Retrospectiva de Eliseu Visconti".

Conforme o Projeto Eliseu Visconti,

> Lygia Martins Costa escreveu o texto principal do catálogo: "Apreciação da Obra". Certamente a primeira pessoa a elaborar um estudo metódico e cronológico da obra de Visconti – o que não foi tentado nem mesmo pelo seu biógrafo Frederico Barata – a conservadora do museu buscou sistematicamente definir uma linha evolutiva para a produção do pintor.[27]

O catálogo dessa retrospectiva constitui um dos textos pioneiros sobre Visconti e é consultado, ainda hoje, por historiadores e críticos de arte.

Em 1951, Lygia organizou a exposição "Retrospectiva de Raphael Frederico" e, no ano seguinte, com Regina Real, elaborou o projeto da exposição "Um Século de Pintura (1850-1950)". Esta última correspondeu à primeira experiência de Lygia com uma mostra itinerante, montada em Recife (agosto), João Pessoa (setembro) e Salvador (outubro).[28]

Tendo recebido todo o apoio do Governador do Estado, a exposição em Recife foi um sucesso: no dia da inauguração, mais de duas mil pessoas compareceram e foi apresentada toda a coleção, com 150 pinturas, nos dois andares do Museu do Estado e seu anexo. Já em João Pessoa, PB, não havia museu e a exposição foi montada em um salão do Senac, no qual couberam apenas 75 peças. Por fim, em Salvador, BA, foi colocada à disposição a Galeria Oxumaré, pequeno local, no qual só couberam 35 peças.

[27] Disponível em https://eliseuvisconti.com.br/visconti-pintor-introducao/. Acesso em 30 de setembro de 2021.

[28] Dados extraídos de SÁ, Ivan Coelho de. *Lygia Martins Costa: narrativa sobre suas contribuições à museologia e ao patrimônio.* Obra já citada.

18.9 No Sphan, com Rodrigo Melo Franco de Andrade, a primeira museóloga brasileira

Em 1952, Lygia Martins Costa foi convidada por Rodrigo Melo Franco de Andrade para trabalhar no Iphan (então Sphan), tornando-se a primeira mulher museóloga do país.

Inicialmente, assumiu a secretaria da Comissão de Belas Artes, tendo sido curadora da exposição de fotografias das obras de Aleijadinho, realizada em Assunção, Paraguai, em 1953[29].

Visando contextualizar esta exibição, é preciso dizer que, a partir da década de 1950, o Itamaraty havia começado a direcionar um conjunto de políticas para aproximar o Brasil do Paraguai e para diminuir a influência da Argentina no continente Sul Americano, principalmente na região do Prata. Dentre os objetivos da Missão Brasileira no Paraguai, como era chamada, estava a exposição da arte brasileira à sociedade daquele país, o que ajudava a compor as novas referências sobre o Brasil. Em 1953, a 2ª Bienal de São Paulo e a Mostra de Fotografias das obras do artista barroco Aleijadinho foram escolhidas para divulgar as expressões culturais brasileiras. Com isso, para um país pobre como o Paraguai, não seria mais exclusividade da Argentina a excelência do trabalho artístico.[30]

Lygia, em seu depoimento, explica que, até então, não tinha intimidade com a obra de Aleijadinho e que levou esse problema a Rodrigo Melo Franco de Andrade. Recebeu como resposta que fosse estudar nas horas vagas, na Biblioteca Nacional. Dessa forma, aprofundou-se na matéria e acabou indo ao Paraguai para mostrar a exposição. Ao chegar, deparou-se com uma quantidade enorme de ampliações fotográficas, preparadas pelo Itamaraty para representar a obra de Aleijadinho no exterior, que, como já tinha sido apresentada no Japão, estava misturada com fotos de obras de outros autores e sem qualquer cronologia. Coube a Lygia fazer a seleção e a ordem cronológica das fotos que foram apresentadas no Paraguai.[31]

[29] SÁ, Ivan, op. cit.

[30] CHEDID, Daniele Reiter. *Aproximação Brasil Paraguai: a Missão.* Disponível em https://www.ppghufgd.com/wp-content/uploads/2017/06/DANIELE-REITER-CHEDID.pdf. Acesso em 30 de setembro de 2021.

[31] Revista do Patrimônio Histórico e Artístico Nacional, nº 31, 2005, depoimento já citado.

Em 1955, passou a trabalhar na Seção de Arte do IPHAN, ligada à Divisão de Estudos e Tombamentos, cujo diretor era Lúcio Costa[32]. Em 1966, veio a assumir a diretoria da referida Seção.

Com a aposentadoria de Lúcio Costa, em 1972, Lygia tornou-se diretora da Divisão de Estudos e Tombamentos.

No mesmo ano, foi escolhida para coordenar o projeto da exposição "Memória da Independência", com acervos de vários museus brasileiros, criada para comemorar o sesquicentenário da Independência do Brasil. Importante lembrar que o país vivia, na época, o pior período dos anos de chumbo, sob a ditadura de Emílio Garrastazu Médici. Se as comemorações do sesquicentenário foram amplamente divulgadas pelos órgãos de informação (jornais, rádio, televisão), com a participação, inclusive, de artistas nacionais de renome, numa clara intenção de vincular a Independência do Brasil aos governos militares, sobre a exposição em si muito pouca coisa foi dita. Lygia da Fonseca Fernandes da Cunha comentou, de maneira vaga, que:

> A diligência e o desvelo com que a mesma vem sendo estudada, diz bem da responsabilidade dos integrantes da Comissão que escolheram em coleções de instituições públicas e particulares (adiante relacionadas) as mais importantes peças que testemunhem o período histórico compreendido entre a chegada da Família Real ao Brasil e o Reconhecimento da Independência (1808-1825). Assim, ao lado de manuscritos, obras impressas, estampas, quadros a óleo, figurarão objetos, valiosos (móveis, alfaias, jóias, viaturas, etc.) reconstituindo nos dois andares do Museu Nacional de Belas Artes, especialmente preparado, toda uma época.[33]

Difícil, assim, saber se o conteúdo da exposição se alinhou, de algum modo, ao "milagre econômico" e aos supostos vínculos existentes entre a Independência do Brasil e a Ditadura Militar, que o governo federal fazia questão de afirmar.

Nas décadas de 1980 e 1990, Lygia alcançou o ápice de sua carreira.

Em 1983, idealizou e organizou uma de suas maiores obras: o Museu da Abolição, em Recife. Neste, fez uso de sua concepção como museó-

[32] Idem, ibidem.

[33] Disponível em https://www.revistas.usp.br/revhistoria/article/view/131782/127994. Acesso em 30 de setembro de 2021.

loga, começando pela contextualização histórica da escravidão e do processo de abolição, destacando as potencialidades e as contribuições da Cultura Negra na arte, na religiosidade, no imaginário, na literatura e na música. O Museu havia sido criado em 1957, pelo ex-Presidente Juscelino Kubitscheck de Oliveira, por meio da Lei Federal nº 3.357, no Sobrado Grande da Madalena, e sua história será resumida a seguir.

As terras onde atualmente se situa o bairro de Madalena pertenciam a Duarte Coelho Pereira, donatário da Capitania de Pernambuco, que as recebeu de D. João III. Mais tarde foram doadas a seu cunhado e, com a morte deste último, passaram a seus filhos. No século XVII, foi fundado na área um engenho de açúcar, à margem de uma das vias de acesso ao interior da capitania, chamada Passagem de Madalena.

O casarão do engenho, vendido sucessivamente a vários proprietários, era um dos mais importantes da região no século XVII, conhecido como Sobrado Grande da Madalena. Durante as invasões holandesas foi transformado em fortificação para resistência aos invasores. Na segunda metade do século XIX, o casarão sofreu uma restauração que o adaptou ao estilo neoclássico, vigente na época.

Durante a II Guerra Mundial, o sobrado foi ocupado por uma unidade do Exército Brasileiro e, em seguida, utilizado pela Cooperativa de Transportes João Alfredo. Por fim, abandonado e em péssimo estado de conservação, passou a ser utilizado como moradia por famílias de desabrigados.

Do texto do Projeto de Lei nº 39, de 14.05.1954, encaminhado ao Senado Federal, constou que se solicitasse "a abertura de crédito necessário à aquisição do prédio onde residiu o Conselheiro João Alfredo, conhecido como Palacete da Madalena, para fazer adaptações e a instalação, nele, da Sede do Museu da Abolição."

Em 22 de dezembro de 1957, o Presidente Juscelino Kubitscheck de Oliveira criou o Museu da Abolição, com sede na cidade do Recife, através da Lei Federal nº 3.357, em homenagem aos abolicionistas João Alfredo e Joaquim Nabuco.

Em 1960, a Câmara Municipal do Recife aprovou o Projeto de Lei nº 103, que estabeleceu como de utilidade pública, para fins de desapropriação, o Sobrado Grande da Madalena, com o fim de lá ser instalado o Museu. A desapropriação efetivou-se através do Decreto Municipal nº 4514, de 30 de dezembro de 1961, sancionada pelo prefeito Miguel

Arraes de Alencar. A seguir, o Governo Federal repassou, através da 1ª Diretoria do Dphan, à Prefeitura Municipal do Recife, seis milhões de cruzeiros, visando à restauração do prédio. A imissão na posse no imóvel ocorreu em 1964.

Em 1966, o Sobrado Grande da Madalena foi inscrito no Livro do Tombo Histórico como Patrimônio Nacional.[34]

Por muitos anos, o Museu da Abolição dividiu o sobrado com a 5ª Superintendência Regional do Iphan (atual Superintendência em Pernambuco), passando a ser ocupado, exclusivamente, pelo MAB apenas a partir de janeiro de 2010. Nele são expostas não só peças de seu acervo museológico, como realizadas exposições temporárias e organizados outros eventos, com a participação de professores, pesquisadores e da população em geral. Também são realizadas pesquisas em seu acervo bibliográfico, hemerográfico (jornais e periódicos), fotográfico e documental.

Lygia Martins Costa, ao longo de seus 56 anos de serviços dedicados à museologia brasileira, participou de inúmeros Seminários e Conferências Internacionais, organizados pelo Icom e pela Unesco, todos ligados ao tema, nas décadas de 1950, 1960 e 1970.

Foi autora de textos de referência sobre Aleijadinho, Artes, Patrimônio, Museologia e Museus Regionais.

Faleceu em 11 de julho de 2020, aos 105 anos de idade.

Conclusão

Ainda hoje, são poucas as publicações brasileiras sobre museus e museologia, a maioria delas oriunda do IPHAN – Instituto do Patrimônio Histórico e Artístico Nacional.

Provavelmente, isso se deve à pouca importância conferida à cultura em nosso país e ao estado de quase perpétuo abandono a que são relegados os bens públicos protegidos e, em especial, os museus públicos, sistematicamente sujeitos a incêndios e outras ocorrências que comprometem, indelevelmente, o seu patrimônio.

Entretanto, os museus são centros de recuperação de patrimônio, o que, segundo a definição do dicionário da Real Academia Espanhola, significa "voltar a pôr em serviço o que estava inservível."

[34] Dados disponíveis em https://museudaabolicao.museus.gov.br/museu-da-abolicao/historico/. Acesso em 1º de setembro de 2021.

Quando um objeto é adquirido por um museu, ele é posto novamente em serviço, adquirindo um significado especial, uma vez que não irá recuperar o uso para o qual foi concebido, nem será colocado no lugar para o qual foi projetado. Seu uso e colocação seguirão as diretrizes traçadas pelo museu. Cumpre, aqui, acrescentar que, quando os bens de interesse cultural ingressam em um museu, recebem uma configuração distinta, passando a ser bens públicos, isto é, o que era de desfrute exclusivo de alguns se converte em patrimônio de todos. Com toda a razão, o Estado deve assumir a sua proteção.

Assim sendo, a retirada de um objeto de seu meio original se justifica, segundo Marina Chinchilla Gómez[35], quando o museu seja: (i) centro de conservação do patrimônio; (ii) centro de investigação do patrimônio; (iii) centro de comunicação do patrimônio ou (iv) centro de exibição do patrimônio. São essas as características exigidas de um museu para justificar a extração de um objeto de seu local de origem.

Em uma das últimas entrevistas concedidas por Lygia Martins Costa, lhe foi indagado para que servem os museus. A resposta é bastante esclarecedora:

> Para que servem os museus? Os museus servem primeiro para conhecermos o seu acervo, sempre o testemunho da vida de cada povo, pois tudo o que um museu desenvolver será em função desse acervo e, conhecendo-o, saberemos o que é mais importante a ser preservado. O conhecimento, consequência de estudo feito, é a alma, a questão principal e completa-se com a especulação, contextualização e reflexão do acervo, a mensagem que o museu tem a dar. A partir daí, pode-se desenvolver qualquer temática. Quem trabalha com museu precisa estudar muito, pensar muito, para poder transmitir alguma coisa de fato, em vez de criar uma certa confusão na cabeça dos visitantes, que é o que ocorre quando não se pretende nada, quando apenas se vão dispondo as peças como peças soltas que não têm vida própria nem vida em conjunto; quando vão sendo atiradas umas contra as outras até perderem a qualidade, o que pode acontecer em função da vizinhança. Se, ao contrário, uma peça estiver bem no contexto, ela cresce, tem um papel, uma vida

[35] GÓMEZ, Maria Chinchilla. *El museo como centro de recuperación del patrimonio, el ejemplo del Museo Arqueológico Nacional.* Madrid: Antonio Machado Libros, 2001, p. 61-62.

> própria; tem uma função dentro do que a circunda: ela não está ali por si mesma, está integrada.[36]

Isto é o que se chama de vida social das coisas. Um dos desafios da museologia social é romper com as práticas de colonização e com os entorpecimentos que a museologia colonialista, estruturada em bases hierárquicas e patriarcais, causa, ao valorizar a memória do poder.

Entretanto, os museus públicos que foram vinculados ao IPHAN, e que hoje são geridos pelo IBAM, tendem a reproduzir, com honrosas exceções, a lógica colonialista: hierárquica, autoritária e patrimonialista.[37]

[36] Revista do Patrimônio Histórico e Artístico Nacional, nº 31, 2005, depoimento já citado.

[37] Chagas, Mário. Op. cit., p. 131.

19.
CONFLUÊNCIA DE RESSIGNIFICAÇÕES: COMO A ARTE PODE CONTRIBUIR COM OS SÍTIOS DE MEMÓRIA E CONSCIÊNCIA SOBRE A DITADURA NO BRASIL?

Ana Paula Brito

"Resistência, fica guardado na memória dos visitantes e além dessa memória, o sentimento de querer defender a democracia para que esses fatos não se repitam": esse foi o registro de um visitante do Memorial da Resistência de São Paulo-MRSP em 02/11/14[1], dia em que o artista Alexandre D' Angeli concluiu a feitura coletiva de 436 máscaras em memória dos mortos e desaparecidos pelo regime ditatorial no Brasil.

A análise do registro do visitante nos dá a possibilidade de fazer uma breve análise sobre alguns desafios do trabalho dos Sítios de Memória de passados traumáticos, que analisaremos aqui a partir de três caminhos, quase cíclicos, que envolvem emoção, consciência e ação.

Vejamos, a partir da emoção, acionada por um processo de ressignificação individual das memórias comunicadas/compartilhadas (que são de certo modo apropriadas pelo visitante), há a possibilidade de um

[1] Não serão aqui compartilhados os nomes dos visitantes, apenas o conteúdo e as datas em que os comentários foram feitos. Todos os dados dos livros constam nas referências deste trabalho.

movimento de despertar da consciência, mobilizando um processo racional que, fundido ao processo de apropriação, estimula uma prática, uma ação no presente.

Tratando-se do tema em questão, as memórias da Ditadura, espera-se que essa ação no presente seja em prol dos Direitos Humanos, mas os livros de visita[2] do MRSP demonstram que esse movimento nem sempre reverbera em registros de visitantes que defendem o regime democrático e o combate à tortura.

Promover um caminho de emoção, consciência e ação é um desafio estimulante para as instituições museológicas que trabalham com a ativação de memórias sensíveis e plurais. Essas instituições são conhecidas, na América Latina e no Caribe, como Sítios de Memória, Sítios de Consciência e/ou Sítios de memória e consciência. Denominação consolidada entre militantes de organizações de Direitos Humanos, o termo "Sítio de Memória" tem sido cada vez mais estudado por pesquisadores acadêmicos no campo das ciências sociais e humanas. Há consensos entre os militantes, de se referir a lugares onde ocorreram crimes de lesa humanidade e que passaram por processos de musealização *in situ*, de sítio de memória. Por parte dos investigadores acadêmicos, há discussões no sentido de não limitar o uso do termo a processos de musealização *in situ*.

19.1 Os sítios de memória e consciência no Brasil

O Conselho Internacional de Museus – ICOM reuniu seus membros em 2019, na cidade de Kyoto, no Japão, para discutir "Museus como núcleos culturais: o futuro das tradições". Entre as maiores expectativas do encontro, estava aprovar uma nova definição de museu. Não houve consenso e, desde então, os comitês nacionais da organização promovem ações para discutir possibilidades para essa nova definição.

O que nos interessa é perceber como as questões polifônicas dos Direitos Humanos têm sido disputadas no âmbito deste novo conceito. Em consulta pública promovida pelo Comitê brasileiro do ICOM, entre os 20 termos mais indicados estão: Democrático, Decolonial, Direitos

[2] Há registros nos livros da exposição de longa duração da instituição, dos anos 2014 e 2015, em que visitantes defendem o regime militar, exaltam torturadores e grupos, como o Comando de Caça aos Comunistas.

Humanos, entre outros. No que diz respeito a este último termo, o comitê nacional registrou a compreensão de Direitos Humanos vinculado ao "compromisso com os processos sociais de luta pelas condições materiais e imateriais que asseguram a existência digna de indivíduos e grupos"[3].

Esta perspectiva mais ampla, voltada para a promoção da dignidade da pessoa humana, está na base das reivindicações pela criação dos Sítios de Memória da região latino-americana[4]. Num primeiro momento, tem-se a reivindicação para a criação desses espaços com a finalidade primeira de homenagear as lutas dos que deram suas vidas para que essa dignidade fosse regulamentada, num regime democrático. Com o desenvolvimento dos trabalhos profissionais de memorialização, feito nos Sítios de Memórias, essa perspectiva de desindividualizar as memórias de dor das ditaduras tem sido apreciada, refletindo sobre a necessidade de alinhavar sempre as discussões em torno das violações dos Direitos Humanos, fazendo conexões entre o passado e o presente. Esta relação aponta para a função social dessas instituições num horizonte de valoração transgeracional, que sobrevive às vítimas diretas da Ditadura.

O termo Sítio de Memória ainda não está consolidado no Brasil. A maioria das instituições são chamadas de memoriais, mas as discussões críticas sobre esses trabalhos têm os referenciado com esta nomenclatura, que é mais usual nos demais países da América Latina e Caribe. Há que se registrar que essas instituições também são chamadas, por especialistas[5] das áreas das ciências sociais e humanas, de Sítios de Consciência. Esse entendimento acompanha uma reflexão em torno de um

[3] A consulta pública para definição dos conceitos escolhidos pela comunidade museal brasileira como contribuição à Nova Definição de Museu recebeu a participação de 1.604 pessoas, sendo 784 em respostas individuais e 820 pessoas participantes dos debates promovidos por 62 grupos em todo o País. Para mais informações, consultar: http://www.icom.org.br/?page_id=2249, acessado em 16/06/2021.

[4] Para mais informações sobre os processos sociais de luta pela criação dos Sítios de Memória no Cone Sul, recomenda-se a tese "Quando o cárcere se transforma em museu", citada nas referências deste artigo.

[5] Recomenda-se a consulta ao verbete "Lugares de Memória (ou Sítio de Consciência)" de Inês Virginia e Renan Quinalha, do Dicionário de Direitos Humanos, disponível em: http://escola.mpu.mp.br/dicionario/tiki-index.php?page=Lugares%20de%20mem%C3%B3ria, acessado em 16/06/2021.

desdobramento do conceito de Lugares de Memória[6] e do trabalho desenvolvido pela rede mundial de instituições museológicas que tem como conceito gerador o compromisso com a educação para os Direitos Humanos, a *Coalition Sites of Conscience*[7].

Como uma pesquisadora latino-americana, interessa-me particularmente o termo Sítio de Memória e, como profissional da área, percebo que os Sítios de Memória são instituições museológicas, dinâmicas, sem receitas prontas, resultando de históricos e contínuos processos de lutas sociais[8] e disputas de memórias.

Entende-se um Sítio de Memória como sendo um espaço dedicado ao trabalho com memórias de passados traumáticos, no qual se promove a ressignificação dessas memórias no presente, a partir de diversos suportes e atividades educativas e culturais. Essa ideia, portanto, não condiciona que a instituição funcione num espaço que tenha sido utilizado para violações de direitos humanos (Brito, 2019, p. 272).

Esta última perspectiva apontada visa a fomentar a compreensão de que essas instituições não precisam necessariamente estar estabelecidas em lugares onde ocorreram violações de Direitos Humanos para serem consideradas Sítios de Memória. Antes, importa observar o trabalho de memória realizado a partir de diversas metodologias em prol de novas apropriações memoriais e da ação para a valorização dos Direitos Humanos.

Atualmente, no Brasil, há três Sítios de Memória com funcionamento regular e cujo conceito gerador são as memórias do período de 1964 a 1985. São eles: o Memorial da Resistência de São Paulo (2002), o Memorial das Ligas e Lutas Camponesas da Paraíba (2006), e o Memorial da Resistência de Fortaleza (2013). Além destes, há inúmeras iniciativas em desenvolvimento, como o Memorial da Luta pela Justiça, o Memorial

[6] Conceito cunhado pelo historiador francês Pierre Nora, na obra "*Les lieux de mémoire*", publicado em 1984.

[7] A Coalizão Internacional de Sítios de Consciência é a única rede global de locais históricos, museus e iniciativas memoriais que ligam as lutas do passado com os movimentos de direitos humanos e justiça social de hoje.

[8] Sobre esses processos de lutas sociais para a criação dos Sítios de Memória no Cone Sul, recomenda-se a Tese "Quando o cárcere se transforma em museus", disponível em: https://tede2.pucsp.br/handle/handle/22643.

da Democracia da Paraíba, o Memorial dos Direitos Humanos de Minas Gerais, o Memorial dos Direitos Humanos do Rio de Janeiro, entre outros.

As memórias sobre o período ditatorial no Brasil são territórios de disputas históricas, e os Sítios de Memória são resultado de negociações em torno da construção da memória oficial sobre o período de 1964-1985. Nesta perspectiva, temos que a arte também é um território de disputas. Em suas múltiplas possibilidades de linguagem há, de forma intrínseca, uma constante negociação cultural em torno de sua manifestação. E o papel do espectador tende a ser uma questão central, nos "muitos mundos das artes."[9]. Vejamos então algumas questões basilares para orientar nossa reflexão sobre a obra artística a ser apresentada e sua relação com a instituição museal.

Quando se fala em práticas artísticas orientadas ao contexto de uma instituição, há de se pensar que são muitas as possibilidades de um artista trabalhar a partir de um lugar. E são muitos os fatores a informar seu trabalho. Desde o modo como o convite é realizado – ou o modo como o artista, espontaneamente, propõe a obra – até a maneira como ele se aproxima da instituição, investiga o lugar, se relaciona com os diferentes setores e profissionais do museu e então efetivamente propõe, projeta e desenvolve o trabalho. Isto sem falar no aspecto – ou nos aspectos – do museu ao qual sua proposta artística responde de modo mais claro, isto é, a arquitetura, o entorno, a história, a programação, os públicos, aspectos políticos envolvendo a instituição, dentre outros elementos (ALBUQUERQUE, 2020, p. 02).

Como explica a curadora e pesquisadora Fernanda Albuquerque, são muitos elementos que podem ser suscitados numa análise de uma obra de arte. Há variáveis de interrogações possíveis, antes mesmo do ato criativo da obra em si, que se relaciona com as indagações dos trabalhos do próprio artista. Por isso, antes de apresentar a obra e compartilhar as interrogantes do trabalho, parece indispensável saber mais sobre o lugar em que ela foi manifestada, pois este lugar não foi aleatório, mas carregado de significados históricos, fruto de pesquisas que colaboraram para o ato criativo do artista.

9 LIND, Maria. Learning From Art and Artists. *In*: WADE, Gave. *Curating in the 21st Century*. Londres: University of Wolverhampton, 2000.

19.2 O MRSP e a pinacoteca do Estado de São Paulo

O primeiro Sítio de Memória a ser criado no Brasil surgiu a partir de uma ocupação artística, a peça "Lembrar é Resistir", de Izaias Almada e Analy Alvarez, realizada durante o ano de 1999, nas instalações da antiga sede da Delegacia de Ordem Política e Social de São Paulo – DOPS/SP. A partir dessa ocupação, financiada pela Secretaria de Estado da Cultura do Governo do Estado de São Paulo, uma série de ações e disputas ocorreram até o estabelecimento das ações museológicas que existem no hoje chamado Memorial da Resistência. O Memorial compartilha o prédio com outra instituição, a Estação Pinacoteca, e com a parte administrativa da Organização Social-O.S. que administra esses museus, a Associação Pinacoteca Arte e Cultura-APAC.

No trabalho com história oral que venho desenvolvendo há alguns anos junto com vítimas diretas da Ditadura no Brasil, escutei de muitos ex-presos políticos que não era adequado que o MRSP dividisse espaço com um museu de arte. Para alguns, MRSP e Estação Pinacoteca não tinham nada em comum, e a Estação deveria sair do prédio. Sempre me perguntava se esse "problema" tinha como questão central o desejo das vítimas diretas da Ditadura de ocupar todo o prédio com memórias dessas experiências vividas, ou se haveria certa dificuldade de perceber o potencial que as múltiplas linguagens artísticas possuem para discutir temas sensíveis e traumáticos socialmente, ou, ainda, se repousa, em certa medida, uma compreensão limitante da arte vinculada exclusivamente às classes sociais mais altas. São muitas as variáveis e possibilidades de respostas.

No entanto, interessa questionar o quanto as ações da Pinacoteca podem ter contribuído com o avanço das ações museológicas do MRSP, e quanto às ações do MRSP contribuíram com atividades que fomentam os Direitos Humanos pela Pinacoteca. No caso particular da Pinacoteca, não há como não destacar a instalação "Pássaro Livre"[10], realizada pelos artistas alemães Horst Hoheisel e Andreas Knitz, no ano de 2003, um ano depois da criação do Memorial da Liberdade (primeiro nome dado

[10] Reconstituição do portal do antigo presídio Tiradentes, com pombos vivos engaiolados e liberados no contexto de performances. Para saber mais, consultar: http://www.knitz.net/index.php?option=com_content&task=view&id=14&Itemid=32&lang=pt-br, acessado em 17/06/2021.

ao projeto do atual MRSP). Esta foi a primeira instalação feita especialmente para o projeto Octógono da Pinacoteca e tem uma discussão direta com um dos cárceres da Ditadura, o Presídio Tiradentes.

Um dos colaboradores desse projeto foi o jornalista e ex-preso político Alípio Freire, que participou de um ato simbólico na inauguração da instalação. Freire também foi um dos ex-presos políticos que colaborou com o processo de criação do MRSP. Alípio Freire foi um grande artista, vítima da Covid-19, que deixa um grande legado de promoção dos direitos humanos, a partir de uma diversidade de trabalhos, sobretudo no âmbito das artes visuais, que comunicavam muitas vezes o incomunicável para distintas gerações.

A arte esteve desde o princípio no MRSP, seja na ocupação, na transformação ou no desenvolvimento das atividades museológicas. Dentre os documentos disponibilizados pela ação educativa da instituição, no material de apoio à prática docente, consta a reprodução de obras de arte que podem ser utilizadas em sala de aula, tais como desenhos apreendidos pela repressão ditatorial, fotografias, músicas e propostas de atividades.

Desde o primeiro momento, percebe-se uma decisão institucional de que a arte pode aproximar o passado, por anos silenciado, com o presente. Tudo era muito novo e estar aberto ao envolvimento com artistas foi uma aposta assertiva da então coordenadora do MRSP, Kátia Felipini. Uma das propostas acolhidas durante a sua gestão foi a obra performativa de longa duração do artista Alexandre D Angeli.

19.3 Performance 436[11]

Em 2014, o Brasil discutiu os 50 anos do Golpe Civil-Militar com uma vasta programação em diversas áreas do conhecimento, em prol do enfrentamento a esse passado ditatorial, por anos silenciado no espaço público. Era uma década na qual o país possuía políticas públicas em prol da discussão e preservação dessas memórias.

Foi no Dia dos Mortos daquele ano de efervescência memorial que o artista Alexandre D'Angeli concluiu a feitura de 436 máscaras feitas

[11] A performance foi realizada em dois momentos: de 21 de outubro a 2 de novembro de 2014, com a produção de 436 máscaras; e de 12 a 15 de março de 2015 com a produção de 119 máscaras.

pelo público, a partir de sua mediação silenciosa na construção da obra performativa em homenagem aos mortos e desaparecidos políticos da Ditadura.

436 é o número registrado oficialmente como sendo de cidadãos brasileiros que reivindicavam um Estado Democrático de Direito e que foram assassinados pelo Estado ditatorial estabelecido pelo Golpe de 1964. Apesar desse registro, sabe-se que esse número não representa a totalidade dos cidadãos que perderam sua vida na luta pela democracia no país. A própria Comissão Nacional da Verdade, que investigou os fatos entre 2012 e 2014, afirma a necessidade de continuar as investigações sobre a repressão durante a Ditadura.

A seguir, vejamos uma poética apresentação da obra, a partir da experiência vivenciada e ativada para a produção deste texto. Propõe-se que a arte efêmera[12] de Angeli (2014/2015) deixou desdobramentos que não são perenes, pois, ao propor um papel ativo ao público, potencializou a experiência de ressignificar memórias coletivas e criar memórias individuais de um acontecimento, memórias compartilhadas a seguir.

MINHA EXPERIÊNCIA COMO ARTISTA. São Paulo, março de 2014.

O artista, vestido todo de branco, sentado no meio da sala de uma exposição temporária, em silêncio, com os pés descalços, espera calmamente ser ativado. Sua presença, em si, já causa estranheza. É um corpo estranho no meio do caminho. É incômodo. Mas está ali, esperando. Acompanhado de algum interessado, que se senta à sua frente, o artista é transformado em um condutor de algo, que passa a ser feito por quatro mãos. O espectador, ali sentado, também é transformado em promotor de algo, uma máscara.

[12] De acordo com a Enciclopédia Itaú Cultural, arte efêmera "é um conceito curatorial utilizado para denominar instalações, happenings e performances que não têm pretensão de ser perenes e se opõem às formas mais tradicionais da arte, como a pintura ou a escultura. (...) No Brasil, as formas de arte que se encaixam nesse conceito surgem no final da década de 1960 e na década de 1970. Influenciada pelos movimentos artísticos europeus e americanos, parte dos artistas brasileiros passa a questionar escolas e museus e propor novas formas de arte. Soma-se a essa influência o cenário político do Brasil, em regime ditatorial militar desde 19641. A repressão, a violência e a censura no país geram resposta por parte de um grupo de artistas, cujas obras têm caráter contestatório não apenas em seu conteúdo, mas também em sua forma." Disponível em: http://enciclopedia.itaucultural.org.br/termo343/arte-efemera, acessado em 21/06/2021.

As mãos nesse processo são tão importantes quanto o papel. O silêncio. Os olhares do artista ou dos artistas, que juntos passam a produzir uma máscara. O tempo transcorre. E há diversos tempos nesse processo: o tempo do destacamento das peças das três folhas de papel; o tempo das indicações de marcação; o tempo das dobraduras; o tempo das colagens; o tempo da secagem. E o tempo passa. Passa o tempo entre o silêncio dos artistas sentados e o barulho do entorno do museu, um ruído que, para alguns, nem é percebido, tamanha a conexão com a feitura daquilo que já parece ser algo além de uma máscara. Sobre a mesa, há uma caixa com adesivos de duas cores, vermelho e azul, com nomes em cada um. É preciso selecionar um dentre tantos nomes. O nome escolhido é elevado. Após a indicação, esse nome é adesivado e passa a compor o objeto que acaba de ser feito. Já não se trata de uma máscara, tem um nome e sobrenome vinculado a ele. É a materialização de alguém. O artista de branco eleva a obra, na altura dos olhos. Está ali. Agora são três naquela mesa. Lentamente, essa presença é rebaixada. E os olhos voltam a se cruzar, reconhecendo a ausência deixada, perdida, sentida. Aquela presença, rebaixada, já não cabe mais naquele espaço. Então o artista de branco se levanta e une a representação daquela ausência com outras ausências materializadas a quatro mãos. Não há despedidas. Já não há mais artistas, mas dois indivíduos que experienciaram um encontro crítico com o impacto da repressão na vida de outro indivíduo, que agora só existe quando rememorado.

Imagem: Performance do artista Alexandre D' Angeli durante a Exposição 119 no MRSP.

Foto: Cacá Bernardes.

Imagem: Performance do artista Alexandre D' Angeli no MRSP.

Foto: Léo Pinheiro.

"Como um brinquedo de encaixe, todas as peças estão organizadas em três folhas A4 brancas, que ao serem destacadas possibilitam criar uma volumétrica do rosto humano"[13]. Os nomes em azul são referentes aos desaparecidos políticos, e em vermelho os mortos oficialmente pelo Estado Ditatorial. Na proposta, o artista transformou números em histórias, nomes em presenças. A ação de Angeli, proposta por ele à instituição, aplica a "*memory for action*"[14] que a Coalizão Internacional dos Sítios de Consciência tanto visa a difundir para os museus de todo o mundo que trabalham com memórias de passados traumáticos e visam à promoção do respeito aos Direitos Humanos.

A memória para a ação, proposta pelo artista, levou o visitante a sair da posição de espectador, que dentro de um espaço museal está mais suscetível a diversas influências para assumir outros papéis. O primeiro papel que se destaca é o de ser, naquele momento, também artista.

[13] Apresentação da Obra Performance pelo artista Alexandre D'Angeli, 2014, disponível em: https://cargocollective.com/alexandredangeli/436, acessado em 16/06/2021.

[14] Perspectiva da iniciativa global de que a memória precisa estar ativada para a ação. Para saber mais, sobre a discussão, consultar publicação da organização: https://www.sitesofconscience.org/wp-content/uploads/2016/08/Memorialization-Toolkit-English.pdf, acessado em 17/06/2021.

Angeli, ao lembrar da obra, cita-a como uma "ação partilhada, com uma experiência compartilhada" [15]. Há aqui um desejo de sensibilizar e afetar o outro e, nesse processo, também ser afetado por essa sensibilização construída em dupla. Em certa medida, há uma generosidade do artista, de propor uma obra que compartilha com o visitante a posição de também ser artista. Assim, a obra 436 foi uma obra realizada por 437 artistas.

Cabe indagar se a obra de Angeli teria o impacto de estimular a curiosidade, sendo feita somente pelo artista propositor da ação, sem o outro para remontar mais 436 outros. Quantos desses 436 artistas se transformaram, depois da feitura da obra, em pesquisadores? Participantes que, findada a experiência, ficaram com curiosidade de conhecer aquele terceiro participante da mesa, a história que aquele nome da máscara feita, não conseguiu contar. Onde será que foi parar o corpo da pessoa que acabei de montar? Em que condições ele morreu ou desapareceu? O que ele ou ela fez? O que motivou o Estado a promover essa violência? E os familiares dessas pessoas? Será que ainda buscam o paradeiro delas? Os responsáveis por esses crimes foram julgados? Interessa analisar a potência dessas interrogantes, que o encontro com esses seres, materializados pela arte, pode proporcionar.

A artista e investigadora Mônica Hoff (2019), em provocativo artigo que compartilhou vinte coisas que desaprendeu com a arte, divide com o leitor o que poderia ser considerado princípios básicos para começar uma discussão sobre arte. Entre suas perspectivas, cabe comentar que, para ela, a arte "sempre será política, do contrário não será arte; que disciplina é tudo o que ela não tem, ainda bem; e que a curiosidade é muito mais interessante que a criatividade"[16].

A arte de Angeli é política. O outro artista, recém-formado por ele, pode sair da experiência potencialmente atravessado de curiosidade e incômodo. O silêncio também estimula essa curiosidade e impacto nessa troca. Qualquer palavra, dita ou sinalizada, poderia diminuir o atravessamento do incômodo, que comove e perturba. Esse silêncio também poderia representar a sociedade brasileira, que permaneceu tantos anos num processo lento e discreto ao se relacionar com o tema publica-

[15] Conversa com o artista Alexandre D' Angeli.

[16] Hoff, Mônica. Algumas coisas que (des)aprendi com a arte. Site ArteVersa. Disponível em: https://www.ufrgs.br/arteversa/algumas-coisas-que-desaprendi-com-a-arte/, acessado em 15/06/2021.

mente. Mas, esse silêncio não significa esquecimento; é importante não confundir. E para os familiares e ex-presos políticos, esse silêncio amargo foi sentido e transformado sobretudo a partir das mudanças nacionais com o advento das políticas públicas de memória e reparação. Ainda sobre a performance, é importante também saber que ela também proporcionou encontros familiares, como revela o artista:

> Muitos familiares de mortos e desaparecidos estiveram lá. Como fico em silêncio e não me comunico com palavras, fiquei sabendo apenas pelos monitores do espaço. Teve uma senhora que pegou o nome de uma pessoa na caixinha para colocar na máscara e depois tirou o RG da carteira e me mostrou o mesmo sobrenome[17].

O artista e a instituição possibilitaram encontros familiares, ainda que simbolicamente, como vimos no relato acima descrito. Podem ter acontecido também reencontros de amigos, que a repressão do estado ditatorial interrompeu com assassinatos e desaparecimentos. Há ainda oportunidade de encontros entre desconhecidos, do visitante com a vítima da Ditadura representada na máscara. E neste, temos um encontro muito potente para gerar ações, remetendo ao caminho quase cíclico aventado no início desta comunicação, uma ação posterior ao contato com a emoção e consciência.

Cabe destacar que a ausência desse (re)encontro e de informações sobre o paradeiro dos desaparecidos políticos causa sequelas físicas e psicológicas nas famílias que seguem buscando informações sobre as vítimas da Ditadura. O estudo[18] feito pela psicanalista chilena Paz Rojas Baeza revela danos da ausência desse encontro no presente. E esse dano segue no *continuum*, corroborando a perspectiva de se tratar, portanto, de um crime de tortura continuada, por isso imprescritível.

Uma segunda apresentação da Performance de Alexandre no Memorial ocorreu a convite da instituição, no contexto da exposição do

[17] Fala do artista Alexandre D'Angeli para o Portal Diário da Região de Ribeirão Preto, em 10/12/2016, sobre Performance feita no MRSP. Disponível em: https://www.diariodaregiao.com.br/_conteudo/cultura/teatro/performance-usa-o-sil%C3%AAncio-para-lembrar-as-v%C3%ADtimas-da-ditadura-militar-1.655201.html, acessado em 05/06/2021.

[18] Baeza, Paz Rojas. *La interminable ausencia: estudio médico, psicológico y político de la desaparición forzada de personas*. 1ª edición. Santiago: LOM Ediciones, 2009.

artista chileno Cristian Kirby, que apresentou um trabalho feito a partir da fotografia da face de 119 desaparecidos políticos chilenos, vítimas da Operação Colombo. A exposição 119[19] (18 de outubro de 2014 a 15 de março de 2015) colocou os brasileiros diante de uma realidade compartilhada: a violência ditatorial mascarada e ocultada, um conflito entre os atos "clandestinos" e os discursos públicos da repressão e as disputas pela memória no presente. Na exposição, Kirby utiliza mapas da cidade de Santiago (Chile) e listas telefônicas como base para revelar fotos dos chilenos assassinados e desaparecidos durante a Ditadura no Chile. Oficialmente, os militares divulgavam notícias de que esses cidadãos haviam se matado entre si.

Para esta segunda performance, o artista Alexandre D' Angeli produziu coletivamente 119 máscaras destes cidadãos chilenos, vítimas da Ditadura que de maneira articulada assolou o Cone Sul. Aqui, percebemos o potencial da arte para além das fronteiras territoriais, de idiomas, simbolicamente entrelaçadas para comunicar sobre a resistência a governos repressivos, fomentando uma leitura da arte como resistência.

19.4 A instalação

Outro convite da instituição para o artista foi que o resultado da obra fosse exposto em uma das celas remanescentes do período ditatorial. A cela 02, antes da intervenção, dispunha de apenas uma tela suspensa que exibia em *loop* mensagens e fotos dos mortos e desaparecidos políticos.

A incorporação, pela instituição, das máscaras, em sua exposição de longa duração, revela o caráter processual da obra de Angeli. Nessa decisão, a instituição se movimenta com o artista, no estímulo a provocar mais perguntas do que dar respostas ao visitante.

Nem todas as máscaras couberam na pequena cela. Muitas delas, com o tempo, iam descolando da parede. Os educadores e pesquisadores da instituição, cotidianamente, tratavam de fixar novamente as máscaras que caíam no chão da cela. Porém, ao longo de mais de um ano[20], a cola

[19] Mais informações sobre essa exposição, consultar: http://memorialdaresistenciasp.org.br/wp-content/uploads/2021/02/mrsp_119_folder_compressed.pdf, acessado em 05/06/2021.

[20] As máscaras ficaram expostas de 24/01/2014 até 15/03/2015 na Cela 02 e no espaço destinado ao Centro de Referência. Com o fim da instalação na exposição de longa duração, o Memorial conservou 82 máscaras que permaneceram após as ações do tempo (e do público).

do adesivo foi secando e, por indicação do próprio artista, a instituição passou a acolher os vazios deixados nas fileiras de máscaras organizados na cela.

Em conversa[21] com o artista, Angeli revela que lhe interessava esse vazio provocado pelo tempo na instalação e questiona também a ausência do espaço para o vazio na exposição de longa duração do MRSP, na concepção curatorial mesmo. Essa leitura artística de Angeli é carregada de uma reflexão política e histórica, pois o Brasil viveu por anos um esvaziamento do tema da Ditadura após a redemocratização. Houve, na história nacional, um vazio determinado pelo silêncio institucionalizado promovido em nome da reconciliação nacional. Há ainda muitos vazios[22] não preenchidos após tantas décadas para as famílias e para toda uma sociedade, que neste caso não é somente brasileira, mas latino-americana. Como representar os vazios deixados na Pátria Grande?

[21] Conversa com o artista Alexandre D' Angeli, no dia 09 de junho de 2021, por meio de plataforma virtual devido ao isolamento social motivado pela COVID-19. Conversa, e não entrevista, porque foi o reencontro de dois artistas, ativando memórias de uma experiência compartilhada por quatro mãos, refletindo sobre a generosidade de criar outros mais 435 artistas no MRSP no ano de 2014.

[22] Outro interessante projeto artístico que aborda os vazios deixados pela Ditadura na América Latina é o projeto do fotógrafo argentino Gustavo Germano. O projeto chamado "Ausências" foi exposto no MRSP de 28 de março a 12 de julho de 2015, sendo outra grande contribuição de conexões da arte com esse tema. O artista materializa a ausência dos mortos e desaparecidos políticos, refazendo fotografias de acervos familiares, com o espaço vazio que a ditadura roubou.

IMAGEM: EXPOSIÇÃO 436, DE ALEXANDRE D'ANGELI, NA CELA 02 DO MRSP.

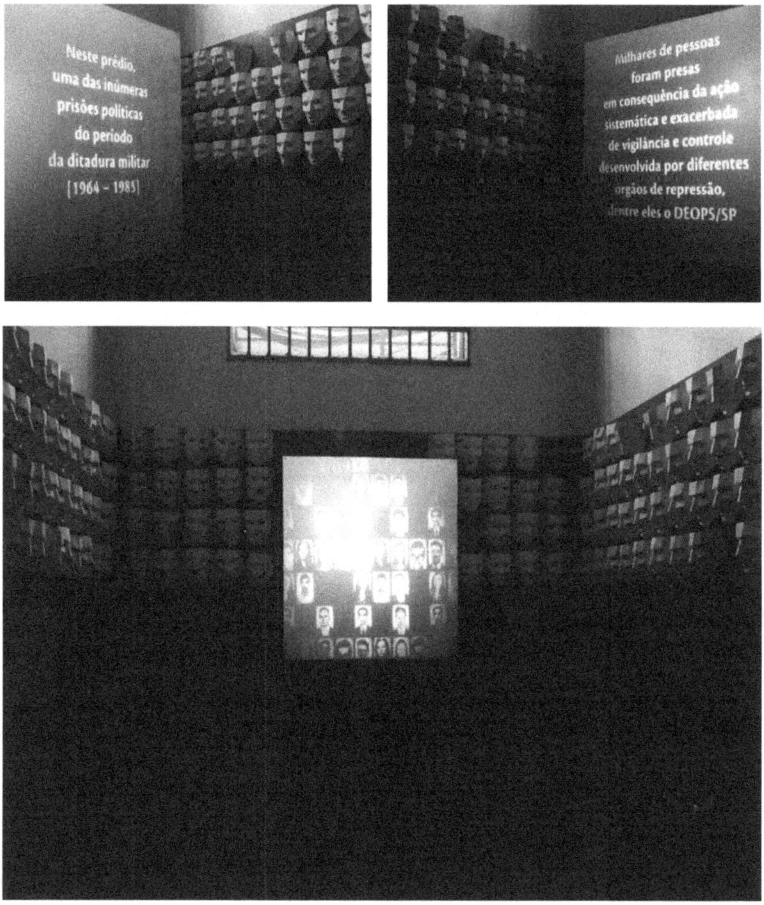

Foto: Ana Paula Brito. Acervo pessoal.

Essa foi a instalação feita na cela 02 do MRSP e, antes de tecer qualquer observação sobre ela, vale compartilhar o pensamento da curadora Cristina Freire (2011), que, numa poética reflexão sobre uma arqueologia do olhar para as exposições, nos museus, nos convida a um aprofundamento do poder do público na própria constituição da arte. Convergimos, ambas, com os princípios de Marcel Duchamp (1957), pioneiro em reconhecer que o público realiza um ato criativo ao ver a obra, sendo ele, o espectador, que efetivamente "faz" a obra de arte. Freire destaca a potência do público no processo de entender como a sociedade circula e descarta os valores das representações materializadas:

> (...) o museu não trabalha com objetos, mas com problemas. Ou seja, o museu ordena um acervo de coisas materiais para a organização de valores e relações sociais. Portanto, expor objetos é propor questões, produzir sentidos. Isso porque os objetos não são fetiches, isto é, não têm valores imanentes. Todos os valores são criados pela sociedade e aplicados aos objetos (Freire, 2011).

Ao assumir como objetivo principal não dar respostas, mas estimular perguntas a partir de memórias compartilhadas, o Sítio de Memória atribui ao público um direito cultural à memória e não um dever de rememorar como categoria de obrigação. Repetição e não ressignificação: essa diferença eleva o poder do público no processo de atribuir os valores imanentes que Freire aborda em sua análise. E, partindo dessas perspectivas, pareceu necessário saber como o público percebeu a obra de Angeli, instalada na cela 02.

"Eu não sei nem se deveria dizer 'uma das partes do Memorial que eu mais gostei', porque soa estranho dizer isso, mas muito me impressionaram estas faces de papel"[23]: assim a jornalista e blogueira Karla Alves Leal divulgou o Memorial em sua rede, após visita ao MRSP.

As máscaras se transformaram em elementos para novas interrogantes do público no espaço. As cores vermelha e azul chamavam a atenção do público, que, interpelado, recorria aos educadores da instituição em busca de informações. Estes profissionais tiveram, na arte, uma aliada para o processo de mediar com o público elaborações múltiplas sobre assassinato, desaparecimentos, importância da informação, do corpo, do luto, consequências das ausências e tantas novas interrogantes que pudessem dialogar com as memórias e experiências individuais do próprio visitante.

Os livros de visita da Exposição de longa duração evidenciam o grande impacto causado em outra cela da exposição, a cela nº 04. Nela, é possível ouvir trechos de relatos de sobreviventes do DOPS/SP compartilhando memórias de solidariedade entre os presos políticos. Os registros apontam para a acolhida do lugar como espaço de encontro dos visitantes com indivíduos materializados através de testemunhos orais.

[23] Disponível em: http://www.cariocandoporai.com.br/p/quem-sou-eu.html, acessado em: 05/06/2021.

Nos registros, cabe destaque para palavras relacionadas a sensações: tristeza, sensibilidade, tocante, forte, medo, frio no coração, mas emoção é o termo mais reiterado, sendo importante enfatizar que a emoção pode ser percebida como um caminho para uma tomada de consciência. No processo, acessar a comunicação de memórias traumáticas, as emoções, de acordo com os registros nos livros de visita, são questões reclamadas involuntariamente. Vejamos alguns desses registros: "A parte mais tocante são os relatos" (16/06/14); "Me emocionei muito com as histórias dos desaparecidos" (22/10/2014); "Podemos sentir a dor e o medo que as pessoas sentiram quando estiveram por aqui" (23/10/14). "É aterrorizante entrar nas celas e no corredor de tomar sol, assim como muitos passei mal e me imaginei sofrendo como os prisioneiros sofreram" (29/10/14).

A perspectiva não é a de estimular a dor na experiência da visita à exposição, mas evidenciar como o contato com essas memórias de dor pode ser catalisador para um processo de consciência, podendo ainda ser mobilizador para uma ativação da cidadania. Vejamos como o registro de uma visitante revela a potência dessa ação da memória:

> A visita a esse sítio de consciência provocou um marco na minha vida. Eu não tinha dimensão social e humana do que foi / é a ditadura. Ao escutar os relatos, preenchidos de som, me permitiu vivenciar os horrores daquela época. A forma como toda a estrutura foi construída nos deve nos fazer criticar o período sociopolítico que estamos vivendo. A sensação de inquietude e indignação se faz presente, e se tornou em mim, uma mola propulsora para debater e questionar. Sem palavras para agradecer essa experiência. (27/08/15).

Através desse relato e de outros modos de apropriação e ressignificação das memórias das vítimas diretas da Ditadura, expostas no MRSP, e registrados nos livros de visita, percebe-se a força do encontro humano entre gerações nos Sítios de Memória. Atenção, não se quer aqui sugerir que as memórias da Ditadura precisam ser personificadas nos museus, pelo contrário, somente a desinvidualização dessa dor permitirá que essas memórias sejam cotidianamente ressignificadas e importantes para as novas gerações, fazendo sentido no presente. Mas, esse encontro entre seres humanos de gerações diferentes é muito potente e a arte permite uma imensidade de formas de materializar esse encontro, como a performance 436.

No período da performance, notam-se registros apontando mais para a emoção desse encontro com as memórias dos ex-presos, sem mencionar diretamente a gravação dos testemunhos, sempre registrados pelos visitantes, como depoimentos[24]. Não há registros específicos nos livros de visita sobre a participação artística de 555 pessoas que se sentaram com o artista para produzir 436 +119 máscaras[25]. A ausência desse registro, nos livros, também fala. Particularmente, esta foi uma experiência que contou uma história sem voz. O silêncio foi perturbador e atravessador em todos os momentos, do início ao fim do processo. Não haver registros do público sobre a performance, mas sim das máscaras na instalação, parece apontar para um movimento interior que o artista proporcionou, de reflexão individual, na esfera da micro-história, para um movimento macro, como neste registro de visitante: "São com esses museus que podemos acreditar na mudança do país" (15/03/15).

Quanto à instalação, foi possível identificar registros sobre sua participação. O que mais chamou atenção foi a preocupação do visitante ao registrar o nome do artista, como pode ser visto a seguir: "Gostei muito, principalmente das máscaras de Alexandre D Angeli" (29/01/15). Aqui temos outro encontro? Do visitante com alguém que também foi visitante daquele espaço e colaborou com uma interpretação da história contada em voz baixa naquela cela 02? O encontro, mais uma vez, o encontro.

Essa parece ser uma das apostas da arte, nos Sítios de Memória: a perspectiva de possibilitar ao público conhecer materialmente alguém que teve sua vida impactada para que ela, hoje, tenha o direito à liberdade de expressão, a Democracia, entre outros direitos, ou mesmo com outra ressignificação da memória ali contada, estabelecendo uma conexão entre indivíduos de tempos e espaços diferentes. A arte nos Sítios

[24] Interessa demarcar a diferença entre testemunho e depoimento: testemunho é um processo de ativação de memória, por meio de uma conversa, uma entrevista ou outros modos de ativar os gatilhos memoriais; depoimentos são processos de compartilhamentos de memórias perante uma autoridade policial ou judicial. Nos trabalhos com as memórias do período ditatorial, reiteradamente opto pelo termo testemunho, pois muitos ex-presos e familiares de vítimas deram depoimentos nas delegacias políticas como o DOPS ou em Auditorias Militares durante o regime ditatorial.

[25] Quantidade de máscaras produzidas nas duas performances realizadas pelo artista no MRSP.

de Memória pode estimular deslocamentos de apropriações dessas memórias, do conteúdo da informação, para emoções em torno das pessoas que compartilharam as memórias de dor, uma aproximação entre seres humanos, conexões e simbioses de memórias sociais e memórias individuais, denotando outros sentidos, projetados para uma ação no presente, provocando experiências, para além do conhecimento, para o público, para o artista e, não menos importante, para a instituição.

"Arte é o que nos finca o pé no chão, ao mesmo tempo em que nos joga pra longe". (Jailton Moreira, 2019)[26]: o "pé no chão", destacado pelo artista Jailton Moreira, nos Sítios, é a base da informação, a pesquisa extensa que, muitas vezes, é realizada no contexto da criação artística. Este foi o caso do artista Alexandre D'Angeli, que relata ter realizado uma longa investigação sobre o contexto histórico e sobre a vida dos cidadãos mortos e desaparecidos, cujas memórias e presenças ele traz ao espaço público. Mas também nos "joga para longe", para outras conexões e perguntas, para dúvidas, mais do que respostas, para pensamentos individuais. E nesse momento individual, a potência da curiosidade, no caso da Performance 436, pode ser o elo entre o conhecimento teórico em torno da violência ditatorial e a experiência prática de ver o resultado material dessas ações repressivas, ou pode levar para ainda mais longe, a processos memoriais individuais de violências vividas, permitindo um diálogo entre passado e presente. Tem-se uma reflexão de como essas violências se cruzam, em um país que não responsabilizou os crimes de lesa humanidade cometidos de 1964 a 1985. E quantos crimes mais serão cometidos diariamente no Brasil, sob o respaldo da impunidade histórica garantida pela interpretação da Lei da Anistia (Lei nº 6.683/1979)?

19.5 A arte e o interrogar-se nos sítios de memória e consciência

Questionado sobre como percebe o papel da arte nos Sítios de Memória e Consciência, Angeli percorre um caminho que não é objetivo e nem poderia ser. A arte não demanda uma linearidade para ser compreen-

[26] Expressão oral do artista Jailton Moreira em aula proferida no Instituto Tomie Ohtake, no ano de 2019, reproduzida por Fernanda Albuquerque em aula da disciplina "Arte e Museologia" do curso de Pós-graduação em Museologia da Universidade Federal do Rio Grande do Sul, no ano de 2021.

dida; muitas vezes, a compreensão da arte passa necessariamente pelo modo como é sentida a manifestação em questão. Para o artista, a arte torna tudo mais acessível e assim, de simples, Angeli toca em um ponto extremamente complexo dos Sítios de Memória, a acessibilidade das memórias, no plural, aceitando os conflitos e disputas.

O direito à memória e à cultura preconiza aqui o espaço para os conflitos, respaldado sempre nos princípios democráticos e de valorização dos Direitos Humanos, mas aceitando e incorporando as disputas históricas pela memória oficial do período ditatorial. E o artista pode ser um grande aliado em representar o limite que não pode ser ultrapassado nas discussões sobre o período, tal seja o do respeito à dignidade da pessoa humana. Frederico Morais, artista, curador e diretor de museus, em entrevista[27] em que compartilhava as memórias de sua trajetória como curador, analisou a seguinte perspectiva sobre a importância do artista:

> (...) você não pode imaginar um país, uma ideia de nação, sem que inclua nessa ideia a arte como parte essencial. O papel do artista é fundamental para se compreender uma sociedade. É o artista que cria as imagens, cria os signos que atendem às necessidades do país. Com isso, o artista acaba levantando uma série de questões que irão problematizar uma sociedade. Esses signos ampliam o repertório imagético do país, e essas imagens, num certo momento, criam condições para ações políticas. (Frederico Moraes, 2007).

A Democracia brasileira ainda é jovem, carente de defensores da sua integridade, que depende de um movimento contínuo de ações políticas. Portanto, problematizar a sociedade e suas fragilidades é mais do que um caminho, é uma necessidade, e o artista, a partir de diversas linguagens, pode percorrer caminhos poéticos e complexos para apresentar coisas simples da cotidianidade, e, outras vezes, caminhos simples para apresentar temas complexos e difíceis da vida em sociedade. Mas quais são os caminhos simples na arte? Essa não é uma questão que

[27] Albuquerque, Fernanda; Motta, Gabriela. "O papel do artista é fundamental para se compreender uma sociedade" – Entrevista com Frederico Morais. In: Albuquerque, Fernanda; Motta, Gabriela (orgs.). Curadoria em artes visuais: um panorama histórico e prospectivo. São Paulo: Santander Cultural, 2017.

sonharia em responder, nem me parece que haja uma resposta, mas é uma estimulante provocação.

Ainda pensando nos caminhos que a arte pode percorrer para comunicar temas sensíveis nos Sítios de Memória, percebe-se certa expectativa quanto a estímulos às emoções, que muitas vezes textos e objetos teriam mais dificuldade para alcançar. A arte pode ser fugaz, quanto à rapidez com que convoca uma atenção e curiosidade, e passageira, para dar lugar a outra coisa, que pode ser um processo de interpretação sensorial e individual pelo receptor. Neste, atua uma conexão entre o espectador e uma diversidade de possibilidades de significado de uma representação.

Com as memórias do período ditatorial, há que se discutir, ainda, outro ponto sensível: os limites da representação das torturas. Nesse sentido, a arte tem sido uma aliada, muitas vezes de modo terapêutico para a apresentação disto que até os psicanalistas tem dificuldades de explicar, a tortura, posto que não há qualquer argumento aceitável que explique e justifique qualquer tipo de tortura.

O estímulo ao pensamento crítico, para além dos fatos, é uma das leituras de como a arte pode contribuir com sua poética, nessas instituições museais. Cabe estimular a percepção dos Sítios de Memória como espaços para além de reparações às vítimas diretas da Ditadura, entendendo-os como espaço de discussão sobre um tema que causou danos a toda uma sociedade, com heranças que se perpetuam até hoje. Essas instituições são territórios de memórias com funções mundialmente estabelecidas, provocadas sobretudo após processos distintos de musealização dos crimes da Segunda Guerra Mundial, processos mobilizados pela consigna de educar para nunca mais crimes de lesa humanidade. Em todos esses sítios há uma comunicação objetiva: a importância do respeito aos Direitos Humanos, mas como fazer isso estimulando o questionamento crítico? Sem negar a importância e o respeito a essa missão, cabe ainda problematizar qual o lugar das emoções nesses territórios de memórias, das emoções dos processos de interpretações que acabam por gerar novas memórias, num ciclo transgeracional.

Como as reações dos visitantes podem ser colaborativas dos processos institucionais de revisitar o passado ditatorial nos Sítios de Memória no presente e no futuro? O mundo das artes já tem refletido bastante sobre a importância do espectador e da liberdade de produções de sentidos múltiplos de uma obra, pelo público. Essa percepção do mundo das artes pode ser grande aliada para o necessário e constante processo de produção das memórias do passado, a partir de perguntas do presente mutável e dinâmico, pelo público, mas também pela instituição museal, que tem o papel de fomentar o acesso público a essa memória conflituosa.

Outro registro coletado do livro de visitas da Exposição de Longa Duração do MRSP que nos interessa discutir: "Hoje a liberdade está toda aí, liberta. Será que a utilizamos de forma certa?" (08/02/2015). Uma provocação estimulante que pode nos acompanhar nessas linhas finais, juntamente com o slogan da marca da 4ª Bienal de Artes Visuais do Mercosul, criada com dois símbolos de interrogação unidos por um único ponto, cuja imagem buscava enfatizar: "A arte não responde, pergunta". Para o criador da obra, Francisco Homem de Melo, "A arte latino-americana é um interrogar-se permanente sobre os paradoxos que conformam nossa identidade. O símbolo tematiza esse interrogar-se enraizado em nossa História"[28]. O ponto entre os símbolos de interrogantes poderia ser nossa liberdade?

Esse movimento de questionar continuamente, estimular novas problemáticas e não repetir respostas congeladas e incompletas é um desafio não apenas da arte, mas dos museus e, sobretudo, dos Sítios de Memória. A heterogeneidade do mundo das artes, em suas múltiplas linguagens e possibilidades de representação, sua sensibilidade, mas também sua transgressão pode colaborar com os trabalhos de memorialização sobre o passado ditatorial no Brasil, estimulando perguntas, encorajando a curiosidade e a experimentação imagética, incentivando a prática da consciência e o exercício pleno do direito à memória e à cultura. A partir da união dessas experiências, espera-se despertar uma ação em prol dos Direitos Humanos. O verbo é feminino, o tempo pode ser o pretérito perfeito, e a esperança é sempre presente (e futura): Ditadura Nunca Mais!

[28] Revista Bienal do Mercosul, Novembro de 2002, pg. 3. Disponível em: https://docplayer.com.br/5938064-A-arte-nao-responde-pergunta.html, acessado em 08/06/2021.

Referências

ALBUQUERQUE, Fernanda. Artista e instituição: um encontro doloroso. In: *Porto Arte*. Porto Alegre: PPGAV/UFRGS, v. 22, n. 37, julho-dezembro de 2017.

ALBUQUERQUE, Fernanda; MOTTA, Gabriela. "O papel do artista é fundamental para se compreender uma sociedade" – Entrevista com Frederico Morais. In: ALBUQUERQUE, Fernanda; MOTTA, Gabriela (orgs.). *Curadoria em artes visuais: um panorama histórico e prospectivo*. São Paulo: Santander Cultural, 2017.

ALBUQUERQUE, Fernanda. *Os efeitos da obra deste artista são de múltiplas responsabilidades: uma reflexão sobre arte e contexto no Museo Experimental El Eco a partir do trabalho de Vitor Cesar*. Artigo submetido à Ars – Revista do Departamento de Artes Plásticas da ECA-USP, 2020.

BRITO, Ana Paula Ferreira de. *Quando o cárcere se transforma em museu: processos de transformação de centros de detenção em sítios de memória no Cone Sul (1990-2018)*. 2019. 320 f. Tese (Doutorado em História) – Programa de Estudos Pós-Graduados em História, Pontifícia Universidade Católica de São Paulo, São Paulo, 2019.

BULHÕES, Maria Amélia. O sistema da arte mais além de sua simples prática. In: BULHÕES, Maria Amélia (org.). *As novas regras do jogo: o sistema da arte no Brasil*. Porto Alegre: Editora Zouk, 2014.

FREIRE, Cristina. Dos museus e das exposições: por uma breve arqueologia do olhar. In: SISEM/SP. *Museus: o que são, para que servem?* ACAM Portinari: Secretaria de Estado da Cultura de São Paulo, 2011.

HOFF, Mônica. Reflexões contrapedagógicas: desaprender e incendiar não são coisas que se pode separar. In: *Poiésis*, Niterói, v. 20, n. 33, jan./jun. 2019.

NASCIMENTO, Elisa Noronha. *A musealização da arte contemporânea como um processo discursivo e reflexivo de reinvenção do museu*. Revista MIDAS [Online], 3 | 2014.

MEMORIAL DA RESISTÊNCIA DE SÃO PAULO. *Livro de Visita da Exposição de Longa Duração*. Registros de 12 de setembro a 18 de novembro de 2014, São Paulo.

Livro de Visita da Exposição de Longa Duração. Registros de 19 de novembro de 2014 a 03 de março de 2015.

Livro de Visita da Exposição de Longa Duração. Registros de 03 de março a 26 de abril de 2015.

Livro de Visita da Exposição Temporária 119. Registros de 18 de outubro de 2014 a 15 de março de 2015.

20.
A FEITICEIRA E O MÉDICO: A DISPUTA PELO CORPO E A CURA NOS CAMPOS DE CONCENTRAÇÃO NA SECA DE 1932 NO CEARÁ

Kênia Sousa Rios

20.1 Campos de concentração no Ceará

A partir de março de 1932, o debate sobre a seca, que desde 1930 assolava o interior do Ceará, começava a ocupar mais espaço na imprensa de Fortaleza. O pavor com a chegada dos retirantes estava presente nos jornais da Capital, quase que diariamente. Exigia-se do Governo medidas extremadas para conter as levas cada vez maiores de flagelados, que se lançavam às estradas, trazendo esperança de encontrar na Capital algum modo de sobrevivência. Chegar até Fortaleza ou emigrar para outros Estados era a vontade de quase todas as famílias de miseráveis que procuravam escapar da fome nos Sertões.

Com a seca declarada, a vinda dos retirantes à capital era manchete diária. *O Nordeste* nos primeiros dias de 1932, anunciava: "Os famintos estão chegando até Fortaleza. Trens são assaltados e agora os chefes de comboios já não impedem a vinda dos flagelados para a capital (...)" (17/02/32).

O Correio do Ceará reforçava:

> Os retirantes vêm vindo(...) É a seca em toda sua rudeza que traz aos nossos rumos esses infelizes, míseros destroços da catastrophe que enluta os sertões e que acabará por nos envolver completamente(...)". Conforme esse jornal, o Governo deveria ter ação imediata, pois "o momento não comporta vacilações". Para evitar o crescimento do perigoso problema, o poder público deveria "assistir à população no próprio meio onde ele vive(...) (Correio do Ceará, 05/03/32).

Enquanto isso, *O Povo* alardeava: "Hoje, pela manhã quando partia o trem horário de Senador Pompeu, foi o mesmo invadido por uma leva de cento e tantos flagelados, que, embora em atitude pacífica, se mantiveram no firme propósito de se transportarem a esta capital(...)" (16/03/32).

O discurso dos ricos sobre o destino dos infelizes flagelados lembrava a todo instante que a seca descontrola a multidão: "(...) Estamos longe de combater o delírio dos nossos infelizes patrícios, cabendo aqui repetir os versos do poeta: "– A lei? Eu tinha fome! / e a lei a mais severa / não tem valor algum / se a negra fome impera." (O Povo, 13/01/32). Um dos jornalistas d'*O Nordeste*, (10/03/32) acrescenta: "Essa gente, a morrer de fome, constitui séria ameaça, porque mais dia menos dia, impelidos pela miséria, começarão a cometer actos de violência".

Os poderes públicos bem como a burguesia de Fortaleza entendiam que era urgente conter a força demolidora da multidão que chegava de todas as partes do Estado. Os retirantes vinham de muitos municípios do Ceará e até de Estados vizinhos. Ocupavam as cidades do interior e, em certa medida, Fortaleza. Nesse sentido, vale destacar que a periferia da cidade ficou quatro vezes maior durante esta seca.

Para barrar a marcha dos retirantes rumo a Fortaleza e outras cidades do Estado, foram erguidos sete "Campos de Concentração" (em Ipu, Quixeramobim, Senador Pompeu, São Mateus, Crato e dois em Fortaleza). Eram locais para onde grande parte dos retirantes foram recolhidos para receber do governo, segundo justificativa oficial, comida e assistência médica. Dali não podiam sair sem autorização dos inspetores do Campo[1]. Havia guardas vigiando constantemente o movimento dos

[1] Rios, Kênia Sousa. Isolamento e Poder. Fortaleza e os Campos de Concentração na seca de 1932. Fortaleza: Imprensa Universitária. 2014.

concentrados. Ali ficaram "encurralados" milhares de retirantes a morrer de fome e doenças. Entre abril de 1932 e março de 1933 foram registrados mais de 1.000 mortos somente no Campo de Concentração de Ipu.[2]

20.2 Medicina popular e medicina científica: uma disputa pelo corpo flagelado

Todas as semanas, os jornais de Fortaleza noticiavam que comissões dirigidas por enfermeiros, sanitaristas e médicos deslocavam-se da capital para os Campos de Concentração. A partir de suas atuações junto ao flagelado, esses profissionais da saúde sempre deixavam o registro de suas impressões nos periódicos da cidade. Além de ser uma voz autorizada para falar sobre a situação dos retirantes, o portador do saber científico sobre a saúde e a doença era visto como o verdadeiro dono do diagnóstico sobre os males e perigos da cidade, capaz, também, de indicar a solução mais eficiente. Para os arautos da ciência médica, o dever do poder público poderia ser dividido em duas partes complementares: "higiene e instrução". Mas não foi fácil implementar as novas regras e saberes sobre o corpo, pois o discurso médico científico teve que enfrentar forte resistência, representado pela experiência e os saberes religiosos do povo sertanejo.

Nos jornais da época, era comum encontrar registros sobre práticas religiosas dos pobres das cidades ou do Sertão. Nos jornais de Fortaleza, como de outras cidades, os homens e as mulheres do Sertão apareciam como seres ignorantes, que praticavam uma religiosidade deturpada, longe dos preceitos da "verdadeira ciência e religião". A linguagem dos jornalistas revestia-se de um tom quase sempre irônico, no qual o outro aparecia como o bárbaro do sertão, em contraposição ao civilizado citadino. A experiência do sertanejo com a seca e a ordem do viver no semiárido era motivo para que esses profissionais da notícia caracterizassem a religiosidade dos sertanejos e sertanejas como "práticas pitorescas" do "povo inculto".[3]

[2] Livro de óbitos da Igreja Matriz do Município de Ipú.

[3] Como ressalta Cristina Wissenbach, "... na descrição das condições de vida de trabalho das classes populares, jornalistas autoridades médico-sanitárias e policiais, homens da ciência e autoridades eclesiásticas tornam-se extremamente discursivos quando, nos inícios do século XX, narram ou refletem sobre fatos relativos às práticas e crenças mágico-religiosas presen-

Um dos vários exemplos dessa forma de tratar a religiosidade do Sertão é a reportagem que foi publicada pelo jornal *O Povo* no dia 24 de maio de 1932. O desprezo diante do saber do outro começa a se expressar a partir do título "Um meio fácil de explicar a Sêca":

> Desde Sábado que tem caído abundantes chuvas nessa cidade. Essa mudança de atmosfera em São José de Mipibu foi atribuída a causas sobrenaturais. É corrente que um menino ali residente tivera uma 'visão' na qual lhe diziam que a atual falta de chuva era ocasionada pela retirada que há algum tempo se fizera do cruzeiro outrora existente em frente da Matriz local. A insistência na divulgação da notícia fez algumas pessoas prometerem a reposição da cruz aludida. Isto feito, logo na noite de Sábado iniciaram-se as chuvas que se prolongam durante todo o dia. Como se vê, apesar das dificuldades do momento, a população não descansa quanto a propagação de suas crendices.

Para o sertanejo, não só a cura guarda relação com as forças do sagrado. A realização de determinados rituais religiosos poderia, também, acabar com uma seca. Realizar procissões, promessas ou roubar a imagem do santo da Igreja e só devolvê-la com a chegada das chuvas eram (e são) práticas que guardam relações com o mundo pagão e fazem parte de um repertório de estratégias de previsão e combate à seca. Nessa perspectiva, a noção de êxito da estratégia possui características próprias. Mesmo sem o sucesso desejado, o sertanejo não abandona sua fé. Em linhas gerais, a fé continua produzindo esperança e arrefecendo as dores. Ao contrário do que pensava (ou queria) o citado jornalista, tudo indica que essa crença não era vulnerável às "dificuldades do momento". Ou seja: a religiosidade era uma das formas de enfrentar as agruras da seca. E, nessa perspectiva, enfrentar não é somente tentar acabar com a estiagem, mas, também, dar um sentido cultural para ela

tes nas cidades brasileiras da época. (...) Diante da profusão de narrativas, muitas delas repetitivas, não é possível deixar de imaginar que seus autores, ao colecionarem histórias tão fascinantes, tinham também a intenção de colocar em destaque a imensa brecha que existia entre eles e esses outros, tão diferenciados em seu modo de viver e em suas crenças, sublinhando as profundas distinções que se instituía entre o universo mental popular e o erudito dos quais observadores e observados eram representantes. WISSENBACH, Maria Cristina Cortez. Ritos de Magia e Sobrevivência: sociabilidades e práticas mágico-religiosas no Brasil (1890-1940). São Paulo: Departamento de História – USP, tese de doutorado, 1997.

ou para o ritual que produziu ou não o efeito esperado, nesse caso, a dádiva das chuvas.

O discurso da higiene servia de justificativa para quase todos os (ab) usos do poder durante a seca de 1932. Contudo, esse poder em evidência na imprensa era pouco respeitado nas aglomerações dos miseráveis. As revoltas e resistências dos flagelados se manifestavam sobretudo contra as regras que se referiam ao poder dos médicos e higienistas, pois os sertanejos procuravam se livrar das doenças através de seus próprios meios.

"Quem bebe a água do santo fica curado". Esta era uma das manchetes d'*O Nordeste* de 14 de março de 1933. O jornal relatava que, numa aglomeração de flagelados do distante município de Timbaú, alguns anciões vinham "curando sofrimentos da vista, pulmões, rins e outras doenças". Em torno dos e das curandeiras, vários sertanejos se avolumavam para beber da água milagrosa.

Ao ser indagada sobre os milagres ali realizados, D. Maria José Guedes, garantiu, diante do jornalista, que era uma das favorecidas: "Eu era completamente cega e agora estou enxergando muito bem". Certamente, não cabe aqui levantar questões sobre a veracidade do depoimento de D. Maria ao Jornal. Interessa, apenas, pôr em relevo a força de suas palavras na reafirmação e no fortalecimento de uma vivência carregada de devoção, mas também a evidência de um certo abandono por parte do Estado no quesito saúde pública. D. Maria valoriza o seu universo de crenças mostrando sua funcionalidade diante do estranho jornalista. Desse modo, D. Maria assegurava que sua forma de procurar a cura era visivelmente eficaz. Subjacente a isso, estava a negação da ciência médica que, entre outros motivos, também se explica pelo distanciamento dos profissionais da medicina oficial no ordinário da vida no sertão.

Um dos principais conflitos entre os flagelados e os controladores dos Campos girava em torno de visões diferenciadas diante da doença e da cura. Para o sertanejo, a cura deveria ser operada por outros meios. No imaginário dos que deveriam ser submetidos aos padrões do saber médico, os males do corpo guardavam íntima relação com as forças do sagrado, manipulado vigorosamente por mulheres que encontravam na natureza (ervas, plantas) resposta para todos os males. Nessa perspectiva, o costumeiro caminho para a cura era pedir ajuda a um intermediário entre Deus e os homens ou entre o Diabo e os homens, como foi classificada a prática das rezadeiras desde o século XVI, na América.

20.3 A Feiticeira

> Uma enxaqueca. A tia Joaquina promptifica-se em fazer umas rezas e benzeduras com galhos de arruda e alecrim. Pobre preta velha! Deixem-na na inocente illusão da sua crendice! Mas não deixem sofrer inutilmente a mocinha. Um ou dois comprimidos de Cafiaspirina serão o bastante para allivial-a dessa terrível dôr de cabeça.

Acompanhado do desenho que mostra uma "preta velha" com ramos de arruda tentando curar a jovem branca enferma, esse texto publicitário dos remédios *Bayer* era amplamente divulgado pela imprensa de Fortaleza no início dos anos 30. A "Cafiaspirina", em contraposição ao mundo da chamada "inocente crendice", aparecia nas páginas do jornal *O Povo,* quase diariamente, ao lado de "reclames" que procuravam despertar o desejo do consumo em torno dos "artigos modernos" e várias outras propagandas de remédios, como o fortificante "Neo-necatorina" – indicado para a "doença da preguiça"- ou o "Elixir do Dr. Nogueira", que poderia curar feridas, espinhas, úlceras, reumatismos, manchas na pele, escrófulas ou quaisquer "males do sangue".

O saber autorizado, manifesto nos reclames da Cafiaspirina, era direcionado majoritariamente para as enxaquecas das mulheres brancas, belas, "recatadas e do lar". Não era somente um analgésico, mas um dispositivo de controle do comportamento feminino. Afinal, nos anos 1930 todo produto que se destinava ao consumo feminino deveria reforçar o modelo da mulher dadivosa e digna do bom casamento.

Imagem retirado do site: http://www.ibamendes.com/2012/08/anuncios-antigos-da-cafiaspirina-remedio.html

Imagem retirado do site: http://www.ibamendes.com/2012/08/anuncios-antigos-da-cafiaspirina-remedio.html

Qualquer comportamento feminino que desafiasse o ideal de mulher aparecia na publicidade como deturpação da classe dita subalterna e principalmente de cor negra. A mulher que na propaganda desafia a autoridade do saber médico é apresentada como ignorante, negra e pobre. Na contramão disso, o fármaco dos brancos e das brancas se orienta por uma clara tentativa de atualizar a perseguição às práticas consideradas de feitiçaria e bruxaria. Esse tipo de ideia era muito frequente nos anúncios de remédio ou elixir nas décadas de 1920 e 1930.

Podemos dizer que essa publicidade é uma atualização das perseguições implementadas pela igreja a partir do século XV às mulheres consideradas feiticeiras. Segundo o historiador francês Julles Michellet, a caça às bruxas justifica-se por sua conexão com a natureza e seu amplo conhecimento sobre o uso de ervas e plantas para tratar de males diversos do corpo e da alma. Michellet lembra que "durante mil anos o único médico do povo foi a feiticeira"[4]. Por isso mesmo levou muito tempo até que o povo começasse a se identificar com o discurso médico científico ou com uma farmacologia realizada em laboratórios brancos.

A separação entre religião, práticas religiosas e ciência produziu o assassinato de milhares de mulheres por toda a Europa e regiões sob o seu domínio. Vê-se que o poder masculino do mundo moderno ocidentalizado se sentirá para sempre ameaçado pela presença e força das feiticeiras. O discurso científico moderno se estabelece como um saber masculino, patriarcal, elaborado por homens pálidos, em lugares pálidos. Uma imagem que em muito se distancia da mulher escondida no seio da floresta ou nos lugares recônditos das periferias das grandes cidades.

O saber científico procurava disseminar a legitimidade da ciência, mas encontrava forte resistência na crença em um universo que, com base em "remédios caseiros" ou na prática das benzedeiras, apresentava, muitas vezes, uma teimosa negação às fórmulas científicas. Atacar o saber das rezadeiras foi uma das estratégias encontradas pela indústria de remédios, que tentava atingir a cidade e os confins do Sertão.

Além de figurar nos periódicos da capital, as promessas da Bayer conseguiam, em certa medida, penetrar pelos caminhos da caatinga: alguns cartazes com esse tipo de mensagem eram fixados nas paredes dos estabelecimentos comerciais ou mesmo nas casas de fazenda. Desse modo, a indústria dos "remédios científicos" tentava fortalecer a oposição do discurso médico científico contra as "bruxarias". Mas, no imaginário das populações rurais, os remédios da farmacologia faziam pouco sucesso. A persistência dessas propagandas de combate aos remédios da tradição revela que a opção pelo tratamento "mágico" das curandeiras e benzedeiras muito perturbava o mercado farmacológico, bem como a atuação dos médicos[5].

[4] MICHELET, Jules. A feiticeira. São Paulo: editora Aquariana, 2003, p13.

[5] Weber pondera, em seu estudo, que não era unânime a adesão dos jornalistas e intelectuais contra as "benzeduras". Em um trecho do Jornal Gazeta do Povo de Porto Alegre do

Nos jornais de Fortaleza, sempre apareciam reportagens ou artigos sobre a nobre missão da medicina, bem como sobre as "crendices" consideradas empecilhos para os verdadeiros profissionais da cura e da prevenção, ou seja, os médicos. No *Gazeta de Notícias* do dia 04 de fevereiro de 1933, havia, por exemplo, um artigo intitulado "Os Guardiões da Saúde":

> (...) Entre as múltiplas formas de atividade, algumas são para a coletividade tão indispensáveis quanto as funções vitais do organismo. Tal é a função do médico, seja agindo como higienista, seja actuando com a sua 'arte de curar'. (...)Não esqueçamos: a saúde é a vida e só vive integralmente quem tem saúde. Esta noção geral, entretanto, não é tomada por todos na sua verdadeira latitude. Há quem julgue que as meizinhas têm o poder de restabelecer a saúde milagrosamente, assim o doente só contribui com atos inteiramente propensos a deturparem a ação dos medicamentos e exaltarem o trabalho morbigênio.

A verdade sobre o corpo humano – entre o século XIX e XX no Brasil – deveria ser identificada pelo discurso científico do homem branco europeu. A medicina se credenciou por uma autoridade falocêntrica[6] em oposição ao saber popular das ervas e plantas exercido sobretudo por mulheres reconhecidas nesses casos como curandeiras, feiticeiras e bruxas, como vimos no reclame intitulado "Benzedura" da Cafiaspirina.

O início do período republicano foi marcado pela tentativa de separar o que chamavam de atraso, caracterizado pelas concepções e práticas populares daquilo que consideravam novo, expresso sobretudo pelo saber da ciência médica e pelo modo de vida supostamente moderno, experimentado pelas elites urbanas. Como ação derivada dessas concepções republicanas, a primeira metade do século XX, no Brasil, é marcada pela perseguição e extermínio de muitos agrupamentos e manifestações

dia 19 de abril de 1915, o cronista publica o seguinte texto intitulado Benzeduras e feitiços: "Eu estou com a gente do outro tempo/ para certas doenças, não se quer ciência de doutores nem mixórdias de botica. Uma hábil benzedura-é o suficiente ... e nada mais. (...) morria menos gente... e mais barato, menos porque não tinha aparecido a praga dos médicos...". Cf. Weber, Beatriz Teixeira. As artes de curar. Medicina, religião, magia e positivismo na República Rio Grandense (1889-1928). São Paulo: Edusc, 1999, p. 191.

[6] Derrida, Jacques, Roudinesco, Elisabeth. De que amanhã. Rio de Janeiro: Zahar, 2004, p. 36-37.

organizadas em torno da religiosidade não oficial ou a negação da ciência oficial por parte dos pobres. Segundo a historiadora Beatriz Weber esse movimento de repressão às práticas populares de cura acabou gerando a resistência na forma de uma grande proliferação dessas condutas que "assumiram formas cada vez mais organizadas nas décadas de 1920 e 1930".[7]

20.4 Enquanto isso no campo de concentração de flagelados....

Em episódio ocorrido no mês de março 1933 em um Campo de Concentração, "D. Raimunda de Tal" causa perturbação entre os médicos renomados do Estado. Seu prestígio de curandeira desassossegou o poder do Dr. José Jacome. Sua presença fortalecia a resistência dos flagelados em obedecer às normas sanitárias impostas pelo médico. Perturbado com a situação, Dr. José Jacome resolveu usar a imprensa para fazer sua denúncia:

> Sr. Diretor, peço-vos conseguir o afastamento, desta área, da curandeira Raimunda de tal que vem interrompendo os serviços de assistência, prejudicando ainda mais a saúde dos pobres ignorantes que dão crédito as suas bruxarias e beberragens aplicadas aos doentes (O Nordeste, 23/03/33)

Convencer os flagelados a seguir os novos códigos de conduta não era tarefa fácil. As "vítimas da seca" negavam-se, muitas vezes, às orientações dos médicos. Não reconheciam no jaleco branco algo que inspirasse confiança e familiaridade com a cura. De várias formas, rebelavam-se contra o poder administrativo dos Campos de Concentração, sobretudo aquele representado pelo poder médico científico.

"D. Raimunda de tal" era uma adversária forte. O primeiro apelo do Doutor foi insuficiente para mantê-la afastada. Depois das reclamações do Dr. Jacome, essa batalha entre a ciência e a crença dos flagelados permanecia visível nos jornais da cidade. Tornou-se necessário um novo conjunto de denúncias e apelos:

> O serviço de vacinação, anti-variolice e anti-tifo tem sido bastante prejudicada, visto a referida brucha aconselhar ao povo a não aceitar as

[7] WEBER, Beatriz... p. 26.

> vacinas, dizendo serem prejudiciais à saúde. Espero que o ilustre chefe, como autoridade, tomará enérgicas providências aos fanáticos da Terra. (O Nordeste, 26/03/33)

No trecho acima, o Doutor entende que a atitude não é apenas individual – da D. Raimunda – e sim uma rebelião coletiva implementada por aqueles que o médico chamava "fanáticos da Terra". Jacome pede providências não somente para a tal "brucha", mas também para seus seguidores.

No Campo de Concentração, os flagelados dependiam da alimentação distribuída para sobreviver, mas, nem por isso obedeciam a todas as normas estabelecidas pelos administradores do Campo. Desconfiavam da narrativa médica de preocupação com os concentrados pois, ao que tudo indica, não encontravam segurança nos cuidados impostos pelos profissionais que sempre estiveram distantes dos confins do sertão. A rezadeira, por outro lado, nunca negou ao sertanejo a cura que poderia vir de seus conhecimentos[8]. E era, portanto, com D. Raimunda de Tal que os retirantes encontravam a segurança para entregar seus corpos aos rituais de diagnóstico e cura.

Os flagelados amontoados nos Campos de Concentração, encontravam na experiência dos seus próprios saberes e na indiferença dos representantes da ciência oficial, a motivação para negar o saber e o poder ali expressos pelos médicos.

Como assevera Michellet em seu estudo sobre a Feiticeira, já citado neste texto, quando a doença (lepra) apresentava resistência às ordens dos santos padres ou ao receituário médico, não demorava muito para vir à tona a lembrança da bruxa. Nas palavras do historiador:

> Aconteceu então o que o amor à vida não teria ordenado; transgrediram-se as proibições; fugiu-se da velha medicina sagrada e da inútil pia de água benta. Foi-se à bruxa. Por hábito, e por receio, continuava a frequentar-se a igreja; mas a verdadeira igreja (e medicina acessível) foi,

[8] "uma grande variedade de práticas de cura foi comum em todo o período colonial, no Brasil, conjugando-se elementos indígenas, africanos e europeus, associando magia e empirismo, componentes da população colonial". Idem, p.179. Tais práticas são evidenciadas na história do Brasil e não deixaram de ser reprimidas em nenhum momento da história republicana.

desde então, a morada dela, no pântano, na floresta, no deserto. Era lá que se cumpriam as promessas..[9]

Mas afinal, como terminou a história de "D. Raimunda de Tal" e seus seguidores? Para resolver o problema do médico, foi necessário convocar a polícia para intimar a "tal curandeira" a se retirar "daquele lugar de tanto atraso", pois, de acordo com a avaliação do doutor, seu poder, enquanto cientista e benfeitor, estava visivelmente ameaçado. Constrangido e decepcionado, o Dr. Jacome conta que a fama da "brucha" era tanta que até alguns funcionários da Inspetoria Federal de Obras Contra as Secas estavam procurando o seu serviço mágico.

Conforme o relatório do Dr. Jacome, quando os flagelados eram interrogados sobre o porquê de suas crenças em torno do poder taumatúrgico da velha "brucha", contavam uma história bem conhecida por todos na Concentração: "D. Raimunda é uma Santa enviada por Deus. Ela faleceu, e depois de 24 horas voltou à Terra por ordem de Deus e com poderes de curar ou predizer a morte de quem lhe consultar" (O *Nordeste*, 26/03/33). Com esse relato, explicitamente hagiográfico, mas com elementos de um universo pagão, os flagelados passavam a ignorar, quase completamente, o discurso dos médicos que exigiam o fim da devoção à feiticeira.

Como ignorar aquela que foi a primeira a segurar nos braços todos os nascidos no sertão? Afinal, a parteira-rezadeira era a única chance de evitar a morte precoce do recém-nascido. Mas quando as ervas e preces fracassavam era com as bênçãos da "brucha" que o anjinho subia aos céus.

D. Raimunda de Tal, que sequer teve direito a um sobrenome nos jornais da cidade, foi perseguida e finalmente expulsa do Campo de Concentração. A fogueira continuava e continua, a seu modo, pronta para queimar o corpo feminino, seja por determinado discurso médico, seja pela religião ou pela moral burguesa que une os vários discursos do poder falocêntrico para atear fogo.

9 MICHELET, Jules...p. 96.

21.
O VALOR CULTURAL DA ÁGUA E SEUS SABERES

CONSUELO YATSUDA MOROMIZATO YOSHIDA
SANDRA AKEMI SHIMADA KISHI

"O velho tanque
uma rã mergulha
barulho de água"
(Haikai de Matsuo Bashô)[1]

Introdução

Encontra-se água em toda parte, nas nuvens, no mar, nos rios, nos lagos, em lençóis subterrâneos, no ar, nas plantas, nos animais, no corpo humano, sendo que somos mais de 70% águas.

A água considerada doce, no entanto, é exclusivamente continental e representa somente 1% da água líquida existente. É vida e fonte dela e, bem por isso, atrai vidas ao seu entorno.

Águas curam vidas! Conforme anotam SCHUMACHER e HOPPE[2], as águas sulfurosas contém em solução substâncias à base de enxofre;

[1] FRANCHETTI, Paulo (Org), *Haikai: antologia e história*, 4ª ed. rev., Campinas: Editora da Unicamp, 2012, p. 16. Tradução de Elza Taeko Doi e Paulo Franchetti.

[2] SCHUMACHER, Mauro Valdir; HOPPE, Juarez Martins; *A Floresta e a Água*. Porto Alegre: Pallotti, 1998, p. 12.

águas ferruginosas são ricas em ferro; águas calcárias apresentam várias substâncias em solução, causadas pela erosão das rochas calcárias. Essas águas são utilizadas em tratamentos médicos para controlar diversas deficiências orgânicas. Ainda há as águas radioativas que emanam radiações por estarem em contato com elementos radioativos. Podem ser utilizadas para consumo como água mineral ao atenderem certos limites de radiação, podendo, nesses casos, fazer bem à saúde humana.

Por conta desta funcionalidade da água medicinal, houve toda uma prática imemorial arraigada consistente na coleta de águas termais em Caxambu-MG que recebeu proteção jurídica como patrimônio cultural imaterial com registro[3] , que perpetua uma relação cultural, histórica e afetiva para as próximas gerações.

A água doce poderá ter as seguintes funções no uso urbano: doméstico, comercial, público; no uso industrial: sanitário e refrigeração de processos; na irrigação do meio rural: uso em hortaliças, frutas e cereais, entre outros; na recreação e lazer; na harmonia paisagística; na preservação da flora e da fauna; na navegação Fluvial; na geração de energia; no controle de incêndios; na pesca.[4] Assim, a água inclusive tem reconhecimento também como paisagem hídrica, merecendo como tal a devida proteção.

O presente artigo interdisciplinar mostra-se de grande relevância e atualidade em tempos de grande preocupação com desmatamentos e incêndios cada vez mais frequentes e intensos, com as crises climática e hídrica sem precedentes, e com a poluição hídrica, agravada pelos contaminantes emergentes, em especial, os desreguladores endócrinos[5]. Ele busca ressaltar a importância vital da água; os diversos saberes e olhares, com ênfase no valor cultural e na necessária proteção jurídica, internacional e nacional, como patrimônio cultural imaterial. E leva em conta que o acesso à água de qualidade foi declarado como direito

[3] Decreto Municipal n. 2866, de 23 de fevereiro de 2021 homologa a aprovação do registro da coleta de águas minerais no Parque das Águas Lysandro Carneiro Guimarães, em Caxambu -MG como bem cultural imaterial.

[4] Schumacher, Mauro Valdir; Hoppe, Juarez Martins; *idem*, p.17.

[5] Yoshida, Consuelo Y. M.; Fernandes, Luciana Cordeiro S. Poluição hídrica e os desafios dos contaminantes emergentes. In: Souza, Maria Cláudia da Silva Antunes, Pompeu, Gina e Freitas, Ana Carla Pinheiro (Coord.). *Gestão das Águas*. 2ª ed. Rio de Janeiro: Lumen Juris, 2019, v. 1.

humano fundamental e, recentemente, também como componente do direito humano ao meio ambiente seguro e saudável pelo Conselho de Direitos Humanos da ONU.

Os contornos temáticos aqui desenvolvidos remetem a 1972, marco temporal da Declaração de Estocolmo e da Convenção da UNESCO sobre a Proteção do Patrimônio Cultural e Natural Mundial. Esses tratados internacionais contribuíram sobremaneira para a consolidação de normas, instrumentos e princípios internacionais que fortaleceram o dever do Estado de proteção do meio ambiente, a necessidade de cooperação internacional e o acesso equitativo dos recursos naturais, com justiça ambiental. Tal se dá em nome do reconhecimento de um patrimônio comum da humanidade, no sentido de uma preocupação comum ou traduzido por um interesse geral da humanidade.[6]

Como se verá, muitas pesquisas antropológicas, etno-culturais, históricas e ambientais vêm evidenciando que a biodiversidade é resultado da constante inter-relação da humanidade com a natureza.

21.1 Água e Cosmologia: a visão dos filósofos pré-socráticos

Para os filósofos pré-socráticos, a "*arché*" ou "arque" seria o elemento que deveria estar presente em todos os momentos da existência de todas as coisas do mundo. Para Tales de Mileto, por exemplo, a água era um elemento puro, e através dela podia-se criar várias coisas: o início, o desenvolvimento e o fim de tudo. Princípio único.

Jostein Gaarder[7] ressalta que provavelmente ao visitar o Egito, Tales observou que os campos ficavam fecundos após serem inundados pelo Nilo. Tales então viu que o calor necessita de água, que o morto resseca, que a natureza é úmida, que os germens são úmidos, que os alimentos contêm seiva, e concluiu que o princípio de tudo era a água. É preciso observar que Tales não considerava a arché água como nosso pensamento de água líquida, e, sim, na água em todos os seus estados físicos. Tudo, então, seria a alteração dos diferentes graus desta. Aristóteles atribuiu a Tales a ideia de uma causa material como origem de todo o universo.

[6] BARROS-PLATIAU, Ana Flávia, A Proteção Internacional da Diversidade Biológica. *In* VARELLA, Marcelo Dias e BARROS-PLATIAU, Ana Flavia (Org), *Proteção internacional do meio ambiente*, Brasília: Unitar, UniCEUB e UnB, 2009, p. 153.

[7] GAARDER, Jostein. *Tales de Mileto: O universo é feito de água*. Disponível em: https://super.abril.com.br/ideias/o-universo-e-feito-de-agua-tales-de-mileto/. Acesso em 02/10/2021.

De acordo com Luis Carlos de Menezes, professor do Instituto de Física da Universidade de São Paulo, a associação com a religiosidade, o registro das configurações dos astros para a orientação em jornadas e navegações e a previsão das estações para definir o tempo do plantio, tudo isso propiciou o surgimento das ciências e fez parte da visão de mundo filosófica de todas as eras.[8]

21.2 Diversos saberes e olhares da água

Adentrando na proposta interdisciplinar deste artigo, passa-se a relatar diversos saberes e olhares a respeito deste bem ambiental essencial à vida.

21.3 A Água sob o aspecto religioso: água sagrada

Nas Sagradas Escrituras, a água é considerada símbolo de purificação e de vida. Como dom de Deus, a água é instrumento vital, imprescindível para a sobrevivência e, portanto, um direito de todos.

A água benta é uma forma de se chegar às realidades espirituais, por meio de sinais sensíveis e visíveis, que, no caso da água benta, se denomina como sacramental.[9]

Certamente é verdade que a água é um símbolo evidente do lavar e da purificação e que as águas do batismo simbolizam, de fato, tanto o lavar como a purificação dos pecados.

A água fluidificada, portanto, é uma água magnetizada, principalmente, pelos Espíritos, contendo, assim, alterações ocasionadas pelos fluidos salutares ali colocados e direcionados para o equilíbrio de alguma enfermidade física ou espiritual.[10]

[8] *O Sentido Cultural e Filosófico da Cosmologia*. Disponível em: https://www.iag.usp.br/evento/o-sentido-cultural-e-filos%C3%B3fico-da-cosmologia – acesso em 01/10/2021

[9] Fernandes, Padre Márcio Leandro. *A água benta e seu sentido na vida cristã*. Disponível em: https://formacao.cancaonova.com/liturgia/catequese-liturgica/agua-benta-e-seu-sentido-na-vida-crista. Acesso em 29/09/2021

[10] Disponível em: https://www.bezerrademenezesnatal.org.br/o-que-e-agua-fluidificada.html Acesso em 29/09/2021

21.4 A Água e o sagrado nas visões cosmológica e poética da comunidade indígena

A comunidade indígena trata a água como algo sagrado, um membro familiar que deve ser conservado para as gerações futuras, defende a preservação dos rios e montanhas.

Daniel Munduruku, graduado em Filosofia, História e Psicologia, com mestrado em Antropologia Social, doutorado em Educação e pós-doutorado em Literatura, não imaginava que um dia se tornaria escritor, uma vez que, ao se formar professor, havia escolhido a educação como forma de contribuir com a sociedade e como ferramenta de combate ao preconceito vivenciado pelos povos indígenas.

Inicia a obra "Sabedoria das águas" evidenciando os mistérios que assombra o personagem principal, o indígena Koru, mostrando as indagações feitas pelo mesmo, sobre os mistérios do rio Tapajós, tais como:

> Ele sempre segue seu rumo e não para nunca", "Ele não se preocupa com o que pensam dele os peixes, as plantas aquáticas, as capivaras que atravessam de uma margem para outra, os homens que singram as suas ondas... Segue sempre do mesmo jeito, guardando a sabedoria que aprende com suas viagens ao longo do universo.[11]

Nesse trecho, o personagem está se referindo ao rio Tapajós. A abordagem na obra é a partir da perspectiva do imaginário de seu povo, de sua tribo, os Munduruku.

A visão indígena cosmológica usualmente sobre a natureza como a "grande mãe" é tão intensa quanto certa de que as comunidades indígenas são modelos inspiradores de vida sustentável. Ora, os povos indígenas extraem da natureza sua sobrevivência.

21.5 Os saberes indígenas

O saber indígena sobre a natureza é baseado, na visão antropológica, na experiência comunitária, com significações em espaços de memorização de saberes e sentidos, num *ethos* comunitário de símbolos e rituais reconhecidos em sistemas referenciais da memória oral. Mediante o "recurso da memória, da identidade, da experiência potencializa mecanismos de

[11] MUNDURUKU, Daniel, *Sabedoria das Águas*, 2004, São Paulo: Global, p.5

identidade indígena que surgem de atos e manifestações da memória oral, do silêncio e do esquecimento como recursos orais".[12]

Nos saberes indígenas estão as caracterizações do etnocentrismo e do "animismo, que os estenderia a seres de outras espécies. Trata-se de aparente antinomia, que, para o referido autor, "pode ser resolvida se se considerar a diferença entre os aspectos espirituais e corporais dos seres". "As perspectivas e ideias nas cosmologias amazônicas podem levar à redefinição relacional das categorias clássicas de "natureza", "cultura" e "sobrenatureza" a partir do conceito de perspectiva ou ponto de vista."[13]

Entende-se, assim, que a relação que se estabelece entre homem e natureza, captada por meio do mundo vivido, através de representações ou evocações humanas, traduz o conteúdo dessa interação, demonstrada pelos valores atribuídos ao ambiente, de forma subjetiva e intersubjetivamente reconhecida.

Daí a possibilidade de analisar a paisagem enquanto bem natural e cultural dentro de uma abordagem que considere suas dimensões materiais e imateriais, e que possa servir de orientação metodológica norteadora do desenvolvimento de instrumentos e ações aplicados ao processo de gestão da conservação integrada do bem patrimonial.

21.6 Os saberes do povo indígena Ainu da região norte do Japão

Os Ainu são um povo indígena habitante tradicionalmente da região norte do Japão (ilha de Hokkaido), e das ilhas Kurile e Sahkalin. Possuem uma cultura bem definida, bem como uma língua diferente do japonês (conhecida por Ainu Itak) e um rico repertório de literatura oral.

O povo Ainu é muito ligado às suas práticas religiosas. Sua crença tem por base o fato de que os humanos aprenderam tudo o que sabem sobre cultivo, pesca, caça, construção de casas e mesmo aspectos comportamentais do grande herói divino, Okikirmui. Dessa maneira, toda a rotina Ainu é ligada aos aspectos religiosos.

[12] Muñoz, Maritza Gómez, *Saber indígena e meio ambiente: experiências de aprendizagem comunitária, in* Enfique Leff (coord), A Complexidade Ambiental, 2ª. Ed., São Paulo: Cortez, 2010, p. 285. Tradução de Eliete Wolff.

[13] Castro, Eduardo Viveiros de. *Os pronomes cosmológicos e o perspectivismo ameríndio. Disponível* em https://www.scielo.br/j/mana/a/F5BtW5NF3KVT4NRnfM93pSs/?lang=pt, outubro de 1996. Acesso em 09.10.2021.

Ainu significa "humanamente ser humano" ou um ser humano digno de respeito.[14]

A religião e a devoção dos Ainu consistem na reverência dos lobos e dos ursos, além da adoração aos deuses, que julgam estar encarnados em elementos naturais, como a água, vento e fogo. A ligação entre as narrativas e o divino é estreita, visto que na maioria de suas histórias existe a presença do divino, em especial as que contêm ensinamentos.

Em "A canção da deusa das águas", a deusa recebe uma taça de vinho como oferenda. O personagem Okikirmui, ao falar com a deusa, na esperança de que ela pudesse ajudar, explica que para o vinho utilizou seus últimos grãos, pois havia uma grande escassez. A deusa convida outras entidades para um banquete e lhes externa sobre a escassez.[15] Dessa concepção extrai-se a intrínseca relação entre mulheres e água.

No Japão, por sua vez, um país há tempos reconhecido como monoétnico, recentemente um Tribunal reconheceu a população Ainu como uma minoria indígena com direitos especiais, diante de seus modos de vida tradicionais. E em 8 de maio de 1997 foi aprovada uma lei no Japão destinada a proteger e preservar a cultura Ainu, claramente distinta da cultura japonesa, tanto étnica quanto linguisticamente.[16]

A proteção jurídica do patrimônio cultural imaterial no Japão, que data de longínquos 1897, consiste em 3 diferentes tipologias: relevância do patrimônio cultural; ligação com o folclore e tecnologia de conservação.[17]

21.7 Da interrelação entre humanidade-natureza, conhecimentos tradicionais cultura

A tutela jurídica do acesso aos conhecimentos tradicionais tem se revelado um assunto bastante complexo tanto para os operadores do direito e

[14] BATCHELOR, John. *The Ainu of Japan*. Londres, 1892. Middletown: First Rate Press, 2016. An Ainu-English-Japanese dictionary. Tokyo: 2nd ed, 1903.

[15] SILVA, Luana Bueno Barbosa Cyríaco da; NAMEKATA, Márcia Hitomi, O Divino nas Narrativas Ainu. Disponível em: https://www.revistas.usp.br/ej/article/view/172450. Acesso em 13.10.2021.

[16] BERTOLDI, Marcia e KISHI, Sandra Akemi Shimada, PIOVESAN, Flávia e SOARES, Inês Virgínia Prado (Coord), *Direito ao Desenvolvimento*, Belo Horizonte: Editora Fórum 2010, p. 363.

[17] KONO Toshiyuki, *Intangible Cultural Heritage and its legal protection. Several Isues Through: serveral issues through the lenz of the japanese experience, in* SCOVAZZI, Tullio, UBERTAZZI, Benedetta e ZAGATO, Laus (Coord), *Il Patrimonio Culturale intangibile nesse sue Diverse Dimensioni*, Milão, Fiuffré Editore, 2012, pp. 250 e 263.Tradução livre da coautora Sandra Kishi.

outros profissionais que atuam nos casos concretos, quanto para os próprios interessados em usufruir desses saberes, valores e técnicas.

As soluções que se aproximam do ideal de justiça e de respeito à diversidade cultural somente podem ser pensadas em uma perspectiva de interdisciplinaridade e de compreensão dos direitos das minorias em face das demandas econômicas. E neste ponto reside a principal dificuldade: aliar a percepção da diferença e da vulnerabilidade da comunidade tradicional aos instrumentos jurídicos que tratam os conhecimentos tradicionais como bem de valor econômico

Ressalte-se que o primeiro parágrafo do preâmbulo da Convenção da Biodiversidade[18] reconhece o valor intrínseco da diversidade biológica, também, em suas dimensões social e cultural. O artigo 8º, "j", dessa Convenção é ainda mais incisivo, ao recomendar que as partes contratantes hão de "respeitar, preservar e manter o conhecimento, inovações e práticas das comunidades locais e populações indígenas...".

Tais princípios da valorização, da produção e da reprodução da cultura dos povos tradicionais, segundo seus costumes, usos e tradições tem reforçado a natureza de princípios humanitários fundamentais, dada à função teleológica deles de garantir a conservação da biodiversidade, o desenvolvimento sustentável e a equidade intergeracional.

Ofensas ao direito cultural e ao meio ambiente foram considerados como um direito judicializável na CIDH – Corte Interamericana de Direitos Humanos, por violação direta ao artigo 26 da CADH – Convenção Americana de Direitos Humanos, que versa sobre os direitos econômicos, sociais e culturais (DESCA). Tal violação é passível de gerar um litígio no mecanismo de jurisdição contenciosa da Corte Interamericana de Direitos Humanos, conforme decisão dessa Corte em 2020, no caso *Lacka Honhat* x Argentina. A decisão valoriza o direito ao meio ambiente equilibrado e sadio, direito ao desenvolvimento, direito ao território, direito à propriedade comunitária e à identidade cultural à luz da visão cosmológica, na via contenciosa, inclusive vinculando indenizações a um fundo tradicional, diante de violações ao meio ambiente equilibrado

[18] Convenção da Diversidade Biológica, assinada em 5.06.1992, na ECO/92, ratificada pelo Congresso Nacional a 3.02.1994 e ratificada pelo Decreto 2.519, de 16,03.1998.

e à precaução. Reconheceu a CIDH o dever do Estado de oferecer condições ao exercício dos direitos humanos e fundamentais.[19]

A Política dos Povos e Comunidades Tradicionais prevista no Decreto 6040/2007 prevê os objetivos da garantia aos povos e comunidades tradicionais de seus territórios e o acesso aos recursos naturais que tradicionalmente utilizam para sua reprodução física, cultural e econômica;[20] o reconhecimento, a proteção e a promoção dos direitos dos povos e comunidades tradicionais sobre os seus conhecimentos, práticas e usos tradicionais;[21] apoio e garantia da inclusão produtiva, com a promoção de tecnologias sustentáveis, respeitando o sistema de organização social dos povos e comunidades tradicionais, valorizando os recursos naturais locais e práticas, saberes e tecnologias tradicionais.[22]

O art. 1º do anexo deste Decreto 6040/2007 estabelece que as ações e atividades voltadas para o alcance dos objetivos da Política Nacional de Desenvolvimento Sustentável dos Povos e Comunidades Tradicionais deverão ocorrer de forma intersetorial, integrada, coordenada e sistemática. E, para se alcançar tal fim, deve-se ter como princípio, dentre outros, *a preservação dos direitos culturais, o exercício de práticas comunitárias, a memória cultural e a identidade racial e étnica.*[23]

O princípio da responsabilidade cultural tem sua base na Constituição. O art. 170 e incisos combinados com os artigos 216, 218, 219 e 225 indicam que os agentes econômicos são responsáveis pelos danos que vierem a causar aos bens culturais, independentemente de culpa. Segundo Inês Virgínia Soares[24]

> "é imprescindível que nos casos de apropriação para fins comerciais ou econômicos, além do respeito aos direitos intelectuais individuais (ou outros direitos decorrentes das relações públicas ou privadas) já

[19] Julgado da Corte Interamericana de Direitos Humanos. Disponível em: https://www.corteidh.or.cr/docs/casos/articulos/seriec_400_ing.pdf. Acesso em 10.10.2021.

[20] Brasil. Decreto 6040, de 07.02.2007, Anexo, art. 3°, inc. I.

[21] Brasil. Decreto 6040, de 07.02.2007, Anexo, art. 3°, inc. XV.

[22] Brasil. Decreto 6040, de 07.02.2007, Anexo, art. 3°, inc. XVII.

[23] Brasil. Decreto 6040, de 07.02.2007, Anexo, art. 1°, inc. XIV.

[24] Soares, Inês Virgínia Prado Soares, Responsabilidade civil e acesso aos conhecimentos tradicionais no Brasil, Kishi, Sandra Akemi S. e Kleba, John Bernhard (Coord.), *in Dilemas do Acesso à Biodiversidade e aos Conhecimentos Tradicionais*, Direito, Política e Sociedade, Belo Horizonte: Editora Fórum, 2009

> previstos em lei, seja estabelecido (no plano jurídico, inclusive) um retorno econômico, social e cultural à comunidade produtora, detentora, criadora ou transformadora dos elementos integrantes desses bens imateriais".

No tocante à apropriação dos conhecimentos tradicionais e à repartição de benefícios pelo acesso a tais conhecimentos, o regime jurídico aplicável, diante da titularidade coletiva de base comunitária, é o de tutela de interesses metaindividuais, dissociada totalmente da noção de res nullius (coisa de ninguém) de livre acesso e da ideia de res publica (coisa do Estado). O direito comunitário dos povos e comunidades tradicionais é, portanto, incompatível com a proteção do conhecimento tradicional via patente, que só admite apropriação individual do conhecimento.

21.8 Mulheres, águas e tratados internacionais

A importância da liderança feminina no debate ambiental, seja por meio de iniciativas científicas ou de organizações da sociedade civil, insere-se no contexto de resistência e de revolução, entrelaçando a luta por um mundo mais sustentável, justo e democrático com a luta da sua própria história.

Mesmo diante de vultosas dificuldades, muitas mulheres tornaram-se líderes em suas comunidades em diversos lugares do mundo, viabilizando a apresentação de soluções concretas, tangíveis e inovadoras para a integração da gestão hídrica com a ambiental, sem prescindir da preocupação com outros fatores, como a saúde, os investimentos responsáveis, o uso do solo de modo tradicional, e, acima de tudo, a ameaça existencial das mudanças climáticas.

As mulheres indígenas, exemplos de resistência, têm lutado por uma maior independência, empoderamento e auto representatividade para defender suas terras, suas tradições, os interesses de seu povo e para que seus saberes tradicionais não caiam no esquecimento.

Para Sônia Guajajara, importante liderança indígena,

> as pessoas têm que repensar as suas formas de consumo, tem que entender que o individualismo precisa acabar, que temos que adotar formas coletivas de fazer as coisas, fortalecer os trabalhos em redes. (...).

> Para isso as lutas têm que ser mais coletivas, a conscientização mais política e ecológica, entendendo que é preciso fazer outra conexão, ou uma reconexão com a mãe terra, e entender exatamente que é a mãe terra que garante o sustento e a vida no planeta[25].

O papel das mulheres na conservação das águas reforça-se por sua capacidade de resistir e de transformar, na medida em que percebe mudanças e busca a manutenção da integridade do ecossistema. O olhar feminino voltado à integração da gestão das águas e do meio ambiente impulsiona e fortalece a interrelação com os direitos humanos, a democracia e o desenvolvimento, pautando-se na primazia da norma mais favorável à dignidade da pessoa humana.[26]

A importância das mulheres, como peças-chave no acesso e trato da água para a saúde e segurança alimentar, está inserida em diversos acordos e tratados internacionais, tais como: Declaração de Johanesburgo (2002), Declaração sobre Água Doce (Bonn,2001), Declaração do Milênio (2000), no preâmbulo da Convenção da Diversidade Biológica (ratificada e promulgada em 1998); as mulheres são descritas como protagonistas no planejamento hidrológico. Consoante a Conferência Internacional de Água e Meio Ambiente (Dublin, 1992), no Princípio 3º, as mulheres são destacadas por desempenharem um papel central no fornecimento, gestão e proteção da água.

Reconhece-se que as mulheres são fundamentais no trato da água para a saúde, segurança alimentar e equilíbrio dos ecossistemas, sendo que isso está previsto em vários outros documentos internacionais como a Declaração Política e Plano de Implementação de Johanesburgo (2002), a Declaração Ministerial sobre Água Doce (Bonn, 2001), a Declaração do Milênio (2000) e vários outros que remontam a Dublin (1992) e no "Relatório sobre o Desenvolvimento de Gênero e Água" (2003).

[25] Reinholz, Fabiana; Marko, Katia. Sônia Guajajara comemora a liderança das mulheres indígenas na luta por direitos. Brasil de Fato, Porto Alegre, 9 jun. 2020. Disponível em: https://www.brasildefato.com.br/2020/06/09/povos-indigenas-vivem-momento-traumaticoafirma-sonia-guajajara. Acesso em: 03/10/2021.

[26] Bega, Claudia Regina, Kishi, Sandra Akemi Shimada, Lestinge, Sandra e Silva, Thalita Veronica Gonçalves, Mulher: Conexão das Águas e do Meio Ambiente, Gotti, Alessandra, Soares, Invês Virgínia P. e Cureau, Sandra (Coord.), *Mulheres e Justiça, os Direitos Fundamentais escritos por elas*, Salvador: Editora JusPodivm, p. 155.

Ademais, a Declaração de Dublin elegeu a proteção às mulheres, como provedoras e usuárias da água, como elemento essencial para proteger o patrimônio cultural.

No tocante aos Objetivos de Desenvolvimento Sustentável e suas metas nota-se a perspectiva de resistência na meta 6.2, do ODS 6, na medida em que prescreve a água visando à higiene e à saúde adequadas, diante das necessidades das mulheres e meninas e daqueles em situação de vulnerabilidade. E um papel protagonista, de agente transformadora, é observado na meta 13.b de planejamento de adaptação frente à mudança do clima. Na temática do clima, a Convenção das Nações Unidas para o Combate à Desertificação (1994) também se reporta ao papel da mulher nos processos de adaptação.

Já o "Relatório sobre o Desenvolvimento de Gênero e Água" (2003), da Aliança Gênero e Água, destaca o papel da mulher em relação à segurança hídrica, à segurança da água e do saneamento e à segurança alimentar.

O Acordo Regional de Escazú, por sua vez, remete à participação social, valorizando o conhecimento local, o diálogo e a interação das várias visões e dos diferentes saberes (artigo 7º, item 13).

O Decreto nº 9.571/18 visa a promover a presença da mulher nos espaços decisórios empresariais, como destinatária de direitos humanos fundamentais e visando à efetividade da proteção do meio ambiente (Artigo 8º).

A mulher como paradigma do desenvolvimento social é valorizada no relatório da Cúpula Mundial sobre o Desenvolvimento Social (Copenhague, 1995).

A Declaração Ministerial sobre a Segurança da Água no Século 21 (Haia, 2002) destaca o "importante papel das mulheres na produção, no armazenamento e na preparação de alimentos e no aprimoramento do valor nutricional do alimento".[27]

21.9 Valores culturais da água e o rio como sujeito de direitos

Na Colômbia, a Corte Constitucional, no final de 2016, reconheceu o rio Atrato ("Chocó") como sujeito de direitos, com base em tratados internacionais.

[27] Zinato, Maria do Carmo. A mulher na gestão da água. Disponível em: https://tratamentodeagua.com.br/artigo/a-mulher-na-gestao-da-agua/. Acesso em 10.10.2021.

Com efeito, eis alguns comandos normativos da Constituição da Colômbia que prescrevem sobre a proteção da natureza e de seus recursos naturais:

> *Artículo 8. Impone como obligación conjunta al Estado y las personas la protección de las riquezas culturales y naturales de la nación;*
> *Artículo 19. Establece el saneamiento ambiental como servicio público a cargo del Estado en función de los principios de eficiencia, universalidad y solidaridad;*
> *Artículo 58. Constituye como límite de la propiedad la función ecológica;*
> *Artículo 79. Asigna a todas las personas el derecho a gozar de un ambiente sano y garantiza la participación de la comunidad en las decisiones que puedan afectarlo;*
> *Artículo 80. Otorga el deber al Estado de planificar el manejo y aprovechamiento de los recursos naturales, para garantizar su desarrollo sostenible, su conservación, restauración o sustitución. Además, le ordena prevenir y controlar los factores de deterioro ambiental, imponer las sanciones legales y exigir la reparación de los daños causados;*
> *Artículo 333. Fijó como límite a la libertad económica y la iniciativa privada el bien común, entendido éste como el interés social, el ambiente y el patrimonio cultural de la Nación.*[28]

A posição da Corte Constitucional na Colômbia foi um divisor de águas, pois reconheceu um rio e as suas comunidades ribeirinhas como uma única entidade. Rompeu-se a falsa separação entre natureza e cultura e reconheceu a existência de um sujeito de direito biocultural. Reconheceu a união entre a diversidade biológica e a diversidade cultural: que só existe conservação ambiental se existirem usos, costumes e tradições sustentáveis, ou seja, práticas culturais em harmonia com a natureza. Em suma, reconheceu uma realidade há muitas décadas negada: o ambiental é cultural (bioculturalidade).

O México tem uma declaração dos direitos dos rios, aprovada pela sociedade. Nas Nações Unidas, há um programa chamado Harmonia

[28] Calle, Juan Carlos Sepúlveda, *Protección constitucional al medio ambiente en Colombia y la declaración del río como sujeito de Derechos*, Boletim das Águas, Edição Especial, Projeto Conexão Água da 4ª CCR/Ministério Público Federal, 2018. Disponível em: https://conexaoagua.mpf.mp.br/arquivos/artigos-cientificos/2018/15%20-%20Proteccion%20constitucional%20al%20medio%20ambiente%20en%20Colombia.pdf. Acesso em 10.10.2021.

com a Natureza (*Harmony with Nature*), com diálogos entre especialistas e atividades em todo o mundo em defesa dos direitos da mãe natureza, "Madre Tierra" ou *Patchamama*.

Em 5/11/2017, dois anos após a tragédia em Mariana-MG, o Rio Doce, através da ONG Associação Pachamama, entrou com um pedido até então inédito no país, na Justiça Federal de Belo Horizonte, em Minas Gerais, para ser reconhecido como sujeito de direitos, direito à vida e para que fosse feito um plano de prevenção a desastres para proteger toda a população da bacia do Rio Doce.

Até então jamais um rio tinha batido às portas da Justiça em seu próprio nome. Isso ocorreu pela primeira vez no mundo, no Equador, em março de 2011.

A Constituição do Equador, em 2008, reconheceu os direitos de Pachamama ou da Natureza. Na Bolívia, em 2012, foi editada a Lei dos Direitos de *la Madre Tierra*. Depois disso, desencadeou-se em todo o mundo uma mobilização em defesa dos direitos de Pachamama ou da Natureza, em especial, dos direitos dos rios. Na Nova Zelândia, uma lei atribui ao rio Whanganui direitos, como se ele fosse uma pessoa física. Na Índia, o Tribunal Superior de Uttarakhand, no norte da Índia, declarou os rios Ganges e Yamuna como seres vivos.

Conservar a qualidade da água é cuidar da qualidade de vida e da diversidade cultural. É preciso pensar a água para além do seu valor de uso material, contemplando os seus aspectos simbólico, espiritual e cultural.

21.10 A Água enquanto paisagem

O conceito de paisagem cultural foi adotado pela UNESCO em 1992 e incorporado como uma nova tipologia de reconhecimento dos bens culturais, conforme o artigo 1º da Convenção de 1972, que instituiu a Lista do Patrimônio Mundial. Art. 1º:

> (1) monumentos: obras arquitetônicas, obras de escultura monumental e pintura, elementos ou estruturas de natureza arqueológica, inscrições, cavernas, habitações e combinações de recursos, que são de valor universal excepcional do ponto de vista da história, da arte ou da ciência;
>
> (2) grupos de edifícios: grupos de construções isoladas ou reunidas que, pela sua arquitetura, unidade ou integração na paisagem, têm

valor universal excepcional do ponto de vista da história, da arte ou da ciência; e

(3) sítios: obras do homem ou obras conjugadas do homem e natureza, e áreas, incluindo sítios arqueológicos, que são de valor universal excepcional do ponto de vista histórico, estético, etnológico ou antropológico

Não é de hoje que contam com o reconhecimento de pertencimento da coletividade as cachoeiras, lagoas com horizonte sem fim ou mesmo uma onda do mar, como na famosa gravura da grande onda de Kanagawa, na arte oriental *haikai*[29], do artista Katsushika Hokusai, que hoje se popularizou num *emoji* de mídia de comunicação.

A paisagem como patrimônio, em sua ampla acepção natural e cultural, pode ser compreendida como objeto de conservação, cujo foco de proteção é sua significância, seus conjuntos de valores, materiais e imateriais, que lhe são atribuídos e reconhecidos intersubjetivamente pelos grupos humanos que com ela interagem.

Essa perspectiva abre uma trilha para o desenvolvimento de uma abordagem teórico-metodológica pela qual se torna possível caminhar através de meandros que envolvam a relação entre os grupos humanos e o seu meio natural, partindo da apreensão das subjetividades e vivências expressas nas representações socioculturais. O perspectivismo na lição de Eduardo Viveiros de Castro[30] pode remeter à noção de um verdadeiro multinaturalismo, *pari passu* ao multiculturalismo.

Da mesma forma, o Parecer Técnico nº 945/2021 SPPEA/CNP/ANPA, de 22/09/2021, elaborado pelo analista Leonardo Leocadio da

[29] "O haikai é mais do que uma forma de poesia; é uma forma de ver o mundo. Cada haikai capta um momento de experiência; um instante em que o simples subitamente revela a sua natureza interior e nos faz olhar de novo o observado, a natureza humana, a vida. A percepção sensorial parte de um vocábulo associado a um elemento da natureza e, amiúde, às estações do ano. Não apresenta objetividade, mas a subjetividade expressa provém sempre de uma objetividade captada pelos sentidos. Uma sensação concreta – visual, auditiva, tátil – permite associações, sentimentos, memórias. É uma forma de poesia breve, depurada, bela, simples e fluente. É também uma reação estética minimalista à crescente consciência humana do caos.". Definição de haicai disponível em https://www.revistaprosaversoearte.com/matsuo-basho-dez-haikais/. Acesso em 09.10.2021.

[30] Disponível em: https://www.scielo.br/j/mana/a/F5BtW5NF3KVT4NRnfM93pSs/?lang=pt. Acesso em 12.10.2021.

Silva, do Ministério Público Federal, traz uma importante consideração na pág.11, reforçando o poder das águas destacando que:

> Um outro eixo que que possui relevância para Terra Indígena de Monte Caseros é a exploração do eco/etnoturismo decorrente das paisagens naturais ainda preservadas, principalmente as quedas de água. Nesse sentido, destaco a pesquisa do Dr. Alexandre Magno de Aquino que vem estudando as políticas das águas entre os Kaingang, em sua pesquisa de pós-doutorado, intitulada Sítios Naturais Sagrados como patrimônios culturais da humanidade: história, ambiente e educação para a sustentabilidade, que é desenvolvida no Programa de Pós-Graduação em Antropologia Social da UFRGS."

O tema aponta a importância dos recursos hídricos como fomentadores de práticas de cura e de fortalecimento da medicina tradicional por meio do xamanismo Kaingang. A preservação dos cursos de água significa preservação da floresta, sendo significativo na rejeição do uso da terra para agricultura extensiva na forma do arrendamento.

21.11 Paisagem hídrica, lugares de memória e registro de patrimônio imaterial

O patrimônio natural, social e cultural de um povo é um forte indicador de real desenvolvimento.

Na ótica de Luciano J. Alvarenga:

> Paisagens conduzem a vivências poéticas ou, talvez mais precisamente, a modos poéticos – carregados de dignidade – de ver, criar, fazer e viver no mundo. Se contemplarmos de modo atento e sensível um vale, p. ex., será possível percepcionar além dos aspectos geológicos, ecológicos e hidrológicos[31].

Tanto os elementos da natureza e as águas, associadas ou não a referências, afeições ou sentidos identitários podem ser protegidos como patrimônio cultural material, enquanto legado de lugares com valor

[31] Alvarenga, Luciano J., *Rios de nossas origens, paisagens de nossas vivências: interpretação simbólica da paisagem, direito e a percepção da água como patrimônio cultural*, SOARES, Inês Virgínia Prado e Pagmácio, Mário (Org.), *Tutela Jurídica e Política de Preservação do Patrimônio Cultural Imaterial*, Salvador: Jus Podivm, 2018, p. 456.

cênico e paisagístico, ou como patrimônio cultural imaterial, pelas ideias, práticas, rituais e expressões científicas, filosóficas, sinérgicas e sensoriais.

O Instituto do Patrimônio Histórico e Artístico Nacional (IPHAN), por meio do artigo 1º da Portaria nº 127, de 30 de abril de 2009, define paisagem cultural como "uma porção peculiar do território, representativa do processo de interação do homem com o meio natural, à qual a vida e a ciência humana imprimiram marcas ou atribuíram valores".

Quando o Rio de Janeiro foi declarado paisagem cultural, em julho de 2012, pela UNESCO, os locais da cidade valorizados com o título foram: a entrada da Baía de Guanabara, o Pão de Açúcar, o Corcovado, a Floresta da Tijuca, o Aterro do Flamengo, o Jardim Botânico, a Praia de Copacabana. Vários outros lugares têm uma relação direta com a água, como elemento dominante na paisagem e contribui fortemente para a sua valorização, tais como: Parque Nacional do Iguaçu, Paraná (1986); Costa do Descobrimento, Bahia e Espírito Santo (1997); Parque Nacional do Jaú, Amazonas (2000); Pantanal Mato-grossense, Mato Grosso e Mato Grosso do Sul (2000); e Parque Nacional de Fernando de Noronha, Pernambuco (2001).

O patrimônio cultural envolve três categorias de elementos significativos da memória social. A primeira categoria engloba os elementos da natureza; do meio ambiente, tais como "as águas". A segunda representa o produto intelectual, a acumulação do conhecimento, do saber humano, no decorrer da história; e a terceira abarca os bens culturais como produtos concretos do homem

Essas três dimensões visam à paz e à harmonia social. Os sistemas jurídicos adotados pelos países impõem procedimentos para proteger bens da coletividade, como é o caso da água em sua vertente cultural, que recebe proteção social e ecológica. Vários princípios constitucionais remetem à proteção de modo implícito (dignidade da pessoa humana, respeito à autodeterminação dos povos, informação e participação, entre outros). Isso se extrai de maneira explícita nos artigos 215 e 216 da Constituição Federal de 1988.

Os instrumentos de proteção ao patrimônio, tais como o tombamento, o inventário e o registro, são a tríade da patrimonialização do bem imaterial e invocam ou complementam a aplicação de outros instrumentos, de modo a compatibilizar o uso com a proteção das águas.

Cita-se, por exemplo, o tombamento do Encontro das Águas dos rios Negro e Solimões, em 2010.

Como já mencionado, na cidade de Caxambu, em Minas Gerais, a Coleta de Águas Minerais foi objeto de registro, por decreto municipal, como bem cultural imaterial. Conforme noticiado, [32]

> o hábito de coletar água nos parques integra a identidade cultural da região e perfaz a memória histórica e afetiva com as águas minerais, desde os povos originários sul-americanos que viveram na região, nos períodos pré e pós-colonial, dos troncos etnolinguísticos Tupi e Jê. Segundo os saberes locais, as águas têm o poder de cura e traz o bem-estar.

Herley da Luz Brasil e Inês Virgínia P. Soares[33] observam que na França avança a proteção normativa de paisagens sensoriais, com importantes reflexões para o cenário brasileiro de proteção do patrimônio imaterial. Os autores destacam que na França, após disputas judiciais na zona rural, dentre as quais se destacam uma contra o barulho dos sinos que tocavam às sete da manhã (em 2018, na região de Doubs) e outra sobre o direito do galo Maurice a continuar a cantar nos horários de seu instinto animal (ação decidida em 2019 pelo tribunal de Rochefort), sendo que foi promulgada, em janeiro de 2021 uma lei que altera o código ambiental francês, para reconhecer os sons e os cheiros dos campos como características dos espaços naturais, pertencentes ao patrimônio cultural nacional.

21.12 O direito à água: a garantia do acesso universal. A proteção jurídica internacional e nacional da água.

O direito à água está no Pacto Internacional Relativo aos Direitos Econômicos, Sociais e Culturais (1966), no art. 11, que o Brasil assinou: "direito de cada pessoa a um nível de vida suficiente para ela e para sua

[32] Delphim, C. F. M. *O significado universal da água*. In: BRASIL. Agência Nacional de Águas. *Água e Patrimônio Cultural*. Brasília: ANA, 2013.
https://www.ufmg.br/revistaufmg/downloads/20-2/02-gestao-da-agua-e-paisagem-cultural.pdf. Acesso em: 01/10/2021

[33] BRASIL, Herley da Luz e Soares, Inês Virgínia Prado. *Paisagens sensoriais como patrimônio cultural: Conexão França Acre*. Disponível em https://www.jota.info/opiniao-e-analise/artigos/paisagens-sensoriais-como-patrimonio-cultural-conexao-franca-acre-17082021. Acesso em 10.10.2021.

família, compreendida alimentação, vestimenta e habitação suficientes, como uma melhoria constante nas suas condições de vida". O direito humano à água é indispensável à vida com dignidade.

O art. 21, XIX da Constituição Federal prescreve a competência da União para "instituir sistema nacional de gerenciamento de recursos hídricos" e "definir critérios de outorga de direitos de seu uso". O artigo 22 do Texto Magno trata da competência privativa da União para legislar sobre águas. A descentralização está no gerenciamento e não na competência legislativa. A concentração de determinadas competências sobre recursos hídricos na União não exclui dos Estados e Municípios a possibilidade de, nas esferas material e legislativa, tratarem do assunto e, demais disso, essa divisão possibilita que nosso país, de dimensão continental, tenha regramento uniforme em aspectos fundamentais relacionados à água.

Em 1997, a Lei 9.433 de 08.01.1997, adotou a bacia hidrográfica como a unidade territorial de planejamento e gerenciamento (art. 3º, II) e como a unidade territorial para a implementação da Política Nacional de Recursos Hídricos (art. 1º, V).

A gestão dos recursos hídricos há de ser necessariamente descentralizada e contar com a participação do Poder Público, dos usuários e das comunidades, na dicção do art. 1º, VI, da Lei 9.433/97. O objeto a ser gerenciado é o bem ambiental água, que é difuso, de interesse público, de uso comum do povo, com equidade e razoabilidade. Portanto, trata-se tal gestão de uma função pública de interesse público. Engloba atividades interdependentes de organização, planejamento, coordenação, controle e execução.[34]

A proteção das águas pode refletir também em relações objetivas que levam a um referencial identitário afetivo e inclusivo de sinergias coletivas, como resultado da valorização de pertencimentos recíprocos entre a água e a coletividade. O processo de memorização de saberes e sentidos da água ou de paisagens hídricas representa o ritual de apropriação e afeição identitária com uma sensação ou reprodução imaginária que

[34] Contemplado no art. 8º, j, art. 15, inc.7 e art. 19, inc. 2 da Convenção da Diversidade Biológica, assinada no Rio de Janeiro em 5 de junho de 1992 e ratificada pelo Congresso Nacional pelo Decreto legislativo n. 2, de 3.2.1994, entrando em vigor em 29 de maio de 1994 no Brasil; e promulgada pelo Decreto 2.519, de 16.3.1998.

podem ser buscadas no consciente coletivo ou na própria natureza, no caso, na água.

Reconhecer essa sensação benfazeja que traga referências identitárias aos saberes da água, resultando inclusive em um sentido à vida ou à qualidade de vida merece proteção jurídica.

Embora o caminho de atuação do Ministério Público brasileiro não seja propriamente lidar com formas de produção direta de bens culturais, tem o cunho de fomentar o bem-estar para a comunidade por meios de projetos estratégicos e iniciativas a fim de atingir a todos, construindo caminhos resolutivos para reduzir vulnerabilidades e maximizar a democratização da cultura. A ideia é que tais projetos finalísticos institucionais na defesa do patrimônio cultural brasileiro, visando aos interesses públicos, possuam várias dimensões transitando entre a proteção cultural e cosmológica, reforçando a identidade cultural, e que, ao mesmo tempo, incentivem outras formas de produção mais coesas com a identidade, o afeto e a memória coletiva. Isso ademais será determinante para a efetividade de planos de salvaguarda, que frutifiquem de articulações por todos os atores sociais, dos diversos setores e níveis, apaziguando eventuais conflitos diante de interesses econômico-sociais e políticos distintos.

Conclusões

A Constituição da República de 1988 estabelece como objetivo a garantia do desenvolvimento nacional, com erradicação da pobreza e redução das desigualdades sociais e regionais[35], sob a regência dos princípios da prevalência dos direitos humanos e da autodeterminação dos povos. demais disso, o Estado deve garantir e incentivar, por comando constitucional, a valorização da diversidade étnica e regional e proteger a cultura popular, indígena e afro-brasileira[36]. E com a participação da comunidade, promoverá e protegerá o patrimônio cultural brasileiro, nos referenciais de identidade, ação e memória dos bens materiais e imateriais, aí incluídos as criações científicas, artísticas e tecnológicas, as formas de expressão e os seus modos de criar, fazer e viver.

[35] Constituição da República Federativa do Brasil de 1988, art. 3º, I e III e art. 4º, II e III.

[36] Constituição da República Federativa do Brasil de 1988, art. 215, § § 1º e 3º, inc. V e art. 216, I, II, III e § 1º.

Verifica-se que a Constituição de 1988 reconheceu a multietnicidade e o pluriculturalismo no país. Ela garante, portanto, aos povos indígenas e comunidades locais o direito à alteridade ou o direito de ser diferente e com tutela jurídica visivelmente mais protetiva, que valoriza um tratamento jurídico que respeita essas diferentes percepções e olhares sobre a natureza e a água.

Diante da hermenêutica constitucional resultante da sistematização do artigo 216 da Magna Carta com normas em nível de Tratados e Convenções Internacionais assinados pelo Brasil, de forma conjugada com os princípios da dignidade da pessoa humana, da proteção do meio ambiente equilibrado e da sadia qualidade de vida, vem a conclusão de que foi incorporado ao nosso sistema jurídico um direito humano fundamental ao patrimônio cultural imaterial. Isso torna perene um bem cultural, permitindo às futuras gerações conhecerem e entenderem a origem e a dinâmica das transmissões e transformações ao longo do tempo.

Sem a participação ativa de diversos atores de intersetores da sociedade no processo de identificação, de reconhecimento e de salvaguarda do bem cultural protegido, não se desenvolve a política nacional de patrimônio cultural imaterial, pautada num efetivo controle social sobre a integração dos instrumentos dessa política: o inventário, o registro e a salvaguarda de bens imateriais. A Declaração de Yamato sobre Abordagens Integradas prevê a salutar articulação dos setores da sociedade, invocada pela UNESCO, para uma abordagem integrada voltada à salvaguarda do patrimônio cultural material e imaterial.

O Plano Nacional de Cultura previsto no artigo 215 da Constituição da República de 1988 traça os indicadores e objetivos a orientarem a atuação do Poder Público e do gestor, com participação de toda a coletividade; com sinergias e articulação dos atores sociais para o desenvolvimento de diretrizes e salvaguardas no processo identitário de afeto às origens, à vivência, à história e à evolução da política de patrimônio cultural imaterial de uma coletividade, criadora e destinatária do processo de democratização da cultura.

A paisagem hídrica e as relações identitárias de vida digna, mesmo as paisagens sensoriais hídricas são passíveis de proteção, por meio de inventário, registro e plano de salvaguardas. É fundamental a participação social não apenas na formação do referencial identitário como em todas as fases da patrimonialização do imaterial, bem como no desenvolvimento e no gerenciamento da sua política.

E por todos os ângulos e contextos que se possa trilhar no que tange às sensações, sentimentos, identidade, afeto, memória, bem-estar cultural e ecológico, a água e todos os seus agregados valores culturais que a promovem merecem ser salvaguardadas de proteção jurídica do patrimônio cultural imaterial, dotadas de função social e ambiental. São várias camadas de proteção jurídica que não se confundem, antes se integram para prevenir riscos de danos ambientais e culturais e para avançar na conservação das águas e da natureza.

22.

MEMÓRIA, SUBSTANTIVO FEMININO: O PAPEL DAS MULHERES NO RESGATE DA MEMÓRIA DAS ATIVISTAS E MILITANTES CONTRA A DITADURA MILITAR NO BRASIL

Melina Girardi Fachin
Caroline Godoi de Castro Oliveira

Introdução

O presente artigo propõe uma investigação a respeito de se e como a justiça transicional e seus mecanismos consideram as particularidades de gênero. Parte-se da definição de justiça de transição, a fim de verificar as lacunas da memória, justiça, verdade e reparação a respeito da participação das mulheres na resistência à ditadura militar.

Para tanto, são inicialmente sedimentadas as bases e origens dos mecanismos transicionais, bem como suas características de complementaridade, circularidade e contextualidade, definindo-se o escopo dos mecanismos transicionais como a possibilidade de recomposição democrática após um período ditatorial.

Com suas origens remontadas ao continente latino-americano, a justiça de transição corresponde a um conjunto de medidas que compreende a apuração da responsabilidade por violações a direitos humanos, o que possibilita o resgate da verdade e, consequentemente, a fixação de medidas de reparação às vítimas. Com a implementação de tais instrumentos de maneira complementar, é possível lidar adequadamente com o passado autoritário e restabelecer a democracia.

No que diz respeito à justiça transicional brasileira, a Lei de Anistia (Lei nº 6683/1979) é considerada seu marco inicial, uma vez que possibilitou uma abertura parcial do regime autoritário ao permitir a liberdade de presos políticos e o retorno de exilados. Porém, por ter sido editada durante a ditadura e pelos militares, a lei ampliou a anistia aos próprios agentes do Estado que praticaram crimes contra a humanidade.

Ainda que assente nesta contradição, o fato é que a Lei de Anistia foi o primeiro passo em direção ao restabelecimento da democracia no Brasil. Após a promulgação da Constituição de 1988 que inaugurou o Estado Democrático de Direito, sobreveio a fase seguinte da justiça de transição, marcada pela criação de das comissões de reparação, fundadas na necessidade de resgate da memória e reconhecimento das vítimas das graves violações de direitos humanos.

Analisando-se os principais mecanismos transicionais, busca-se então verificar se há neles uma perspectiva de gênero que permita aplacar a suposta neutralidade das normas. É certo que a violência perpetrada contra as mulheres durante a ditadura militar levou em consideração as especificidades do gênero feminino para intensificar as práticas de tortura cometidas contra as militantes e guerrilheiras. Em contrapartida, constata-se que os mecanismos institucionais de transição usualmente não contam com medidas reparatórias que considerem essas subjetividades.

Em vista desta ausência, o presente artigo se propõe a olhar para fora das instituições, demonstrando como o trabalho de mulheres em diversas esferas culturais e áreas de conhecimento têm importância fundamental no resgate da memória das militantes e guerrilheiras que combateram o poder autoritário e participaram ativamente dos processos de reconstrução democrática no Brasil.

22.1 Justiça de transição: origens e elementos centrais

Inicialmente, é necessário pontuar as principais características e os elementos centrais que delineiam a justiça de transição. No âmbito do Direito Internacional, justiça de transição pode ser compreendida como um conjunto de estratégias para a implementação dos direitos à justiça, à verdade, à reparação e a garantias de não repetição em contextos posteriores a graves violações de direitos humanos e sérias violações de Direito Internacional Humanitário.[1] Obrigações internacionais recaem sobre os Estados no que tange a cada uma destas dimensões da justiça de transição, de modo que a verdade não substitui a justiça nem as reparações – e vice-versa.

Trata-se, então, do "conjunto de respostas concretas ao legado de violência deixado por regimes autoritários"[2], cujos objetivos centrais consubstanciam-se no "(re)stabelecimento do Estado de Direito, o reconhecimento das violações aos direitos humanos – suas vítimas e autores – e a promoção de possibilidades de aprofundamento democrático pela justiça, verdade, reparação, memória e reformas das instituições"[3].

As facetas da justiça transicional devem ser implementadas de maneira complementar, e não isoladamente.[4] O direito à verdade requer dos Estados, em contextos posteriores a atrocidades, o estabelecimento de mecanismos voltados à obtenção de informações, ao esclarecimento dos fatos e a revelação do que efetivamente se sucedeu. A busca pela verdade "contribui para a luta contra a impunidade, o fortalecimento do Estado de Direito e, em última análise, para a reconciliação"[5].

A justiça de transição indica, então, a passagem de um regime político para outro com vistas à consolidação da paz e de valores democráticos. Este caminho implica (i) apurar as responsabilidades dos perpetradores da barbárie, revelando (ii) a verdade sobre os acontecimentos

[1] ONU. Assembleia Geral. **Report of the Special Rapporteur on the promotion of truth, justice, reparation and guarantees of non-recurrence.** A/67/368. 13 set. 2012, p. 4.

[2] Abrão, Paulo; e Genro, Tarso. **Os direitos da transição e a democracia no Brasil: estudos sobre Justiça de Transição e Teoria da Democracia.** Belo Horizonte: Fórum, 2012. P. 33.

[3] Abrão, Paulo; e Genro, Tarso. **Os direitos da transição e a democracia no Brasil: estudos sobre Justiça de Transição e Teoria da Democracia.** Belo Horizonte: Fórum, 2012. P. 33.

[4] ONU. Conselho de Direitos Humanos. **Report of the Special Rapporteur on the promotion of truth, justice, reparation and guarantees of non-recurrence.** A/HRC/24/42. 28 ago. 2013, parágrafo 26.

[5] Tradução livre. No original: "contributing to the fight against impunity, the strengthening of the rule of law, and ultimately reconciliation". Em: ONU. **Conselho de Direitos Humanos.** A/HRC/24/42. 28 ago. 2013, parágrafo 90.

pretéritos, abrindo-se a possibilidade de (iii) conceder reparações às vítimas e (iv) reformar as instituições e consolidar práticas institucionais.

Em outras palavras, operando-se na passagem do tempo, a justiça de transição busca a consolidação de valores democráticos por meio da implementação de garantias de não repetição[6]. Neste contexto, o resgate da memória busca evitar o reaparecimento e a continuidade do passado ditatorial, tendo como objetivo a "remoção dos entulhos autoritários"[7].

A justiça de transição maneja alguns mecanismos para o alcance de suas finalidades, destacando-se entre eles a apuração e responsabilização dos crimes ocorridos nas ditaduras, com a penalização de seus autores; a criação de Comissões da Verdade, com o intuito de obter informações sobre os abusos cometidos; programas de reparação moral e material dos danos causados às vítimas ou suas famílias; e reformas institucionais dos sistemas de segurança e justiça, a fim de constituir uma vocação de respeito à cidadania e integridade social[8].

Três elementos compõem as características centrais da justiça de transição: a complementaridade, a circularidade e a contextualidade. Segundo a definição proposta por Paulo Abrão:

> Complementaridade significa que verdade, memória, justiça e reparação são elementos que se entrecruzam, suas funções são superpostas e interdependentes. Por exemplo, o direito à verdade depende tanto da atuação das comissões de verdade e reparação quanto do sistema de justiça. Circularidade significa que os resultados de uns destes mecanismos remetem à necessidade de aplicação dos outros. Por exemplo, o trabalho final de uma comissão da verdade impõe novas medidas reparatórias,

[6] Fachin, Melina Girardi; e Nowak, Bruna. Falando a verdade: diálogos em transição no Sistema Interamericano de Direitos Humanos. In: Piovesan, Flávia; Amaral Jr., Alberto do; e Danese, Paula Monteiro (Org.). **50 anos da Convenção Americana de Direitos Humanos – O Sistema Interamericano: legado, impacto e perspectivas**. Salvador: Juspodivm, 2019. P. 129-156. P. 131.

[7] Fachin, Melina Girardi; e Nowak, Bruna. Falando a verdade: diálogos em transição no Sistema Interamericano de Direitos Humanos. In: Piovesan, Flávia; Amaral Jr., Alberto do; e Danese, Paula Monteiro (Org.). **50 anos da Convenção Americana de Direitos Humanos – O Sistema Interamericano: legado, impacto e perspectivas**. Salvador: Juspodivm, 2019. P. 129-156. P. 132.

[8] Abrão, Paulo; e Genro, Tarso. **Os direitos da transição e a democracia no Brasil: estudos sobre Justiça de Transição e Teoria da Democracia.** Belo Horizonte: Fórum, 2012. P. 35-43.

abre horizontes de justiça e promove novas memórias. Contextualidade, por sua vez, implica que os mecanismos são aplicados conforme as características históricas, políticas e de cada transição local[9].

De acordo com a Organização das Nações Unidas (ONU), as medidas que vieram a ser conhecidas como de justiça transicional são originárias de países latino-americanos na década de 80, após o fim de uma série de governos autoritários na região. Neste aspecto, evidencia-se a contextualidade da América Latina, que possui expertise na adoção de modelos de justiça de transição dos quais entidades da sociedade civil são atores centrais[10]. Fundamental também é o Sistema Interamericano de Direitos Humanos, cujas decisões acerca da temática moldaram as experiências nacionais[11], sobretudo a assertividade da Corte Interamericana em inadmitir leis de anistia que obstaculizem a persecução penal de graves crimes contra os direitos humanos.

Essa realidade tem como base a história da região, caracterizada por reiteradas rupturas da ordem democrática e institucional, situações de conflitos armados internos e de violência generalizada. Tais circunstâncias engendram violações massivas e generalizadas de direitos humanos e de Direito Internacional Humanitário "por parte de agentes estatais, particulares que operam com apoio, tolerância ou aquiescência do Estado, e membros de grupos armados ilegais"[12].

Esse contexto foi acompanhado de uma política dos Estados de não esclarecerem os fatos e investigá-los, nem veicularem informações precisas e objetivas sobre as violações de direitos humanos. Tal postura ocasionou a necessidade de remoção dos vestígios autoritários, e é nisto que reside a faceta do direito à verdade da justiça transicional em nossa

[9] Abrão, Paulo; e Torelly, Marcelo. Mutações do conceito de anistia na Justiça de Transição brasileira: a terceira fase da luta pela anistia. In: Prittwitz, Cornelius; Swensson Jr., Lauro Joppert; Torelly, Marcelo; Abrão, Paulo; e Neumann, Ulfrid (Org). **Justiça de Transição: análises comparadas Brasil-Alemanha.** Brasília: Comissão de Anistia, 2015. P. 20-39. P. 33.

[10] ONU. Conselho de Direitos Humanos. **Report of the Special Rapporteur on the promotion of truth, justice, reparation and guarantees of non-recurrence on his global study on transitional justice**. A/HRC/36/50/Add.1. 07 ago. 2017, parágrafo 5.

[11] ONU. **Conselho de Direitos Humanos**. A/HRC/36/50/Add.1, parágrafo 8.

[12] Tradução livre. Em: Comissão IDH. **Derecho a la verdad en las Américas**. OEA/Ser.L/V/II.152. 13 ago. 2014, parágrafo 2.

região. Tanto os mecanismos internacionais quanto a sociedade civil uniram esforços e estratégias para a implementação de parâmetros de justiça de transição compatíveis com a história comum da América Latina.[13]

Embora o Sistema Interamericano tenha sido o pioneiro em abordar e desenvolver a justiça de transição, na esfera da ONU importantes passos têm sido dados a respeito da conformação de processos transicionais – é de lá inclusive que irrompe a noção da transição. Em 2011, o Conselho de Direito Humanos da ONU adotou a Resolução 18/7, por meio da qual instituiu uma relatoria especial (*Special Rapporteur*) para a promoção da verdade, justiça, reparação e garantias de não-repetição.

Direcionando a justiça de transição para o contexto local, no Brasil, a Lei de Anistia (Lei nº 6683/1979) é considerada seu marco inicial. Editada em 1979, ou seja, ainda sob a égide da ditadura militar, a referida lei, tida como um "marco jurídico fundante do processo de redemocratização"[14], foi o ponto inicial da transposição da ditadura militar para a democracia. Todavia, este marco temporal foi constituído sobre bases ambíguas, posto que, "por um lado, ela revelou-se um claro resultado de um anseio popular, por outro, ela tentou livrar da responsabilização criminal os agentes do próprio Estado que praticaram os inúmeros crimes da repressão"[15].

Ainda que assente nesta contradição, a referida lei foi fruto de reivindicações: as lutas populares pela aprovação de uma anistia aos perseguidos políticos, travadas desde o início da ditadura, fortaleceram-se entre 1974 e 1975. Passado o momento de mais acentuada repressão, houve

[13] Comissão IDH. **Derecho a la verdad en las Américas**, parágrafos 4 e 44.

[14] Abrão, Paulo; e Torelly, Marcelo. Mutações do conceito de anistia na Justiça de Transição brasileira: a terceira fase da luta pela anistia. In: Prittwitz, Cornelius; Swensson Jr., Lauro Joppert; Torelly, Marcelo; Abrão, Paulo; e Neumann, Ulfrid (Org). **Justiça de Transição: análises comparadas Brasil-Alemanha.** Brasília: Comissão de Anistia, 2015. P. 20-39. P. 21.

[15] Meyer, Emílio Peluso Neder. A ADPF nº 153 no Supremo Tribunal Federal: a anistia de 1979 sob a perspectiva da Constituição de 1988. In: Sousa Jr., José Geraldo de; Silva Filho, José Carlos Moreira da; Paixão, Cristiano; Fonseca, Lívia Gimenes Dias da; Rampin, Talita Tatiana Dias. **O direito achado na rua (v. 7): introdução crítica à justiça de transição na América Latina.** Brasília: UnB, 2015. P. 452-455. P. 452.

grande mobilização social demandando por anistia, liderada sobretudo por mulheres, e irradiado por parte considerável da sociedade[16].

Essa corresponde à primeira fase da luta pela anistia, cuja pretensão consistia na liberdade ampla, geral e irrestrita para todos os que tivessem atuado na resistência contra o regime, considerados então 'criminosos políticos'[17]. A ampla mobilização popular obrigou o governo militar rever sua posição *a priori* contrária a qualquer anistia, e foi então editada a lei hoje em vigor, que instituiu anistia 'bilateral' e restrita, excluindo de seu escopo crimes de violência contra pessoa que houvessem sido praticados pela resistência[18].

A Lei de Anistia não é só o marco inicial, mas também o marco da transição controlada que obstou uma ruptura com o regime autoritário anterior, cujos restos não só permaneceram na construção do Estado Democrático de Direito que se pretendia inaugurar com a Constituição de 1988 e nos próprios pilares da justiça de transição – sobretudo no que diz respeito ao óbice legal de responsabilizar criminalmente os agentes da ditadura, mas que também possibilitou a escalada do autoritarismo que culminou na eleição de Jair Bolsonaro.

Se a Lei de Anistia marca a primeira fase da justiça de transição no Brasil, as comissões de reparação que foram instituídas (Comissão Especial sobre Mortos e Desaparecidos Políticos, que operou de 1995 a 2007, e a Comissão de Anistia, que atua desde 2001), assim como a Comissão da Verdade, instituída em 2011, demarcam a fase seguinte da justiça de

[16] Abrão, Paulo; e Torelly, Marcelo. Mutações do conceito de anistia na Justiça de Transição brasileira: a terceira fase da luta pela anistia. In: Prittwitz, Cornelius; Swensson Jr., Lauro Joppert; Torelly, Marcelo; Abrão, Paulo; e Neumann, Ulfrid (Org). **Justiça de Transição: análises comparadas Brasil-Alemanha.** Brasília: Comissão de Anistia, 2015. P. 20-39. P. 23.

[17] Abrão, Paulo; e Torelly, Marcelo. Mutações do conceito de anistia na Justiça de Transição brasileira: a terceira fase da luta pela anistia. In: Prittwitz, Cornelius; Swensson Jr., Lauro Joppert; Torelly, Marcelo; Abrão, Paulo; e Neumann, Ulfrid (Org). **Justiça de Transição: análises comparadas Brasil-Alemanha.** Brasília: Comissão de Anistia, 2015. P. 20-39. P.23.

[18] Abrão, Paulo; e Torelly, Marcelo. Mutações do conceito de anistia na Justiça de Transição brasileira: a terceira fase da luta pela anistia. In: Prittwitz, Cornelius; Swensson Jr., Lauro Joppert; Torelly, Marcelo; Abrão, Paulo; e Neumann, Ulfrid (Org). **Justiça de Transição: análises comparadas Brasil-Alemanha.** Brasília: Comissão de Anistia, 2015. P. 20-39. P.23.

transição, buscando o resgate da memória, bem como o reconhecimento das narrativas das vítimas e das "graves violações de direitos humanos perpetradas contra a resistência à ditadura"[19].

A complementaridade e a circularidade dos mecanismos de justiça de transição operam para o bem e para o mal, como evidenciam os desdobramentos da institucionalização da anistia. Para o bem, porquanto marco inicial da transição, a Lei de Anistia possibilitou uma abertura gradual que mais tarde possibilitou o restabelecimento democrático; para o mal, porque a maneira controlada como a transição ocorreu deixou uma ferida aberta de um passado que não se encerrou[20], dado que não houve um rompimento definitivo com o autoritarismo, e a permanência de resquícios ditatoriais possibilitou novamente o fortalecimento antidemocrático.

Se há uma precariedade ínsita à justiça transicional no Brasil, tal se aprofunda quando se trata de medidas institucionais de reparação que levem em consideração as particularidades de gênero, e aspectos acerca de como a violência e repressão autoritárias foram impingidas às mulheres, como elas atravessaram o período ditatorial, e como mecanismos reparatórios poderiam levar em conta tais subjetividades. Ao olhar para a justiça de transição, revela-se que as formas de violência direcionadas às mulheres consideravam suas particularidades, ao passo que as medidas reparatórias não o fazem, carecendo de lentes de gênero as medidas de reparação.

22.2 Opressão e reparação sob perspectiva feminista: uma dupla invisibilidade

A fim de detectar as lacunas e identificar presenças, busca-se lançar um olhar à justiça de transição através das lentes de gênero. Para tanto, propõe-se uma interpretação da justiça de transição a partir de uma ótica

[19] Abrão, Paulo; e Torelly, Marcelo. Mutações do conceito de anistia na Justiça de Transição brasileira: a terceira fase da luta pela anistia. In: Prittwitz, Cornelius; Swensson Jr., Lauro Joppert; Torelly, Marcelo; Abrão, Paulo; e Neumann, Ulfrid (Org). **Justiça de Transição: análises comparadas Brasil-Alemanha.** Brasília: Comissão de Anistia, 2015. P. 20-39. P. 29.

[20] Rovai, Marta Gouveia de Oliveira. **O direito à memória: a história oral de mulheres que lutaram contra a ditadura militar (1964-84).** *Revista Tempo e Argumento* 5, nº 10 (11 de dezembro de 2013): 108–32, https://doi.org/10.5965/2175180305102013108.

feminista do direito constitucional inaugurado com a redemocratização do Estado brasileiro, com as implicações normativas e sociais, notando-se por meio dessa análise a desigualdade de gênero existente no direito constitucional, sempre estudado e aplicado como supostamente neutro.

O constitucionalismo feminista propõe-se a repensar e reconstruir a democracia social, mas com a participação e voz das mulheres no direito e na política. Parte-se da ótica feminista pois tal visão traz a percepção de que o Estado é um produtor de práticas sociais, e de que o aparato estatal incorpora o ponto de vista masculino e constitui a ordem social nos interesses dos homens como gênero. A suposta neutralidade do Estado é justamente o que garante seu caráter masculino, negando legitimidade às demandas das mulheres, que são encaradas como "particulares"[21].

Disso decorre a necessidade de que as estruturas de exercício do poder político incorporem as demandas vinculadas aos direitos e à efetiva participação das mulheres[22], dentro e fora dos espaços de tomada de poder. É então necessário mudar o filtro da interpretação para que novos precedentes com maior proteção e promoção da igualdade das mulheres sirvam também de transformação de sua proteção.

A interpretação feminista é um projeto que pretende repensar o direito constitucional e explorar sua relação com o feminismo examinando, desafiando e redefinindo a própria ideia do constitucionalismo a partir de uma perspectiva feminista.[23] Os estereótipos e abordagens discriminatórias deixaram marcas no direito constitucional e nas tradições legais. O feminismo desempenha um papel na neutralização dessas influências e a interpretação feminista é uma ferramenta muito eficaz a serviço da mudança gradual nas instituições, além disso, oferece uma nova perspectiva interpretativa do conhecimento humano, incluindo a esfera do Direito. Alguns exemplos clássicos da influência de estereótipos e discriminação na interpretação vêm de casos em que documentos aparentemente neutros foram interpretados de forma excludente às

[21] MIGUEL, Luis Felipe. Gênero e representação política. In: **Feminismo e política: uma introdução.** BIROLI, Flávia; e MIGUEL, Luis Felipe. São Paulo: Boitempo, 2014. P. 96.

[22] MIGUEL, Luis Felipe. Gênero e representação política. In: **Feminismo e política: uma introdução.** BIROLI, Flávia; e MIGUEL, Luis Felipe. São Paulo: Boitempo, 2014. P. 96.

[23] BAINES, Beverley; BARAK-EREZ, Daphne; KAHANA, Tsvi. **Feminist Constitutionalism**: Global Perspectives. New York: Cambridge University Press, 2012. p. 1.

mulheres por causa de vieses culturais[24], e essa aparente neutralidade permeia também os mecanismos institucionais da justiça de transição.

Em geral, as mulheres não participaram dos processos constituintes, ou da produção legislativa. Neste sentido, uma possibilidade seria o método interpretativo proposto pela professora Katharine Bartlett[25], "*the woman question*", para verificar e expor o impacto das normas jurídicas sobre as mulheres, que busca identificar as implicações de gênero nas normas e práticas jurídicas que podem parecer neutras ou objetivas. Para ela, esta possibilidade pode trazer alternativas interpretativas que promovem uma alocação mais justa e equânime dos resultados sociais.

"*The woman question*" busca verificar os impactos das normas sobre as mulheres apresentando as seguintes questões: "Have women been left out of consideration? If so, in what way, how might that omission be corrected? What difference would it make to do so?"[26]

O método busca de alguma maneira explorar se há proporcionalidade e, portanto, igualdade no tratamento e na elaboração de uma lei e seus impactos na vida da mulher. Assim, fazer a pergunta "*the woman question*" pode ser um método inicial para os debates sobre a interpretação feminista da constituição, de norma e de práticas sociais.

Com relação aos mecanismos transicionais, tal questionamento é oportuno e relevante pela razão de que "gênero é um conceito fundamental para a análise histórica, sobretudo para a justiça de transição"[27], especialmente quando se considera que existe especificidade e subjetividade no modo como as mulheres vivenciaram a violência autoritária[28].

[24] Barak-Erez, Daphne. Her-menutics: feminism and interpretation. In: Baines, Beverley; Barak-Erez, Daphne; Kahana, Tsvi. **Feminist Constitutionalism**: Global Perspectives. New York: Cambridge University Press, 2012. p. 85.

[25] Bartlett, Katherine. **Feminist Legal Methods**. Harvard Law Review, vol. 103, 1990, n.4, p. 837.

[26] Bartlett, Katherine. **Feminist Legal Methods**. Harvard Law Review, vol. 103, 1990, n.4, p. 837.

[27] Roesler, Cláudia Rosane; e Senra, Laura Carneiro de Mello. **Gênero e justiça de transição no Brasil.** In: Revista Jurídica da Presidência. Brasília. V. 15, nº 105. Fev./Mai 2013. P. 35-67. P. 37.

[28] Roesler, Cláudia Rosane; e Senra, Laura Carneiro de Mello. **Gênero e justiça de transição no Brasil.** In: Revista Jurídica da Presidência. Brasília. V. 15, nº 105. Fev./Mai 2013. P. 35-67. P. 38.

No contexto brasileiro, olhar para a justiça de transição a partir das lentes de gênero tem três fundamentos principais: a necessidade de se reconhecer o importante papel desempenhado pela luta de mulheres durante a resistência à ditadura militar; o potencial transformador da crítica feminista no campo da justiça de transição, por meio do questionamento de práticas e da transformação de seus limites, como por exemplo a possibilidade de "repensar mecanismos de representação para garantir a participação das mulheres na construção da política transicional"; e, por fim, o fato de que pensar a violência cometida contra as mulheres em período de autoritarismo implica refletir sobre a própria violência de gênero, pois "ainda que ocorram em momentos institucionais distintos, ambas encontram sua origem na desigualdade entre os gêneros"[29].

Maria Amélia de Almeida Teles consigna que durante as décadas de 60 e 70 as mulheres provavelmente tenham sido o segmento social que mais se modificou, uma vez que esse momento demarca as reivindicações por liberdade sexual, a desconstrução da ideia de que a maternidade fosse um instinto natural, o desenvolvimento da pílula anticoncepcional com a consequente redução do número de filhos, mudanças no mercado de trabalho com o aceleramento da expansão do capitalismo[30], etc. Todavia, esses fatores não eliminaram as desigualdades históricas entre homens e mulheres, fruto da construção social de que o gênero feminino seria inferior, e tais desigualdades foram aprofundadas pela ditadura que, segundo a autora, "não admitia mulheres desenvolvendo ações não condizentes com os estereótipos femininos de submissão, dependência e falta de iniciativa"[31]. Teles complementa destacando que "o Estado autoritário direcionou uma violência a elas simplesmente por se-

[29] Roesler, Cláudia Rosane; e Senra, Laura Carneiro de Mello. **Gênero e justiça de transição no Brasil.** In: Revista Jurídica da Presidência. Brasília. V. 15, nº 105. Fev./Mai 2013. P. 35-67. P. 38.

[30] Segundo a autora, "a expansão do mercado de trabalho e o achatamento salarial levaram as mulheres a buscarem trabalho remunerado mesmo em condições bastante desvantajosas". Teles, Maria Amélia de Almeida. Mulheres: subversivas, vadias, putas, perigosas, tresloucadas? In: **Espectros da ditadura: da Comissão da Verdade ao bolsonarismo.** Teles, Edson; e Quinalha, Renan (Org.). São Paulo: Autonomia Literária, 2020. P. 366-394. P. 372-373. P. 374.

[31] Teles, Maria Amélia de Almeida. Mulheres: subversivas, vadias, putas, perigosas, tresloucadas? In: **Espectros da ditadura: da Comissão da Verdade ao bolsonarismo.** Teles,

rem mulheres, gerando distintas consequências e sequelas, afetando a sociedade como um todo"[32].

Deste modo, embora tenha havido luta e resistência à ditadura por parte de homens e mulheres, a violência praticada em face destas foi particularizada, posto que ultrapassou o ataque à integridade física e atingiu a subjetividade de gênero, aquilo que foi culturalmente construído como identidade e como o papel das mulheres na sociedade[33], de modo que as formas de violência contra elas perpetradas – como por exemplo a ameaça a seus filhos e familiares e as formas de tortura psicológica e sexual – produzem "consequências específicas para as vítimas do gênero feminino, uma vez que estão profundamente conectadas ao que significa, culturalmente, 'ser mulher'"[34].

Relatos dão conta de que os torturadores, embora considerassem as mulheres como 'sexo frágil', intensificavam contra elas a violência, como forma de repreensão por sua escolha de terem "agido como machos ao pegarem em armas", e isso atribuiria legitimidade à violação de seus corpos[35]. Flávia Biroli enfatiza que não houve neutralidade de gênero na violência empregada pela ditadura, e que hoje há provas de que a tor-

Edson; e Quinalha, Renan (Org.). São Paulo: Autonomia Literária, 2020. P. 366-394. P. 372-373. P. 374.

[32] Teles, Maria Amélia de Almeida. Mulheres: subversivas, vadias, putas, perigosas, tresloucadas? In: **Espectros da ditadura: da Comissão da Verdade ao bolsonarismo.** Teles, Edson; e Quinalha, Renan (Org.). São Paulo: Autonomia Literária, 2020. P. 366-394. P. 372-373.

[33] Não se pretende no presente artigo adentrar em definições de gênero, todavia, cabe uma breve contextualização, a fim de estabelecer a premissa de que os papéis atribuídos aos gêneros correspondem a construções sociais de ordem cultural, e não biológica. Segundo sintetizam Cláudia Roesler e Laura Senra, trata-se de "construções e significados criados e reforçados socialmente, que não só estruturam a percepção e dão sentido ao masculino e ao feminino, mas também à própria hierarquia entre esses dois gêneros". Roesler, Cláudia Rosane; e Senra, Laura Carneiro de Mello. **Gênero e justiça de transição no Brasil.** In: Revista Jurídica da Presidência. Brasília. V. 15, nº 105. Fev./Mai 2013. P. 35-67. P. 37.

[34] Roesler, Cláudia Rosane; e Senra, Laura Carneiro de Mello. **Gênero e justiça de transição no Brasil.** In: Revista Jurídica da Presidência. Brasília. V. 15, nº 105. Fev./Mai 2013. P. 35-67. P. 38.

[35] Joffily, Olívia Rangel. **Esperança equilibrista: resistência feminina à ditadura militar no Brasil (1964-1985)**. Tese (Doutorado). 2005. Pontifícia Universidade de São Paulo. P. 95.

tura contra as mulheres incluiu "violação e formas específicas de humilhação e terror"[36].

Deste modo, é necessário "reconhecer a singularidade da experiência das mulheres", posto que a violência de gênero no período autoritário reflete a hierarquia de gênero presente na sociedade[37].

Não só a luta armada, mas todas as formas de resistência frente ao autoritarismo acabaram sendo também uma forma de oposição à hierarquia de gênero, conscientemente ou não[38]. Marta Rovai destaca que a atuação das mulheres foi muito mais ampla, em acontecimentos que são ainda mais invisibilizados do que sua participação nas guerrilhas, tais como o acolhimento de pessoas perseguidas, o repasse de mensagens, e a ocultação de armas, objetos e documentos, de modo que "muitas delas construíram redes de solidariedade imperceptíveis aos pesquisadores, à sociedade e aos próprios homens, seus companheiros"[39].

As mulheres, relegadas à vida privada, tendem a ser invisibilizadas na 'grande história'. É comum também que lhes sejam atribuídos os bastidores das lutas que são atribuídas aos homens, o que é levado a cabo não só pelos detentores do poder autoritário, mas pelos próprios movimentos de resistência, posto que "o imaginário sobre a guerrilha é, muitas vezes, masculinizado e viril, reforçado por inúmeros trabalhos que pouco tratam da presença feminina nos quadros dos grupos clandestinos que se opuseram à ditadura militar"[40].

[36] Biroli, Flávia. **Gênero e desigualdades: limites da democracia no Brasil.** São Paulo: Boitempo. 2018. P. 177.

[37] Roesler, Cláudia Rosane; e Senra, Laura Carneiro de Mello. **Gênero e justiça de transição no Brasil.** In: Revista Jurídica da Presidência. Brasília. V. 15, nº 105. Fev./Mai 2013. P. 35-67. P. 39.

[38] Rovai, Marta Gouveia de Oliveira. **O direito à memória: a história oral de mulheres que lutaram contra a ditadura militar (1964-84).** *Revista Tempo e Argumento* 5, nº 10 (11 de dezembro de 2013): 108–32, https://doi.org/10.5965/2175180305102013108.

[39] Rovai, Marta Gouveia de Oliveira. **O direito à memória: a história oral de mulheres que lutaram contra a ditadura militar (1964-84).** *Revista Tempo e Argumento* 5, nº 10 (11 de dezembro de 2013): 108–32, https://doi.org/10.5965/2175180305102013108.

[40] Rovai, Marta Gouveia de Oliveira. **O direito à memória: a história oral de mulheres que lutaram contra a ditadura militar (1964-84).** *Revista Tempo e Argumento* 5, nº 10 (11 de dezembro de 2013): 108–32, https://doi.org/10.5965/2175180305102013108.

As mulheres participaram da resistência à ditadura nas mais diversas frentes: "em movimentos guerrilheiros[41] urbanos e rurais, participaram de ações políticas como distribuição de panfletos, integraram a imprensa clandestina"[42], contudo, ainda são vistas como coadjuvantes na resistência à ditadura, sendo os homens considerados seus protagonistas[43].

A repressão empreendeu a construção da mulher politizada como desvio, como louca, ao mesmo tempo em que as colocava como incapaz de tomar decisões políticas, sem vontade própria, sendo sempre manipuladas e tuteladas pelos homens[44].

Todavia, apesar da recorrente tentativa de apagar ou diminuir a participação das mulheres em importantes momentos históricos, Flávia Biroli sublinha que "falar de mulheres e política no Brasil não é fazer o relato de uma ausência", muito pelo contrário, já que sempre houve participação feminina nos mais diferentes contextos históricos, nas mais diversas formas de reivindicação por direitos e liberdades[45].

Importa ressaltar que as demandas formuladas por mulheres são demandas sociais, e não de um grupo específico. Isso é revelado de forma contundente quando se observa a já mencionada premente atuação de movimentos feministas no período da ditadura militar. À guisa de exemplo, a Frente de Mulheres Feministas (FMF) foi uma referência na luta pela democracia e ampliação de direitos políticos e civis no Brasil na década de 1970. O movimento era um grupo de apoio a diversas minorias oprimidas, havendo acolhido prostitutas e homossexuais que eram

[41] Na Guerrilha do Araguaia, 20% dos membros eram mulheres. Estima-se ainda que a participação das mulheres na luta armada tenha sido em torno de 18%.

[42] TELES, Maria Amélia de Almeida. Mulheres: subversivas, vadias, putas, perigosas, tresloucadas? In: **Espectros da ditadura: da Comissão da Verdade ao bolsonarismo.** TELES, Edson; e QUINALHA, Renan (Org.). São Paulo: Autonomia Literária, 2020. P. 366-394. P. 378.

[43] TELES, Maria Amélia de Almeida. Mulheres: subversivas, vadias, putas, perigosas, tresloucadas? In: **Espectros da ditadura: da Comissão da Verdade ao bolsonarismo.** TELES, Edson; e QUINALHA, Renan (Org.). São Paulo: Autonomia Literária, 2020. P. 366-394. P. 368.

[44] ROVAI, Marta Gouveia de Oliveira. **O direito à memória: a história oral de mulheres que lutaram contra a ditadura militar (1964-84).** *Revista Tempo e Argumento* 5, nº 10 (11 de dezembro de 2013): 108–32, https://doi.org/10.5965/2175180305102013108.

[45] BIROLI, Flávia. Gênero e desigualdades: limites da democracia no Brasil. São Paulo: Boitempo. 2018. P. 176.

perseguidos[46]. Com o restabelecimento da democracia, as reivindicações se diversificaram, e forças feministas tiveram grande participação na Constituinte, consagrando diversas demandas igualitárias[47].

Cabe também citar o trabalho jornalístico desenvolvido por Therezinha Zerbini, que fundou o jornal Brasil Mulher, em 1975. Ela aproveitou o Ano Internacional da Mulher, organizado pela ONU, que tinha como bandeiras a igualdade, a paz e o desenvolvimento, e trouxe a demanda por anistia como necessária para os direitos humanos e para a concretização do objetivo de paz. A jornalista ainda criou o Movimento Feminino pela Anistia, que foi "fundamental na luta pela redemocratização do país"[48]:

[46] Blay, Eva Alterman. **Como as mulheres se construíram como agentes políticas e democráticas: o caso brasileiro.** In: 50 anos de feminismo: Argentina, Brasil e Chile. Blay, Eva Alterman, e Avelar, Lúcia (orgs.). São Paulo: Edusp, 2017. P. 85.

[47] Blay, Eva Alterman. **Como as mulheres se construíram como agentes políticas e democráticas: o caso brasileiro.** In: 50 anos de feminismo: Argentina, Brasil e Chile. Blay, Eva Alterman, e Avelar, Lúcia (orgs.). São Paulo: Edusp, 2017. P 88.

[48] Mourão, Mônica. Na ditadura, jornalismo feminista lutou contra a repressão. Disponível em: https://www.cartacapital.com.br/blogs/intervozes/na-ditadura-jornalismo-feminista-lutou-contra-a-repressao/ (acesso em 14/08/2021).

É irrefutável não só a presença, mas também a importância da participação das mulheres na luta e resistência contra a ditadura militar e no processo de redemocratização do país. Tal participação só não foi mais expressiva em razão das estruturas hierárquicas de gênero que excluem as mulheres dos espaços de poder e de tomada de decisão. E isso implica também na ausência ou, ao menos, grande deficiência de uma perspectiva de gênero nos mecanismos transicionais institucionais.

Há uma contradição que revela o abismo da desigualdade de gênero, e como numa sociedade estruturada pela dominação masculina, a posição das mulheres não é apenas 'diferente' da dos homens, é uma posição subalterna[49]: essa antinomia se revela na desproporção que existe entre a especificidade da violência física e psicológica a que foram submetidas as mulheres e a aparente neutralidade de gênero presente nas medidas de justiça e reparação. Na repressão autoritária foi empregada uma gradação de violência específica em face das mulheres, assim como há a forma específica por meio da qual as mulheres sofrem essa violência. Todavia, nas medidas transicionais institucionalizadas, não há uma perspectiva de gênero capaz de equilibrar a reparação na medida do agravo.

Uma breve análise de alguns instrumentos transicionais sob a concepção do constitucionalismo feminista dá conta de demonstrar tal desequilíbrio. A Lei de Anistia, marco inicial da justiça de transição, está inteiramente inscrita na pretensa neutralidade das normas. Muito embora tenha sido fruto de reivindicações em grande parte impulsionadas por mulheres, não há qualquer aspecto que denote um viés de gênero. Contudo, não há aqui perplexidade alguma, posto que a norma em questão foi promulgada pelo poder autoritário responsável por toda a barbárie, e apesar de ter sido um primeiro passo para a reabertura gradual da repressão, impossibilitou a responsabilização de seus autores.

O Ato das Disposições Constitucionais Transitórias previu expressamente em seu artigo 8º a anistia a todos que houvessem sofrido medidas de exceção em decorrência de motivações políticas, desde 1946 até a data da promulgação da Constituição[50]. O referido dispositivo foi regu-

[49] MIGUEL, Luis Felipe. Gênero e representação política. In: Feminismo e política: uma introdução. BIROLI, Flávia; e MIGUEL, Luis Felipe. São Paulo: Boitempo, 2014. P. 102.

[50] ADCT. Art. 8º. É concedida anistia aos que, no período de 18 de setembro de 1946 até a data da promulgação da Constituição, foram atingidos, em decorrência de motivação exclusivamente política, por atos de exceção, institucionais ou complementares, aos que foram

lamentado pela Lei 10559/2002, que estabelece medidas de reparação aos anistiados políticos. Inquestionavelmente, as normas em questão foram da maior importância para o processo de redemocratização no Brasil, mas passaram ao largo da institucionalização de medidas reparatórias destinadas a compensar a violência de gênero perpetrada contra as mulheres.

No que diz respeito à implementação das medidas de reparação instituídas pela Lei 10559/2002, cabe pontuar que se inicialmente esta não contava com uma perspectiva de gênero adequada para reparar com a mínima proporcionalidade as violações cometidas contra as mulheres, a possibilidade de reconhecimento da condição de anistiadas e a correspondente indenização ficam ainda mais fragilizadas, uma vez que o governo Bolsonaro retirou a competência do Ministério da Justiça e a outorgou ao Ministério da Mulher, da Família e dos Direitos Humanos, reconhecido por sua eloquente misoginia. Segundo reportagem veiculada pelo portal El País em abril de 2021, a Ministra Damares Alves, desde o início de sua gestão, indeferiu 65% dos pedidos de reconhecimento da condição de anistiados políticos, e anulou 33% das anistias que haviam sido reconhecidas em outros governos[51]. Se as políticas de anistia são fragilizadas, pela própria estrutura e hierarquia sociais, tal fragilidade é aprofundada em relação às mulheres.

Passando para o Sistema Interamericano de Direitos Humanos, oportuno citar o julgamento do caso Gomes Lund vs. Brasil, ocorrido em novembro de 2010. Em sua sentença, a Corte Interamericana de Direitos Humanos condenou o Brasil a adotar uma série de medidas de reparação às famílias das vítimas, e considerou que a Lei de Anistia vigente é incompatível com a Convenção Americana de Direitos Humanos[52].

abrangidos pelo Decreto Legislativo nº 18, de 15 de dezembro de 1961, e aos atingidos pelo Decreto-Lei nº 864, de 12 de setembro de 1969, asseguradas as promoções, na inatividade, ao cargo, emprego, posto ou graduação a que teriam direito se estivessem em serviço ativo, obedecidos os prazos de permanência em atividade previstos nas leis e regulamentos vigentes, respeitadas as características e peculiaridades das carreiras dos servidores públicos civis e militares e observados os respectivos regimes jurídicos.

[51] Disponível em: https://brasil.elpais.com/brasil/2021-04-10/governo-quer-fim-da-comissao-de-anistia-em-2022-e-nega-90-dos-pedidos-de-reconhecimento-de-anistiados.html (acesso em 13/08/2021).

[52] "As disposições da Lei de Anistia brasileira que impedem a investigação e sanção de graves violações de direitos humanos são incompatíveis com a Convenção Americana, carecem

A sentença foi na esteira da jurisprudência da Corte, que pugna pela invalidação das leis de autoanistia[53] – referenciadas pelo órgão julgador como ilícitos internacionais – e o rompimento com práticas autoritárias e ditatoriais[54] corroborando com a consolidação do Estado de Direito e exortando a ampliação do acesso popular à participação e informação. Entretanto, embora não se questione a importância desta decisão e da atuação da Corte na região para reparar e coibir práticas autoritárias, tampouco houve neste caso a imposição de reparações que levassem em conta a especificidade da violência de gênero sofrida pelas mulheres integrantes da Guerrilha do Araguaia, ainda que elas fossem uma parte considerável da organização.

No âmbito da Comissão Nacional da Verdade, criada pela Lei 11528/2011, o relatório final dos trabalhos, concluído no ano de 2014, apresenta em seu Capítulo 10 as conclusões acerca de violência sexual, violência de gênero e violência contra crianças e adolescentes, como resultado das investigações empreendidas pelo grupo de trabalho Ditadura e Gênero. Segundo consta no relatório, foi levada em consideração "a desigualdade social de gênero e sexualidade e a própria estruturação de gênero e sexualidade da violência"[55].

Em decorrência de seu trabalho de resgate da memória, a Comissão da Verdade inferiu que houve a perpetuação da violência pautada em estruturas hierárquicas de gênero, merecendo destaque o trecho a seguir:

> Como a violência se organiza através das hierarquias sociais e das relações sociais de poder – elas próprias constitutivas da sociedade, das identidades coletivas e individuais –, a estruturação baseada na hierar-

de efeitos jurídicos e não podem seguir representando um obstáculo para a investigação dos fatos do presente caso, nem para a identificação e punição dos responsáveis, e tampouco podem ter igual ou semelhante impacto a respeito de outros casos de graves violações de direitos humanos consagrados na Convenção Americana ocorridos no Brasil". (Corte Interamericana de Direitos Humanos, 2010).

53 O precedente referência é o caso Barrios Altos *versus* Peru. (Disponível em: <http://www.corteidh.or.cr/docs/casos/articulos/seriec_75_ing.pdf>. Acesso em: ago. 2012).

54 Emblemático nesse influxo é o caso Tribunal Constitucional *versus* Peru que condenou o Estado por destituir arbitrariamente juízes da Corte Constitucional peruana. (Disponível em: <http://www.corteidh.or.cr/docs/casos/articulos/seriec_71_esp.pdf). Acesso em: ago. 2012).

55 Relatório Comissão Nacional da Verdade, p. 400.

> quia de gênero e sexualidade transparece na violência estatal do período explicitando, por exemplo, o caráter tradicionalmente sexista e homofóbico da formação policial e militar, que constrói o feminino como algo inferior e associa violência à masculinidade viril. (...) Nas narrativas das mulheres, por exemplo, aparecem sistematicamente relatos de humilhações, maus-tratos e torturas sofridas, acompanhados de referências explícitas ao fato de que haviam se afastado de seus "lugares de esposa e mãe" e ousado participar do mundo político, tradicionalmente entendido como masculino[56].

O relato de Maria Aparecida Costa demonstra a natureza misógina da violência sofrida pelas mulheres:

> O simples fato, eu acho, de você estar no meio de homens, só homens. Só homens que têm sobre você um olhar, como eu diria? É o olhar que te... Pelo fato de você ser mulher, também você percebe que há talvez, às vezes, uma raiva muito maior, eu não sei se é pela questão de achar "por que uma mulher está fazendo isso? Por que uma moça está fazendo isso?" E é uma forma, talvez, muito de querer te desqualificar de todas as maneiras. Inclusive, o mínimo que você ouve é que você é uma "vaca". São as boas-vindas. É a maneira como você é chamado. E isso foi crescendo e eu acho que você se sente exposto e você é exposto, você enfim, se encontra diante deles de uma dupla maneira: você está inteiramente nas mãos enquanto ser humano e na tua condição feminina você está nu, você está à mercê, não é? Disso tudo. [...] Como os homens também foram, mas talvez, por ser uma mulher, eu acho que isso tem um peso terrível. Pela tua formação, pela formação social, ideológica. Por si já é uma exposição e aumenta ainda mais a tua exposição [...] Normalmente você é educado e visto para proteger a sua feminilidade para que ela se exponha em outras situações [...] de escolha[57].

Márcia Bassetto Paes, em seu depoimento, também chama atenção para a especificidade da violência sofrida pelo gênero feminino: "na questão da mulher, a coisa ficava pior porque... quer dizer pior, era pior

[56] Relatório Comissão Nacional da Verdade, p. 404.

[57] Relatório Comissão Nacional da Verdade, p. 404.

para todo mundo, não tinha melhor para ninguém, né? Mas [...] existia uma intenção da humilhação enquanto mulher"[58].

Sobre a tortura que sofreu quando foi presa, em 1972, Maria Amélia de Almeida Teles testemunha:

> Eu não gosto de falar disso, mas eu vejo a importância desse momento de tratar a verdade e gênero pensando nessas desigualdades entre homens e mulheres, em que os agentes do Estado, os repressores usaram dessa desigualdade para nos torturar mais, de certa forma. De usar essa condição nossa. Nós fomos torturadas com violência sexual, usaram a maternidade contra nós. Minha irmã acabou tendo parto, tendo filho na prisão. [...] Nós sabemos o quanto a maternidade, o ônus da maternidade, que nós carregamos[59].

O que se deduz pela análise dos mecanismos institucionais de verdade e reparação adotados pela justiça transicional brasileira, apenas a Comissão Nacional da Verdade trouxe uma abordagem voltada à perspectiva de gênero.

Retomando-se o questionamento proposto por Katherine Barlett sobre "*the woman question*" relacionada à justiça de transição, é possível constatar que: i) as mulheres, na maioria dos casos, são deixadas fora de consideração; ii) a correção dessa omissão pode ocorrer por meio de uma maior participação das mulheres nos espaços oficiais em que as decisões são tomadas, o que se evidencia quando notamos que foi durante o mandato de uma mulher, ela mesma presa e torturada durante a ditadura militar, que a condição feminina foi levada em conta.

Evidenciando-se que os mecanismos transicionais desconsideram em larga medida as lentes de gênero, propõe-se olhar para fora das instituições. Diversas intelectuais, historiadoras e artistas realizam e realizaram obras destinadas a enaltecer a luta de mulheres que participaram ativamente dos processos de resistência e redemocratização, e que anônimas ou célebres, são grandes personagens da história brasileira recente.

[58] Relatório Comissão Nacional da Verdade, p. 407.

[59] Relatório Comissão Nacional da Verdade, p. 407-408.

22.3 "Que a memória possa nos libertar da história[60]"

A polissemia do poder inscreve as mulheres em espaços internos, lhes atribui micropoderes, ao passo que aos homens é conferido o poder central, singular, político[61]. Deste modo, ficam(os) relegadas à margem da história, sendo a centralidade de sua narrativa dominada pelos homens, tal qual os espaços de tomada de decisão. Assim, sendo os mecanismos transicionais institucionais insuficientes para dar conta trazer a trajetória das mulheres para o centro da narrativa, toca explorar o resgate da memória para além das normas e das instituições.

Como se viu, tanto o poder autoritário como a resistência – com a ressalva de que aqui não se traça uma linha simétrica de distinção – perpetraram formas de subjugar o gênero feminino. Na sociedade, o poder se articula de modo a hierarquizar os gêneros, mas também o gênero é um campo em que e através do qual o poder se articula[62], e isso fica evidente quando se olha para as formas de violência destinadas às mulheres pelos algozes do autoritarismo – todos homens, desnecessário dizer – e quando se nota a invisibilização daquelas que lutaram pela democracia.

Assim como gênero e sociedade, também a justiça de transição e seus mecanismos são espaços em que o poder se articula[63], espaços em que se reproduz o desequilíbrio hierárquico entre os gêneros. Apesar e por conta disso, o papel das mulheres no resgate da memória é essencial, especialmente o resgate da memória que transcende o campo institucional. Michelle Perrot sublinha que se as mulheres não detêm o poder singular, central, de decisão: elas têm poderes, e esses poderes estão localizados no privado e no particular, mas também no social e na sociedade civil[64]. E é justamente neste âmbito dos poderes múltiplos

[60] Rovai, Marta Gouveia de Oliveira. **O direito à memória: a história oral de mulheres que lutaram contra a ditadura militar (1964-84).** *Revista Tempo e Argumento* 5, nº 10 (11 de dezembro de 2013): 108–32, https://doi.org/10.5965/2175180305102013108.

[61] Perrot, Michelle. **Os excluídos da história: operários, mulheres e prisioneiros.** 7ª Ed. São Paulo: Paz e Terra, 2017. P. 177.

[62] Scott, Joan. **Gênero: uma categoria útil de análise histórica.** In: Educação e Realidade. 20(2). Jul./dez., 1995. P. 71-99. P. 88.

[63] Roesler, Cláudia Rosane; e Senra, Laura Carneiro de Mello. **Gênero e justiça de transição no Brasil.** In: Revista Jurídica da Presidência. Brasília. V. 15, nº 105. Fev./Mai 2013. P. 35-67. P. 41.

[64] Perrot, Michelle. **Os excluídos da história: operários, mulheres e prisioneiros.** 7ª Ed. São Paulo: Paz e Terra, 2017. P. 177.

que se inscreve o valor do resgate da memória feito *por* mulheres e *para* as mulheres.

A memória transpassa presença e ausência, estando na presença da lembrança e na ausência do passado, antagonismo que é ao mesmo tempo a sua riqueza e a sua fragilidade. Esse entrelaçamento das temporalidades faz com que a memória e a verdade do passado repercutam na possibilidade de um presente que seja também verdadeiro[65].

Jeanne Marie Gagnebin afirma então que "a fidelidade ao passado, não sendo um fim em si mesma, visa à transformação do presente"[66]. A autora trata da rememoração como um processo de resgate histórico que vai além de repetir aquilo do que se lembra, abrindo espaço "ao esquecido e ao recalcado, para dizer, com hesitações, solavancos, incompletude, aquilo que ainda não teve direito nem à lembrança nem às palavras"[67]. Por isso mesmo, no caso da luta das mulheres na resistência à ditadura militar, o resgate daquilo por que passaram e que ficou à margem da narrativa oficial do passado tem sido feito pelas próprias mulheres.

Segundo Emílio Neder Meyer, os processos transicionais cuidam de "discutir, no presente, os abusos do passado em prol de uma tentativa de não repetição no futuro"[68]. Portanto, é crucial o papel do resgate da memória. Marta Gouveia de Oliveira Rovai consigna:

> A memória testemunhal ganha cada vez mais importância, não como lamento e vitimização de quem se propõe contar a própria história, mas como possibilidade de digerir uma experiência dolorosa que marcou toda a sociedade entre 1964 e 1984. A campanha pela abertura dos arquivos e a intensificação das pesquisas com a história de vida de pessoas que foram presas, torturadas, exiladas ou de alguma forma perseguidas

[65] Gagnebin, Jeanne Marie. **Lembrar escrever esquecer**. São Paulo: Editora 34, 2018. P. 44-47.

[66] Gagnebin, Jeanne Marie. **Lembrar escrever esquecer**. São Paulo: Editora 34, 2018. P. 55.

[67] Gagnebin, Jeanne Marie. **Lembrar escrever esquecer**. São Paulo: Editora 34, 2018. P. 55.

[68] Meyer, Emílio Peluso Neder. A ADPF nº 153 no Supremo Tribunal Federal: a anistia de 1979 sob a perspectiva da Constituição de 1988. In: Sousa Jr., José Geraldo de; Silva Filho, José Carlos Moreira da; Paixão, Cristiano; Fonseca, Lívia Gimenes Dias da; Rampin, Talita Tatiana Dias. **O direito achado na rua (v. 7): introdução crítica à justiça de transição na América Latina.** Brasília: UnB, 2015. P. 452-455. P. 452.

> pela repressão implica entender dois processos distintos e complementares: o direito e o dever de lembrar os traumas psicológicos e físicos e de sobre eles falar, e o direito ao registro, à interpretação e à análise histórica desse período traumático no Brasil[69].

A autora destaca que os relatos são a um só tempo pessoais e coletivos, posto que desvelam um momento histórico a partir do signo do testemunho dos "sofrimentos íntimos e ignorados nas tragédias coletivas"[70]. Os depoimentos prestados à Comissão Nacional da Verdade, alguns deles reproduzidos no item anterior, demonstram o caráter íntimo da violência sofrida ao mesmo tempo em que denotam o *modus operandi* do aparato repressor, evidenciando-se que o poder autoritário se infiltrou nos âmbitos individual e coletivo. A este respeito, Marta Rovai consigna:

> As narrativas sobre suas experiências permitiram perceber a existência de outra ética da solidariedade, nascida do afeto para com maridos, parentes e amigos, que também as lançou no mundo político, num ativismo emocional não menos importante que a militância ideológica. Ética que forjou a reconstrução das subjetividades, marcadas pela clandestinidade, o anonimato, o desvio, num enfrentamento à moralidade conservadora[71].

A luta das mulheres demonstra que o afeto não só permeia a construção de processos históricos, mas também foi capaz de fortalecer a luta política e a resistência contra a ditadura:

> Oferecer a casa às reuniões dos militantes; usá-la como esconderijo; oferecer seu espaço mais íntimo, familiar, para guardar armas e documentos; alimentar clandestinos; promover festas de aniversário no Presídio Tiradentes, humanizando os presos políticos; inventar histórias aos

[69] Rovai, Rovai, "O direito à memória".

[70] Rovai, Marta Gouveia de Oliveira. **O direito à memória: a história oral de mulheres que lutaram contra a ditadura militar (1964-84).** *Revista Tempo e Argumento* 5, nº 10 (11 de dezembro de 2013): 108–32, https://doi.org/10.5965/2175180305102013108.

[71] Rovai, Marta Gouveia de Oliveira. **O direito à memória: a história oral de mulheres que lutaram contra a ditadura militar (1964-84).** *Revista Tempo e Argumento* 5, nº 10 (11 de dezembro de 2013): 108–32, https://doi.org/10.5965/2175180305102013108.

> militares; passar-se por namoradas ou parentas de militantes nas visitas às prisões; mobilizar a vizinhança para arrecadar roupa, comida ou informar sobre os acontecimentos; denunciar. Oferecer o seu próprio corpo, muitas vezes insuspeito porque feminino, para levar bilhetes de presos e seus familiares ou recados das organizações, para seduzir perpetradores de seus entes queridos e arrancar benefícios. As mulheres arriscaram-se[72].

As mulheres ressignificaram os papéis que lhes são atribuídos, utilizando-os para articular sua proteção e fazendo-os a base do enfrentamento político, de modo que tal enfrentamento, por ser considerado despolitizado, dificultava o combate do Estado. Assim, "dentro do que se poderia esperar das relações de gênero numa sociedade tradicional, elas construíram sua força subversiva contra os regimes autoritários, utilizando os atributos a elas imputados"[73].

Apesar da dicotomia entre os espaços público e privado, "o político faz parte do cotidiano e do privado, rompendo com a suposta divisão binária entre o mundo dos homens (público) e o mundo das mulheres (privado)"[74]. Ainda que as construções sociais de gênero tenham alocado o feminino no espaço privado, por meio das diversas formas de participação na resistência, "as mulheres transformaram os assuntos privados em debates políticos e em intervenções"[75].

A história, sendo ao mesmo tempo narrativa e processo, "remete sempre às dimensões humanas da ação e da linguagem e, sobretudo, da narração"[76]. Por isso é da maior importância atentar-se para *quem* conta a história, sobretudo no contexto brasileiro em que há uma disputa

[72] Rovai, Marta Gouveia de Oliveira. **O direito à memória: a história oral de mulheres que lutaram contra a ditadura militar (1964-84)**. *Revista Tempo e Argumento* 5, nº 10 (11 de dezembro de 2013): 108–32, https://doi.org/10.5965/2175180305102013108.

[73] Rovai, Marta Gouveia de Oliveira. **O direito à memória: a história oral de mulheres que lutaram contra a ditadura militar (1964-84)**. *Revista Tempo e Argumento* 5, nº 10 (11 de dezembro de 2013): 108–32, https://doi.org/10.5965/2175180305102013108.

[74] Rovai, Marta Gouveia de Oliveira. **O direito à memória: a história oral de mulheres que lutaram contra a ditadura militar (1964-84)**. *Revista Tempo e Argumento* 5, nº 10 (11 de dezembro de 2013): 108–32, https://doi.org/10.5965/2175180305102013108.

[75] Sarlo, Beatriz. Paisagens imaginárias: intelectuais, arte e meios de comunicação, São Paulo: Edusp, 2005. P. 188-189.

[76] Gagnebin, Jeanne Marie. **Lembrar escrever esquecer**. São Paulo: Editora 34, 2018. P. 43.

de narrativas que, para além dos revisionismos históricos, chega a desdenhar do expressivo papel desempenhado pelas mulheres na luta pelo restabelecimento da democracia.

Michelle Perrot diz que as mulheres "as mulheres traçam um caminho que é preciso reencontrar", "uma história outra" [77]. Desde a presença latente nos espaços de luta, retratada na imagem abaixo, até a reconstrução da narrativa histórica por meio de um resgate que traz a memória para o domínio da arte.

Historiadoras, artistas, militantes e intelectuais de diversas áreas do conhecimento tiram da margem e trazem para o centro as histórias das mulheres que fizeram história.

Lélia Gonzalez, filósofa e militante, destaca que as mulheres – especialmente as negras – tiveram um papel ativo em "todos os movimentos de resistência e libertação de que se tem notícia"[78]. Como alguns

[77] Perrot, Michelle. **Os excluídos da história: operários, mulheres e prisioneiros.** 7ª Ed. São Paulo: Paz e Terra, 2017. P. 224.

[78] Gonzalez, Lélia. As amefricanas do Brasil e sua militância. **In: Por um feminismo afro-latino-americano: ensaios, intervenções e diálogos**. 1ª Ed. Rio de Janeiro: Zahar, 2020. P. 265-266. P. 265.

exemplos da militância organizada, Gonzalez resgata a memória de grupos organizados, como o Grupo de Mulheres Negras do Rio de Janeiro, o coletivo de Mulheres Negras de São Paulo, o Grupo de Mulheres Negras do Calabar, além da participação ativa e direta em meios institucionais, como o Conselho Nacional e nos Conselhos Estaduais e Municipais da Mulher[79].

Gonzalez, além de notabilizar os movimentos organizados de mulheres negras, teve ela própria um papel de destaque nos processos de transição no Brasil. Em seu discurso na ocasião em que participou da reunião da Subcomissão de Negros, Populações Indígenas e Pessoas com Deficiência, na Assembleia Nacional Constituinte, ela sublinhou as estruturas hierárquicas de raça, classe e gênero presentes na construção dos espaços de poder no Brasil[80].

No cinema, há diversas produções que tratam a respeito da luta das mulheres contra o autoritarismo. Merecem destaque o documentário *Damas da Liberdade*, dirigido por Célia Gurgel e Joe Pimentel, e a produção de Lúcia Murat, especialmente a obra *Que bom te ver viva*.

Murat, militante que foi também presa e torturada, traz em *Que bom te ver viva* as histórias de oito militantes, contadas por elas mesmas. O filme, produzido em 1989, alterna os relatos documentais com cenas de um monólogo ficcional, de uma personagem que também sofreu as sevícias dos anos de chumbo[81].

Dedicado a mulheres guerrilheiras que sofreram perseguição, tortura e exílio, a obra de Murat "cria uma memória coletiva do período da ditadura ao mesmo tempo em que destaca as individualidades das guerrilheiras, e suas diferentes maneiras de lidar com o trauma"[82].

[79] GONZALEZ, Lélia. As amefricanas do Brasil e sua militância. **In: Por um feminismo afro-latino-americano: ensaios, intervenções e diálogos**. 1ª Ed. Rio de Janeiro: Zahar, 2020. P. 265-266. P. 266.

[80] GONZALEZ, Lélia. Discurso na Constituinte. **In: Por um feminismo afro-latino-americano: ensaios, intervenções e diálogos.** 1º Ed. Rio de Janeiro: Zahar, 2020. P. 244-264.

[81] QUE BOM TE VER VIVA. Direção: Lúcia Murat. Produção: Taiga Produções Visuais Ltda., FCB – Fundação do Cinema Brasileiro. Brasil: Embrafilme – Empresa Brasileira de Filmes S.A., 1989.

[82] FERNANDES, Thiago. **Memórias da ditadura militar no cinema de Lucia Murat.** Disponível em: https://nuvemcritica.com/2018/05/10/memorias-da-ditadura-militar-no-cinema-de-lucia-murat/ (acesso em 14/08/2021).

Em *Damas da liberdade,* quatorze militantes dão seus depoimentos sobre a luta de movimentos organizados, sobretudo a União Brasileira de Mães, o Movimento Feminino pela Anistia e o Comitê Brasileiro de Anistia. Os relatos narram como as mulheres lutaram pela anistia e "pela história do Brasil", como salienta Alayde de Miranda Pereira Nunes, que integrou o Movimento Feminino pela Anistia no Rio de Janeiro[83].

Heloísa Greco, participante do Comitê Brasileiro pela Anistia em Minas Gerais, destacou que as mulheres tiveram um papel de vanguarda na luta pela anistia. *Luta,* aliás, é um substantivo bastante invocado pelas militantes como uma força motriz capaz de ressignificar a dor e o sofrimento, em busca da "defesa da liberdade, da justiça e do reassentamento da verdade", como afirmou Maria Auxiliadora Arantes, integrante do Comitê Brasileiro pela Anistia em São Paulo, para quem a luta é constitutiva de sua subjetividade.

O documentário, produzido em 2012 por Célia Gurgel e Joe Pimentel, é dedicado "a todas as mulheres que contribuíram, de forma incansável, pela conquista das liberdades democráticas no Brasil". As mobilizações levadas a cabo por elas denunciavam os crimes contra a humanidade cometidos pelos agentes da ditadura no Brasil, e consolidaram as demandas por uma anistia que fosse ampla, geral e irrestrita.

Outro exemplo de invocação artística da memória é o trabalho da artista Marcela Cantuária, em cuja obra está inscrito o engajamento político, notadamente para celebrar mulheres que lutam e que lutaram. A respeito de suas pinturas, vale transcrever um trecho da resenha do curador Leandro Fazolla:

> Suas pinturas figurativas e muitas vezes alegóricas, em cores fortes e potentes, criam impacto ao se aliarem predominantemente à História do Brasil e da América Latina como um todo. Na série "Mátria Livre", a artista busca na História mulheres precursoras, combatentes, guerrilheiras, mas que muitas vezes são relegadas em detrimento de uma narrativa hegemônica patriarcal. (...) Ao mesmo tempo em que faz certa reparação histórica ao colocar estas mulheres no centro da narrativa, a pintora também busca novos caminhos para a representação feminina na arte, após séculos de imagens relacionadas primordialmente ao corpo e à

[83] DAMAS DA LIBERDADE. Direção: Célia Gurgel e Joe Pimentel. Produção: Aldeia, Trio Filmes. Brasil, 2012.

> nudez da mulher. (...) A memória também é o assunto principal na série Futuro do Pretérito, na qual a artista reproduz imagens de protestos e fotos de pessoas desaparecidas na ditadura militar brasileira e similares. (...) Ao tratar de eventos históricos, Marcela muitas vezes acumula fotos, corrompe o discurso corrente e sobrepõe fatos, parecendo evocar a máxima do "lembrar para não esquecer", questão cada vez mais importante num país que flerta sistematicamente com o obscurantismo[84].

Em sua tela *La larga noche de los 500 años*[85] *Cantuária* retrata, em um cenário incandescente, dezenas de militantes latino-americanos, que combateram em diversos momentos históricos.

No que diz respeito especificamente ao período da ditadura militar no Brasil, Cantuária retrata, entre outras guerrilheiras, Dulce Maia de Souza, a primeira mulher da guerrilha armada a ser presa; Maria do Carmo Brito, primeira mulher a liderar uma organização guerrilheira na América Latina; e Lúcia Maria de Souza, a guerrilheira sem nome[86].

[84] Fazolla, Leandro. **Marcela Cantuária**. In: DASartes Revista de Artes Visuais. Disponível em: https://dasartes.com.br/materias/marcela-centuaria/ (acesso em 14/08/2021).
[85] MARCELA CANTUÁRIA. La larga noche de los 500 años. Disponível em: https://www.marcelacantuaria.com.br/la-larga-noche-de-los-500-ano (acesso em 14/08/2021).
[86] Capturada pelo exército, foi perguntada qual era o seu nome, ao que Lúcia respondeu: "guerrilheira não tem nome, eu luto pela liberdade", antes de atirar e atingir dois dos

O imaginário de virilidade e coragem como atributos masculinos se inscreve nas narrativas do combate à ditadura, de modo que usualmente a ação das mulheres é desprezada ou, na melhor das hipóteses, colocada em segundo plano. Em contrapartida o resgate da história por meio da narrativa das mulheres – tanto as que a transformaram como as que contam suas histórias – permite enxergar a hierarquia de gênero que estrutura a sociedade, o que foi reproduzido também nas organizações de combate à repressão, para que possa ser ampliada "a noção de sujeito histórico, não mais entendido de forma universal, mas humanizado em suas subjetividades"[87].

É necessário olhar para quem está contando a história, porquanto haver uma narradora ao invés de um narrador que se pretende neutro e universal é o fator capaz de democratizar a memória, pois "somente essa retomada reflexiva do passado pode nos ajudar a não repeti-lo infinitamente, mas a ousar esboçar uma outra história, a inventar o presente"[88].

Não se conta a história política do país se não se conta a história das mulheres[89], e neste sentido, o trabalho de mulheres do resgate da história é fundamental para trazer uma perspectiva de gênero para a justiça de transição, especialmente em seu pilar da memória, de modo a demonstrar a pluralidade subjetiva das lutas políticas.

Conclusão

A análise da justiça de transição a partir de uma ótica feminista permitiu a confirmação da premissa de que os mecanismos transicionais não costumam adotar uma perspectiva que leve em consideração as especificidades do gênero feminino.

Empreendeu-se uma análise sistemática dos principais instrumentos de transição adotados no Brasil, demonstrando-se que há neles a repro-

militares, sendo fuzilada em seguida. Disponível em: http://memoriasdaditadura.org.br/memorial/lucia-maria-de-souza/ (acesso em 14/08/2021).

[87] ROVAI, Marta Gouveia de Oliveira. **O direito à memória: a história oral de mulheres que lutaram contra a ditadura militar (1964-84)**. *Revista Tempo e Argumento* 5, nº 10 (11 de dezembro de 2013): 108–32, https://doi.org/10.5965/2175180305102013108.

[88] GAGNEBIN, Jeanne Marie. **Lembrar escrever esquecer**. São Paulo: Editora 34, 2018. P. 57.

[89] TELES, Maria Amélia de Almeida. Mulheres: subversivas, vadias, putas, perigosas, tresloucadas? In: **Espectros da ditadura: da Comissão da Verdade ao bolsonarismo.** TELES, Edson; e QUINALHA, Renan (Org.). São Paulo: Autonomia Literária, 2020. P. 366-394. P. 393.

dução da hierarquização estrutural dos gêneros, assente na suposta neutralidade das instituições e normas, que é justamente o que acentua a assimetria de gênero ao garantir seu caráter masculino.

Apesar de terem participado ativamente de diversas frentes de resistência, as mulheres eram invisibilizadas dentro dos próprios movimentos. Além disso, as formas de tortura empregadas pelos agentes da ditadura atingiam diretamente a subjetividade dos papéis femininos de gênero. Todavia, mecanismos transicionais institucionais tendem a não considerar tais particularidades, o que traz o incômodo questionamento: se o autoritarismo considerou a subjetividade do gênero feminino para aviltá-lo, por que a justiça de transição não a leva em consideração para trazer um equilíbrio à reparação?

Por isso, buscou-se destacar o imprescindível e proeminente papel das mulheres no resgate da memória para além dos espaços institucionais, em manifestações intelectuais e artísticas. Neste contexto, foram examinados os trabalhos de Lélia Gonzalez, filósofa e militante que exaltou o papel das mulheres negras na reconquista das liberdades; das cineastas Lúcia Murat e Célia Gurgel, que por meio de suas produções audiovisuais, colocaram as mulheres como narradoras de suas trajetórias de luta e da história política recente no Brasil; e a obra da artista Marcela Cantuária, que por meio de sua produção artística exalta a memória de militantes e guerrilheiras cuja trajetória contradiz os estereótipos de gênero presentes nas estruturas sociais.

É impossível ter a dimensão das transformações políticas do país sem considerar a importância da luta das mulheres, sendo imperioso o resgate da história delas e contada por elas para atribuir uma perspectiva feminista à justiça de transição, sobretudo ao seu pilar da memória. Parafraseando Michelle Perrot, as mulheres *contam* uma outra história[90].

Referências

ABRÃO, Paulo; e GENRO, Tarso. Os direitos da transição e a democracia no Brasil: estudos sobre Justiça de Transição e Teoria da Democracia. Belo Horizonte: Fórum, 2012.

[90] PERROT, Michelle. **Os excluídos da história: operários, mulheres e prisioneiros.** 7ª Ed. São Paulo: Paz e Terra, 2017. P. 224.

________; e Torelly, Marcelo. Mutações do conceito de anistia na Justiça de Transição brasileira: a terceira fase da luta pela anistia. In: Prittwitz, Cornelius; Swensson Jr., Lauro Joppert; Torelly, Marcelo; Abrão, Paulo; e Neumann, Ulfrid (Org). Justiça de Transição: análises comparadas Brasil-Alemanha. Brasília: Comissão de Anistia, 2015. P. 20-39.

Baines, Beverley; Barak-Erez, Daphne; Kahana, Tsvi. Feminist Constitutionalism: Global Perspectives. New York: Cambridge University Press, 2012.

Barak-Erez, Daphne. Her-menutics: feminism and interpretation. In: Baines, Beverley; Barak-Erez, Daphne; Kahana, Tsvi. Feminist Constitutionalism: Global Perspectives. New York: Cambridge University Press, 2012.

Bartlett, Katherine. Feminist Legal Methods. Harvard Law Review, vol. 103, 1990, n.4.

Blay, Eva Alterman. Como as mulheres se construíram como agentes políticas e democráticas: o caso brasileiro. In: 50 anos de feminismo: Argentina, Brasil e Chile. Blay, Eva Alterman, e Avelar, Lúcia (orgs.). São Paulo: Edusp, 2017.

Biroli, Flávia. Gênero e desigualdades: limites da democracia no Brasil. São Paulo: Boitempo. 2018.

Fachin, Melina Girardi; e Nowak, Bruna. Falando a verdade: diálogos em transição no Sistema Interamericano de Direitos Humanos. In: Piovesan, Flávia; Amaral Jr., Alberto do; e Danese, Paula Monteiro (Org.). 50 anos da Convenção Americana de Direitos Humanos – O Sistema Interamericano: legado, impacto e perspectivas. Salvador: Juspodivm, 2019. P. 129-156.

Fernandes, Thiago. Memórias da ditadura militar no cinema de Lucia Murat. Disponível em: https://nuvemcritica.com/2018/05/10/memorias-da-ditadura-militar-no-cinema-de-lucia-murat/ (acesso em 14/08/2021).

FREIRE, A. Interpretação constitucional comparativa: aproximação crítica e arcabouço metodológico. *Revista Publicum*, Rio de Janeiro, n. 2, 2016, p. 45-73.

Gagnebin, Jeanne Marie. Lembrar escrever esquecer. São Paulo: Editora 34, 2018.

Gonzalez, Lélia. As americanas do Brasil e sua militância. In: Por um feminismo afro-latino-americano: ensaios, intervenções e diálogos. 1º Ed. Rio de Janeiro: Zahar, 2020. P. 265-266.

Joffily, Olívia Rangel. Esperança equilibrista: resistência feminina à ditadura militar no Brasil (1964-1985). Tese (Doutorado). 2005. Pontifícia Universidade de São Paulo.

Meyer, Emílio Peluso Neder. A ADPF nº 153 no Supremo Tribunal Federal: a anistia de 1979 sob a perspectiva da Constituição de 1988. In: Sousa Jr., José Geraldo de; Silva Filho, José Carlos Moreira da; Paixão, Cristiano; Fonseca, Lívia Gimenes Dias da; Rampin, Talita Tatiana Dias. O direito achado na rua (v. 7): introdução crítica à justiça de transição na América Latina. Brasília: UnB, 2015. P. 452-455.

MIGUEL, Luis Felipe. Gênero e representação política. In: Feminismo e política: uma introdução. BIROLI, Flávia; e MIGUEL, Luis Felipe. São Paulo: Boitempo, 2014. P. 96.

PERROT, Michelle. Os excluídos da história: operários, mulheres e prisioneiros. 7ª Ed. São Paulo: Paz e Terra, 2017.

ROESLER, Cláudia Rosane; e SENRA, Laura Carneiro de Mello. Gênero e justiça de transição no Brasil. In: Revista Jurídica da Presidência. Brasília. V. 15, nº 105. Fev./Mai 2013. P. 35-67.

ROVAI, Marta Gouveia de Oliveira. O direito à memória: a história oral de mulheres que lutaram contra a ditadura militar (1964-84). *Revista Tempo e Argumento* 5, nº 10 (11 de dezembro de 2013): 108–32. https://doi.org/10.5965/2175180305102013108.

SCOTT, Joan. Gênero: uma categoria útil de análise histórica. In: Educação e Realidade. 20(2). Jul./dez., 1995. P. 71-99.

TELES, Maria Amélia de Almeida. Mulheres: subversivas, vadias, putas, perigosas, tresloucadas? In: Espectros da ditadura: da Comissão da Verdade ao bolsonarismo. TELES, Edson; e QUINALHA, Renan (Org.). São Paulo: Autonomia Literária, 2020. P. 366-394.

23.
ZUZU ANGEL: QUEM É ESSA MULHER QUE FEZ DA MODA, SUA ARMA POLÍTICA E, DA MATERNIDADE, SUA RAZÃO DE EXISTIR?

Inês Virgínia Soares
Lucia Elena Arantes Ferreira Bastos

> Quem é essa mulher/ que canta como dobra um sino/ queria cantar por meu menino/ que ele já não pode mais cantar
>
> (Trecho da música Angélica, de Chico Buarque e Miltinho)

> As mulheres transformaram os assuntos privados em debates políticos e em intervenções
>
> Beatriz Sarlo[1].

[1] Sarlo, Beatriz. Paisagens imaginárias: intelectuais, arte e meios de comunicação, São Paulo: Edusp, 2005. P. 188-189.

Introdução

O Brasil esteve sob uma ditadura de 1964-1985 e, principalmente nas questões de gênero, nossa história ficou por muito tempo sem prestação de contas. Apesar das condenações de nosso país pela Corte Interamericana de Direitos Humanos (2010 e 2018) e do Relatório Final da Comissão Nacional da Verdade (em 2014), atualmente, ainda observamos posições de negação feitas por autoridades, e crimes ditatoriais aceitos e percebidos com naturalidade pela sociedade.

Em 1971, Stuart Edgar Angel Jones, estudante de Economia da Universidade Federal do Rio de Janeiro e dirigente do MR-8, uma organização política marxista que participou da luta armada contra a ditadura, foi torturado, assassinado e desaparecido. Ele é uma das 400 pessoas reconhecidas como desaparecidas políticas pelas duas Comissões oficiais brasileiras – Comissão de Mortos e Desaparecidos Políticos e Comissão Nacional da Verdade. No entanto, seus restos mortais, como os da maioria dos desaparecidos do regime ditatorial brasileiro, nunca foram encontrados e devolvidos à família, para cicatrização das feridas e encerramento do ciclo do luto.

Se o paradeiro dos restos mortais não foi descoberto até hoje, as circunstâncias bárbaras e cruéis de sua morte, que aconteceu em junho de 1971, no Centro de Informações e Segurança da Aeronáutica (CISA), base aérea do Galeão, Rio de Janeiro, chegaram ao conhecimento de sua mãe, Zuleika Angel Jones (Zuzu Angel), em maio de 1972, por uma carta[2], de seis páginas, escrita e enviada da prisão por Alex Polari de Alverga.

Quando Stuart desapareceu, Zuzu Angel, sua mãe, era uma empresária bem sucedida, uma importante estilista no país, com reconhecimento no exterior. Mas, a partir de 1971, passou também a ser incansável oponente da violência do governo militar, embate que custou sua vida, tendo durado cinco anos, até seu assassinato por agentes do Estado em 1976, em uma simulação de acidente de carro.

Desde sua morte, várias manifestações artísticas (ou seja, canções, livros, filmes, exposições) e, também, desculpas oficiais e respostas

[2] Reprodução da Carta manuscrita está disponível em http://acervo.zuzuangel.com.br/documental/fotocopia-de-carta-de-alex-polari-de-alvarenga-relatando-a-prisao-e-as-sessoes-de-tortura-sofridas-por-stuart. Acesso em 09.08.2021

judiciais surgiram no cenário brasileiro e adquiriram um sentido de reparação coletiva. O caso Zuzu Angel é emblemático e contribuiu para ressignificação da memória feminina durante a ditadura, realçando o importante papel das mulheres na busca da verdade, na luta por justiça e contra a impunidade dos algozes de seus maridos, pais e mães, filhos e filhas, irmãos e irmãs.

A importância de analisar o acervo criado em torno da memória de Zuzu Angel tem um aspecto peculiar no contexto brasileiro: a narrativa oficial da história da repressão durante a ditadura militar no Brasil, bem como do movimento de resistência é marcadamente masculina; e, por um longo período, o debate desde a perspectiva de gênero foi esquecido.

Além da resistência ativa das mulheres ao regime militar, inclusive pela participação em organizações clandestinas, surgiram formas de insurgência contra a ditadura a partir do uso dos padrões estabelecidos na época, como a maternidade, o papel de esposa ou o exercício de profissões tipicamente femininas, como era a de Zuzu Angel, uma estilista, que ganhava seu sustento com um conhecimento (sobre costuras, tecidos, bordados) que era transmitido entre gerações, de mães para filhas, de professoras para alunas, como preparação da vida adulta feminina.

Nessa perspectiva, houve resistências que se aproveitaram dos preconceitos e do machismo estrutural da sociedade. Essa situação de desigualdade entre gêneros serviu, para muitas mulheres, como escudo e veículo para denunciar as violências e lutar contra a ditadura. Assim, "dentro do que se poderia esperar das relações de gênero numa sociedade tradicional, elas construíram sua força subversiva contra os regimes autoritários, utilizando os atributos a elas imputados"[3].

No artigo, partiremos do caso Zuzu Angel, para abordar a contribuição que essa mãe e estilista deu ao combinar o exercício profissional à luta contra as práticas nefastas cometidas na ditadura brasileira e à busca incessante por justiça. Destacaremos o impacto de sua postura para a memória coletiva; analisaremos os desdobramentos jurídicos dos últimos cinco anos de vida de Zuzu e o legado no cenário atual; e, por fim, examinaremos a importância das manifestações artístico-culturais no

[3] Rovai, Marta Gouveia de Oliveira. **O direito à memória: a história oral de mulheres que lutaram contra a ditadura militar (1964-84)**. *Revista Tempo e Argumento* 5, nº 10 (11 de dezembro de 2013): 108–32, https://doi.org/10.5965/2175180305102013108.

atual cenário brasileiro, como medidas de reparação coletiva, inclusive sob a perspectiva de gênero, e como garantias de não repetição.

23.1 O direito à memória e à verdade sobre as violações sofridas pelas mulheres na ditadura brasileira

No Brasil e em outros países latinoamericanos, por muito tempo, não se abordou a necessidade de reparação das vítimas de ditaduras sob a ótica de gênero. Provavelmente pela gravidade das práticas cruéis somada à dificuldade coletiva de superação da situação traumática, num momento inaugural foi urgente destinar o olhar para o grupo como um todo que fora atingido pelas torturas, desaparecimentos, perseguições, exílios, banimentos, prisões arbitrárias dentre outras atrocidades. Ou seja: não foi possível, nas primeiras décadas pós-transição, pensar em peculiaridades para as mulheres. Eram vítimas e ponto.

No entanto, narrativas e testemunhos das perseguidas pelo Estado autoritário e repressor deixaram clara a importância de se perceber diferenças entre gêneros e de se constatar que havia uma exploração da condição feminina, como fragilidade. E o assentamento do passado recente da ditadura tem mostrado quc as vozes das mulheres fizeram e fazem diferença na elaboração da memória coletiva e na busca da verdade.

O universo feminino foi uma das partes da sociedade brasileira que mais mudou no período compreendido entre as décadas de 1960 e 1970. As mulheres se engajaram mais no mercado de trabalho; investiram na obtenção de uma escolaridade mais ampla e passaram a se posicionar de maneira mais altiva nos espaços públicos, nas suas relações sociais, econômicas e políticas. De certa forma, essas inovações acabaram por modificar suas relações com os homens e até mesmo com outras mulheres, alterando, portanto, a dinâmica social.

Diante deste cenário de novas relações, apesar de ainda ser embrionário o movimento feminista, que só se firmaria no cenário brasileiro no final dos anos de 1970 e nos anos 1980, uma parcela de mulheres participava das organizações clandestinas que resistiam ao regime ditatorial. Apesar disso, as mulheres militantes dos anos 1960 e 1970 ainda lutavam por igualdade dentro das próprias organizações políticas, regulares ou clandestinas das quais integravam. No caso das clandestinas, a participação feminina nessas entidades era na realização de atividades de cuidado (cozinhar, limpar, fazer compras para abastecimento do equipamento) e de pouca liderança, geralmente *"para garantir a infraestrutura das ações políticas e militares..."*[4].

Mesmo assim, Marcelo Ridenti destaca uma média de 18% de mulheres nos grupos armados no final da década de 60, ressaltando que essa "(...) participação feminina nas esquerdas armadas era um avanço para a ruptura do estereótipo da mulher restrita ao espaço privado e doméstico, enquanto mãe, esposa, irmã e dona-de-casa, que vive em função do mundo masculino"[5]. A média de menos de 20% de mulheres também se reflete nas mortes por gênero. Assim, dos 70 guerrilheiros desaparecidos no Caso Araguaia, 12 eram mulheres (menos de 20%); e do total de mortos e desaparecidos que tiveram seus nomes reconhecidos, aproximadamente 11% eram mulheres.

Como destacam Tatiana Merlino e Igor Ojeda, "o Estado brasileiro e seus aparelhos de repressão viam as mulheres como tolas, bobas, incapazes de se incorporar à luta política naquele momento". Merlino e Ojeda ressaltam que as mulheres estiveram em diversas frentes da resistência à ditadura, tanto em vias regulares como clandestinas, e que "muitas, ainda que sem armas, colocaram em risco suas vidas e as de seus filhos e maridos ao estabelecerem também as suas estratégias de luta. Outras tantas já não estão entre nós para contar suas histórias. Ousadas demais, foram silenciadas".[6]

Na década de 1980, a consolidação da democracia após a ditadura se centrou no resgate e afirmação de direitos fundamentais e valores democráticos. A não aceitação do legado autoritário é um recurso retórico que passa a permear o sistema normativo brasileiro, desde a Constituição. No entanto, a previsão constitucional de igualdade entre homens e mulheres não as livrou da violência doméstica, do feminicídio e de diversas formas de discriminação nas relações políticas, econômicas e sociais.

Embora se possa ver claramente o tom democrático da Carta de 1988, não fica explícito em seu texto ou no aparato normativo e administrativo decorrente, qualquer indicação da necessidade de um acerto de

[4] TELES, Maria Amélia de Almeida. "Violações dos Direitos Humanos das Mulheres na Ditadura". In: *Estudos Feministas*, v. 23(3): 406, setembro-dezembro/2015, p. 1001-1022.

[5] RIDENTI, Marcelo Siqueira. "As Mulheres na Política Brasileira: os Anos de Chumbo". In: *Tempo Social*, v. 2, 1990, p. 113-128.

[6] MERLINO, Tatiana; OJEDA, Igor. Direito à memória e à verdade: Luta, substantivo feminino. São Paulo: Editora Caros Amigos, 2010, p. 16.

contas com o passado recente violento, muito menos sob a perspectiva de reparação específica para as mulheres vítimas. Ao contrário: o que se nota é que, no Brasil, a memória e a verdade ainda não foram realmente tratadas sob a perspectiva de gênero, apesar de um exitoso programa de justiça administrativa para reparação das vítimas e de relevantes iniciativas, oficiais e da sociedade civil, como a Comissão Nacional da Verdade (CNV), finalizada em 2014, e o site BNM Digital, lançado em 2013, disponibilizou online, toda documentação do Projeto *Brasil Nunca Mais*, colhida entre 1979-1985.

O *Brasil Nunca Mais* e todas as relevantes iniciativas citadas fazem menção à participação das mulheres como integrantes de um corpo de vítimas. No entanto, com exceção do relatório da CNV e algumas iniciativas pontuais da Comissão Especial de Mortos e Desaparecidos Políticos e da Comissão de Anistia, não há enfoque mais profundo na questão da equidade de gênero e nas peculiaridades das violências que atingem sobremaneira o universo feminino.

É possível afirmar que a demora em instalar uma Comissão da Verdade no Brasil tenha favorecido a inserção de temas como a violação em razão do gênero. Assim, a CNV, que funcionou de 2012 a 2014, foi um relevante mecanismo de reparação às mulheres utilizado em nosso país, já que lançou luzes sobre as graves violações sofridas por elas na ditadura.

Em relação à experiência de outras Comissões da Verdade para uma atuação com recorte de gênero, o Relatório *Nunca Más* (Argentina, 1984) e o Relatório *Rettig* (Chile, 1991), Hiner aponta que o gênero foi sistematicamente excluído; e que somente nos anos 2000 é que esta questão passou a ser observada. Em suas palavras:

> Por fim, os relatórios das comissões da verdade não apenas "branquearam" o fator político, mas também o fator gênero, já que nas narrativas se referem a homens como as vítimas principais ou o universal das "vítimas". Em ambos os casos, as experiências de mulheres presas e análise de gênero. Todo o observado até agora indica um silenciamento relativamente grande em consideração à narrativa das presas políticas e de suas experiências dentro de centros de tortura até bem nos anos 90.
>
> Com exceção do texto de Ximena Bunster, "Surviving Beyond Fear", publicado nos Estados Unidos em 1985, não havia muitos textos acadêmicos que abordassem, diretamente, a questão da tortura sexual e

> prisioneiras políticas chilenas durante a década de 1980. Muitas entrevistadas aludem ao medo de falar nesse período, tanto por causa do fator preponderante que o Chile ainda estava na ditadura, bem como por outros motivos, como o fato de sentir vergonha, de não querer "culpar" a família ou companheiro, ou de não se sentirem psicologicamente prontas para enfrentar essas memórias dolorosas.[7]

Ou seja, nas décadas de 1980 e 1990 se buscava resgatar a violência somente como sendo "política" e, para tanto, as vítimas eram vistas como um grupo homogêneo, no sentido de não possuírem gênero, etnia, raça ou orientação sexual. Juán Mendez lembra que "a análise prevalentemente falha em adotar uma abordagem de gênero ou interseccional, ou em avaliar adequadamente o impacto da discriminação estrutural, do patriarcado, da heteronormatividade e de estruturas discricionárias de poder e estereótipos de gênero reproduzidos socialmente."[8]

Ainda no plano internacional, no âmbito das mulheres e violações da ditadura, em Relatório publicado em 2010 pelas Nações Unidas, crimes sexuais em situação de conflito são conceituados como "aquela violência sexual que ocorre durante ou após uma situação de conflito e guarda com ele uma ligação direta ou indireta de causalidade" (UN, A/65/592-S/2010/604,§05). Nessas situações, é também aplicável a Resolução 60/147, adotada pela Assembleia Geral das Nações Unidas em 2005 (Princípios e Diretrizes Básicos sobre direito a recurso e reparação), que dispõe sobre os recursos para as graves violações de direitos humanos e de direito internacional humanitário. Nos termos dessa Resolução, a completa e efetiva reparação inclui a restituição, reabilitação, compensação, satisfação e a garantia de não repetição.

O Relatório da CNV brasileira, produzido entre 2012-1014, incorpora as produções e experiências da década anterior e não repete o equívoco de se ignorar a perspectiva de gênero. Neste Capítulo 10, o relatório

[7] HINER, Hillary. "Fue bonita la solidaridad entre ue bonita la solidaridad entre mujeres": género mujeres": género, resistencia, y, resistencia, y prisión política en Chile durante prisión política en Chile durante la ditadura". Estudos Feministas, Florianópolis, 23(3): 867-892, setembro-dezembro/2015, p. 872. Disponível em https://www.scielo.br/pdf/ref/v23n3/0104-026X-ref-23-03-00867.pdf. Acesso em 22.06.2020

[8] MÉNDEZ, Juan. *Report of the Special Rapporteur on torture and other cruel, inhuman or degraging treatment or punishment.* January 2016, UN,A/HRC/31/57,§05.

apresenta diversas narrativas de mulheres, que tornam públicos e oficiais os suplícios que sofreram. É possível perceber que muitas das experiências narradas transcorreram porque eram mulheres. O forte traço de discriminação de gênero torna a prática violenta (comum a todos) ainda mais cruel em relação às pessoas do sexo feminino. Logo no início do Capítulo é dito que:

> No cumprimento de seu mandato, ao buscar promover o esclarecimento circunstanciado de casos de tortura ocorridos durante a ditadura militar, a Comissão Nacional da Verdade (CNV) pôde constatar que a violência sexual constituiu prática disseminada do período, com registros que coincidem com as primeiras prisões, logo após o golpe de Estado. Assim, este capítulo é dedicado à violência estruturada pela hierarquia de gênero e sexualidade, que busca anular a dignidade dos indivíduos violados, impedindo-os de viver como querem, de viver bem e sem humilhações. Tal violência atinge de forma diversa mulheres e homens, como mostram as investigações e os testemunhos realizados pelo grupo de trabalho 'Ditadura e Gênero'.

Na última década, começou-se a pensar em propostas para a equidade de gênero numa perspectiva de presente e futuro. A reparação pelas atrocidades sofridas passa pelo fortalecimento das mulheres, com a vida que desfrutam hoje, mas também com o conhecimento sobre sua contribuição no passado recente.

A doutrina passou a perceber o enfrentamento de crimes sexuais como medida de reparação indispensável e desafiadora para a justiça de transição brasileira. Nessa ótica, Marcelo Torelly[9] indica formas transformadoras de reparação, como, por exemplo: a criação de unidades especializadas de judicialização; o estímulo positivo e negativo a políticas de igualdades nas organizações privadas; e promoção de igualdades nas organizações públicas, dentre outras.

Ao falar da mudança de paradigma no caso argentino, que viabilizou o processamento e punição dos torturadores, além da tendência mundial, Maria José Guembe destaca, ao analisar os fatores que conduziram

[9] Disponível em www.academia.edu/26433763/Desafios_da_Justiça_de_Transição_enfrentamento_de_crimes_sexuais . Acesso em 22.06.2016

à mudança na Argentina, os seguintes aspectos peculiares: persistência e crescimento dos temas do passado na opinião pública; a constância das reclamações das vítimas; o fortalecimento das organizações de direitos humanos; e a presença, no governo, de autoridades convencidas da necessidade de reverter a impunidade. [10]

Esses aspectos também são identificados na agenda brasileira e podem ser usados para explicar as luzes cada vez mais fortes lançadas para o tratamento das violações do passado recente da ditadura sob a ótica de gênero. Assim, adaptando os fatores para a realidade local e com foco nos direitos das mulheres, temos: a persistência e crescimento dos temas do passado na opinião pública; a produção de trabalhos (acadêmicos, cinematográficos, literários etc.) que destacam a participação das mulheres na resistência e também como vítimas; e o fortalecimento das organizações de direitos humanos, com a pauta da equidade de gênero. Pensar nesses fatores no cenário brasileiro é uma maneira de expressar outras formas para lidar com o legado de violações dos direitos das mulheres e, por consequência, passa pela utilização de mecanismos jurídicos que possibilitem a revelação da verdade, o reposicionamento da memória coletiva e a consolidação de valores democráticos.

A persistência e o crescimento do tema do passado na opinião pública estão presentes no caso Zuzu Angel e isso se deve não apenas em decorrência do legado que ela deixou – por meio de suas criações como estilista e de seu exemplo de coragem em desafiar e denunciar as atrocidades praticadas pelo governo militar, mas também por causa da alta qualidade e excelente repercussão das expressões artísticas produzidas em sua homenagem por músicos, artistas, estilistas, acadêmicos e corporações renomados.

Os próximos tópicos abordam esse legado de Zuzu e as homenagens artísticas recebidas depois de sua morte, que podem se enquadrar, no âmbito jurídico, como reparação simbólica.

[10] GUEMBE, Maria José. Obligación de investigar y sancionar graves violaciones a los derechos humanos. In: ABRAMOVICH, Victor, BOVINO, Alberto y COURTIS, Christian (compiladores). *La aplicacion de los tratados sobre derechos humanos em el âmbito local: La experiência de uma década*. Editores Del Puerto, 2007, p. 421.

23.2 Quem é essa mulher que canta sempre esse lamento?

Zuleika Angel Jones (Zuzu Angel) foi uma importante estilista de moda no país, além de incansável oponente da violência do governo militar, entre 1971 e 1976. Em 1971, seu filho (Stuart Edgar Angel Jones) foi torturado e assassinado pela ditadura. Seu corpo foi desaparecido e até hoje seus restos mortais não foram localizados e devolvidos aos familiares.

Esse episódio cruel, relatado por Alex Polari em carta remetida a Zuzu Angel, foi confirmado na época por outras vítimas detidas e novamente descrito pelo ex-cabo da Aeronáutica José Bezerra da Silva, em 2014, em depoimento à Comissão Nacional da Verdade, que também confirmou sua morte poucas horas depois dessa atrocidade: "Eu não vi, mas ouvi os comentários na manhã seguinte, porque o rapaz morreu de madrugada. Os colegas e o motorista do jipe comentaram que os torturadores mandavam acelerar e ele [o motorista] acelerava"[11].

A carta de Alex Polari foi o primeiro documento a atestar a prisão e a morte de seu filho e a confirmar a forte suspeita que ela já tinha desde 1971, pois desde o desaparecimento de Stuart, ela o procurava em quartéis, presídios ou onde quer que pudesse imaginar e recebia informações (inclusive anônimas) de seu paradeiro. Na carta são descritos os últimos momentos de vida de Stuart, desde sua captura pelos agentes da ditadura, até sua morte atroz, decorrente dos ferimentos e da inalação de gás de escapamento da viatura da Aeronáutica, um jipe. Stuart foi arrastado pelo pátio do CISA com a boca colada ao cano de descarga do veículo[12].

A denúncia sobre as atrocidades cometidas pelo governo ditatorial, a batalha para descobrir o paradeiro de seu filho e a luta para que as circunstâncias de sua morte fossem admitidas e reveladas publicamente pelo governo militar mudaram a vida de Zuzu.

Ainda em 1971, mesmo ano do desaparecimento de seu filho, e ainda sem saber de seu assassinato, Zuzu realizou um desfile de moda no consulado brasileiro em Nova York e fez um protesto à ditadura: sua coleção incorporava estampas representando tanques de guerra, canhões, pássaros engaiolados, meninos aprisionados e anjos amordaçados.

[11] https://agenciabrasil.ebc.com.br/direitos-humanos/noticia/2014-05/comiss%C3%A3o-da-verdade-quer-esclarecer-circunst%C3%A2ncias-da-morte-de-Stuart-Angel.

[12] https://www1.folha.uol.com.br/fsp/brasil/fc0107200711.htm.

Em seu diário de 1971, Zuzu confidencia: "Isso acontecendo no Brasil desde 1964 e eu, na minha santa ignorância, fazendo moda. Vestidinho com flor e passarinho, moda alegre, descontraída."[13].

A consciência da violência da ditadura foi incorporada não apenas pela mãe de Stuart Angel, mas também pela empresária, estilista e criadora, Zuzu Angel que passou a usar a moda como veículo de resistência e luta política ou, nas palavras de Ivana Simili, "na instrumentalização das roupas para fins políticos". Como explica a citada pesquisadora:

> "As apropriações e as transformações de símbolos da ditadura militar, tais como tanques de guerra, fuzis, quepes, soldados, pássaros engaiolados, pombas negras, sol atrás das grades para representar a prisão e de outros elementos visuais, transformados em recursos estéticos para denunciar a ditadura militar, sustentam as argumentações e as produções de significados para a memória da moda política de Zuzu Angel."[14]

Zuzu nasceu no início da década de 1920 do século passado e recebeu uma educação tradicional, a mesma que as meninas e jovens mulheres de sua geração e classe social recebiam:

> "Nas transmissões de saberes e fazeres relativos às roupas ou no projeto de educação feminina para a moda, os jornais e revistas da época davam a sua contribuição. Nesse sentido, o Jornal das Moças (1914-1965) transforma-se em exemplar; uma revista com maior vendagem nas décadas de 1940-1950, em que as jovens e senhoras encontravam orientações sobre moda, beleza, casa, culinária e cuidados com os filhos (Luca, 2012, p. 448).
>
> No Jornal das Moças, por exemplo, as mulheres encontravam 'receitas de trabalhos manuais' com os desenhos chamados de 'riscos', de frutas e flores para serem copiados e bordados nos panos de cozinha, nas toalhas de mesa; de borboletas, laços e pombinhas, um símbolo religioso da paz e da felicidade conjugal, para serem impressos nas roupas de

[13] *Revista Zuleika*. São Paulo, Itaú Cultural, ano 1, n. 1, abril 2014, p. 31. Disponível em file:///C:/Users/ivsoares/Downloads/zuleika.pdf. Acesso em 22.09.2021.

[14] Simili, I. G.; Morgado, D. P. Tecidos, linhas e agulhas: uma narrativa para Zuzu Angel. Revista Tempo e Argumento, Florianópolis, v. 7, n. 15, p. 177 – 201, 2015. DOI: 10.5965/2175180307152015177. Disponível em: https://revistas.udesc.br/index.php/tempo/article/view/2175180307152015177. Acesso em: 25 ago. 2022.

> cama. Moldes de roupas, conforme a estação e as tendências da moda compunham os materiais didático-pedagógicos disponibilizados às mulheres, atualizando-as e mantendo-as informadas sobre como fazer, o que vestir e como usar os vestidos e os acessórios. Os cursos de corte de costura completavam a educação feminina para a moda."[15]

No entanto, fugindo do que se produzia na década de 1950, Zuzu se tornou uma estilista com estilo próprio, com produção de roupas baseadas em materiais e referências brasileiras, com olhar e valorização para a cultura popular:

> "De fato, num Brasil onde a moda da elite social e financeira era abastecer-se de estilos importados, especialmente a moda francesa, Zuzu foi pioneira em assumir seu próprio país como fonte inesgotável de inspiração, valorizando e privilegiando suas autorreferências. Foi verdadeiramente a primeira estilista do país a usar a brasilidade como temática em sua visão de mundo para a moda. Foi uma autêntica postura de verde-amarelismo. Como ela mesma dizia: 'Eu sou a moda brasileira!'"[16]

Se hoje a brasilidade e a criatividade das criações que marcam o acervo de Zuzu Angel nos parecem modernos e dignos de aplausos, a sua opção de privilegiar temática e materiais genuinamente locais era criticada pelos estilistas de sucesso da época, que consideravam a moda de Zuzu como sinônimo de gosto duvidoso.[17]

Como empresária, soube fazer uso de uma identidade visual para sua marca a partir de um anjinho, numa brincadeira com seu sobrenome. Além disso, usou o próprio nome como marca, algo que não é inédito, mas que até hoje é uma forma de empoderamento feminino, por per-

[15] SIMILI, Ivana Guilherme. Memórias da dor e d o luto: as indumentárias político-religiosas de Zuzu Angel, Revista Brasileira de História das Religiões. ANPUH, Ano VI, n. 18, v. 06, Janeiro de 2014 – ISSN 1983-2850, p. 165-182, P. 168. Disponível em http://www.periodicos.uem.br/ojs/index.php/RbhrAnpuh/index. Acesso em 21.09.2021.

[16] *Revista Zuleika.* São Paulo, Itaú Cultural, ano 1, n. 1, abril 2014, p. 11. Disponível em file:///C:/Users/ivsoares/Downloads/zuleika.pdf. Acesso em 22.09.2021.

[17] BRAGA, João. A moda brasileira. *Revista Zuleika.* São Paulo, Itaú Cultural, ano 1, n. 1, abril 2014, p. 47-48. Disponível em file:///C:/Users/ivsoares/Downloads/zuleika.pdf. Acesso em 22.09.2021.

mitir a ocupação de espaço no imaginário popular, especialmente no caso de sucesso da marca:

> "Até a década de 1950, os figurinistas se limitavam a reproduzir, por aqui, o estilo parisiense. Mas Zuzu, que pode ser considerada a primeira estilista brasileira, assimilou elementos da cultura popular – materiais como rendas nordestinas, chitas com cores fortes, conchas, pedras brasileiras e estamparias que reproduziam a flora e a fauna tropicais. Sua marca registrada era um anjinho, que assinava o sobrenome Angel (anjo, em inglês), e tanto podia ser visto em um bordado ou em uma etiqueta aplicada na parte externa das peças, quanto nas sacolas, adesivos e papel de presente que criavam a identidade visual da grife.
>
> Zuzu Angel chegou a abrir uma loja no bairro de Ipanema e a desenvolver, em parceria com a Tecelagem Santa Isabel, um tecido que misturava fibras de algodão com poliéster, batizado de Polybel. Na década de 1970, conquistou, também, o mercado norte-americano, no qual sua clientela era composta por celebridades como Joan Crawford, Kim Novak e Liza Minelli.[18]

No Acervo Virtual Zuzu Angel, há uma descrição elogiosa, poética e, a nosso ver, fidedigna de sua trajetória como estilista:

> Zuzu rompeu com essa 'prisão cultural' e voou com os pássaros, se lambuzou com as mangas carlotinha, admirou matas, cheirou flores, ampliou limites e até ousou denunciar opressão, torturas, política assassina do Estado brasileiro na Ditadura Militar, com seus vestidos pueris, singelos, cheirando a quintal varrido das cidades do interior, com suas rendas coloridas balançando no varal, com suas toalhas de mesa de renda do Norte vestindo noivas, com suas contas de jacarandá, os bambus e as conchas bordando vestidos.Enfim, Zuzu foi o Brasil, que era omitido em nossa moda, como se ela se envergonhasse dele, e só vestisse "tailleurs", "drapées", "pied de poule", e outros termos franceses, em vez de babado sim, babado não, bordado também, franzidos e fuxicos.

[18] http://multirio.rio.rj.gov.br/index.php/leia/reportagens-artigos/reportagens/11929-zuzu-angel,-m%C3%A3e-da-moda-brasileira

A pesquisadora Ivana Simili, destaca que após a morte de seu filho, as indumentárias produzidas por Zuzu assumiram cunho político-religiosas e portavam memórias de dor e de luto:

> "Zuzu Angel teve sua imagem relacionada à ditadura militar, consagrando-se como mãe guerreira e heroína, que apesar de todas as dificuldades, lutou e protestou para reaver o corpo de seu filho. Enfim, foi uma mulher, mãe e designer de moda que teve a vida pessoal e profissional permeados pelo momento político em que viveu. Certamente, a morte de seu filho foi um divisor em sua vida, uma vez que a mulher distante e afastada da política dá lugar à uma militante que clama por justiça e reivindica o direito de saber onde está o corpo do filho. De tal forma que, denunciar os atos de violência praticados pela ditadura se transforma no objeto de sua vida, até que ela própria se transforma numa das vítimas do regime. Por meio de suas roupas, Zuzu dizia "quero que justiça seja feita!". De certa forma, as roupas são orações e pedidos endereçados aos céus"[19].

Zuzu não foi a única mãe da ditadura a lutar para saber a verdade sobre o que aconteceu com seu filho e a exigir a devolução de seus restos mortais para cicatrizar a ferida aberta que carregava. Zuenir Ventura observa que a dor de Zuzu era uma moda exitosa e bem recebida:

> "A causa de Zuzu Angel se resumia a uma só bandeira: "quero o corpo do meu filho".
>
> (...)
>
> Em 1971, quando foi lançar sua coleção no magazine Bergdorf Goodman, em Nova York, aceitou o convite para uma avant-première na residência oficial do cônsul na cidade. Na hora do desfile, a surpresa. Em lugar das rendas e dos bordados de flores, frutos e borboletas, os vestidos exibiram silhuetas bélicas, pássaros engaiolados e balas de canhão disparadas contra anjos – o anjinho de sua grife. A seleta plateia logo percebeu que aquilo não era um desfile, mas uma denúncia."

Se o impacto do desaparecimento de seu filho Stuart provocou essa guinada em suas criações e não diminuiu seu sucesso profissional, no

[19] Simili, Ivana Guilherme. Memórias da dor e do luto: as indumentárias político-religiosas de Zuzu Angel. In: Revista Brasileira de História das Religiões, n. 18, v.06, 2014, p. 165-182.

âmbito privado e familiar, a denúncia diuturna e incansável das arbitrariedades e barbaridades da repressão custou a vida de Zuzu Angel, ceifada em um suspeito acidente de carro, em 1976. Nas palavras de sua filha, a jornalista Hildegard Angel:

> Minha mãe passou os últimos anos de vida juntando fragmentos da memória de meu irmão Stuart, como se através deles quisesse recompor o corpo que não conseguia encontrar para enterrar.
>
> Eram o cacho louro do chuca-chuca do bebê, achado no antigo missal, a cartinha infantil com a frase "para a melhor mãe do mundo", a flâmula da Copa de 1958, a coleção de apitos de trinado de passarinho, as sandálias com as quais deu os primeiros passos, a camisa verde-água, única peça de roupa deixada por ele em casa, e até o prosaico "compadre", com que foi atendido quando fraturou a perna e ficou de cama.
>
> Cabeça, tronco, membros simbólicos para a *mater dolorosa*, que, sem ter nos braços o corpo do filho, nos momentos de desespero o comparava a Jesus.[20]

Zuzu morreu em 1976, no que foi considerado como um acidente automobilístico na saída de um túnel, no Rio de Janeiro. Os mais próximos sabiam que essa versão não era verdadeira. Zuzu havia recebido ameaças de morte e sabia que sua vida corria risco. Tanto é assim que deixou, e abril de 1975, para alguns amigos, dentre eles Zuenir Ventura e Chico Buarque, um bilhete escrito de próprio punho[21] no qual dizia: "Se algo vier a acontecer comigo, se eu aparecer morta por acidente, assalto ou qualquer outro meio, terá sido obra dos mesmos assassinos do meu amado filho". Divertida, acrescentou, com uma pitada de humor ácido: "Esteja certo que não estou vendo fantasmas".

Em 1998, a Comissão Especial dos Mortos e Desaparecidos Políticos julgou o processo 237/96 e reconheceu Zuzu Angel na categoria de "morta política", como pessoa que, "por ter participado, ou por ter sido acusada de participação, em atividades políticas, tenha falecido por causas não-naturais, em dependências policiais ou assemelhadas".

[20] ANGEL, Hildergad. Mãe coragem, juntando os retalhos. Ocupação Zuzu Angel, Itau Cultural. Disponível em https://www.itaucultural.org.br/ocupacao/zuzu-angel/mae-coragem/. Acesso em 22.07.2021.

[21] Foto deste dcoumento disponível em https://www.zuzuangel.com.br/.

No entanto, esse posicionamento estatal não foi isento de luta e vigília pela família, já que a posição inicial do relator do caso na Comissão, Luís Francisco Carvalho Filho, era para não reconhecer a morte de Zuzu como uma perseguição política fatal:

> De início, o relator do caso na Comissão Especial recomendou o indeferimento, que só recebeu dois votos contrários. Mas a família de Zuzu decidiu exumar o corpo e entrou com recurso, levando o relator a mergulhar na investigação dos novos dados. A exumação foi realizada por Luís Fondebrider, da Equipe Argentina de Antropologia Forense. Foram também apresentadas novas testemunhas, entre elas o advogado Carlos Machado Medeiros – filho de um ex-ministro da Justiça de Castello Branco – que trafegava pela estrada Lagoa-Barra da Tijuca e forneceu uma declaração escrita afirmando que : '(...) dois veículos abalroaram o Karmann Ghia azul de uma pessoa que, logo depois, na manhã seguinte, constatei ser Zuzu Angel'.
>
> Com medo de represálias, contou apenas aos amigos. Três deles confirmaram integralmente essa declaração perante o relator, Luís Francisco Carvalho Filho, que não conseguiu falar pessoalmente com o advogado Carlos Medeiros, que também sofreu um acidente automobilístico causador de graves sequelas e problemas de memória.
>
> Outros depoimentos, recolhidos na segunda fase do processo foram o da psiquiatra Germana Lamare – a quem Zuzu contou estar sendo ameaçada de morte – e de Marcos Pires, estudante residente na Barra da Tijuca que escutou o ruído do acidente e, ao chegar ao local, já encontrou uma dúzia de carros oficiais, a maioria da polícia, ao redor do automóvel destruído de Zuzu. As informações foram relatadas em uma carta enviada a Hildegard, filha de Zuzu e colunista do jornal O Globo. Mais tarde, em depoimento prestado a Nilmário Miranda em 12/02/1996, ele admitiu ter presenciado o acidente: "Eu só vi um carro saindo (do túnel) e logo em seguida um outro carro que emparelha com esse carro. (...) Eu vi quando o carro que ultrapassa o carro da direita (...) abalroa este carro (...) e faz com que ele caia a uma distância que estimei na hora em cinco metros (...)" faz com que ele caia a uma distância que estimei na hora em cinco metros (...)" A versão de Marcos Pires contrariava frontalmente o laudo oficial do acidente e praticamente dirimiu todas as dúvidas.

> Em seu voto final pela aprovação do requerimento, Luís Francisco recuperou as inúmeras contradições do caso (...)"[22]

Em seu relatório final, publicado em 2007, a Comissão inseriu depoimentos de duas testemunhas oculares do acidente, que afirmaram ter visto o carro de Zuzu ter sido fechado por outro e jogado fora da pista, caindo de uma altura de cerca de cinco metros. Em 2014, a Comissão Nacional da Verdade (CNV), recebeu foto que mostrava o coronel Freddie Perdigão no local do acidente de carro que causou a morte de Zuzu. Dentre os depoimentos colhidos pela CNV, que confirmam a simulação do acidente automobilístico, há o do agente da ditadura Cláudio Guerra que, segundo matérias jornalísticas, ao depor à CNV,

> informou que o coronel Freddie Perdigão, apontado como mandante de vários crimes da ditadura, teria lhe dito, na década de 1980, ter preocupação com fotos feitas com ele no local do acidente que matou Zuzu Angel.
>
> 'Ele narrava para mim que tinha planejado, obedecendo a ordens, essa simulação do acidente dela. E ele estava preocupado porque achava que a perícia tinha fotografado a imagem dele sem querer', explicou.

A ausência do corpo de Stuart, no entanto, fez com que a família continuasse a sua luta para revelação da verdade sobre o desaparecimento. Em 2007, após o primeiro reconhecimento oficial sobre o assassinato de Zuzu (pela Comissão de Mortos e Desaparecidos Políticos), é publicada nota, num dia de domingo, num dos jornais de maior circulação no Brasil, a Folha de São Paulo, com o seguinte teor:

> DESAPARECIDO:
> STUART ANGEL FOI PRESO PELA AERONÁUTICA
>
> Alex Polari de Alverga, também preso político, foi testemunha da morte do estudante de economia e militante do MR-8 Stuart Edgar Angel Jones em 14 de junho de 1971, mesmo dia em que ele foi preso no Rio. Stuart, depois de ser torturado, foi amarrado a um jipe da Aeronáutica e arrastado pelo pátio com a boca colada ao cano de descarga

[22] Ficha descritiva: Zuleika Angel Jones. Disponível em https://cemdp.mdh.gov.br/modules/desaparecidos/acervo/ficha/cid/332. Acesso em 22.06.2021.

> do veículo, o que ocasionou sua morte por asfixia e envenenamento por monóxido de carbono.[23]

As três Comissões criadas pelo Estado para lidar, no âmbito da justiça administrativa, com as reparações decorrentes do legado da ditadura – a) a de Mortos de Desaparecidos Políticos; b) a de Anistia; e c) a Nacional da Verdade – reconheceram os assassinatos de Stuart e Zuzu Angel como crime de responsabilidade estatal praticados por agentes da ditadura.

Além disso, em 2019, foram emitidas certidões de óbito de Stuart e Zuzu Angel, com a informação de que a causa mortis foi "morte não natural, violenta, causada pelo Estado brasileiro"; e, em 2020, a Justiça brasileira reconheceu que Zuzu Angel foi assassinada por agentes da ditadura militar, determinando o pagamento, pela União, de uma indenização por danos morais no valor de R$ 240 mil para cada uma das filhas da estilista, Hildegard e Ana Cristina.

O local do acidente automobilístico que vitimou fatalmente Zuzu, à época chamado de Túnel Dois Irmãos, foi renomeado, em 1998, em sua homenagem (Túnel Zuzu Angel), como forma de reparação e também como garantia de não-repetição, para que nunca mais aconteça.

Apesar dessas importantes respostas estatais, há uma ferida que não cicatriza, que continua aberta, como explica Hildegard Angel, filha de Zuzu e irmã de Stuart:

> Minha família se dilacerou. Meu irmão torturado, morto, corpo não encontrado. Minha mãe assassinada, numa pantomima de acidente, só desmascarada 22 anos depois pelo ministro José Gregory, no governo de Fernando Henrique Cardoso. Meu pai, quatro infartos e a decepção de saber que ele, estrangeiro, que dedicou vida, esforço e economias para manter um orfanato em Minas, criando 50 meninos brasileiros e lhes dando ofício, via o Brasil lhe roubar o primogênito, Stuart Edgart, que soma no nome as homenagens a seu pai e irmão, ambos pastores protestantes americanos – o irmão assassinado por membro louco da Ku Klux Klan. Tragédia que se repetia.
>
> Minha irmã, enviada repentinamente para estudar nos Estados Unidos, quando minha mãe teve a informação de que sua sala de aula, no

[23] https://www1.folha.uol.com.br/fsp/brasil/fc0107200711.htm.

> curso de ciências sociais, na PUC, seria invadida pelos militares, e foi, e os alunos seriam presos, e foram. Até hoje, ela vive no exterior.
>
> (...)
>
> Outra morte dolorida foi a da atriz, minha verdadeira e apaixonada vocação, que, logo após o assassinato de minha mãe, precisei abdicar de ser, apesar de me ter preparado desde a infância para isso e já ter alcançado o espaço próprio. Intuitivamente, sabia que prosseguir significaria uma contagem regressiva para meu próprio fim. Hoje, vivo catando os retalhos daquele passado, como acumuladora, sem espaço para tantos papéis, rabiscos, memórias, tentando me entender, encontrar, reencontrar e viver, apesar de tudo, e promover nessa plantação tosca de sofrimentos uma bela colheita: a Casa Zuzu Angel de Memória da Moda do Brasil, que lembrará tanto Zuzu quanto Stuart, e tudo de bom e de belo que fizeram, como transmitirá os saberes e as tecnologias para a preservação da memória têxtil e histórica de nosso país"[24]

Zuzu não foi a única mãe enlutada da ditadura. No Brasil, houve o exemplo das mães da União Brasileira de Mães, organização criada, em 1968, como consequência do protesto pelo assassinato do estudante Edson Luis de Lima Souto pela polícia militar. A partir dos acontecimentos da época, essas mães buscavam proteger seus filhos e ajudar presos e estudantes carentes, fazendo visitas a presídios e quartéis onde estavam presos presos políticos e costumavam levar comida e tricô para eles. A União Brasileira de Mães chegou a ter 500 filiadas que também participaram de passeatas para coibir a violência contra estudantes e, por conta de sua atuação, o movimento foi declarado ilegal e proibido um ano após sua fundação, em 1969.

Na América Latina, as mães se destacam no papel participativo das mulheres na construção da democracia. Há muitos exemplos que mostram que são elas que lutam pela dignidade do povo contra a opressão, como é o caso das Mães e Avós da Praça de Maio, na Argentina, que lutaram contra a ditadura que assolou o país de 1976-1983, com a participação no espaço discursivo da sociedade. Ao ocuparem, pacífica e silenciosamente, a Praça de Maio, essas mães encontraram, dentro da lei

[24] ANGEL, Hildegard. "É meu dever dizer aos jovens o que é um golpe de estado". Portal Geledés, 20/2/2014. Disponível em https://www.geledes.org.br/e-meu-dever-dizer-aos-jovens-o-que-e-um-golpe-de-estado-por-hildegard-angel/. Acesso em 30.05.2021.

do regime ditatorial, uma forma criativa e corajosa para cobrar a verdade e denunciar as detenções, assassinatos e desaparecimentos das pessoas consideradas inimigas do regime. Com o retorno à democracia, continuaram a lutar por verdade e justiça, e a encontrar seus filhos desaparecidos e netos sequestrados. A *Asociación Abuelas de Plaza de Mayo* foi criada em 1977 e, até setembro de 2022, já recuperou 130 netos e netas.

As reparações simbólicas pela arte, com a manutenção da memória de Zuzu Angel, são pilares para outras mulheres que lutam diuturnamente pela vida e segurança de seus filhos. E, para lidar com injustiças históricas e/ou com passado autoritário, são notáveis os esforços para se congregar as distintas respostas às vítimas de graves violações de direitos humanos com uma função de reconstrução do convívio em sociedade, de autonomia, de potência, com objetivo de fomentar os valores próprios das vítimas e de seus familiares, destacando-se, portanto, o papel das reparações simbólicas. Nesse sentido, apresentaremos as homenagens a Zuzu no próximo tópico.

23.4 Quero "me embriagar até que alguém me esqueça": reparações simbólicas a Zuzu Angel

Um ano após a morte de Zuzu, em 1977, os cantores Chico Buarque e Miltinho compuseram a música "Angélica" em sua homenagem[25]. A canção conta a história de uma mãe que busca pelo filho. Trata-se de uma música forte e traumatizante, que foi capaz de transformá-la em um documento histórico do seu tempo[26]. Os versos dizem: "Quem é essa mulher/Que canta sempre esse lamento?/Só queria lembrar o tormento/Que fez o meu filho suspirar. Quem é essa mulher/Que canta sempre o mesmo arranjo?/Só queria agasalhar meu anjo/E deixar seu corpo descansar". Chico Buarque explica sua relação com Zuzu Angel e a razão da música Angélica:

> "Eu conheci muito a Zuzu. Ela foi uma mulher que durante anos depois da morte do filho (Stuart Angel Jones, preso político em 1971) não fez outra coisa senão se dedicar a denunciar os assassinos do filho, a

[25] Accessible in: http://www.chicobuarque.com.br/letras/notas/n_angelica.htm. January 11 2018.

[26] Menezes, A. Desenho mágico: poesia e política em Chico Buarque. São Paulo: Ateliê, 2000, p. 99.

> reivindicar o direito de saber aonde é que estava o corpo dele. Ela ia de porta em porta mesmo. E lá em casa ela ia com muita frequência, como em outras casas também. Ela sabia, inclusive, das ameaças que pairavam sobre ela e dizia que tinha certeza que se alguma coisa acontecesse com ela a culpa seria dos mesmos assassinos do filho, que ela citava nominalmente. Na manhã do dia em que aconteceu o acidente com ela, ela tinha estado lá em casa e deixado as camisetas que ela fazia, gravadas com aqueles anjinhos que eram a marca dela, para as minhas três filhas. Aquilo me chocou muito."[27]

Além disso, a música Cálice, de Chico Buarque e Gilberto Gil, lançada em 1978, faz uma referência à tecnica de tortura que matou Stuart Angel: a inalação de fumaça de óleo diesel que saia do cano de descarga do jipe da aeronáutica, no qual teve sua boca colada, causando-lhe asfixia e envenenamento por monóxido de carbono. As estrofes finais dessa canção são: "quero cheirar fumaça de óleo diesel/me embriagar até que alguém me esqueça". Zuzu foi morta porque não esqueceu, porque não se calou, como pedia a música, que brincava com a sonoridade de seu título para driblar a censura e falar da necessidade de as pessoas não se manterem caladas diante das atrocidades da ditadura.

Na letra da canção Angélica, apresenta-se a cena da mãe que quer enterrar o seu filho para que possa experimentar a perda sob a forma de luto, para finalmente curar a ferida exposta; e o fato de que, para esta mãe, não ter o corpo para enterrar é perpetuar a dor ou repeti-la uma e outra vez. Consequentemente, a canção Angélica demonstra a dualidade de um trauma, ou seja, os aspectos opostos de recordar e esquecer, ou de cantar e manter o sentimento em silêncio. Nas estrofes finais de Cálice, pode-se pensar num pedido do filho para que a mãe o esqueça, ou ao menos, a mãe não morra porque ele foi barbaramente torturado e assassinado, embriagado com fumaça de óleo diesel.

Dez anos após a sua morte, em 1986, Virgínia Valli, a irmã de Zuzu Angel, publicou o livro "Eu, Zuzu Angel, procuro meu filho – a verdadeira história de um assassinato político". Em 2006, o diretor Sérgio

[27] Sampaio, Angélica. Entrevista de Chico Buarque para a Radio Atividade. *Centro Cultural São Paulo, 1985*. Disponível http://www.chicobuarque.com.br/texto/mestre.asp?pg=entrevistas/entre_10_12_85.htm. Acesso em 08.08.2021.

Rezende transformou o livro no filme "Zuzu Angel", retomando, assim, a trágica história da estilista, prestando-lhe uma justa homenagem.

A ideia original do livro foi baseada em seis páginas, que foram escritas à mão por Zuzu Angel. Além disso, o livro foi escrito na primeira pessoa, dando a sensação de que o texto foi realmente preparado pelo estilista. A obra contém também os discursos de indivíduos (amigos e colaboradores) que viveram com Zuzu Angel durante a ditadura, bem como, há anexos com documentos, cartas e fotografias, a fim de legitimar a sua biografia.

No livro de Valli, Zuzu Angel é representada como uma mulher comum que, só depois do desaparecimento do seu filho, começa a pensar na política do país e no destino do povo. Ou seja, até 1971, ano do desaparecimento de Stuart, ela não se preocupava com a ditadura, uma vez que o seu principal objectivo era produzir o seu vestuário e consolidar a sua carreira profissional. Mais tarde, devido ao tipo de protesto incluído nas suas estampas, tecidos e roupas que desenhou, Zuzu considerou-se uma "costureira intelectual" .

De um ponto de vista biográfico, o livro não apresentava as produções e aspirações de Zuzu Angel como costureira nos anos 60, mas destacava as ansiedades e incertezas por ela vividas entre os anos 1971 e 1976, quando procurou as razões do desaparecimento do seu filho. Assim, o livro descreve a sua viagem e busca nos órgãos de segurança nacional, as suas conversas com membros das Forças Armadas, as suas tentativas perante o Poder Judiciário, as suas leituras e pesquisas para compreender o fenómeno da ditadura.

A vida de Zuzu, entre 1971 e 1976, é retratada por Valli em duas características: primeiro, apresentando as suas atividades à procura do paradeiro do seu filho; segundo, denunciando as violações dos direitos humanos perpetradas pelos membros do regime ditatorial. Assim, no início do livro, é possível observar a sua odisseia para divulgar o desaparecimento de Stuart, e, no final do livro, é notável o seu desejo de "derrubar" o regime militar, o que demonstra como os interesses individuais de Zuzu a levaram a tornar-se uma pessoa oposta a uma causa coletiva.

Posteriormente, em 2006, Sérgio Rezende transformou este mesmo livro no filme "Zuzu Angel", e segundo dados recolhidos pela Agência Brasileira do Cinema (ANCINE), este filme foi exibido em 173 salas de cinema no Brasil a um total de 774.318 espectadores. Este filme segue os padrões da narrativa clássica, uma vez que apresenta a história oficial, encontrada nos livros de história e em documentos públicos, retrata as iniciativas de uma pessoa concentrada na realização dos seus objetivos (conhecer o destino do seu filho).

Assim, o filme guia o espectador no tempo e no espaço e desenvolve uma composição linear da trama que consiste numa fase inicial de equilíbrio; seguida de uma perturbação (o desaparecimento forçado de Stuart); as lutas da personagem principal (recolher informações sobre o seu filho e denunciar os factos). Não há final feliz no filme "Zuzu Angel", mas temos uma conclusão lógica: o efeito de uma cadeia de acontecimentos que marca a impunidade das atrocidades cometidas num determinado momento da história brasileira. Através do filme, o espectador é confrontado com o sofrimento de uma mãe que tem de aceitar o facto de que o seu filho foi torturado e assassinado por um regime ditatorial. Esta produção audiovisual é um veículo facilitador da mobilização da consciência social em relação às atrocidades do passado.

Em 1988, o escritor José Louzeiro publicou o romance policial "Em Carne Viva". A história de ficção se passa no final dos anos sessenta e descreve os embates da polícia secreta e dos opositores do governo. A personagem Sebastiana dos Anjos, cujo filho foi morto por agentes da repressão, também foi inspirada na vida de Zuzu Angel[28].

Em 1993, a filha de Zuzu, a jornalista Hildegard Angel, criou o Instituto Zuzu Angel de Moda do Rio de Janeiro, em memória da mãe.

Na moda, Zuzu Angel também foi lembrada, quando em 2001, o estilista Ronaldo Fraga lançou uma coleção chamada "Quem matou Zuzu Angel?"[29]. Ronaldo colocou modelos com aréola de anjo para desfilarem em meio a grandes bonecos pendurados de ponta cabeça (como se estivessem num instrumento de tortura chamado "pau-de-arara") pairando acima de nuvens. Nas estampas haviam muitos pássaros e cores privilegiando o azul de nuvens. O desfile foi muito lindo e emocionante com trilha sonora de músicas da época da ditadura.

Não por coincidência, no dia em que o Golpe Militar de 1964 completou 50 anos, em 1 de abril de 2014, foi inaugurada a exposição "Ocu-

[28] Accessible in: http://www.louzeiro.com.br/bio.html. January 11 2018.

[29] Nascimento, Carla. Ronaldo Fraga emociona ao levar os anjos de Zuzu para a passarela. In: Folha de São Paulo, 30 de junho de 2001. Accessível in: http://www1.folha.uol.com.br/folha/ilustrada/ult90u15007.shtml. January 11, 2018.

pação Zuzu Angel", em São Paulo. A exposição homenageou a estilista que foi uma das mais corajosas combatentes da ditadura e, foi organizada por sua filha, Hildegard Angel, e apresentou documentos e cartas relacionados à busca pelo filho, bem como vestidos e performances com modelos desfilando antigas coleções de Zuzu[30].

Em 2017, Zuzu Angel foi oficialmente reconhecida como heroína da pátria, pela Lei federal de número 13.433. Essa homenagem consistiu na inscrição do nome de Zuzu no Livro dos Heróis e Heroínas da Pátria. Este livro reúne cerca de 50 personalidades marcantes para a história do país, em sua maioria homens; tem páginas de aço e se encontra exposto no Panteão da Pátria Tancredo Neves, localizado na Praça dos Três Poderes, em Brasília.

O centenário de nascimento de Zuzu Angel, em junho de 2021, foi celebrado com diversos eventos, tais como a iniciativa de um instituto cultural de incluir em seu site um conteúdo especial sobre Zuzu, além do material da exposição Ocupação Zuzu, de 2014, e da elaboração de um verbete para enciclopédia online[31]; bem como, a criação de um *podcast* por revista especializada em moda[32]; realização de debates em universidade[33]; leitura dramática, seguida de debate da peça "Eu, Zuzu Angel, agora milito"[34] e, exposição em Curvelo (MG), cidade natal da estilista, denominada de "100 anos costurando com Zuzu"[35].

[30] Accessible in: http://www.itaucultural.org.br/ocupacao-zuzu. January 11 2018.

[31] *Correio Braziliense*. "Itaú Cultural celebra centenário de Zuzu Angel com conteúdo especial no site".)5/06/2021. Disponível em: https://www.correiobraziliense.com.br/diversao-e-arte/2021/06/4929020-itau-cultural-celebra-centenario-de-zuzu-angel-com-conteudo-especial-no-site.html.

[32] *Revista Elle*, 07/06/2021. Disponível em: https://elle.com.br/podcast/o-centenario-de-zuzu-angel.

[33] *Arts & Design, PUC/RJ*. 05/06/2021. Disponível em: https://dad.puc-rio.br/2021/06/05/centenario-zuzu-angel/.

[34] *Revista Veja*, 04/06/2021. Disponível em: https://veja.abril.com.br/cultura/zuzu-angel-moda-protesto-e-lembrada-em-seu-centenario/.

[35] Jornal Estado de Minas Gerais, 05/06/2021. Disponível em: https://www.em.com.br/app/noticia/gerais/2021/06/05/interna_gerais,1273712/zuzu-angel-100-anos-nome-de-anjo-estilo-de-guerreira.shtml.

Conclusões

A abordagem da violência de gênero, especialmente atrelada a conflitos sociopolíticos, por muitos anos não fez parte dos instrumentos legais internacionais e por muito tempo não foi pauta prioritária na Justiça de Transição dos países latino-americanos e do Brasil.

Na justiça de transição, essa perspectiva de gênero chegou apenas nos anos 2000 e é um exemplo de tema ou de recorte que se incorporou às medidas essenciais para a justiça, memória e verdade, tanto no Brasil como em outros países sul-americanos, ao passo que avançaram nas tarefas para lidar com o passado de atrocidades, inclusive com a responsabilização pelos crimes mais nefastos.

Nesse sentido, a luta das mulheres, que persistiram com as denúncias dos crimes cometidos pelo Estado ditatorial e pagaram com a própria vida ou com a assunção de prejuízos imensos para os familiares sobreviventes, tem uma importância tremenda para o retorno e fortalecimento da democracia no país.

A persistência e o crescimento do tema do passado na opinião pública estão presentes no caso Zuzu Angel e se devem não apenas em decorrência do legado que ela deixou – por meio de suas criações como estilista e de seu exemplo de coragem em desafiar e denunciar as atrocidades praticadas pelo governo militar, mas também por causa da alta qualidade e excelente repercussão das expressões artísticas produzidas em sua homenagem por músicos, artistas, estilistas, acadêmicos e corporações renomados.

Quando se trata de reivindicar justiça para os filhos, sempre surgem novas "Zuzus". Em 2016, para dar contexto de que "o passado nem é passado ainda" e que muitas mães ainda lutam para saber o destino de seus filhos vítimas da violência estatal/policial, tal como fez Zuzu Angel, o rapper paulista Emicida lançou o video clipe da música "Chapa"[36] (que integra o álbum "Sobre Crianças, Quadris, Pesadelos e Lições de Casa" – 2015). Este clipe tem a participação de cinco senhoras do movimento "Mães de Maio", uma organização criada por mulheres da periferia que

[36] Galvão, William, "Emicida lança clipe com Mães de Maio em denúncia à violência policial", 01 de setembro de 2016, http://www.tenhomaisdiscosqueamigos.com/2016/09/01/emicida-clipe-maes-de-maio/ (acesso em 05 de abril de 2019).

tiveram seus filhos mortos pela polícia militar de São Paulo, no episódio que ficou conhecido como os "crimes de maio"[37].

Na música Chapa, Emicida lança mão de lamentos similares aos que eram retratados na canção Angélica de Chico Buarque e Miltinho, especialmente os infortúnios de uma mãe que busca saber sobre o destino de seu filho: "Chapa, desde que cê sumiu/Todo dia alguém pergunta de você/ Onde ele foi? Mudou? Morreu? Casou?/ Tá preso, se internou, é memo? Por quê?/ Chapa, ontem o sol nem surgiu, sua mãe chora/... Ela ainda tá presa na de que ainda vai te ver".

Se Zuzu não foi a única mãe enlutada da ditadura, era certamente uma das que não se poupava de situações de vexame, desde que estas servissem para denunciar a violência perpetrada contra seu filho. Um dos escândalos protagonizados por Zuzu aconteceu num voo, quando voltava de Nova Iorque, em 1971, após a exitosa temporada de desfile de sua coleção. Perto da hora do pouso, quando tocava a música em homenagem à cidade do Rio de Janeiro como aviso de que os passageiros em breve estariam em solo carioca, ela pegou o microfone de bordo e bradou: "Senhores passageiros, estamos chegando à Cidade Maravilhosa, terra da tortura. Aqui, num quartel da Aeronáutica, meu filho foi morto".[38]

Vexame, escândalo ou coragem? Zuzu era dor e valentia; era criatividade e altivez. Lutou por justiça e verdade e, ainda, teve vigor para continuar a impulsionar seus negócios, transformando sua moda em arma de denúncia e resistência. Não foi sem razão que Chico Buarque, ao lembrar o perigo que todos corriam disse: "Naqueles tempos, para denunciar o assassinato de Zuzu, fazia falta outra Zuzu." [39]

Passados quase 50 anos de sua morte, Zuzu continua a ser uma inspiração. Afinal, a democracia e a justiça brasileiras nem sempre se apresentam em corpos e trajes repletos de bossa e coragem, no mais legítimo "estilo Zuzu Angel".

[37] Tais acontecimentos ocorreram entre 12 e 30 de maio de 2006, e pelo menos 560 pessoas foram mortas. Os casos faziam parte de uma ação de vingança dos agentes de segurança contra os ataques da facção "Primeiro Comando da Capital"(PCC)

[38] Ventura, Zuenir. Nossa mãe coragem. *Revista Zuleika*. São Paulo, Itaú Cultural, ano 1, n. 1, abril 2014, p. 24. Disponível em file:///C:/Users/ivsoares/Downloads/zuleika.pdf. Acesso em 22.09.2021.

[39] Ventura, Zuenir. Nossa mãe coragem. *Revista Zuleika*. São Paulo, Itaú Cultural, ano 1, n. 1, abril 2014, p. 24. Disponível em file:///C:/Users/ivsoares/Downloads/zuleika.pdf. Acesso em 22.09.2021.

24. O LAZER DAS MULHERES IMIGRANTES ITALIANAS: DOS FILÓS ÀS DOMINGUEIRAS

Ana Maria Moreira Marchesan
Marisa Colpo Noal

Introdução

O presente trabalho procura explorar um pouco das vivências das mulheres imigrantes italianas que aportaram no Rio Grande do Sul, acompanhando seus maridos e pais na posse das terras e posteriormente aqui se radicando.

Partiu-se da configuração jurídica do Direito ao lazer e de sua jornada evolutiva de direito natural a direito social.

A metodologia empregada foi baseada em pesquisa doutrinária e em memórias orais recolhidas junto a descendentes de italianos que ainda habitam o meio rural do Rio Grande do Sul, especialmente em localidades da chamada Quarta Colônia[1]. Nessas comunidades, algumas prá-

[1] A "Quarta Colônia de Imigração Italiana é uma região localizada no Rio Grande do Sul, na Mesorregião do Centro Oriental Rio-grandense, que foi o quarto centro de colonização italiana e o primeiro fora da Serra Gaúcha na então Província do Rio Grande do Sul. Próxima ao município de Santa Maria, engloba os atuais municípios de Silveira Martins, Ivorá, Faxinal do Soturno, Dona Francisca, Nova Palma, Pinhal Grande e São João do Polêsine, além de partes dos municípios de Agudo, Itaara, Restinga Seca" (Disponível em: https://pt.wikipedia.org/wiki/Quarta_Col%C3%B4nia_de_Imigra%C3%A7%C3%A3o_Italiana. Acesso em 17.set.2021).

ticas são consolidadas e merecem ser adjetivadas como patrimônio cultural imaterial. Os filós, como veremos na sequência, são momentos de lazer que congregam múltiplas atividades, inclusive trabalho.

O direito ao lazer foi abordado sobretudo com referência às mulheres, comprovando-se que seus espaços de lazer ainda são bastante restritos e que a maior parte de suas rotinas era e continua sendo pautada pelo trabalho dentro e fora da casa.

Esse trabalho muitas vezes é invisível. Repete-se diuturnamente e não é valorizado. A mulher imigrante só se emancipa de fato e se torna dona de seu destino quando sai do meio rural e, na cidade, consegue desvencilhar-se das lides domésticas e agropastoris.

A observação atenta do lazer praticado por essas mulheres ao longo dos anos permite concluir que ele mudou muito pouco. Talvez o que tenha de fato mudado é a consciência de que, em determinados momentos de suas vidas, elas têm o direito a uma atividade lúdica, descompromissada e prazerosa.

Ao final desse trabalho, trouxemos o estudo de um caso que vem ocorrendo na localidade de Arroio Grande, Distrito de Santa Maria – RS.

24.1 De direito natural a direito social: a construção histórica do direito ao lazer

A palavra lazer origina-se do termo em latim *licet*, *licere*, o que significa ser permitido, ser lícito, ou o tempo de que se dispõe livremente para repouso ou distração[2].

O lazer é essencial na vida humana e com ela coexiste desde o seu nascedouro. O ser humano só atinge uma existência total se desfrutar de lazer, ainda que não tenha total consciência de que aquele espaço de vida dedicado ao ócio, a atividades lúdicas, culturais, desportivas, recreativas, economicamente desinteressadas, repouso, entretenimento, diversão, integra uma parte de suma importância na sua elevação espiritual ao tempo em que contribui para sua saúde física e mental.

> Com a ajuda de Dumazedier[3], podemos definir o lazer como o conjunto de ocupações as quais o indivíduo pode entregar-se de livre

[2] DICIONÁRIO PRIBERAM DA LÍNGUA PORTUGUESA. Significado da palavra lazer – Disponível em: <https://www.dicionarioinformal.com.br/lazer> Acesso em: 14 jul. 2021.

[3] DUMAZEDIER, Joffre. **Lazer e cultura popular**. São Paulo: Perspectiva, 1976, p. 34.

> vontade, seja para repousar, seja para divertir-se, recrear-se, entreter-se, ou ainda desenvolver sua informação ou formação desinteressada, sua participação voluntária ou sua livre capacidade criadora, após livrar-se ou desembaraçar-se das obrigações profissionais, familiares e sociais.

Dessa forma, resulta claro que o lazer pode ser definido pelo que ele não é: trabalho. Lazer é tempo livre, desvinculado de obrigação de qualquer ordem e desinteressado do ponto de vista econômico. Traduz um espaço de tempo em que o indivíduo pode exercer sua livre capacidade criativa após se livrar das obrigações profissionais, familiares e sociais.

Carrasco define cinco grandes categorias para o uso do tempo:

> tempo de trabalho de mercado, tempo de trabalho de cuidados, tempo de necessidades pessoais, tempo de participação cidadã e tempo livre ou tempo de ócio (descanso ou lazer). Cada um desses tipos de tempo apresenta algumas características próprias, que lhes conferem diferentes graus de flexibilidade, possibilidade de substituição ou necessidade[4].

Considerando que o tempo de trabalho de mercado geralmente é inflexível e determinante dos demais, o tempo de ócio ou de lazer acaba sendo residual e sujeito a estreitamentos, até porque desprovido de valor de mercado. Ao se lançar no mercado de trabalho, considerando a sua enorme gama de afazeres, a mulher acaba sofrendo uma diminuição em seus momentos de lazer.

É intuitivo que a construção jurídica de um direito ao lazer esteja conjugada com os direitos afirmados historicamente aos trabalhadores. Não por outra razão parece ter sido um militante socialista de origem franco-cubana – Paul Lafargue – quem primeiro escreveu um panfleto clamando pelo direito dos operários ao lazer em um período industrial[5].

Ferrajoli, ao traçar as bases de seu garantismo, considera que os direitos fundamentais vêm-se afirmando como leis dos mais fracos, em alternativa às leis dos mais fortes que vigoravam e vigoram em sua ausência[6].

[4] Carrasco, Cristina. **Estatísticas sob suspeita:** proposta de novos indicadores com base na experiência das mulheres. São Paulo: SOF: Sempreviva Organização Feminista, 2012, p. 105.

[5] Dumazedier, Joffre. **Sociologia empírica do lazer**. 3. ed. São Paulo: Pespectiva: SESC, 2008.

[6] Ferrajoli, Luigi. **Principia iuris**. Teoria del diritto e della democrazia. Roma: Laterza, 2007, p. 823.

Não é difícil concluir, com apoio em Bobbio[7] e Ferrajoli, que a história das sociedades tende a avançar, passando por uma conquista paulatina dos direitos. Todos os direitos humanos com *status* de fundamentalidade foram forjados nas lutas sociais, conquistas de movimentos revolucionários, tais como as lutas operárias, ambientalistas, feministas e pacifistas do século passado[8]. Trata-se de uma construção não linear e que reflete, "a todo tempo, a história de um combate, mediante processos que abrem e consolidam espaços de luta pela dignidade humana"[9].

Sarlet aponta para a historicidade dos direitos fundamentais, distinguindo o seu reconhecimento por períodos que vão da sua pré-história (que se prolonga até o século XVI); fase intermediária (correspondente ao período de elaboração da doutrina jusnaturalista e de afirmação dos direitos naturais do homem) e a fase da constitucionalização, iniciada em 1776 com as diversas declarações dos novos Estados americanos[10].

No presente artigo, iremos nos situar a partir da fase de constitucionalização, na qual só foi possível chegar devido às lutas no campo social, sobretudo às protagonizadas pela massa dos trabalhadores desprovidos de meios de produção que, paulatinamente, passaram da condição de "coisa" ou de escravo[11] à de trabalhador explorado, avançando para um *status* elevado em termos de dignidade humana: trabalhador provido de direitos sociais.

O lazer é considerado um direito humano e está contemplado no art. 24 da Declaração Universal dos Direitos Humanos (1948):

[7] Bobbio afirma que:"Os direitos do homem, por mais fundamentais que sejam, são direitos históricos, ou seja, nascidos em certas circunstâncias, caracterizados por lutas em defesa de novas liberdades contra velhos poderes, e nascidos de modo gradual, não todos de uma vez e nem de uma vez por todas"(Bobbio, Norberto. **A era dos direitos**. Rio de Janeiro: Campus, 1992, p. 5).

[8] Ferrajoli, ob. cit., p. 823.

[9] Piovesan, Flávia. Proteção dos direitos humanos das mulheres no sistema interamericano. In: Gotti, Alessandra; Soares, Inês Virgínia P. e Cureau, Sandra (coord.). **Mulheres e justiça**. Os direitos fundamentais escritos por elas. Salvador: Juspodivm, 2021, p. 60.

[10] Sarlet, Ingo. **A eficácia dos direitos fundamentais**. Porto Alegre: Livraria do Advogado, 1998, p. 37.

[11] Ferrajoli destaca que, no mundo antigo, as desigualdades se manifestaram através da negação da própria condição de pessoa aos escravos, os quais eram concebidos como coisas (Ferrajoli, Luigi. **Principia iuris**. Teoria del diritto e della democrazia. Roma: Laterza, 2007, p. 751).

> Art. 24 – Todo ser humano tem direito a repouso e lazer, inclusive a limitação razoável das horas de trabalho e a férias remuneradas periódicas.

Verifica-se desse dispositivo a preocupação em assegurar ao trabalhador não somente o direito ao lazer, mas o direito de não ser sobrecarregado, mediante a imposição de limites a horas de trabalho extraordinárias.

O direito ao lazer ganhou robusto reconhecimento na Carta Constitucional de 1988.

Em seu preâmbulo, ao aludir à obrigação de assegurar os direitos sociais e individuais, assim como o bem-estar, há proteção indireta ao lazer, tanto por seu enquadramento como direito social como por sua íntima ligação com o bem-estar. A Constituição promulgada em 1988 introduziu o direito ao lazer como manifestação da liberdade do indivíduo. Nunca ele houvera figurado em qualquer Constituição Brasileira anterior.

Além de direito de todo o ser humano (art. 6º), o direito ao lazer aparece como direito do trabalhador (art. 7°, inc. IV), como coligado ao direito ao desporto e embutido no Capítulo III que versa sobre educação, cultura e desporto (art. 217, § 3º). Por fim, consagra-se como um dos direitos assegurados às crianças e aos adolescentes (art. 227, *caput*). Não parece irrelevante destacar que o direito ao lazer está inserido no capítulo dos Direitos Sociais, o qual, por sua vez, está acoplado no Título dos Direitos Fundamentais.

Em sua trajetória evolutiva, o direito ao lazer vem se afirmando como propício a ser demandado inclusive judicialmente e isso advém justamente de seu reconhecimento como direito fundamental.

A Constituição de 1988 não resume os direitos fundamentais aos agrupados no art. 5º. Além de não serem os únicos, também não são os mais importantes. Na verdade, devem ser encarados como interdependentes e indivisíveis[12]. "Não basta proteger a liberdade sem que as condições básicas para o exercício desse direito sejam garantidas". O escopo maior da Constituição é a dignidade da pessoa humana e só é possível que dela nos

[12] MARMELSTEIN, George. **Curso de direitos fundamentais**. 8.ed. São Paulo: Atlas, 2019, p. 195.

aproximemos a partir do desenvolvimento em conjunto de todos os direitos fundamentais, inclusive econômicos, sociais e culturais[13].

O direito ao lazer é multidimensional e conecta-se à felicidade, valor densificado no texto constitucional através da dignidade da pessoa humana e da ideia de bem-estar[14]. Mas é na sua dimensão social que ele se apresenta mais propício a ser exigível perante o Estado. Em sua dissertação sobre o direito ao lazer no Estado Socioambiental, Cardoso conclui:

> Além da criação da tutela de acesso ao lazer, cabe a criação das condições de lazer. Espaços e equipamentos públicos destinados especialmente a cada um dos grupamentos sociais. Parques, praças, ginásios, espaços de convivência, teatros ginásios são equipamentos que atendem à coletividade e como tal, implicam na dimensão plural do lazer (coletiva ou difusa). Eventual atuação do poder público para concretizar necessidade ou utilidade pública em lazer seria permitida. Da mesma forma a titularidade coletiva ou difusa de determinados pleitos relacionados com as condições de lazer, são características deste direito fundamental.

[13] "Os direitos sociais são, à luz do direito positivo-constitucional brasileiro, verdadeiros direitos fundamentais, tanto em sentido formal (pois estão na Constituição e têm status de norma constitucional) quanto em sentido material (pois são valores intimamente ligados ao princípio da dignidade da pessoa humana)" (MARMELSTEIN, George. **Curso de direitos fundamentais**. 8.ed. São Paulo: Atlas, 2019, p. 196).

[14] O STF reconhece a felicidade como corolário da dignidade da pessoa humana. "DIGNIDADE DA PESSOA HUMANA E BUSCA DA FELICIDADE. – O postulado da dignidade da pessoa humana, que representa – considerada a centralidade desse princípio essencial (CF, art. 1º, III) – significativo vetor interpretativo, verdadeiro valor-fonte que conforma e inspira todo o ordenamento constitucional vigente em nosso País, traduz, de modo expressivo, um dos fundamentos em que se assenta, entre nós, a ordem republicana e democrática consagrada pelo sistema de direito constitucional positivo. Doutrina. – O princípio constitucional da busca da felicidade, que decorre, por implicitude, do núcleo de que se irradia o postulado da dignidade da pessoa humana, assume papel de extremo relevo no processo de afirmação, gozo e expansão dos direitos fundamentais, qualificando-se, em função de sua própria teleologia, como fator de neutralização de práticas ou de omissões lesivas cuja ocorrência possa comprometer, afetar ou, até mesmo, esterilizar direitos e franquias individuais. – Assiste, por isso mesmo, a todos, sem qualquer exclusão, o direito à busca da felicidade, verdadeiro postulado constitucional implícito, que se qualifica como expressão de uma idéia-força que deriva do princípio da essencial dignidade da pessoa humana. Precedentes do Supremo Tribunal Federal e da Suprema Corte americana" (BRASIL. Supremo Tribunal Federal. RE 477554 AgR/MG. Relator Min. Celso de Mello. Julgado em 16.agos.2011. Disponível em: <https://jurisprudencia.stf.jus.br/pages/search/sjur197163/false>. Acesso em 27.jul.2021.

> Se não se pode solicitar judicialmente hospedagem em um resort na costa praiana brasileira, há sim legitimidade para pleitear a construção ou a manutenção de determinados equipamentos. Ou, se for o caso, mobilização social para garantir o acesso e a efetiva condição da realização de lazer com determinada política pública. Reconhece-se a primazia das decisões políticas neste campo, mas em sendo o lazer direito fundamental, que é, também cabe ao judiciário o controle das políticas públicas a ele destinadas[15].

Após essa breve incursão exploratória das características desse direito, iremos perscrutar como ele foi exercido pelas imigrantes italianas mulheres que aportaram ao Brasil, especialmente ao Rio Grande do Sul.

24.2 Direito ao lazer e questão de gênero: a mulher e seus espaços lúdicos

Cunha e Carvalho reconhecem a importância da pesquisa a respeito do lazer, gênero e feminismo. A partir das produções sobre as mulheres dentro dos estudos do lazer nas revistas especializadas (Licere e RBEL), concluem que as atividades lúdicas ostentam grandes potencialidades emancipatórias, daí por que consideram muito relevante a conexão desses temas[16].

O lazer possui múltiplas faces e entremeia-se com diversos aspectos da vida com potencial libertador inegável.

Pouco verbalizada enquanto demanda[17], a importância do direito ao lazer se faz sentir é no convívio interpessoal. Por isso ele pode não receber uma valoração proporcional à sua relevância, gerando uma invisibilidade para esse direito não ser incluído nas pautas dos movimentos

[15] Cardoso, Simone Tassinari. O direito ao lazer no Estado Socioambiental. Dissertação (Mestrado em Direito) – Faculdade de Direito da Pontifícia Universidade Católica do Rio Grande do Sul. Porto Alegre, p. 38, Filosofia, Letras e Ciências Humanas, Universidade de São Paulo. São Paulo, p. 261. 2011.

[16] Cunha, Julia Drumond; Carvalho, Verônica Toledo Ferreira de. Os estudos sobre as mulheres nos periódicos LICERE e RBEL. **LICERE** – Revista do Programa de Pós-graduação Interdisciplinar em Estudos do Lazer – UFMG, Belo Horizonte, v. 24, n. 1, mar/2021. Disponível em: <https://pesquisa.bvsalud.org/portal/resource/pt/biblio-1252736>.

[17] Marcellino, Nelson. **Políticas públicas de lazer**. Campinas: Alínea, 2008.

sociais em geral e de mulheres em especial. A despeito de ser reconhecido pela Constituição com caráter de fundamentalidade, como afirmamos alhures, o fato é que pouca mobilização tem sido suscitada pela sociedade em torno dele[18].

Ainda que possamos afirmar que a busca pela diversão ou lazer é inerente ao humano e, portanto, com ele sempre coexistiu, a construção de um direito ao lazer é mais recente. Melo e Drummond Alves Jr.[19] defendem que, desde o final do séc. XVIII, com a implementação do modelo de produção industrial fabril, o tempo dos trabalhadores foi segmentado entre o de trabalho e o de não-trabalho.

A consolidação do capitalismo como sistema econômico predominante consagrou um modo de vida em que é possível identificar um tipo de trabalho dominante (assalariado) e um tempo de trabalho dominante (regular, disciplinado e medido pelo tempo abstrato)[20].

As assimetrias de classes sociais e de gênero[21], por sua vez, contribuíram para escavar um abismo entre o tempo de produção e de reprodução. Em outras palavras: destina-se muito tempo para a produção econômica e pouco para procriação, criação e vivências humanas. No caso das mulheres, na medida em que foram ingressando no mercado de trabalho, o tempo para as vivências ligadas ao lazer ficou ainda

[18] SANTOS, Flávia da Cruz. Procurando o lazer na constituinte: sua inclusão como direito social na Constituição de 1988. **Movimento**. Porto Alegre, v. 20, n. 4, p. 1305-1327, out./dez. de 2014.

[19] MELO, Victor Andrade de; ALVES Jr., Edmundo de Drummond. **Introdução ao lazer**. Rio de Janeiro: Manole, 2003.

[20] RÁO, Eduardo Martins. Capitalismo e vida social moderna: tempo, trabalho e tempo do trabalho. In. XII Congresso Brasileiro de História Econômica. Niterói, 28 a 30 agosto. Disponível em: <http://www.abphe.org.br/uploads/ABPHE%202017/6%20Capitalismo%20e%20vida%20social%20moderna.pdf> Acesso em 26.jul.2021.

[21] Importante destacar que o conceito de gênero ainda não conta com definição pronta e acabada. Não iremos aprofundá-lo diante da amplitude do tema e dos objetivos do presente trabalho. Ainda assim, é mister assentar que gênero não coincide com sexo biológico, sendo algo muito mais amplo e integrado por fatores como o querer e o fazer. Para uma imersão no tema: PEREIRA, Ana Clara Toscano Aranha. A construção do conceito de gênero e os direitos fundamentais das mulheres. In: GOTTI, Alessandra; SOARES, Inês Virgínia P. e CUREAU, Sandra (coord.). **Mulheres e justiça**. Os direitos fundamentais escritos por elas. Salvador: Juspodivm, 2021, p. 35-58.

mais diminuto porque, além do trabalho assalariado, assumiram, quase com exclusividade, as tarefas ligadas à reprodução[22].

Nos dias de hoje, o trabalho doméstico segue sendo predominantemente desempenhado pelas mulheres. No Brasil, dados do IBGE de 2019, apontam que as mulheres dedicam 10,4 horas por semana a mais que os homens aos afazeres domésticos ou ao cuidado de pessoas. As taxas de realização de afazeres domésticos pelas mulheres brancas (91,5%), pretas (94,1%) ou pardas (92,3%) é sempre mais alta que a dos homens dos mesmos grupos de cor ou raça (80,4%, 80,9% e 76,5%, respectivamente)[23].

Nesse cenário de tempo cada vez mais escasso, desempenho de trabalho doméstico e assalariado, sem falar no tempo que as mulheres ainda gastam a mais para manter vivo o mito da beleza, ainda é bastante complicado desfrutarem de um tempo para as atividades de lazer. Lazer requer tempo e condições pessoais e sociais para desfrutá-lo.

Se hoje isso não traduz uma jornada fácil de desempenhar, convidamos o leitor a uma viagem ao passado para entender o estilo de vida das mulheres imigrantes italianas, especialmente aquelas que vieram para o Rio Grande do Sul.

24.3 A mulher imigrante italiana: entre o protagonismo e a invisibilidade

Propriedade, gênero e desigualdade são temas interrelacionados quando alguém se propõe a pesquisar sobre a imigração italiana no Rio Grande do Sul.

Os imigrantes italianos desembarcados no Rio Grande do Sul detinham como objetivo principal ser proprietário, senhor de seu próprio imóvel rural para trabalhar e auferir rendas e sustento para ele e seu clã.

[22] Costa Neto, Antônio Cavalcante. O direito ao lazer das mulheres. Na perspectiva do direito do trabalho e dos direitos humanos, e à luz do livro Um teto todo seu, de Virginia Woolf. Disponível em https://jus.com.br/artigos/43068 Acesso em 26.jul.2021.

[23] Agência IBGE Notícias. Disponível em: <https://agenciadenoticias.ibge.gov.br/agencia-sala-de-imprensa/2013-agencia-de-noticias/releases/27877-em-media-mulheres-dedicam-10-4-horas-por-semana-a-mais-que-os-homens-aos-afazeres-domesticos-ou-ao-cuidado-de-pessoas> Acesso em 26.jul.2021.

Os primeiros a chegarem vieram "Fazer a América" desenvolvendo as práticas com as quais já detinham afinidades no além-mar: agricultura, criação e comércio. Em sua maioria eram agricultores (*contadini*)[24].

No contexto da pequena propriedade rural onde se estabeleceram, trabalho e produção eram desenvolvidos quase que exclusivamente com a mão de obra familiar.

Pesquisando através de coletas de entrevistas/depoimentos orais com descendentes italianas que aportaram ao Rio Grande do Sul, sobretudo na região da serra, Giron concluiu que o envolvimento das mulheres não se limitava ao trabalho doméstico[25].

A partir de uma classificação das atividades em domésticas, complementares e principais, a autora constata uma divisão sobremaneira desigual do trabalho, mesmo descartando as atividades relacionadas aos cuidados com os filhos (seguramente desempenhadas por elas e delas requerendo um forte engajamento).

Lista ela as atividades domésticas como sendo: colher verduras, cozinhar, lavar e passar roupa, servir os alimentos, remendar e costurar as roupas, preparar a lenha para o fogo e arrumar a casa e limpar a cozinha e a casa. As complementares envolveriam: tratar da criação, cultivar a horta, cuidar do pomar, colher frutas, tirar leite, cortar feno, trançar e dobrar palha, colher legumes e verduras, matar porcos e mamíferos, construir cercas, fazer queijos e manteiga, vender ovos, frutas e verduras, comprar produtos para a cozinha, debulhar o milho, levar animais para o pasto e matar e limpar galinhas. As atividades principais eram o preparo das lavouras e o plantio das culturas temporárias e permanentes, trato e colheita dessas culturas, preparo dos cereais colhidos, transporte das culturas para comercialização, compra de sementes, transporte de trigo e milho para os moinhos, comercialização das safras e pagamento de débitos e impostos[26].

[24] Pazuch, Giovane. Imigração italiana na colônia de Silveira Martins – RS: deslocamentos, redes familiares e relações de poder (1877-1920). Disponível em <https://www.snh2019.anpuh.org/resources/anais/8/1554669345_ARQUIVO_XXXSimposioNacionaldeHistoria-ImigracaoitaliananaColoniadeSilveiraMartins-(GiovanePazuch).pdf> Acesso em 27.jul.2021

[25] Giron, Loraine. **Dominação e subordinação**: mulher e trabalho na pequena propriedade. Porto Alegre: EST, 2008, p. 27.

[26] Giron, ob. cit., pp. 28-29.

Mediante essa tríplice classificação, a pesquisadora apurou que as atividades domésticas eram integralmente desempenhadas pelas mulheres. Já as complementares, eram preponderantemente femininas: 63% dessas atividades cabia às mulheres. Por fim, nas atividades ditas principais, a maioria era cumprida pela família, sendo que a mulher participava em 53% dessas atividades principais[27].

Portanto, segundo essa pesquisa, a mulher realizava a maior parte das atividades não-lucrativas e despendia maior tempo trabalhando do que o homem, inclusive se envolvendo em labores que tinham de acontecer antes do nascer do sol, como por exemplo o de tirar leite[28]. Eram educadoras e trabalhadoras no lar, onde cuidavam dos filhos e da casa, e no campo, onde também auxiliavam os esposos e filhos nos afazeres da lavoura e dos animais[29].

Em relação ao lazer, fica óbvio que o espaço de tempo a esse destinado resultava bastante restrito. Nos domingos, por exemplo, enquanto o homem relaxava jogando e bebendo, geralmente nos salões de igreja, a mulher botava a casa e a roupa da família em ordem[30]. Havia o comparecimento na igreja e as vivências a ela associadas, como por exemplo as festas no salão paroquial e os serviços de manutenção da capela, dos salões adjacentes e do cemitério. Era nos domingos, nas Sociedades de Capela, que os colonos se encontravam para a prosa, rezas, cantos e planejamento das atividades coletivas, conservando costumes trazidos da Itália. A religiosidade e o apego à Igreja católica era e é um forte elo a ligar os imigrantes.

Os imigrantes italianos se identificavam mais com a Igreja Católica do que com a Itália ou o Brasil. Não parece inútil lembrar que a Itália recém tentava uma unificação e, no Brasil, ainda não haviam se integrado aos nacionais[31]. Assevera Manfroi: "Para esses camponeses, a Igreja era

[27] Giron, ob. cit. p. 29.

[28] Giron, ob. cit., p. 30.

[29] Pazuch, Giovane. Imigração italiana na colônia de Silveira Martins – RS: deslocamentos, redes familiares e relações de poder (1877-1920). Disponível em <https://www.snh2019.anpuh.org/resources/anais/8/1554669345_ARQUIVO_XXXSimposioNacionaldeHistoria-ImigracaoitalianaNaColoniadeSilveiraMartins-(GiovanePazuch).pdf> Acesso em 27.jul.2021.

[30] Costa, Rovílio; Battistel, Arlindo. **Assim vivem os italianos**. Porto Alegre: EST, 1982, v. 2, p. 880.

[31] Pazuch, Giovane. Imigração italiana na colônia de Silveira Martins – RS: deslocamentos, redes familiares e relações de poder (1877-1920). Disponível em <https://www.snh2019.

a instituição normatizadora de suas vidas, tanto no plano individual quanto no social"[32].

Enquanto os padres ministravam os sacramentos, integrados por missas, batismos, casamentos e exéquias, os imigrantes tratavam de manter a capela, seus salões e os cemitérios. Arrecadavam fundos, inclusive nos eventos paroquiais, onde se divertiam mas também trabalhavam. Em especial, as mulheres! Essas executavam inúmeras tarefas, mas pouco apareciam enquanto lideranças.

24.4 Sociabilidade e poder: a presença feminina nos filós

O percurso histórico da Imigração Italiana no Rio Grande do Sul desvela a religiosidade como fator preponderante na superação das adversidades encontradas pelos imigrantes em "Solo Brasileiro". A devoção ao cristianismo servia de alento ao sentimento de melancolia causado pela ausência de familiares, amigos e amores que ficaram além-mar. A fé agia feito um bálsamo, tornando suportável o sofrimento causado pela desterritorialização associada à imigração.

Foram, justamente, nesses "espaços de religiosidade" que se abriram oportunidades ao convívio social das famílias. Espaços estes (capitéis, capelas e pequenas igrejas) que, ao longo dos anos, receberam construções e ampliações comunitárias, possibilitando aos imigrantes as reuniões para além do pequeno núcleo familiar para expressão de fé.

Até então, estas reuniões de orações eram realizadas nas casas. E, geralmente, por conta de mutirões protagonizados por parentes e vizinhos que, devido aos parcos recursos para construção das próprias casas, de galpões e dos locais religiosos, agrupavam-se em torno desses objetivos comuns. Outro fator de ajuntamento eram as atividades agropastoris que, devido à topografia, realizavam-se com trabalho braçal e coletivo.

Os mutirões também se explicavam pelo fato de as famílias terem trazido consigo ferramentas para trabalhar a terra, instrumentos de carpintaria, marcenaria e ferraria que juntos propiciavam o desenvolvimento da região, necessitando serem compartilhados. Havia trocas de

anpuh.org/resources/anais/8/1554669345_ARQUIVO_XXXSimposioNacionaldeHistoria-ImigracaoitalianaanaColoniadeSilveiraMartins-(GiovanePazuch).pdf> Acesso em 27.jul.2021.

[32] Manfroi, Olívio. **A Colonização italiana no Rio Grande do Sul**: implicações econômicas, políticas e culturais. 2. ed. Porto Alegre: EST, 2001, p. 28.

sementes, de mudas de parreira, entre os agricultores. Hoje em dia ainda acontece o escambo, porém como cortesia e política de boa vizinhança. Dizem na colônia italiana no Rio Grande do Sul: *"La sportina va, la sportina viene"*[33].

Nestes mutirões, as mulheres preparavam o "cibo" (não podia faltar: polenta, salame e vinho). Era com alegria que elas o faziam, sendo quiçá, os únicos momentos, nas suas árduas jornadas diárias, que socializavam com seus parentes, vizinhos e com outras mulheres. Distribuíam o alimento em grandes mesas, onde todos compartilhavam a refeição, caracterizando genuinamente um espaço privilegiado para a sociabilidade: o "Filó".

Segundo Ribeiro, o filó pode ser definido como "costume de reuniões entre parentes ou vizinhos mais próximos". Eram encontros sociais nas cozinhas, ou nas cantinas domésticas, sobretudo na zona rural. De um modo geral, fazia-se filó aos sábados à noite, porque, no dia seguinte (domingo), não havia necessidade de levantar cedo para trabalhar"[34].

Mantendo vivos os costumes trazidos da Itália, no filó participavam homens, mulheres, jovens e crianças. Enquanto as mulheres faziam a *dressa* – trança de palha de trigo muito usada para chapéus e sacolas (*sporte*), os homens jogavam cartas, bebiam e conversavam[35]. Em meio a esses afazeres, era comum o divertimento através do canto coral, momento de comunhão e de alegria. Esses encontros serviam não apenas para a reunião dos italianos, mas para "reforçar e recordar os costumes e hábitos que as famílias peninsulares realizavam na pátria de origem. As festividades possibilitavam um momento de coesão do grupo que vivenciou a experiência migratória"[36].

No decorrer do tempo, à medida que os imigrantes foram estabelecendo um vínculo com a Terra Nova, com suas famílias estruturadas e

[33] A bolsinha vai, a bolsinha vem.

[34] Ribeiro, Cleodes Maria Piazza Julio. O lugar do canto. Disponível em: <https://www.ucs.br/site/midia/arquivos/artigo_cleodes.pdf> Acesso em 09.set.2021.

[35] Ribeiro, Cleodes Maria Piazza Julio. O lugar do canto. Disponível em: <https://www.ucs.br/site/midia/arquivos/artigo_cleodes.pdf> Acesso em 09.set.2021.

[36] Zanella, Kênia; Rossini, Diva de Mello. Patrimônio cultural e turismo: um estudo de caso do *Filò Talian* realizado em Caçador (SC). Disponível em: <file:///C:/Users/usuario10/Downloads/11167-30469-1-SM.pdf> Acesso em 12.set.2021.

reunidos em pequenos "espaços de religiosidade"[37], davam início a empreitadas e obras mais robustas.

Enquanto os homens levavam adiante as construções das estruturas litúrgicas, como um símbolo maior da religiosidade trazida pelos imigrantes italianos, as mulheres já reconheciam (no exemplo de suas avós, mães, tias, irmãs, cunhadas, primas e vizinhas.) o valor dos trabalhos manuais, como a única forma de lazer e socialização. Para a "*ragazza*" ser "*casadoira*", era necessário aprender a costurar (como dote, ao casarem, levavam consigo uma máquina de costura). Além de aprenderem a costurar (fazer o próprio enxoval e pequenos consertos e remendos), elas se preparavam para o casamento auxiliando no cozimento dos alimentos, limpeza da casa, higienização das roupas e, tomavam conta, muitas vezes, de seus irmãos menores.

Para todo este aprendizado pré-nupcial, havia encontros (como única forma de lazer e socialização durante o ano e, fora das datas alusivas às festas nas Capelas e Paróquia), onde as mulheres mais velhas passavam os ensinamentos para as mais jovens. Estes encontros/filós eram permeados de quitutes como: merengues, bolachas, grostoli, pães/cucas, doces, geleias, salame, queijo, onde as mulheres costuravam, remendavam as roupas de trabalho, bordavam, faziam crochê, faziam tranças com a palha de trigo para confeccionarem os "cestini di treccia di paglia"[38] e os "cappelli di paglia"[39]. Aprendiam ainda a fazer o polvilho (extraído da mandioca), o melado (extraído da cana-de-açúcar), as geleias (extraídas das cascas das frutas da época), na época da colheita das uvas, auxiliavam no seu esmagamento (com os pés) para a fabricação do vinho e, tantos outros afazeres sempre regados do compartilhamento de emoções.

Já os homens, ficavam com as carneações, principalmente de suínos e aves e seu acondicionamento (charquear a carne e/ou guardar em latas de banha), uma vez que não tinham luz elétrica. E, por não terem

[37] Exemplificamos com a construção da Paróquia de São Pedro Apóstolo, na sede do então 3º distrito do Município de Santa Maria (RS) – Arroio Grande. Fazendo um recorte, podemos citar que a paróquia dessa localidade completou um século. Criada em 11 de fevereiro de 1919, seu Centenário foi comemorado em 11 de fevereiro de 2019. Permanecem até hoje as festas anuais nas capelas (conforme data comemorativa do(a) Santo(a) de homenagem) e, na Paróquia, guardada a data de 29 de junho – dia em que se comemora São Pedro Apóstolo.

[38] "Cestos de trança de palha".

[39] "Chapéus de palha".

luz elétrica, o rádio (como forma de lazer) era à bateria e, nem sempre permitido ser ligado a qualquer hora do dia. Durante o ano, às vezes, programavam festas surpresa/serenatas (à noite) para aniversariantes ou aniversários de casamento. Nestes encontros, ficava a cargo das nonas o preparo do "brodo", as mulheres faziam *"grostoli"* e embalavam os bebês, os jovens buscavam seus pares e, os homens entoavam cantos, tocavam gaita, contavam causos e, jogavam bisca, três sete, mora... Vem à tona o dito italiano: *"Prima figlia, poi sposa subito dopo madre e infine nonna"*[40].

Com o passar do tempo, os filós genuínos foram cedendo lugar aos encontros anuais nas festas da Paróquia (menos intimistas – por se juntarem vários núcleos familiares) e, nas festas de casamento de seus filhos, sobrinhos e filhos de vizinhos. As cerimônias religiosas transferiram-se para os grandes templos. Já as festas, geralmente ocorriam na casa/galpão da família da noiva ou na família do noivo, com grandes mesas com comidas típicas e doces produzidos pelas mulheres da família e vizinhas, caracterizando um filó. Muitas vezes as crianças das várias famílias eram agrupadas em uma mesma peça da casa, onde ficavam sob a vigilância da *nonna* ou de algum adulto generoso. Assim, os pais poderiam se divertir – e trabalhar – sem a preocupação com os infantes.

Com as mudanças tecnológicas, como por exemplo: da luz de lamparina a querosene para a luz elétrica, trazendo para as famílias equipamentos agropastoris, e que, ao longo dos anos, foi necessitando cada vez de menos mão-de-obra de mutirão (pais, irmãos, filhos, sobrinhos, cunhados...) para realizar o trabalho e, com isto, reduzindo os encontros familiares e, de vizinhança. A rotina de trabalho doméstico, de muito sacrifício, costumava ser interrompida somente uma vez por semana para a Santa Missa dominical – único momento de descanso, por conseguinte de lazer, destas mulheres, sempre atarefadas.

Os espaços de decisão para fora de casa não eram compartilhados com as mulheres, as quais detinham sua fatia de poder restrita ao lar.

24.5 O direito ao lazer da mulher imigrante italiana no Rio Grande do Sul nos dias atuais: a vivência das domingueiras

Na década de 1950, as meninas-moças (casadoiras) tinham como lazer, aos domingos, assistir e torcer nos jogos de futebol. Durante décadas,

[40] Primeiro filha, em seguida casa-se e, após, é mãe e, finalmente, avó.

as mulheres das comunidades rurais italianas no interior do Rio Grande do Sul seguiram suas rotinas de donas de casa e, o lazer, ficou restrito às festas nas capelas, festas anuais nos salões da paróquia, quermesses, e festas familiares como casamentos, aniversários, crismas e comunhões.

O lazer reservado às mulheres era – e ainda o é – bastante restrito no meio rural colonizado pelos que vieram da Itália.

No Distrito de Arroio Grande, já citado, um fenômeno cultural vem alterando um pouco do estilo de vida das mulheres e, via reflexa, também de seus companheiros. Em 06 de abril de 1997, houve a primeira reunião com a Comunidade de Arroio Grande, que resultou na formação do Grupo de Terceira Idade "Amor pela Vida". Esse coletivo, que perdura até os dias atuais, trazendo qualidade de vida, saúde e alegrias para todos os partícipes, teve o seu primeiro encontro promovido pelo então Presidente do Sindicato dos Trabalhadores Rurais de Santa Maria, Senhor Juan Vicente Santini e, organizada pela líder feminina das ruralistas, Senhora Élia Santina Panno. Tendo como primeiro palestrante o Dr. Irineu Mariotti, médico em Ivorá, ele ressaltou que as pessoas após os 60 anos precisam de uma vida mais tranquila, assistir palestras sobre os cuidados com a saúde, encontros de lazer e, alimentar o espírito para não se sentirem velhos, tristes e abandonados. Nesse dia, foi lançada a proposta, para que a Comunidade se organizasse em um Grupo.

A Comunidade de Arroio Grande é eminentemente rural, e, por isto, recebeu o convite da AGPAMAR – Associação dos Grupos de Pessoas Adultas Maiores Rurais, vinculada ao Sindicato dos Trabalhadores Rurais de Santa Maria/RS, e, da EMATER – Empresa de Assistência Técnica e Extensão Rural, para se organizar em um Grupo de Adultos Maiores. Em 16 de outubro daquele mesmo ano, formaram a primeira Comissão Administrativa do Grupo, integrada por Adair De Gregori, Ledi Colpo Noal e Lourdes Maria Cauduro. Élia Santina Panno foi eleita a primeira Presidenta.

Na data de 11 de março de 1998, o grupo autodenominou-se "Amor pela Vida". A finalidade é congregar as pessoas adultas maiores da comunidade, favorecendo a confraternização, a resolução de problemas comuns e estimular programas voltados à melhoria da qualidade de Vida.

Especificamente na área de saúde, a participação da Universidade Federal de Santa Maria, através do Prof. Dr. José Francisco Dias ("Juca") – Diretor do Centro de Educação Física e Desportos, foi fundamental.

A instituição abriu suas portas para abraçar o Grupo na hidroginástica e práticas físicas e lazer, proporcionando intercâmbios entre os grupos e outras comunidades da Região Central do Estado do Rio Grande do Sul, principalmente da Quarta Colônia de Imigração Italiana.

Em 16 de outubro de 1998, sobrevieram os festejos do 1º Ano do Grupo "Amor pela Vida" com um filó genuíno. Orações, mesa farta compartilhada e reunião dançante. Houve uma votação na qual foi escolhida a 1ª Rainha do Grupo: Gessi Beltrame Rizzi.

Estruturado esse grupo, seus integrantes passaram a se encontrar nas chamadas "domingueiras", geralmente nos salões paroquiais de cada comunidade. Cabe à Rainha receber os grupos convidados.

As mulheres, agora organizadas em grupos e unidas, começaram a vivenciar as Domingueiras. Esses momentos de lazer lhes propiciaram um novo ânimo, vigor e alegria, incorporando-se ao seu *modus vivendi.*

De certa forma, os filós, foram tomando outras características na contemporaneidade: o encontro para a realização de trabalhos manuais/artesanais, refeições fartas, cantos, jogos de baralho, etc. cedeu espaço para a dança/diversão e, consequentemente, valorizando o "Amor pela própria Vida". Em outros lugares do Brasil, os filós vêm ocorrendo inclusive como eventos turísticos/gastronômicos e no intuito de preservar essa espécie de patrimônio cultural imaterial trazida pelos imigrantes italianos e que, durante muito tempo, constituiu o principal espaço de lazer nessas comunidades rurais.

O Grupo "Amor pela Vida" é composto majoritariamente por mulheres: 80% dos integrantes. Elas são unânimes em relatar que a saúde física e mental melhorou consideravelmente após sua criação e atividades. Durante a pandemia causada pelo Coronavírus, essas mulheres e homens vêm sentido muita falta desses eventos e reuniões de alegria e lazer.

Conclusões

Lazer é tempo livre, desvinculado de obrigação de qualquer ordem e desinteressado do ponto de vista econômico. Traduz um espaço de tempo em que o indivíduo pode exercer sua capacidade criativa após se desincumbir das obrigações profissionais, familiares e sociais.

O lazer é essencial na vida humana, daí por que, além de direito humano reconhecido internacionalmente, atingiu seu *status* de direito social com previsão constitucional. Conecta-se à felicidade e à dignidade da pessoa humana.

Analisando a trajetória dos imigrantes e descendentes, especialmente no interior do Rio Grande do Sul, é possível concluir que as mulheres trabalhavam em casa e fora dela no meio rural, com momentos de lazer bastante restritos e entremeados com trabalho.

O trabalho feminino pouco aparecia, pois predominava na esfera doméstico-privada, e requeria renovação diária. Isso não permitia que as mulheres aparecessem enquanto lideranças políticas. Avalia Perrot que a invisibilidade pode ocorrer "porque as mulheres são menos vistas no espaço público, o único que, por muito tempo, merecia interesse e relato. Elas atuavam em família, confinadas em casa, ou no que serve [ia] de casa"[41].

A religiosidade sempre esteve associada aos espaços de lazer, realidade essa ainda marcante nas pequenas comunidades do interior do Rio Grande do Sul onde a imigração italiana foi expressiva.

Os filós acompanharam essa trajetória e constituem patrimônio cultural imaterial desses colonos.

No contexto atual, observa-se que os espaços de lazer pouco mudaram em relação às mulheres, tanto na frequência quanto nas práticas.

As Domingueiras nada mais são do que filós qualificados pela consciência, pelo sentido de que o lazer é imprescindível à elevação espiritual do indivíduo, sobretudo quando reproduz um patrimônio cultural imaterial trazido pelos primeiros migrantes e adaptado aos tempos hodiernos.

Referências

BOBBIO, Norberto. A era dos direitos. Rio de Janeiro: Campus, 1992, p. 5.

BRASIL. Agência IBGE Notícias. Disponível em: <https://agenciadenoticias.ibge.gov.br/agencia-sala-de-imprensa/2013-agencia-de-noticias/releases/27877-em-media-mulheres-dedicam-10-4-horas-por-semana-a-mais-que-os-homens-aos-afazeres-domesticos-ou-ao-cuidado-de-pessoas> Acesso em 26.jul.2021.

_______. Supremo Tribunal Federal. RE 477554 AgR/MG. Relator Min. Celso de Mello. Julgado em 16.agos.2011. Disponível em: <https://jurisprudencia.stf.jus.br/pages/search/sjur197163/false> Acesso em 27.jul.2021.

[41] PERROT, Michelle. **Minha história das mulheres**. São Paulo: Contexto, 2007, p. 16-17.

CARDOSO, Simone Tassinari. O direito ao lazer no Estado Socioambiental. Dissertação (Mestrado em Direito) – Faculdade de Direito da Pontifícia Universidade Católica do Rio Grande do Sul. Porto Alegre.

CARRASCO, Cristina. Estatísticas sob suspeita: proposta de novos indicadores com base na experiência das mulheres. São Paulo: SOF: Sempreviva Organização Feminista, 2012.

COSTA NETO, Antônio Cavalcante. O direito ao lazer das mulheres. Na perspectiva do direito do trabalho e dos direitos humanos, e à luz do livro Um teto todo seu, de Virginia Woolf. Disponível em <https://jus.com.br/artigos/43068> Acesso em 26.jul.2021.

COSTA, Rovílio; BATTISTEL, Arlindo. Assim vivem os italianos. Porto Alegre: EST, 1982, v. 2, p. 880.

CUNHA, Julia Drumond; CARVALHO, Verônica Toledo Ferreira de. Os estudos sobre as mulheres nos periódicos LICERE e RBEL. LICERE – Revista do Programa de Pós-graduação Interdisciplinar em Estudos do Lazer – UFMG, Belo Horizonte, v. 24, n. 1, mar/2021. Disponível em: <https://pesquisa.bvsalud.org/portal/resource/pt/biblio-1252736>.

DICIONÁRIO PRIBERAM DA LÍNGUA PORTUGUESA. Significado da palavra lazer – Disponível em: <https://www.dicionarioinformal.com.br/lazer> Acesso em: 14 jul. 2021.

DUMAZEDIER, Joffre. Lazer e cultura popular. São Paulo: Perspectiva, 1976, p. 34.

DUMAZEDIER, Joffre. Sociologia empírica do lazer. 3. ed. São Paulo: Perspectiva: SESC, 2008.

FERRAJOLI, Luigi. Principia iuris. Teoria del diritto e della democrazia. Roma: Laterza, 2007, p. 751, p. 823.

GIRON, Loraine. Dominação e subordinação: mulher e trabalho na pequena propriedade. Porto Alegre: EST, 2008, pp. 27-30.

MANFROI, Olívio. A Colonização italiana no Rio Grande do Sul: implicações econômicas, políticas e culturais. 2. ed. Porto Alegre: EST, 2001, p. 28.

MARCELLINO, Nelson. Políticas públicas de lazer. Campinas: Alínea, 2008.

MARMELSTEIN, George. Curso de direitos fundamentais. 8.ed. São Paulo: Atlas, 2019, p. 195-196.

MELO, Victor Andrade de; ALVES Jr., Edmundo de Drummond. Introdução ao lazer. Rio de Janeiro: Manole, 2003.

PAZUCH, Giovane. Imigração italiana na colônia de Silveira Martins – RS: deslocamentos, redes familiares e relações de poder (1877-1920). Disponível em <https://www.snh2019.anpuh.org/resources/anais/8/1554669345_ARQUIVO_XXXSimposioNacionaldeHistoria-ImigracaoitalianaColoniadeSilveiraMartins-(GiovanePazuch).pdf> Acesso em 27.jul.2021.

Pereira, Ana Clara Toscano Aranha. A construção do conceito de gênero e os direitos fundamentais das mulheres. In: Gotti, Alessandra; Soares, Inês Virgínia P. e Cureau, Sandra (coord.). Mulheres e justiça. Os direitos fundamentais escritos por elas. Salvador: Juspodivm, 2021, p. 35-58.

Perrot, Michelle. Minha história das mulheres. São Paulo: Contexto, 2007

Piovesan, Flávia. Proteção dos direitos humanos das mulheres no sistema interamericano. In: Gotti, Alessandra; Soares, Inês Virgínia P. e Cureau, Sandra (coord.). Mulheres e justiça. Os direitos fundamentais escritos por elas. Salvador: Juspodivm, 2021, p. 59-76.

Ráo, Eduardo Martins. Capitalismo e vida social moderna: tempo, trabalho e tempo do trabalho. In. XII Congresso Brasileiro de História Econômica. Niterói, 28 a 30 agosto. Disponível em: <http://www.abphe.org.br/uploads/ABPHE%202017/6%20Capitalismo%20e%20vida%20social%20moderna.pdf> Acesso em 26.jul.2021.

Ribeiro, Cleodes Maria Piazza Julio. O lugar do canto. Disponível em: <https://www.ucs.br/site/midia/arquivos/artigo_cleodes.pdf> Acesso em 09.set.2021.

Santos, Flávia da Cruz. Procurando o lazer na constituinte: sua inclusão como direito social na Constituição de 1988. Movimento. Porto Alegre, v. 20, n. 4, p. 1305-1327, out/dez. de 2014.

Sarlet, Ingo. A eficácia dos direitos fundamentais. Porto Alegre: Livraria do Advogado, 1998, p. 37.

Zanella, Kênia; Rossini, Diva de Mello. Patrimônio cultural e turismo: um estudo de caso do *Filò Talian* realizado em Caçador (SC). Disponível em: <file:///C:/Users/usuario10/Downloads/11167-30469-1-SM.pdf> Acesso em 12.set.2021.

25. UM LEGADO FEMININO: RESOLUÇÕES ALTERNATIVAS DE CONFLITOS (RAC) PARA A DEVOLUÇÃO DO PATRIMÔNIO CULTURAL

Anauene Dias Soares

Introdução

As reivindicações de bens culturais perpassam por distintas circunstâncias que podem variar consideravelmente de acordo com os diversos tipos de expropriações. Elas podem se originar desde o tráfico ilícito, pilhagem durante a guerra, apropriação indevida ou alienações em tempos de colonização ou ocupação. Assim, a devolução do bem ao possuidor ou proprietário original pode ser conhecida por institutos distintos, como a restituição, o retorno e a repatriação.

As diversas formas de expropriação são tratadas de forma diferenciada no direito, sendo algumas abrangidas por instrumentos de direito privado e outras pelo de direito público, já que nem sempre há uma distinção clara nos textos jurídicos, tal como consta na *Directive 2014/60/EU*, sobre a devolução de bens culturais retirados ilegalmente do território de um Estado-Membro.

A ausência de meios legais para se reivindicar um patrimônio cultural, seja pelo decurso de tempo, seja pela inexistência de ato ilícito, seja pelos limites de proteções aplicados a um bem cultural em disputa de direito público, mesmo quando as convenções internacionais se aplicam, são inexequíveis, pode também demonstrar quão restrito são as requisições legais e correspondentes. Este artigo não abordará apenas a insuficiência de recursos legais para as devoluções, mas também apresentará meios alternativos para se evitar procedimentos legais formais, destacando o trabalho realizado pela historiadora de arte Rose Valland, que registrou detalhes dos saques nazistas durante a ocupação alemã em Paris.

Dado isso, considerando as várias expropriações de bens culturais e senão os distintos tratamentos das normas para a devolução, a procura de formas alternativas de resolução desses conflitos revela algumas similaridades. Os meios alternativos de resolução de conflitos (RAC), voltados para as reivindicações do patrimônio cultural, portanto, coexistem com as ferramentas tradicionais – como os tratados bilaterais ou multilaterais – e podem assumir outras inúmeras tratativas, como decisões ou acordos unilaterais, envolvendo intermediários e praticados na mediação, conciliação ou arbitragem, por exemplo.

O Comitê Intergovernamental para a Promoção da Devolução de Bens Culturais aos Seus Países de Origem ou sua Restituição em Caso de Apropriação Ilícita, instituído pela UNESCO em 1978, sendo o atuante mais importante no que tange ao Direito Internacional, recomenda "formas e meios de facilitar as negociações bilaterais para a restituição ou retorno de bens culturais aos seus países de origem", além de deter um escopo amplo de expropriações, abrangendo furtos e remoções durante a colonização ou saques em guerras.

Os acordos têm se tornado cada vez mais comuns, tanto em aspectos formais quanto substanciais no que cerne à devolução de bens culturais. A compreensão de um dever moral de devolver ou pagar uma indemnização por bens de grande valor ou portadores de conhecimentos quanto ao patrimônio cultural está se ampliando significativamente, o que apresenta o Instituto Rose Valland, especialmente quando a expropriação remonta ao período da Segunda Grande Guerra, pelos saques nazistas praticados contra os judeus. Além disso, as demandas da comunidade estão aumentando, e os direitos coletivos dos povos estão sendo reconhecidos paulatinamente. As reivindicações de heranças indígenas e o ressurgimento do problema de pilhagem reviveram um pouco o processo de devolução dos bens culturais, resultando no surgimento de arranjos complexos.

25.1 Apropriações indevidas e as devoluções de bens culturais ao possuidor ou proprietário original

A expansão dos impérios no decorrer de séculos gerou um fluxo de patrimônio cultural, que seguiu de colônias e territórios, para os museus, instituições culturais públicas e privadas e até ambientes privados de grandes potências.

O vínculo lógico e legal entre apropriação indevida e devolução de patrimônio cultural é evidente. Se a apropriação dos bens for, ainda, ilegal, existe a obrigação de devolvê-los. Qualquer estado responsável por um ato internacionalmente ilegal é obrigado, em primeiro lugar, a restabelecer a situação que teria existido se o ato não tivesse ocorrido (Shaw, 2017).

Diante dessas práticas indevidas, pode-se identificar algumas das várias causas das expropriações, tais como o tráfico ilícito, que se pode se dar por furto, roubo, exportação, importação, escavação, remoção ou transferências não autorizadas; por pilhagem em tempo de guerra ou ainda por apropriação ou comércio entre traficantes em tempos de colonização ou ocupação (Forrest, 2002). Apesar de nem sempre haver uma distinção explícita ou definida a respeito das variações terminológicas, é notório que as diversas causas de expropriação são tratadas de forma diferenciada no direito, sendo algumas abrangidas por instrumentos de direito privado e outras pelas de direito público (Cornu; Renold, 2010). Assim, o primeiro a ser resolvido é se a aquisição foi ou não lícita e que efeito isso tem sobre o princípio da devolução.

No contexto das pilhagens, saques e espólios, por exemplo, a questão da ilegalidade da apropriação não se coloca em conformidade com as legislações nacionais e internacionais em vigor na época. Nesses casos, a devolução de bens tende a se basear na necessidade de devolver patrimônio cultural insubstituível aos seus proprietários originais e não por serem só ilegais, mas também indevidas. Com as exportações ilegais, os bens são devolvidos ao estado de origem sem que surja a questão da propriedade. Como corretamente afirmado por Pomian (2007): "o que está por trás do renovado interesse na restituição de propriedade cultural nas últimas décadas é apenas uma tentativa de compensar o passado, que toca em questões históricas pendentes, como a colonização europeia, a Segunda Guerra Mundial e a discriminação contra os povos indígenas."

Para esclarecer o uso de terminologias atinentes à devolução de bens culturais ao possuidor ou proprietário original, mesmo que não haja um tratamento uniforme nos textos jurídicos, se faz necessário diferenciar os termos da restituição, do retorno e da repatriação, abordados por Wojciech Kowalski (2005).

O termo *restituição* é atualmente usado principalmente para os bens culturais pilhados em tempos de guerra ou para bens culturais roubados, e segundo Kowalski (2005), sempre denota uma situação ilegal. Já o *retorno*, é mais usado para bens culturais que foram deslocados em benefício do poder colonial e devolvidos ao seu país de origem, e, também, para os casos de exportação ilegal. Em ambas as situações, o retorno depende mais da noção de território, enquanto a restituição, no sentido técnico, pressupõe que haja um destinatário identificado. No que se refere a *repatriação*, este instrumento se refere a uma forma específica de restituição, cujo destino pode variar: quer para o país onde pertence o bem cultural, quer para a etnia que o possui. O termo é mais frequentemente usado no contexto de reivindicações de povos indígenas.

A análise no artigo, portanto, se baseia principalmente nos bens culturais que fazem parte do patrimônio judeu, estejam eles em posse pública ou privada. Sob este ponto de vista, as reivindicações referem-se principalmente a itens considerados pertencentes aos proprietários judeus espoliados na Segunda Guerra Mundial. Não obstante, a noção universal de patrimônio e da disseminação da pluralidade cultural, ou ainda a necessidade de proteger o patrimônio da humanidade são alguns dos argumentos de resistência encontrados nas convenções internacionais de proteção do patrimônio cultural e praticados por muitos museus e instituições culturais públicas com o fim de não devolver os bens culturais ao seu devido proprietário, principalmente quando, ainda, não há o alcance dessas normativas no caso concreto.

A devolução de bens culturais sempre foi atrelada a questões de estado e a disputa entre estados (Perrot, 2005), seja para reivindicar soberania, seja para requerer um bem cultural, como ocorre na Convenção da UNESCO sobre os Meios de Proibir e Prevenir a Importação, Exportação e Transferência Ilícita de Propriedade de Bens Culturais, de 1970, e na Convenção UNIDROIT sobre Objetos Culturais Roubados ou Exportados Ilegalmente, de, e o surgimento de outros atores com direito a reivindicar a propriedade de certos ativos gerou novas características nessas tramitações. Entre elas destaca-se o estabelecimento de novas entidades de direito público e privado, autoridades governamentais regionais ou territoriais e até museus privados; e a questão de legitimidade desses novos atores para atuar em defesa de seus próprios interesses patrimoniais.

O problema é mais complexo quando o reclamante é uma comunidade, no caso judia. Ainda não existe o reconhecimento legal da propriedade coletiva. Na prática, tais reivindicações e devoluções são geralmente feitas por meio do estado. O patrimônio coletivo implica uma forma diferente de propriedade que afeta a liberdade de dispor livremente de tais bens. A transferência de propriedade pode exigir autorização oficial e às vezes é simplesmente proibida. O respeito por esses direitos pode ser logicamente garantido por meio de trocas e negociações como alternativas à devolução.

Há outro aspecto também a ser considerado, a inalienabilidade de obras e coleções de domínio público. A regra de inalienabilidade tem a ver com a utilidade pública do item, uma determinação especial geralmente resultante de uma decisão administrativa ou judicial, e vinculativa até mesmo para o chefe de estado, que não pode dispor livremente de tal bem cultural como um presente a outro estado (Cornu; Renold, 2010).

Pode, no entanto, a inalienabilidade ser contestada, se necessário, por uma autoridade pública. O âmbito do domínio público, um regime operacional que protege o interesse público é relativo, especialmente quando a inclusão de um bem é injustificada, *per se* ou à luz de outros interesses. A reversibilidade do status designado de propriedade pública é uma regra comum a muitos estados.

No caso de bens públicos, na maioria dos casos, não há necessidade de promulgar uma lei para iniciar o processo de devolução. Uma decisão administrativa é suficiente para assegurar a remoção dos bens das coleções. Como poderia ser efetuado para as devoluções dos bens culturais espoliados dos judeus, principalmente acerca dos bens culturais gráficos e bibliográficos de acordo com o Instituto Rose Valland. Uma vez que eles não são mais designados como sendo de utilidade pública, seu status de domínio público e as restrições resultantes à sua disposição não se aplicam mais. Por exemplo, museus cujos estatutos lhe conferem considerável liberdade para administrar suas coleções, permite a eles efetuar devoluções sem serem obrigados a solicitar autorização e a assinar contratos com outros museus diretamente, sem também ter a necessidade de passar pelos canais diplomáticos. Sendo este um meio alternativo de soluções de conflito bem eficiente e célere.

25.2 As resoluções alternativas de conflito nas devoluções de bens culturais

Às vezes, as ações judiciais em tribunais nacionais podem ser efetivas e apropriadas para solucionar disputas sobre arte e patrimônio cultural. No entanto, dependendo das particularidades do caso, as vias judiciais podem não ser a melhor solução, quando um estado reivindica bens culturais específicos em uma situação de lacuna legal internacional ou em que não há um tribunal competente para julgar a matéria, por exemplo, como nos saques de obras de arte dos judeus. Nessas circunstâncias, os meios alternativos de resolução de conflitos – como a negociação, a mediação, a arbitragem e a determinação de especialistas – são mais vantajosos (Varner, 2019), especialmente quando a proteção destes bens se baseia apenas em princípios, como os de Washington.

Nesse contexto, especialistas ainda reiteram a importância da atualização e implementação do direito nacional e internacional sobre o tema (Checci, 2014). Os principais problemas com a adição de diferentes métodos de RAC ao regime jurídico e políticas estatais existentes têm a ver com a forma como os métodos seriam implementados (Strother, 2019), voltados, inclusive, para as devoluções dos bens saqueados pelos nazistas, como no caso República da Áustria *vs.* Altman, da pintura "Dama dourada", de Klimt.

Por essa razão, faz-se necessário pontuar como a UNESCO lida com países que tiveram seus bens culturais extraviados e demandam sua devolução, criando o Comitê para Promoção do Retorno de Bens Culturais aos seus Países de Origem ou à sua Restituição em Caso de Apropriação Ilícita em 1978, a fim de ajudar os países nos casos em que convenções não podem ser aplicadas (Urbinati, 2014). Exemplo disso é a Conferência Geral da UNESCO adotou em sua 33ª sessão uma resolução que regulamenta as funções mediadoras e conciliatórias do Comitê. Também, em sua 16ª sessão, em setembro de 2010, o Comitê adotou o Regulamento para Mediação e Conciliação (UNESCO), atualmente já integrantes das RACs.

Outras organizações, como o Conselho Internacional de Museus (ICOM), o *International Law Association* (ILA) e o *Institut de Droit International* envolveram-se em questões de devolução de bens culturais, formulando recomendações ou resoluções. As mudanças no contexto institucional afetam não apenas a dinâmica das reivindicações e a capacidade dos reclamantes, mas também os termos em que as devoluções ou restituições podem ser organizadas.

Um exemplo é o caso da reclamante Nigéria sobre as estatuetas Sokoto e Nok, que com base na Convenção da UNESCO, de 1970, foi rejeitada pelos tribunais franceses simplesmente porque a convenção, ratificada pela França em 1997, não poderia ser aplicada, já que não havia sido internalizada no direito interno do referido país a época. Assim, quando a França concordou com as negociações com a Nigéria a respeito das estatuetas Sokoto e Nok exportadas ilegalmente da Nigéria e adquiridas pelo Estado francês em 1999, fê-lo como um gesto de boa vontade. A devolução "voluntária" e o acordo logrado reconhecem a propriedade dos objetos da Nigéria, mas estes permanecem em posse no Museu *Quai Branly* por mais 25 anos, renováveis por anuência de acordo conjunto.

25.3 Meios tradicionais – os tratados bilaterais ou multilaterais

Como apresentado no caso das estatuetas Sokoto e Nok, as RACs coexistem com as ferramentas tradicionais, como os tratados bilaterais ou multilaterais. Isto posto, cita-se então alguns meios tradicionais de recomendações para a devolução de bens culturais. Poderia fazer um breve contexto histórico sobre as convenções, a considerar desde as Bulas Papais as Convenções de Haia de 1899 e 1907. No entretanto, o artigo se atentará para as normativas em vigência, como a Convenção de Haia de 1954 para a Proteção de Bens Culturais em Caso de Conflito Armado, que dispõe em seu artigo 22 sobre o processo de conciliação; e prevê em seu artigo 23 termos sobre a cooperação com a UNESCO e sobre os acordos especiais em seu artigo 24.

A Convenção da UNESCO de 1970 traz em seu artigo 7, b (ii) a devolução de bens culturais por meio de vias diplomáticas e o artigo 8 da Convenção de Unidroit de 1995 prevê a possibilidade da arbitragem se houver cláusula arbitral no contrato. Ainda sob os auspícios da Convenção de Unidroit, o artigo 9 apregoa que "nada nesta convenção impedirá um estado contratante de aplicar quaisquer regras mais favoráveis à devolução de bens culturais" e ainda prevê no artigo 16, (1) (c) a possibilidade da via diplomática ou consular para resolver as demandas. Os tratados bilaterais e multilaterais sobre os meios alternativos de soluções de conflitos não se exaurem nessas convenções, há também resoluções da Assembleia Geral da ONU e o Comitê Intergovernamental para a Promoção da Devolução de Bens Culturais aos Seus Países de Origem ou sua Restituição em Caso de Apropriação Ilícita da UNESCO, de 1978.

25.4 Do comitê intergovernamental para a promoção da devolução de bens culturais aos seus países de origem ou sua restituição em caso de apropriação ilícita da UNESCO, de 1978

O Comitê Intergovernamental é acionado quando das devoluções de apropriações não ilegais, ou seja, indevidas, e dos casos não abrangidos pelas leis – Convenção da UNESCO de 1970 –, ou, ainda, quando as leis não são aplicáveis. No artigo 4 recomenda que os estados busquem meios para facilitar as negociações bilaterais para a devolução de bens culturais aos seus países de origem, quando realizadas de acordo com as condições definidas no Artigo 9º.

No mais, o Comitê pode também apresentar propostas com vista à mediação ou conciliação aos estados-membros em causa, sendo entendido que a mediação implica a intervenção de uma parte externa para reunir as partes em causa num litígio e ajudá-las a encontrar uma solução. Durante a conciliação, as partes interessadas concordam em submeter sua controvérsia a um órgão constituído para investigação e esforços para chegar a um acordo. Para o exercício das funções de mediação e conciliação, o Comitê poderá estabelecer regras de procedimento apropriadas.

Segundo o Regulamento Interno de Mediação e Conciliação do Comitê, de 2010, antes de apresentar uma reclamação, o estado solicitante deve iniciar negociações bilaterais com o estado em que o objeto reivindicado está localizado e somente se essas negociações fracassarem ou forem interrompidas é que o caso poderá ser apresentado ao Comitê.

Somente os estados-membros da UNESCO e os estados-membros associados têm o direito de consultar os procedimentos desenvolvidos para mediação e conciliação e somente estes estados podem representar os interesses de instituições públicas ou privadas localizadas em seus territórios, bem como os de seus nacionais. Durante a tramitação dessa RAC há o princípio da confidencialidade dos envolvidos e as suas decisões não há compromisso normativo vinculante, de maneira que suas disposições não devem interferir, retardar, impedir ou de qualquer forma ameaçar outras medidas processuais e legislativas.

25.5 Casos praticados pelo Comitê (UNESCO)

Litígio: em 1983, a Itália devolveu mais de 12.000 objetos pré-colombianos ao Equador após a resolução de um processo de litígio de sete anos;

Mediação: em 1986, o Museu de Arte de Cincinnati (EUA) e o Departamento de Antiguidades de Amã (Jordânia) decidiram trocar os moldes das respetivas peças do painel de arenito de Tyche pelo zodíaco, com um pedido apresentado pela Jordânia em 1983 ao ICPRCP;

Devolução Voluntária: em 1987, a ex-República Democrática Alemã devolveu as 7.000 tábuas cuneiformes de Bogazköy à Turquia;

Mediação: em 1988, os Estados Unidos devolveram o lintel de Phra Narai à Tailândia.

Acordo Bilateral: 10 de maio de 2010, em Paris, a cerimônia de devolução da Máscara Makonde à República Unida da Tanzânia pelo Museu Barbier-Mueller, em Genebra (Suíça), sob a égide do ICOM e do Comitê (ICPRCP) e na presença da UNESCO;

25.6 Decisões administrativas, acordos unilaterais (com base em leis) ou bilaterais (negociados com ou sem mediação ou encaminhados à arbitragem)

26.6.1 Devolução "voluntária"

A devolução voluntária pode ser feita por particulares, negociantes de arte e colecionadores na posse de bens culturais importantes roubados de coleções públicas, ou mesmo por um estado a outro. Como o estado francês, representado pelo seu presidente Emmanuel Macron, comprometeu-se, em 2018, a devolver 26 peças ao Benin, correspondendo em parte aos objetos reivindicados em 2016 por esse país: tronos, estátuas, portas esculpidas, relicários e *regalia* (atributos de simbólicos monárquicos) que pertenciam aos reis do Daomé. Já se passaram quase quatro anos desde o comprometimento do presidente em devolver os bens culturais africanos pilhados durante a colonização. Desde sempre, os países espoliados sofrem para reunir as condições necessárias para receber e conservar as obras, enquanto a promessa percorre uma corrida de obstáculos; já que colecionadores, museus e instituições europeus se opõem maneira as devoluções.

26.6.2 Meios diplomáticos

Na Itália, a diplomacia cultural ocupa uma posição fundamental na devolução de bens culturais traficados ilegalmente. O Ministério das Relações Exteriores italiano, tem como uma de suas próprias funções, atuar nas negociações para retorno, restituição e repatriação de bens culturais. Isso significa que o Ministério reconhece ser estritamente imprescindível a recuperação de bens culturais, sendo um dos principais objetivos da diplomacia cultural italiana (ALESSANDRINI, 2018). No entanto, a RAC poderia ser mais difundida na América do Sul, inclusive no Brasil, em que a diplomacia cultural tem uma atuação tímida para esses fins.

É importante ressaltar o caso Brasil *vs.* Museu de História Nacional de Lille, França, em que 607 peças etnográficas, a maior parte dos objetos é de arte plumária pertencentes a mais de 20 diferentes grupos indígenas brasileiros, de Estados como Mato Grosso e Acre, incluindo habitantes do Parque Nacional do Xingu, que foram emprestadas ao estado francês em 2004. Um acordo firmado entre o governo brasileiro e a prefeitura de Lille para devolução dos artefatos em 2010 foi firmado e os custos com transporte e seguro, seriam arcados pela França, inclusive, e nenhuma devolução ocorreu até dias atuais. Após a instauração de inquérito civil em 2014, pelo Ministério Público Federal no Rio, precedida de inúmeras negociações e comprometimento de devolução, o caso, por fim, foi encaminhado ao Ministério de Relações Exteriores em 2018 e as negociações de devolução dos objetos estão em via diplomática atualmente.

26.6.3 Mediação e conciliação

Outro tipo de acordo é a mediação e a conciliação. Ambos incidem em demandas que versem sobre direitos disponíveis ou sobre direitos indisponíveis que admitam transação, segundo o Novo Código de Processo Civil em seu artigo 165 e § seguintes e a lei brasileira nº 13.140/2015.

Embora seja difícil determinar quantas mediações e conciliações bem-sucedidas ocorreram, principalmente porque os acordos resultantes são frequentemente confidenciais, alguns são tornados públicos, especialmente quando entidades estaduais estão envolvidas.

A mediação é mais comum no momento e tem sido expressamente apoiada por muitos órgãos, incluindo o ICOM, o Comitê Intergovernamental de Promoção a Devolução de Bens Culturais aos seus Países de Origem ou Sua Restituição em Caso de Apropriação Ilícita e o Centro de Arbitragem e Mediação da Organização Mundial de Propriedade Intelectual (OMPI). Esse último foi estabelecido em 1994 para oferecer meios alternativos de resolução de conflitos para disputas comerciais internacionais entre partes privadas.

Na mediação, o mediador manifesta-se de modo a facilitar que as partes construam a solução juntas, a atuação se dá preferencialmente nos casos em que exista algum vínculo anterior entre os envolvidos. Já na conciliação, o conciliador atua de forma mais ativa, em conflitos pontuais, sugerindo soluções e possíveis arranjos em casos nos quais não exista qualquer relacionamento anterior entre as partes.

26.6.4 Arbitragem

Arbitragem é um outro método alternativo usado nas disputas de bens culturais. Normalmente empregado para dirimir litígios relativos a direitos patrimoniais disponíveis e quando as partes optam pela arbitragem, elas afastam a via judicial e permitem que um ou mais terceiros, os árbitros, que geralmente detém vasto conhecimento da matéria em questão, decidam o conflito. Os árbitros atuam como juízes privados e suas decisões têm eficácia de sentença judicial e não pode ser objeto de recurso. É regulado no Brasil pela Lei 9.307/96 e depende de convenção das partes, em cláusula específica e expressa, para ser aplicada. Também há regulamentação na Lei de Introdução às Normas de Direito brasileiro (LINDB) nos artigos 8, 9, 11 e seguintes.

Um exemplo de Câmara de Arbitragem voltado para Arte é a Câmara de Arbitragem de Arte (CAFA), organização sem fins lucrativos fundada em 2018, em Haia, Holanda e foi uma iniciativa conjunta do *Netherlands Arbitration Institute* e do *Authentication in Art.* Os objetivos da Câmara é promover a arbitragem e a mediação e outros meios legais para prevenir, reduzir e resolver disputas que surgem na comunidade artística mais ampla, abrangendo temas como devolução obras de arte; copyright; Seguro; contratos, autenticidade entre outros.

O principal exemplo é a arbitragem entre Maria Altmann e a República da Áustria: em prêmio concedido em 15 de janeiro de 2006, um tribunal arbitral reconheceu Altmann, único descendente de Adèle Bloch-Bauer, como dona de cinco pinturas de Klimt adquiridas por Adèle Bloch- Bauer, que, posteriormente, foram saqueadas de seu marido durante o período nazista na Áustria. Esta disputa, que começou nos tribunais de nos Estados Unidos, culminou em uma decisão da Suprema Corte dos EUA de que um indivíduo pode mover uma ação contra um estado estrangeiro por saque em violação de direito internacional público. Foi depois dessa decisão judicial que as partes concordaram em arbitrar a demanda. O que é menos conhecido é que uma segunda sentença arbitral foi entregue alguns meses depois, pelo mesmo tribunal arbitral, rejeitando uma reclamação de uma sexta pintura de Klimt, cuja história de propriedade, após a compra por Adèle Bloch-Bauer, teria sido diferente dos outros cinco.

26.7 Espécies de devolução de bens culturais

Atualmente, há uma variedade de termos para as devoluções de bens culturais, segundo Marie Cornu e Marc-André Renold (2010). Os acordos negociados às vezes oferecem soluções complexas e também há uma tendência de "afastar" a propriedade da posse. Apesar de algumas soluções evidenciarem a devolução dos bens culturais ou um acordo baseado nela, outras fornecem uma alternativa à devolução sujeita a certas condições, bem como soluções conjuntas. Além disso, várias soluções específicas podem ser adotadas cumulativamente em um caso específico, como, por exemplo, no caso brasileiro da Coleção de Índios Waurà, o *Museum der Kulturen Basel vs.* os Herdeiros Penteado Coelho e o Museu de Arqueologia e Etnologia da Universidade de São Paulo (MAE/USP), em que a resolução de disputas foi baseada em negociação e acordo de compensação. Oito anos depois, em 2008, a coleção foi doada ao Museu de São Paulo. O contrato de doação incluiu cláusulas de cooperação cultural, garantia de acesso à coleção para indígenas e comunidade científica, bem como a possibilidade de transferência da coleção para um futuro museu de Waurá (Brust 2009).

De maneira geral, parece haver um movimento em direção a acordos que não se expressam formalmente em termos de vitória e derrota, mas reconhecem a existência de interesses legítimos de ambas as partes. Dado isso, segue uma relação de possíveis soluções para as devoluções de bens culturais (Cornu; Renold, 2010): devolução simples ou por consideração; devolução Condicional; devolução acompanhada por medidas de cooperação cultural; reconhecimento formal da importância para a identidade cultural; empréstimos (de longo prazo, temporários e outros); doações; criação de regimes especiais de propriedade (propriedade conjunta, fundos e outras); a produção de réplicas; retirada do pedido de devolução em troca de finanças de compensação; outras soluções possíveis, como quando nem o reclamante nem o possuidor estão particularmente interessados em manter o item em questão, eles podem concordar em transferir a propriedade para um terceiro, como um museu, ou os estados reivindicam propriedade de um bem pertencente à sua herança cultural, e, no fim, decidem simplesmente comprar o objeto no mercado.

Como exemplo de outras possíveis soluções para a devolução de bens culturais, pode-se citar o caso do Peru (Machu Pichu) *vs. University of Yale*, EUA. Desde 1912, a Universidade de Yale detém 49 mil bens arqueológicos e paleontológicos peruanos. Em 1914, um novo acordo visando a devolução das peças em 18 meses foi firmado. No entanto, até meados da década de 90, os bens culturais não haviam sido devolvidos aos seus locais de origem, o que levou o Peru a requerer a devolução de seus bens culturais novamente, na década de 90, quando Yale se comprometeu a devolver apenas 350 bens culturais das 49 mil peças. Em 2007, Yale condiciona a devolução a construção de um museu e um centro de pesquisa em Machu Pichu, bem como requer a posse dos outros bens por mais 99 anos. Por fim, não houve construção do museu nem do centro de pesquisa e, tão pouco, a devolução de qualquer um dos 49 mil bens culturais arqueológicos e paleontológicos em detenção pela a Universidade de Yale.

26.8 Legado feminino: o Instituto Rose Valland

O Instituto Rose Valland, localizado em Berlim, é um projeto artístico interdisciplinar independente. Ele pesquisa e documenta a expropriação de propriedades anteriormente pertencentes à população judaica da Europa e o impacto contínuo desses confiscos. O Instituto recebeu o nome da historiadora de arte Rose Valland, considerado um símbolo feminino de luta e proteção do patrimônio cultural em propriedade judia, por registrar secretamente detalhes dos saques nazistas durante a ocupação alemã de Paris. Após a guerra, ela trabalhou para a Comissão de Recuperação Artística (Comissão para a Recuperação de Obras de Arte) e desempenhou um papel decisivo na restituição de obras de arte saqueadas pelos nazistas. Com base nos insights obtidos nos projetos de exposição anteriores de Maria Eichhorn Restitutions Politik/Politics of Restitution (2003) e In den Zelten... (2015), o instituto Rose Valland é dedicado às questões de propriedade não resolvidas e às relações de propriedade de 1933 até os dias atuais. O Instituto investiga questões fundamentais sobre a propriedade de obras de arte, terras, imóveis, ativos financeiros, negócios, objetos e artefatos móveis, bibliotecas, trabalhos acadêmicos e patentes que foram roubados de proprietários judeus na Alemanha e territórios ocupados.

Conclusão

Métodos alternativos de resolução de conflitos possibilitam a aplicação de meios não legais para a devolução de bens culturais, podendo ser um senso de "obrigação moral", e isso pode influenciar as partes a encontrar um caminho para o consenso, um acordo, tal como a colaboração do Instituto Rose Valland nas devoluções de bens culturais dos judeus pilhados pelos nazistas em Paris durante a Segunda Guerra Mundial.

Uma análise comparativa da prática internacional demonstra que existem novos e variados meios alternativos de devolução de bens culturais. A prática neste campo parece ser orientada por novos princípios éticos que regem a formação de coleções públicas e privadas, já que o patrimônio cultural não é mais adquirido como no passado, mesmo que as apropriações indevidas sejam ainda similares e constantes. Uma nova abordagem ética parece ter influência em casos mais delicados e peculiares, em que a passagem do tempo e as mudanças no que é percebido como ilegal tornam mais difícil encontrar soluções adequadas.

Pode-se observar e destacar uma prática emergente associada ao entendimento de haver uma obrigação com certos valores do patrimônio cultural, quanto a identificação, memória, uso social de um bem cultural. Essas considerações éticas se aproximam da *opinio necessitatis* condição esta necessária para a existência de um costume na comunidade internacional e é por meios dessas práticas que um estado de direito é formado.

Referência

ALESSANDRINI, Stefano. *La diplomazia culturalre italiana per il retorno dei beni in estilio.* Roma: Edizioni Efresto. 2018.

BENHAMOU, Françoise. *Economia do patrimônio cultural.* São Paulo: Edições SESC. 2016.

BYRNE-SUTTON, Q.; GEISINGER-MARIÉTHOZ, F. *Resolution Methods for Art-Related Disputes.* In: Studies in Art Law, vol. 11. Geneva: Schulthess. 1999.

CORNU, Marie; RENOLD, Marc-André. *New developments in the restitution of cultural property: alternative means of dispute resolutios.* International Journal of Culture Property, vol. 17, 2010, p. 1-31.

EICHHORN, Maria, Rose Valland Institute, *Law Text Culture*, 22, 2018, 116-134. Disponível em: https://ro.uow.edu.au/ltc/vol22/iss1/9 Acesso em 14 de dez.2021.

FORREST, Craig. *A New International Regime for the Protection of Underwater Cultural Heritage.* In: International and Comparative Law Quarterly, vol. 51, 2002, p. 511-554.

FRANCIONI, Francesco. *Public and Private in the International Protection of Global Cultural Goods.* In: *EJIL*, vol. 23, n. 3, p.719-730, out, 2012.

Haia Convention for the Protection of Cultural Property in the Event of Armed Conflict, 14 de maio de 1954.

ICOM. 2004. "Declaration on the Importance and Value of Universal Museums". In: *ICOM News.* Disponível em: <https://icom.museum/en/ressource/declaration-on-the-importance-and-value-of-universal-museums/> Acesso em 10 de jul. 2020.

KOWALSKI, W. *Types of Claims for Recovery of Lost Cultural Property.* In: Museum International: Protection and Restitution, vol. 57, n. 4. 2005.

LABADI, S. *UNESCO, Heritage and Outstanding Universal Value.* Walnut Creek, CA: Altamira Press. 2013.

LIXINSKI, Lucas. *Selecting Heritage: The Interplay of Art, Politics and Identity.* European Journal of International Law, vol. 2, p. 81-100. 2011.

LIXINSKI, Lucas. *International Heritage Law for Communities.* Oxford: Oxford University. 2019.

PERROT, X. *De la Restitution Internationale des Biens Culturels aux XIXème et XXème Siècles: Vers une Autonomie Juridique.* Doctoral thesis defended at the University of Limoges, December 7, 2005.

POMIAN, K. *Memory and Universality: New Challenges Facing Museums.* Paris: UNESCO. 2007.

Prott, L. V. *Commentaire Relatif à la Convention UNIDROIT*. Paris: UNESCO, 2000.

Said, E. *Orientalism*. Harmondsworth: Penguin. 1995.

Strother, G. E. *Resolving Cultural Property Disputes in the Shadow of the Law*. EUA: Harvard Negotiation Law Review. 2012.

UNESCO Convention on the Means of Prohibiting and Preventing the Illicit Import, Export and Transfer of Ownership of Cultural Property, November 14, 1970.

UNESCO Resolution 3/3.1/2 adopted by the General Conference at its twentieth session. The Intergovernmental Committee for Promoting the Return of Cultural Property to its Countries of Origin or its Restitution in case of Illicit Appropriation of November, 1978.

UNESCO Rules of Procedure for Mediation and Conciliation in Accordance with Article 4, Paragraph 1, of the Statutes of the Intergovernmental Committee for Promoting the Return of Cultural Property to Its Countries of Origin or Its Restitution in Case of Illicit Appropriation, UNESCO doc. CLT-2010/CONF.203/COM.16/7.http://unesdoc.unesco.org/images/0019/001925/192534E. pdf

UNIDROIT Convention on Stolen or Illegally Exported Cultural Objects of June 24, 1995.

Urbinati, Sabrina. 2014. "Alternative Dispute Resolution Mechanisms in Cultural Property Related Disputes: UNESCO Mediation and Conciliation Procedures". Em Vadi, V.;

Shaw, Malcolm N. Interntional Law. Cambridge: Cambridge University Press. 2017.

Schneider, H.E.G.S. (Eds.) *Art, Cultral Heritage and The Market: Ethical and Legal Issues*. 342.

Varner, Elizabeth. *Arbitrating Cultural Property Disputes*. Cardozo Journal of Conflict Resolution, vol. 13, 2012, p. 477-526.

Zedde, K. *UNESCO's Intergovernmental Committee on return and restitution of cultural property and the mediation and conciliation of international disputes*. In: Renold Marc -André et al (Eds.) Resolving disputes in cultural property. Schulthess: Geneva. 2012. P. 107–129.

PARTE IV

A VOZ DELAS: ENTREVISTAS COM MULHERES QUE VIVEM DE, POR E PARA CULTURA

26.
O CAJADO DA PARTEIRA

Entrevista com Dona Prazeres,
por Elaine Müller, Júlia Morim
e Marina Maria Teixeira da Silva

Por que entrevistar Dona Maria dos Prazeres de Souza?

Conhecemos Dona Maria dos Prazeres de Souza a partir de nossas experiências de gestação e parto e das mudanças que a maternidade operou em nossos interesses profissionais. Era ainda a primeira década dos anos 2000, e encontramos nessa parteira tradicional e enfermeira obstétrica uma pessoa disposta a atualizar os seus saberes e suas práticas, compartilhar seus aprendizados, além de inspirar profundamente nossa atuação, seja como ativistas da humanização do parto e do nascimento, seja em nossa atuação como pesquisadoras do campo das Ciências Sociais.

Hoje consideramo-nos mutuamente comadres. Dona Prazeres examinou algumas de nossas barrigas, pegou alguns de nossos filhos, atendeu partos em parceria, inspirou (com sua ideia de que escrevêssemos um livro sobre sua vida) a realização de inventários sobre o ofício de parteira tradicional em Pernambuco e no Brasil, mobilizou-nos no sentido de criarmos um Museu da Parteira... Se hoje somos pesquisadoras que abordam esse ofício pela perspectiva do patrimônio, devemos em muito nossa inserção nesse campo a parteiras como dona Prazeres, com sua sagacidade narrativa e teórica.

Dona Prazeres já conquistou, nos últimos anos, alguns títulos importantes, como o Diploma Mulher-Cidadã Bertha Lutz (Senado Federal), o reconhecimento como Patrimônio Vivo de Pernambuco (Fundarpe) e o Título de Notório Saber em Cultura Popular (UPE). Ela entende que esse reconhecimento individual, para além do impacto em sua autoestima, é uma forma de reconhecer o valor cultural de todas as parteiras tradicionais do Brasil. Coloca-se, assim, como figura inspiradora, uma mestra de seu ofício, aberta ao diálogo com novas pupilas que se aproximam (que ela chama de suas "pupilas dilatadas"), incentivadora da continuidade do trabalho de outras parteiras que seguem atuando em suas comunidades. Entre brincadeiras sobre suas pernas serem menos ágeis por conta do "peso do patrimônio" e reivindicações sobre o merecimento que as parteiras têm de estarem em um museu (afinal é a profissão mais antiga do mundo e "Luís Gonzaga, que é mais novo que as parteiras, já tem um museu"), dona Prazeres traz falas emblemáticas sobre como as parteiras resistem desde o tempo em que desobedeceram um faraó e assim salvaram Moisés, envolvendo-nos em suas narrativas perspicazes e apresentando novos conceitos ou nomes diferentes para o que já conhecíamos – como o "parto aquático". Ela faz, e nos conduz por, sua simbiose (Simbiose, 2017; Müller, 2017), de forma a lançar uma reflexão sobre como o patrimônio cultural também precisa pautar noções sobre cuidado, saúde e bem-estar (Müller et al., 2021), dimensões essenciais para a vida – como diz Dona Prazeres: "porque o patrimônio é uma coisa que é para o passado, o presente e o futuro. Então eu vejo isso com muita atenção para a preservação até da vida. Está intimamente ligada ao patrimônio. Nós não podemos esquecer isso!"

Sobre o trabalho desenvolvido conjuntamente no Museu da Parteira (Morim, 2020), Dona Prazeres enfatiza o quanto diz respeito ao passado (e elucubra sobre o acervo que deseja reunir em um museu com sede física, que ainda não temos) e ao presente (na promoção de encontros de parteiras, que ela planeja retomar em sua residência), mas sempre mirando o futuro. Aliás, o tempo, em narrativas de parteiras como ela, nem sempre é uma categoria linear, assim como a contagem de partos atendidos ou de desfechos desfavoráveis podem não se sujeitar à racionalidade cartesiana. É por isso que em nossas conversas a gente passeia pelo tempo, vai e volta nos assuntos, ouve repetidas frases e trechos de canções. Procuramos, na edição desta entrevista, manter o fluxo da fala de Dona Prazeres, inclusive como um convite à decolonialidade, ou descolonização, não apenas de nosso entendimento sobre o início da vida, mas sobre a pluralidade de epistemes que convivem em nossa sociedade, de forma hierarquizada (Müller; Morim, 2021).

Na época da entrevista, ela estava feliz com a construção de um muro e uma estrutura no quintal de sua casa que permitiria a reunião das parteiras para trocas de saberes e, portanto, algumas vezes faz referência ao investimento que fez para essa obra e o que ela significa. Parte do que poderia ser um Museu da Parteira não deixa de existir, de fato, na casa de cada mestra do partejar disposta a compartilhar o seu saber. Dona Prazeres nos fala de alguns objetos que imagina compor essa ideia de museu, mas não deixa de lembrar também da biografia e do saber de outras parteiras.

Com a sua capacidade de, apresentando a si, representar muitas outras, registrar seus relatos e histórias, preserva um importante patrimônio, que se espera ajudar a perpetuar com essa entrevista. Como ela sempre diz, "enquanto houver vida humana na Terra, existirão parteiras".

Entrevista com Dona Prazeres[1]

Elaine – Pronto. Eu vou começar então. Dona Prazeres...

Dona Prazeres – Oi, minha comadre.

Elaine – Oi, minha comadre!

(risos)

Elaine – Vou colocar isso no texto, viu? Esse "oi, minha comadre".

Dona Prazeres – Com muito orgulho!

Elaine – Isso. Com certeza! A gente queria começar perguntando para a senhora o que a senhora entende por patrimônio. O que é Patrimônio e qual seria a importância de a gente reconhecer os saberes e as práticas das parteiras tradicionais do Brasil como um Patrimônio cultural?

[1] Essa entrevista foi realizada em setembro de 2021, via Google Meet. As perguntas foram feitas por Elaine Müller e Júlia Morim. Dona Prazeres estava acompanhada de sua nora, Vânia, que a ajudou a lidar com o aplicativo no celular. A entrevista foi transcrita por Hirlayne Carvalho, editada por Elaine Müller, Júlia Morim e Marina Maria Teixeira da Silva, e revisada por Marina Maria Teixeira da Silva.

Dona Prazeres – Porque mulher é gente que faz! Tá em todas. Oitenta e cinco por cento é as mulheres. É para tudo e para todos. Para o velho, para o novo, para crianças, para os animais, para a preservação da espécie e da vida! É a mulher. Para isso ela foi escolhida em um dia muito diferente para ser preparada para o mundo. Para todos. Os animais, as plantas, para os homens, para os velhos, ela tá em todas. Ela faz simbiose. Tá centralizado na simbiose.

Júlia – A senhora quer explicar melhor o que é essa simbiose?

Dona Prazeres – Simbiose é quando, é... eu fui convidada para responder porque eu falei ao repórter. Ele disse a mim que nunca leu o dicionário e não sabia o que significava. Aí eu disse: "significa: tá em todas" e a mulher é uma pessoa muito especial para enfrentar e ser da simbiose. Ela está em todas. Na criação, tá entendendo? Para fazer o que é necessário no seu lar, no trabalho, na rua, no país e eu gostaria também que elas fossem na política. Aliás, eu sou muito pela política pública. Quero ver mulheres senadoras, deputadas, presidente da república! Em casa também ela está em todas, ela faz simbiose, ela está centralizada nesta palavra simbiose.

Júlia – Dona Prazeres, essa é a importância das mulheres, não é?

Dona Prazeres – É muito importante! Para ser mãe, dona de casa, ser professora, educadora, não é? As educadoras, as médicas. Ela está em todas. E agora estamos precisando de mulheres na política partidária. Porque ela já é uma pessoa efetiva na política pública e eu sou muito gamada por isso, políticas públicas.

Júlia – A gente está falando das mulheres e tudo, e para a gente pensar um pouco sobre patrimônio... O que a senhora entende como patrimônio? O que é patrimônio e qual a importância?

Dona Prazeres – Eu acho que é muito importante, muito efetiva, que não tem comparação. Porque o patrimônio é uma coisa que é para o passado, o presente e o futuro. Então eu vejo isso com muita atenção para a preservação até da vida. Está intimamente ligada ao patrimônio. Nós não podemos esquecer isso! E mais alguma coisa que eu queria adiantar, me desculpe, nas madrugadas, no intervalo em que eu me acordo, a primeira coisa que eu penso é na nossa família, no povo brasileiro, sofredores, naqueles necessitados e, principalmente agora, que dói muito o meu coração, quando eu escuto dizer que está passando fome. Isso me preocupa demais, então eu estou sempre nas madrugadas indo a Deus, por mim, por todas nós, por todas as parteiras, "com muito amor, carinho e devoção, sempre no meu coração alguma coisa para dar"[2]. É esse o exemplo que eu tenho. A gente tem que andar e tem que ter cuidado para não olhar pra trás, para não tropeçar.

Elaine – Dona Prazeres, então a gente pode dizer que a importância desse reconhecimento, por exemplo, de saberes como esses das parteiras tradicionais, tem a ver com o futuro da gente também?

Dona Prazeres – Perfeitamente. O futuro. Porque a gente vai embora, Deus leva, chama, chega o dia de terminar tudo e a gente tem que deixar um rastro, este rastro permanente para diminuir a violência. Eu me preocupo muito com a violência. Peço muito pelos meus netos, pelos meus lindos bisnetos. Que eu tenho tantos que nem sei o nome deles todos, viu? Eu chega fico feliz quando vejo, porque sei que ele é o futuro. Eu digo assim: criança, criança, tu és o futuro do país. É verdade. O futuro, eu penso também no futuro. Então esse patrimônio, ele é um reflexo do passado, está no presente e vai se estender pelo futuro. O futuro das nações! Essa é a minha grande preocupação. E depois de tudo, a cidadania. As nossas grávidas! Elas não me esquecem não. Se elas pudessem, elas passavam a semana todinha conversando comigo. Porque o que eu tenho pra elas é informar o viver, o dia a dia, como é que ela deve fazer com o exemplo, exemplo de vida. Dedicada. Aí quero repetir, com muito amor, carinho e devoção. Sempre nós temos no coração, mais um pouquinho para dar.

Júlia – Então, a senhora falou dessa importância do passado, presente e futuro. Eu queria saber assim, a senhora já recebeu alguns prêmios importantes em reconhecimento do seu trabalho como parteira. Teve o prêmio Bertha Lutz, que foi do Senado Federal, recebeu o título de Patrimônio Vivo de Pernambuco pela FUNDARPE e agora o título de Notório Saber em Cultura Popular da Universidade de Pernambuco. Como é que a senhora percebe o impacto desse reconhecimento que a senhora recebeu para as outras parteiras tradicionais de Pernambuco, do Nordeste e do Brasil?

Dona Prazeres – Eu tenho a informar uma coisa: que todas que estão vindo na minha casa... porque quando eu agradeci, eu não agradeci no meu nome só, eu agradeci também no nome das minhas compa-

[2] Trecho de uma música cantada pelas parteiras de Jaboatão dos Guararapes – PE.

nheiras parteiras, das mulheres colaboradoras... então elas fazem questão, veja bem, de ficar com este diploma da cultura popular para que seja colocado no museu. Elas tiram foto comigo, então todas que me visitaram, como a Abigail, Naninha[3] e tem outras que já tão me convidando pra vir para a minha casa. Pra tirar uma foto, elas querem com diploma na mão também, porque eu disse que não era meu só, era delas. Eu estou dividindo, eu não posso ficar com ele sozinha porque o que eu sou, o que eu tenho, o que eu já fiz, que estou fazendo e que posso fazer, eu não faço sozinha, eu faço com as minhas companheiras parteiras, amigas, fãs, colaboradoras. E por essa razão, já recebi duas visitas, de Naninha, Abigail, que ela fez questão, ela disse assim: se é simbiose, se eu sou parteira, eu faço questão de ficar aqui do seu lado com o diploma na mão, para mostrar políticas públicas, política popular, e depois nós vamos estar pensando também no dialeto das parteiras. Aquela linguagem delas, eu acho linda! Então a gente aqui na minha casa, olha, tá murado. Tá entendendo? Tem um portão que foi caríssimo, que eu não podia nem fazer agora, para a gente se reunir quando vocês quiserem, não precisa pedir a A nem a B, é a C, é aqui em casa. Vocês vão ficar à vontade, como se estivessem sabe onde? Em casa. Ok?

Elaine – Dona Prazeres, a senhora está falando bastante de política pública e a gente queria que a senhora falasse um pouquinho mais sobre isso. Como é que a senhora vê a importância de políticas públicas para as parteiras e para as mulheres que as parteiras atendem?

Dona Prazeres – Minha filha, elas tão me pedindo para que a gente dê uma palavra pras mulheres na menopausa, elas tão me pedindo para que a gente critique essa rede de esgoto aqui na frente da minha casa. Eu gastei o que não pude e fiquei com quase nada, mas dividi. Fiz alguma coisa porque elas querem saber, elas querem que eu prepare num quadro o desenho do gameta masculino e feminino. E agora? Elas tão querendo sabe o quê? Saber até quando pode se esperar a saída da placenta, ou se tem que puxar de vez ou se não pode esperar. Então como eu aprendi os dois intervalos, tá entendendo? Eu tenho que ensinar pra elas. E tem uma coisa, a diferença da patologia e da fisiologia. Então a gente tem que conversar com essas mulheres e elas querem que a gente faça dinâmica de grupo, que fale o valor do idoso, da criancinha que faz

[3] Parteiras tradicionais de Jaboatão dos Guararapes (PE).

tanto argumento, que faz tanta pergunta, e eu tô com um compromisso enorme, sozinha eu não posso enfrentar, eu conto com vocês para estar aqui na frente da minha casa no dia e na hora que vocês quiserem, podemos fazer até uma vigília, estou aqui preparada. Agora tô dependendo de Deus, é só se Ele quiser, agora se ele quiser, Deus, eu quero também. Porque acima de tudo, a frente de tudo, tá Deus todo poderoso! E eu quero dizer a você: tudo posso Naquele que me fortalece e o Senhor é o meu pastor e nada me falta! Outra coisa, não tô falando de religião, porque aqui a gente é todas... a gente respeitamos todas as religiões, entendeu? Todas! Vai ter o mesmo direito! Se o padre quiser um dia vir aqui, a porta tá aberta, seja qual for a religião, matriz africana, tudo! Somos mulheres importantes, somos brasileiras, temos orgulho de ser brasileira, meu Deus do céu, eu sou muito feliz e acho que essa felicidade não sou eu somente que tenho, vocês também. Aí eu quero dizer novamente: com muito amor, carinho e devoção, nós temos sempre no coração um pouquinho para dar.

Júlia – Dona Prazeres, qual é a importância desse conhecimento das parteiras para a sociedade, para o país? Qual é a importância para as pessoas esse conhecimento que as parteiras têm?

Dona Prazeres – Estamos preparando mais! Já existia e o povo não tava observando, mas foi como afastar um pouco [o] que sofreu um número enorme de perseguições, estão mostrando agora que agora, é as parteiras, Dora[4] tá com o cajado das parteiras, é quem mais tá atendendo parto nos indígenas. Nossos indígenas, quilombolas, mulheres pobres, mulheres negras, mulheres brancas, de toda cor. A gente tá precisando pra todos e todas, sem isenção de ninguém. "Ah, mas pode rico?". Bota de lado e faz o seu trabalho. Então por isso que eu digo a minha vida é, e sempre foi, do jeito que eu trabalho para um, trabalho para outro, para todos! E tô lamentando muito, mas esse conhecimento, essa tradição a gente tem que levar a frente: enquanto existir vida humana na Terra, existirá parteira.

Elaine – Dona Prazeres, e como é que a gente pode... o que que a gente pode fazer ou o que que é preciso fazer pra repassar esse saber de parteira de uma geração para outra? Ele chegou aqui passando de geração em geração, né? O que é que a gente pode fazer para garantir que

[4] Mãe Dora, parteira indígena pankararu (PE).

continue passando para as próximas gerações? Pensando essa questão do patrimônio e cultura?

Dona Prazeres – A tradição, as minhas companheiras, também trago a história daquelas que Deus levou. Tem cada história linda da nossa Terezinha Arcelina, Nadir[5]. Minha filha, já levaram muitas parteiras, tá lá do outro lado, mas também levaram alguns médicos que, do meu tempo, me chamavam de pupila. E por conta disso, nós agora temos as parteiras pupilas. Daniele Siqueira[6], essa mulher, que eu fico em casa e fico monitorando o trabalho que ela tá fazendo. Tirando dúvida e elas tão fazendo e eu estou recebendo ligações e tão me perguntando cada coisa que você vai se impressionar. "Dona Prazeres, no tempo que a senhora começou a fazer esse trabalho, como é que chamava as mulheres? Qual era o estado delas?". Sabe qual era o estado? 'Interessante'. É 'interessante' mesmo? O estado de gravidez? É! Tá vendo? A gente quer se reunir, fazer dinâmica, ensinar, conversar com elas. Sabe por quê? Olhe, porque a gente ensina o que a gente vive a cada dia, deixa eu te dizer uma coisa, Luiz Gonzaga, eu tenho uma certa admiração, porque ele contava aquilo que ele vivia. [...] Então, tudo o que eu aprendi e que tô repassando para as minhas netas, bisnetas, eu tenho tanto neto que é uma coisa demais, tem tanto bisneto que perco até o nome, mas a gente tem que repassar o nosso dia a dia, que tá valendo a pena. Porque tão interessado em fazer muito argumento e eu tô satisfeita com isso. Então é por isso que eu não quero me reunir num lugar que a gente não gaste muito dinheiro, que a gente tá sem dinheiro, mas a gente se reúne. Cada uma traz um prato e a gente vai conversar com as grávidas, com as mulheres adolescentes, os velhos, que eles dizem a mim que cavalo velho quer capim novo. Olha, que coisa engraçada, né? [...] Preparando as mulheres para uma gravidez, preparando elas para um matrimônio, que eles não tão sabendo, preparando elas para amamentação, que leite tá muito caro, gente. Olha, amamentação é melhor. Olhe, veja bem, ensinando a mulheres a se alimentar, a fazer exercício, as idosas a não ficar de braços cruzados, às vezes eu tenho vontade de ficar de braços cruzados, e eu quero saber? Eu digo: "só se me botar uma algema!". Mas a gente vai à frente, tem gente que pode fazer as coisas. É mulher, viu? Mulher é

[5] Parteiras de Jaboatão dos Guararapes (PE), in memoriam.

[6] Parteira aprendiz, "pupila" de Dona Prazeres.

coisa forte, gente. Olha, deixa eu contar uma coisa bem rápida: mulher, quando Jesus Cristo morreu na cruz, três mulheres foram visitar o túmulo, ele tinha ressuscitado [...] Foi primeiro as mulheres que foi avisar em Jerusalém se Jesus tinha ressuscitado, e Ele gosta das mulheres, e agora as mulheres a minha companheira de trabalho também, lá do [Hospital[Português, ela disse a mim: "Prazeres, as mulheres estão tendo mais filhos agora, estão engravidando mais e eu fiquei boa de uma coisa que eu tinha que agora não tenho mais." Olha, pra isso, mesmo com esse vírus[7]. Vamos a frente que Deus é maior do que esse vírus. Ele vai ficar quietinho e a gente vai trabalhar. Até agora não interrompeu nada, elas continuaram atendendo parto, a mulher continua na minha porta. Ah, mas eu não tô podendo ver esses partos, mas tô dizendo a elas, chega chorando. Olha, eu tenho uma coisa pro museu, sabe o que é? Eu recebi um cocar dos índios, que eu venho dos indígenas, a minha família, tia, mãe, avó, então, guardei este cocar. Ah, mas você deu um presente bom para o museu? Dei um cocar, tá guardado aqui na minha casa, viu Júlia? Se prepare pra eu lhe entregar o cocar. Que eu guardei. Eu recebi esse cocar e Teresinha recebeu também, mas o meu tá guardado. Tá uma coisa linda, bonita? Não. Mas tem muita importância pra mim. [...] Ah, minha filha, nós temos fãs. O pessoal não esqueceu das parteiras não. Virgínia Betânia, a gente conversou sobre isso. Enquanto existir vida humana na terra, existirá parteira. Não tem poder aqui que vá derrubar esse trabalho das parteiras, que ele é muito importante.

Sabe o que é bom? A música. Eu sou fã pela música, viu? Meu pai era maestro, eu aprendi alguma coisa, só sei pincelar, mas adoro a música, se eu pudesse ... eu vivia eternamente cantando. (Cantando) "Com muito amor, carinho e devoção, sempre tem no coração um pouquinho para dar". E agora? Como a música relaxa, ela tá em todas. Ela tá na simbiose, tudo se faz com a música, tudo se faz com as mãos, só que agora sabe quantos anos eu vou completar? Oitenta e quatro, mas eu tô dizendo quarenta e oito. Porque eu sou adolescente – diga aí a Elaine pra ver se ela não sabe disso – da terceira idade. Adolescente da terceira idade. Eu disse: "querida, desculpe se eu não tô satisfazendo a necessidade", mas é "eu" só não, é "nós", parteiras. Elas tão criando a música das parteiras: (cantando) "nossas parteiras não tem dia, não tem hora, sempre

[7] Refere-se ao SARS-CoV-2, vírus responsável pela pandemia de Covid-19.

ao romper da aurora, não tem hora pra chegar, o importante é o que ela vai fazer, a criança vai nascer, não se pode esperar. Não adianta menosprezar as parteiras, pois quem chegar primeiro na hora que precisar, nosso trabalho é um pouquinho diferente, quem quiser, convida a gente para dentro do seu lar." Tá ouvindo Elaine? Minha comadre, você tá ouvindo?

Elaine – Eu tô cantando junto aqui. [...]

Dona Prazeres – Quem escuta o pé do umbigo? Olha, o pé de umbigo, olha para o bico do peito. A gente vai fazer sabe o quê? Alguma coisa pra falar a linguagem das parteiras. O pé da barriga. É. E todo mundo não sabe o que é o pé da barriga? A boca do estômago? Olha praí. Minha gente, vamos continuar na luta, agora só tem uma coisa, só se Deus não quiser, porque se Ele quiser, eu quero também. Tá entendendo? Aí sua preservação, tá entendendo? Parteiras tradicionais, não tem dia, não tem hora, ela sai, não tem hora de chegar. A parteira ela atende um parto, como eu já saí com outra, que quando acabou o bebê de nascer, ela disse: "minha comadre, me dê uma roupinha", "não tem". Ela tirou a anágua, foi Abigail. Ela tirou a anágua e enrolou o bebê. Olha, tás vendo? É coisa de parteira, minha filha. A gente faz. São mulheres corajosas, tá entendendo? São mulheres que não andam assustadas. Abigail subia para atender um parto, tinha um corpo no caminho, quando voltava, tinha dois. Ela sofria até ameaça de "bora, se você for fazer o parto, você pode ir presa", ela dizia: "apois eu vou presa". Tá vendo? Tem medo de cadeia também não. Sabe por quê? Porque ela preserva a vida. É isso, tô satisfeita com o que eu fiz até agora. Tô de cabeça erguida, tá entendendo? E tenha certeza, minhas companheiras, que um dia, quando Jesus voltar, um dia a gente vai se dobrar os joelhos, todo mundo vai dobrar os joelhos. Todo mundo vai ver esse Jesus descer do céu do jeito que Ele subiu. Ah, e qual é a sua religião? Todas! O trabalho é ecumênico. "Ah, mas a mulher dali é catimbozeira." E o que é que tem? Aí eu vou rezar, reze. Eu vou orar, ore. Eu vou fazer uma prece, faça. Estamos em todas, fazendo sabe o que? Simbiose. E agora? E agora companheiras, amigas, olhe, vamos pra frente. Agora não olhe para trás pra não tropeçar e continue com o cajado das parteiras, o cajado na mão das parteiras. Segura o cajado. Parteira, segura este cajado! [...] Mas vamos pra frente. Sem medo e sem ódio. Sem medo e sem ódio! Não se preocupe com os poderes, não se preocupe não. E agora? Mulher é forte, é gente que faz.

Júlia – A senhora falando assim "vamos pra frente", eu me lembrei do Museu da Parteira. Então eu queria que a senhora me contasse como é que surgiu a ideia de um Museu da Parteira e por que ele é importante.

Dona Prazeres – Escute aqui, em uma certa ocasião, eu fui e visitei um museu fora daqui e estive em vários estados do país e, depois, eu vendo museu no México, museu em tantos outros estados do Brasil, e quando é um dia, no Projeto Comadre, que eu tenho ele guardado, Projeto Comadre! Aí eu estive no Museu de Luiz Gonzaga, e eu fui, aí eu disse, "olhe, Luiz Gonzaga, a história dele, é mais jovem do que a história das parteiras que foi desde o tempo do faraó". Aí visitei a casa de Zefinha. Zefinha era novinha, tava tudo criancinha. Aí eu disse: "Zefinha, não seria bom se a gente tivesse um museu? Luiz Gonzaga tem uma história mais nova do que a nossa. Ela disse: "ah, Prazeres, é mesmo. E esse museu, eu quero aqui em Caruaru". Eu tenho muito respeito. Eu não vou dizer que ele tem que ser aqui em Jaboatão. Ele é itinerante. Esse museu é itinerante. Tá entendendo? E é por isso que eu pensei muito no museu e tudo o que eu guardo é pra botar no museu, eu tenho uma coisa antiga, é pra botar no museu. Estetoscópio de pinard, tudo isso e agora o cocar. Mas, meu Deus do céu, tá tão feinho. Mas não tem nada não, eu vou dar pra você botar no museu. Tá guardado, viu? E tem uma coisa, eu sou exigente, os meninos não podem tocar. [...] Nossos indígenas, quilombolas, os mascates, minha gente, o nosso museu vai ser um museu muito rico e vamos preservar para o futuro, né? Porque a gente vai um dia embora, lá pra Jesus, mas tem que ter a história.[...]

Júlia – Dona Prazeres, então a senhora tá guardando objetos para o museu, como é que a senhora vislumbra esse museu, pensa esse museu daqui pra frente? Como é que a senhora gostaria que ele fosse, como é que a senhora deseja?

Dona Prazeres – Olhe, eu tô pedindo colaboração, quem tiver uma coisa antiga. Sabe o que eu eu guardei aqui? Uma alfazema, um fogãozinho, que a parteira tradicional quando o menino nascia acendia alfazema. Era um cheiro bom medonho. Então, um fogãozinho desse pra botar no museu, um candeeiro, uma cama de vara pro museu. Eu já atendi um parto numa cama de vara, viu? Meu Deus do céu. Uma cama de vara. Eu dormi numa cama de vara no projeto Comadre no governo Arraes. Tás entendendo? Eu fiz muita besteira por aí. Porque o pessoal queria que eu fizesse, eu achei que era bom e deu tudo certo. Olha gente, a gente não pode deixar isso de lado não, essa história é muito profunda. E ainda tem mais uma coisa, aqueles que... eu incentivo muito a ler a escritura, aqueles que lê a Bíblia vai encontrar muita coisa, a história da parteira que poupou a vida de Moisés, a ordem era matar todos os que nascessem do sexo masculino. Só que a parteira fez... não matou. É pra deixar, nasceu do sexo feminino, deixe. E se for macho, já pretenderam matar Jesus, só porque eles acharam que ia ser o salvador do mundo, já tinha essa perseguição. Foi poupado. Sabe quem poupou Moisés? As parteiras. Quando perguntaram: "Mas não era pra deixar vivo?" Eu disse: "ah, é porque essas mulheres, elas são mais ligeiras, quando chega o menino já tem nascido". E é isso o que a parteira faz, preservar a vida humana. Pra que preservar a vida humana? Então tudo o que for pra preservar a vida, que a parteira tiver guardado, me dê pra botar no museu. Meu Deus do céu, como é que escutava o bebê? Sabe como é que a parteira escutava o bebê? O tempo da minha mãe, minha avó, bisavó, esse povo todinho ficou nesse lugar, era com o ouvido. Sabe quem escutou o bebê com o próprio ouvido? Sabe qual foi a parteira? Naninha. Eu quero que ela esteja me ouvindo pra ver se é mentira. Ela conseguia ouvir com o ouvido. Ela botava o ouvido assim, ela dizia "assim eu ouço melhor" e ela gosta de ouvir também, a gente ensinou pai. Eu fiz: "é assim?" É. Ele tá em todas, o pai. A gente faz um tripé, o filho, o pai e a mãe.

Elaine – Dona Prazeres, a senhora vai falando aí e a gente vai lembrando de outras questões. Eu acho interessante quando a senhora fala dessa história das parteiras que salvaram Moisés porque as parteiras ali foram desobedientes, e eu fico pensando que é uma desobediência porque tem uma coisa maior do que a regra que mandaram seguir que é esse princípio da vida. Então para a parteira é mais importante preservar do que necessariamente...

Dona Prazeres – ...Sabe qual é o nome dela? Sifrá e Puá. Do tempo do Oriente Médio. Sifrá e Puá.. Mas mulher, eu não te disse? Eu disse: "ah, mas eu não pude fazer nada". Eu não menti não, era só dizer tudo pra poupar a vida de uma pessoa tão importante na história. Mas ainda continua havendo isso, as parteiras... olha gente, eu tenho história de parteira. Teresinha Arcelina, em uma certa ocasião, ela tava na casa dela, em Prazeres, Jaboatão dos Guararapes, e chegou um cara num caminhão e parou na frente e disse: "me ajuda aqui, minha senhora" e ela disse:

"o que é?". Aqui desceu do carro, ela atendeu o parto. Quando ela acabou de atender o parto, tá entendendo? Aí ele disse: "olhe, cale a boca, não diga nada a ninguém." Botou a mulher dentro do carro depois que a placenta delivrou, depois que já tava tudo em ordem e ainda disse assim: "olhe, se você falar, olhe..." e mostrou pra ela um revólver. "Se você falar...". É isso o que a parteira passa, tá vendo? Terezinha Arcelina. Eu fui atender um parto, escute, é bem rápido. Eu fui atender um parto, Naninha, parteira, mandou me buscar. Mandou o neto com um bandido, viu? Para atender a mulher de outro bandido. Eu atendi. Antes de atender ele disse: "olhe, se der qualquer coisa com a minha mulher vai morrer todo mundo". Mas não morreu não, tá vivo aqui eu, Naninha, o bebê e o pai ainda tá na cadeia, porque fez muita desgraça. Mas a gente foi, é isso o que a parteira faz. É corajosa! É forte! Sabe porque ela é assim? Porque tem Deus a frente do trabalho que ela faz. É Deus quem vai na frente, minha filha. A gente tem uma agenda espiritual. E agora? Olhe as profissionais de saúde: pare, olhe e escute. É isso o que a parteira faz, é por isso que o pessoal tem essa atenção à parteira, porque ela para, ela olha e ela escuta. Qualquer pessoa... "ah, mas é muito pobre". Dentro das maternidades, eu trabalhei em quase todas as maternidades, puxa, ainda tem a Rita Barradas[8], que ainda tão ajeitando ela e eu atendi um parto dentro do ônibus na frente da Rita Barradas! Vamos pra frente, gente. Segure o cajado, vamos forte.

Elaine – Dona Prazeres, e era justamente o que eu estava pensando, isso. São mulheres corajosas e será que não é importante também o museu contar a história dessas mulheres? Tem os objetos, a senhora falou bastante, mas eu acho que as histórias das parteiras, elas também são importantes para estar.

Dona Prazeres – Exatamente, a história das mulheres. Tá entendendo? E o tanto de enchente que a gente saía, como eu passei ali no Largo da Paz, em 75 numa enchente muito grande, tinha até barco rodando ali na frente, e eu atendi um parto sabe aonde? Na frente do hospital São João da Escócia, porque eu não tinha como passar pra atender não. Na frente do hospital. Tá ouvindo? Sabe quem mandou me chamar? Foi o pastor. Ele já morreu, e eu fiz na frente do hospital, não tinha carro

[8] Maternidade Municipal em Jaboatão dos Guararapes desativada em 2006 e em obras para reabertura há anos.

que passasse. Menina, tempo de chuva, muita água, ela enfrenta tudo. Menina, a parteira já passou tanta dificuldade. Ah, se os profissionais pensassem, se colocassem a parar, olhar e escutar. É isso que os profissionais precisam fazer. Pare, olhe e escute. Sabe onde foi que eu vi isso? Num transversal antigo onde passava um trem antigo lá em Cavaleiro. Agora não tá mais não a placa, já acabou-se já. Pare, olhe e escute, é isso o que a gente tem que fazer. Que tal? Gostou?

Elaine – Gostei, a senhora é sempre muito perspicaz.

Dona Prazeres – Pare, olhe e escute. Não olha para trás para não tropeçar e cair. (Risos)

Júlia – Dona Prazeres, a gente começou com aquela pesquisa, em 2008, com as parteiras, depois a gente fez uma exposição, fez o livro Mães de Umbigo, fez o filme, várias ações de valorização das parteiras. Então, a gente tá terminando agora na Universidade [Federal de Pernambuco] essa mesma pesquisa, só que em vários estados do Brasil para que o ofício de parteira seja reconhecido como um patrimônio do Brasil. Como é que a senhora entende isso? O que é que vai trazer esse reconhecimento nacional? Não só pra senhora, não só como Patrimônio Vivo, mas para todas as parteiras. Como é que isso pode ser bom ou não? O que é que a senhora acha?

Dona Prazeres – Eu acho que é necessário, que há muito tempo deveria a parteira ser reconhecida, tá entendendo? Porque quem continua carregando o cajado, é quem continua fazendo o que fazia, sem medo e sem ódio, sem fazer... sem andar preocupado com a religião, viu? "Você não presta, você não vale nada". Não. Todas é boa. Uma reza, a outra ora, a outra faz uma prece. Então, minha gente, a gente tem que trazer isso de volta, mostrar, continuar, porque as parteiras é uma semente muito forte e ela vai germinar. No Dia Internacional da Parteira, eu fiquei feliz, quando, na Chapada Diamantina, uma das nossas ligou para mim. Ela estava com outras parteiras fazendo essa proclamação do Dia Internacional das Parteiras. [...] Olha, a gente tem muito o que fazer, rapaz. A gente não pode cruzar os braços não. A gente mostra aquilo que a gente é. Aí é como a história, eu queria ver se conseguia um *outdoor* que tinha assim: "o pinto, ainda dentro do ovo, ele piou". O pinto sim. Sabe o que ele disse? Que não nasceu de cesárea. A flor do mesmo jeito e o sol quando disponta, ele também não nasceu de cesárea. Mas a cesárea é necessária? É. Quando tem indicação. E a gente tem que ver essa coisa de fazer diferença da patologia e a fisiologia, pra não tá dando cabeçada e dizendo aquilo que a gente não tem certeza. Então a parteira tem que ir preparada mais do que a parteira é. Então elas continuam acreditando nas parteiras. Eu acredito em parteira! E outra coisa, é por isso que parteira, noventa e nove por cento é mulheres. Já pensasse nisso? Noventa e nove por cento é mulheres. Menina, mulher é forte mesmo, viu? Tem jeito não pra ela não.

Recife, setembro de 2021.

Referências

Morim, Júlia. **Museu da Parteira**: Que museu é esse?. No de folhas 36 – Curso de Pós-Graduação Lato Sensu em Museus, Identidades e Comunidades. Escola de Inovação e Políticas Públicas – FUNDAJ. Recife, 2020.

Müller, Elaine; Menezes Neto, Hugo; Morim, Júlia; Silva, Marina Maria Teixeira da. A patrimonialização do ofício de parteira tradicional como reparação social. In: Soares, Inês Virgínia P; Campos, Yussef D. S; Lanari, Raul A. **O. Patrimônio imaterial e políticas públicas no Brasil.** Belo Horizonte: Letramento, 2021.

Müller, Elaine; Morim de Melo, Júlia. Parteiras tradicionais e políticas culturais: reconhecimento, hierarquia de saberes e desconstruções pertinentes. In: Teixeira, Luis Antonio et. al. (org.) **Medicalização do parto**: saberes e práticas. São Paulo: Hucitec Editora, 2021.

Müller, Elaine. Simbiose de saberes: a parteira Maria dos Prazeres de Souza. In: Morim, Júlia. **Mães de Umbigo**. Recife: Bebinho Salgado, 2017.

Simbiose. Direção de Júlia Morim. Recife, 2017, Curta-metragem (20 min.). Disponível em: https://vimeo.com/227449734. Acesso em 30 out. 2020.

Para conhecer mais a Dona Prazeres e o saber das Parteiras, acesse o QRCode:

27.
BALLET DE CEGOS: A DANÇA COMO EMPODERAMENTO

Entrevista com Fernanda Bianchini Saad,
por Therezinha Astolphi Cazerta
Victória Dandara Toth Rossi Amorim

A arte tem uma força transformadora na vida das pessoas, possibilitando-nos o contato mais profundo com o abstrato e com a nossa essência. É através da arte que conseguimos atingir nossas potencialidades e conhecer a nós mesmos e ao mundo. É exatamente nesse sentido que o projeto "Ballet de Cegos", fundado e construído por Fernanda Bianchini, atua com tamanha potência revolucionária e empoderadora.

Com uma energia empática contagiante e uma inovadora metodologia de ensino da dança clássica para pessoas que não enxergam, Fernanda nos dá importantes lições sobre como usar seu lugar de fala de apoiadora da luta das pessoas com deficiência para empoderá-las através da arte e do ballet, resgatando sua autoestima e fomentando uma inclusão efetiva.

Muito o "Ballet de Cegos" já conquistou nesses 26 anos, desde apresentações em palcos prestigiados, inclusive internacionais, até a criação de uma fundação própria e a disseminação do método para o país e o mundo. E todas essas conquistas são fruto de um trabalho extremamente empático, diligente e vigoroso realizado por Fernanda, que busca não somente trazer as pessoas com deficiência para a sala de jantar, mas sim colocá-las à mesa e ouvi-las, num genuíno fomento à diversidade e à equidade.

Nesta entrevista, ela fala sobre o sonho que se materializou na transformação das vidas de milhares de alunos, e da sua própria vida, e revela como a sociedade pode abraçar as pessoas com deficiência.

O início

O que parecia impossível – pessoas com deficiência visual aprenderem balé clássico – sequer fora cogitado pela jovem bailarina que nunca havia dado aula.

Como surgiu a ideia do Ballet de Cegos e você se inseriu nesse projeto?

A minha família sempre valorizou o trabalho voluntário como parte da formação dos filhos. Eu e meus irmãos sempre participamos de projetos sociais. Quando eu tinha 15 anos de idade, meus pais faziam um trabalho voluntário intenso no Instituto de Cegos Padre Chico. As crianças viviam em internato, lá moravam e estudavam de segunda a sexta e iam para casa no final de semana. Um dia eu fui fazer uma visita após minha aula de balé e uma das freiras me falou: "Você tem uma postura tão bonita! Você não quer vir ensinar balé para as crianças cegas do Instituto? Elas têm uma postura muito arqueada, parece que elas têm medo". É uma postura de pessoas inseguras. Aí eu falei: "Eu nunca dei aula na minha vida, nunca fui professora, nem sei se eu sei dar aula de balé para alguém que não tenha deficiência, imagina para quem tem!". Achei muito desafiador, porque eu era muito nova. Só que meus pais falaram as palavras mais sábias: "Filha, nunca fale "não" para um desafio. São sempre desses desafios que vão partir os maiores ensinamentos da vida, e você pode ter certeza que um dia você vai entender o porquê desse convite". E eu estou há 26 anos realizando esse trabalho voluntário. Como ser humano, foi o trabalho que mais me enriqueceu.

Os desafios

As dificuldades eram muitas e os obstáculos inimagináveis naquele mundo desconhecido e cheio de surpresas.

Como foi o seu primeiro dia de professora?

Eu aceitei o desafio sem saber ao certo como fazer. No começo eu nem ensinei balé, ensinei o que o corpo era capaz de fazer no espaço. Quando cheguei, eu realmente imaginava que elas iam estar de sapatilhas, meia calça, que iam estar prontas de bailarinas, e eu fui toda arrumada. Mas elas só fizeram 3 perguntas: "Quem é você? Cadê você? O que é balé?". Então, tudo aquilo que eu tinha preparado para a primeira aula, foi totalmente diferente. Elas queriam me sentir, me tocar, saber como era a roupa de balé, o que era *ballet,* e eu quis saber o que elas entendiam do balé. Foi um contexto totalmente diferente daquele que se tem quando criança e se entra numa sala de balé. Então foi sendo desenvolvida uma metodologia através do toque, da percepção corporal, aproveitando a experiência delas com a deficiência visual e a minha, como bailarina.

Foi desenvolvido um método de ensino específico para pessoas com deficiência?

A nossa história foi construída através das experiências, porque não tínhamos bailarinas cegas, não tínhamos um método específico. Teve a Alicia Alonso, que foi uma grande bailarina, mas ela aprendeu balé clássico enxergando e, quando ficou cega, continuou o que já sabia, mas sempre com um *partner* vidente como guia. É diferente começar do zero, sem nunca ter enxergado. A nossa história é única no mundo. Foram muitos desafios, várias coisas que deram errado no meio do caminho até desenvolvermos o método Fernanda Bianchini.

Várias pessoas falavam: "Balé clássico para cego? Essa menina é louca, ela nunca vai conseguir". Eu ouvi muitos nãos. Mas eu sempre fui aquela pessoa que não acreditava no "não", mas pensava: "ainda não". Sempre fui muito sonhadora, sempre acreditei que as coisas poderiam dar certo. Eu fui aquela menina que acreditou no Papai Noel até os 14 anos de idade. Então, quando eu comecei a dar aula para aquelas meninas eu falava:

"Eu vou fazer o meu melhor", mas nunca com a pretensão de que elas se tornassem bailarinas profissionais, que elas dançassem pelo Brasil e pelo mundo afora. Eu queria fazer o meu melhor para dar oportunidade para pessoas que nunca tiveram nenhuma, que ouviram falar de balé, mas era algo muito distante da vida de todas elas.

Em cada momento, a cada apresentação, em cada figurino eu tive muito apoio de uma das religiosas do Instituto Padre Chico, a irmã Terezinha. Ela passava madrugadas fazendo os figurinos que eu desenhava. As meninas não tinham meia calça, ela que ia lá comprar. Ela foi uma grande incentivadora e, depois que o balé começou a crescer, todas as irmãs viram o balé como uma superpotência.

A dança como instrumento de empoderamento

É notável o que Fernanda relata a respeito dos efeitos da dança na vida de suas alunas. É a partir do ballet clássico que essas meninas têm resgatada a sua autoestima, até mesmo com alteração em sua postura corporal: tornam-se mais altivas, colocam-se de forma mais firme. O balé lhes dá um instrumento para sonhar.

Você percebeu transformações nas alunas?

No início, elas pareciam bonequinhas de porcelana que iam quebrar, não tinham a força e a audácia que hoje elas têm. Eu acredito que a nossa história foi muito mais do que um balé para essas meninas, ela trouxe um empoderamento, um acreditar em si. Elas falavam para mim: "nossa, eu acho que nem meus pais acreditam em mim como você".

Aí essas meninas começaram a se desenvolver, a melhorar a postura e o equilíbrio, elas começaram a virar bailarinas clássicas de verdade: bonitas, elegantes, com uma postura diferente das outras crianças do Instituto. Elas se destacaram porque a postura empodera, a gente sabe disso. Uma pessoa com a postura muito para baixo se fecha para o mundo. É muito comum a pessoa com deficiência visual ter essa postura, mas o balé clássico exige o alongamento postural, assim como a dança, a arte, o judô, o canto. Todo mundo tem que ter uma melhor postura para se apresentar num palco. Elas se destacaram muito e foram se empoderando. Cada vez que recebiam um elogio, que acertavam um passo, que era proposto um desafio e elas conquistavam, elas iam ganhando autoestima. Foi pouco a pouco.

Tinha uma menina que sempre sonhou ser bailarina. Ela ficou cega com 9 anos e não tinha oportunidades, porque morava no sertão do Pernambuco e lá só chegava forró. Quando ela veio para São Paulo, já com a deficiência, acreditava que as oportunidades aqui seriam ainda menores. Mas entrou no *ballet* e se desenvolveu demais, formando-se professora, e hoje dá aulas de balé.

Você acredita que essa postura arqueada decorre da dificuldade física?

A literatura científica indica que a pessoa com deficiência não tem estímulo para olhar para o horizonte pelo fato de não estar enxergando nada. Então ela acaba arqueando, isso é muito comum. O corpo, quando bem desenvolvido, seja numa aula de educação física ou numa aula de pilates, ele se mostra diferente para o mundo. Eu acho que tem muito a ver com a coordenação motora, com a coordenação espacial.

Nas aulas de balé, elas tiveram que deixar a bengala, que dava segurança, e aprender a andar, a dançar, a confiar no outro, num espaço desconhecido até então. Hoje, nas aulas on-line, as alunas só ligam a câmera quando sentem que estão bonitas. Elas elevaram a sua autoestima, e acho que isso ocorreu a partir dos desenvolvimentos corporais. Muitas mães agora procuram o balé para melhora da postura e da autoestima das crianças com deficiência, porque elas ainda sofrem muito *bullying*.

Na sua opinião, essa postura curvada também está ligada à autoestima e confiança, à posição diante das pessoas e da vida?

Sim, e à falta de estímulos também. Tem os dois lados: a falta de estímulos e a falta de autoestima. E também da forma como essa pessoa se vê no mundo, talvez um pouco inferiorizada.

Há 26 anos atrás, o preconceito ainda era muito maior. As pessoas com deficiência frequentavam escolas hoje vistas como de segregação, onde eram todas iguais, somente conviviam com cegos, nem pessoas com baixa visão. Então, não havia o trabalho de inclusão que é feito atualmente.

Naquela época eu via muitos grupinhos: o grupo do balé, o grupo do coral, o grupo da banda. Eles não se juntavam. Até porque, no Padre

Chico, eram separados os meninos, das meninas. Eu comecei a entender um pouco do preconceito porque, numa ocasião, eu queria levar um amigo maravilhoso para montar uma coreografia, mas não deixaram porque ele era homem e não podia entrar no pátio das meninas. Depois, eu queria que elas começassem a dançar o *pas de deux,* mas não podia, menino com menina. Então eu tive que quebrar algumas barreiras até que as irmãs foram aceitando mas, os primeiros ensaios, elas tinham que assistir todos.

Você vê o balé, e não só o balé, a arte em geral, como instrumento de empoderamento para pessoas com deficiência, e também para as vulneráveis e marginalizadas?

A arte transforma muitas coisas porque a pessoa recebe voz, vez e lugar para fazer aquilo em que acredita. Muitas pessoas com deficiência não estão desenvolvendo o seu melhor porque não estão fazendo aquilo que amam fazer. Na associação, eu vejo as pessoas atuando, dançando, cantando. Elas estão fazendo o que amam fazer e se desenvolveram para isso. Meu sonho é que essas meninas e esses meninos possam ter isso como uma profissão.

Agora, a gente está desenvolvendo, junto à Secretaria da Pessoa com Deficiência, os Trovadores da Alegria, que vai ter o título de Serenata Carinhosa. As pessoas com deficiência vão fazer um itinerário nas escolas públicas, nos asilos e nas escolas particulares. Nós queremos que essas crianças cheguem como artistas, nessas escolas. As crianças que aplaudirem a serenata vão, a partir daí, receber os alunos com deficiência com um novo olhar. É nisso que eu acredito: na arte transformadora do meu olhar, do seu olhar, do olhar do próximo. E junto, as oportunidades que as crianças vão receber. Todos os alunos estão passando por uma seleção e os melhores estarão se apresentando.

Esse o meu sonho: que a arte possa verdadeiramente incluir na sociedade. E eu quero que eles sejam o destaque. Eu tenho certeza que, quando essas crianças acabam de ver um grupo de bailarinas cegas dançando, elas chegam em casa e falam: "nossa, é possível uma pessoa cega ir além daquilo que eu imaginava". Fazer com que o outro reflita é fazer com que o outro acredite nessa responsabilidade social também, que depende de todos nós. A criança não nasce com preconceito, o preconceito é embutido pelo adulto, na criança. Aquele que não tem preconceito pode mudar aquele que tem, mas mudar na essência. Através desses exemplos e dos programas de voluntariado infantil que desenvolvemos, espero que essas crianças mudem a cabeça dos pais.

Os meus filhos cresceram sem preconceito. Ajudando a empurrar cadeiras de rodas, eles entram no palco em que não são destaque, mas sim aquela pessoa sentada na cadeira de rodas que eles estão empurrando. É preciso ver a pessoa com deficiência como uma pessoa capaz de fazer qualquer coisa que os demais conseguem, mas que precisa de auxílio em algumas dificuldades que ela tem, mas não como uma caridade por alguém incapaz, e sim porque essa pessoa pode chegar muito longe se contar com uma ajuda. Afinal, limitação todos nós temos.

Qual foi o caminho escolhido para superar as barreiras que você encontrou na implantação do projeto?

Foi fundada a Associação Fernanda Bianchini, depois de um tempo, com objetivos mais amplos, porque tinha coisas que eu queria fazer, mas não era possível no Padre Chico. Eu queria introduzir aulas de teatro, colocar meninos para dançar, mas não podia. O balé ficou pequeno, tinha gente de fora do Padre Chico, por exemplo, alunos do Dorina Nowill e do Laramara, que queriam fazer balé comigo e não podiam. Então eu continuei dando aula no Padre Chico, porque alguns alunos moravam lá e era difícil para as mães levarem até a associação. E montei a associação para poder dar aula para outros alunos, mas o *ballet* no Padre Chico continua até hoje e é a Geysa, minha primeira aluna com deficiência visual, aquela que veio de Pernambuco, que dá aula lá, e eu só supervisiono.

Você já mostrou a importância do *ballet* para essas meninas e meninos. E para você, qual é a importância e o lugar desse trabalho na sua vida?

Foi o maior aprendizado da minha vida, em todos os sentidos, o trabalho voluntário que mais me enriqueceu como ser humano. Eu sou uma outra Fernanda. Eu, muito mais aprendi do que ensinei, justamente isso de me colocar no lugar do outro. Eu ouvi muitos nãos: "não vai dar certo". E hoje eu sei que o nosso trabalho repercute no mundo inteiro. Muitas primeiras bailarinas do mundo não têm esse legado para deixar. O *ballet* clássico me pôs no palco, recebi muitos aplausos, mas eu formei alguém, eu ensinei alguma coisa. Mesmo não sendo uma boa bailarina, eu formei boas bailarinas, mesmo eu não sendo a melhor, mesmo ouvindo tantos nãos, eu consegui tornar esses nãos, positivos.

A minha história também foi uma história de superação, por fazer com que as pessoas acreditassem e por levar um novo olhar de inclusão. Na época que eu comecei, qualquer coisa que se fazia com a pessoa com deficiência já estava bom, não precisava ter excelência. Eu não, eu queria brilho, coroa, figurinos lindos, eu ia atrás de dinheiro para conquistar tudo. Na hora que as meninas entravam no palco, pareciam uns furacões e sempre eram aplaudidas pela bela arte, nunca pela deficiência.

Eu sempre quis ir além, inclusive na formação profissional: tenho duas pós-graduações *lato sensu*, um mestrado e diversas especializações. Isso porque, chegava um paciente com problema cervical, eu fazia uma pós em cervical; chegavam com um problema na lombar, eu também queria ter a formação na lombar. Até hoje, eu quero sempre mais e eu acho que posso mais, tudo é sempre muito desafiador para mim. E eu passava isso para as minhas alunas, que um não do amiguinho não seja "o" problema da vida, que deixem que o problema da sua vida seja um problema de verdade. Para resumir, eu acho que eu sou uma mulher muito forte. E que esses desafios são bons porque, se fosse tudo tão tranquilo e os caminhos abertos, talvez a gente não valorizasse tanto cada conquista.

Alguma história marcou especialmente essa experiência de tantos anos? Algum aluno ou aluna que até hoje faz você se emocionar?

Uma vez, a gente foi dançar no CEU (Centro Educacional Unificado) Aricanduva, numa campanha para levar arte para crianças carentes. Era o *ballet* "A Casa de Bonecas" e eu dançava com um tutu azul e dourado, junto com as meninas. Eu achei que ia falar para crianças de 13 e 14 anos. Quando entrei no palco, vi que eram crianças de 3 a 4 anos (as perninhas ficavam batendo soltas, nem tocavam o chão) e eu não estava preparada, não sabia o que falar para elas. Quando terminou, eu disse: "Quem quer fazer perguntas?". E aí uma menina falou: "Eu queria te agradecer porque eu pedi você para o Papai Noel". "Como assim"?. "É, eu pedi a Barbie bailarina". Naquela ocasião, a boneca Barbie bailarina tinha um tutu azul da cor do meu. "Só que minha mãe falou que o Papai Noel não ia poder trazer para mim. E ele trouxe você de verdade". Eu fui o sonho de Natal dessa menina e eu nunca vou esquecer. Olha a sabedoria dessa criança de 3 anos de idade, que refletiu em mim aquele sonho que ela sabia que não seria possível! Mas aquela menina sonhou, acreditou e conquistou, da forma como ela podia conquistar. Eu a abracei muito e falei: "O que você quer fazer com a sua boneca agora? Finge que eu sou sua boneca e você vai me pôr para dançar", e ela dava corda em mim. Ela ficou meia hora brincando comigo, como boneca. Aí eu cheguei em casa e falei: "Pai, eu preciso comprar essa boneca para mandar para essa menina". E ele falou: "Não estrague o sonho da menina, o sonho dela aconteceu de verdade". Essa história para mim tem o significado de que a única coisa que ninguém pode tirar da gente é o direito de sonhar. E, como o sonho vai ser concretizado, pouco importa.

E agora, o outro extremo: um caso desafiador ou uma situação difícil ao longo dessa jornada.

Foi quando uma aluna caiu do palco e, principalmente, quando eu percebi que ela caiu por minha culpa. Eu era muito nova ainda, tinha 17 anos, e a gente estava no teatro do Colégio Arquidiocesano de São Paulo. Era um palco bem alto e ela virou de lado. Eu estava na coxia e falei: "Vem para trás, para trás!" Só que, atrás dela, estava a plateia. Eu nunca imaginei que ela cairia, mas ela foi para trás e caiu. Por sorte, um espectador a segurou antes dela cair no chão. Ela falou: "Me coloca do lado direito do palco que eu vou voltar a dançar", e ela voltou! Foi um banho de superação. Depois eu fui buscar na ciência o que eu havia feito de errado. Eu teria que ter falado "gira o corpo para a direita", para depois chamá-la para trás, porque o meu referencial de vidente era totalmente diferente do referencial dela.

Essa passagem ficou como um grande aprendizado para todos, e também para mim. E é um dos capítulos do meu método, que eu levo para todo mundo porque eu não quero que ninguém nunca mais erre como eu errei. Essa foi a maior angústia que eu tive, porque eu vi que foi um erro meu, por não saber e por não ter experiência na deficiência visual.

É bastante simbólico esse relato de Fernanda sobre a aluna que caiu do palco em decorrência da falha de comunicação na orientação dada. Dois pontos nos transmitem importantes lições desse episódio: primeiro, a necessidade de Fernanda perceber que, estando ela, professora, e sua aluna, a dançarina, em posições diferentes no

espaço, deveria haver um exercício de empatia para que a comunicação acontecesse. A precisão do comando dependia de se colocar no lugar da menina para que a orientação adequada fosse transmitida. Segundo, a força e a coragem da jovem para se levantar e seguir dançando. Essa postura, de não desistir da apresentação, tem uma simbologia muito potente, demonstrando a importância da dança em sua vida e o empoderamento que o balé proporciona. É a dança que resgata sua força interior e lhe permite ser quem ela deseja, a dançarina que cai, mas levanta e segue.

Lugar de fala e preconceitos

Hoje em dia, muito se invoca o dito "lugar de fala". A expressão foi tirada do senso comum, com maestria, pela pensadora e filósofa Djamila Ribeiro, que o conceitua não como um bloqueio ou crivo sobre quais grupos sociais podem ou não falar sobre determinados temas, mas sim como uma análise sobre o lugar social dos interlocutores discursivos, o que implica em diferentes perspectivas e experiências. Em suas palavras: "O lugar social não determina uma consciência discursiva sobre esse lugar. Porém, o lugar que ocupamos socialmente nos faz ter experiências distintas e outras perspectivas".

Sob o prisma do "lugar de fala" é interessante analisarmos as contribuições de Fernanda Bianchini para a luta e o empoderamento das pessoas com deficiência visual e de outras naturezas. A partir do ballet e da arte, Fernanda utiliza de seu espaço de pessoa sem deficiência para construir metodologias de ensino de dança inovadoras e que mudam vidas de crianças e jovens cegas pelo mundo, dando voz à sua luta e espaço para que construam e ecoem suas próprias histórias.

A propósito dessa falta de vivência própria, sendo vidente, qual é o seu lugar na luta das pessoas com deficiência, considerando a perspectiva do "lugar de fala" e a importância do protagonismo?

Nunca olhei para uma pessoa com deficiência visual com dó nem piedade, eu sempre vi como potencial: "eu vim para ensinar balé e eu vou ensinar balé, vou fazer o meu melhor". Chega uma criança com deficiência auditiva: "vou aprender libras para me comunicar com ela". Sempre vi e respeitei o ser humano como ser humano que é. Isso faz toda a diferença porque o preconceito vem de pessoas que não sabem respeitar, acham o outro inferior. Mas é o contrário, você é muito aquém quando você não respeita o outro, você que é inferior.

Quantas dessas meninas ouviram dos pais delas (que também ouviram de outrem): "ai meu Deus, o que vai ser dessa criança quando crescer?". Mas eu sempre enxerguei o potencial do outro, para ser além de mim. E foi o que aconteceu: essas meninas atingiram um nível muito elevado. Eu fui procurar profissionais melhores do que eu, no Teatro Municipal de São Paulo, para que elas voassem além da Fernanda. E quando você vê o outro voando além de você, você não precisa parar de voar, você pode continuar voando junto. Tem gente que tem medo de acender a luz do outro porque acha que a sua vai apagar. Eu não, quando acendo a sua luz, a minha chama fica mais forte!

A gente vai contratar uma secretária. Tem três que são pessoas com deficiência, "certeza que a Fernanda vai contratar". Não! Eu vou contratar a que tiver mais preparada e mais pronta para esse papel, não pela característica da pessoa. As minhas alunas não chegaram onde chegaram porque as pessoas passaram a mão na cabeça, mas sim porque foram desafiadas. Isso foi importante para o empoderamento delas. Eu me considero uma pessoa íntegra e ajudei a formar pessoas íntegras ao meu redor.

Uma inclusão não reducionista e limitadora

Atualmente, há um forte debate sobre discriminação e preconceito social em relação às pessoas com deficiência. Luta-se contra o capacitismo e em prol da inclusão não reducionista. Um olhar empático recusa distinguir o outro em razão de sua condição física ou mental e rechaça falas, atitudes, rótulos ou piadas que naturalizem ideias de inferioridade, incapacidade e fragilidade. Busca a inserção que não desvalorize a pessoa e não reforce práticas excludentes e segregacionistas.

Fernanda sempre atuou nessa linha. No início dos trabalhos, deparou-se com repetidas negativas de inscrição do Ballet de Cegos nos festivais. Passou, então, a adotar o nome Associação Fernanda Bianchini e a omitir a deficiência visual dos bailarinos para, enfim, vê-los admitidos a participar e, ovacionados, serem aplaudidos de pé pela plateia, não em razão da deficiência, mas da bela arte apresentada.

Poderia nos dar outros exemplos dessa forma de inclusão?

O maior deficiente da sociedade é aquele que não promove inclusão, não aquela pessoa com deficiência que faz de tudo para vencer suas limitações.

Um aluno fala para mim: "Quero dançar fora da cadeira, eu quero descer, quero girar". Eu digo: "Vamos ver como está sua condição física, seus músculos, sua coluna, vamos conversar com o médico para saber o que é possível ou não, vamos trabalhar na fisioterapia até você alcançar o que você quer." Outro aluno: "Eu quero voar". E eu: "Está bem, então vamos fazer aula de dança aérea e ver se você consegue se adaptar ao equipamento, se você não tem medo de fazer aquilo". E outra: "Eu quero ser atriz". Eu respondo: "Então vamos começar a fazer aula de teatro. Vamos ver o que você precisa para conquistar aquilo que você almeja". Vai ser atriz aquela que estiver pronta para ser. "Na próxima apresentação internacional eu quero ir, pois meu sonho é andar de avião". "Se seu sonho é andar de avião, trabalha, batalha, compra uma passagem e vai voar para qualquer lugar. Agora, para dançar você tem que se preparar". Quando eles chegam com um desafio, eu venho com mais alguns em cima daquele, e eu acho que é por isso que eles saem de lá fortes. É uma forma de dizer que não é porque tem deficiência, que vai ter o seu lugar garantido.

Uma menina ia se formar no ano passado, na pandemia, e ela falou: "Não! Eu não batalhei tanto para me formar online, com 10 anos de balé, eu vou me formar presencialmente, na minha melhor performance dos últimos 10 anos". E provavelmente ela vai, porque ela acredita nisso. Ela veio com uma garra, porque já tinha enfrentado muitas dificuldades. "Realmente, tudo o que você precisa está aí dentro, vamos buscar aquilo que você ainda não conquistou". Ela fez aula de oratória e de teatro só para fazer o discurso da formatura. Poderia pegar o papel e ler, mas não, ela vai fazer uma encenação no discurso de formatura.

Tem gente que vai além. É aquilo: "tem um jeito de fazer e tem um jeito, além, de fazer!"

Qual a melhor maneira de sensibilizar as pessoas para mudarem atitudes reducionistas e capacitistas?

O que faz a verdadeira inclusão acontecer é a boa vontade de dar oportunidades iguais.

Mas ainda tem acontecido muita discriminação, *bullying* e capacitismo. Nas Paralimpíadas, por exemplo: "nossa, eles ganharam mais medalhas do que os olímpicos!"; " olha o que eles são capazes de fazer!". Esse tipo de discurso ainda me incomoda, mas eu não coloco o dedo na cara, sempre conquistei o nosso espaço com inclusão verdadeira, com respeito e carinho. Eu nunca fui de pegar o microfone e sair gritando. Eu sempre fui com uma fala amorosa e minhas alunas e meus alunos têm esse lugar de fala. Toda palestra minha tem um depoimento deles, tudo o que eu vou fazer eu trago a voz ativa deles como protagonistas das suas histórias. Várias pessoas se dirigem a mim, como interlocutora, para falar com elas e eu digo: "Pode perguntar para ela diretamente, ela está te ouvindo, ela só não está te vendo; inclusive, se você puder fazer a sua audiodescrição, falar como você é para que ela possa te ver, ou permitir que ela te toque, seria lindo esse encontro e essa conexão". Quando a gente foi no Criança Esperança, os artistas passavam e faziam tchau. Eu falava: "Infelizmente, com esse tchau, elas não vão saber quem você é e nem o que é esse tchau; se você não falar, se não chegar perto dela, não tocar, se ela não sentir seu cheiro, ela não vai saber que você está aí". Então, sempre foi com esse olhar.

Mas eu também sempre estudei muito, me baseei na ciência para buscar as respostas. Por exemplo, as pessoas falam que o cego escuta melhor, mas não é verdade. Ele presta mais atenção porque não tem todos os recursos, então os outros vão ser mais aguçados, mas não é que a audição dele seja melhor. Se vocês fecharem os olhos para me ouvir, talvez vocês sintam outra coisa na minha fala porque, quando vocês estão me vendo, observam os movimentos, onde coloco a mão, e o que eu estou falando talvez se perca um pouco no caminho. Nas palestras, eu tenho trazido muito isso também. Eu faço as pessoas se colocarem no lugar do outro, fecharem os olhos, entenderem o que é isso, dançarem. No final, é todo mundo dançando de olhos vendados. Eu acredito que só quando você se coloca no lugar do outro, você entende e respeita.

O ballet no futuro

A Associação Bianchini cresceu exponencialmente ao longo dos anos, passando a atuar em diversas áreas, diversificando as modalidades de cursos e ações assistenciais oferecidas a um público cada

vez maior, entre alunos e familiares. Fernanda, que não para nunca, quer levar seus alunos sempre além.

Você pode nos dar um panorama da associação na atualidade: quais projetos desenvolve e atividades oferece? E quais os planos para o futuro? Para onde aponta o horizonte?

A gente está olhando para o futuro e quer deixar uma associação forte. Então, hoje, ela passa por um sistema de gestão e de governança muito incrível, através de uma empresa que atua *pro bono* para deixar uma associação de excelência para o país. O objetivo é fazer com que tudo isso se perpetue além da Fernanda pois, do jeito que estava há uns dois anos, a associação provavelmente morreria comigo. Meu marido e meus filhos poderiam manter por um tempo, porém, acabaria ali. Mas, hoje, a gente está subindo um prédio de cinco andares para atender mais de mil alunos. Já estamos em mais cinco países e oito capitais de estados brasileiros, levando a metodologia Fernanda Bianchini para outros lugares, para receber com excelência as pessoas com deficiência.

Era um grande sonho também abrir para pessoas com outras limitações. Pois, hoje, temos crianças carentes e estamos formando vários grupos de teatro infantil, de teatro juvenil, de música infantil e juvenil, de dança sobre rodas, de dança com portadores de síndrome de *down,* de dança de salão para idosos. São vários leques abertos, como, por exemplo, empreendedorismo para os pais poderem ter um acesso melhor, uma renda a mais para as suas famílias.

A sede nova vai ter um teatro, que a gente quer abrir para o público, para levar a arte para as pessoas que não têm. Além de arte e cultura, vai ter também saúde e educação. Uma sala com pedagogos para tirar as dúvidas que as crianças trazem da escola. Eles vão poder chegar uma hora antes da sua aula de dança e ir para a sala de reforço. E vai ter uma equipe multidisciplinar com terapeutas, fonoaudiólogos, psicólogos, teólogos. Então, a gente está entrando nesse nicho de saúde também, 100% gratuito. Isso veio depois da pandemia, eu vi que as desigualdades são muito maiores do que eu imaginava.

São tantos sonhos, ainda, mas o maior objetivo é, quem sabe, daqui a cem anos as pessoas falarem: "olha a pessoa com deficiência, ela pode chegar onde ela chegou!". E a associação Fernanda Bianchini foi um legado para que nunca deixem de acreditar na vida. Se um dia associação acabar, fica um prédio. Um prédio que, mesmo vários familiares e amigos ajudando, é uma obra para o outro, não é nosso, é um imóvel para que a arte seja para todas as pessoas que não têm oportunidades. Então, meu sonho é que seja realmente um centro de convivência essencial na cidade de São Paulo, e hoje a associação já é considerada assim.

A associação estende a assistência aos familiares dos alunos, envolvendo-os em suas atividades e trabalhando para que eles tenham melhores condições de vida. Como isso ocorre?

Enquanto esperam os filhos, os pais também são cuidados através de aulas de fisioterapia e pilates, que talvez seja caro para eles fazerem numa outra academia, então eles têm isso gratuitamente na associação. E também os cursos de empreendedorismo: hoje, tem mães fazendo bijuterias e tendo uma renda a mais. E, para 2022, a gente vai ter o curso de bijuteria e também um curso de empreendedorismo em salgados e doces. A gente ensina tudo, desde a embalagem, o nome da empresa, abrir MEI para dar nota fiscal, todo o processo através do SEBRAE, que é um grande parceiro da associação. Hoje a gente tem também alguns professores recebendo cursos de audiodescrição, intérpretes de Libras, então a gente especializa muito a equipe, também.

Eu acredito que a educação é a base para que a gente resolva todos os problemas e conflitos que o nosso país e o nosso mundo enfrentam. Já patrocinamos formação universitária para várias pessoas, inclusive, agora, estamos dando curso de formação completa de ioga para uma aluna que eu imagino, no futuro, vai ser uma professora dentro da associação. A associação já formou profissionalmente pessoas com deficiência para atuarem na própria instituição, dentro das capacitações que receberam ali. Hoje temos professoras de *ballet* com deficiência visual dando aula na associação e também um professor de teatro que é deficiente auditivo. O Gabriel, a Geysa, a Verônica e a Cíntia são deficientes visuais, o Arthur é deficiente auditivo e a Marcela é professora de piano e deficiente visual.

A gente verdadeiramente dá oportunidades: de dezoito professores, oito têm deficiência visual. E também já formamos pessoas, com bolsas de estudos, que estão fora da instituição trabalhando em outros lugares, que buscaram particularmente os seus caminhos, por exemplo, através de concursos públicos. E acho incrível vê-las assim se desenvolvendo além, e acredito que a associação teve um papel relevante na formação e no empoderamento delas, transformando vidas, para conquistarem esses passos.

Quantas pessoas já passaram pela instituição e foram beneficiadas com cursos e formação? E quantos alunos vocês têm hoje?

Mais de 3.000 alunos, no total. Hoje a gente está com 420 alunos, de três anos até a terceira idade, sendo que mais de 120 alunos iniciaram na pandemia, pelo formato on-line. São alunos que nunca nos tocaram, nunca nos viram, mas estão fazendo nossas aulas pelo Brasil e pelo mundo afora. A gente está montando um núcleo em Campinas bem forte, lá vamos dar oportunidade para quatro novas professoras de balé, que estão fazendo toda a formação comigo. Tem muitos campos se abrindo assim.

O custo da arte

Fernanda se empenha incessantemente para garantir a continuidade das atividades da associação, lançando a semente para que as futuras gerações estejam mais preparadas para levar adiante o seu trabalho, de modo que a obra não se acabe com ela. São raras as pessoas que se doam de tal forma. E os recursos financeiros, necessários em grande quantidade mas sempre limitados em nosso país, mais se tornaram escassos no período de crise sanitária, provocada pela pandemia da COVID-19 (2020/2021).

Em razão da pandemia e da retração econômica, a associação enfrentou dificuldades para a obtenção de recursos financeiros?

Essa é uma das coisas que eu só tenho a agradecer. Desde que começou a pandemia, os nossos alunos ficaram em casa, fazendo as aulas on-line, e conseguimos manter 94 pessoas, entre alunos, professores e colaboradores, recebendo ajuda de custo, o ano inteiro. E ainda conseguimos dar cestas básicas praticamente todos os meses.

As empresas me procuraram para patrocinar porque algumas verbas da Lei Rouanet não estavam sendo destinadas e sobraram. Então, em 2021, pela primeira vez, eu consegui captar 88%, quase a totalidade do projeto, coisa que nunca havia acontecido, pois sempre captava 30%, 40%. E sem muito esforço, porque a associação foi vista como uma

ONG modelo, sem nenhum tipo de desvio ou irregularidade. Na pandemia, eu vendi 280 tijolos para a obra, na "campanha dos tijolinhos", em que o nome do doador será inscrito na parede principal da associação. No entanto, em 2022, o cenário ficou muito difícil, sem doações das empresas e com pouca adesão à "campanha dos tijolos".

Uma pergunta, então, para resumir e concluir: o que a Fernanda ganha com isso tudo?

Ainda mais amor. Amor dado é amor recebido. O que me invade aqui dentro é esse amor que eu recebi a vida inteira, desde o ventre da minha mãe, e quero espalhar porque o mundo precisa de mais amor.

A arte da doação

Ao final desta conversa, percebemos que Fernanda Bianchini ensina mais que balé e arte; ela ensina o amor ao próximo como mola propulsora de uma grande obra de doação de afeto, de tempo, de conhecimento e de trabalho, buscando fazer do mundo um lugar melhor para todos. Ela mostra que a inclusão verdadeira, sem preconceitos e sem discriminação, transforma a vida das pessoas com deficiência, dando-lhes respeito, dignidade e autonomia. E pode transformar a vida de todos, evocando-os a darem o melhor de si, reconhecendo-se iguais em direitos e oportunidades.

Para saber mais sobre o Balé de Cegos, acesse:

28.
O MOSAICO DA VIDA PELO OLHAR DA ARTISTA E ATIVISTA POLÍTICA

Entrevista com Preta Ferreira,
por Cecilia Mello

> Eu sou aquilo que você queria ser/ Eu sou princesa de angola/ Filha de rei e rainha/ Não nasci pra lhe servir/ O meu reino não é aqui/ Pelos seus olhos somos vistos símbolo sexual/ A minha boca, meu cabelo, herança maternal/ Não vem se apropriar disso também/ 130 anos e nada mudou/ E com 94 morreu meu avô/ Quando me sangram é pela minha cor/ É a carne mais barata que você deseja/ É a minha carne que você deseja/ Misturar indígena e quilombola/Como um passarinho preso na gaiola/ Deixe-me ir quero ir embora/ Tire suas mãos de mim agora. (Preta Ferreira, 2019)

Entrevistar Preta Ferreira é entrevistar várias mulheres em uma só; é enxergar o mosaico da vida por um único olhar. Registrada com o nome de

Janice Ferreira, a Preta é multiartista, comunicadora inata e de formação. É a mais velha de oito irmãos. Baiana, veio para São Paulo na adolescência, para reencontrar sua mãe, Carmem, que chegara na cidade cinco anos antes. Começou a trabalhar cedo, para ajudar na complementação da renda familiar. Formou-se em publicidade e consolidou sua carreira na produção cultural. Sempre lembra que é uma liderança política que, em 2019, foi presa injustamente por defender os direitos humanos.

Arte e música

Preta, eu gostaria muito que você me contasse um pouco sobre a sua vida, mas a partir de uma visão da influência da sua arte. Onde a Preta nasce, quando e como a arte entra na sua vida...

Eu tive uma infância muita boa né, na Bahia, até um certo tempo. Eu vivi com a minha mãe até os 10 anos, depois ela veio de Salvador para São Paulo, ela veio fugida de violência doméstica do meu pai e deixou a gente lá. E aí, depois de 5 anos a gente se reencontrou. A arte na minha vida, ela sempre existiu, sempre fui artista, quando eu era criança eu cantava para as flores. Eu sempre gostei de cantar, eu sempre gostei de inventar, inventar música. Até chegar em São Paulo, e conhecer o *Movimento dos Sem Moradia*[1], eu não tinha conhecimento do que era arte, para ser artista mesmo. Foi no movimento que comecei a trabalhar com a arte. Tática de sobrevivência também, eu digo que usei a arte para sobreviver. Muito para fugir das mazelas do preconceito. Eu comecei na arte justamente por isso.

E você começa cantando, é isso?

Eu começo cantando, mas fazendo produção também. Na adolescência, em São Paulo, eu fiz a minha primeira produção em um evento lá na ocupação. Fiz, porque eu – sem teto – sofria muito *bullying* na escola. Então, fiz uma festa junina na ocupação e chamei todos os comerciantes locais. Montei a festa junto com os moradores, cada um montou sua barraquinha. Eu convidei todo mundo da escola, os alunos da escola.

[1] Movimento Sem-Teto do Centro (MTSC). Disponível em: <https://www.movimentosemtetodocentro.com.br/>. Acesso em: 04 março 2022.

E aí nunca mais sofri esse tal preconceito, porque as pessoas entenderam o que que era o movimento sem teto. A partir do momento que conseguiram verdadeiramente compreender, começaram a conviver. Então, foi tudo através da arte.

Nesse contexto que você narrou, tem uma questão bem interessante. A arte é um espaço de poder?

Acho que é um espaço de poder muito grande, porque ela, a arte, transforma, e ela liberta.

Você tem formação em comunicação, não é isso?

É. Eu sou formada em comunicação social, publicidade, propaganda e marketing. Eu me formei em 2012, justamente por gostar muito. Da arte de entender esse universo. Eu tenho essa formação, mas eu também sou profissional do canto, também trabalho para o cinema, com audiovisual. Eu escrevi roteiro...

Vamos devagar, vamos primeiro falar da música. A sua música é linda, a sua voz é maravilhosa. A sua música é muito forte, tem conteúdo histórico e de luta muito denso. A sua música, tem alegria ou tem sofrimento?

Tem alegria, tem vida.

Tem vida mesmo, tem vidas inteiras. E se você fosse falar de inspiração, de um cantor, uma cantora que tenha te influenciado; que lá atrás você olhasse e pensasse, quero ser como você. Existe? Quem seria?

Elza Soares e Margareth Menezes. As duas são minhas inspirações. Foram elas que me mostraram que eu poderia e posso ser cantora. No Brasil, foram elas que me abriram caminho.

E você chegou a ter alguma convivência com elas?

Sim, sim, com as duas. Eu tenho muita convivência com a Margarete, e com a Elza também tive. Já cantei com a Elza, já cantei para Elza também. Antes de lançar essa minha música de trabalho, a minha primeira composição (Minha Carne), eu fui pedir permissão a Elza. Isso porque "Minha Carne" é meio que uma contraproposta ao que ela disse, ao que ela usa, quando fala que "a carne mais barata do mercado é a carne negra" e eu coloco essa, essa carne negra, como a carne mais desejada, a carne mais cara. Então eu posso lançar? Eu pedi para ela, eu cantei para ela e pedi permissão para lançar a música, porque ela foi uma espécie de madrinha, sabe? Eu tinha a Elza Soares como matriarca, como precursora, principalmente na música. Então eu fui pedir licença e fui pedir permissão.

Muito bonito, muito bonito. A música é belíssima, belíssima. Aí eu queria que você me falasse um pouco da princesa da música, da "Princesa de Angola".

A princesa, a Princesa de Angola... Eu, quando falo que nós somos descendentes, falo que não somos descendentes de escravizados, somos descendentes de reis e de rainhas. Nós não viemos escravos, nossa origem não é escravidão. A nossa origem é um reinado. A gente veio e nasceu coberto de ouro, de diamante. Nossas terras eram prósperas. Sou descendente de reis, rainhas, sou Princesa de Angola. Vim, e minha descendência não é de escravidão. Minha descendência é de reinado. Então, é isso que eu retrato do povo preto.

Fantástico. E aí, em um determinado momento, acabam com esse reinado? Se esquecem dele ... E fazem barbaridades, não é?

Exato. E aí o povo quis também retratar toda a sua história para as pessoas lembrarem da origem das pessoas pretas no Brasil. Lembrarem da sua própria origem. De onde viemos, e o que é bom...

E isso engrandece e dá muita força para resgatar esse espaço, eu acho, e gostei muito.

Exatamente. Agradeço ainda por ter tirado as pessoas pretas desse lugar que menoriza esses corpos. Menoriza, precariza. Eu procuro nas minhas músicas também tirar as pessoas pretas desse lugar para mostrar o lugar de realeza, que é de onde são as pessoas pretas. O cabelo é uma coroa, nosso cabelo é uma coroa, então a gente precisa tratar. Tem muita origem, tem muitas conquistas no nosso corpo, e é por isso que eu falo, que eu canto sobre essas coisas, para trazer o povo preto para a sua origem mesmo, que de fato é o reinado.

É fantástica essa sua narrativa, a sua recondução do povo preto a verdadeira origem. Na verdade, tem uma questão central aí muito maldosa, um ardil, um artifício... Algo muito parecido com o que fazem com as mulheres de um modo geral. Como são desejados, desejadas, passam por um processo de menosprezo e enfraquecimento, para facilitar a captura.

Exatamente, quando eu digo "eu sou aquilo que você queria ser", é porque o povo preto tem muita resiliência, mesmo com todas essas mazelas sociais, políticas, racismo mesmo. A gente ainda continua na resiliência. A gente continua resistindo, não é? E essas pessoas, eu digo as pessoas racistas, eu as vejo muito como inveja das pessoas pretas, porque se passassem pela metade das coisas que uma pessoa preta, pobre, passa para sobreviver no Brasil, não aguentaria. Não aguenta...

Arte e cinema

Vamos falar do cinema...

É aí (2016/2017), o audiovisual entra na minha vida. Eu fiz (participei) do "Era o Hotel Cambridge"[2], de Eliane Caffé, que retrata a história do movimento Sem Teto, de uma ocupação no centro de São Paulo, da tensão pela ameaça de despejo, das alegrias, tristezas e diferentes visões de mundo. Mas eu também comecei a fazer outros filmes. Eu já fazia participações em publicidade porque, como eu gostava muito de estar presente na arte, e o meio do audiovisual era muito difícil para a inclusão de pessoas pretas, quando havia uma chamada para fazer figuração, eu ia mesmo, até de graça. Eu queria estar lá para conhecer o mundo, para estudar, então eu comecei a participar de publicidade, comecei a virar garota propaganda de alguns comerciais. Depois, veio o audiovisual e já entrei no cinema. O Hotel Cambridge, e depois outros filmes.

[2] ERA O HOTEL CAMBRIDGE. Direção: Eliane Caffé. Produção: Aurora Filmes. Brasil: Vitrine Filmes, 2016. DVD.
Esse filme conta a inusitada trajetória de um grupo de refugiados que divide com os sem-teto uma ocupação no centro de São Paulo. Na tensão diária pela ameaça de despejo, revelam-se pequenos dramas, alegrias e diferentes visões de mundo dos ocupantes.

Me fale dos mais marcantes, não importa se grandiosos ou não, marcantes na alma e no coração.

Eu viajei muito, eu viajei para muitos lugares com audiovisual. Eu fui para Berlim, agora para no último festival de Berlim com o "*Shine Your Eyes*"[3]. Com o "*Receita de Caranguejo*"[4] ganhei um *Kikito*[5], como melhor atriz, para especial do júri. São filmes que estão rodando o mundo inteiro. E agora, tenho 2 filmes que eu estou fazendo e o roteiro do meu filme que eu estou fazendo também. Já estou me fase de produção. No audiovisual eu sou, além de roteirista, diretora. Eu acabei de dirigir 2 filmes e um videoclipe, então, para mim, a arte ela não tem barreira. Eu não me apego a currículo, me apego a estudos.

O que te convence a fazer este ou aquele trabalho?

Acho que nos filmes, o que me convence a fazer é a história. Qual é a história? Que eu vou contar? Essa história tem a ver com a minha luta? Essa história condiz com o meu discurso? Essa história condiz com o que eu faço, porque se for um filme que eu tenha que retratar o que não existe, recuso. Eu costumo recusar, porque é contra a minha ética, é contra o que eu luto. Não posso jogar contra a minha própria construção.

Eu acabei de recusar agora a HBO e a Netflix, porque queriam que eu fizesse um filme para retratar uma mulher que saiu da prisão e estava feliz na cena. Era um recomeço feliz e eu não quis esse papel. Não quis porque era mentira. Quando as pessoas deixam a prisão, elas não estão felizes.

Eu não quero mostrar para a sociedade uma coisa inexistente. Eu quero mostrar para a sociedade uma coisa que existe. Uma coisa que a gente passa e que precisa transformar; mostrar o que a gente precisa mudar. Então, faço filmes com essas conotações, não faço confecções para ludibriar a cabeça das pessoas. O cinema é a arte em si, que atravessa muros e entra na casa das pessoas. Tudo para mim tem que ter um significado e tem que andar junto com o que eu luto. Para agregar, né?

[3] CIDADE PÁSSARO (Shine Your Eyes). Direção: Matias Mariani. Produção: Primo Filmes. Brasil: Vitrine Filmes, 2020. Netflix.

[4] RECEITA DE CARANGUEJO. Direção: Issis Valenzuela. Produção: Tabuleiro Filmes. Brasil: Tabuleiro Filmes, 2020.

[5] Prêmio dado anualmente aos filmes vencedores do Festival. O Kikito é o símbolo e prêmio máximo concedido no Festival de Gramado.

E nesse contexto dos filmes, qual foi o maior significado?

Eu acho que o maior significado foi quebrar muitos preconceitos, foi ser reconhecida pela minha arte, por quem eu sou. E, ao mesmo tempo, não precisar me transformar e me vender para uma indústria. Eu acho que esse foi o meu maior significado. Isso foi o que transformou a minha vida no audiovisual, no cinema. Foi isso.

É uma conquista muito grandiosa, acompanhada de um prazer imenso. Mas vamos falar muito sinceramente, nessa cesta de sentimentos, tem um quê de vingança?

Tem um quê de ensinamento, de troca. Por que não é vingança? Porque eu não vou ficar olhando para trás para me vingar do que aconteceu com a gente e deixar de viver. Então eu tenho um quê de aproveitar as oportunidades, tem um quê de estar, um quê de ensinar, um quê de trocar, um quê de conversar e de mostrar caminhos.

Me fale um pouco mais do *Receita de Caranguejo*...

O *Receita de Caranguejo* é um filme que eu sou a protagonista, sou a Fátima, a mãe da Larissa, que é uma garota de 14 anos que o pai morre num acidente de carro. A Larissa meio que culpa a mãe, então eu a levo para uma casa que eles têm na praia e tento resgatar o amor dela por mim com uma receita de caranguejo que a minha mãe (avó da Larissa) me ensinou. Então, passamos um final de semana na praia, nos reconstruindo, nos reconectando. Na casa estão coisas pessoais do pai, e aí se vai reconstruindo a história, mas somente entre mãe e filha, sem o pai.

Que relação tem esse filme com a sua vida? Aonde você se encontrou nesse filme?

Sim, sim, eu me encontrei nesse filme, porque sou da cozinha, sou muito de cozinhar, gosto muito de receber as pessoas fazendo comida, tomando vinho. Mas a minha relação com esse filme foi mesmo de eu me sentir a Fátima naquele lugar. Minha mãe criou os filhos sem pai. Então eu me vi muito nesse lugar e me transformei na Fátima justamente para criar uma filha sem pai. Então eu quis criar a Larissa, como minha filha, como eu gostaria de ter sido criada, como eu fui criada pela minha mãe. Acho que essa foi a minha relação de aproximação com Fátima, que é a questão da mãe solteira, de ser mãe solteira, de estar mãe solteira.

Então, no contexto também passa uma mensagem para a mãe solteira...

Exatamente para que a mãe solteira também se reconstrua, seja forte e perceba que essa condição não a limita. Não é ali o final, não é o fim do mundo. A maioria das mulheres no Brasil, principalmente das mulheres pretas, é mãe solteira.

Você acha que ser mãe solteira, no nosso contexto brasileiro, é, de certa forma, é um empoderamento feminino? Algo como eu dou conta disso sim?

Eu não acho empoderamento. Eu acho que é um empoderamento obrigatório. É um empoderamento forçado. Porque não é isso que define o nosso empoderamento. A gente vai ter que criar e dar conta do filho de qualquer jeito. Então, é uma imposição.

Eu acho que a gente transforma isso em empoderamento, até por uma questão de sobrevivência. O que você acha?

É, a gente transforma em empoderamento, até porque a gente quer criar nossos filhos bem, a gente quer criar essas crianças, em uma condição boa que a gente talvez nunca tenha tido. Então é esse o empoderamento, de trabalhar duas vezes mais para que não falte nada para essa criança, para que ela tenha de tudo. De uma certa forma, é um empoderamento, mas é um empoderamento que nos obrigam.

Fale um pouco do *Shine Your Yes*...

Esse filme, do Matias Mariani, me levou a Berlim. Fiz a produção de elenco e fiz uma participação especial também. Foram três meses de gravação. Foi muito difícil arrumar os personagens, porque todos os eram estrangeiros. Precisei estudar a cultura de cada um para fazer as cenas, ir aos espaços regionais específicos em São Paulo. Foi um trabalho muito grande, mas que me possibilitou ir para o festival de cinema de Berlim. Eu não era a protagonista do filme, era uma outra mulher preta, a Indira Nascimento, e o O.C. Ukeje que é um ator nigeriano que já ganhou vários prêmios. Mas o que eu fiquei muito impressionada lá em Berlim, e que me deixou meio impactada, foi que todo mundo me conhecia, todo mundo sabia da minha história e, quando chegou no momento dos festivais, na hora de apresentar o filme, as pessoas não estavam mais muito interessadas na história do filme, porque queriam saber da minha história da prisão política no Brasil e da política atual do país. Então, tive a percepção de que eu poderia estar tomando o protagonismo de outra mulher preta, que era, sim, a protagonista do filme. Não fui mais para os festivais, para as sessões, e fui conhecer Berlim. Fui conhecer as ocupações, fui conhecer os movimentos por moradias de lá, fiz um intercâmbio para aproveitar a cidade e para deixar a Indira, a principal artista do filme, ter todo o espaço para falar. Acabei conhecendo a cultura desses movimentos. E quando se fala desses movimentos, falamos de simplificação. A especulação imobiliária está no mundo todo. A falta de moradia, ela cabe ao mundo inteiro. Foi essa a minha viagem para Berlim, uma viagem incrível, conheci muita gente, muitos movimentos e fui a algumas galerias de artes lá também.

Essa saída de cena para deixar o espaço para a Indira, como se chama? Ética? Respeito?

Eu chamo de ética mesmo. O mundo nasceu para todos. Não era a minha vez, era a vez dela. Acho que a gente tem que ter empatia pelas pessoas, respeito, sororidade. E estamos falando de mulher, de mulheres e, principalmente, de mulher preta. Uma mulher preta para chegar no cinema como a principal, a artista do filme, e perder seu espaço exatamente naquele momento, não é justo, não tem justiça.

Ética e preconceito

Você acha que essa ética permeia as relações entre mulheres? A mulher branca normalmente também mantém essa ética na relação com a mulher preta?

Depende. Nem todas. Mas eu amo falar assim para outra mulher: "nossa você é foda", "seu trabalho é incrível", "parabéns". Sabe por quê? Uma luta não anula a outra. Ninguém toma o lugar de ninguém. Exatamente. Eu não estou aqui para tomar um lugar. Isso na arte se repete muito. Na arte tem plágio, tem roubo de intelecto. Agora, falando sobre a Indira, a personagem dela na novela é uma poeta que teve o seu poema roubado. Uma mulher branca tomou o lugar dela. E essa é a trama da Indira na novela. Não podemos generalizar, mas as pessoas brancas, em sua grande maioria, querem ter o protagonismo todo. Para um preto ter espaço no audiovisual brasileiro é muito difícil, é um segmento elitista, racista. Então você tem que ser muito boa. Sério. Você tem que ser muito boa para ter espaço no audiovisual.

Eu sei, o preto tem que ser muito bom para conseguir ocupar qualquer espaço e na arte, então, acho que é bem mais complicado.

A minha arte é livre. Eu não deixo que ninguém mande na minha arte porque é uma particularidade minha. Por muito tempo, por muitos anos eu não me reconheci artista. E quando eu entendi a artista que eu sou, eu não deixo ninguém se apropriar, eu não deixo ninguém tomar. Todos os meus contratos são minuciosamente analisados. Eu tenho que querer, eu tenho que estar de acordo com tudo. Se não, não vendo, não troco.

Religião

Mudando completamente, você tem religião?

Tenho religião, tem que ter, né? A fé precisa existir, independente da religião de cada um. Mas tem que ter a fé, você tem que se apegar a alguma coisa, porque se o seu espiritual não tiver bem, você não tem como prosseguir, não tem como ir para frente. Tem amor, tem Deus, tem espiritualidade. A gente precisa falar sobre isso. E não julgar cada um com a sua religião. Porque a religião para mim é o amor. Deus ensina o que é o amor, ele ensina que somos irmãos, irmãs e Cristo na espiritualidade. Então se a gente não entender o que que é a religião nesse sentido, se torna realmente uma mercadoria. Não se torna amor, não se torna afeto, não se torna transformação.

Eu sou do Axé. Meus orixás de cabeça são Oxum e Ogum. Iansã também é minha protetora. Iansã protege meus dons artísticos. A religião nos despe completamente. Somos irmãos, independente da classe social, da cor, da raça, gênero, credo. Quando você entra para bater cabeça, para falar com os orixás, você tem que se despir de todos os títulos, de todos os diplomas, do seu próprio corpo. E com os pés no chão, para se reconhecer despido.

Para abraçar essa fé tão grande, é difícil, demora um tempo, mas quando acontece é uma coisa tão boa que parece que você não é desse mundo. Todos os meus problemas, eu aprendi que eu devo entregar, orar. Entregar e pedir orientação para não acabar enfiando os pés pelas mãos. Porque a gente, como figura pública, tem que tomar cuidado com muitas coisas, principalmente com a palavra.

Mas eu fui criada na igreja evangélica. Você acredita? Eu tenho uma irmã que é pastora, meu cunhado é pastor, meu irmão é diácono... É uma divisão aqui em casa, então eu acredito em Deus. Acredito na bíblia, acredito na palavra, acredito na fé. Fé, para mim, é tão importante que eu acho que a gente não pode brincar e nem desprezar a fé do outro. Eu sou aquela que fala para as pessoas que elas precisam ter fé. A minha nova música, que está sendo gravada agora, chama-se: *"Não perca a sua fé"*. É uma música que eu fiz enquanto eu estive presa e cantei para a Angela Davis quando ela esteve no Brasil[6].

E como foi esse encontro com a Angela Davis?

Foi potente, foi muito potente. Eu gosto de passar a ideia para as pessoas de que foi um encontro de dor também. Se pararmos para pensar nas mulheres pretas que estão revolucionando e lutando por liberdade, elas estão sofrendo com violências há muito tempo. Então, esse encontro foi para mostrar, para acordar a sociedade também sobre o que está acontecendo com nossas mulheres. Qual é essa violência que estão empregando nos corpos dessas mulheres que estão lutando por direitos constitucionais para todos? Esse encontro, para mim, teve, muito, essa conotação de que a gente também precisa se afirmar com outras pessoas pretas e saber que não estamos sós. Foi muito bom para provar que não se pode mais sair silenciando mulheres pretas no Brasil, e que tudo ficará por isso mesmo. Como silenciaram Marielle. Como tentaram me silenciar com a minha prisão. Só que a minha prisão ganhou uma repercussão gigantesca, internacional, midiática. Isso, porque quando eu estava presa, falei, dei muita entrevista, e eu não me silenciei.

[6] Poder para o povo preto. *Angela Davis visita Preta Ferreira e ouve canção composta pela ativista durante prisão.* Disponível em: <https://midia4p.cartacapital.com.br/angela-davis-visita-preta-ferreira-e-ouve-cancao-composta-pela-ativista-durante-prisao/>. Acesso em: 04 março 2022.

Cárcere

Eu assisti suas entrevistas, gostei muito e preciso pontuar que, em um contexto horroroso, porque a prisão é horrorosa, você conseguia estar bonita. Muito bonita.

Nossa, mas você sabe que eu pesava muito isso lá. A a primeira coisa que eu pedi foi um esmalte vermelho, um batom vermelho e um rímel. Por que que eu pensei nisso? Eu pensei assim, vocês vão me ver presa, triste, mas linda.

E aí entra a beleza, que volta para arte. Não apenas com você mesma, mas do lado de fora também, como se tudo estivesse muito permeado. Vamos lá, a Preta é cineasta, a Preta é atriz, a Preta é produtora, a Preta é diretora. E a Preta é escritora também. E dessa prisão saiu um livro.

Dessa prisão saiu um livro.

***"Minha carne: diário de uma prisão"*[7]. Por que o livro?**

Eu sempre fui muito da escrita desde criança, sempre gostei de inventar histórias, escrever histórias. E aí, eu pensava, poxa, eu sei que quando eu sair vai ficar muita gente cima de mim, me indagando sobre essa prisão, sobre as pessoas que eu cruzei o caminho, e eu não queria perder nenhum detalhe, por mais que tenham sido detalhes dolorosos. Eu precisava retratar para a sociedade, para vocês que estavam aqui fora lutando pela minha vida e gritando pela minha liberdade. Como é difícil, como é duro ser presa injustamente, mas também é muito duro e difícil ser mulher neste país. E como as mulheres têm as vidas destroçadas pelo patriarcado.

[7] Ferreira, Preta. Minha Carne: diário de uma prisão. 1ªed., São Paulo: Boitempo, 2020.

"Artevista"

A sua arte dentro do movimento político é muito forte e eu gostaria que você me falasse um pouco sobre isso. Sabe aquela conquista que enche a alma e o coração e que você fala: nossa funcionou! Me conte um pouco disso.

Na última passeata que teve aqui em São Paulo, na Paulista, havia mais de 100 mil pessoas. Tinha um carro que diziam ser o carro dos artistas. O que eu fiz? Peguei um monte de cantores, um monte de artistas de vários segmentos, mulheres, indígenas, botei todo mundo no trio, tomei o microfone da mão deles, e falei: "a rua é do povo, a arte é nossa!", "E aí, vocês são políticos, vocês não podem falar de arte". Então, eu tomei o microfone e fiz um grande show na Paulista, com tudo pronto para mais de 100 mil pessoas. Eles me queriam como um corpo político. Eu falei, está bom, meu corpo é político, eu faço arte, eu faço política, arte.

Sou multiartista. E quando você fala da questão da militância, da política e da arte, eu me considero uma *"artevista"*, porque eu não consigo fazer arte separado do ativismo político. Eu posso falar, eu posso cantar, fazer uma música falando da falta de moradia, eu posso fazer uma música falando da violência doméstica que as mulheres sofrem no Brasil. Eu posso fazer uma música falando sobre os povos indígenas, então eu sou uma *"artevista"*. Eu extraio dessas coisas que a sociedade me mostra, eu extraio tudo e transformo em música. Faço essa transformação.

Na prisão eu escrevi muitas composições, muitas músicas e, principalmente, música de amor. E era aí que as pessoas indagavam, como você fez música de amor na prisão? Eu fiz uma música que fala: *"quero ser as palavras da singela carta que te escrevo agora só para ter teu olhar voltado para mim, dos teus olhos, dos teus lábios, quero ser o sorriso, nunca vi magnitude perfeição numa só junção dos teus braços quero ser o abraço mais apertado da tua pele quero ser a chuva para percorrer teu corpo por inteiro, quero ser teu amor pois tu és meu amor, meu amor."*

Maravilhoso, maravilhoso.

É importante a gente falar de amor, né? Porque as pessoas acham que a mulher preta é só força, que ela não fala de amor porque tem que falar de luta 24 horas. Eu falo de amor, eu falo muito de amor. Falo de fé, porque eu sou um ser humano. Eu amo, eu sinto dores, eu sinto raiva, então eu falo dos meus sentimentos. Eu falo de sentimentos. Todos os sentimentos que vocês têm que a sociedade tem, que outras pessoas têm, eu também tenho. Eu não quero ser aquela mulher que tem que estar sempre forte e que não chora, não, eu choro. Sinto dores, sinto raiva. Eu sinto muito amor, eu sinto compaixão. Eu sou um ser humano e quero falar disso, da humanidade, porque, do contrário, a gente fica parecendo um robô.

Todo mundo sofre, todo mundo tem, enfim, uma diversidade de sentimentos, de agruras, de angústias, enfim, de tudo quanto é sentimento. Penso que quando você não mostra isso, você fica muito distante, sabe?

Fica, você se afasta das pessoas porque as pessoas também precisam de amor, precisam de palavras de aconchego, precisam de palavras de força, palavras de fé. Nas minhas músicas, eu uso muito isso. Na música *"Não perca a sua fé"*, **ela canta**:

"... em meio ao fluxo e refluxo da maré do meu destino. Eu lutei bravamente no silêncio profundo. O medo que tentou me afogar no mar da solidão puxou a minha mão para outra direção. Gritei bem alto, porque me calar nunca foi opção. Nas horas obscuras, a tristeza não perdura. Insista, resista, persista, não fuja, não desista, tire forças do além, olhe para o horizonte, evolua sua mente. O caminho é para a frente. Nem toda essa tristeza é capaz de lhe parar. Coloque-se de pé. Não perca a sua fé."[8]

Maravilhoso, mas é isso mesmo. Parceiros, parceiras de arte...

Tenho vários, vários, todo mundo que você pensar, imaginar na arte eu tenho. Tenho parceiros de música, tenho parceiros bienais, que já fiz duas, Chicago e Nova Iorque.

Me fala das bienais, porque nós não falamos.

Então, a gente, junto com o movimento, tem uma galeria de arte. Eu trabalho muito esse meu lado de artista, de criação, de fazer arte também ensinando. Materializando arte. Então, participei da Bienal de Chicago, que que foi a primeira (2018), falando de imigração, sobre pessoas de outros lugares.

[8] FERREIRA, Preta. Não perca a sua fé. São Paulo, 2022. Disponível em: <https://www.youtube.com/watch?v=6AC0Ph92O4E>. Acesso em: 04 março 2022.

Aí, enquanto eu estava presa, teve a Bienal de Nova Iorque a bienal estava rolando e eu estava no Chile, "xilindró". Agora estou com outros artistas plásticos, eu faço uma residência artística. Trago artistas de diversos lugares do mundo e do Brasil, principalmente, que, além dessa condição social, trabalhem com as crianças e adolescentes, porque a arte, para mim, ela liberta muito. Então eu procuro possibilitar, capacitar crianças e adolescentes para serem artistas, para colocar a arte para fora.

Eu tiro essas crianças do farol, que estão lá roubando, e faço esse trabalho com elas. De arte. No final, a gente expõe todas as obras de arte que elas fizeram com um show, com comida, e bota para leiloar as peças junto com as galerias de arte que eu tenho como parcerias, e com outros artistas também. A renda desse trabalho é revertida para essas crianças, então, durante a criação do projeto elas também recebem uma verba, pouca que seja, mas recebem para não para não precisarem ir para o farol roubar, para comprar comida para dentro de casa.

Esse projeto, ele é formal? Ou por enquanto ainda é, digamos, um movimento?

Eu comecei agora. Depois que eu saí da prisão. E eu não só esse, tenho também um outro projeto, chama-se "Riqueza Menstrual", de arrecadação de absorventes para as mulheres. Aí, eu distribuo nas prisões, em casas e abrigos que recebem essas mulheres que sofrem violência doméstica, e nas escolas públicas também.

Tenho também um trabalho que chama "Liberdade pretas", que é com o meu livro. Eu estou voltando para as prisões e capacitando essas mulheres, para quando elas saírem terem, além de oportunidade, sim, a consciência de que podem mudar e de que a prisão não é o final. Tenho todos esses projetos que vou trabalhando. Esse projeto, "Liberdades pretas", para tirar as pessoas do contexto de prisão, trata de várias liberdades, não apenas a liberdade física tolhida atrás das grades, mas especialmente a liberdade mental. Essa é a principal, então eu trabalho com a arte dessa forma, ou seja, o que me é acometido, o que me foi acometido de ruim, eu transformei. Vi e enxerguei necessidades e agora eu capacito pessoas para que não passem por isso, para que não haja necessidade de passarem por isso.

Vamos voltar para os parceiros, no trabalho tem parceiro ou parceira mais constante?

Tenho sim. Eu tenho a Maria Gadú que é a minha produtora musical. Então ela está produzindo meu disco. Mas tem outros parceiros também, tudo, toda possibilidade, e toda brecha de arte que você imaginar, eu faço parceria com alguém. Penso que minha arte não é absoluta, não é a única. Eu prezo muito os artistas que são desconhecidos, porque para tornar essa pessoa conhecida, a arte dessa pessoa conhecida através de mim, eu falo: "ó, então vamos lá, vou te levar, você vai subir, porque eu quero que você esteja em outro lugar." Sabe, é aquela história, eu subo e puxo outro.

Sim. A vida é isso.

Eu gosto de trabalhar isso, porque senão, não tem graça.

Vamos fazer um desenhinho: quem eu fui, quem eu sou e onde eu vou chegar? Não é onde eu quero chegar, mas onde eu vou chegar?

Eu fui uma liderança, uma militância sem teto por um bom tempo, fui uma estudante por um bom tempo. Hoje eu sou uma artista conhecida, eu sou uma artista premiada. E eu não tenho limites para chegar. Eu quero subir, porque eu sou que nem um foguete. Foguete não tem ré. Eu não tenho, não me limito porque eu acho que o horizonte é muito grande, ele é gigantesco, então eu tenho todas as possibilidades, todas as portas do mundo abertas para mim. Eu não tenho um lugar definitivo onde eu vou chegar. Eu tenho lugares e coisas para realizar. Então é isso, para mim sonhos foram feitos para serem realizados e eu sou uma realizadora de sonhos, principalmente dos meus, né? Verdade que eu realizo não somente os meus, os dos outros também, mas eu me permiti, me dei ao luxo de cuidar um pouco de mim, de pensar em mim. Antes eu fazia a luta e achava que o sentido da luta era para fazer as pessoas felizes, para fazer as pessoas saírem do estado que colocaram, mas eu descobri que eu não estava fazendo luta para mim. E eu não sou Jesus, eu sou uma mulher, e tenho sonhos, tenho objetivos. Eu tenho metas, tenho um foco. E preciso fazer coisas para mim, para eu me realizar também. Para eu estar bem, para eu vencer também.

Com certeza. Quantos anos você tem Preta?
Tenho 38. Nasci em 1984.

Minha carne

Uma menina, uma menina, uma gata, uma menina. Me diga, do que mais você gostaria de falar agora?

Ah do livro (Minha Carne: diário de uma prisão)! É, eu quis narrar a história de cada uma daquelas mulheres que eu encontrei no caminho. Por que eu quis narrar aquela história dessas mulheres? Porque eu não estava presa sozinha. E eram muitas histórias de muitas mulheres que também passaram por outros tipos de sofrimentos. Eu vi que na prisão, não tem um termômetro para a dor, a gente não tem um termômetro para sentimento, né? Quem está há mais tempo, quem está há menos tempo, não, são todas mulheres que estão privadas de liberdade. Impossibilitadas de sonhar, impossibilitadas de existir, impossibilitadas de reexistir, impossibilitadas de levantar a cabeça, estão impossibilitadas de serem ouvidas.

Então, o que que eu fiz? Um lugar de escuta, dei um lugar de escuta que elas precisavam, e comecei a escrever a história. Hoje eu sou amiga de todas elas. A maioria já saiu. Continuo fazendo um trabalho com todas elas, um trabalho de empoderamento. Assim que saem da prisão, faço também um trabalho de ressocialização, de inserção social, junto com outras parcerias. Eu trabalho com a Humanitas360[9], com a Patrícia Villela Marinho. Todas essas ONGs que trabalham com a questão do encarceramento em massa, lá estou eu, porque pego a minha vida para dar cor para essas mulheres, como exemplo. Do quanto se pode e do que somos sim, exemplos de superação. Mulheres que tem que ter possibilidades.

[9] Humanitas 360. Disponível em: <https://humanitas360.org/home/>. Acesso em: 04 março 2022.

Nessa experiência que você teve (vou chamar de experiência porque – com o outro – penso que é sempre experiência) você tira uma razão, ou duas ou três mais peculiares para as mulheres, de um modo geral, chegarem ao cárcere?

De um modo geral, o patriarcado e o machismo. São esses. Algumas mulheres cometeram crimes por causa dos homens, justamente por eles. Quando falo algumas, é a grande maioria. E uma coisa me deixa abismada, a solidão das mulheres. As filas dos presídios masculinos são gigantescas. E veja as filas dos presídios femininos, não tem, não tem fila.

Elas são esquecidas.

Elas são esquecidas, abandonadas, trocadas, iludidas.

Concordo, mas vamos voltar para a arte, porque eu não posso sair muito dela.

Ah, sim. Vamos falar da arte na prisão. Eu fiz muita arte na prisão. Todo mundo, mas todo mundo mesmo, gostava de cantar louvor lá. Aí, eu falei, vou fazer uma música pra a gente. Todo dia tal no horário X a gente vai cantar essa música, e a gente vai ser feliz com a nossa própria música. A música é "*Não perca a sua fé*", e eu quis, eu escrevi essa letra para que elas. Além de ser para não perder a fé, também era para ir extraindo um pouquinho de cada uma delas, para que soubessem da força que cada delas tinha. Em "*Não perca a sua fé*", quando eu canto, vejo o rosto de cada uma delas.

Bárbaro, adorei. Me fale uma coisa, todas elas receberam o seu livro?

Todas elas receberam meu livro, até as que ainda estão lá. A gente troca muito sobre isso. Antes de colocar a história de cada uma no livro, eu pedi permissão. Falei que iria contar história delas, mas com outro nome. Até mesmo para não constranger essas pessoas, porque não sou só eu, estou falando de vidas, de seres humanos, de dores, de angústias. Então, eu procurei ser muito delicada. Perguntei, pedi permissão, autorização, e ninguém se recusou. Ninguém se recusou a estar no livro, a fazer parte, e elas irão para o meu show. Elas também participam dos projetos que eu faço. E por que isso? A arte, ela tem um poder de libertar. Eu trabalho a minha arte para libertar a mente dessas pessoas.

Lá dentro, eu usava muito o lúdico. Eu sempre fui do teatro também, fiz teatro por um certo tempo e daí, quando ficávamos no pátio, eu falava: "*Vamos, todo mundo, se deitar no chão, olha para cima. Tá vendo esse céu? Pensa que é o mar. Tá vendo esses pássaros? Pensa que é o peixe ali, ó. Quando você vê aquele coqueiro, pensa que está na praia.*" Para tirar aquela angústia de se estar presa, sabe, para não ficar vendo só grade e parede escura. Então eu mostrava muito isso, brincava muito com o lúdico. Eu também colocava todo mundo para fazer exercício físico. Quando chegavam os potinhos de cândida, de produtos de higiene, eu enchia com pedra e água e a gente ficava lá fazendo o peso dos exercícios. Então, colocava todo mundo para treinar, todo mundo para correr meia hora e depois a gente fazia os exercícios físicos.

E aí a preta saiu da prisão. Como é que ficou esse universo lá sem a Preta? Deixou um legado?

Deixei. Além de deixar legado, fiquei muito amiga dos diretores, dos advogados que lá estão, das famílias que visitam, e a gente trabalha junto. Buscamos melhorias também para os funcionários da SAP, porque essas pessoas, esses funcionários, também estão presos. E muito mais, porque prestaram concurso para estarem presos.

Verdade, verdade.

Estão mais presos ainda do que eu estive. Eu tenho um mundo aqui fora. Uma possibilidade de coisas para viver, e essas pessoas não, só tem a prisão.

A vida é uma arte

Vamos, só para tentarmos fazer uma amarração disso tudo, a arte permeou sua vida inteira, certo? Por isso, fica até ridículo fazer uma pergunta qualquer sobre onde ela está, porque ela está na sua vida inteira.

Ela está na minha vida inteira. Eu não vivo sem arte. Eu acho que um mundo sem arte, ele não tem cor. O mundo sem arte não tem, ele não tem ar, não dá para a gente respirar. Tudo é arte. É a arte de fazer política. É a arte da dança, é a arte de criar, é arte de libertar. Tudo é arte. Um mundo sem arte, ele não existe. Você também é artista. Arte de fazer jornalismo.

Estou aqui treinando, nossa! Estou treinando... Eu queria muito que você terminasse com uma fala de em alguma música. Uma fala de esperança para todo mundo. Pode ser?

É, tem sim. Você quer que eu fale, ou você quer eu cante?

O que você quiser, querida. Eu adoraria ouvi-la cantar.

Eu vou cantar *Não perca sua fé*. Porque foi a música que fez as mulheres despertarem dentro da prisão, mas é uma música que eu também uso muito como esperança, futuro, continuidade. A gente precisa continuar. Precisa esperançar.

Preta cantando maravilhosamente, sem qualquer instrumento ♫♫♫:

> Em meio ao fluxo e refluxo da maré do meu destino, eu lutei bravamente no silêncio profundo.
>
> O medo que tentou me afogar no mar da solidão puxou a minha mão pra outra direção.
>
> Gritei bem alto, porque me calar, nunca foi opção. Nas horas obscuras, a tristeza não perdura, insista, resista, persista. Não fuja. Não desista.
>
> Tire forças do além, olhe para o horizonte, evolua sua mente. O caminho é para a frente. Nem toda essa tristeza é capaz de lhe parar. Coloque-se de pé, não perca a sua fé.
>
> Use a resiliência dentro de você. Não espere o outro vir para te reerguer.
>
> Não faça do seu caminho muito mais longo que a eternidade, desfrute a liberdade, transforme toda a dor no mais puro amor.
>
> Encare a sua realidade, nada dura para sempre, bem menos a maldade.
>
> Tire forças do além, olhe para o horizonte, evolua sua mente. O caminho é pra a frente. Nem toda essa tristeza é capaz de lhe parar. Coloque-se de pé. Não perca sua fé.
>
> Não perca sua fé.
>
> Não perca sua fé.[10]

[10] Ferreira, Preta. Não perca a sua fé. São Paulo, 2022. Disponível em: <https://www.youtube.com/watch?v=6AC0Ph92O4E>. Acesso em: 04 março 2022.

Finalizo na certeza de que Preta Ferreira merecia não apenas uma entrevista, mas um livro. Dentro desse livro também estaria sua mãe, Carmen Silva Ferreira, mulher negra, nordestina e mãe de oito filhos, que deixou a Bahia fugindo da violência doméstica e em busca de uma vida melhor. O "sonho feliz de cidade" não se realizou. Carmen integrou o grupo que, em 1997, ficou conhecido como Ocupação 9 de Julho, por ter ocupado um prédio abandonado do INSS, entre as ruas Álvaro de Carvalho e Avenida Nove de Julho, no Centro de São Paulo[11].

Para o clipe Minha Carne de Preta Ferreira, acesse:

[11] Disponível em: <https://avidanocentro.com.br/cidades/carmen-silva-do-mstc/>. Acesso em: 04 março 2022.
Para saber mais: <https://www.uol.com.br/ecoa/reportagens-especiais/causadores-carmen-silva/> e <https://jornalistaslivres.org/carmen-silva-a-lider-dos-sem-teto-que-a-injustica-quer-prender/#:~:text=Quem%20desconfia%20de%20Carmen%20Silva,viram%20transitando%20no%20Congresso%20Nacional%2C>.